U0624791

全椒古代典籍叢書

江臨泰集 1

（清）江臨泰 撰

政協全椒縣委員會 編
國家圖書館出版社

《全椒古代典籍叢書》編纂委員會

主　　編：董光林

副 主 編：張　華　陸　鋒

執行主編：張道鋒

編　　委（按姓氏筆畫排列）：

李　雲　林如玉　周錦獅　宣　揚

莊立臻　柴發華　陳　立　陳紅彦

黄顯功　眭　駿　許　立　張　平

張鍾雲　馮立昇　童聖江　楊　健

靳　軍　鄭龍亭　謝冬榮　羅　琳

饒國慶

《全椒古代典籍叢書》出版委員會

主　　任：殷夢霞

副 主 任：張愛芳

委　　員（按姓氏筆畫排列）：

王若舟　王明義　司領超　袁宏偉

黄　静　張慧霞　靳　諾　薑　璿

總序

皖東全椒，地介江淮，壤接合寧，古爲吴楚分野，今乃中部通衢，建置歷史悠久，文化底蘊深厚。據《漢書·地理志》載，全椒於漢高祖四年（前二〇三）置縣，迄今已逾二千二百二十年。雖屢經朝代更替，偶歷廢易僑置，然縣名、治所乃至疆域終無巨變。是故國史邑乘不絶筆墨，鄉風民俗可溯既往，遺址古迹歷然在目，典籍辭章卷帙頗豐。

有唐以降，全椒每以文名而稱江淮著邑。名臣高士時聞於朝野，文采風流廣播於海内。本邑往哲先賢所撰經史子集各類著作并裒輯之文集，於今可考可見者，凡數百種一百七十餘家。其年代久遠者，如南唐清輝殿學士張洎之《賈氏譚録》、宋代翰林承旨吴幵之《優古堂詩話》《漫堂隨筆》；其聲名最著者，如明代高僧憨山大師（釋德清）之《憨山老人夢游集》、清代文豪吴敬梓之《儒林外史》； 至於衆家之鴻篇巨制、短編簡帙，乃至閨閣之清唱芳吟，舉類繁複，不一而足。又唐代全椒鄉賢武后時宰相邢文偉，新舊《唐書》均有其傳，稱以博學聞於當朝，而竟無片紙傳世，諸多文獻亦未見著録其作； 明代全椒鄉賢陽明心學南中王門學派首座戚賢，辭官歸里創南譙書院，經年講學，名重東南，《明史》有傳，然文獻中唯見其少許佚文，尚未見輯集。凡此似於理不合，贅言書此，待博見者考鏡。

雖然，全椒古爲用武之地，戎馬之鄉，兵燹頻仍，紳民流徙，兼之水火風震，災變不測，致前人之述作多有散佚。或僅見著録下落不明，或流散異鄉束之高閣，且溯至唐代即疑不可考，搜於全邑亦罕見一帙……倘任之如故，恐有亡失無徵之虞，亟宜博徵廣集，歸整編次。前代鄉先輩未嘗不欲求輯以繼往開來，然薪火絶續，非唯心意，時運攸關。

今世國運昌隆，政治清明，民生穩定，善政右文，全民呼應中華民族復興，舉國實施文化强國戰略。全椒縣政協準確把握時勢，以傳承發展中華優秀傳統文化爲己任，於二〇一七年發軔擔綱編纂《全椒古代典籍叢書》，獲全椒縣委、縣政府鼎力支持，一應人事財力，適時調度保障。二〇一八年十月，古籍書目梳理登記及招標采購諸事宜甫定，即行實施。

是編彙集宋初至清末全椒名卿學士之著述，兼收外埠選家裒集吾邑辭章之文集，宦游者編纂他邑之志書則未予收録。爲存古籍原貌，全套影印成册。所收典籍底本，大多散落國内各省市、高校圖書館及民間收藏機構，或流落海外，藏於日英美等異邦外域。若依文獻目録待齊集出版，一則耗時彌久，二則亦有存亡未定者，恐終難如願。爲搶救保護及便於閲研計，是編未按經史子集析分門類，而以著述者個人專題分而輯之，陸續出版。著多者獨自成集，篇短者數人合集，多則多出，少則少出，新見者續出。如此既可權宜，亦不失爲久遠可繼之策。全椒古籍彙集編纂，史爲首舉。倉促如斯，固有漏失，非求急功近利，實乃時不我待。拾遺補闕，匡正體例，或點校注疏，研發利用，唯冀來者修密，後出轉精。

賴蒙國家圖書館出版社承影印出版之任，各路專家學者屬意援手，令尋訪古籍、採集資料、版本之甄别、編纂之繁難變而稍易。《易》曰：『二人同心，其利斷金。』君子共識而遇時，其事寧有不濟哉？

文化乃民族之血脉，典籍乃傳承之載體。倘使吾邑之哲思文采，燭照千秋，資鑒後世，則非唯全椒一邑獨沾遺澤，亦可忝增泱泱中華之燦爛文明以毫末之光。

編次伊始，略言大要，勉爲是序。全椒末學陸鋒謹作。

《全椒古代典籍叢書》編纂委員會

二〇一八年十月

前言

江臨泰（1763—1851），字棣旃，號雲樵，安徽全椒人。清嘉慶間庠生。初學聲韵學，後漸醉心於天文曆算之學，是清代中後期卓有成就的天文曆算大家。在天文學上，他善於利用『垂弧本法逐節氣時刻，求太陽距地高度，并用正切餘切比例加減太陽半徑，求横直表景長短』，并把這方面的成就寫成《高弧細草》一書，爲時人所稱道。不僅如此，江臨泰非常善於製作天文儀器，其中製作的簡平儀、中星盤、比例規及渾天球等運算極精，有些儀器還對同時期張作楠的天文學研究工作産生過重要影響。我們從周中孚《鄭堂讀書記》可知，張作楠《新測恒星圖表》就是『據江雲樵臨泰所作新測徑尺星球，因其宫次度分』而作。［民國］《全椒縣志》卷十記載：『張作楠、齊彦槐兩太守延入幕中，講求推步測量，爲太守傾倒。』張、齊二人皆乾嘉時期著名天文學家，張作楠任太倉知州、齊彦槐任蘇州同知時，江臨泰正活動於吴地，三人過從甚密，一起研製天文儀器，撰寫天文著作，在當時的科學界産生了不小的轟動，《翠微山房數學》及《中星儀説》即是三人合寫的代表性著作。

在《疇人傳三編》中就記録了江臨泰的數學貢獻：『善用對數總較法，與同邑金大令望欣爲忘年交，亦與太守善。』金望欣與江臨泰皆爲全椒人，二人日夕研習天文數學，對中西方科學的融合做出了很大的貢獻。江臨泰因爲熟悉鄉里掌故，晚年常有後學咨訪，在其八十八歲時，仍然重游泮水。江臨泰生前著述頗豐，除了享譽乾嘉學界的天文數學著作外，還有《煮石山房詞鈔》。他的詞作清婉可誦，受到了詞壇很高的贊譽。

《江臨泰集》是江臨泰著述的第一次合集。他的著作近兩百年來出過多種單行本，可惜多半散失，或藏於隱秘之處，難於發掘一觀。我們相信此集的出版將大大改變文史界或科學界對於江臨泰的印象，能夠很大程度上促進對江臨泰的研究。

《全椒古代典籍叢書》編纂委員會

二〇二〇年十二月十日

凡例

一、本集凡十一種文獻，成書三册，乃江臨泰著述合集。

二、本集天文曆算諸書，以刊刻年代排列，詞集置於本集最後。

三、本集所收各書，另撰提要置於本書之前。

總目録

第三册

提　要

一、《倉田通法續編》

《倉田通法續編》三卷，清張作楠撰，清俞俊編，清江臨泰補圖，清嘉慶二十五年（1819）刻本。張作楠，字丹邨，浙江金華人。嘉慶十六年進士，官徐州知府。俞俊，字愛山，浙江麗水人。江臨泰，字棣旃，號雲樵，安徽全椒人，庠生。此書有眉批，不知何人所撰。其中圖解部分，皆江臨泰所補也。开篇言『余撰《倉田通法》，時麗水俞愛山俊以數學來質。因其曾習借根方法，屬之校訂算草，愛山未解立天元爲借根方所本……并取倉田諸題，拈草示之，遂通其術。兹輯課并輯課草暨囊法之涉於倉田者爲一編，請續《倉田通法》後』。是書分三卷，卷一爲設例上，以量田，冠以立天元一法算例，附以開帶縱諸乘方簡法。卷二爲設例中，以量田。卷三爲設例下，以量倉。學者得此書爲門徑，庶幾倉田之法，可迎刃而解矣。是書現藏於安徽博物院。

二、《弧角設如》附《弧三角舉隅》

《弧角設如》三卷附《弧三角舉隅》一卷，清張作楠撰 清江臨泰補，清道光元年（1821）刻本。此書卷首有江臨泰及齊彦槐序。卷上開篇言『婺源齊梅麓彦槐以弧三角比例錯綜變换，不可端倪，《御製秝象考成》草野既末由仰窺，而梅徵君《弧三角舉要》環中黍尺，塹堵測量。及梅循齋、江慎修、戴東原、焦里堂諸家書，或闡理精深，或立術簡奥，或舉例而未徵諸數，讀者目眩心迷，無從入手。屬仿《算經》設如之例，各撰細草，以便初學。因檢囊所衍正弧、斜弧諸算草，分門排纂，質之江雲樵，雲樵曰對數表爲八綫，設談弧三角而不及對數，是捨易就難，非所以引誘來學也』。首作釋例，以明其理。次列設如，以備其法。

三、《高弧細草》

《高弧細草》一卷，清張作楠、江臨泰撰，清道光元年（1821）刻本。是書『用垂弧本法，逐節氣時刻求太陽距地高度，并用正切餘切比例加減太陽半徑，求横直表景長短，作四十度高弧細草（京師北極出地四十度稍弱）。歸里後，復成二十九度細草（金華府北極出地二十九度十分）。補官括蒼，又續二十八度細草（處州府北極出地二十八度二十五分），以備檢查』。是書爰列垂弧總較法於前，以溯其源。次以天較正弦及對數總較諸法，以通其變。再列江臨泰所創新術及各表於後，以妙其用。而附以所衍各草，彙爲一帙。周中孚《鄭堂讀書記》評云：『自此書出，人人可算，處處可推』，舉凡郭守敬《行測四書》、熊三拔《表度説》、馬德稱《四省表景立成》諸書，『皆可置之不論矣』。

四、《渾蓋通詮》附《中星儀説》

《渾蓋通詮》一卷附《中星儀説》，清江臨泰撰，清道光二十二年（1842）刻本。前有江臨泰序，後有甘煦跋，此書乃江寧甘煦津逮樓刻本。甘煦，字耆仁，一字蘄仁、耆壬，江蘇江寧人，著名藏書家甘福之子、甘熙之兄。道光十三年舉人，官至通議。江氏序謂：『弧漂沛本，行右轉迷者，多怪歐羅巴來。獨超流輩，未製星儀，智有未逮。倘令見之，定知寶愛。』

從中可見江氏頗爲篤信中國天文傳統，而欲超西洋天文之宏圖。甘氏跋曰：『余既借觀，仿而作之。先生復以是説寄示，因付諸梓，附於《渾蓋通詮》後。俾世之有識者，知先生苦心之獨至耳。』是以甘氏窺中星儀，并仿而作，欲將是書刊行，以傳習衆生也。

五、《新測恒星圖表》

《新測恒星圖表》一卷，清張作楠衍表，清江臨泰繪圖，清光緒二十三年（1897）刻本。是書内頁鈐有『金華張氏翠微山房』印，前有張作楠序，言『《欽定儀象考成》以測定之星，推其度數，觀其形象，序其次第，著之於圖……允爲觀象之津梁。第行之七十餘年，歲既漸差，而東經緯即隨之移動……觀象臺目未睹，中秘書往往執舊圖以驗，今測而疑與垂象不符者有之。雲樵江君依乾隆甲子新測，按歲差加減，推衍至道光癸未，得其真度』。張作楠據江臨泰所製新測徑尺星球，分三垣二十八舍，列以爲表，并囑江臨泰分黄赤道南北，繪總星圖各二。又依赤道十二宫南北，各爲小圖，并紫微垣一圖，近南極星一圖，分之得圓二十有六，合之則成一球，冠諸卷端，與表相輔。從此推中星，求里差，以《新法曆書》原有恒星圖表，故加『新測』以别之。是書現藏於安徽博物院。

六、《揣籥續録》

《揣籥續録》三卷，清張作楠、江臨泰撰，清光緒二十三年(1897)刻本。開篇言『余既撰《揣籥小録》，以備測時之用。……謹依《欽定曆象考成後編》，實測黄赤大距二十三度二十九分，推算自極高十八度至五十五度，逐節氣加時，太陽距地高度以列表，并屬江雲樵推得横直二表日景長短，爲表影立成，以補前録所未備』。卷前附直表日晷圖式二，及對表取景圖説，卷後附横表日晷圖式及張作楠跋，又附張作楠與張遠春論徐氏《高厚蒙求》一書。是書現藏於安徽博物院。

七、《煮石山房詞鈔》附《妝臺雜詠》《鬻湖欸乃》

《煮石山房詞鈔》不分卷，附《妝臺雜詠》《鬻湖欸乃》，清江臨泰撰，安徽通志館鈔本。是書卷首有金瑨、汪甲序，卷末有汪甲跋。封面爲汪彬題簽。卷端鈐有『安徽省圖書館藏書』印。所附《妝臺雜詠》存詩二十首,《鄮湖欸乃》已成殘卷。金瑨序謂:『余讀其詞,知先生之造詣甚深。敷清麗之語而饒澹遠之神,於律尤競競不失尺寸,洵推作者。』由此可知,江氏填詞殆近格律一派。汪甲序曰:『若雲樵者旬鍛日煉,竭歷年心血,又從而汰其蕪穢,刪其質實,其全集竟不能流傳海内,良可慨矣。』是知此集爲江臨泰生前編定選録者。

第一册目録

（清）張作楠 撰 （清）俞俊 編 （清）江臨泰 補圖

倉田通法續編三卷

清嘉慶二十五年（1819）刻本

安徽博物院藏

倉田通法

上中下卷

倉田通法續編上卷

金華 張作楠 學算

麗水 俞 俊 編次

全椒 江臨泰 補圖

余撰倉田通法時麗水俞愛山俊以數學來質因其會習借根方法屬之校訂算草愛山未解立天元爲借根方所本隨授以秦道古大衍數李欒城測圓海鏡益古演段郭邢臺授時歷草及近時張古餘緝古算經細草李尚之弧矢算術細草並取倉田諸題拈草示之遂通其術茲輯課

艸暨纍法之涉於倉田者爲一編請續倉田通法後以備一家夫因倉田而旁及更面更體內容外切因算倉田而旁及三角八綫多乘方借根方贅矣續以是編不益贅乎然洞淵遺法肄習者鮮得是編爲初桄諒不至讀欒城之書而删其細草也因補訂算例釐爲三卷時嘉慶丙子中元前七日

立天元一法算例

按立天元法自秦道古李欒城後惟郭太史求周天弧度用其法取矢若唐荆川顧箬溪則得李氏

之書而不能解矣我

朝梅文穆公親受

聖祖仁皇帝指示算法始悟西人所譯借根方即古立天元術流入彼中者按借根方法歐羅巴名阿爾熱巴拉即華言東來法是借根方本之立天元西人原不諱所自來矣今考其法如立天元一即借根方之借一根也數分正負即借根方之多幾少幾也以眞數與虛數加減乘除即借根方之幾方幾根幾眞數與幾方幾根幾眞數相乘除加減也以寄左數與同數比例即借根方之幾方幾根幾眞

按李冶測圓海鏡序云老大以來得洞淵九容之說日夕玩繹而向之病我者使爆然落去而無遺餘謂此術所自來也

阮雲臺宮保云少廣著開方之法方程別正負之用立天元一者融會少廣方程而加精焉者也其術廣大精微無所不包大之而躔離度數小之而米鹽凌雜凡他術所能馭者立天元皆能馭之他術所不能馭者立天元獨能馭之

又曰今割圓八線內求十八等邊十四等邊二法用益實減實歸除原其實即借根方借根方即立天元

二然則西法之精符天象獨冠古今亦立天元術有以資之也

數與眞積若干相等也相消後餘二層則上法下實除之三層則平方開之四層則立方開之五層以上則以諸乘方開之即借根方之以平方立方諸乘方求根數也三層以下層爲實中層爲從上層爲隅四層以下層爲實實上爲從從上爲廉廉上爲隅即借根方之一平方多幾根少幾根就以幾根爲從也惟借根方兩邊加減後餘數仍分兩邊立天元相消用減法減後止有減餘一邊與借根方之某數與某數相等異耳今舉例如左

凡算式虛數曰天元眞數曰太極奇左數曰如積後數亦曰又數曰同數

凡虛數眞數均以暗馬記之如一作𝍠二作𝍡三作𝍢四作𝍣五作𝍤六作𝍥七作𝍦八作𝍧九作𝍨每層左右數同者則縱橫相間記之如四十四作𝍫𝍣七十七作𝍯𝍦又如四百四十四作𝍣𝍫𝍣八百八十八作𝍧𝍰𝍧之類

凡列位萬千百十單自左而右如三萬四千五百七十八步作𝍢𝍬𝍤𝍯𝍧有空位者作〇存其位如五萬六千七百八十作𝍤𝍮𝍦𝍰〇又如八萬四千〇九十六步作𝍧𝍫〇𝍨𝍥其上下層步位皆相當如上[illegible]之首位爲三千則下層之

按以斜畫別正負卽劉徽九章注正算赤負算黑秦道古開方圖負算畫黑正算畫朱之法取其算位易辨也

首位卽爲五千

算式下有步字者卽以所注之字爲定步位左爲十百千萬步右爲分釐豪絲如其步字注在下卽爲九步左上一位爲六十又上一位爲六百又上不注者一位爲四千首位爲一萬右位之爲二分

以右方尾位爲步如卽以右方尾位爲步得四百三十六步左方首位爲〇則以左方首位爲步如首位爲〇則以左方〇爲步知爲一分八釐七毫九絲

算有正負以無斜畫者爲正有斜畫者爲負如以天元減圓徑二十五爲矢徑差其式加斜畫太元爲負故又如以弦一百五十減天元爲弦背差其式加斜畫太爲負故

凡布算天元虛數旁記元字如有三虛數記元太極眞數旁記

太字（如三十五眞數則記）元下必太太上必元故有元字不記太字有太字不記元字（如一元與四十二步相加其式　既記元字則下位必太不必記太字　既記太字則上位必元不必記元字）元上一層元自乘數（如以天元自乘則其式爲）又上一層元再乘數（如以天元自乘再乘則其式爲）凡上一層則增一乘太下一層元除太數（如以天元除積四千三百六十八步則其式爲）又下一層元再除太數（如以天元再除積二千四百步則其式爲）凡下一層則增一

除

凡加法元加元太加太各齊其等同名相加（正者正之負者負之）

異名相減本數大則本數正者正之負者負之加數大則本數正者負之負者正之無對者亦正者正之負者負之

凡減法亦齊其等同名相減本數大則正者正之負者負之減數大則正者負之負者正之異名相加本數正者正之負者負之無對者本數正者正之負者負之減數正者負之負者正之

凡乘法亦齊其等列左右兩行以左行偏乘右行以左行下方一層起自下而上偏乘右行爲乘第一次又於左行轉上一層亦偏乘右行爲乘第二次如是累乘有若干層則乘若干次後一次所得較前一次所得遞進一層同名相乘所得爲正

異名相乘所得爲負乘訖同名相加異名相減以太乘太

元和李尚之曰相消卽相減方程所謂直除是也此語足正梅文穆赤水遺珍之疏

所得者爲太以元乘元所得者爲元

凡除法多不受除不受除無可除之理也除有法有實實可二法不可二如以一元十六步除十六步則法數爲二不能均分不一之數故曰不受也寄分者寄其應除之數也俟求得兩相當數而此數內向少一除不除此而轉乘彼則兩數仍相當猶之受除所謂以乘代除也又凡數奇零不盡亦曰不受除惟以天元一爲法則受除如以元除元得太以元除太得太下一層

同名相除所得爲正異名相除所得爲負

凡相消以寄左數與又數相減以又數減寄左數亦可以寄左數減又數

減餘之一邊爲得數借根方法求得兩等數後兩邊加減兼用加法故餘數仍分兩邊立天元相消止用減故餘數止得一邊且借根方多少之號有定立天元正負無定如左數

‖°°與又數之‖|𝍫相消若以左數減又數則得實正從負隅負或以又數減左數則得實負從正隅正

凡相消後不論天元太極等位但以下層爲實以上爲從廉隅相消所得算式不必旁記元太等字視算式層數除之得兩層上法下實除之得三層下層爲實中層爲從上層爲隅平方除之得四層下層爲實實上爲從從上爲廉廉上爲隅立方除之凡多一層則增一廉而開方增一乘

設例上 量田

問甲乙二長方田共積三百步甲濶八步乙長十四步甲長比乙濶爲二倍求甲長乙濶及積各幾何

答曰甲長二十步積一百六十步 乙濶十步積一百四十步

立天元一爲乙濶倍之得‖元爲甲長以天元乘乙長

得‖元爲乙冪以甲長乘甲濶得‖元爲甲冪相加得‖元

爲二田共冪寄左然後列其積|||太爲同數與左相消

得|||○|||○○上法下實得十步卽乙濶以乙長乘之得一

百四十步爲乙積倍乙濶得二十步爲甲長以甲濶

乘之得一百六十步爲甲積併之恰得三百步

問甲乙丙三長方田甲濶十步不知長乙濶十六步長與

甲等丙濶四步積與甲長等又甲乙二田共積與丙長

相併得三千一百五十步求三田長各幾何

等故卽以天元乙冪丙積與甲以丙濶除天元

答曰甲長一百二十步乙長一百二十步丙長三十步

立天元一爲甲長以甲濶乘之得𝍠元爲甲冪以天元乘乙濶得𝍠元爲乙冪以丙濶除天元得𝍢𝍠元爲丙長併甲乙二積加丙長得𝍣𝍠元爲如積寄左然後列其數𝍫𝍫爲同數與左相消得𝍣𝍠元上法下實得一百二十步卽甲長亦卽乙長亦卽丙積甲之長濶相乘得一千二百步爲甲積乙之長濶相乘得一千九百二十步爲乙積以丙濶除丙積得三十步卽丙長併甲乙二積加丙長恰得三千一百五十步

問長方田長濶和五百零四尺積爲濶自乘之七倍求長

濶各幾何

答曰濶六十三尺長四百四十一尺

立天元一爲濶以減長濶和得[五百零四太、負一元]爲長以天元乘

長得[五百零四元、負一]爲田冪寄左然後以天元自之得[一]元又

七之得[七]元爲同數與左相消得[八上法、五百零四下實]得

六十三尺即濶以減長濶和餘四百四十一尺即長

長濶相乘得積二萬七千七百八十三尺若以濶自

乘得三千九百六十九尺恰爲積數七之一

問有方田一坵方倉一座俱不知邊數但云以六丈與倉邊數相乘則與田之邊數等以五十四丈與倉邊數相乘則與田之積數等求倉田邊數各幾何

答曰倉每邊一丈五尺田每邊九尺

立天元一爲倉邊以六丈乘之得𝍥元爲田邊自之得𝍫𝍥 ○元爲田冪寄左　然後以天元與五十四丈相乘得𝍭𝍣元爲同數與左相消得𝍫𝍥 𝍭𝍣上法下實得一丈五尺爲倉邊六之得九丈爲田邊自之得八十一丈爲田積又以倉每邊與五十四丈相乘亦得八十一丈恰

與田積等

問甲乙二田不知畝數但知乙田得甲田八之五若併二田畝數則與二畝數相乘之數等求二田畝數各幾何

答曰甲田二畝六分乙田一畝六分二釐五毫

立天元一爲甲畝數五因八歸得〇𝍥𝍡𝍤元爲乙畝數相乘得〇𝍥𝍡𝍤〇元爲如積寄左然後併二畝數得𝍠𝍥𝍡𝍤元爲同數與左相消得〇𝍥𝍡𝍤𝍠𝍥𝍡𝍤上法下實得二畝六分爲甲畝數五因八歸得一畝六分二釐五毫即乙畝數二數相乘得四畝二分二釐五毫若併兩畝數亦得四畝二分

二釐五毫恰與相乘數等

問大小二方田小田每邊爲大田每邊三之一二田共邊爲二田共積五十分之一求二田邊數積數各幾何

答曰小田每邊二十步積四百步大田每邊六十步積三千六百步

立天元一爲小田邊三之得𝍢元爲大田邊以天元自之得丨〇元爲小田積大田邊自之得𝍱〇元爲大田積相加得卜〇〇元爲二田共邊五十倍寄左然後併二邊得𝍣元以五十乘之得‖卜元爲同數與左相消得卜〇‖〇上法下實得二十步卽小田邊三之得六十步卽大田

邊相加得共邊八十步又以小田邊自之得四百步
爲小田積大田邊自之得三千六百步爲大田積二
積相加得四千步恰爲共邊五十倍
問甲乙丙三方田乙邊爲甲邊四之一丙邊爲甲邊八之
一乙丙共積爲甲邊十倍求三田邊數積數各幾何
答曰甲每邊一百二十八步積一萬六千三百八十四步　乙每邊三十二步積一千〇二十四步
丙每邊十六步積二百五十六步
立天元一爲丙邊倍之得𝍡元爲乙邊又四之得𝍯元爲
甲邊乙邊自之得𝍣〇元爲乙冪丙邊自之得𝍠〇元爲

丙冪二冪相加得𝍣○元爲甲邊十倍寄左然後以甲邊十之得𝍯元爲同數與左相消得𝍤𝍯○上法下實得十六步即丙邊倍之得三十二步即乙邊八之得一百二十八步即甲邊以乙邊自之得一千○二十四步爲乙積丙邊自之得二百五十六步爲丙積併兩積得一千二百八十步恰爲甲邊十倍

問甲乙二方田甲邊爲乙邊三倍若以甲邊四之一與乙積相乘則與甲積等問二田邊數積數各幾何

答曰甲每邊三十六步積一千二百九十六步　乙每邊一十二步積一百四十四步

十二分卽三倍與四箱乘之數

立天元一爲甲邊十二分之一十二之得𝍩𝍡元爲甲邊以甲邊三歸得𝍣元爲乙邊乙邊自乘得𝍩𝍥元〇元爲乙冪取甲邊四之一乘之得𝍬𝍧〇〇元爲如積寄左然後以甲邊自之得𝍠𝍬𝍣〇元爲同數與左相消得𝍬𝍧𝍠𝍬𝍣上法下實得三步爲甲邊十二分之一十二之得三十六步卽甲邊三歸甲邊得十二步卽乙邊以甲邊自之得一千二百九十六步爲甲積乙邊自之得一百四十四步爲乙積取甲邊四之一九步乘乙積亦得一千二百九十六步恰與甲積等

問大小二方田大田邊與小田邊之比例同於五與三大田積比小田積多二千三百〇四步求二田方邊各幾何

答曰大田六十步小田三十六步

立天元一為小田每邊三分之一三之得𝍢元為小田邊五之得𝍤元為大田邊以小田邊自之得𝍨○元為小田冪大田邊自之得𝍪𝍤○元為大田冪二冪相減餘𝍩𝍥○元為如積寄左然後列多積𝍡𝍬○𝍣為同數與左相消得𝍩𝍥○𝍡𝍬○𝍣開平方得十二步為小田每邊三之一三之

得三十六步卽小田邊五之得六十步卽大田邊以小田邊自之得一千二百九十六步爲小田積大田邊自之得三千六百步爲大田積兩積相減恰餘二千三百〇四步

附開帶縱諸乘方簡法開方除古有帶從減從減廉減隅翻積益積諸法布算煩繁此法通初商次商爲一道甚省便列如左

法列實於上以初商乘從得從積以初商自之以乘兼得廉積有第二第三廉者累以初商自增乘爲各廉乘數以乘各廉得各廉積以初商乘末廉乘數以乘隅得

隅積求得從廉隅各積於下同名以加異名以減此據相消所得正負言之故同加異減若借根方法以加減所得多少入算則當同減異加上位即得初商有不盡復列元實於上併初商次商如前入之如前問相消所得下層眞數二千三百〇四步中層從空上層隅十六步依法列實二千三百〇四步於上初商十步以初商乘從從空以初商自之得百步以乘隅得一千六百步餘實七百〇四步乃列元實二千三百〇四步於上次商二步合初商共十二步以乘從從空以十二步自之得一百四十四步以乘隅得二千三百〇四步與原實相減恰盡　又法先以上層隅十六步除積得一百四十四步爲平方積開平方亦得一十二步蓋十六分得二千三百〇四則一分必得一百四十四隅與方積爲同式形故可相比例也

問甲乙丙三方田共積二萬九千四百八十四步乙田每

邊爲甲田三倍丙田每邊亦爲乙田三倍求三田邊數

積數各幾何

答曰甲每邊十八步積三百二十四步乙每邊五十四步積二千九百一十六步丙每邊一百六十二步積二萬六千二百四十四步

立天元一爲甲邊三之得𝍢元爲乙邊九之得𝍨元爲丙

邊以天元自之得𝍠〇元爲甲冪乙邊自之得𝍨〇元爲

乙冪丙邊自之得𝍷𝍠〇元爲丙冪三冪相加得𝍸𝍠〇元爲

如積寄左然後列共積𝍡𝍸𝍣𝍷𝍣太爲同數與左相消得𝍸𝍠〇

𝍢𝍱𝍣開平方得十八步爲甲邊三之得五十四步爲乙

邊又三之得一百六十二步爲丙邊以甲邊自之得

三百二十四步爲甲積九之得二千九百一十六步

卽乙積以八十一乘甲積或以九乘乙積得二萬六千二百

四十四步卽丙積三積相加恰合共積數

問一方田一長方田俱不知邊數但知長方田積三百步

長爲方邊四之二濶爲方邊八之三求二田方邊各幾

何

答曰方田每邊四十步長方田長二十步濶十五步

立天元一爲方邊自之得丨元爲方田冪寄左然後

以兩分母相乘得||||太以乘長方積得≡||||太以兩分子相

乘得丄太除之得|||太爲同數與左相消得丨〇〡||平

方得四十步即方邊四歸二因得二十步即長方田

之長八歸三因得十五步即長方田之濶長濶相乘

恰得三百步

問勾股田股二十步勾弦較十步求勾幾何

答曰十五步

立天元一爲勾加勾弦較得|元丨〇爲弦以天元自之

得丨元爲勾冪弦自之得丨||元丨〇〇爲弦冪相減得||元

[算籌]爲股冪寄左然後以股自之得[算籌]爲同數與左相消得[算籌]上法下實得十五步卽勾

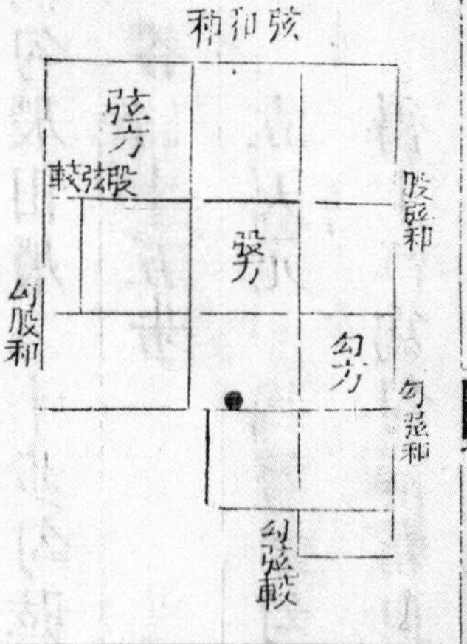

弦和和
弦方
股弦較
勾股和
股方
股弦和
勾方
勾弦和
勾弦較

問勾股田股二十四步勾弦和三十二步求勾幾何

答曰七步

立天元一爲勾以減勾弦和得[算籌]爲弦以天元自之得[算籌]爲勾冪弦自之得[算籌]爲弦冪相減得[算籌]爲股冪寄左然後以股自之得[算籌]爲同數與左

相消得‖〣 上法下實得七步即勾

問勾股田弦五十步勾股和七十步求股幾何

答曰四十步

立天元一爲股以減勾股和得丅 丄太爲勾以天元自

之得〡元 〇太爲股冪勾自之得〡元 〣〇爲

勾冪相併得‖元 〣〇爲弦冪寄左然後

以弦自之得〣太爲同數與左相消得‖

〣〇開平方得四十步即股

問勾股田勾弦和五十步股弦和八十一步求勾股弦各

幾何

答曰勾九步股四十步弦四十一步

立天元一爲勾自之得[算籌]元爲勾冪寄左然後以天元減勾弦和得[算籌]太爲弦以弦減股弦和得[算籌]太爲股五十步與八十步相減餘三十一步爲勾股較故股得此數弦自之得[算籌]元爲弦冪股自之得[算籌]太爲股冪相減得[算籌]太爲同數與左相消得[算籌]開平方得九步爲勾以勾減勾弦和餘卽弦以弦減股弦和餘卽股或以勾與勾股較相加亦得股

問勾股田勾股和二十三步勾弦和二十五步求勾股弦各幾何

答曰勾八步股十五步弦十七步

立天元一爲勾自之得𝍠〇元爲勾冪寄左然後以天元減勾股和得卜𝍡𝍫太爲股自之得𝍠𝍣𝍮𝍤𝍡𝍨太爲股冪以天元減勾弦和得卜𝍡𝍭太爲弦自之得𝍠𝍤〇𝍥𝍡𝍤太爲弦冪相減得𝍣𝍮太爲同數與左相消得𝍠𝍫𝍱開平方得八步爲勾以減勾股和餘卽股以減勾弦和餘卽弦

問勾股田股弦和二十五步勾弦較八步求勾股弦各幾

何

答曰勾五步股十二步弦十三步

立天元一爲股自之得丨○元爲股冪寄左然後以天元減股弦和得[算式]爲弦內減勾弦較得[算式]爲勾股弦和二十五步內減勾弦較餘十七步爲勾股和故勾得此數勾自之得[算式]爲勾冪弦自之得[算式]爲弦冪勾弦冪相減得[算式]亦爲股冪與左相消得[算式]開平方得十二步爲股以減股弦和餘即弦以弦減勾弦較餘即勾

問勾股田股弦較一步勾弦較三十二步求勾股弦各幾

何

答曰勾九步股四十步弦四十一步

立天元一爲勾自之得𝍠〇元爲勾冪寄左然後以天

元加勾弦較得𝍠𝍫𝍡太爲弦自之得𝍠𝍮𝍣𝍩〇𝍪𝍣太爲弦冪以

弦減股弦較得𝍠𝍫𝍠太爲弦自之得𝍠𝍮𝍡元𝍨𝍮𝍠爲股冪相

減餘𝍡𝍮𝍢亦爲勾冪爲同數與左相消得𝍠𝍡𝍮𝍢開

平方得九步爲勾以加勾弦較得弦弦減股弦較餘

即股。

問勾股田勾股和七十三步勾弦較與股弦較之和三十

三步求勾股弦各幾何

答曰勾二十八步股四十五步弦五十三步勾弦較二十五步股弦較八步兩較之和三十三步

立天元一為勾自之得丨元為勾冪寄左然後以天

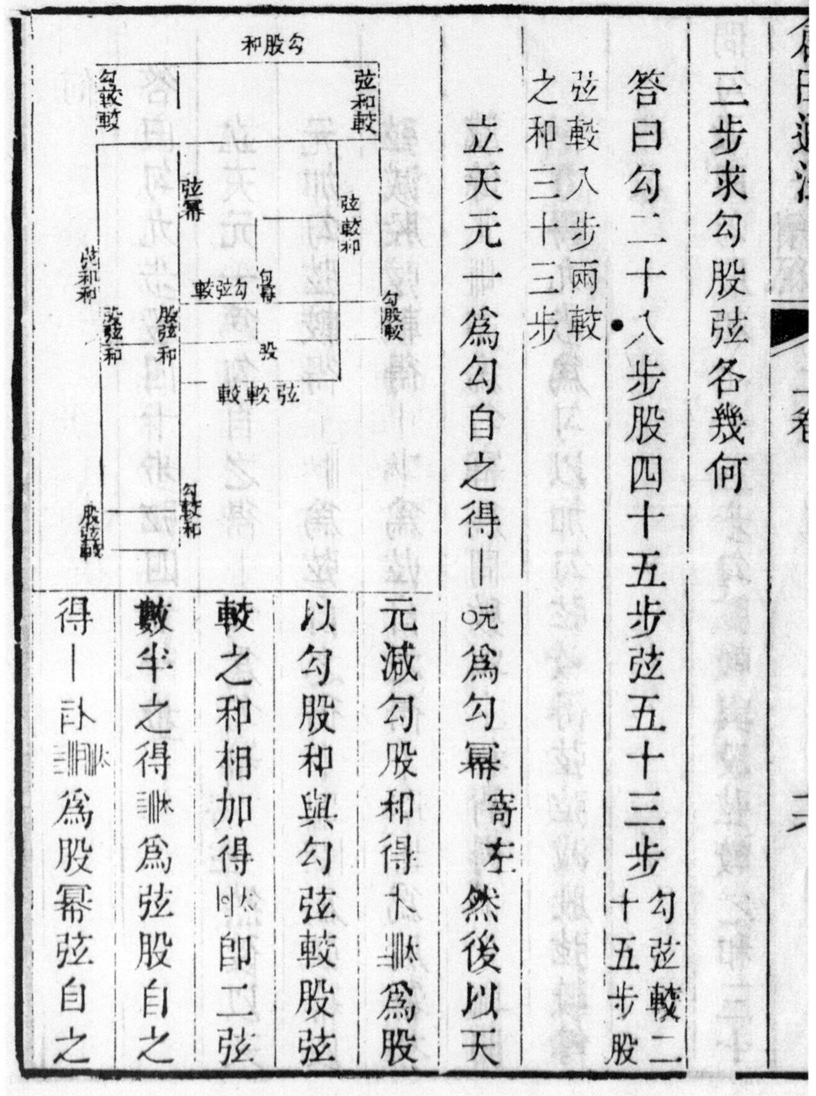

元減勾股和得丨卌為股以勾股和與勾弦較股弦較之和相加得卌即二弦數半之得卌為弦股自之得丨卌為股冪弦自之

雪樵按勾股弦總和即弦和和亦即勾和和

得[算籌數字]為弦冪相減得[算籌數字]亦為勾冪與左相消得[算籌數字]開平方得二十八步為勾以減勾股和餘即股依勾股求弦法得弦

問勾股田勾股弦總和一百五十步勾股較股弦較勾弦較共八十步求勾股弦各幾何

答曰勾二十五步股六十步弦六十五步

立天元一為勾自之得[算籌數字]為勾冪寄左然後將三較共數折半得[算籌數字]即勾弦較與天元相加得[算籌數字]為弦自之得[算籌數字]為弦冪又併勾弦得[算籌數字]以減勾

善云樵按弦與勾股較之較即弦較較

股弦總和得𝍰𝍥太為股自之得𝍢𝍰元𝍥太為股冪相減

餘𝍰𝍧元𝍥太亦為勾冪與左相消得𝍢𝍧元𝍥太開平方得

二十五步為勾與勾弦較𝍢太相加得弦併勾弦以減

勾股弦總和餘即股

問勾股田勾股和二十三步弦與勾股較之較十步求勾

股弦各幾何

答曰勾八步股十五步弦十七步

立天元一為勾股較加弦與勾股較之較得〡𝍥太為

弦以天元自之得〡元為勾股較冪弦自之得〡𝍥太

凡以勾自乘數爲首率以勾股相乘數爲中率以股自乘數爲末率則成相連比例三率故此例以首率

𝍠〇爲弦冪倍之得𝍡𝍢元𝍡〇內減勾股較冪得𝍠𝍣太𝍡〇

爲如積（即勾股和自乘之數）寄左然後以勾股和𝍡太自之得𝍡𝍣太

爲同數與左相消得𝍠𝍣〇𝍨開平方得七步爲勾股

較與勾股和相加折半得股內減較餘爲勾以勾股

較與弦與勾股較之較相加得弦

問勾股田積二百四十步股弦較四步求勾股弦各幾何

答曰勾十六步股三十步弦三十四步

立天元一爲股加較得𝍠𝍣太爲弦自之得𝍠𝍰元𝍠𝍮爲

弦冪又以天元股自之得𝍠〇元爲股冪相減餘𝍰元𝍠𝍮

末率自乘之數與中率自乘之數相比例

為勾冪乃以勾冪與股冪相乘得丄三‖〇元為如積寄

左

然後倍眞積得‖‖‖太又自之得‖‖‖〇為同數與左相消

得丄三‖〇‖‖‖〇開立方得三十步為股加較得弦以股

除倍積得勾

問勾股田積二百四十步勾弦和五十步求勾股弦各幾

何

答曰勾十六步股三十步弦三十四步

立天元一為勾以減和步得丨‖‖‖太為弦自之得丨‖元

‖〇為弦冪又以天元勾自之得丨〇元為勾冪相減餘

丄〇〢太為股冪乃以勾冪與股冪相乘得丄〇〢〇元為如積寄左然後倍員積得〢太又自之得〣〇為同數與左相消得丄〇〢〇〣〇開立方得十六步為勾以減和步餘即弦以勾除倍積得股

問勾股田積四百八十步弦較較二十四步求勾股弦各幾何

答曰勾二十步股四十八步弦五十二步

立天元一為勾股較以加弦較較得〡太為弦自之得〡〢元〢為弦冪寄左然後以天元自之得〡元為

勾股較冪四因勾股田積得[illegible]與勾股較冪相加得[illegible]為同數與左相消得[illegible][illegible]上法下實得二十八步為勾股較以加弦較較得五十二步即弦自之得[illegible]勾股較自之得[illegible]相減餘[illegible]折半得[illegible]為長方積勾股較為從開平方得濶二十步即勾得長四十八步即股

問勾股田積四百八十步弦較和八十步求勾股弦各幾何

答曰勾二十步股四十八步弦五十二步

立天元一爲勾股較以減弦較和得[illegible]爲弦自之得[illegible]爲弦冪寄左 然後以天元自之得丨元爲勾股較冪四因勾股田積得[illegible]與勾股較冪相加得[illegible]爲同數與左相消得[illegible]上法下實得二十八步卽勾股較以減弦較和餘卽弦如前例求之得勾股 或以弦自之加四勾股積開平方得勾股和與勾股較相加折半爲股以勾股和與勾股較相減折半爲勾

問勾股田積四百八十步弦和較十六步求勾股弦各幾何

答曰勾二十步股四十八步弦五十二步

立天元一為弦以加弦和較得丨‖太為勾股和自之

得丨‖⊨‖⊫太為勾股和冪寄左然後以天元自之得丨

〇元為弦冪四因勾股田積得‖〇太與弦冪相加得丨元

‖〇為同數與左相消得‖⊨‖⊫上法下實得五十二步

為弦以加弦和較得六十八步為勾股和弦自之內

減四勾股積餘開平方得勾股較與勾股和相加折

半得股相減折半得勾

問勾股田積四百八十步弦和和一百二十步求勾股弦

各幾何

答曰勾二十步股四十八步弦五十二步

立天元一爲弦以減弦和和得〔算式〕太爲勾股和自之

得〔算式〕太爲勾股和冪寄左然後以天元自之得〔算式〕

元爲弦冪四因勾股積得〔算式〕與弦冪相加得〔算式〕元

爲同數與左相消得〔算式〕上法下實得五十二步爲

弦以減弦和和餘六十八步爲勾股和如前例求之

得勾股或弦自乘得數勾股和自乘得數相減餘折半爲長方積勾股和爲從開平方得濶爲勾

得長爲股

問有甲乙丙三角形田甲乙邊一百七十步乙丙邊二百一十步甲丙邊一百步今欲從甲角對乙丙邊築一隄分爲二勾股形田求隄長及分得乙丙邊各幾何

答曰隄長八十步大分一百五十步小分六十步

立天元一爲隄即中垂線之面冪以甲丙邊自之得[illegible]內減隄冪得[illegible]爲小分底冪小分底如丁丙又以甲乙邊自之得[illegible]內減隄冪得[illegible]爲大分底冪大分底如乙丁二底冪相乘得[illegible]爲如積寄左然後以乙丙邊自之得[illegible]內減大小兩分底冪餘[illegible]半之得[illegible]爲小

按連比例三率首率與末率相乘與中率自乘等今以大分底乘大分底冪為首率小分底乘大分底冪為中率小分底冪為末率亦為相連比例三率故以大分底冪與小分底冪相乘為如積即以小分底乘大分底之冪自乘為同數

甲 乙 丙 丁 小腰 大腰 隄即中垂線 小分底 大分底

分底乘大分底冪自之得[illegible]為同數與左相消得[illegible]上法下實得六千四百步即隄冪開平方得八十步即隄長乃以隄長為勾如甲丁大腰為弦如甲乙用勾弦求股術求得股一百五十步即大分底如乙丁又以隄長為股如甲丁小腰為弦如甲丙用股弦求勾術得勾六十步即小分底如丙丁倂大小兩分底恰得二百一十步

問有三角田從角對底邊築一隄即垂線分原田為兩勾股

形隄爲大形之勾亦爲小形之股只知大弦即大腰與隄之較二十五步小弦即小腰與隄之較三步其大股即大分底與小勾之和即原底邊四十四步求隄及大小兩弦各幾何

答曰隄長十二步大弦三十七步小弦十五步

立天元一爲隄長自之得丨○元爲隄冪以天元加大弦較得丨元‖〓爲大弦自之得丨‖‖○‖丄太爲大弦冪內減隄冪餘||||○‖丄太爲大股冪又以天元加小弦較得丨||||太爲小弦自之得丨‖丄‖≡太爲小弦冪內減隄冪餘丄|||太爲小勾冪以小勾冪與大股冪相乘得||||∞‖≡∞||||丄太爲如

積寄左　然後以大股與小勾之和自之得[illegible]

[illegible]內減大股小勾二冪餘[illegible]半之得[illegible]

[illegible]為小勾乘大股之冪自之得[illegible]為

同數與左相消得[illegible]開平方得十二

步為隄長加大弦較得三十七步即大弦

加小弦較得十五步即小弦

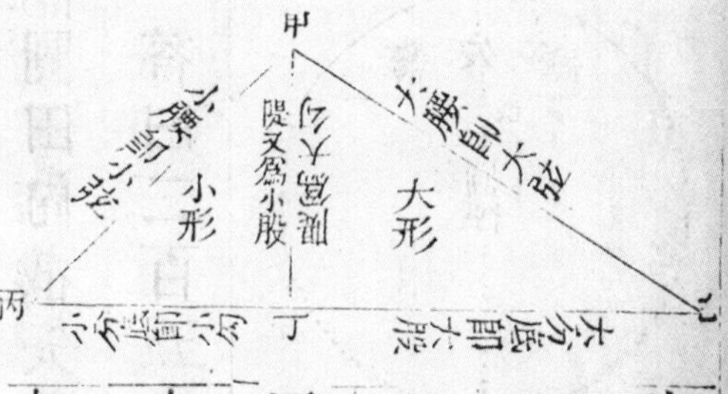

甲
乙
丙
丁
大形
小形
大腰即大弦
隄為大勾
隄又為小股
小腰即小弦
大分底即大股
小分底即小勾

如圖甲乙丙三角田自甲向底邊丁處築一隄分為甲乙丁甲丁丙相並二勾股形分底邊為乙丁與丁丙二段以大腰為弦大分底為股則以隄為勾以小腰為弦小分底為句則隄又為股今於小形弦冪內減去隄冪餘得小勾冪為末率又於大形弦冪內減去隄冪餘得大股冪為首率又因大

股小句和數自乘冪內有大股自乘之一正方小句自乘之一正方小勾乘大股之二長方乃減去二正方餘數折半得小句乘大股之一長方冪爲中率則成相連比例三率故以首率大股冪與末率小勾冪相乘之數與中率小勾乘大股之冪自乘之數相消而得隄冪開平方即得隄之長數

以下弧矢十二題本李尚之弧矢算術細草

問圓田內截矢二十五步弦一百五十步求圓徑幾何

答曰二百五十步

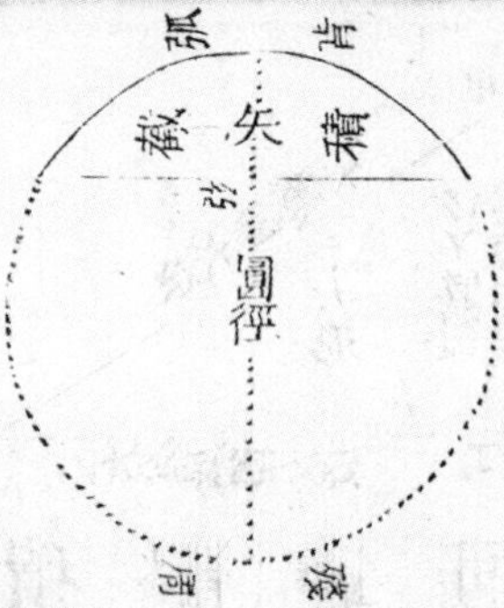

立天元一爲圓徑以矢減之得[illegible]爲矢徑差又以矢乘之得[illegible]爲一段半弦冪寄左然後以半弦自之得[illegible]爲同數與左相消得[illegible]上法下實得二百

五十步卽圓徑

問圓田內截矢二十五步圓徑二百五十步求弦幾何

答曰一百十五步

立天元一爲半弦自之得丨○元爲半弦冪寄左然後以矢減圓徑得[illegible]爲矢徑差以矢乘之得[illegible]爲同數與左相消得丨○[illegible]開平方得七十五步爲半弦倍之得全弦

問圓田內截弦一百五十步圓徑二百五十步求矢幾何

答曰二十五步

立天元一為矢以減圓徑得丅‖太為矢徑差又以天元乘之得丅‖元為半弦冪寄左然後以半弦自之得‖‖為同數與左相消得丨‖太‖‖開平方得二十五步即矢

問圓田內截矢二十五步弦一百五十步求弧背幾何

答曰一百五十五步

立天元一為弧背以弦減之得‖元‖太為弦背差又以矢自之又倍之得‖太為兩段矢冪合以弦背差除之今不受除便以為圓徑內寄弦背差為母 又以弦背差乘矢

得〔算籌〕〔算籌〕為帶分矢以減圓徑得〔算籌〕為矢徑差內寄弦背差為母以矢乘之〔算籌〕為半弦冪內寄弦背差為母寄左然後以弦半之又自之得〔算籌〕為半弦冪又以分母弦背差乘之得〔算籌〕為同數與左相消得〔算籌〕上法下實得一百五十五步即弧背

問圓田內截矢二十五步弧背一百五十五步求弦幾何

答曰一百五十步

立天元一為弦以減弧背得〔算籌〕為弦背差又以矢自之又倍之得〔算籌〕為兩段矢冪合以弦背差除之今

不受除便為圓徑（內寄弦背差為母）又以弦背差乘矢得[籌式]元

[籌式]為帶分矢以減圓徑得[籌式]元[籌式]為矢徑差（內寄弦背差為母）

以矢乘之得[籌式][籌式]又四之得[籌式]元[籌式]為弦冪（內寄弦背差分母）

寄左然後以天元自之得[籌式]元為弦冪又以分母弦

背差乘之得[籌式]元為同數與左相消得[籌式][籌式]

益積開立方得一百五十步卽弦

問圓田內截弦一百五十步弦背一百五十五步求矢幾

何

答曰二十五步

倒積倒從即翻積法也初商常減積此獨以原積減初商積倍廉常減從步此獨以從步減倍廉開方變例也

立天元一為矢自之得｜〇元為矢冪又倍之得‖〇元為兩段矢冪合以弦減弧背餘五步為弦背差除之不便除便為圓徑（內寄弦背差為母）又以弦背差乘矢得卌元為帶分矢以減圓徑餘‖卌元為矢徑差（內寄弦背差為母）以天元乘之得‖卌〇元為半弦冪（內寄弦背差為母）寄左然後以半弦自之得卌卌太又以分母弦背差乘之得卌卌太為同數與左相消得‖卌〇卌倒積開立方得二十五步即矢

問圓田徑二百五十步截弧背一百五十五步求矢幾何

答曰二十五步

立天元一爲矢自之又倍之得‖ ○元爲兩段矢冪合以圓徑除之不便除便爲弦背差內寄圓徑爲母又以圓徑乘弧背得[算籌]太爲帶分弧背以弦背差减之得[算籌]爲弦內寄圓徑爲母自之得[算籌]爲弦冪內寄圓徑冪爲母寄左然後以天元减圓徑得[算籌]爲矢徑差又以天元乘之得[算籌]又四之得[算籌]爲弦冪以分母圓徑冪[算籌]乘之得[算籌]爲同數與左相消得[算籌]開三乘方得二十五步卽矢

問圓田內截矢二十五步幾周五百九十五步求弦幾何

答曰一百五十步

立天元一爲半弦自之得〔算式〕爲半弦冪合以矢除之不便除便爲矢徑差內寄矢步爲母以矢自之得〔算式〕爲帶分矢以加矢徑差得〔算式〕爲圓徑內寄矢步爲母自之得〔算式〕爲徑冪內寄矢步爲母三之得〔算式〕爲三段圓徑冪寄左然後以矢自之又倍之得〔算式〕合以圓徑除之因圓徑內先帶有矢步分母今不受除便以矢乘之得〔算式〕爲弦背差內寄圓徑爲母圓徑內又寄矢步爲母又倍

天元以圓徑乘之得‖○[illegible]為帶分弦以弦背差加

之得‖○[illegible]為帶分弧背又以圓徑乘殘周得[illegible]

[illegible]為帶分殘周以加弧背得‖[illegible]為圓周寄內

圓徑為母圓徑內合以圓徑乘之緣此數內已帶有

又寄矢步為母

圓徑分母更不須乘便為三段徑冪又合以分母矢

冪乘之緣此數內已帶有矢步分母今只以矢步乘

之得[illegible]為同數與左相消得[illegible]開

三乘方得七十五步為半弦倍之得全弦

問圓田內截弦一百五十步殘周五百九十五步得矢幾

何

答曰二十五步

立天元一爲矢以弦半之又自之得[illegible]太爲半弦冪以天元除之得〇太[illegible]爲矢徑差以加天元得[illegible]元〇[illegible]爲圓徑自之得[illegible]〇元[illegible]〇[illegible]爲徑冪又三之得[illegible]元[illegible]〇[illegible]爲三段徑冪寄左 然後以天元自之又倍之得[illegible]元爲兩矢冪合以圓徑除不便除便爲弦背差寄內圓徑爲母又以圓徑乘弦得[illegible]元〇[illegible]爲帶分弦以加弦背差得[illegible]元〇[illegible]爲帶分弧背又以圓徑乘殘周[illegible]元〇

[算籌]為帶分殘周以弧背加之得[算籌]元[算籌]○[算籌]為圓周內寄

圓徑為母合以圓徑乘之為三段徑冪緣此數內已帶有

圓徑分母更不須乘便為同數與左相消得[算籌]

[算籌]開三乘方得二十五步即矢

問圓田內截矢二十五步截積二千一百八十七步半求

弦幾何

答曰一百五十步

立天元一為弦以矢加之得[算籌]元[算籌]為矢弦併又以矢

乘之得[算籌]元[算籌]寄左 然後以截積倍之得[算籌]為同數與

左相消得[算籌]上法下實得一百五十步即弦

問圓田內截弦一百五十步截積二千一百八十七步半

求矢幾何

答曰二十五步

立天元一爲矢以弦加之得[算籌]元[算籌]爲矢弦併又以矢

乘之得[算籌]元[算籌]寄左　然後以截積倍之得[算籌]太爲同數與

左相消得[算籌]開平方得二十五步即矢

問圓田徑二百五十步截積二千一百八十七步半求矢

幾何

答曰二十五步

立天元一爲矢倍截積得[illegible]以天元除之得[illegible]爲

矢弦併以天元減之得[illegible]爲弦自之得[illegible]

〇[illegible]爲弦冪寄左然後以天元減圓徑得[illegible]爲矢

徑差又以天元乘之得[illegible]又四之得[illegible]爲同數

與左相消得[illegible]〇[illegible]開三乘方得二十五步即

矢

問有圓田繚以周垣四面開門離南門一百三十五步有

樹出東門一十六步見之求圓徑幾何

測圓海鏡以勾股容圓為題自圓心圓外反覆取之得十五形演為一百七十問縱橫變化愈出愈奇而要其前後三十四問尤神妙不測此題自依明其第二問諸法推算

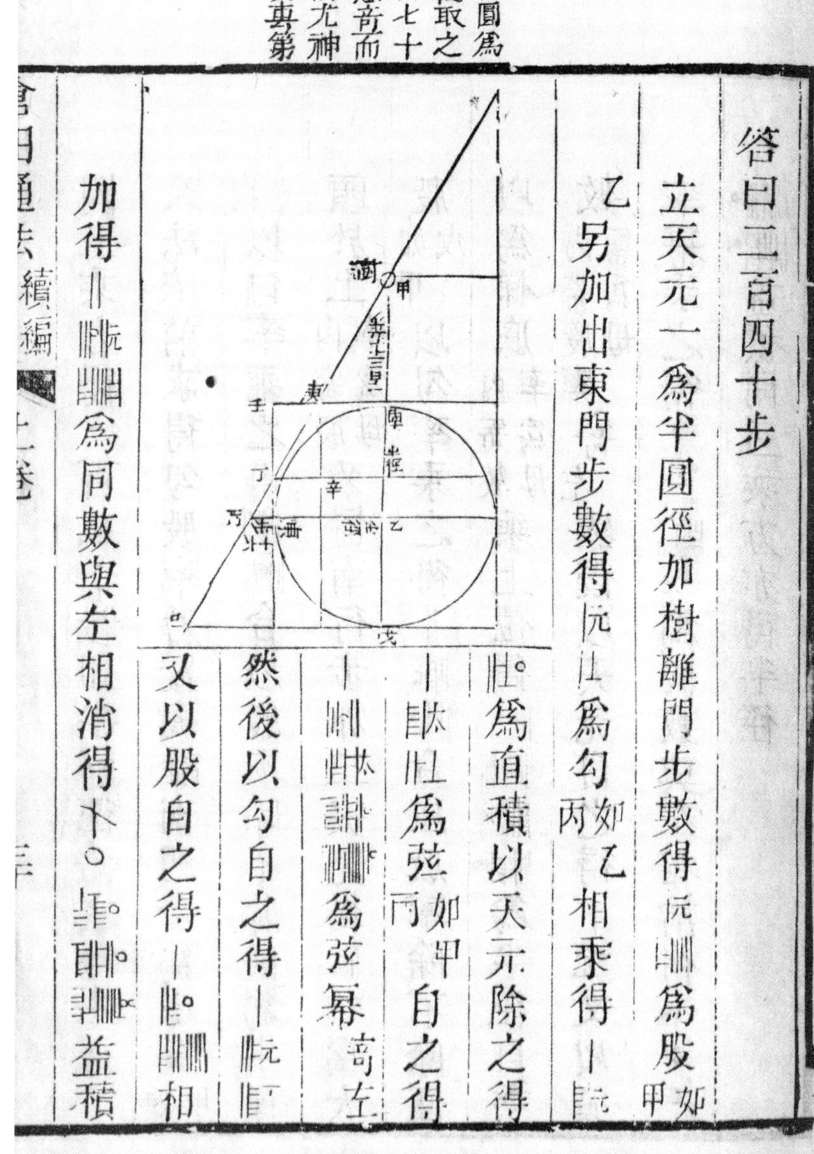

答曰二百四十步

立天元一為半圓徑加樹離門步數得[算籌]為股如甲乙

另加出東門步數得[算籌]為勾如乙丙相乘得[算籌]

為直積以天元除之得[算籌]為弦如甲丙自之得

[算籌]為弦冪寄左

然後以勾自之得[算籌]

又以股自之得[算籌]相

加得[算籌]為同數與左相消得下式[算籌]益積

開三乘方得一百二十步即半圓徑倍之得全徑

又法依前求得勾股率乃置樹離南門步爲小股如甲南以句率乘之得[籌式]合以股率除不除便爲半梯頭於上內寄股率爲母又置南行步加二天元得[籌式]爲大股如甲戊以勾率乘之得[籌式]合以股率除不除便以爲梯底內寄股率爲母乘上位得[籌式]爲半徑自乘數內帶股率冪爲母寄左然後以天元自之得[籌式]又以股率冪乘之得[籌式]爲同數與左相消得[籌式][籌式]益積開三乘方亦得半徑

又法立天元一為見樹斜步_{如甲丙}以為弦自之得丨
〇元為弦冪以二行步相減餘𝍫𝍣太自之得𝍪𝍤太為較冪以
減弦冪餘丨𝍢元𝍪𝍤為二直積以天元除之得丨元〇𝍪𝍤
為圓徑副置之上位加東行倍步得丨元𝍡𝍫為二句
以自增乘得丨𝍬元𝍮𝍫𝍤𝍮𝍬為四段句冪下位加樹離
南門倍步得十𝍬〇𝍫為二股以自增乘得丨𝍬〇𝍫太
𝍫𝍬為四段股冪併入上位得𝍡𝍫𝍬太𝍮𝍪為四段弦
冪寄左然後以天元弦冪就四分之得𝍢〇元為同數
與左相消得𝍬𝍡𝍫𝍬〇𝍮𝍪益積開三乘方得二百八

十九步即見樹斜步以爲弦如甲丙別立天元半徑加

東行步爲句如乙丙加樹離南門步爲股如甲乙各爲冪

併之與弦冪相消開平方亦得半徑

又法立天元一爲東行步上斜步如東丙即丁丙東勾股形之弦加

二行差得|元||||如甲庚即甲庚南勾股形之弦以天元乘之又倍之

得‖||||太泛寄另置甲庚南句股形之弦如甲庚以東行步

乘之得|元|||||以天元除之得||太||||爲甲庚南勾股形之

句如南庚又置天元以樹離南門步乘之得||||太合用

甲南庚勾股形之弦除不除便以此爲丁丙東句股形之股如丁

東於上內寄甲庚弦爲母乃再置南庚句以甲庚弦乘之得[算籌式]

[算籌式]亦爲帶分南庚句加入上位得[算籌式]爲庚辛丁句股形之

弦如庚丁以自增乘得[算籌式]爲庚丁弦冪內帶甲庚弦冪

分母寄左然後置甲庚弦自之得[算籌式]爲甲庚弦冪以乘

泛寄得[算籌式]爲同數與左相消得下式[算籌式]

[算籌式]開五乘方得三十四步即東行步上斜步

如丁丙爲丁丙東勾股形之弦東行步[算籌式]爲句如丙東各自爲冪

相減餘[算籌式]開方得三十丈爲股如丁東以勾股相乘倍

之得九百六十步爲實股弦相減餘四步爲法法除

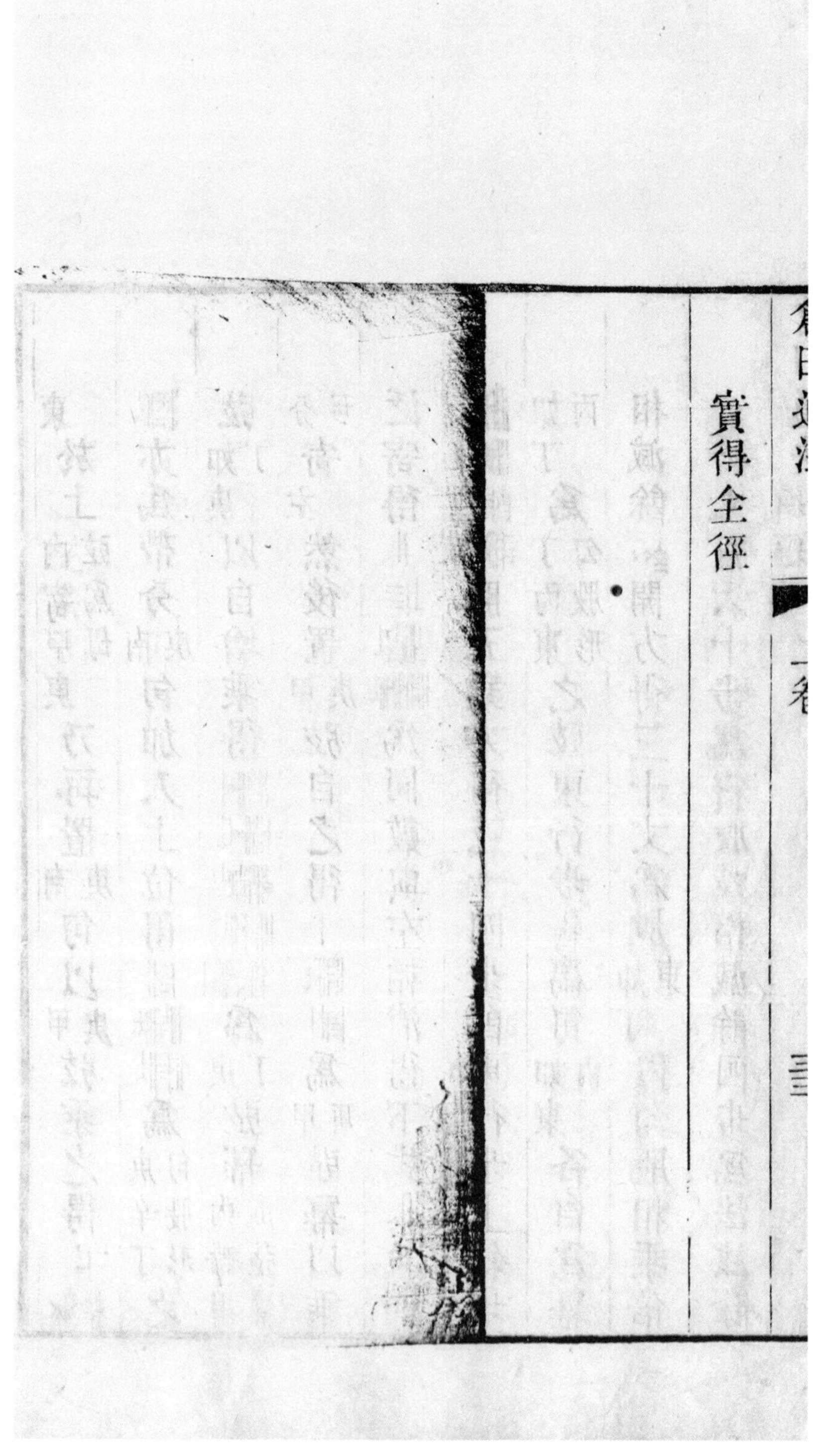

實得全徑

倉田通法續編中卷

金華 張作楠 學算

麗水 俞俊 編次

全椒 江臨泰 補圖

設例中

量田 按四庫全書提要云李冶測圓海鏡以立天元一法爲根學者驟欲通之茫無門徑可入惟因方圓冪積以明之其理猶屬易見故於益古衍段方圓相求各題下皆以此法步之爲草俾學者得以易入云云是益古演段洵習立天元者之指南也今依術布算另爲一卷次於句股弧矢諸法後庶幾隱伏糅雜諸題可迎刃而解矣

問方田內有圓池占之外計田一十三畝七分半從外田

楞至內池楞四邊各二十步求方邊圓徑各幾何

答曰外田方邊六十步內池徑二十步

二十步
池
二十步　二十步
二十步

立天元一爲內池徑加倍至步得丨 ≡〇太爲田方邊以自增乘得丨 ╧〇 丨≡〇〇太爲方積再以內池徑自之又三因四而一得〇𝍦𝍤 〇太爲池積以減方積得‖𝍤 ╧〇 丨≡〇〇太爲如積寄左然後以畝法乘畝數得‖≡〇〇太與左相消得〇‖𝍤 ╧〇 ╧〇開平方得二十步卽圓池徑倍至步加池徑得外方邊

若以外田楞通內池徑數求方邊圓徑設如池外積三千三百步外楞通池徑共四十步則立天元一爲池徑減倍通步得[illegible]爲方邊以自增乘得[illegible]爲方田積又以天元自之三因四而一得[illegible]爲池積以減田積得[illegible]爲如積寄左然後列眞積[illegible]與左相消得[illegible]開平方得二十步卽內池徑倍通步內減池徑餘卽外方邊

通池徑共四十步

池

若以外田角斜至內池楞數求方邊圓徑設如池外積

一萬一千三百二十八步從外田角斜至內池楞各五十二步則立天元一爲池徑加倍至步得丨[算籌]爲方斜以自增乘得丨[算籌][算籌]爲方斜冪方斜上合身外減四不及減便寄一步四分爲分母今此方斜冪乃是變斜爲方邊以自乘之數又別得是展起之數也合以池徑自之三因四而一得[算籌]。[算籌]爲池積今方田積既展起則池積亦須展起故又以一步九分六釐乘之即分母十四自乘之數得[算籌]爲展起圓池積以減田積餘[算籌][算籌]爲如積寄左然後列眞積[算籌]亦用分母冪一步九

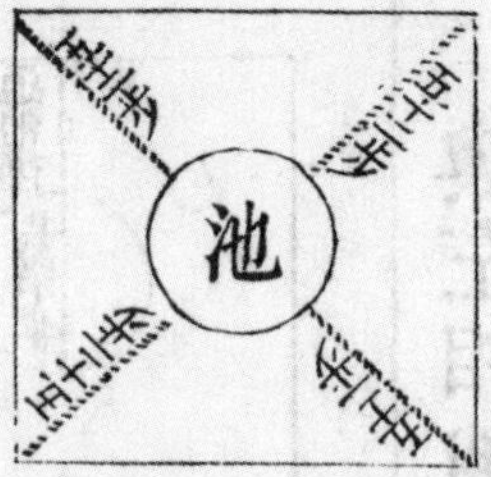

凡言展積者是於正積上以一步九分六釐乘起之數元法本是于邊上寄一步四分分母自乘過於每步上得一步九分六釐故命之爲展起之數諸變斜爲方者皆準此爲所展池積

法內以徑一圍三方五斜七爲率則密率數繁故用古率以從簡蓋其法既明即用密率亦無不可也

分六釐乘之得[illegible]與左相消得[illegible]開平方得六十四步爲池徑倍至步加池徑身外除四得方邊

若以外田角斜通池徑數求方邊圓徑設如池外積一萬一千三百二十八步從外田角斜通內池徑一百十六步則立天元一爲池徑減倍通步得[illegible]爲方斜自之得[illegible]爲所展方田積再以池徑自之又以一步四分七釐乘之得[illegible]爲所展圓池積一步四分七釐卽三因四除以減田積餘[illegible]爲如積一步九分六釐之數

寄左

然後列眞積如法展之得[illegible]與左相消得[illegible][illegible]開平方得六十四步卽內池徑以減倍通步餘卽方斜身外除四得外方邊

若以外周內周之數求方周圓周設如池外積三千一百六十八步內圓周不及外方周一百六十八步則立天元一爲內圓周加較得[illegible]爲外方周以自增乘得[illegible][illegible]爲十六段方田積三之得[illegible][illegible]爲四十八段方田積所以三之爲四十八者就爲四十八分母也再以天元自之得[illegible]爲十二段圓池積每一圓周冪爲九圓徑冪每三圓徑冪爲四圓池

積今九圓徑冪共為十二圓池積也又就四分之得[籌碼]元為四十八段

圓池積以減方田積得[籌碼]為四十八段如積寄左

然後列眞數[籌碼]就分母四十八之得[籌碼]與左相消

得[籌碼]開平方得七十二步為內圓周加較卽外方周

若以內圓周與外方邊等數求方邊圓周設如池外積二千六百七十三步內圓周與外方邊之數等則立天元一為方邊卽是圓周自之得[籌碼]元便為十二段池積

再以天元自之又十二之得[籌碼]元為十二段方田積

相減餘丨〇元爲十二段如積寄左然後列眞積𝍤就分母十二之得𝍣與左相消得𝍧〇𝍣開平方得五十四步爲方邊亦卽圓周

又法立天元一爲等數自之得丨〇元爲外田積又就分母九之得Ⅲ〇元爲九段方田積再以天元自之爲十二段圓池積三之四而一得𝍣〇元爲九段圓池積以減方田積餘𝍣元爲九段如積寄左然後列眞積九之得𝍣與左相消得𝍣〇𝍣開平方得五十四步爲等數　又法立天元一爲徑三之爲外方邊又自

之得[算籌]元爲外方積再以徑自之三之四而一得[算籌]
元爲池積以減外方積得[算籌]爲如積 寄左 然後列眞
積[算籌]與左相消得[算籌]。[算籌]開平方得十八步爲圓徑
三之亦得五十四步
若以方邊與圓周之較求方邊圓周設如池外積一千
三百五十七步外方邊不及內池周四十步則立天
元一爲方邊加較得[算籌]爲內池周以自增乘得[算籌]
[算籌]爲十二段方田積內減池積餘[算籌]爲十二
段如積 寄左 然後列眞積[算籌]就分母十二之得[算籌]與

左相消得[illegible]開平方得四十步爲外方邊加較即内池周

若以外方周内圓周和數求方周圓周設如池外積三千三百步方周圓周相和三百步則立天元一爲圓徑三之爲圓周以減共步得[illegible]爲方周以自增乘得[illegible]爲十六段方田積再以圓徑自之又十二之得[illegible]爲十六段圓池積以減方田積得[illegible]爲十六段如積寄左然後列眞積[illegible]就分毋十六之得[illegible]與左相消得[illegible]開平方得二十步爲池徑

三之得圓周以減其步餘即外方周

若以內外周與實徑和數求方周圓周實徑設如池外積三千一百六十八步內外周與實徑相和三百三十步則立天元一爲池徑五之得[算籌式]減倍和得[算籌式]爲九方邊以自增乘得[算籌式]爲八十一段方田積

實徑

池

二之相和步別得是八方邊六圓徑二實徑今將二實徑與一圓徑就成一方邊共前數計九方邊五圓徑却更無實徑也 再以池徑自之又以六十步七分半乘之 每一圓池七分半以八十一通之得六十步七分半以此乘之者則齊八十一分母也 得[算籌式]

為八十一圓池積以減方田積餘[算籌式]為八十一
段如積寄左然後列眞積[算籌式]八十一之得[算籌式]與左相
消得[算籌式]開平方得二十四步為池徑五之以減
倍和餘九而一得方邊方邊減池徑餘半之得實徑
三因池徑卽內圓周四因方邊卽外方周
若以內外周與斜徑和數求方周圓周斜徑設如池外
積三千一百六十八步方周圓周與斜徑相和三百
四十二步則立天元一為池徑五之減倍和得[算籌式]
為八方邊一斜其數以方五因之得[算籌式]為實又以

方五因入方面得四十以斜七乘一斜得七併之得四十七爲法除實得方邊不除便爲四十七方邊以自增乘得[illegible][illegible]爲二千二百。九段方田積再以

池

池徑自之又以一千六百五十六步七分半乘之每圓池積七分半今有二千二百。九圓池積以七分半乘之得一千六百五十六步七分半以此數乘之者欲齊二千二百。九分母也

得[illegible]爲二千二百。九圓池積以減方田積餘[illegible]爲二千二百。九段如積寄左然後列眞積以分母二千二百。九通之得[illegible]與左

相消得[算籌]開平方得二十四步爲池徑二十五之池徑減十之和步餘四十七而一得方邊身加四內減池徑餘半之得斜徑

若圓池斜倚一角以去對角斜步求方邊圓徑設如池外積九百二十五步從外田東南角至池楞二十五

東南

池

步則立天元一爲內池徑身外加二得[算籌][算籌]爲池東南楞至田西北角數又加斜至步得[算籌]爲外田斜自之得[算籌][算籌]爲斜田冪再以天元自之爲冪又以一

步四分七釐乘之得[illegible]元為所展圓池積以減田斜
冪得[illegible]為所展如積寄左然後列真積就分以
一步九分六釐乘之得[illegible]與左相消得[illegible]開平
方得二十步為池徑身外加二又添入斜至步却身
外除四得外方邊

問圓田內有方池占之外計積六千二百。四步從外田
楞至四邊各三十二步求圓徑方邊各幾何

答曰外圓徑一百步內方邊三十六步

立天元一為內方邊加倍至步得[illegible]為外圓徑自

三十二步

池

之得丨𝍧 𝍣𝍢太又三之得‖ 𝍣𝍣 𝍢𝍡太爲四段圓田積再以天元自之又就分母四之得‖〇元爲四池積以減圓田積得⊥𝍣 𝍢𝍡太爲四段如積寄左然後列眞積就分四之得𝍢𝍡與左相消得⊥𝍣𝍣 𝍣𝍥開平方得三十六步爲方池邊加倍至步得圓徑

若以外田楞通內方邊數求圓徑方邊設如池外積六千二百〇四步從外田楞通內方邊六十八步則立天元一爲內方邊減倍通步得⊥𝍤太爲外圓徑自之

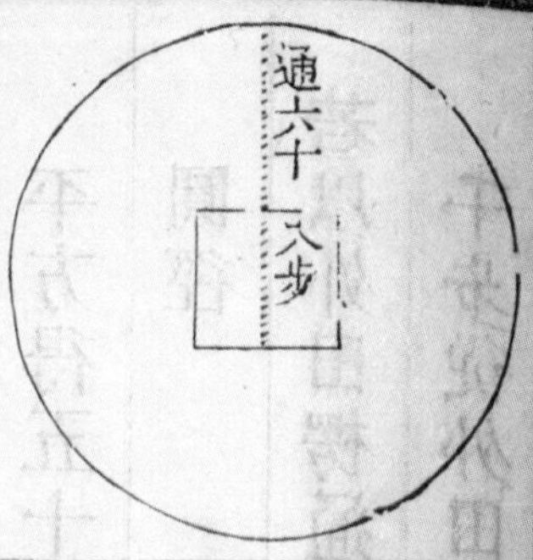

得[算籌]爲圓徑冪三之得[算籌]爲四段圓田積再以天元自之又就分母四之得[算籌]元爲四段方池積以減田積得[算籌]爲四段如積寄左然後列眞積四之得[算籌]與左相消得[算籌]開平方得三十六步爲內方邊以減倍通步得圓徑

若以外田楞至內池角數求圓徑方邊設如池外積五千步從外田楞至內池角四邊各十五步則立天元一爲內方邊身外加四爲內方斜又加倍至步得[算籌]

〔算式〕爲外圓徑以自增乘得〔算式〕爲外徑冪三之得〔算式〕爲四段外圓積再以天元自之又四之得〔算式〕爲四段方池積以減圓積餘〔算式〕爲四段如積

寄左然後列眞積四之得〔算式〕與左相消得〔算式〕開平方得五十步爲池方邊身外加四又加倍至步得圓徑

若以外田楞通內池斜數求圓徑方邊設如池外積五千步從外田楞通內池斜八十五步則立天元一爲

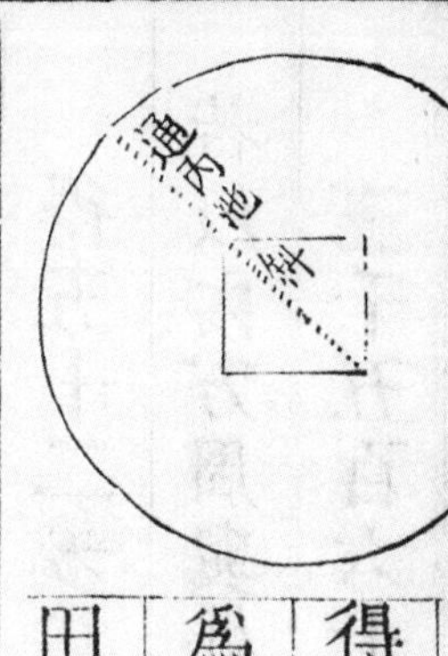

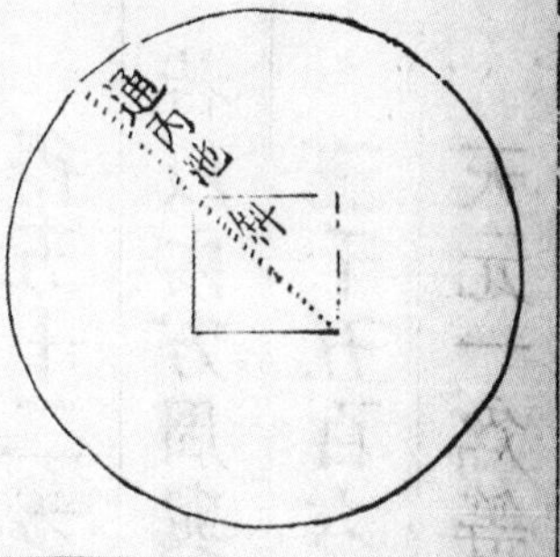

內方邊加四得[算籌]為方斜以減倍通步得[算籌]為外圓徑以自增乘得[算籌]為外田徑冪三之得[算籌]為四段圓田積再以天元自之又就分四之得[算籌]為四段方池積以減田積得[算籌]為四段如積寄左 然後列真積四之得[算籌]與左相消得[算籌]開平方得五十步為內池邊加四減倍通步得圓徑

若以內方周與外圓周之較求內外周設如池外積八千〇九十六步內方周不及外圓周一百五十二步

則立天元一為內方邊四之得〔籌式〕為內方周加較得〔籌式〕為外圓周以自增乘得〔籌式〕為十二段圓田積再以天元自之又就分十二之得〔籌式〕為十二段方池積以減田積餘〔籌式〕為十二段如積寄左然後列眞積十二之得〔籌式〕與左相消得〔籌式〕開平方得五十二步為內池邊四之為內方周加較得圓周

若以內方周與外圓徑等數求方周圓徑設如池外積三千五百六十四步內方周與外圓徑之數等則立天元一為等數便以為方周自之得〔籌式〕為十六段

方池積再以等數爲圓徑自之又十二之得卜〇元爲
十六段圓田積內減池積餘卜〇元爲十六段如積寄
左然後列眞積十六之得𝍬𝍬丅與左相消得丨〇𝍬丅開
平方得七十二步卽等數
若以外圓徑與內方周之較求圓徑方周設如池外積
一千六百十一步外圓徑不及內方周四十二步則
立天元一爲外圓徑加較得元𝍬𝍬爲內方周以自增
乘得丨𝍬𝍬𝍬丅爲十六段池積再以圓徑自之又十二
之得卜〇元爲十六段田積內減池積餘卜𝍬𝍬丅爲十

六段如積寄左然後列眞積十六之得[算式]與左相消得[算式]開平方得五十四步爲外圓徑加較得內方周

若以內外周和數求圓周方周設如池外積三百四十七步外圓周內方周共得二百〇八步則立天元一爲內方邊四之得[算式]爲內方周減和步得[算式]爲外圓周以自增乘得[算式]爲圓周冪便爲十二段圓田積再以天元自之又十二之得[算式]爲十二段方池積以減田積得[算式]爲十二段如積寄左然後

列眞積十二之得[算籌式]與左相消得[算籌式]開平方得二十五步爲內方邊四之得方周以減和步得圓周

若以內外周與實徑和數求內外周實徑設如池外積八千〇九十六步內外周與實徑相和六百〇二步

實徑

池

則立天元一爲內方邊以減一百七十二得[算籌式]爲外田徑倍和步得一千二百〇四步別得是六圓徑八方邊兩實徑今將一方邊兩實徑合成一圓徑併前數而計是七方邊七圓徑也今置一千二百〇四步以七約之得一百七十二爲徑邊共便是一方邊一圓徑更無實徑也以自增乘得[算籌式]爲圓徑冪三之

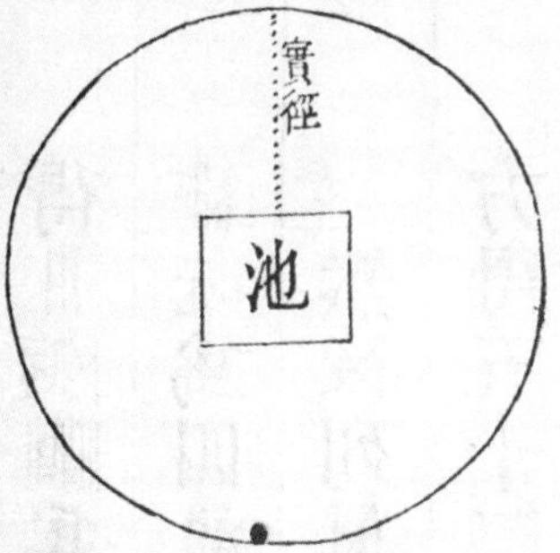

得[算籌]為四段圓田積再以天元自之又四之得[算籌]元為四池積以減田積得[算籌]為四段如積寄左

然後列眞積四之得[算籌]與左相消得[算籌]開平方得五十二步為內方邊七之減倍和步餘七而一即圓徑圓徑內減方邊餘半之得實徑

若以內外周與斜徑和數求內外周斜徑設如池外積二千四百七十五步內外周與斜徑相和二百五十九步半則立天元為內方邊以三十三之減於十之和步得[算籌]為三十五圓田徑十之和步內有外圓徑三十內方面四十

角斜十今將七方邊併入十角斜爲五圓徑也揔別得十之和步是方邊三十三圓徑三十五外更無斜

池

徑

也

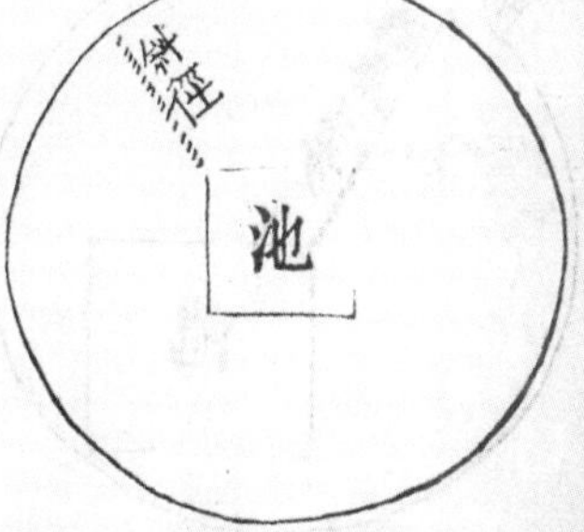

徑角以自增乘得〔籌〕爲一千二百二十五段圓徑冪三之得〔籌〕合以四除之不除便爲四千九百段圓田積再以天元自之又就分以四千九百乘之得〔籌〕元爲四千九百段方池積以減田積得〔籌〕太爲四千九百段如積寄左然後列眞積以四千九百乘之得〔籌〕與左相消得〔籌〕開平方得一十五步爲內方邊三十三之方邊以減十之和步餘三十

五而一即圓徑以方邊加四減圓徑餘半之得斜徑

若以方池一尖抵圓邊一尖離圓邊若干步求圓徑方

邊設如池外積五十步一尖離圓邊三步則立天元

一為方斜加斜步得[算式]為圓徑自之又以一步九

東南

離邊三步

池

分六釐乘之得[算式]又三之得[算式]

[算式]內減四之天元冪得[算式]為如積

寄左然後置積兩度加四得[算式]又四之

得[算式]與左相消得[算式]開平方得七

步即池斜副置池斜上位加至步得十步即圓徑下

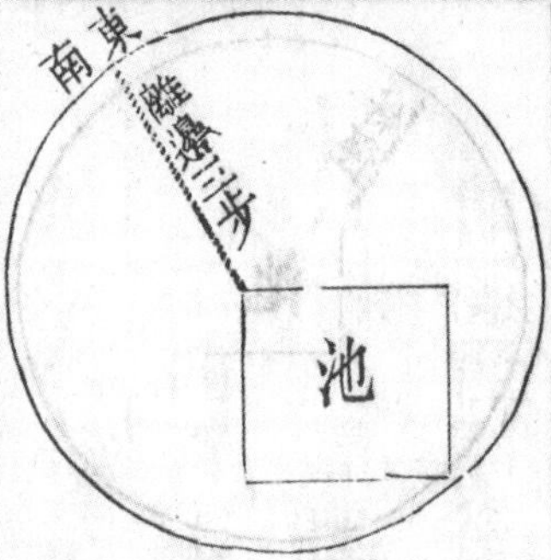

位身外減四得五步即方邊

問方田內有小方池結角占之外計積一萬〇八百步從外田楞至內池角各十八步求內外方邊各幾何

答曰外田每邊一百二十步　內池每邊六十步

池

立天元一爲內方邊身外加四又加倍至步得[illegible]爲田方邊自之得[illegible]爲外方積再以天元自之得[illegible]爲內池積以減方積得[illegible]爲如積寄左　然後列眞積[illegible]與左相消得[illegible]開平方得六十

步爲內池方邊身外加四又加倍至步即外田方邊若以外方角至內池邊數求內外方邊設如池外積九千三百七十五步從外田角至內池邊各五十七步半則立天元一爲內方邊加倍至步得[illegible]爲外田斜自之得[illegible]爲所展田積再以天元自之得[illegible]元爲內池積又就分以一步九分六釐乘之得[illegible]爲所展池積以減田積餘[illegible]爲如積寄左然後列眞積以一步九分六釐乘之得[illegible]與左相消得[illegible]

池

[illegible]開平方得二十五即內方邊加倍至步身外減四得外方邊

若以外方邊斜通內池角數求內外方邊設如池外積一萬。八百步從外田南邊斜通池北角一百。二步則立天元一爲內池邊身外加四得[illegible]爲池斜以減倍通步得[illegible]爲外方邊自之得[illegible]爲方田積又以天元自之得[illegible]爲內池積以減田積得[illegible]爲如積寄左然後列眞積[illegible]與左相消得[illegible]

[籌式]開平方得六十步爲內池邊身外加四以減倍通步得外田邊

若以外田角斜通內池邊數求內外方邊設如池外積九千三百七十五步從田東南角至內池西北邊八十二步半則立天元一爲內池邊以減倍通步得[籌式]爲外田斜自之得[籌式]爲所展外田積再以天元自之爲方池積又就分以一步九分六釐乘之得[籌式]爲所展池積以減田積得[籌式]爲所展如積

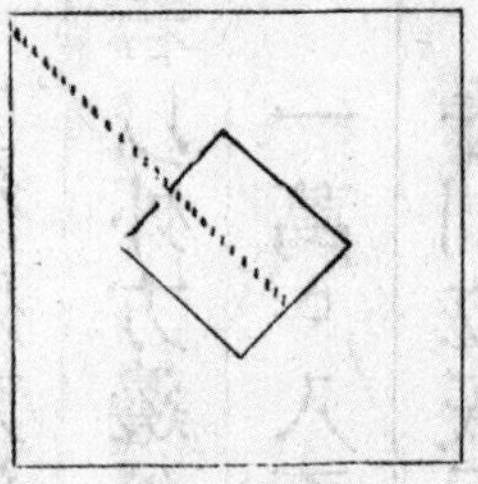

寄左然後列眞積以一步九分六釐乘之得[算籌數字]與左

相消得[算籌數字]開平方得二十五步卽內池邊以減

倍通步又身外減四卽外方邊

若小方池斜倚一隅以離對角步數求內外方邊設如

池外積九百七十五步從外田東南隅斜至池邊一

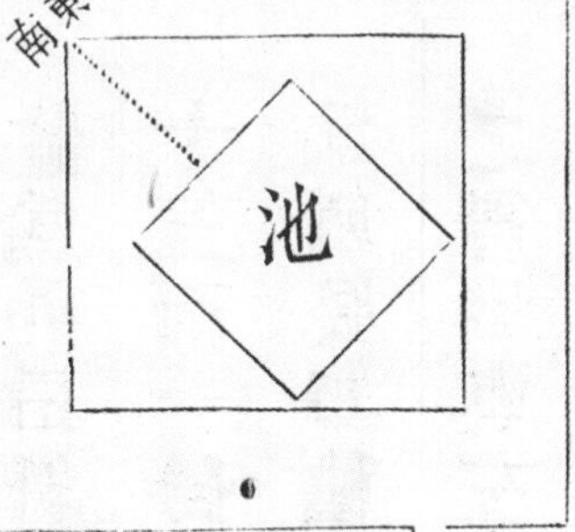

十九步則立天元一爲池方邊身外加

四八又加入斜至步得[算籌數字]爲外田斜

先將池斜變爲方故加四又將池方變

爲斜復合加四兩次加四於一步上合

得一步九分六釐今求一

半故身外止加四入也自之得[算籌數字]

[算籌]太為外田斜冪再以天元自之又以四十九乘之二

十五而一得[算籌]元為展起池積以減田積得[算籌]分[算籌][算籌]太

為所展如積寄左然後列眞積以一步九分六釐乘

之得[算籌]太與左相消得[算籌]分[算籌][算籌]開平方得三十五步為

內池邊加四入再加入斜至步為大方斜身外減四

得外方邊

若大方容小方四邊相去皆等今從田外東南隅斜量

至內池西南隅得十三步池外積二百四十步則立

天元一為內池邊自乘倍之得[算籌]元加入池外積得

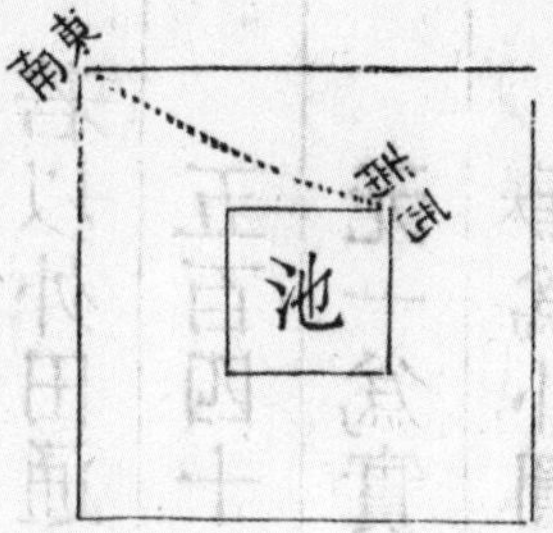

‖〇⊥太寄左然後以至步自之又倍之得‖‖‖與左相消得╪〇‖‖開平方得七步即內池邊自之加入池外積再開平方得外方邊

池
東南
西北

問圓田內有圓池占之外計積五千五百四十四步內外周與實徑相和四百二十四步求內外周徑各幾何

答曰外周二百八十六步徑九十步　內周一百一十步徑三十五步　實徑二十八步

立天元一爲實徑以減和步得|‖‖‖太爲內外周共步

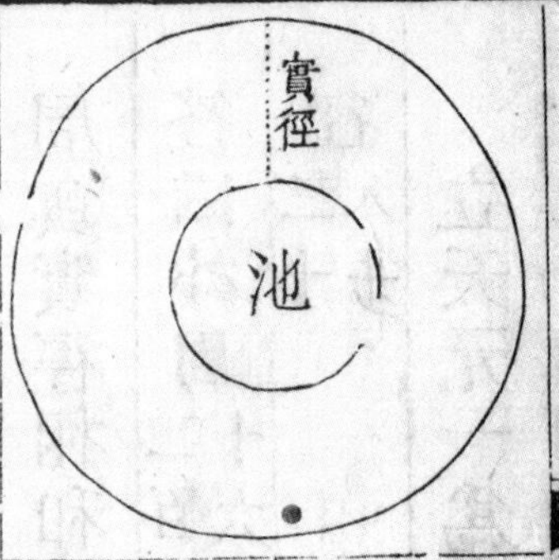

用天元乘之得[算籌]為如積寄左然後

列真積倍之得[算籌]與左相消得[算籌]

開平方得二十八步為實徑以徑步除

田積於頭位又二十二乘徑步如七而

實徑

池

一得數加頭位得外周若減頭位得內周圓依密率

若以外田通內池徑數求內外周徑設如池外積五千

五百四十四步從外田通內池徑六十三步則立天

元一為實徑加通步得[算籌]為外田徑自之得[算籌]

[算籌]為外圓徑冪又十一之得[算籌]為十四段外圓

積再置天元實徑以減通步得[算籌]爲內圓徑自之得[算籌]爲內圓徑冪又十一之得[算籌]爲十四段內圓積以減外圓積餘[算籌]爲十四段如積寄左然後列眞積就分十四之得[算籌]與左相消得[算籌]上法下實得二十八步爲實徑以實徑加通步即外徑若減通步即內池徑亦依密率

問方田內有長方池占之外計積三百四十步其池廣不及長四步若從田楞通池長得一十五步求外方邊及

內池長濶各幾何

答曰外方邊二十步 內池長一十步 濶六步

立天元一爲池長以減倍通步得[算籌]爲田方邊自之得[算籌]爲田方積再置天元池長內減較得[算籌]爲池濶以天元乘之得[算籌]爲直池積以減田積得[算籌]爲如積寄左然後列眞積[算籌]與左相消得[算籌]法上法下實得十步即池長減較餘得池濶以長減倍通步得外方邊

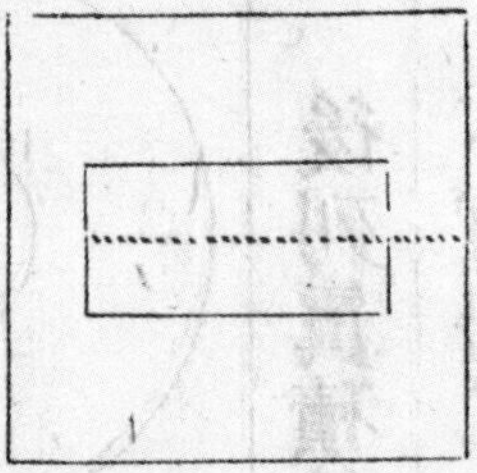

若方田内斜容長方池以從田角通池長數濶數求方邊及池長濶設如池外積八百五十步從田角通池長三十七步通池濶三十二步則立天元一爲池長以減倍通步得[illegible]爲外田斜自之得[illegible]爲所展外田積再置倍通長内減倍通濶餘一十步爲長濶差於天元内減長濶差得[illegible]爲濶以天元乘之得[illegible]爲池積又就分以一步九分六釐乘之得[illegible]爲展起池積以減田積餘[illegible]爲所展如積寄

通池濶　通池長

左

然後列眞積以一步九分六釐乘之得[籌式]與左相消得[籌式]開平方得二十五步爲池長以減倍通步又身外減四即外方邊以長濶差減池長即池濶

若以田角至池兩頭兩邊步數求方邊及池長濶設如池外積一千一百五十步從田角至池兩頭各十四步至池兩邊各十九步則立天元一爲池濶加二之邊至步得[籌式]爲外田斜自之得[籌式]爲所展外田積二之邊至步內減二之頭至步餘十步爲長濶差以加天元得[籌式]爲池長以天元乘之得[籌式]爲

池積又就分以一步九分六釐乘之得[算籌]太

百[算籌]為所展池積以減田積餘[算籌]下分[算籌]太

為所展如積寄左 然後列眞積以一步

九分六釐乘之得[算籌]太與左相消得[算籌]下分[算籌]

池

平開平方得二十五步為池濶加長濶差得池長池

長内加二之頭至步 或池濶内加二之邊至步 又身外減四得外

方邊

問直田内結角有小方池占之外計積二千○七十九步

從田兩頭至池角二十一步半兩邊至池角七步半求

田長濶及池方幾何

答曰田長六十四步 濶三十六步 池方一十五步

立天元一爲內方邊身外加四又加二之頭至步得

[illegible]爲田長又置天元身外加四又加

二之邊至步得[illegible]爲田濶長濶相乘

得[illegible]爲直田積再以天元自之得

[illegible]爲內方池積以減田積得[illegible]

爲如積寄左 然後列眞積[illegible]與左相消得[illegible]開

平方得十五步爲池方邊外加四又加兩頭至步得

池

田長若外加四又加兩邊至步得田濶

問圓田內有長方池占之外計積五千三百二十四步併內池長濶與外圓徑等其池濶不及長三十六步求圓徑及池長濶各幾何

答曰外圓徑一百步 內池長六十八步濶三十二步

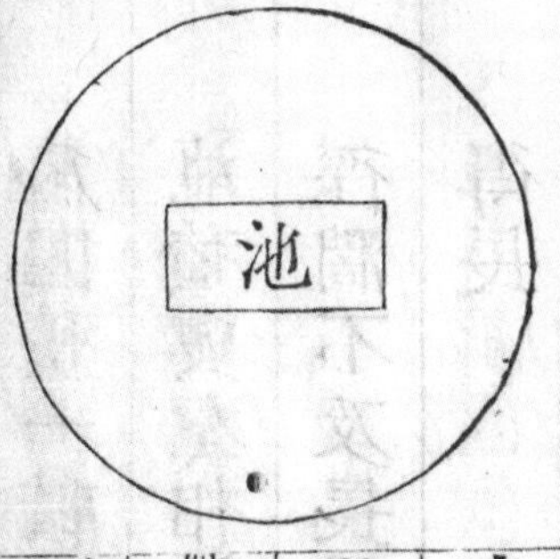

立天元一為外圓徑自乘三因四而一得[illegible]元為圓積內減池外積餘得[illegible]元[illegible]為池積四之得[illegible]為四段池積寄左

再立天元為長濶和自之得|〇元

爲四積一較冪內減池較冪[籌算]得[籌算]亦爲四段池積與左相消得[籌算]開平方得一百步爲外圓徑濶不及長減圓徑餘折半得濶却以不及步加之得長

若以圓徑與內池長濶和之較及內池長與濶之較求圓徑及長濶設如池外積七千三百步併內池長濶少田徑五十五步濶不及長三十五步則立天元一爲圓徑自之又三之四而一得[籌算]爲外田積減池外積得[籌算]爲內池積四之得[籌算]爲四段池

積寄左 再以天元圓徑內減少徑步得丨元〣太爲池和自之得丨〡〣爲四池一較冪內減池較冪〣得一〢〣亦爲四池積與左相消得〢〡〣開平方得一百步即外田徑內減少徑即池和步加一差得二長減一差得二濶

若以內池四角至外圓周步數及池長濶較求圓徑及長濶設如池外積六千步從內池四角斜至圓邊各一十七步半池濶不及長三十五步則立天元一爲外圓徑內減倍至步得丨元〣太爲池斜自之得丨〡〣

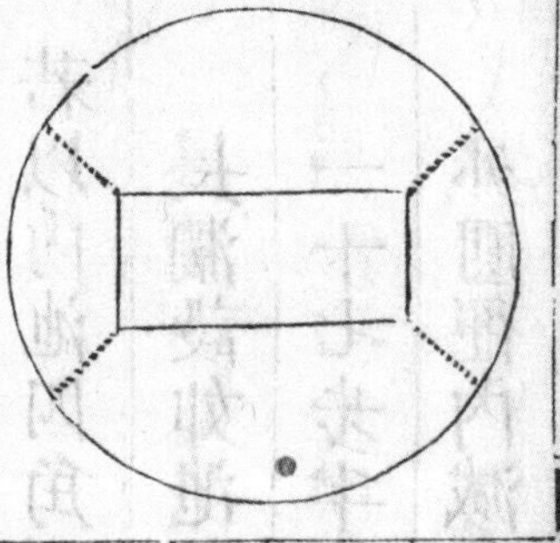

爲二積一較冪又以長濶較自之得‖‖‖太減前冪餘丨乇〇太爲二池積倍之得‖乇〇太爲四池積寄左又以天元自之又三之得‖‖‖〇元便爲四段圓積內減四之池外積得‖‖〇元乇〇〇亦爲池積與左相消得丨乇〇乇〇〇開平方得一百步爲外圓徑自之又三之四而一內減池外積餘爲內池積用差步爲從開平方得池濶加差步得池長

若以內池四角斜至外圓邊步數及內池長濶和數求

圓徑及長濶設如池外積六千步從內池四角斜至
田楞各一十七步半內池長濶和入十五步則立天
元一爲內池斜加倍至步得丨𝍤太爲外圓徑自之又
三之得‖𝍡〇𝍣太爲四段圓積內減四之池外積得‖
丨元𝍣爲四池積寄左乃置內池和步自之得𝍣太爲四
積一較冪再以內池斜自之得丨𝍤元爲二池積一較
冪以減前冪得𝍥丨元𝍣爲二池積倍之得𝍥丨元𝍣亦
爲四池積與左相消得𝍢𝍡〇𝍣開平方得六十五步
爲內池斜加倍至步得圓徑徑自之又三之四而一

內減池外積餘爲內池積以和步爲從一虛隅開平方得池濶以減和步得池長

若以外田楞斜通內池角數及池長濶較數求圓徑及長濶設如池外積五千七百六十步從外田東南邊至內池西北角通斜一百十三步池濶不及長三十四步則立天元一爲角斜加通步得𝍠𝍠𝍩𝍢太爲圓徑自之得𝍠𝍡𝍫𝍥𝍠𝍪𝍦𝍮𝍨太爲圓徑冪又三之得𝍢𝍥𝍯𝍧𝍢𝍰𝍢〇𝍦太爲四段圓

田積內減四之池外積𝍡𝍫〇𝍬〇得𝍢𝍥𝍯𝍧𝍠𝍭𝍡𝍮𝍦太爲四段池積寄

丨左再以天元減通步得丅𝍫太爲池斜自之得丨𝍬𝍫太
爲池斜冪以長濶較自乘得𝍢減之餘丨𝍮𝍫太爲二
池積倍之得丨𝍫𝍬太亦爲四池積與左相消得丨𝍢。
𝍣太開平方得七步爲角斜加通步得外圓徑餘依前
術入之
若以外田楞斜通內池角數及池長濶和數求圓徑及
長濶設如池外積九千一百二十步從外田楞通內
池斜一百十六步半池長濶和一百二十七步則立
天元一爲角斜加通步得丨元𝍣太爲圓徑自之得丨太𝍫元

[illegible]步爲圓徑冪三之得[illegible]爲四段圓田積內減四之池外積[illegible]得[illegible]爲四段內池積寄左再以天元減通步得[illegible]爲內池斜自之得[illegible]爲二積一較冪以池和步自乘得[illegible]減之餘[illegible]爲二池積倍之得[illegible]亦爲四池積與左相消得[illegible]開平方得三步半爲角斜加通步得圓徑餘依前術入之

若以田楞至池兩頭及兩畔數求圓徑及長濶設如池外積八千七百四十四步兩頭至田楞各二十一步

兩畔至田楞各四十五步則立天元一爲池濶加二之畔至步得｜
⊥≡太爲外田徑自之得｜
|||≡元
⊥≡〇爲田徑冪三之得||
||||≡元
|||≡〇爲四段田積二至步相減餘倍之得|||≡爲長濶差以加池濶得｜
||||太爲池長以天元乘之得｜
|||≡元爲池積又就分四之得|||
||≡元爲四段池積以減田積得⊥
|||≡
|||≡〇爲如積寄左然後列眞積四之得|||≡太與左相消得⊥
|||≡
|〇≡開平方得三十四步爲池濶加差得池長長加倍頭至步或濶加倍畔至步得圓徑

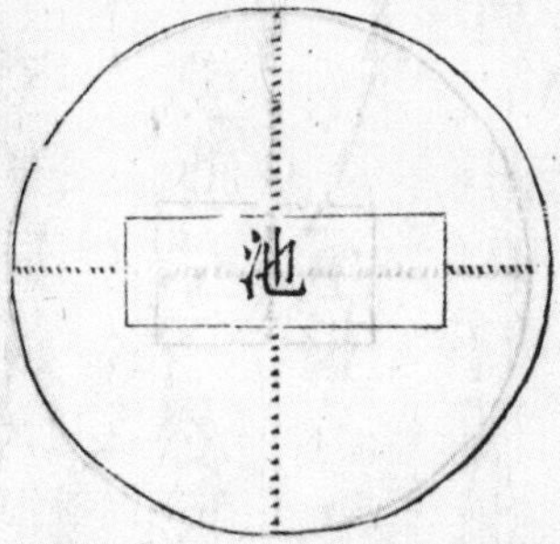

若以田楞通池長濶數求圓徑及長濶設如池外積一千五百八十七步從田楞通池長四十二步通池濶三十七步則立天元一爲內池長以減倍通長得

太爲田徑自之得元爲田徑冪三之得太爲四段圓田積再倍通長內減倍通濶得太爲長濶差以減池長得太爲池濶以天元乘之得元又就分四之得元爲四段池積以減田積餘太爲四段如積寄左然後列四之池外積太與左相消

得丅𝍣𝍧。開平方得三十步爲池長減差得池濶以池長減倍通長或以濶減倍通濶得圓徑

問直田內有圓池占之外計積九千三百九十六步從田兩頭至池各一百〇五步兩畔至池各九步求田長濶及池徑各幾何

答曰田長二百三十四步濶四十二步池徑二十四步

立天元一爲內池徑加二之畔至步得〡〡太爲田濶

又置天元池徑加二之頭至步得〡〢太爲田長長濶相乘得〡𝍧𝍢𝍦。爲直田積再以天元自之又三之四

而一得[算籌][算籌]為內池積以減田積餘[算籌][算籌]
[算籌]為一段如積寄左然後列眞積[算籌]與左
相消得[算籌][算籌][算籌]開平方得二十四步為池
徑加二之畔至步得田濶若加二之頭至
步得田長

若以外田長濶較及田角至池邊數求長濶及池徑設
如從田角至池楞六十五步田濶不及長七十步池
外積一萬〇八百步則立天元一為池徑加倍至步
得[算籌][算籌]為田斜自之得[算籌][算籌][算籌]為田斜冪又置田較

池

自之得𝍢𝍮〇〇為較冪以減斜冪得𝍠𝍡𝍬〇元𝍭〇〇〇

為二田積寄左然後以天元池徑自之

身外加五得𝍣〇元為兩池積加二之池

外積𝍡𝍬〇〇得𝍣〇元𝍡𝍬〇〇亦為二直積與左相

消得𝍤〇〇𝍡𝍬〇𝍢𝍭〇開平方得四十步即池徑自之又三之

四而一加入池外積為實以較為從開平方得濶加

較得長

若以田角至池𦝫數及外田長濶和數求池徑及長濶

設如池外積一千〇一十三步外田長濶和七十六

按九段和冪該三十六段直積九較冪

步太半步（太半步即三分步之二）從田角去池楞各十八步則立天元一爲內池徑加倍角至步得[illegible]爲直田斜自之得[illegible]爲田斜冪（即爲二積一較冪）又九之得[illegible]爲十八積九較冪（寄左）然後列和步通分納子得[illegible]自之得[illegible]爲九段和冪（元帶三分母以自之得九也）又置天元圓徑自之又三之四而一得[illegible]爲一段圓積加入池外積得[illegible]共爲直積一段十八之得[illegible]爲十八段直積以減和冪得[illegible]亦爲九段田斜冪與左相消得[illegible]合以平方開之而廉隅數多

得數又畸零不能盡則先以隅法乘實得[illegible]爲實正

元從[illegible]仍爲從負一益隅開平方得四百六十五步

以元隅約之得二十步三分步之二爲內池徑加倍

至步爲田斜自之爲二積一較冪又步之內減和步

冪餘開平方得田較加和步折半爲長減和步折半

爲濶

求田較法先置池徑以分母三通之納子二得𝍮𝍡便

爲三個徑加入六之至步得𝍠〇𝍣便爲三個田斜自之

得𝍠〇𝍧𝍩𝍥爲九段斜冪便是十八直積九較冪倍之得𝍡𝍮𝍠𝍫𝍡爲三十六

段直積十八段較冪於頭位再置和步通分納子得

𝍡𝍨〇便爲三個和數自之得𝍨𝍩〇爲九段和冪便是三十六直積九

較以減頭位餘𝍢〇爲九段較冪開平方得七十步以

冪三約之得二十三步三分步之一卽田較此例用通分開方得

數而後約之卽連枝同體術也

又求圓徑法立天元一爲三內池徑自之得𝍠元〇爲

九段池徑冪便是十二段圓積加十二之池外積得𝍠元〇𝍤

爲十二段直積又身外加五得𝍤元〇𝍤𝍣爲十八段直

田積又列和步通分納子得𝍠𝍨〇自之得𝍡𝍨〇爲九段和

冪便是三十六段冪積九較冪內減直田積餘[illegible]元[illegible]爲九段斜冪寄左再置天元池徑加六之角至步得[illegible]爲三個田斜自之得[illegible]元[illegible]亦爲九段斜冪與左相消得[illegible]開平方得六十二步爲三內池徑以三約之得二十步三分步之二卽圓徑此例於天元一內帶分求之得數而後約之卽之分天元一術也

若以外田長濶較及從外田角斜通內池徑數求圓徑及長濶設如池外積三千九百二十四步從外田角斜通內池徑七十一步田濶不及長九十四步則立

天元一爲池徑以減倍通步得〔算籌〕爲直田斜自之得〔算籌〕爲兩直田並一較冪於頭再以長濶較自之得〔算籌〕以減頭位得〔算籌〕爲兩段直積寄左再以天元自之得〔算籌〕爲圓徑冪三之四而一得〔算籌〕爲兩池積加二之池外積得〔算籌〕亦爲二段直積與左相消得〔算籌〕開平方得圓徑一十二步餘依前術入之

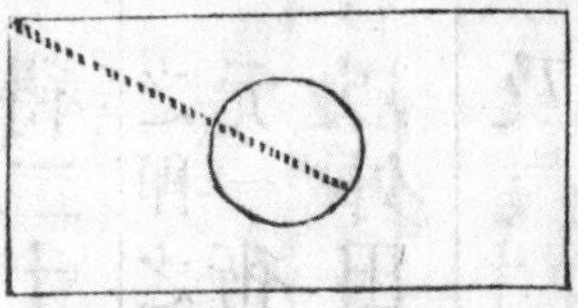

若以外田長濶和及田角斜通池徑數求圓徑及長濶

設如池外積三千九百二十四步從外田角斜通池

徑七十一步田長濶和一百五十八步則立天元一爲池徑以減倍通步得[籌式]太爲田斜自之得[籌式]元爲二積一較冪於頭又以和步自之得[籌式]爲四積一較冪內減頭位得[籌式]太爲二直積寄左然後以天元自之又三之二而一得[籌式]元爲二池積加二之池外積得[籌式]元亦爲二段直積與左相消得[籌式]開平方得池徑一十二步餘依前術入之

問方田內有環池占之外計積一萬一千四百九十七步其環池內周不及外周七十二步從田角至池邊各五

十步半求內外周及方邊各幾何

答曰池內周一百○八步外周一百八十步田方邊一百一十五步

立天元一爲池內徑先以六除內外周差得𝍩𝍡太爲水徑倍之得𝍪𝍣太加入天元池徑得𝍠元𝍪𝍣太爲池外徑又加倍至步得𝍠𝍪𝍣太爲外田斜

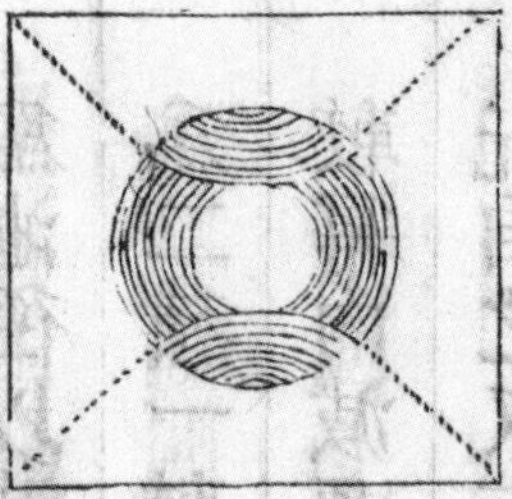

自之得𝍠元𝍡𝍪𝍣爲田斜冪再以池外徑自之得𝍠𝍫𝍦𝍢𝍮𝍦爲外徑冪以一步四分七釐乘之得𝍠𝍦爲展起外圓積次以池內徑自之又

以一步四分七釐乘之得為展起內圓積以減
外圓積得為所展池積以減田斜冪得
為展起如積寄左然後列眞積以一步九分六釐
乘之得與左相消開平方得三十六步即
池內徑三之為內周如差為外周置內徑加二之水
徑又加倍至步為外方斜身外減四得外方邊
問方田內西北隅被斜水占之外計積一千三百一十二
步七分半從田東南隅至水楞四十五步半求方邊幾
何

答曰三十五步

立天元一爲水占斜加入至步得[illegible]爲田斜以自增乘得[illegible]爲田斜冪再以天元自之爲水占小方積就分以一步九分六釐乘之得[illegible]爲所展水占積以減田斜冪得[illegible]爲如積寄左然後列眞積以三步九分六釐乘之得[illegible]與左相消得[illegible]開平方得三步半爲水占斜加至步得田斜身外減四得方邊

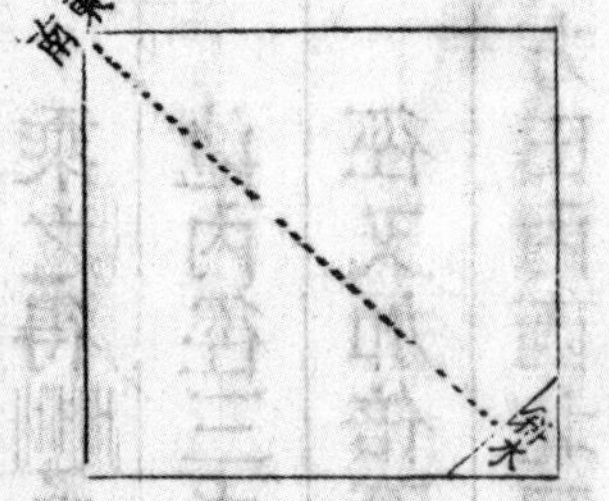

問有三方夾一圓失却圓水占外有田積二千七百七十二步其方圓相去重重徑等求方圓各幾何

答曰內方邊二十二步 圓徑三十六步 外方邊六十步

一立天元一爲等數五之得𝍤元爲外方邊自之得𝍪𝍤○元爲外方積次以天元等數三之得𝍢元爲中圓徑自之得𝍨○元爲圓徑冪又三之四而一得𝍩𝍦○元爲池積以減外方積得𝍩𝍧○元爲外田積內減中圓積數再立天元等數便爲內方邊自之得𝍠○元爲內方積却加入

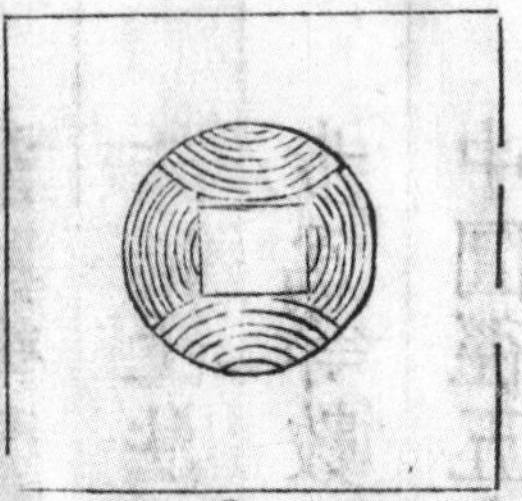

前數得𝍢𝍰爲如積寄左然後列眞積𝍣𝍥與左相消得

𝍢𝍰𝍣𝍥上法下實得一百四十四步再開平方得十二

步爲等數若以法數爲常法無從開平方則徑得等數即內方邊三之爲

中圓徑五之爲外方邊

問有二圓夾一方失却中方水占外有田積三千四百〇

二步其方圓相去重重徑等求方圓各幾何

答曰內圓徑一十八步 中方邊五十四步 外圓徑九十步

立天元一爲等數五之得𝍤元爲外圓徑自之得𝍠𝍪〇元

爲外徑冪又三之四而一得𝍢𝍰分爲外田積再立天元

等數三之爲中方邊自之得丄三元爲中方冪以減外田積得非元爲外圓積內減中方冪數又置天元等數便爲內圓徑自之得丨元爲內徑冪又三之四而一得非元爲內圓積却加入前數得丨三元爲如積寄

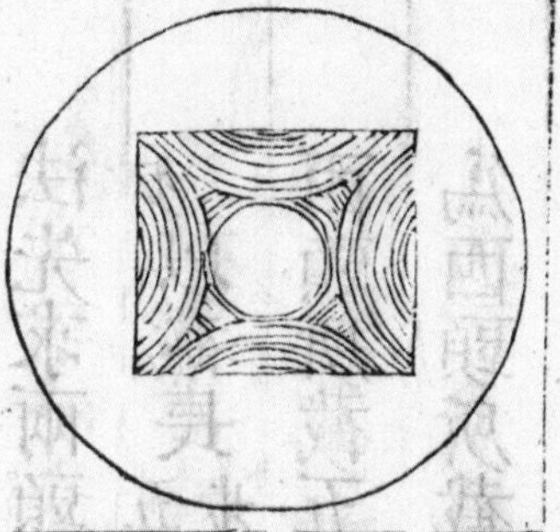

左

然後列眞積川丨川與左相消得丨三川丨川上法下實得三百二十四步再開平方得一十八步爲等數（若以法數爲常法無從開平方則徑得等數）卽內圓徑三之得中方邊五之得外圓徑

問有梯田長二百四十步不記東西二濶只云從東頭截長五十步計田三畝從西頭截長三十步計田五畝求二濶各幾何

荅曰東頭元濶一十一步二分西頭元濶四十一步九分二釐

法先求兩頭各截之停廣置東頭所截三畝積七百二十步以截長五十步除之得一十四步四分爲東頭所截停廣置西頭所截五畝積一千二百步以截長三十步除之得四十步爲西頭所截停廣乃立天元一爲每步差以東頭截長數乘之折半得[illegible]減東停廣得[illegible]爲東頭元小

濶再置天元差步以西頭截長數乘之折半得𝍢元加入西頭停廣得𝍢元𝍢〇為西頭元大濶內減東頭小濶餘𝍢〇𝍪丅分為二濶摠差寄左再立天元每步差以正長數乘之得𝍪元亦為二濶摠差與左相消得𝍢𝍪丅分上法下實得一分二釐八毫為每步差以乘西頭截長得三步八分四釐半之得一步九分二釐加入西頭停廣得四十一步九分二釐為西頭元大濶又置每步差以乘東頭截長得六步四分半之得三步二分以減東頭停廣餘一十一步二分為東頭元小濶

問有水旱田各一段共積三千六百二十五步其水田長濶共一百步旱田濶不及長三十五步而不及水田濶十步求二田長濶各幾何

答曰水田長七十五步濶二十五步　旱田長五十步濶十五步

立天元一爲旱田濶加旱濶不及水濶得丨太爲水田濶以減水田長濶和得丅丄太爲水田長長濶相乘得丅𝍢元𝍢太爲水田積再置天元旱田濶加較得元丨太爲旱田長長濶相乘得丨非太爲旱田積相加得丨丄太爲如積寄左然後列眞積丨非與左相消得丨𝍣丨上

法下實得十五步即旱田濶加較得旱田長又於旱濶內加不及水濶得水田濶以減和步得水田長

問有圓方田各一坵共積一千三百〇七步半方邊大於圓徑一十步圓依密率求邊徑各幾何

答曰方邊三十一步 圓徑二十一步

立天元一爲圓徑加較得丨〇太爲方邊自之得丨丨〇丨〇太爲方田積十四之得‖丨〇‖〇太爲十四段方田積又以天元圓徑自之爲冪又十一之得丨〇元合以十四除之不除便爲十四段圓田積二積相加得‖丨〇丨〇太

爲十四段如積寄左然後列眞積十四之得[illegible]與左相消得[illegible]開平方得二十一步爲圓徑加較得方邊

若以方邊與圓徑和數求方邊圓徑設如共積一千四百六十七步方邊與圓徑相穿得五十四步則立天元一爲圓徑減穿步得[illegible]爲方邊以自增乘得[illegible]爲方田積再以天元圓徑自之又三之四而一得[illegible]爲圓田積二積相併得[illegible]爲如積寄左然後列眞積[illegible]與左相消得[illegible]倒積倒從開平

方得四十二步為圓徑以減穿步得方邊

若以方周與圓周之較求方周圓周而方周大於圓周

設如共積一千三百〇七步半方周大於圓周五十

八步則立天元一為圓周加較得丨𝍧太為方周以自

增乘得丨𝍢元𝍮為方周冪便是十六段方田積又就

分母一十一之得丨𝍦元𝍦𝍮為一百七十六段方

田積又立天元圓周自之為冪又就分十四之得𝍣元

為一百七十六段圓田積相加得𝍣𝍦元𝍦𝍮為如積

寄左然後列眞積以一百七十六乘之得𝍣𝍧〇與左相

消得[算籌式]開平方得六十六步爲圓周加多步得方周圓依密率

若以方周與圓周之和求方周圓周而方周大於圓周

設如共積一千四百五十六步方周與圓周相和二百步則立天元一爲圓周以減和步得[算籌式]爲方周自之得[算籌式]爲方周冪是十六段方積就分三之得[算籌式]爲四十八段方田積再以天元圓周自之又就分四之得[算籌式]亦爲四十八段圓田積二積相加得[算籌式]爲四十八段如積寄左然後列真積就分四十

入之得[算籌]與左相消得[算籌]開平方得七十二步

爲圓周減和步得方周

若以方邊與圓徑之較求方邊圓徑而方邊不及圓徑

設如共積二千二百八十六步方邊不及圓徑一十二步則立天元一爲方邊加較得[算籌]太爲圓徑自之得[算籌]元[算籌]爲圓徑冪十一之得[算籌]太[算籌]便爲十四段圓積再以天元方邊自之又就分十四之得[算籌]元爲十四段方積相加得[算籌]太爲十四段如積寄左然後列眞積就分十四之得[算籌]與左相消得[算籌]開

平方得三十步即方邊加較得圓徑 圓依密率

若以方周與圓周之較求方周圓周而方周不及圓周

設如其積二千二百八十六步方周不及圓周一十

二步則立天元一爲方周加較得[算籌]太爲圓周自之

得[算籌]元[算籌]又以十四乘之得[算籌]太爲一百七十六

段圓積再以天元方周自之得[算籌]元爲十六段方積

又就分十一之得[算籌]元便爲一百七十六段方積相

加得[算籌]元[算籌]爲一百七十六段如積寄左 然後列眞

積以一百七十六乘之得[算籌]與左相消得[算籌]開

平方得一百二十步爲方周加較得圓周圓徑密率

若以方周與圓周之和求方周圓周而方周不及圓周

設如其積一千四百四十三步圓周與方周併得一百九十八步則立天元一爲方周減和步得[算籌式]爲圓周以自增乘得[算籌式]爲十二段圓積四之得[算籌式]爲四十八段圓積再以天元方周自之爲十六段方積又就分三之得[算籌式]便爲四十八段方積相加得[算籌式]爲四十八段如積寄左然後列眞積以分母四十八乘之得[算籌式]與左相消得[算籌式]開平方

兩度下加四卽是以
一步九分六釐乘之
變方爲斜也

得九十六步爲方周以減和數得圓周

若以圓徑與方斜之和求圓徑方邊而方邊大於圓徑

設如共積一百二十七步方斜穿圓徑共得二十步

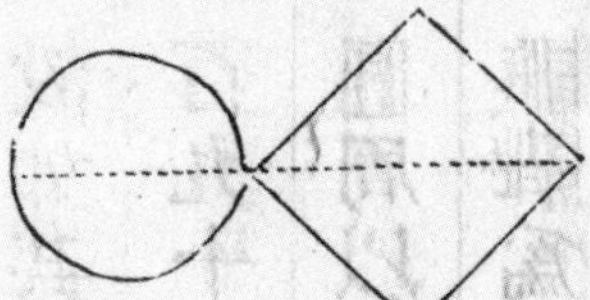

則立天元一爲圓徑減穿步得[算籌式]爲

方斜自之得[算籌式]爲方斜冪再以天

元圓徑自之又以一步四分七釐乘之

得[算籌式]爲展起圓田積與方斜冪相併

得[算籌式]爲所展如積寄左然後列眞積兩度下加

四得[算籌式]與左相消得[算籌式]開平方得六步卽圓徑

以減穿步得方斜再身外減四得方邊

問有圓田二段一依古率一依密率共積六百六十一步二徑相和得四十步求二徑各幾何

答曰密徑一十四步　古徑二十六步

立天元一爲密徑以減和步得[算式]爲古徑自之得[算式]爲古徑冪三之得[算式]合以四除之不除就以分母七之得[算式]爲二十八段古圓積再以天元密徑自之又二十二之得[算式]爲二十八段密圓積相加得[算式]爲二十八段如積寄左然後列

古率
徑一
圍三
方冪四
圓冪三

密率
徑七
圍二十二
方冪十四
圓冪十一

眞積二十八之得[illegible]與左相消得[illegible]開平方得十四步爲密徑以減和步得古徑各依徑求積法算之古徑得積五百◦七步密徑得積一百五十四步合原數

問有圓田三段一依密率一依古率一依徽率共計田二十畝五十二步一百七十五分步之二十三只云密徑多於古徑九步徽徑多於密徑九步求三徑各幾何

答曰古徑三十六步得積九百七十二步密徑四十五步得積一千五百九十一步一十四分步之一徽徑五十四步得積二千二百八十九步二百分步之一十二

併三積全步四千八百五十二步外以密徽二零分用維乘法併得分母二千八百分子三百六十八俱以

密率

徑五十

圍一百五十七

方冪二百

圓冪一百五十七

十六約之為一百七十五分步之二十三

立天元一為古徑加多步得　為密徑自之得　為密徑冪又以十一乘之得　為十四段密圓積又立天元古徑加二之多步得　為徽徑自之得　為徽徑冪又以一百五十七乘之得　為三百段徽圓積又以天元古徑自之又三之得　為四段古圓積乃求三積齊同分母而併之以一千四百乘元分母一百七十五得二十四萬五千為大分母以密方率除大分母得一萬七千五百為密分母以乘十四段密圓積得

爲二十四萬五千段窖圓積次以徽方率除大分母得一千二百二十五爲徽分母以乘二百段徽圓積得爲二十四萬五千段徽圓積次以古方率除大分母得六萬一千二百五十爲古分母以乘四段古圓積得○○爲二十四萬五千段古圓積相加得爲二十四萬五千段如積寄左然後列其積通分納子得就分以一千四百乘之得與左相消得開平方得三十六步爲古徑加多步得窖徑再加多步得徽徑

問有方田三坵共積四千七百七十步只云方方相較等

三方邊相併得一百〇八步求三方邊各幾何

答曰大方邊五十七步　中方邊三十六步　小方邊

一十五步

立天元一爲中方差乃置和步三而一得川⊥太爲中方邊

以方差減之得卜元川⊥太爲小方邊自之得丨元ⅢⅢ太爲小

方積再以方差加中方邊得丨元川⊥太爲大方邊自之得

丨元ⅢⅢ太爲大方積又以中方邊自之得ⅢⅢ太爲中方積

相加得‖〇元ⅢⅢ爲如積寄左然後列眞積ⅢⅢ與左相

消得‖〇ⅢⅢ開平方得二十一步爲方差以加中方

邊得大方邊以減中方邊得小方邊

問有大圓田一段大小方田二段其小方田內有圓池占之外共積六萬一千三百步只云小方田每邊至池楞三十步大方田每邊多於小方田每邊五十步圓徑又多於大方田邊五十步求二方邊及圓田圓池徑各幾何

答曰小方田每邊一百步 內池徑四十步 大方田每邊一百五十步 圓田徑二百步

立天元一為內池徑加二之邊至步得丨丨太為小方

邊加大小方邊差得[illegible]爲大方邊又於大方邊內加大方邊大圓徑差得[illegible]爲大圓徑乃以天元圓徑自之又三之得[illegible]爲四段圓池積又置小方邊自之得[illegible]爲小方積四之得[illegible]爲四段小方積又置大方邊自之得[illegible]爲大方積四之得[illegible]爲四段大方積又置大圓徑自之得[illegible]爲大圓徑冪三之得[illegible]爲四段大

圓積併三積得[算籌]內減四段池積得[算籌]爲四段如積寄左然後列眞積四之得[算籌]與左相消得[算籌]開平方得四十步爲內池徑加倍至步得小方邊再各加差步得大方邊與圓徑

右十九問六十四法悉依益古演段推算昔顧箬溪得李欒城之書於唐荆川而不得立天元一之鮮故所撰測圓海鏡分類釋術刪去立天元細草爲後儒所譏今乃專演天元不及他術與箬溪各明一義其失等耳然是編爲立天元法而作採彼法以備吾法與詮釋原書者例不同也有舉以相譏者請謝之曰有

欒城之原書在

倉田通法續編下卷

金華 張作楠 學算

麗水 俞俊 編次

全椒 江臨泰 補圖

設例下 量倉

問有長方倉高十二尺長比濶多十尺長與濶相乘之積與高自乘積等求長濶各幾何

答曰濶八尺長十八尺

立天元一爲濶加長濶較得丨〇太丨爲長長濶相乘得

丨卜元爲如積寄左然後以高自之得‖‖‖太爲同數與左相消得丨丅卜〇‖‖‖開平方得八尺爲濶加較得十八尺爲長長濶相乘得一百四十四尺恰與高自乘數等

問有長方櫃長比濶多四尺濶比高多二尺體積比高自乘再乘數多一百七十六尺求高濶長各幾何

答曰高四尺濶六尺長十尺

立天元一爲高自乘再乘得丨〇〇元爲高之體積又以天元加濶比高多數得丨‖太爲濶又加長比濶多數得丨⊥太爲長長濶相乘再以高乘之得丨丨⊥三卜元爲

長方櫃體積內減高體積得𝍧𝍠元為如積寄左然後

列所多數𝍠太為同數與左相消得𝍧𝍥𝍥開平方得

四尺即高加二尺得六尺即濶濶加四尺得十尺即

長長濶相乘再以高乘之得二百四十尺內減高自

乘再乘之六十四尺恰多一百七十六尺

問長方倉高十尺長濶和三十尺貯米八百六十四石求

長濶各幾何

答曰長十八尺濶十二尺

立天元一為濶以減長濶和得𝍠𝍢太為長長濶相乘

再以高乘之得丄〇|||元為如積寄左然後以斛率乘米數得‖丄太為同數與左相消得丄〇|||〇‖丄〇開平方得十二尺為濶以減長濶和餘十八尺為長長濶相乘再以高乘之得二千一百六十尺斛率除之恰得米八百六十四石

問長方倉高八尺長比濶多八尺貯米八百七十三石六斗求長濶各幾何

答曰長二十一尺濶一十三尺

立天元一為濶加長濶較得|丄太為長長濶相乘再

以高乘之得⊥≡𝍤元為如積寄左　然後以斛率乘米數

得𝍧太為同數與左相消得⊥≡𝍤𝍧開平方得十三尺

為濶加較得二十一尺為長長濶相乘再以高乘之

得二千一百八十四尺斛率除之恰得米八百七十

三石六斗

問長方倉長濶高共五十八尺長比濶多六尺若以長濶

高三數各自乘相加則得一千一百五十六尺求長濶

高各幾何

答曰長二十四尺濶十八尺高十六尺

立天元一為濶加長濶較得𝍠𝍮太為長長濶相加得𝍡𝍮與其數相減餘𝍪𝍢太為高濶自之得𝍠〇元長自之得𝍠𝍪元𝍢𝍮高自之得𝍣𝍪元𝍣三自乘數相加得𝍮𝍤元𝍥〇寄左然後列高濶長自乘相加數𝍧太為同數與左相消得𝍮𝍤𝍢開平方得十八尺即濶加六尺得二十四尺即長以長濶減其數餘十六尺即高三數各自乘相加恰得一千一百五十六尺

問長方倉高濶長和五十七尺六面積共一千〇五十二尺求高濶長各幾何

答曰高十二尺濶十八尺長二十七尺

立天元一爲長減和數得卜|||𝍠太爲高濶和另以六面積半之得|𝍠太爲三面積其數以高濶和除之得|𝍠太爲濶以減高濶和餘卜|||𝍠太爲高乃以高與長相乘得卜‖𝍠元爲如積寄左然後以濶|𝍠太自之得|||𝍤太爲同數與左相消得卜|||𝍠|||||開平方得二十七尺爲長以減和數餘三十尺爲高濶和以濶十八尺減之餘十二尺即高再求得六面積併之恰得二千〇五十二尺

問有一大長方倉濶三倍於高長三倍於濶又有一小長

方倉比大長方倉高爲二之一闊爲三之二長爲九之七其體積一萬二千〇九十六尺求二倉長闊高各幾何

答曰大長方倉高十二尺闊三十六尺長一百〇八尺　小長方倉高六尺闊二十四尺長八十四尺

立天元一爲大長方倉之高三之得𝍢元爲闊又三之得𝍨元爲長又以天元半之得𝍤元爲小長方倉之高則闊爲𝍢元長爲𝍦元以小長方倉長闊相乘再以高乘之得𝍡〇𝍣元爲小長方體積寄左然後列小倉體積[illegible]

爲同數與左相消得丄○○卜卌開立方得十二尺即大長方倉之高三之得三十六尺即濶又三之得一百○八尺即長以大長方倉之高折半得六尺即小長方倉之高以大長方倉之濶三歸二因得二十四尺即濶以大長方倉之長九歸七因得八十四尺即長長濶相乘再以高乘之恰得積一萬二千○九十六尺

問大小二方倉大倉每邊比小倉多四尺大倉貯米比小倉多四百八十六石四斗求二倉邊數及貯米各幾何

江雲樵曰兩立方用帶從較數開平方算之如圖甲乙丙丁大正方體減去戊巳庚辛小正方體餘壬甲戊辛庚丙丁三面磬折形卽兩積較甲戊庚卽兩邊較三歸得寅一長廉癸一方廉共成甲未乙庚一扁方體以邊較除之得甲未乙庚一長方面形甲戊卽從多故用帶從較數開平方得邊乙庚與戊乙等卽

答曰大倉每邊十二尺貯米六百九十一石二斗 小倉每邊八尺貯米二百〇四石八斗

立天元一爲小倉邊自乘再乘得丨〇〇〇元爲小倉體積又以天元加較得丨𝍣太爲大倉邊自乘再乘得丨𝍩𝍡𝍣𝍧𝍥𝍣太爲大倉體積相減餘𝍩𝍡𝍣𝍧𝍥𝍣太爲如積寄左然後以斛法乘所多米數得𝍡𝍥𝍧𝍧太爲同數與左相消得𝍩𝍡𝍣𝍧開平方得八尺卽小倉邊加四尺得十二尺卽大倉邊以八尺自乘再乘

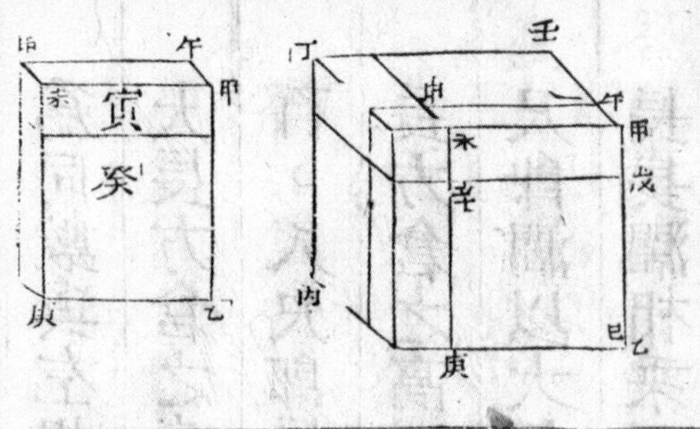

來小倉邊加甲戊得甲乙卯
大倉邊

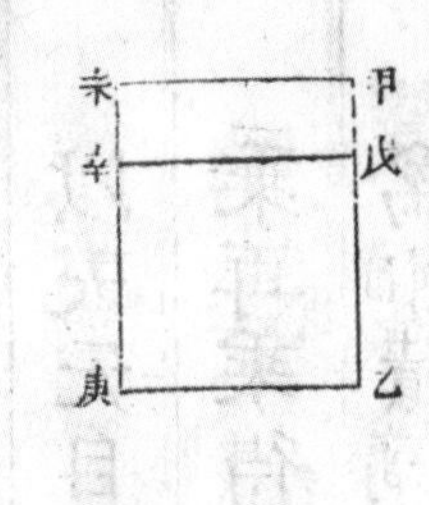

得五百一十二尺斛率除之得二百。四石八斗爲小倉米數以十二尺自乘再乘得一千七百二十八尺斛率除之得六百九十一石二斗爲大倉米數內減小倉米數恰多四百八十六石四斗

右例以邊較積較求邊若以邊和積和求邊則邊和爲二十尺積和爲八百九十六石立天元一爲小倉邊以減邊和得十丨太爲大倉邊以天元自乘再乘得丨〇〇元爲小倉體積以大倉邊自乘再乘得十丄〇丨〇〇元

丄𝍢𝍥爲大倉體積相加得丄〇𝍤𝍥丄𝍢𝍥爲如積寄左然後以斛率乘其米得𝍫𝍣太爲同數與左相消得丄〇𝍤𝍤開平方得八尺爲小倉邊餘依前術入之

若以邊較積和求邊則邊較爲四尺積和爲八百九十六石立天元一爲小倉邊加較得丨𝍫太爲大倉邊以天元自乘再乘得丨〇〇元爲小倉體積以丨𝍫太自乘再乘得丨丄𝍣𝍫太爲大倉體積相加得‖𝍡𝍫𝍫太爲如積寄左然後以斛率乘其米得𝍫太爲同數與左相消得‖丄𝍣𝍬開立方得八尺爲小倉邊餘依前

術入之

若以邊和積較求邊則邊和爲三十尺積較爲四百

八十六石四斗立天元一爲小倉邊以減其邊得丅

〣〇爲大倉邊以天元自乘再乘得〡〇〇元爲小倉體

積以丅〣〇自乘再乘得丅丄〇丄〇〇〇〡〇〇〇太爲大倉體積相減

餘〦丄〇丄〇〇〇〣〇〇〇太爲如積寄左然後以斛率乘積較得〦

爲同數與左相消得〦丄〇丄〇〇〇〦開立方得八尺爲小

倉邊餘如前術求之

問有長方倉長三十五尺又有一方倉方邊自乘與長方

倉高濶相乘等長方倉貯米爲方倉五倍求二倉邊數

及貯米各幾何

答曰方倉每邊七尺貯米一百三十七石二斗長方倉高與濶各七尺貯米六百八十六石

立天元一爲方倉邊自之得〇丨元爲方邊自乘數亦

卽長方倉高濶相乘數以長乘之得‖⊨〇元爲長方倉

體積寄左然後以天元自乘再乘得丨〇〇元爲方倉

體積五之得𝍤〇〇元爲同數與左相消得𝍤‖⊨上法

下實得七尺卽方倉邊自乘再乘得三百四十三尺

爲方倉體積斛率除之得一百三十七石二斗又以

七尺自乘再以三十五尺乘之得一千七百一十五尺爲長方倉體積斛率除之得六百八十六石恰得方倉米數五倍

問有大小二方倉大倉每邊爲小倉三倍若以二倉底面積相乘得五萬八千五百六十四尺求二倉邊數及體積各幾何

答曰大倉每邊二十二尺體積一萬○六百四十八尺小倉每邊一十一尺體積一千三百三十一尺

立天元一爲小倉邊倍之得‖元爲大倉邊以天元自

之得丨○元為小倉面積以〢元自之得〤○元為大倉面

積二面積相乘得〤○○元為如積寄左 然後列兩

倉底面積相乘數𝍫為同數與左相消得〤○○○

𝍫開三乘方得十一尺即小倉邊自乘再乘得一千

三百三十一尺為小倉體積倍小倉邊得二十二尺

即大倉邊自乘再乘得一萬○六百四十八尺即大

倉體積又以十一尺自之得一百二十一尺為小倉

底面積二十二尺自之得四百八十四尺為大倉底

面積二面積相乘恰得五萬八千五百六十四尺

問有露屯積米三堆不知每堆袋數幾何但云第二堆袋數與第一堆自乘再乘數等第三堆袋數與第一堆自乘又乘第二堆數等若將第二第三兩堆相加則得二十五萬〇五百六十袋求三堆袋數各幾何

答曰第一堆十二袋第二堆一千七百二十八袋第三堆二十四萬八千八百三十二袋

立天元一爲一堆袋數自乘再乘得｜〇〇元爲第二堆袋數又以天元自之得｜〇元以乘第二堆得｜〇〇〇〇爲第三堆袋數與第二堆相加得｜〇｜〇

吭元爲如積寄左然後列第二堆第三堆相加袋數[illegible]太

爲同數與左相消得丨〇丨〇〇[illegible]太開四乘方得十

二袋卽第一堆袋數自乘再乘得一千七百二十八

袋卽第二堆袋數又以第一堆自之得一百四十四

袋與第三堆相乘得二十四萬八千八百三十二袋

卽第三堆袋數與第二堆相加恰得二十五萬〇五

百六十袋

問有甲乙二長方倉甲倉高爲濶二分之一濶爲長三分

之一乙倉高爲甲倉二倍濶爲甲倉三倍長爲甲倉四

倍若以二倉體積相加自乘再乘則得一千〇七十三兆七千四百一十八億二千四百萬尺求二倉長濶高各幾何

答曰甲倉高八尺濶十六尺長三十二尺乙倉高十六尺濶四十八尺長一百二十八尺

立天元一爲甲倉高二之得𝍡元爲濶又二之得𝍣元爲長長濶相乘再以高乘之得𝍧○○元爲甲倉體積又倍天元得𝍡元爲乙倉高以甲倉濶數三之得𝍥元爲乙長以甲倉長數四之得𝍠𝍥元爲乙長長濶相乘再以高

或先以隅除積得一億三千四百二十一萬七千七百二十八尺再用立方兩次開之亦得八尺蓋此數既無廉無從則隅與積俱正方爲同式形故可以相除省算又乘方與立方自乘再乘數等故可以立方兩次開之

乘之得[illegible]○○元爲乙倉體積相加得[illegible]○○元自乘再乘得[illegible]○○○○○○元爲如積寄左然後列積[illegible]爲同數與左相消得[illegible]○○○○○○○○[illegible]開八乘方得八尺即甲倉高倍之得十六尺即濶又倍之得三十二尺即長長濶相乘再以高乘之得四千○九十六尺爲甲體積又倍甲高得十六尺即乙高三因甲濶得四十八尺即乙濶四因甲長得一百二十八尺即乙長長濶相乘再以高乘之得九萬八千三百○四尺爲乙體積相加得十萬○二千四百尺自

乘再乘恰得一千〇七十三兆七千四百一十八億

二千四百萬尺

問有長方倉高與濶之比例同於一與二濶與長之比例

同於二與三以高自乘再乘數與濶自乘再乘數相加

比原倉積多一千〇二十九尺求長濶高各幾何

答曰長二十一尺濶十四尺高七尺

立天元一爲高二之得‖元爲濶三之得|||元爲長長濶

相乘再以高乘之得丄〇〇元爲原積另以高自乘再

乘得|〇〇元濶自乘再乘得丄三〇〇元相併得丄三〇〇元

內減原積餘|||○〇兀為如積寄左 然後列多積⊪為

同數與左相消得|||○○⊩開立方得七尺為高三

之得十四尺為濶三之得二十一尺為長長濶相乘

再以高乘之得二千○五十八尺為原積又以高自

乘再乘得三百四十三尺濶自乘再乘得二千七百

四十四尺相加得三千○八十七尺內減原積恰餘

一千○二十九尺

問有米五百十二石分貯二方倉不盡另覓一小方櫃貯

餘米恰盡方櫃邊數與小方倉之比例同於二與三小

倉比方櫃多貯米六十石〇八斗大倉比小倉多貯米三百十三石六斗求二倉二櫃方邊及貯米各幾何

答曰大倉每邊十尺貯米四百石 小倉每邊六尺貯米八十六石四斗 方櫃每邊四尺貯餘米二十五石六斗

立天元一爲方櫃每邊二一分之一三之得‖元爲方櫃邊自乘再乘得Ⅲ〇〇元爲方櫃體積又以天元三之得‖‖元爲小倉邊自乘再乘得‖丄〇〇元爲小倉體積相減得‖≡〇〇元爲如積寄左然後以解法乘小倉比方櫃所多米數得‖⊥爲同數與左相消得‖≡〇〇‖開

立方得三尺爲方櫃每邊三分之一倍之得四尺即方櫃邊自乘再乘得六十四尺斛法除之得貯米二十五石六斗又三因二尺得六尺爲小倉邊自乘再乘得二百一十六尺斛法除之得貯米八十六石四斗再以大倉比小倉多貯米數與小倉米數相加得四百石爲大倉米數斛法乘之得一千尺開立方得十尺即大倉邊三米數相併恰得五百一十二石

問有長方倉體積一萬○三百六十八尺不知高與長濶幾何但云每邊比例與倉傍一小長方櫃同濶與小長

方櫃長濶相乘之數同其小長櫃濶為高二倍長為高

三倍求長濶高各幾何

答曰小長方櫃高二尺濶四尺長六尺 長方倉高十二尺濶二十四尺長二十六尺

立天元一為小櫃高二之得‖元為濶三之得Ⅲ元為長

長濶相乘得丄○元即長方倉之濶半之得Ⅲ○元即長

方倉之高以高數三之得𝍨○元即長方倉之長長濶

相乘再以高乘之得𝍣○○○○元為長方倉體積

寄左 然後列眞積丨𝍣與左相消得𝍣○○○○丨𝍣

開五乘方得二尺為小櫃高倍之得四尺為濶三之

得六尺爲長長濶相乘得二十四尺即長方倉之濶半之得一十二尺爲高以高數三之得三十六尺爲長長濶相乘再以高乘之恰得一萬○三百六十八尺

問有方倉不知邊數幾何但記得倉外有一長方田其長比倉底面積多二十四尺濶比倉底面積少二十尺若以田積與倉底面積相加則得六萬六千三百三十六尺求倉每邊及田長濶各幾何

答曰方倉每邊一十六尺 長方田長二百八十尺濶二百三十六尺

立天元一爲倉邊自之得〡○元爲倉底面積加田長
比底面積多數得〡○元〢〥爲田長減田濶比底面積
少數得〡○元〢〤爲田濶長濶相乘得〡○〣○〢〦太爲
田積加倉底面積得〡○〣元〢〦爲如積寄左然後
列相加積數〦〢爲同數與左相消得〡○〣○〤〢開
三乘方得十六尺爲倉邊自之得二百五十六尺爲
倉底面積加二十四尺得二百八十尺即田長減二
十尺得二百三十六尺即田濶長濶相乘得六萬六
千○八十尺爲田積與倉底面積相加恰得六萬六

千三百三十六尺

問有長方倉厥底現存米八百七十四石八斗未知其長濶及現積米高幾何但云以現積米高數自乘與濶等濶數自乘與長等求長濶及現積米高幾何

答曰現積米高三尺濶九尺長八十一尺

立天元一爲積米高數自之得丨〇元爲倉濶以濶自之得丨〇〇元爲長長濶相乘再以高乘之得丨〇〇〇〇〇〇元爲現積米數寄左然後以斛法乘米數得𝍰𝍦𝍬𝍧爲同數與左相消得丨〇〇〇〇〇〇𝍰𝍦𝍬𝍧開六

乘方得三尺爲現積米高數自之得九尺卽濶濶自之得八十一尺卽長長濶相乘再以高乘之得二千一百八十七尺斛法除之恰得八百七十四石八斗

問有甲丙二方倉倉外各築垣爲圜但知甲倉每邊爲丙倉三倍甲圜每邊與甲倉底面積等丙圜每邊與丙倉底面積等若以二圜積數相乘則得一十三億五千八百九十五萬四千四百九十六尺求二倉二圜邊數各幾何

答曰甲倉每邊二十四尺 圜每邊五百七十六尺 丙倉每邊八尺 圜每邊六十四尺

立天元一爲丙倉邊自之得丨〇元爲丙倉底面積即
丙圜邊數又自之得丨〇〇〇元爲丙圜積數再以天
元三之得𝍢元爲甲倉邊自之得𝍨〇元爲甲倉底面積
即甲圜邊數又自之得𝍥𝍯𝍤〇〇〇元爲甲圜積數二圜
積相乘得𝍨𝍡〇〇〇〇〇〇元爲如積寄左然後列
眞積𝍡𝍮𝍨𝍫𝍢與左相消得𝍮〇〇〇〇〇〇𝍡𝍮𝍨𝍫開七乘
方得八尺即丙倉邊自之得六十四尺爲丙倉底面
積亦即丙圜邊數又自之得四千〇九十六尺爲丙
圜積另以丙倉邊三之得二十四尺爲甲倉邊自之

得五百七十六尺爲甲倉底面積亦即甲囷邊數又

自之得三十三萬一千七百七十六尺爲甲囷積二

囷積相乘恰得一十三億五千八百九十五萬四千

四百九十六尺

問有長方倉不知其內廒數及每廒邊數幾何但云每廒

邊數與廒數等每廒積數與廒數自乘再乘數等若以

一廒積數與共邊數相乘再自乘之則得六千〇四十

六萬六千一百七十六尺求廒數及每廒邊數各幾何

答曰倉內共六廒每廒方邊各六尺

立天元一爲每厫邊亦卽厫數自之得丨〇元爲共邊另以天元自乘再乘得丨〇〇元爲每厫積與共邊相乘得丨〇〇〇〇元爲每厫積與共邊相乘數再自之得丨〇〇〇〇〇〇〇〇〇元爲每厫積與共邊相乘得數再自乘數寄左然後列眞積[算籌]爲同數與左相消得丨〇〇〇〇〇〇〇〇〇[算籌]開九乘方得六尺爲每厫邊亦卽共厫數自乘再乘得二百一十六尺爲每厫積以每邊六之得三十六尺爲共邊與每厫積相乘得數再自乘之恰得六千〇四十六萬六千

一百七十六尺

問有米三堆不知數各幾何但云第二堆比第一堆多一倍第三堆比第二堆多一倍以第三堆米數四之一與第二堆米數之半相乘又與第一堆米數三之一相乘則得六千五百六十一石求三堆米各幾何

答曰第一堆二十七石第二堆五十四石第三堆一百〇八石

立天元一爲第一堆米數三分之一三之得|||元爲第一堆米數倍之得⊥元爲第二堆米數又倍之得|=元爲

第三堆米數以第三堆四之一|||元與第二堆之半|||元
相乘得丄≡〇元又以天元乘之得丄≡〇〇元爲如積寄左
然後列眞積||||爲同數與左相消得丄≡〇〇||||開立
方得九石三之得二十七石爲第一堆米數倍之得
五十四石爲第二堆米數又倍之得一百〇八石爲
第三堆米數以第三堆四之一二十七石與第二堆
之半二十七石相乘得七百二十九石再以第一堆
三之一九石乘之恰得六千五百六十一石
問有帮船運糧不言數但云每帮船數比帮數加一倍每

船米數與其船數等共運米五百三十四萬五千三百

四十四石求帮數及每帮船數每船米數各幾何

荅曰共三十四帮每帮船六十八號每船米二千三百

十二石

立天元一爲帮數倍之得‖元爲每帮船數以天元帮

數乘之得‖○元爲其船數亦爲每船米數自之得‖‖

○○○元爲如積寄左然後列其米[illegible]爲同數與左相

消得[illegible]○○○[illegible]開三乘方得三十四爲帮數倍之

得六十八爲每帮船數以船數與帮數相乘得二千

三百一十二爲其船數亦即每船米數以其船數乘

米數恰得五百三十四萬五千三百四十四石

問有倉東西長一丈四尺南北濶八尺南壁高一丈受粟

六百二十二石九分石之二斛率一尺六寸二分求北壁高幾何

答曰八尺

立天元一爲北壁高加南壁高數半之得〇𝍤𝍤太爲二

高折半數乃以長濶相乘得𝍠𝍩𝍡太以二高折半數乘之

得𝍤𝍮〇太𝍤𝍮爲如積寄左然後置粟六百二十二石通分

納子得五千六百石斛法乘之分母九除之得𝍠〇〇𝍧太爲

同數與左相消得[illegible]上法下實得八尺即北壁高

問有米四百四十八石若穿一長方窖貯之令上長多於上濶二尺少於下濶四尺少於下長八尺少於深二尺貯滿其中而米適盡求上下長濶及深各幾何

答曰上長八尺上濶六尺　下長一丈六尺下濶一丈二尺　深十尺

立天元一丅為上濶加上長多於上濶數得丨‖太為上長又以上長少於下濶數加上長得丨丨太為下濶又以上長少於下長數加上長得丨丨太為下長又以上長少於深數加上長

得𝍩𝍢太爲深乃以上長上濶相乘得𝍠𝍮元倍之得𝍡
𝍢元以下長下濶相乘得𝍠𝍩𝍤太倍之得𝍡𝍡𝍪太又以
上濶下長相乘得𝍠𝍮元下濶上長相乘得𝍠𝍮𝍤太幷
四數得𝍭𝍢𝍧太以深乘之得𝍭𝍨𝍬𝍢太六歸得𝍠𝍭
𝍢𝍨太爲如積寄左然後以斛率乘米數得𝍡𝍪太爲同數
與左相消得𝍠𝍭𝍢𝍧開立方得六尺爲上濶加二
尺得八尺卽上長又加上長少於下濶數得一丈二
尺卽下濶又以上長少於下長數加上長得一丈六
尺卽下長以上長少於深數加上長得十尺卽深

問有米七十七石二斗欲穿一圓窖貯之令深九尺下周多於上周四尺貯滿其中而米適盡求上下周各幾何

答曰上周十四尺下周十八尺

立天元一爲上周自之得𝍠〇元爲上周冪再以天元加下周多於上周數得𝍠𝍣太爲下周自之得𝍠𝍧𝍩𝍥太爲下周冪又以上下周相乘得𝍠𝍣元爲上下周相乘冪相加得𝍢𝍩𝍡𝍩𝍥太以深乘之得𝍪𝍦𝍠〇𝍧𝍠𝍬𝍣太合以圓率三十六除之不除便爲三十六段如積寄左然後以斛率乘米數得𝍠𝍬𝍣就分

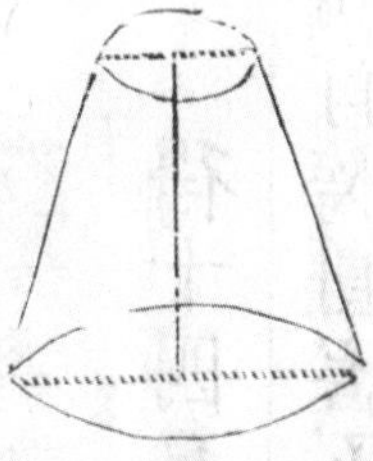

三十六之得[illegible]爲同數與左相消得[illegible][illegible][illegible]開平方得十四尺爲上周加多數得下周

江雲樵曰此上下不等擶圓形也法用徽率故貯米八十七石九斗二升若用定率方積一圓積七八五三九八一六三算之當貯米八十七石九斗六升四合有零法見量倉通法二卷

問有擶圓窖不知上下大小徑各幾何但云下兩徑比上兩徑加一倍其上大徑多於上小徑一尺少於深六尺貯米八十七石九斗二升窖恰滿圓依徽率求上下大小各徑及深幾何

答曰上大徑四尺 小徑三尺　下大徑八尺 小徑六尺　深十尺

立天元一爲上小徑加上大徑比上小徑多數得[illegible]爲上大徑又以小於深數加上大徑得[illegible]爲深

又倍天元上小徑得[算籌]爲下小徑倍上大徑得[算籌]爲下大徑乃以上大徑與上小徑相乘得[算籌]下大徑與下小徑相乘得[算籌]又以上大徑與下小徑相乘折半得[算籌]下大徑與上小徑相乘折半得[算籌]併之得[算籌]以圓周率一百五十七乘之得[算籌]方周率二百除之得[算籌]與深相乘得[算籌]合以三十除之不除便爲三十段如積寄左然後以斛法乘米數得[算籌]三十之得[算籌]與左相消得[算籌]開立方得三尺爲上小徑

加上大徑比上小徑多數得四尺爲上大徑又以上
大徑少於深數加之得十尺卽深又倍上小徑得六
尺卽下小徑倍上大徑得八尺卽下大徑

問有亭倉上小下大方差六尺高多上方九尺容粟一百
八十七石二斗今巳運出五十石。四斗求倉上下方
高及餘粟深上方各幾何

答曰上方三尺　下方九尺　高一丈二尺　餘粟深
上方俱六尺

先求倉方高數立天元一爲上方加方差得丨太爲

下方又置天元加高多上方數得[illegible]為高乃以上方自之得[illegible]〇下方自之得[illegible]上下方相乘得[illegible]〇併三數得[illegible]又以高乘之得[illegible][illegible]三除之得[illegible]為亭倉積寄左然後以斛率乘容粟得[illegible]為同數與左相消得[illegible]開立方得三尺即上方加差得下方與高再求餘粟及上方立天元一為出粟高合以方差乘之本高而一為出粟方差今不乘除便以為出粟方差率即如以本高乘出粟方差以方差除之也又以本高乘上方以方差除之得[illegible]為上

方率以出粟方差率加之得[籌]爲下方率乃以上
方率自之得[籌]下方率自之得[籌]上下方率相
乘得[籌]併三數得[籌]又以出粟高乘之得[籌]
[籌]此數合以三除之又以方差冪乘之本高冪
而一爲出粟積今不乘除便以爲帶分出粟積（卽如以三因出粟積又以本高冪乘之以方差冪除之也）寄左然後以斛法乘出粟得
[籌]爲出粟積以分母三因之又以本高冪乘之如方
差冪而一得[籌]爲同數與左相消得[籌]開立
方得六尺爲出粟高以減本高餘六尺卽餘粟高

問有圓囤上小下大斛法二尺五寸徑率一周率三上下周差一丈二尺高多上周一丈八尺容粟七百〇五石六斗今已運出二百六十六石四斗求殘粟去口上下周高各幾何

答曰上周一丈八尺下周三丈六尺高三丈六尺去口一丈八尺粟周二丈四尺

先求上下周及高立天元一爲上周加周差得丨𝍩𝍡太爲下周又置天元加高多上周數得丨𝍩𝍰太爲高乃以上周自之得丨〇〇元下周自之得丨𝍩𝍡元𝍩𝍥𝍬太上下周相乘得丨𝍩𝍡元〇併三數得𝍡𝍢𝍤元𝍩𝍥𝍬太又以高乘之得𝍢〇元𝍩𝍢𝍥元𝍩𝍥𝍬元〇太以三除之得丨𝍩〇𝍩𝍢𝍤𝍩𝍱爲方亭積合以十二除

之爲圓積令不除便爲圓積內寄十二爲母寄左然後以斛
法乘容粟得[算籌]爲圓積就分十二之得[算籌]爲同數與
左相消得[算籌]開立方得十八尺即上周加差
得下周及高再求粟去口數立天元一爲粟去口
合以周差乘之以本高除之爲出粟周差令不乘除
便爲出粟周差率即如以本高乘出粟周差以周差除之也又以本高乘
上周以周差除之得[算籌]爲上周率加出粟周差率得
[算籌]爲出粟下周率乃以上周率自之得[算籌]下周率
自之得[算籌]上下周相乘得[算籌]併三數得[算籌]

〔算籌〕又以粟去口乘之得〔算籌〕○太合以三十六除之

又以周差冪乘之高冪而一爲出粟積今不乘除便

爲出粟積即如以三十六因出粟積又以高冪乘之以周差冪除之也寄左然後

以斛法乘出粟得〔算籌〕爲出粟積就分三十六之又以

高冪乘之周差冪除之得〔算籌〕爲同數與左相消得〔算籌〕

〔算籌〕開立方得十八尺即粟去口數

問有粟二萬三千一百二十斛七斗三升欲作方倉一圓

窖一盛各滿中而粟適盡令高深等方邊少於圓徑九

寸多於高二丈九尺八寸率徑七周二十二求方徑深各幾何

答曰倉方四丈五尺三寸容粟一萬二千七百二十二斛九斗五升八合　窖徑四丈六尺二寸容粟一萬〇三百九十七斛七斗七升二合　高與深各一丈五尺五寸

立天元一爲高又爲深加方邊多於高數得　爲方邊又加方邊少於圓徑數得　爲圓徑乃以方邊自之得　以十四乘之得　爲十四段方冪又以圓徑自之得　又以十一乘之得　爲十四段圓冪併二冪得　以高乘之得　爲十四方倉十四圓窖積寄左　然後以斛法展爲二千五百寸乘粟數得　爲一方倉一圓窖積

就分十四之得[illegible]。為同數與左相消得[illegible]二十五約之得[illegible]開立方得一百五十五寸即高深各加差得方徑

問有粟一萬六千三百四十八石八斗欲作方倉圓窖三令高深等方邊少於圓徑一丈多於高五尺斛法二五率徑七周二十二求方高徑各幾何

答曰方邊一丈八尺。高深俱一丈三尺。圓徑二丈八尺

立天元一為高又為深加方邊多於高數得[illegible]為

方邊又加方邊少於圓徑數得[illegible]爲圓徑乃以方

邊自之得[illegible]以十四乘之得[illegible]又以倉數

四乘之得[illegible]另以圓徑自之得[illegible]以十一

乘之得[illegible]又以窖數三乘之得[illegible]相加得

[illegible]以高深乘之得[illegible]。寄左然後以斛法

乘粟數得[illegible]十四乘之得[illegible]爲同數與左相消得[illegible]

[illegible]開立方得十三尺爲高深各加差得方徑

問有粟三千○七十二石欲作方倉一圓窖一令徑與方等方多於窖深二尺少於倉高三尺盛各滿中而粟適

盡求方徑高深各幾何

答曰方徑各一丈六尺高一丈九尺深一丈四尺

立天元一爲深加方多於深數得[籌算式]爲方又爲徑又置方徑加少於倉高數得[籌算式]爲高乃以方徑自之得[籌算式]副置上下兩位上位以十四乘之又以高乘之得[籌算式]下位以十一乘之又以深乘之得[籌算式]併二位得[籌算式]寄左然後以斛法乘粟數得[籌算式]十四乘之得[籌算式]爲同數與左相消得[籌算式]二十五約之得[籌算式]開立方得十四尺

卽深各加差得方徑高

問有粟五千一百四十五石欲作方窖圓窖各一令口小底大方邊與圓徑等兩深亦同其深少於下方七尺多於上方一丈四尺盛各滿中而粟適盡求方徑深各幾何

答曰上方徑各七尺　下方徑各二丈八尺　深各二丈一尺

立天元一爲上方加深多於上方數得丨丨太爲深又置深加深少於下方數得丨丨太爲下方乃以上方自

之得丨○元下方自之得丨[illegible]元[illegible]上下方相乘得丨[illegible]太併三數得[illegible]元[illegible]又以深乘之得[illegible]元[illegible]三而一得丨[illegible]元[illegible]爲方窖積寄左然後以斛法乘粟數得[illegible]以方冪率十四乘之以方圓冪率十四十一併之得二十五除之得[illegible]爲同數與左相消得丨[illegible]開立方得七尺爲上方各加差如所求

問有粟二萬六千三百四十二石四斗欲作方窖六圓窖四令口小底大方邊與圓徑等其深亦同深少於下方七尺多於上方一丈四尺盛各滿中而粟適盡求上下

方深數各幾何

荅曰方窖上方七尺下方二丈八尺深二丈一尺　圓窖上下徑深與方窖同

立天元一為上方依前術入之得[算籌]為方窖積寄左然後以斛法乘粟數得[算籌]又以方率十四乘之以六因方率十四得八十四以四因圓率十一得四十四併之得一百二十八除之得[算籌]為同數與左相消得[算籌]開立方得七尺為上方各加差如所求若求各窖粟則以方窖上方自乘下方自乘上下方相乘併之三歸得數以深乘之得七千二百。三尺斛法除之得二千八百八十一石二斗為一方窖粟數六之得一萬七千二百八十七石二斗

爲六方窖粟數再以圓窖上徑下徑各自乘上下徑
相乘併之三歸得數以深乘之又以十一乘之十四
除之得五千六百五十九尺五寸斛法除之得二千
二百六十三石八斗爲一圓窖粟數四之得九千〇
五十五石二斗爲四圓窖粟數併六方窖四
圓窖恰得二萬六千三百四十二石四斗

問甲乙丙丁四郡輸粟斛法二尺五寸一人作功爲均自
上給甲以次與乙其甲郡輸粟三萬八千七百四十五
石六斗乙郡輸粟三萬四千九百〇五石六斗丙郡輸
粟二萬六千二百七十石四斗丁郡輸粟一萬四千〇
七十八石四斗四郡共穿窖上袤多於上廣一丈少於
下袤三丈多於深六丈少於下廣一丈各計粟多少均

出丁夫自穿負築冬程人功常積一十二尺一日役求窖上下廣袤深郡別出人及窖深廣各幾何

答曰窖上廣八丈下廣十丈深三丈上袤九丈下袤十二丈 甲郡八千〇七十二人深十二尺下袤十丈二尺廣八丈八尺 乙郡七千二百七十二人深九尺下袤十一丈一尺廣九丈四尺 丙郡五千四百七十三人深六尺下袤十一丈七尺廣九丈八尺 丁郡二千九百三十二人深三尺下袤十二丈廣一十丈

先求窖深廣袤數立天元一爲窖深加上袤多於深數得丨丨太爲上袤又以上袤多於上廣數減上袤得丨𝍣太爲上廣又以上袤少於下袤數加上袤得丨三太

為下袤又以上袤少於下廣數加上袤得[算籌]太為下廣乃倍上廣得[算籌]太加下廣得[算籌]太以上袤乘之得[算籌]元[算籌]太於上又倍下廣得[算籌]太加上廣得[算籌]太以下袤乘之得[算籌]太加上位得[算籌]元[算籌]太以深乘之得上[算籌]太以六約之得[算籌]太為窖積寄左然後以斛法乘四郡共粟[算籌]得[算籌]為同數與左相消得[算籌]開立方得三十尺即窖深各加差得上下廣袤

再求四郡均給積尺受廣袤深數先求甲深立天元一為甲深合以廣差乘之窖深除之為甲廣差今

不乘除便以甲深爲甲廣差率即如以窖深乘甲廣差以廣差除之也

又以窖深乘上廣以廣差除之得[筹算]爲甲上廣率以甲廣差率加之得[筹算]爲甲下廣率又天元甲深合以袤差乘之窖深除之爲甲袤差今不乘除便以甲深爲甲袤差率即如以窖深乘甲袤差以袤差除之也

又以窖深乘上袤以袤差除之得[筹算]爲甲上袤率以甲袤差加之得[筹算]爲甲下袤率乃倍甲上廣率得[筹算]加甲下廣率得[筹算]以甲上袤率乘之得[筹算]於上又倍甲下廣率得[筹算]加甲上廣率得[筹算]以甲下袤率乘之得

[算籌]元[算籌]加入上位得[算籌]元[算籌]以甲深乘之得[算籌]太可半先半之得[算籌]太合以三除之又以廣差乘袤差乘之深冪除之爲甲積今不乘除便爲甲積

即如三因甲積又以深冪乘之以廣差乘袤差除之也

寄左然後以斛法乘甲郡粟數得[算籌]爲甲積三之得[算籌]又以深冪[算籌]乘之廣差乘袤差得[算籌]除之得[算籌]爲同數與左相消得[算籌]開立方得十二尺即甲深

次求乙深立天元一爲甲乙併深依前術入之得[算籌]寄左然後以斛法乘甲乙二郡共粟得[算籌]爲甲乙併積三之得[算籌]

又以深冪乘之廣差乘衰差除之得[illegible]爲同數與左

相消得[illegible]開立方得二十一尺爲甲乙併深

內減甲深餘九尺即乙深　次求丙丁深立天元一

爲甲乙丙併深依前術入之得[illegible]寄左　然後

以斛法乘甲乙丙三郡共粟得[illegible]爲甲乙丙併積三

之得[illegible]又以深冪乘之廣差乘衰差除之得[illegible]爲同

數與左相消得[illegible]開立方得二十七尺爲甲

乙丙併深內減甲乙深餘六尺即丙深以甲乙丙併

深減總深餘三尺即丁深　既求各深數乃以衰差

乘甲深以本深除之所得加上袤卽甲下袤又以廣差乘甲深以本深除之所得加上廣卽甲下廣其乙丙丁每以前下廣袤爲後上廣袤以次準此求之得各廣袤再以程功除當鄰積尺得人數

族孫　亢提校刊

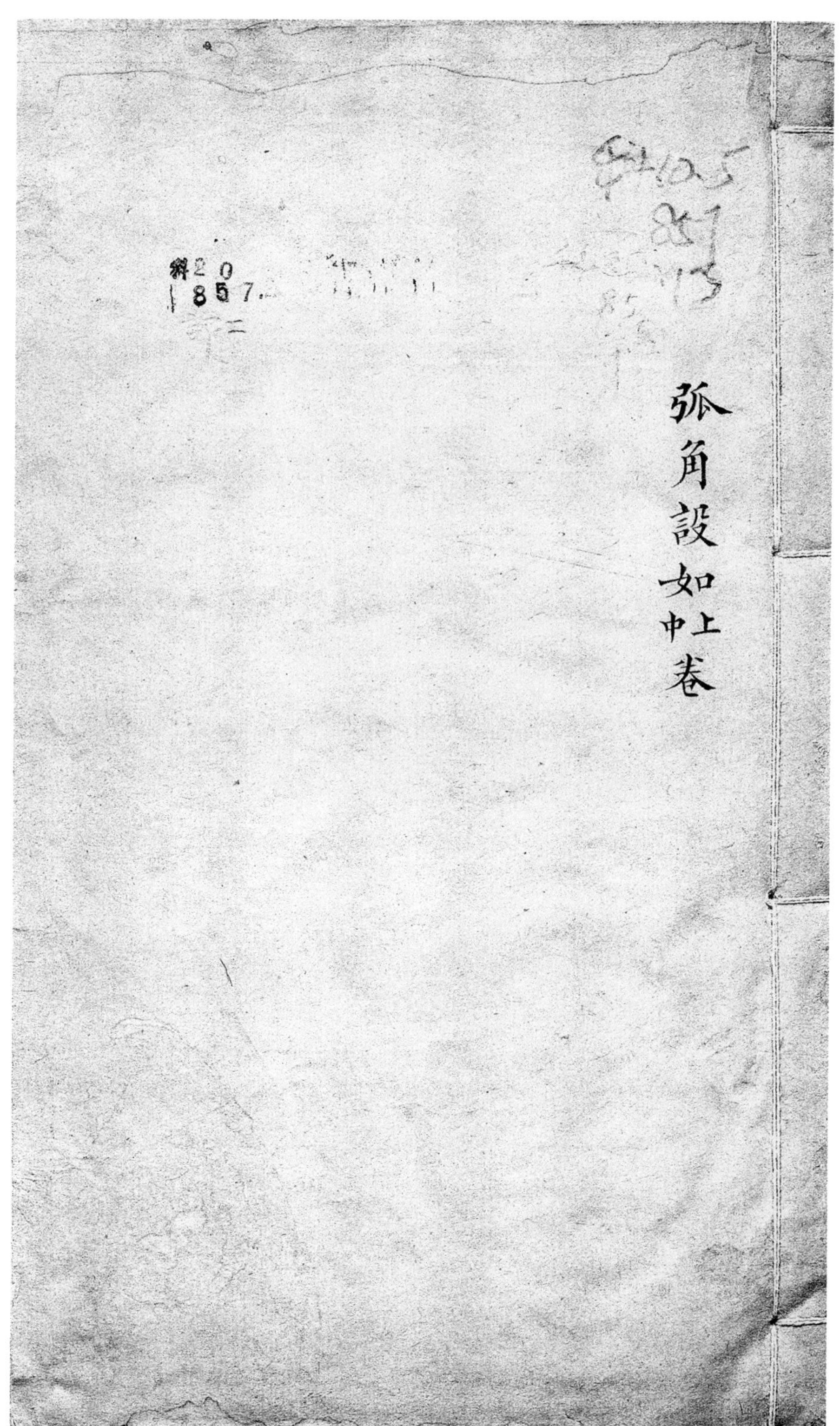
弧角設如上中卷

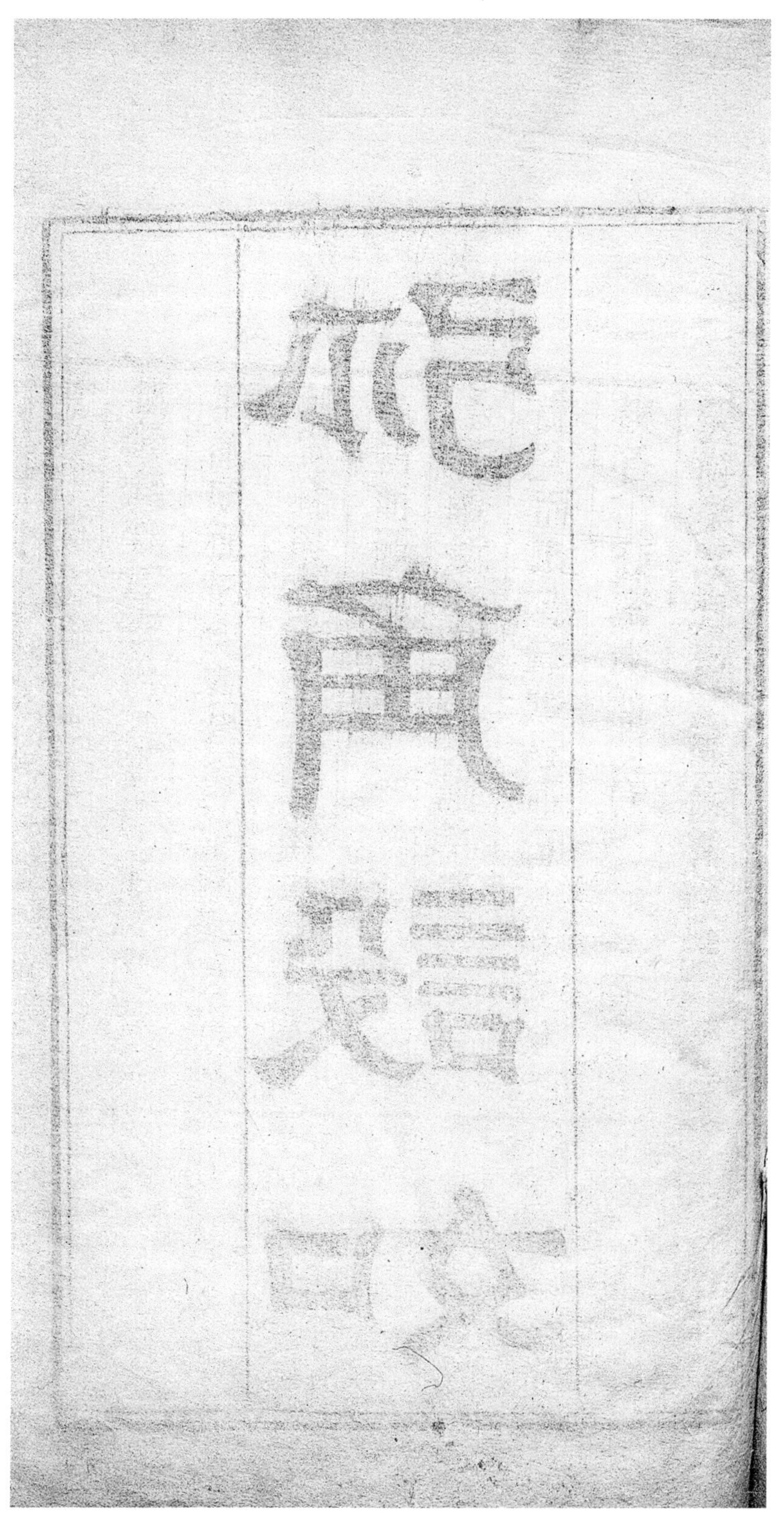

弧角設如

曩游梁溪齊梅麓屬仿算經設如之例撰弧三角細草以課各術疏密成簡明算法一卷梅麓以爲太略擬增補圖說久而未就知張丹邨有弧角設如之作亟索觀之則多予舊稿所未及者夫測算之學至

本朝而極盛

御定秝象考成撰天察紀明時正度洩千古不傳之秘一時講明而切究者若梅勿菴王曉菴薛儀甫李安溪及家愼修錢竹汀李尙之輩於中法西法各有心得卓然成家第草野既未由履觀臺窺中秘而諸家撰述持論不同詳

略互異讀者每望洋而返間有留心斯事者又或鄙演撰爲疇人末技而務鉤棘字句以示秘奧吹毛索瘢以矜創獲甚且於中西之辨齗齗不休如講學家之攻良知爭無極不知推步躔離取其驗於天者從之不必問其爲中與西也立術布算取其密且捷者從之亦不必問其爲古與今也羅雅谷云算數比例步步蹠實非若談空說元可欺人以口舌明明布列非若握槊奪標可欺人以强力層層積累非若由旬刹那可欺人以荒誕西儒之術驗之懸象旣有合於天課以算數復較密於古使必舍八線而用三

乘方取矢舍三角測量而尋重差綴術之遺緒舍易就難
已無異改今時筆札皆從篆體強令人脣吻盡復古音況
陰竊其實而陽避其名改三邊求角爲三距求弧改三鋭
角爲三觚句於句股改一鈍二鋭爲三觚一倨於句股改
同式形比例爲同限互權而曰此我法非西法篠騄弃犬
是亦不可以已乎丹邨是編融會諸家括以二十八例條
分縷晰綱舉目張並因予言於垂弧總較法外補切線分
外角及開平方得半角正弦二法其於弧角比例可謂擇
之精而語之詳而豪髮無遺憾矣輒不揣固陋增衍對數

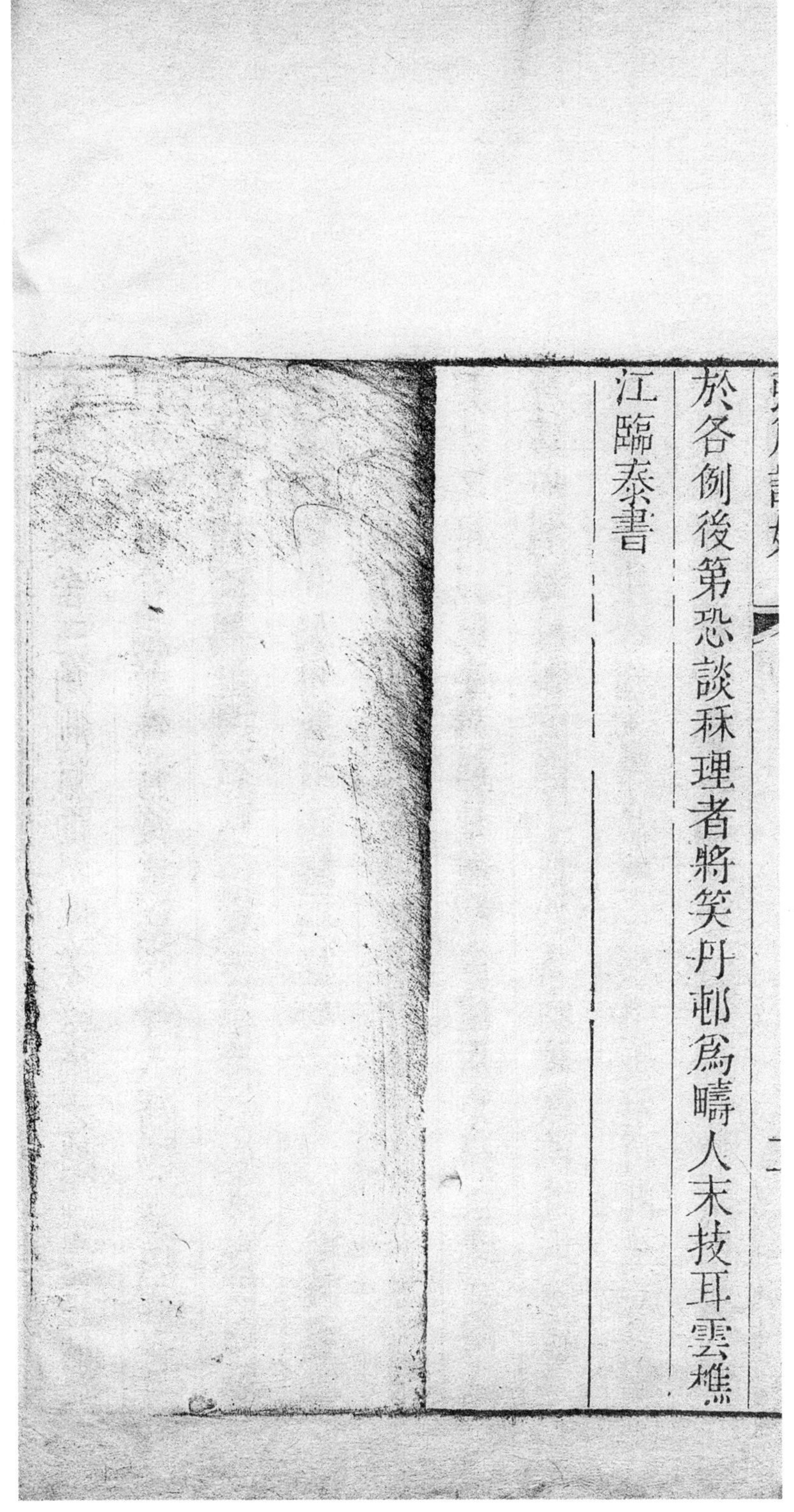

於各例後第恐談秝理者將笑丹邨爲疇人末技耳雲樵

江臨泰書

予曩官梁溪暇輒與江君雲樵演弧角之算而歎西儒對數之妙爲不可思議頗疑汪衡齋總較法不便用對數之說質之雲樵雲樵曰總較法非不可用對數衡齋不解用耳因檢梅文穆赤水遺珍所載三弧求角開平方得半角正弦二術示予予渙然冰釋益信雲樵於此事眞能貫通雖以文穆之高明猶議西人不當置簡法於前繁法於後爲刺繡而藏其金針詎知此二法西人特爲對數設其至繁者乃其至捷者也惜衡齋已亡不及聞雲樵之言而改正其說予既罷官薦雲樵於丹邨丹邨之才十倍於予得

雲樵朝夕講求而測算之學益進茲所撰弧角設如一書
即予數年前與雲樵謀欲成之而未果者丹邨可謂好學
矣然丹邨著書非爲名也爲嘉惠來學也夫著作之家有
名有實觀其書可以知其人予嘗謂戴東原爲人不如梅
勿菴勿菴之書惟恐人不知東原則惟恐人知勿菴用西
法則曰此西法也用其法必闡其理東原則用西法而避
其名且務爲簡與令人猝不易了此非由心術之不同乎
且夫乾以易知坤以簡能大樂必易大禮必簡天下事未
有不簡且易而得爲精者以入線馭弧角實簡於三乘方

求矢以對數馭八線又實易於八線之用乘除乃詆之者至比於異端邪說若不可一日存於天壤間者噫亦惑矣善乎丹村之言曰法取其密何分今古算取其捷何問中西通人之論亦君子之論也是編厚不盈寸而弧三角形參伍錯綜及諸家同異之說悉具其中既作釋例以推作法之原復列對數以便布算之用卷帙不繁雖貧者易購文字無障雖鈍者能通使學者皆得是書讀之則皆可以知黃赤經緯之度舉東原所秘爲絕學者一旦而公之人人非大快事哉故觀丹邨之書而知丹邨之爲人也已道

光元年十二月十三日婺源齊彦槐序

弧角設如卷上

金華張作楠撰算例

全椒江臨泰補對數

婺源齊梅麓彥槐以弧三角比例錯綜變換不可端倪

御製秝象考成草野既未由仰窺而梅徵君弧三角舉要環中黍尺塹堵測量及梅循齋江慎修戴東原焦里堂諸家書或闡理精深或立術簡奧或舉例而未徵諸數讀者目眩心迷無從入手屬仿算經設如之例各撰細草以便初學因檢囊所衍正弧斜弧諸算草分門排纂質之

江雲樵雲樵曰對數表爲八線設談弧三角而不及對數是舍易就難非所以引誘來學也且汪衡齋謂總較法不便用對數非對數不可用彼自不能用耳遂次第補之夫法取其密何分今古算取其捷何問中西薛氏天學會通專用對數固非正法若以八線測球體雖隸首復生當無以易況又有對數以省乘除一加一減即得弧度何捷如之衡齋算學因總較法餘弦矢較用加減疑對數法窮雲樵於兩弧夾一角以切綫分外角法通之則仍不窮梅文穆赤水遺珍於三弧求角列開方

得半角正弦二術以乘除課其繁簡雲樵以對數衍之廼又而解竟似西人創此二術爲對數設者然非於弧角比例之理反覆貫通即使于八綫對數一編亦不過如臺官演撰課其數則不誤叩以理則全乖不將移步即迷乎故以對數妙八線之用則可因有對數遂不復探本原則不可爰作釋例以明其理次列設如以備其法殿以雲樵對數細草以妙其用梅麓閱之如以爲可作步算初桄幸爲我語來學曰江雲樵善用對數非别有秘法不過肯向本法上多費苦心耳作楠識

釋例

弧三角爲球面弧線所成線皆曲故曰弧三弧交則成角步算之目曰以角求弧曰以弧求角曰以弧角求弧曰以弧角求角其術則曰弧角相求曰次形曰垂弧曰總較明乎其術以八線比例各相當四率馭之周天經緯如指諸掌矣

弧三角俱在球面大圈爲腰圍之一線每圈均分三百六十度半之各一百八十度曰半周四分之各九十度曰象限六分之各六十度曰紀限十二分之各三十度曰宮曰時二十四分之各一十五度曰節氣曰小時曰地平方

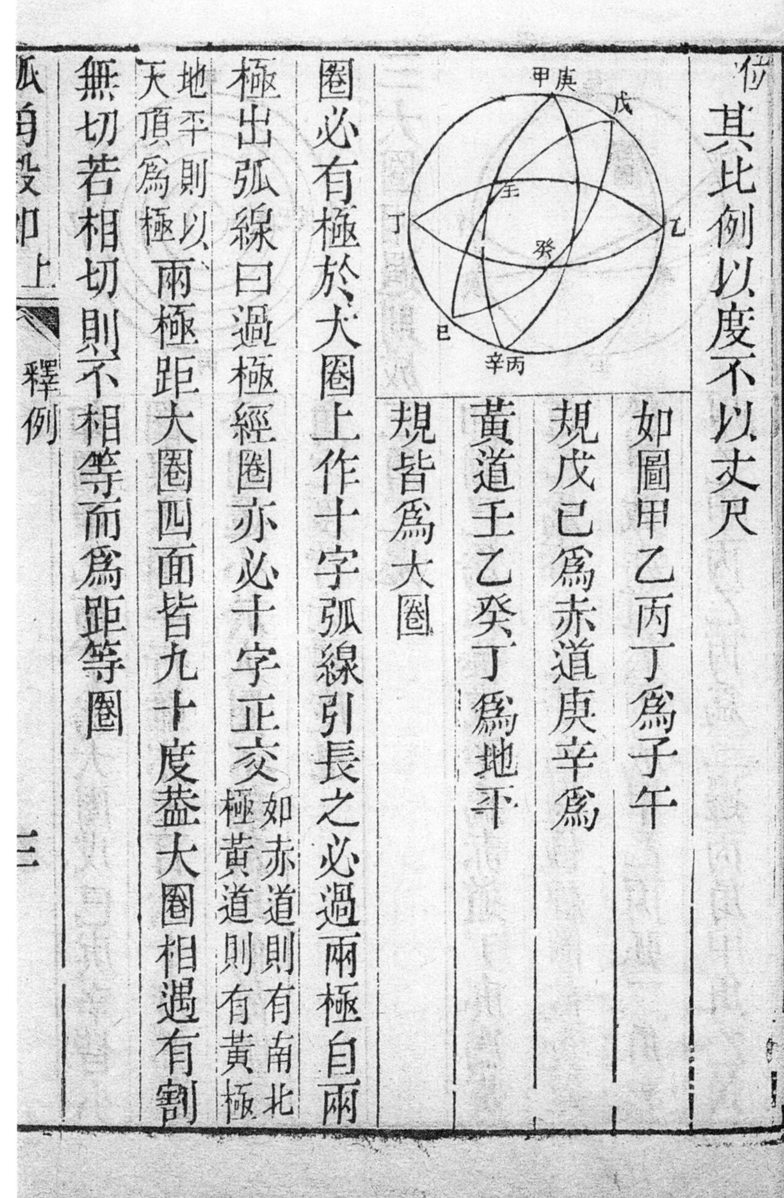

位

其比例以度不以丈尺

如圖甲乙丙丁爲子午規戊己爲赤道庚辛爲黃道壬乙癸丁爲地平規皆爲大圈

圈必有極於大圈上作十字弧線引長之必過兩極自兩極出弧線曰過極經圈亦必十字正交如赤道則有南北極黃道則有黃極地平則以天頂爲極兩極距大圈四面皆九十度蓋大圈相遇有割無切若相切則不相等而爲距等圈

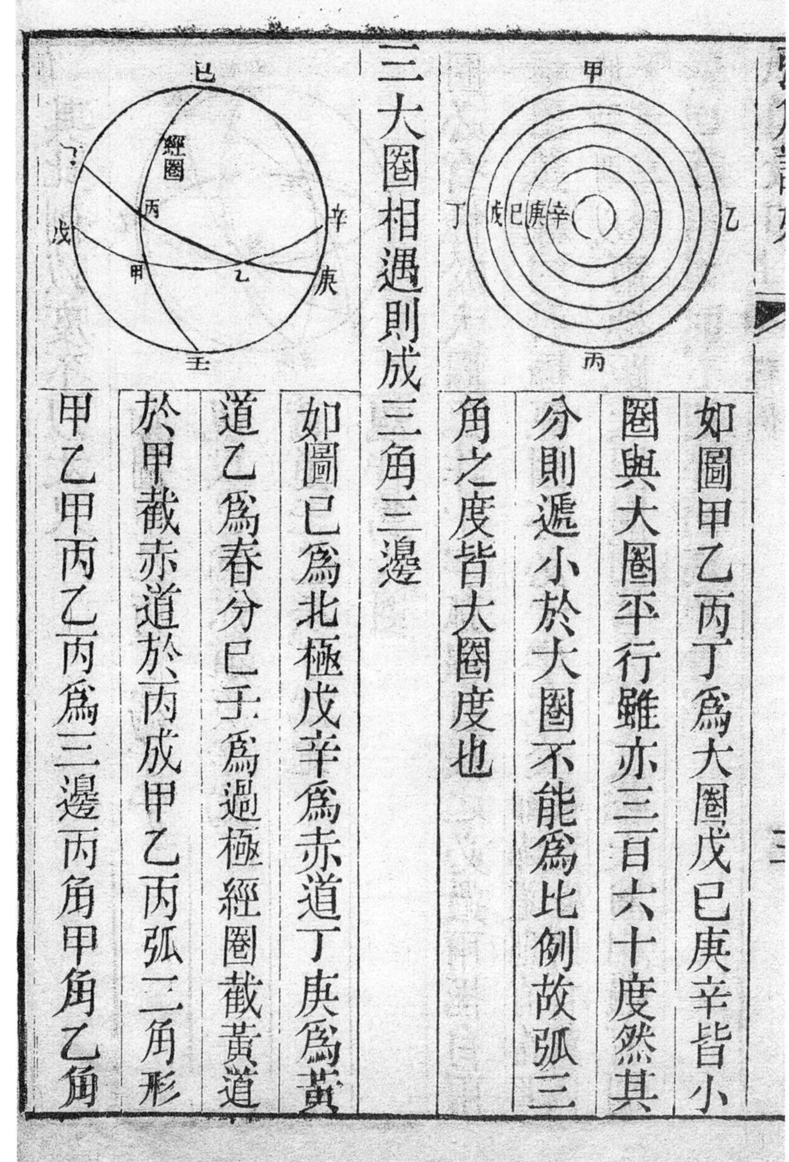

如圖甲乙丙丁爲大圈戊巳庚辛皆小圈與大圈平行雖亦三百六十度然其分則遞小於大圈不能爲比例故弧三角之度皆大圈度也

三大圈相遇則成三角三邊

如圖巳爲北極戊辛爲赤道丁庚爲黃道乙爲春分巳壬爲過極經圈截黃道於甲截赤道於丙成甲乙丙弧三角形甲乙甲丙乙丙爲三邊丙角甲角乙角

爲三角

凡兩弧相交所成之角相距皆半周求其角度必取角旁兩弧各足象限其對角之弧視大圈上幾何度即角度

如圖兩圈相交如甲丙相距皆半周試於甲丙兩弧平分一象限處作巳乙戊垂弧凡垂弧皆曲線圖於半面故作虛線別之則丁巳弧爲甲丁巳三角形之甲角度亦爲丙丁巳之丙角度乙戊弧同

若三弧不足九十度必引長至九十度其對角之弧方爲

本角度

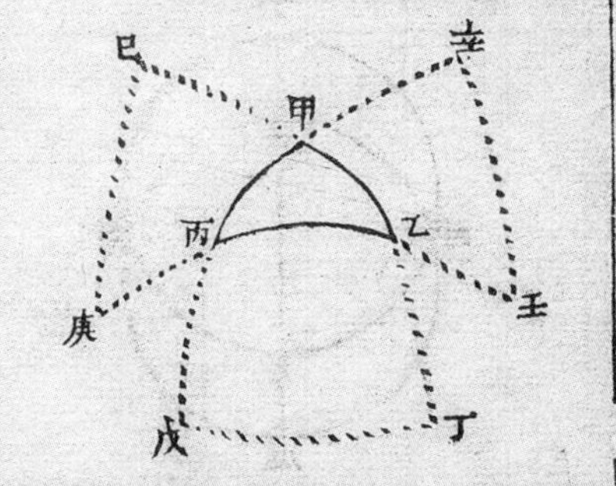

如圖甲乙丙弧三角形三弧皆不足九十度則將甲乙弧引長至丁甲丙弧引長至戊作丁戊弧即甲角度丙甲弧引長至辛丙乙弧引長至壬作辛壬弧即丙角度

角所當之弧足象限者曰直角不滿象限曰銳角過象限曰鈍角（亦曰過弧）有直角曰正弧無直角曰斜弧所求之角曰本角與半周相減餘爲外角對弧者曰對角居弧兩旁者

曰夾角角兩旁之弧曰夾弧角之左曰左弧右曰右弧對角者曰對弧夾角之大者曰大弧其小者曰小弧兩弧相併曰總弧相減曰較弧減半周之餘曰餘弧以本形減象限或減半周餘爲次形大圜之縱絡者爲經度距等圈之横亘者爲緯度圜之徑線曰全徑半之曰半徑割圜直線曰通弦半之曰正弦正弦以十字截半徑曰正矢即半徑減餘弦全徑減正矢曰大矢兩矢相減餘曰矢較半之曰半矢較切圜直線曰正切引半徑於圜外與切線相遇曰正割其四線在餘弧者則爲餘弦餘矢餘切餘割是謂八線

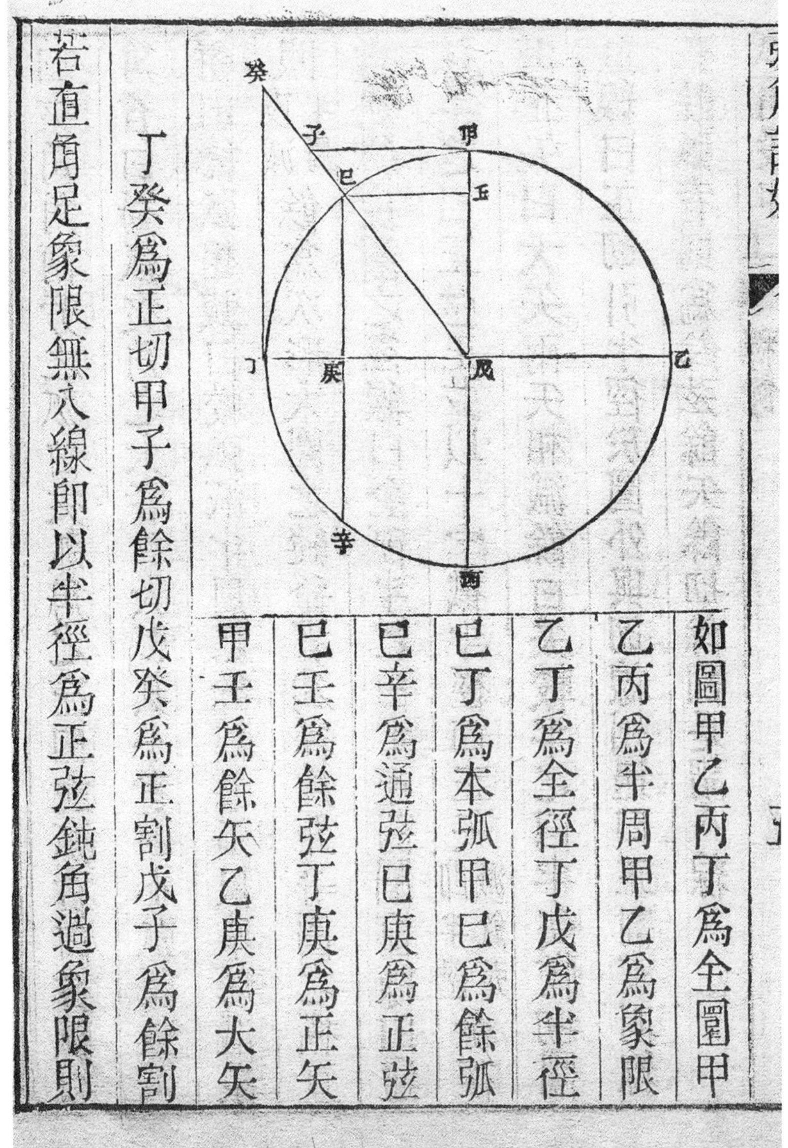

如圖甲乙丙丁爲全圜甲乙丙爲半周甲乙爲象限乙丁爲全徑丁戊爲半徑巳丁爲本弧甲巳爲餘弧巳辛爲通弦巳庚爲正弦巳壬爲餘弦丁庚爲正矢甲壬爲餘矢乙庚爲大矢丁癸爲正切甲子爲餘切戊癸爲正割戊子爲餘割

若直角足象限無八線即以半徑爲正弦鈍角過象限則

減半周用餘弧八綫過半周則減半周用餘弧限外八綫過三象限則減全圜用餘弧八綫而比例生焉

正弧三角形弧角相求用本形例九

角度左弧求對弧　角度右弧求對弧

角度對弧求左弧　角度對弧求右弧

角度右弧求左弧　角度左弧求右弧

右弧對弧求角度　左弧對弧求角度

右弧左弧求角度

用次形例九

斜弧三角形弧角相求例二

用垂弧例四

垂弧次形內　垂弧次形外

用切線分外角例二

兩弧夾一角附垂弧總較法　兩角夾一弧附垂弧總較法

用總較例二

三弧求角附開平方得半角正弦法　三角求弧附開平方得半角正弦法

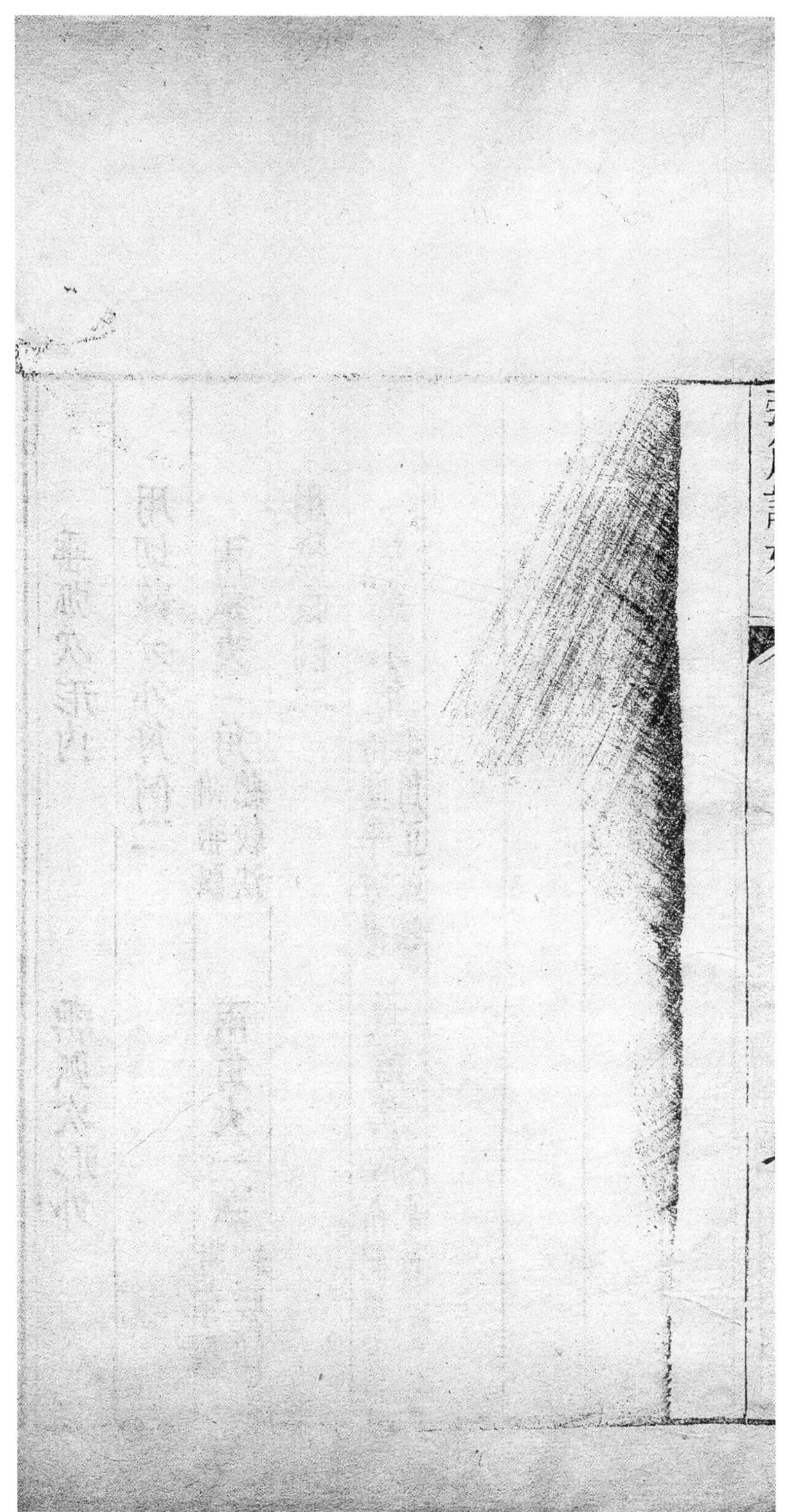

正弧三角形

凡正弧三角形必有一直角葢有一圈即有兩極其過極經圈與本圈相交俱爲直角

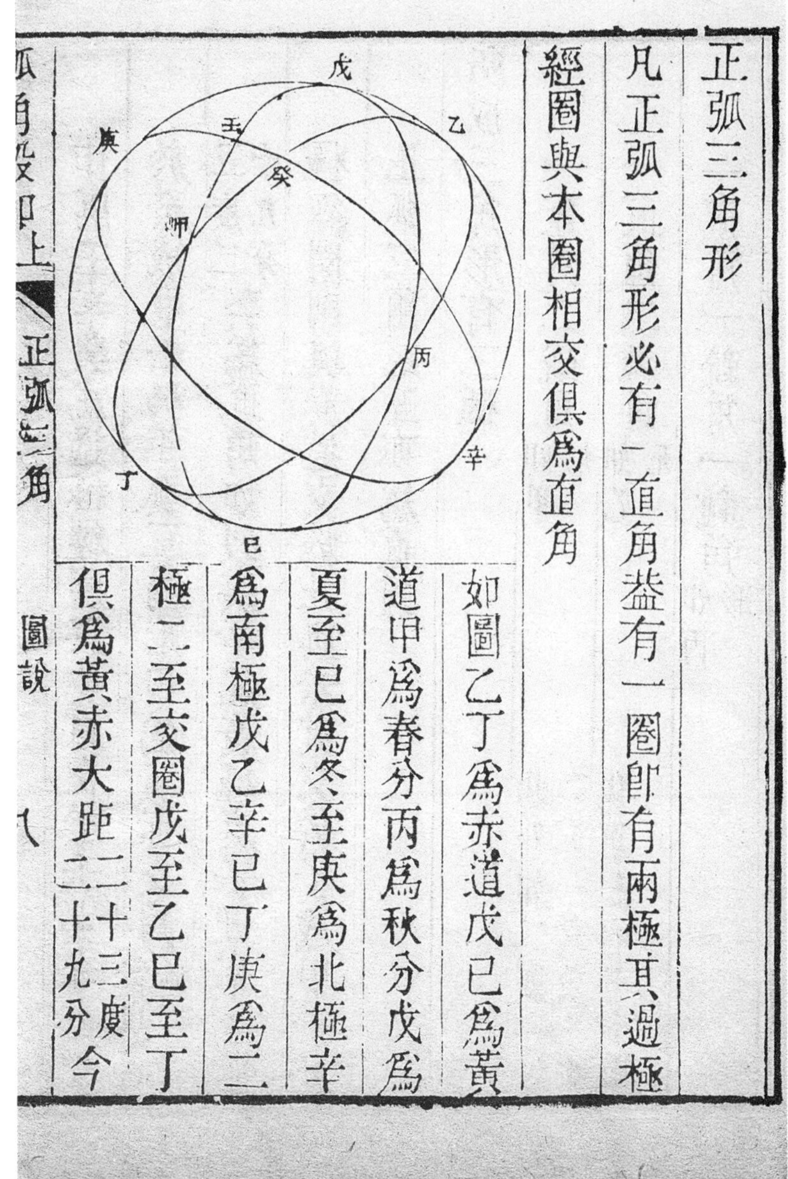

如圖乙丁爲赤道戊巳爲黃道甲爲春分丙爲秋分戊爲夏至巳爲冬至庚爲北極辛爲南極戊乙辛巳丁庚爲二極二至交圈戊至乙巳至丁俱爲黃赤大距二十三度二十九分今

作庚壬辛癸爲過極經圈與黃道交於壬與赤道交於癸成甲壬癸正弧三角形甲爲黃赤交角（當戊己弧二十三度二十九分）癸爲直角如以庚辛爲黃極庚子丑辛爲過極經圈則與黃道交於丑與赤道交於子成甲子丑正弧三角形丑亦爲直角

所成三角形有三種

一直角二銳角形（如甲）

一直角二鈍角形（如乙）

一直角一銳角一鈍角形（如丙）

（此外如二直一銳二直一鈍及三角俱直三種不須算）

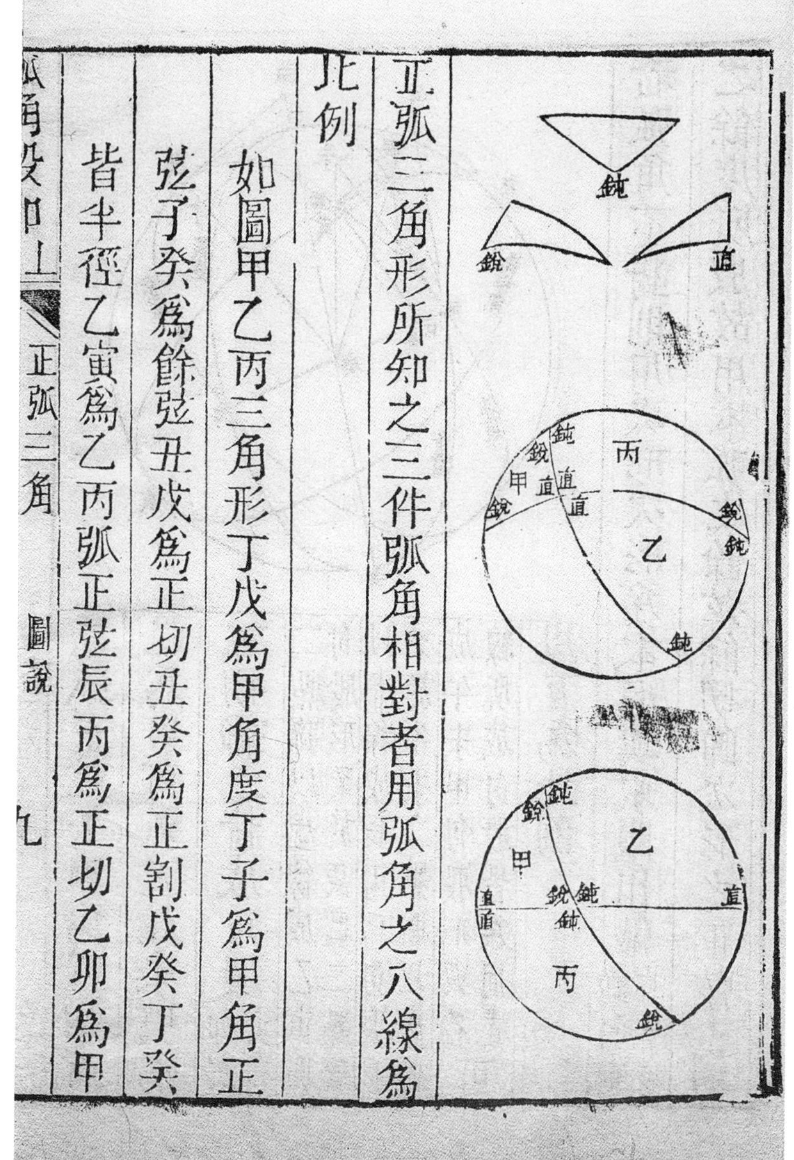

正弧三角形所知之三件弧角相對者用弧角之八線爲比例

如圖甲乙丙三角形丁戊爲甲角度丁子爲甲角正弦子癸爲餘弦丑戊爲正切丑癸爲正割戊癸丁癸皆半徑乙寅爲乙丙弧正弦辰丙爲正切乙卯爲甲

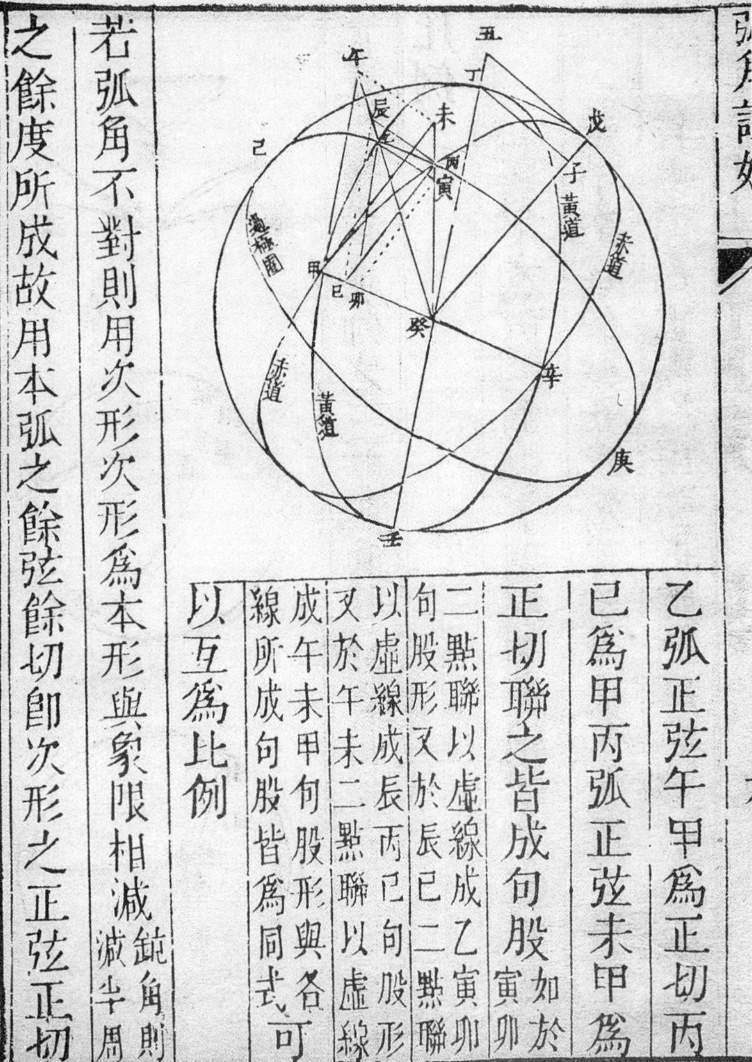

乙弧正弦午甲爲正切丙巳爲甲丙弧正弦未甲爲正切聯之皆成句股如於寅卯二點聯以虛線成乙寅卯句股形又於辰巳二點聯以虛線成辰丙巳句股形又於午未二點聯以虛線成午未甲句股形與各線所成句股皆爲同式可以互爲比例

若弧角不對則用次形次形爲本形與象限相減鈍角則減半周之餘度所成故用本弧之餘弦餘切即次形之正弦正切

也其法可易弧為角易角為弧若斜弧三角形可易大形為小形易大邊為小邊易鈍角為銳角邊與角不相對可易為相對

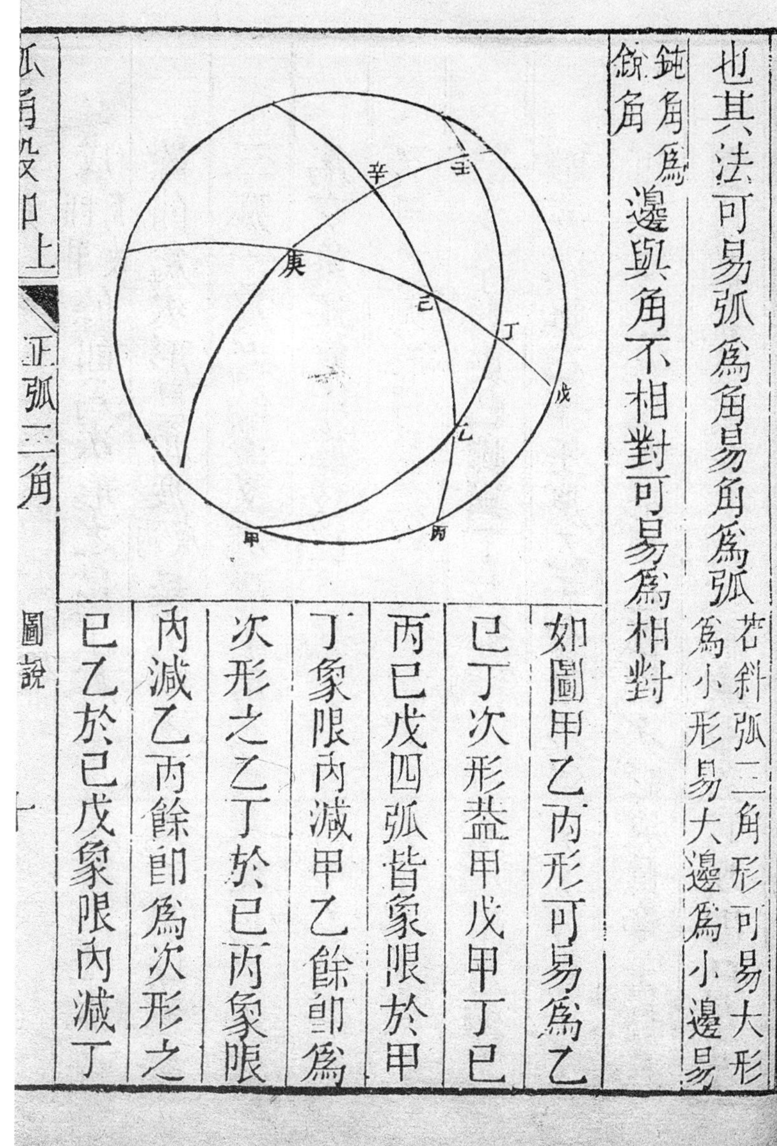

如圖甲乙丙形可易為乙己丁次形益甲戊甲丁己丙己戊四弧皆象限於甲丁象限內減甲乙餘即為次形之乙丁於己丙象限內減乙丙餘即為次形之己乙於己戊象限內減丁

戊(即甲角度)餘即爲次形之巳丁於甲戊象限内減甲丙餘即爲次形巳角度(丙戊)是次形之三弧一角即本形三弧一角之餘度又次形丁角爲直角與丙角等乙爲交角其度亦等故算乙巳丁形即得甲乙丙形也又甲乙丙形可易爲巳庚辛次形蓋庚丁爲象限與巳戊等則庚巳即與丁戊等(即甲角度)故本形甲角即次形庚巳弧乙辛壬庚乙壬皆象限與甲丁等則壬丁即與甲乙等故本形甲乙弧即次形庚角辛壬即乙角度故象限減辛壬即次形庚辛弧丙戊即巳角度

故於甲戊象限内减甲丙即次形巳角又次形辛角

爲直角與丙角等次形辛巳與乙丙等故算巳庚辛

形亦得甲乙丙形也

今將正弧三角形弧角相求用本形例九次形例九各設

數如左

角度左弧求對弧本形一

設如甲乙丙正弧三角形丙爲直角甲爲黄赤交角二十

三度二十九分甲乙黄道弧四十五度求乙丙距緯度

幾何

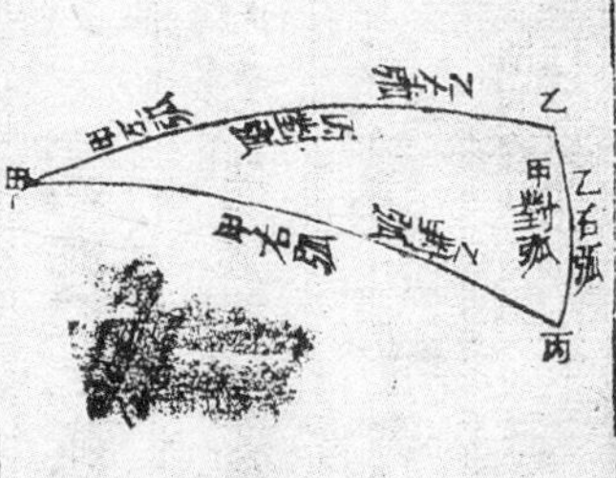

法以丙角爲對所知之角其正弦即半徑一〇〇〇〇〇〇〇〇〇爲一率甲角二十三度二十九分爲對所求之角其正弦〇三九八四八二三爲二率甲乙弧四十五度爲所知之邊其正弦〇七〇七一〇六八爲三率求得四率〇二八一七六九五爲乙丙弧正弦檢表得一十六度二十一分五十七秒即乙丙距緯度

若以對數馭之一率半徑一〇〇〇〇〇〇〇二率甲角正弦〇九六〇〇四〇九三率甲乙弧正弦〇九八四九四八五求得四率〇九四四九八九四爲乙丙弧正弦檢表數同

凡用正數八線二率三率相乘一率除之得四率若用對數八線則二率三率相加一率減之得四率

如有丙直角黃道交極圈角即乙角七十二度五十五分二十秒甲乙黃道弧四十五度求甲丙赤道弧則以半徑一〇〇〇〇〇〇〇為一率乙角七十二度五十五分二十秒正弦〇九五五九〇七〇為二率甲乙弧四十五度正弦〇七〇七一〇六八為三率求得四率〇六七五九二八二為甲丙弧正弦檢表得四十二度三十一分三十五秒即甲丙赤道同升度

若以對數馭之一率半徑一〇〇〇〇〇〇〇二率乙角正弦

○九九八○四一六三率甲乙弧正弦○九八四九四八五求得四率九○八二九九○一為甲丙弧正弦檢表數同

角度右弧求對弧本形二

設如甲乙丙正弧三角形丙為直角甲為黃赤交角二十三度二十九分甲丙赤道弧四十二度三十一分三十五秒求乙丙距緯度幾何

法以半徑一○○○○○○○為一率甲角二十三度二十九分正切○四三四四六六六為二率甲丙弧四十二度三十一分三十五秒正弦○六七五九二八三為三率求得四率○二九三六六八三為乙丙弧正切檢表

得一十六度二十一分五十七秒卽乙丙距緯度

若以對數馭之一率半徑一○○○○○○○二率甲角正切○九六三七九五六三率甲丙弧正弦○九八二九九○○求得四率○九四六七八五六爲乙丙弧正切檢表數同

如有兩直角黃道交極圈角卽乙角七十二度五十五分二十秒乙丙距緯弧一十六度二十一分五十七秒求甲丙赤道弧則以半徑一○○○○○○○爲一率乙角七十二度五十五分二十秒正切三二五五○四二四爲二率乙丙弧一十六度二十一分五十七秒正弦○二八一七六九五爲三率求得四率○九一七一七一七

爲甲丙弧正切檢表得四十二度三十一分三十五秒即甲丙赤道

同升度

若以對數馭之一率半徑一〇〇〇〇〇〇〇〇二率乙角正切一〇五一二五五七三率乙丙弧正弦〇九四四九八九三求得四率〇九九六二四五〇爲甲丙弧正切檢表數同

角度對弧求左弧本形三

設如有兩直角黃赤交角角即甲二十三度二十九分乙丙

距緯弧一十六度二十一分五十七秒求甲乙黃道弧

幾何

江雲樵曰此例若以半徑爲一率甲角餘割爲二率可以省繁凡正弦爲一率半徑爲三率者倣此

法以甲角二十三度二十九分正弦〇三九八四八二三爲一率半徑一〇〇〇〇〇〇〇爲二率乙丙弧一十六度二十一分五十五秒正弦〇二八一七六九五爲三率求得四率〇七〇七一〇六八爲甲乙弧正弦檢表得四十五度卽甲乙黃道度

若以對數馭之一率甲角正弦〇九六〇〇四〇九一二率半徑一〇〇〇〇〇〇〇三率乙丙弧正弦〇九四四九八九三求得四率〇九八四九四八四爲甲乙弧正弦檢表數同

如有丙直角黃道交極圈角卽乙角七十二度五十五分二十秒甲丙赤道弧四十二度三十一分三十五秒

求甲乙黃道弧則以乙角七十二度五十五分二十秒正弦〇九五五九〇七〇為一率半徑一〇〇〇〇〇為二率甲丙弧四十二度三十一分三十五秒正弦〇六七五九二八三為三率求得四率〇七〇七一〇六八為甲乙弧正弦檢表得四十五度即甲乙黃道度

若以對數馭之一率乙角正弦〇九九八〇四一六二率半徑一〇〇〇〇〇〇〇三率甲丙弧正弦〇九八二九九〇〇求得四率〇九八四九九四八四為甲乙弧正弦檢表數同

角度對弧求右弧本形四

設如有兩直角黃赤交角即甲角二十三度二十九分乙丙

江雲樵曰此例若以半徑爲一率甲角餘切爲二率可以省除

距緯弧一十六度二十一分五十七秒求甲丙赤道弧幾何

法以甲角二十三度二十九分正切○四三四四六六六爲一率半徑○一○○○○爲二率乙丙弧一十六度二十一分五十七秒正切○二九三六六八三爲三率求得四率○六七五九二八三爲甲丙弧正弦檢表得四十二度三十一分三十五秒卽甲丙赤道同升度

若以對數馭之一率甲角正切○九六三七九五六二率半徑一○○○○三率乙丙弧正切○九四六七八五六求得四率九○八二九九○○爲甲丙弧正弦檢表數同

试

試求太陰食限有丙直角有黃白大距四度五十八分三十秒有太陰半徑與地景半徑相併五十八分三十一秒三十微求太陰距交度

如圖甲乙為黃道甲丙為白道甲為黃白大距角乙為地景心丙為月心兩周相切於丁則乙丁丙為兩半徑之併故用甲乙丙正弧三角形求甲丙距交度法以甲角四度五十八分三十秒正切〇〇八七〇四九一為一率半徑一〇〇〇〇〇〇〇為二率

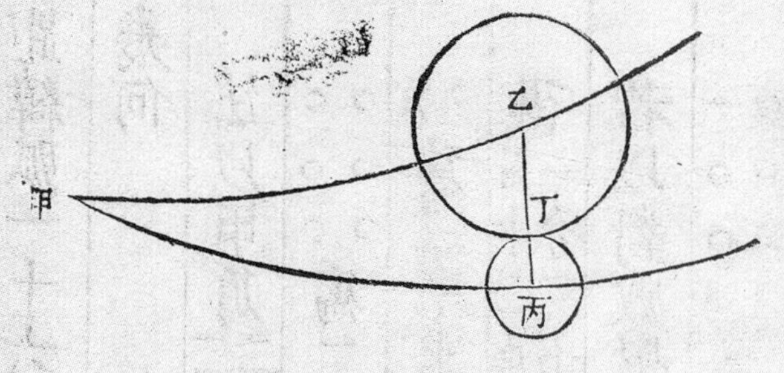

乙丙兩半徑相併距緯度五十八分三十一秒三十微正切○○一七○二五九爲三率求得四率○一九五五八九七爲甲丙弧正弦檢表得一十一度一十六分四十五秒卽太陰交周距交度

若以對數馭之一率甲角正切○八九三九七六四二率半徑一○○○○○○○三率乙丙弧正切○八二三一一○九求得四率○九二九一三四五爲甲丙弧正弦檢表數同

若有丙直角黃道交極圈角卽角乙七十二度五十五分二十秒甲丙赤道弧四十二度三十一分三十五秒

求乙丙距緯弧則以乙角七十二度五十五分二十秒正切三二五五

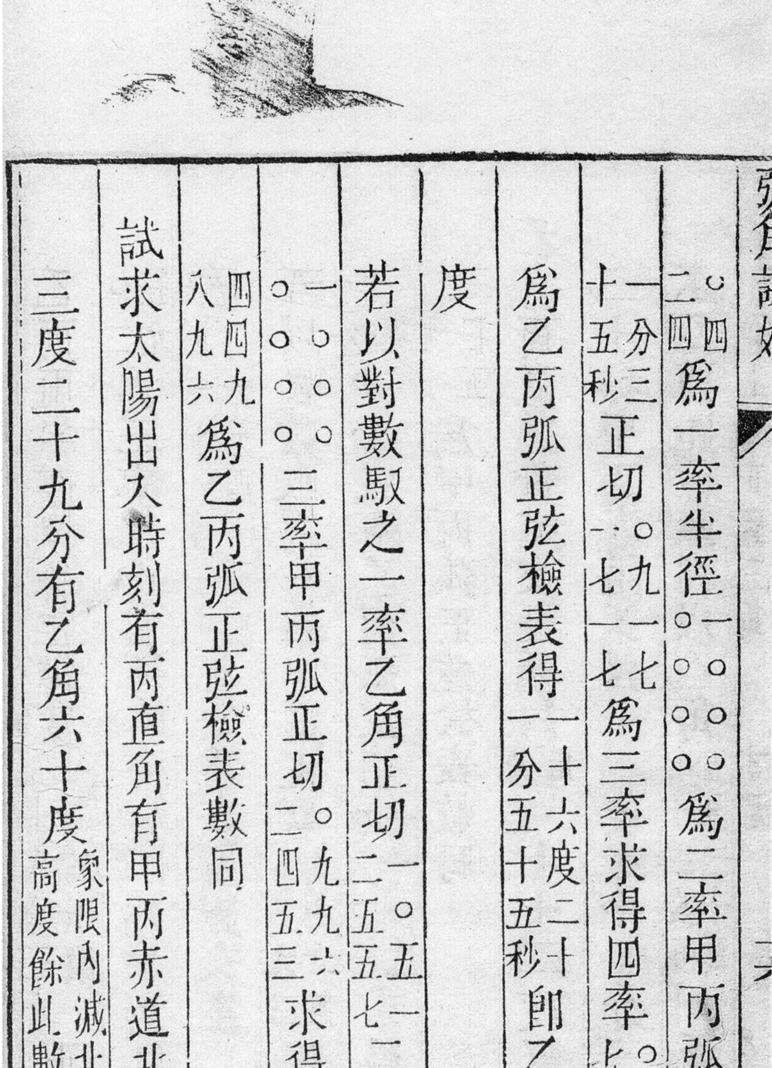

〇四二四爲一率半徑一〇〇〇〇〇〇〇爲二率甲丙弧四十三度二十一分三十五秒正切〇九一七一七一七爲三率求得四率〇二八一七六九五爲乙丙弧正弦檢表得一十六度二十一分五十五秒卽乙丙距緯度

若以對數馭之一率乙角正切一〇五一二五五七二率半徑一〇〇〇〇〇〇〇三率甲丙弧正切〇九九六二四五三求得四率〇九四四九八九六爲乙丙弧正弦檢表數同

試求太陽出入時刻有兩直角有甲丙赤道北緯二十三度二十九分有乙角六十度象限內減北極高度餘此數求乙

江雲樵曰此例若以半徑爲一率北極出地度正切爲二率可以省除

丙日出入卯前酉後赤道度　如圖庚爲天頂庚戊已丁爲子午圈戊已爲地平丁爲北極出地度三十　辛壬爲赤道辛戊爲赤道高弧六十度　即乙角度　甲爲太陽丙甲爲太陽緯北二十三度二十九分　乙爲卯酉正乙丙爲日出入卯前酉後

赤道度故用甲乙丙正弧三角形法以乙角度六十　正切一七三二〇五〇八爲一率半徑一〇〇〇〇〇〇〇爲二率甲丙弧二十三度二十九分正切〇四三四四六六六爲三率求得四率〇二五〇八三

弧角設如上　正弧三角　本形　七

九四爲乙丙弧正弦檢表得一十四度三十一分三十八秒即日出入卯前酉後赤道度變時法以十五度爲一小時三度四十五分爲一刻一度爲時之四分十五分爲一分十五秒爲一秒得三刻一十五分〇六秒以減卯正得日出卯初初刻一分五十四秒以加酉正得日入酉正三刻一十三分〇六秒

若以對數馭之一率乙角正切一〇二三八五六〇二率半徑一〇〇〇〇〇〇〇三率甲丙弧正切〇九六三七九五六求得四率〇九

三九九三五六爲乙丙弧正弦檢表數同

角度右弧求左弧本形五

設如有兩直角黃赤交角即甲角二十三度二十九分甲丙

游藝樵曰此例若以半徑為一率甲角正割為二率可以省除凡餘弦為一率半徑為二率者倣此

赤道弧四十二度三十一分三十五秒求甲乙黃道弧幾何

法以甲角二十三度二十九分餘弦○九一七一七六○為一率半徑一○○○○○○○為二率甲丙弧四十二度三十一分三十五秒正切○九一七一七六○為三率求得四率一○○○○○○○為甲乙弧正切檢表得四十五度即甲乙黃道度

若以對數馭之一率甲角餘弦○九九六二四五三二率半徑一○○○○○○○三率甲丙弧正切○九九六二四五三求得四率一○○○○○○○為甲乙弧正切檢表數同

如有丙直角黃道交極圈角即乙角七十二度五十五分二十秒乙丙距緯弧一十六度二十一分五十五秒求甲乙黃道弧則以乙角七十二度五十五分二十秒餘弦〇二九三六六九六為一率半徑一〇〇〇〇〇〇〇為二率乙丙弧一十六度二十一分五十五秒正切〇二九三六六九六為三率求得四率一〇〇〇〇〇〇〇為甲乙弧正切檢表得四十五度即甲乙黃道度

若以對數馭之一率乙角餘弦〇九四六七八五七二率半徑一〇〇〇〇〇〇〇三率乙丙弧正切〇九四六七八五七求得四率一〇〇〇〇〇〇〇〇為甲乙弧正切檢表數同

角度左弧求右弧本形六

設如有丙直角黃赤交角即甲角二十三度二十九分甲乙黃道弧四十五度求甲丙赤道弧幾何

法以半徑一〇〇〇〇〇〇爲一率甲角二十三度二十九分餘弦〇九一七一七六〇爲二率甲乙弧四十五度正切一〇〇〇〇〇〇爲三率求得四率〇九一七一七六〇爲甲丙弧正切檢表得度四十二度三十一分三十五秒即甲丙赤道同升度

若以對數馭之一率半徑一〇〇〇〇〇二率甲角餘弦〇九九六二四五三三率甲乙弧正切一〇〇〇〇〇〇〇求得四率〇九

九六二四五三爲甲丙弧正切檢表數同

又法一率甲角正割一〇九〇三〇三二二率甲乙弧正切一〇〇〇〇〇〇〇三率半徑一〇〇〇〇〇〇〇求得四率〇九一七一七六〇爲甲丙弧正切檢表亦得

若以對數馭之一率甲角正割一〇〇三七五四七二率甲乙弧正切一〇〇〇〇〇〇〇三率半徑一〇〇〇〇〇〇〇求得四率〇九

九六二四五三爲甲丙弧正切檢表數亦同

試求太陽食甚交周及食甚實緯有兩直角有黃白交角即甲角四度五十八分三十秒有甲乙弧實朔交周

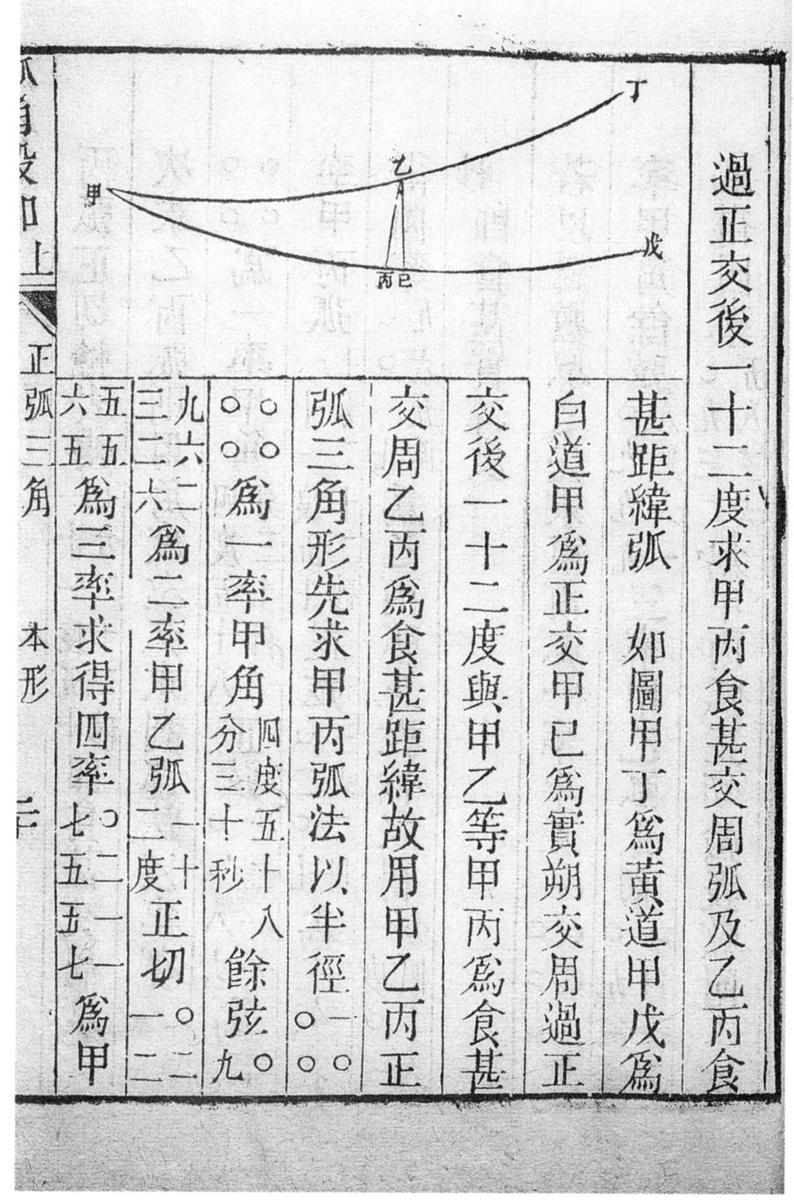

過正交後一十二度求甲丙食甚交周弧及乙丙食甚距緯弧　如圖甲丁爲黃道甲戊爲白道甲爲正交甲巳爲實朔交周過正交後一十二度與甲乙等甲丙爲食甚交周乙丙爲食甚距緯故用甲乙丙正弧三角形先求甲丙弧法以半徑一○○○○○○○爲一率甲角四度五十八分三十秒餘弦九九六二三二六爲二率甲乙弧一十二度正切○二一二五五六五爲三率求得四率○二一一七五五七爲甲

263

丙弧正切檢表得一十一度五十七分二十二秒即食甚交周度
次求乙丙弧則用角度左弧求對弧法以半徑一〇〇〇
〇〇〇〇為一率甲角四度五十八分三十秒正弦〇〇八六七二一一為二
率甲丙弧一十一度五十七分二十二秒正弦〇二〇七一六二四為三率求
得四率〇〇一七九六五四為乙丙弧正弦檢表得一度〇一分四十六
秒即食甚實緯度
若以對數馭之先求甲丙弧一率半徑一〇〇〇〇〇〇〇二
率甲角餘弦〇九九九八三六一三率甲乙弧正切〇九三二七四七五
求得四率〇九三二五八三六為甲丙弧正切檢表數同　次

求乙丙弧一率半徑一〇〇〇〇〇〇〇二率甲角正弦〇八九三八一二五三率甲丙弧正弦〇九二一六三一求得四率〇八二五四四三六為乙丙弧正弦檢表數亦同

如有丙直角黃道交極圈角卽乙角七十二度五十五分二十秒甲乙弧四十五度求乙丙距緯弧則以半徑一〇〇〇〇〇〇〇為一率乙角七十二度五十五分二十秒餘弦〇二九三六六九六為二率甲乙弧四十五度正切一〇〇〇〇〇〇〇為三率求得四率〇二九三六六九六為乙丙弧正切檢表得一十六度二十一分五十五秒卽乙丙距緯度

若以對數馭之一率半徑一〇〇〇〇〇〇〇二率乙角餘弦〇九四六七八五六三率甲乙弧正切一〇〇〇〇〇〇〇求得四率〇九四六七八五六爲乙丙弧正切檢表數同

又法一率乙角正割三四〇五一八七四二率甲乙弧正切一〇〇〇〇〇〇〇三率半徑一〇〇〇〇〇〇〇求得四率〇二九三六六九六爲乙丙弧正切檢表亦得

若以對數馭之一率乙角正割一〇五三二一四四二率甲乙弧正切一〇〇〇〇〇〇〇三率半徑一〇〇〇〇〇〇〇求得四率〇九四六七八五六爲乙丙弧正切檢表數亦同

右弧對弧求角度本形七

設如有丙直角甲丙赤道弧四十二度三十一分三十五秒乙丙距緯弧一十六度二十一分五十七秒求黃赤交角卽甲角幾何

法以甲丙弧四十二度三十一分三十五秒正弦〇六七五九二八三爲一率乙丙弧一十六度二十一分五十七秒正切〇二九三六六八三爲二率半徑一〇〇〇〇〇〇〇爲三率求得四率〇四三四四六六六爲甲角正切檢表得二十三度二十九分卽黃赤交角度

若以對數馭之一率甲丙弧正弦〇九八二九九〇〇二率乙

丙弧正切〇九四六七八五六三率半徑一〇〇〇〇〇〇〇求得四率〇九六三七九五六爲甲角正切檢表數同

又法一率半徑一〇〇〇〇〇〇〇二率甲丙弧餘割一四七九三九六六三率乙丙弧正切〇二九三六六八三求得四率〇四三四四六六六爲甲角正切檢表亦得

若以對數馭之一率半徑一〇〇〇〇〇〇〇二率甲丙弧餘割一〇一七〇二三六三率乙丙弧正切〇九四六七八五六求得四率〇九六三七九五六爲甲角正切檢表數亦同

如有丙直角乙丙距緯弧一十六度二十一分五十七

秒甲丙赤道度四十二度三十一分三十五秒求黃道交極圈角卽乙角則以乙丙弧一十六度二十一分五十七秒正弦○二八一七六九五為一率甲丙弧四十二度三十一分三十五秒正切○九一七一七一七為二率半徑一○○○○○○○為三率求得四率三二五五○四二四為乙角正切檢表得七十二度五十五分二十秒卽黃道交極圈角度

若以對數馭之一率乙丙弧正弦○九四四九八九六二率甲丙弧正切○九九六二四五三三率半徑一○○○○○○○求得四率一○五一二五五七為乙角正切檢表數同

又法一率半徑一○○○○○○○○二率乙丙弧餘割三五四八九九九九
三率甲丙弧正切○九一七一七一七求得四率三二五五○四二四爲
乙角正切檢表亦得
若以對數馭之一率半徑一○○○○○○○○二率乙丙弧餘
割一○五五○一○四三率甲丙弧正切○九九六二四五三求得四率
一○五一二二五五七爲乙角正切檢表數亦同
試求赤道與天頂十二宫相交各差度有丙直角有甲
丙午正赤道高弧六十度象限九十度內減北極乙出地三十度餘此數
丙赤道每宫三十度求天頂第十宫至十一宫甲角

度

如圖戊爲北極甲己爲地平丙丁爲赤道庚辛爲天頂十宮至十一宮度卽丙甲乙角之甲角辛壬爲十一宮至十二宮度乙癸子皆赤道上每宮三十度用正弧三角形先求丙甲乙角法以甲丙弧度六十正弦〇八六六〇二五四爲一率乙丙弧度三十正切〇五七七三五〇三爲二率半徑一〇〇〇〇〇〇爲三率求得

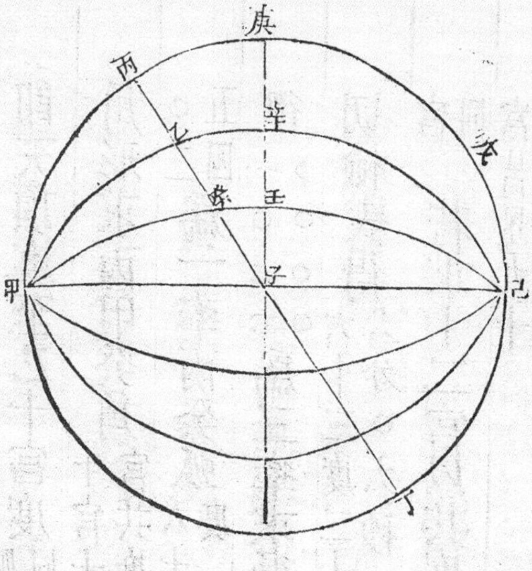

四率〇六六六六六七為甲角正切檢表得三十三度四十一分二十五秒即天頂庚至乙十宮度四宮同　次用丙甲癸正弧三角形求丙甲癸角十官十一宮共度　甲丙弧六十度正弦〇八六六〇二五四為一率丙癸弧六十度正切一七三二〇五〇八為二率半徑一〇〇〇〇〇〇〇為三率求得四率二〇〇〇〇〇〇〇為甲角正切檢表得六十三度二十六分〇六秒即十宮十一宮共度三五九三宮同　若求十二宮以共度減象限即得二六八三宮同其一宮七宮皆足九十度不須算

若以對數馭之先求丙甲乙角一率甲丙弧正弦九〇

九三七五三二率乙丙弧正切〇九七六一四三九三率半徑一〇〇〇〇〇〇〇求得四率〇九八二三九〇八爲甲角正切檢表數同

次求丙甲癸角一率甲丙弧正弦〇九九三七五三一二率丙癸弧正切一〇二三八五六一三率半徑一〇〇〇〇〇〇〇求得四率一〇三〇一〇三〇爲甲角正切檢表數亦同

左弧對弧求角度本形八

設如有丙直角甲乙黃道弧四十五度乙丙距緯弧一十六度二十一分五十七秒求黃赤交角即甲角幾何

法以甲乙弧四十五度正弦〇七〇七一〇六八爲一率乙丙弧一十

本形

六度二十一分五十七秒正弦○二八一七六九五爲二率半徑一○○○○○○○爲三率求得四率○三九八四八二三爲甲角正弦檢表得二十三度二十九分即黃赤交角度

若以對數馭之一率甲乙弧正弦○九八四九四八五二率乙丙弧正弦○九四四九八九六三率半徑一○○○○○○○求得四率○九六○○四○九爲甲角正弦檢表數同

如有丙直角甲乙黃道弧四十五度甲丙赤道弧四十二度三十一分三十五秒求黃道交極圈角即乙角則以甲乙弧四十五度正弦○七○七一○六八爲一率甲丙弧四十二度

三十一分三十五秒正弦〇六七五九二八三爲二率半徑一〇〇〇〇〇〇〇〇爲三率求得四率〇九五五九〇七〇爲乙角正弦檢表得七十二度五十五分二十秒即黃道交極圈角度

若以對數馭之一率甲乙弧正弦〇九八四九四八五二率甲丙弧正弦〇九八二九九〇〇三率半徑一〇〇〇〇〇〇〇〇求得四率〇九九八〇四一六爲乙角正弦檢表數同

右弧左弧求角度本形九

設如有丙直角甲乙黃道弧四十五度甲丙赤道弧四十二度三十一分三十五秒求黃赤交角即甲角幾何

法以甲乙弧四十五度正切一〇〇〇〇〇〇〇爲一率甲丙弧四十二度三十一分三十五秒正切〇九一七一七一七爲二率半徑一〇〇〇〇〇〇〇爲三率求得四率〇九一七一七一七爲甲角餘弦檢表得二十三度二十九分卽黃赤交角度

若以對數馭之一率甲乙弧正切一〇〇〇〇〇〇〇二率甲丙弧正切〇九九六二四五三三率半徑一〇〇〇〇〇〇〇求得四率〇九九六二四五三爲甲角餘弦檢表數同

又法一率甲丙弧正切〇九一七一七一七二率甲乙弧正切一〇〇〇〇〇〇〇三率半徑一〇〇〇〇〇〇〇求得四率一〇九〇三〇三二爲

甲角正割檢表亦同

若以對數馭之一率甲丙弧正切○九九六二四五三二率甲乙弧正切一○○○○○○○三率半徑一○○○○○○○求得四率一○○三七五四七爲甲角正割檢表數亦同

如有丙直角乙丙距緯弧一十六度二十一分五十七秒甲乙黄道弧四十五度求黄道交極圈角即乙角則以甲乙弧四十五度正切一○○○○○○○爲一率乙丙弧一十六度二十一分五十七秒正切○二九三六六九六爲二率半徑一○○○○○○○爲三率求得四率○二九三六六九六爲乙角餘弦檢表得七十二度

五十五分二十秒卽黃道交極圈角度

若以對數馭之一率甲乙弧正切一〇〇〇〇〇〇〇〇〇二率乙丙弧正切〇九四六七八五九三率半徑一〇〇〇〇〇〇〇求得四率〇九四六七八五九爲乙角餘弦檢表數同

又法一率乙丙弧正切〇二九三六六九六二率甲乙弧正切一〇〇〇〇〇〇〇三率半徑一〇〇〇〇〇〇〇求得四率三四〇五一八七四爲乙角正割檢表亦得

若以對數馭之一率乙丙弧正切〇九四六七八五九二率甲乙弧正切一〇〇〇〇〇〇〇三率半徑一〇〇〇〇〇〇〇求得四率

一〇五三二一四一爲乙角正割檢表數亦同

角度在弧求角度次形一

設如有兩直角甲乙黃道弧四十五度黃赤交角即甲角二十三度二十九分求黃道交極圈角即乙角幾何

法以甲乙弧四十五度餘弦〇七〇七一〇六八爲一率甲角二十三度二十九分餘切二三〇一六七三二爲二率半徑一〇〇〇〇〇〇〇爲三率求得四率三二五五〇四二四爲乙角正切檢表得七十二度五十五分二十秒即黃道交極圈角度此用乙巳丁次形有丁乙弧即甲弧巳丁弧即甲角丁直角求乙角法與本形七同圖見前

若以對數馭之一率甲乙弧餘弦〇九八四九四八五二率甲角餘切一〇三六二〇四四三率半徑一〇〇〇〇〇〇〇求得四率一〇五一二五五七為乙角正切檢表數同

如有丙直角甲乙黃道弧四十五度黃道交極圈角即乙角七十二度五十五分二十秒求黃赤交角即甲角則以甲乙弧四十五度餘弦〇七〇七一〇六八為一率乙角七十二度五十五分二十秒餘切〇三〇七二一五七為二率半徑一〇〇〇〇〇〇〇為三率求得四率〇四三四四六六六為甲角正切檢表得二十三度二十九分即黃赤交角度

若以對數馭之一率甲乙弧餘弦〇九八四九四八五二率乙角餘切〇九四八七四四三三率半徑一〇〇〇〇〇〇〇〇求得四率〇九六三七九五八為甲角正切檢表數同

角度右弧求角度次形二

設如有丙直角甲丙赤道弧四十二度三十一分三十五秒黃赤交角即甲角二十三度二十九分求黃道交極圈角即乙角幾何

法以半徑一〇〇〇〇〇〇〇〇為一率甲丙弧四十二度三十一分三十五秒餘弦〇七三六九六六一為二率甲角二十三度二十九分正弦〇三九八四八

弧角設如上　正弧三角　次形　元

二三爲三率求得四率○二九三六六九六爲乙角餘弦檢表得七十二度五十五分二十秒即黃道交極圈角度此用已庚辛次形有辛直角已庚弧與甲角等已角與甲丙弧等求庚辛弧與乙角弧角法與本形一同

若以對數馭之一率半徑一○○○○○○○二率甲丙弧餘弦○九八六七四四七三率甲角正弦○九六○○四○九求得四率○九四六七八五九爲乙角餘弦檢表數同

如有丙直角乙丙距緯弧一十六度二十一分五十七秒黃道交極圈角即乙角七十二度五十五分二十秒求黃赤交角即甲角則以半徑一○○○○○○○爲一率乙丙

弧一十六度二十一分五十七秒餘弦〇九五九四八二二為二率乙角七十二度五十五分二十秒正弦〇九五五九〇七〇為三率求得四率〇九一七一七五七為甲角餘弦檢表得二十三度二十九分即黃赤交角度

若以對數馭之一率半徑一〇〇〇〇〇〇二率乙丙弧餘弦〇九九八二〇三七三率乙角正弦〇九九八〇四一六求得四率〇九九六二四五三為甲角餘弦檢表數同

角度對弧求角度 次形三

設如有丙直角乙丙距緯弧一十六度二十一分五十七秒黃赤交角即甲角二十三度二十九分求黃道交極圈

角即乙角幾何

法以乙丙弧一十六度二十一分五十七秒餘弦〇九五九四八二二爲一率甲角二十三度二十九分餘弦〇九一七一七六〇爲二率半徑一〇〇〇〇〇〇〇爲三率求得四率〇九五五九〇七二爲乙角正弦檢表得七十二度五十五分二十秒即黃道交極圈角度此亦用乙己丁次形

若以對數馭之一率乙丙弧餘弦〇九九八二〇三七二率甲角餘弦〇九九六二四五三三率半徑一〇〇〇〇〇〇〇〇求得四率〇九九八〇四一六爲乙角正弦檢表數同

如有丙直角甲丙赤道弧四十二度三十一分三十五

秒黃道交極圈角即乙角七十二度五十五分二十秒

求黃赤交角即甲角則以甲丙弧四十二度三十一分三十五秒餘弦○七三六九七○二為一率乙角七十二度五十五分二十秒餘弦○二九三六六九六為二率半徑一○○○○○○○為三率求得四率○三九八四八二三為甲角正弦檢表得二十三度二十九分即黃赤交角度

若以對數馭之一率甲丙弧餘弦○九八六七四四七二率乙角餘弦○九四六七八五六三率半徑一○○○○○○○求得四率○九六○○四○九為甲角正弦檢表數同

兩弧求直角左弧　次形四

設如有丙直角乙丙距緯弧一十六度二十一分五十七秒甲乙黃道弧四十五度求甲丙赤道弧幾何

法以乙丙弧一十六度二十一分五十七秒餘弦○九五九四八二二爲一率甲乙弧四十五度餘弦○七○七一○六八爲二率半徑一○○○○○○○爲三率求得四率○七三六九六七一爲甲丙弧餘弦檢表得四十二度三十一分三十五秒即甲丙赤道度此亦用乙已丁次形

若以對數馭之一率乙丙弧餘弦○九九八二○三七二率甲乙弧餘弦○九八四九四八五三率半徑一○○○○○○○求得四率○九八六七四四八爲甲丙弧餘弦檢表數同

兩弧求直角右弧 次形五

設如有丙直角甲丙赤道弧四十二度三十一分三十五秒甲乙黃道弧四十五度求乙丙距緯弧幾何

法以甲丙弧四十二度三十一分三十五秒餘弦○七三六九六七一為一率甲乙弧四十五度餘弦○七○七一○六八為二率半徑一○○○○○○○為三率求得四率○九五九四八二二為乙丙弧餘弦檢表得一十六度二十一分五十七秒即乙丙距緯度此亦用乙已丁次形

若以對數馭之一率甲丙弧餘弦○九八六七四四八二一率甲乙弧餘弦○九八四九四八五三率半徑一○○○○○○○求得四率

○九九八二○三七爲乙丙弧餘弦檢表數同

試求日食初虧復圓距食甚弧度有丙直角視緯交白道角有甲丙弧食甚視緯二十分有甲乙弧太陽太陰視半徑相併三十一分求乙丙初虧距食甚弧度復圓距食甚同

如圖戊己爲黃道戊庚爲白道戊爲正交甲爲太陽甲丙爲食甚視緯二十分太陰視經食甚在丙初虧在乙復圓在丁甲辛爲太陽視半徑十一

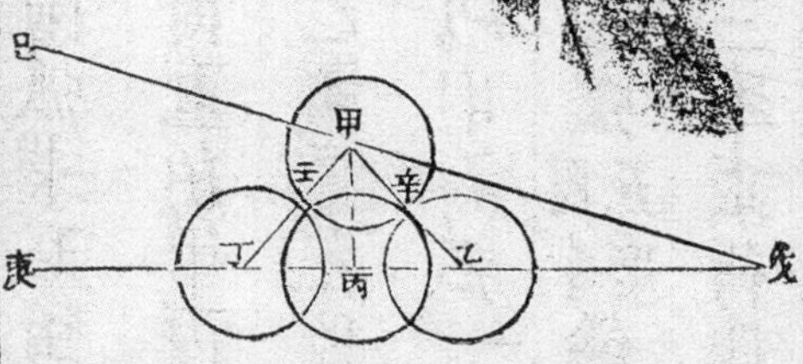

六分丁壬同甲乙爲兩半徑併三十一分甲丁同乙丙爲初虧距
食甚弧丙丁爲復圓距食甚弧故用甲乙丙正弧三
角形求乙丙弧法以甲丙弧二十分餘弦○九九九九八三一爲
一率甲乙弧三十一分餘弦○九九九九五九三爲二率半徑一○○○
○○○○爲三率求得四率○九九九九七六二爲乙丙弧餘弦檢
表得二十三分四十一秒即初虧距食甚度復圓距食甚同以減食甚
眞時爲初虧用時以加食甚眞時爲復圓用時有用時方
可求初虧復圓眞時
若以對數馭之一率甲丙弧餘弦○九九九九九九三二率甲

乙弧餘弦〇九九九九九八二三率半徑一〇〇〇〇〇〇求得四率〇九九九九九八九爲乙丙弧餘弦檢表數同

兩弧夾直角求對弧次形六

設如有丙直角甲丙赤道弧四十二度三十一分三十五秒乙丙距緯弧一十六度二十一分五十七秒求甲乙黃道弧幾何

法以半徑一〇〇〇〇〇〇〇爲一率甲丙弧四十二度三十一分三十五秒餘弦〇七三六九六六一爲二率乙丙弧一十六度二十一分五十七秒餘弦〇九五九四八二二爲三率求得四率〇七〇七一〇六八爲甲乙弧餘

弦檢表得四十五度即黃道度

若以對數馭之一率半徑一〇〇〇〇〇〇二率甲丙弧餘弦〇九八六七四四七三率乙丙弧餘弦〇九九八二〇三七求得四率〇九八四九四八五爲甲乙弧餘弦檢表數同

試求黃白大距及交均度有兩直角有甲丙弧黃白大距中數五度〇八分二十七秒半有乙丙弧兩距度半較八分五十二秒半求甲乙黃白大距及交均甲角度　如圖甲爲黃極丁巳庚戊爲黃道午未巳申爲白道以朔望距度四度五十九分三十五秒兩弦距度五度一十七分

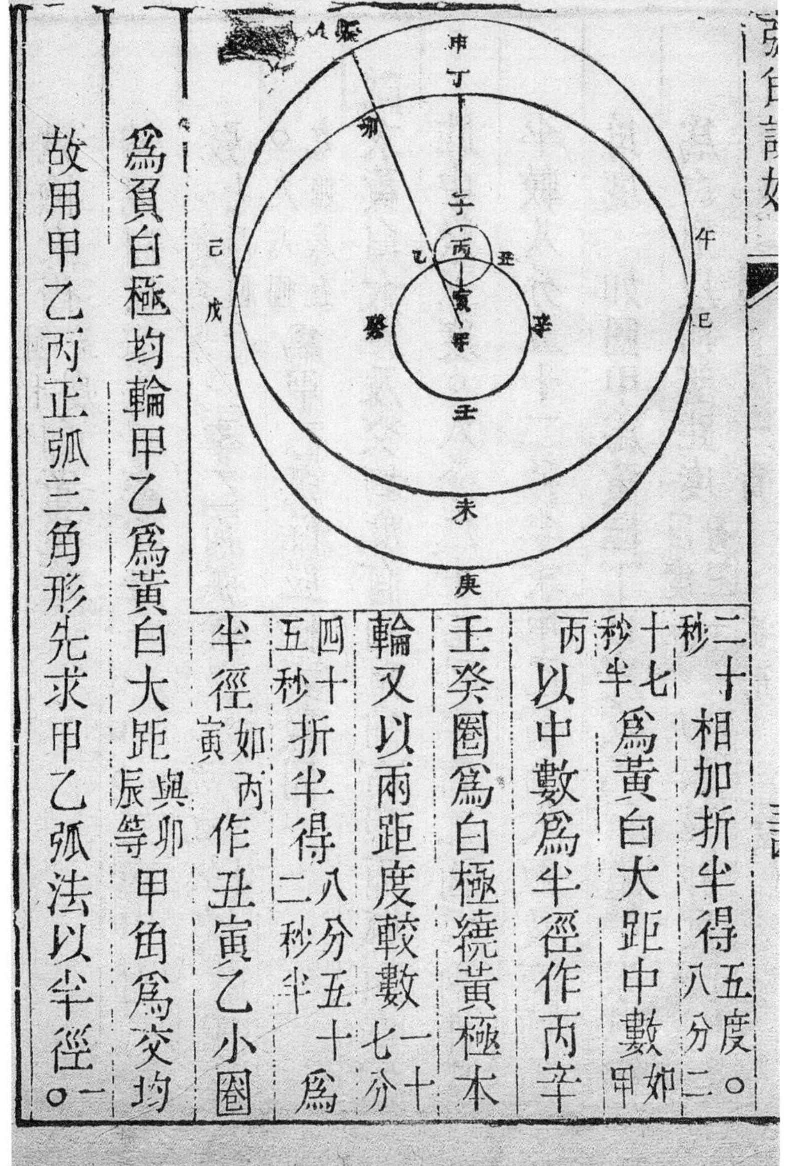

二十秒相加折半得五度八分二十七秒半為黃白大距中數甲卯丙以中數為半徑作丙辛壬癸圈為白極繞黃極本輪又以兩距度較數一十七分四十五秒折半得八分五十二秒半為半徑如寅丙作丑寅乙小圈為負白極均輪甲乙為黃白大距與卯辰等甲角為交均故用甲乙丙正弧三角形先求甲乙弧法以半徑。一

○○○○○○為一率甲丙弧五度○八分二十七秒半餘弦○九九五九七七三為二率乙丙弧八分五十二秒半餘弦○九九九九六七為三率求得四率○九九五九七四○為甲乙弧餘弦檢表得五度○八分三十四秒即黃白大距度　次求甲角則用本形左弧對弧求角度法以甲乙弧五度○八分三十四秒正弦○○八九六三七九為一率乙丙弧八分五十二秒半正弦○○○二五八一六為二率半徑一○○○○○○○為三率求得四率○○○二八八○○三為甲角正弦檢表得一度三十九分○一秒即交均度此法算交均與今表一度二十九分四十秒不合葢後編以五十九為一率五十六為二率日距正交正切為三率求得四率為正切線檢表得度

與日距正交相減餘爲交均因非弧三角法故仍遵上編立算而黃白距度則從後編新率

若以對數馭之先求甲乙弧一率半徑一〇〇〇〇〇〇〇〇二率甲丙弧餘弦〇九九九八二四九三率乙丙弧餘弦〇九九九九九九八求得四率〇九九九八二四七爲甲乙弧餘弦檢表數同

次求甲角一率甲乙弧正弦〇八九五二四九二二率乙丙弧正切〇七四一一八七五三率半徑一〇〇〇〇〇〇〇求得四率〇八九三四五八三爲甲角正弦檢表數同

三角求直角左弧次形七

設如有丙直角黃赤交角即甲角二十三度二十九分黃道

交極圈角即乙角七十二度五十五分二十秒求甲丙赤道同升度幾何

法以甲角二十三度二十九分正弦〇三九八四八二三爲一率乙角七十二度五十五分二十秒餘弦〇九五五九〇七〇爲二率半徑一〇〇〇〇〇〇〇爲三率求得四率〇七三六九六六一爲甲丙弧餘弦檢表得四十二度三十一分三十五秒即赤道同升度此亦用已庚辛次形

若以對數馭之一率甲角正弦〇九六〇〇四〇九二角乙角餘弦〇九四六七八五九三率半徑一〇〇〇〇〇〇〇求得四率〇九八六七四四七爲甲丙弧餘弦檢表數同

三角求直角右弧 次形八

設如有丙直角黃赤交角 即甲角 二十三度二十九分黃道交極圈角 即乙角 七十二度五十五分二十秒求乙丙距緯度幾何

法以乙角 七十二度五十五分二十秒 正弦 ○九五五九○七○ 爲一率半徑 一○○○○○○○ 爲二率甲角 二十三度二十九分 餘弦 ○九一七一七六○ 爲三率求得四率 ○九五九四八二二 爲乙丙弧餘弦檢表得一十六度二十一分五十七秒 即乙丙距緯度

若用對數較之一率乙角正弦 ○九九八○四一六 二率半徑

一〇〇〇〇〇〇〇三率甲角餘弦〇九九六二四五三求得四率〇九九八

二〇三七爲乙丙弧餘弦檢表數同

三角求直角對弧次形九

設如有丙直角黃赤交角卽甲角二十三度二十九分黃道

交極圈角卽乙角七十二度五十五分二十秒求甲乙黃

道度幾何

法以乙角七十二度五十五分二十秒正切三二五五〇四二四爲一率半

徑一〇〇〇〇〇〇〇爲二率甲角二十三度二十九分餘切二三〇一六七三二

爲三率求得四率〇七〇七一〇六八爲甲乙弧餘弦檢表得

四十五度即黃道度此亦用乙巳丁次形

若以對數馭之一率乙角正切一〇五一二五五七二率半徑一〇〇〇〇〇〇〇〇三率甲角餘切一〇三六二〇四四求得四率〇九八四九四八五為甲乙弧餘弦檢表數同

弧角設如卷中

金華張作楠撰算例
全椒江臨泰補對數

斜弧三角形

凡斜弧三角形所成之角皆不與過極圈交故無直角其弧角或鋭或鈍或大或小或俱鋭俱鈍俱大俱小參互錯綜其形不一故正弧三角知二即可求三斜弧三角必知三方可求三然八線相當比例則同

如圖甲乙戊巳爲子午規

又（爲極至交圈）甲爲赤極（即北極）乙爲黃極甲戊爲過赤極經圈乙己爲過黃極經圈兩圈相交於丙成甲乙丙丙戊己甲丙己乙丙戊四斜弧三角形

所成斜弧三角形有四種

兩鋭角一鈍角形（如甲）

兩鈍角一鋭角形（如乙）

四種內又有三等邊二等邊及三邊不等諸形然大綱皆不外此四種

三角俱鋭形如丙

三角俱鈍形如丁

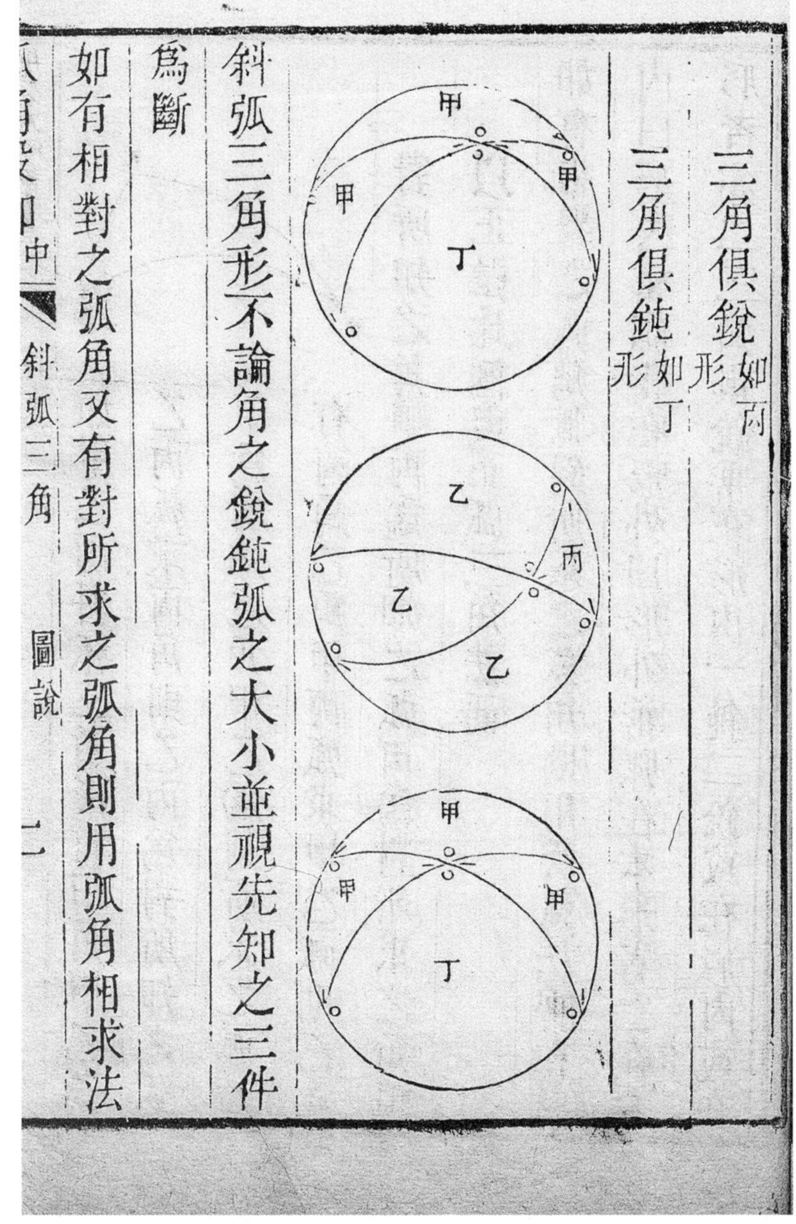

斜弧三角形不論角之鋭鈍弧之大小並視先知之三件爲斷

如有相對之弧角又有對所求之弧角則用弧角相求法

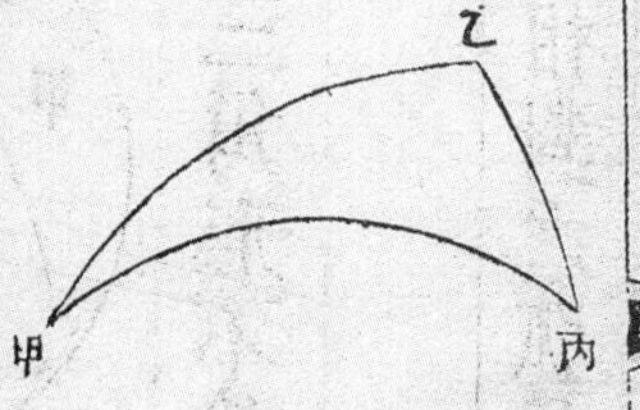

如甲乙丙斜弧三角形有甲角甲乙弧乙丙弧求丙角則乙丙爲對所知之弧甲爲所知之角甲乙爲對所求之弧若有丙角乙角甲丙弧求甲乙弧則乙爲對所知之角甲丙爲所知之弧丙爲對所求之角俱以正弦比例與正弧三角法同

如有相對之弧角無對所求之弧角則用垂弧法垂在形內曰形內垂弧垂在形外曰形外垂弧在本形者二在次形者亦二三角俱銳垂在形內一鈍二銳或在形內或在

形外從鈍角垂則在內從銳角垂則在外兩鈍一銳或三角俱鈍則垂於次形亦分內外次形無鈍角則在內有鈍角則在外若破鈍角亦可在內如知兩角一弧則垂於不知之角若三角皆銳而兩角夾對所求之弧則又不可垂於不知之角致破所知之弧知兩弧一角則垂於不知之弧有鈍角者在內多垂於內鈍角在外多垂於銳角垂之法從角至對弧分元形爲兩正三角形求得兩弧角度相併即得所求外垂之法從銳角至鈍角湊成兩正三角形求得兩弧角度相減即得所求其次形則易鈍角爲銳角易大弧爲小弧求之

如圖甲爲正角甲丙乙爲正弧三角若易甲爲丁則

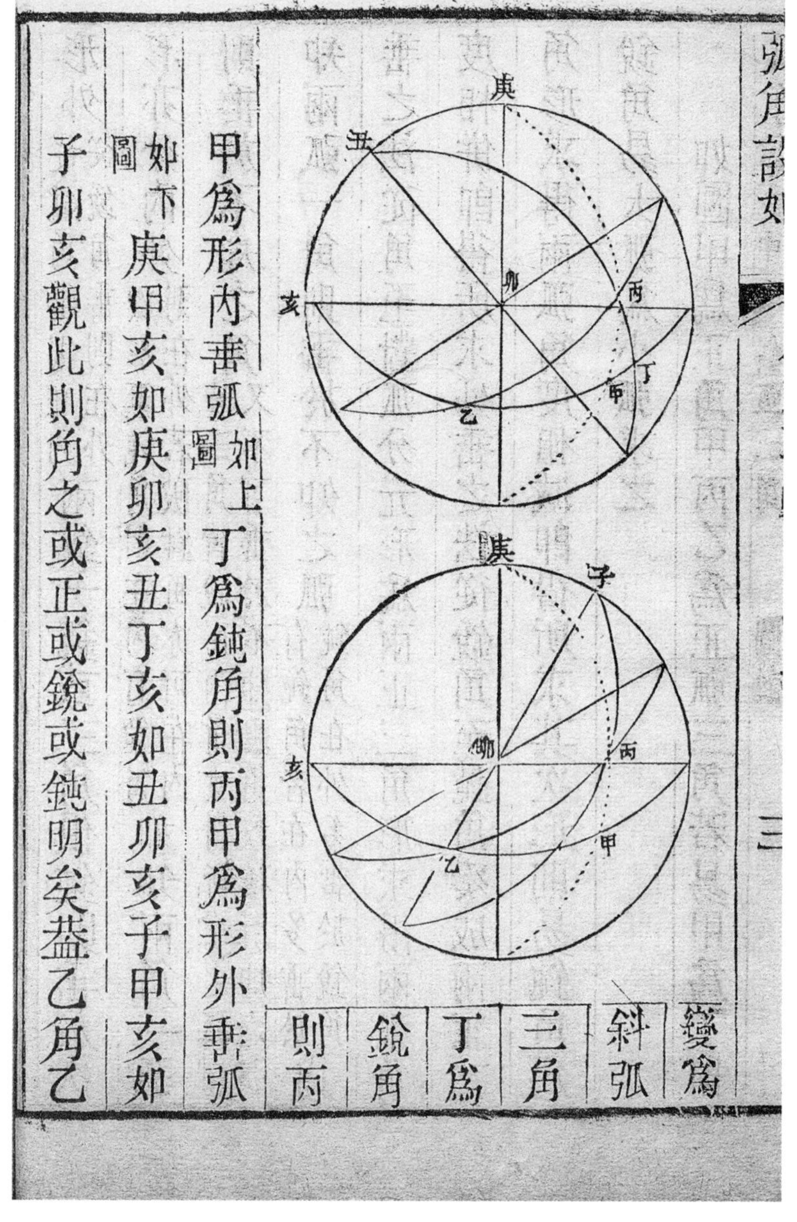

變爲斜弧三角丁爲鋭角則丙甲爲形內垂弧如上圖丁爲鈍角則丙甲爲形外垂弧如下圖庚甲亥如庚卯亥丑丁亥如丑卯亥子甲亥如子卯亥觀此則角之或正或鋭或鈍明矣蓋乙角乙

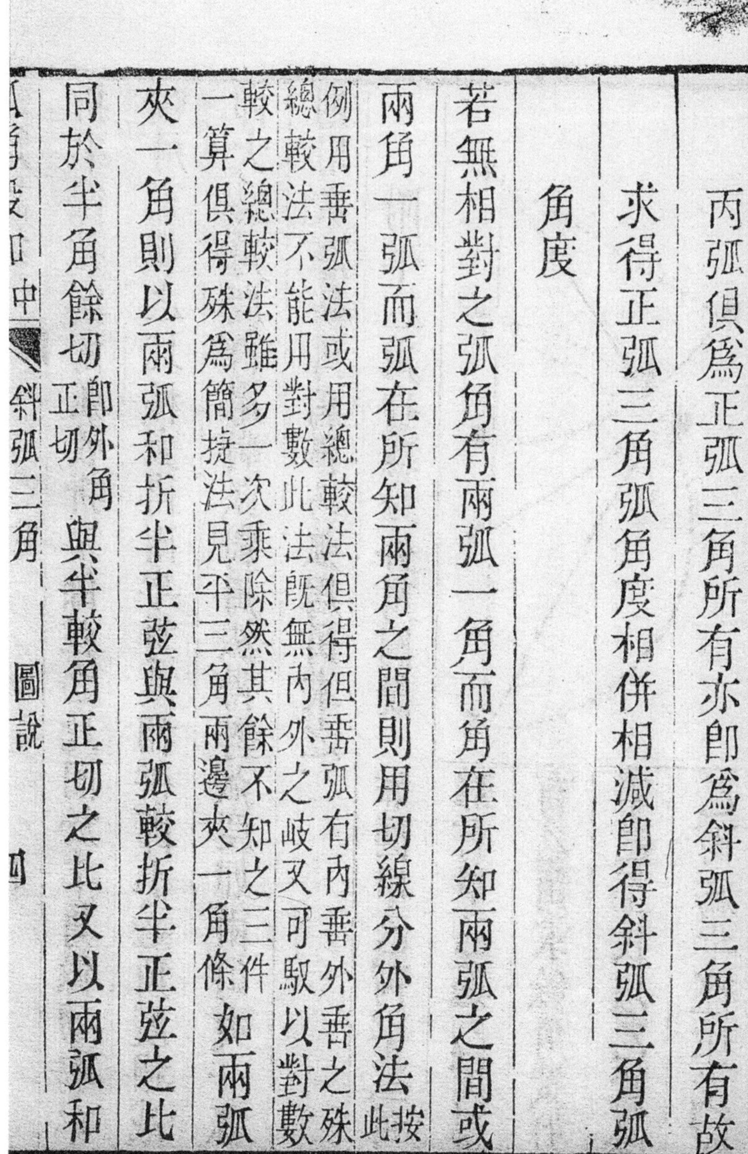

丙弧俱爲正弧三角所有亦即爲斜弧三角所有故求得正弧三角弧角度相併相減即得斜弧三角弧角度

若無相對之弧角有兩弧一角而角在所知兩弧之間或兩角一弧而弧在所知兩角之間則用切線分外角法（按此例用垂弧法或用總較法俱得但垂弧有內垂外垂之殊總較法不能用對數此法既無內外之岐又可馭以對數較之總較法雖多一次乘除然其餘不知之三件一算俱得殊爲簡捷法見平三角兩邊夾一角條）如兩弧夾一角則以兩弧和折半正弦與兩弧較折半正弦之比同於半角餘切（即外角正切）與半較角正切之比又以兩弧和

折半餘弦與兩弧較折半餘弦之比同於半角餘切與半較角正切之比檢表得兩半角度相併即小邊角度相減即大邊角度再用對弧對角法得對弧度如兩角夾一弧則用次形易角爲弧易弧爲角求之

附平三角切線分外角圖說　如圖甲乙丙平三角形有甲乙邊乙丙邊有乙角求餘角試引甲乙至戊以乙爲心乙丙爲半徑作戊丙

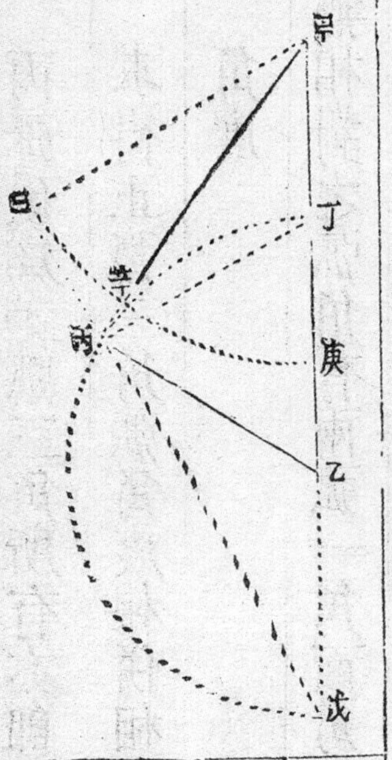

丁半圓截乙戊線於戊截甲乙邊於丁則甲戊爲兩邊和甲丁爲兩邊較又自丙至丁作丙丁線成丁乙丙兩邊相等之三角形則丁角與丙角等而爲半外角又與丁丙平行作甲己線又自戊過丙至己作戊己線成戊丁丙及戊甲己大小同式兩句股形大形甲角與小形丁角等則甲角亦卽半外角而己甲丙角卽半較角又以甲爲心己爲界作己庚弧爲半外角度則己戊爲其切線己辛爲半較角度則己丙爲其切線檢表得己甲丙角度卽得甲丙丁角度說見梅氏

赤水遺珍然弧三角不能如平三角法有兩角卽知餘角故必以和較折半之正弦餘弦各比例得兩半較角相併相減而後得餘角也

若無相對之弧角有三弧求角或三角求弧則用總較法如三弧求角以角旁兩弧相加爲總弧相減爲較弧各取餘弦加減總弧較弧俱不過象限或俱過象限則兩餘弦相減若一過一不過則相加過二象限與過一象限同過三象限與不過同折半爲中數又以對弧之矢與較弧之矢相減餘爲矢較乃以中數與矢較之比同於半徑與所求角正矢若過半徑之比若兩弧夾一角則以半徑與所知則爲大矢之比角正矢之比同於中數與矢較之

比既得矢較與較弧之矢相加即得對弧之矢若兩角夾一弧用次形法如三角求弧則用次形易弧爲角易角爲弧求之本形三弧即次形三角求得次形三角即得本形三弧

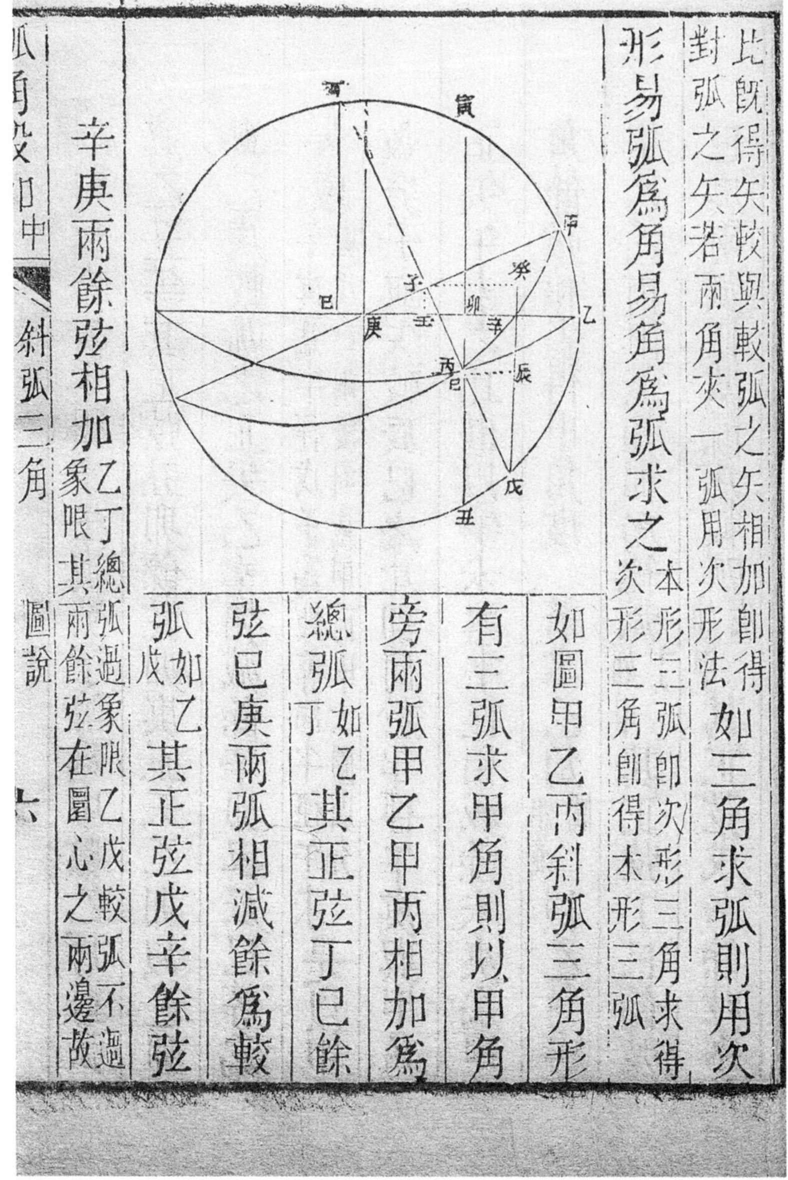

如圖甲乙丙斜弧三角形有三弧求甲角則以甲角旁兩弧甲乙甲丙相加爲總弧如乙丁其正弦丁巳餘弦巳庚兩弧相減餘爲較弧如乙戊其正弦戊辛餘弦辛庚兩餘弦相加乙丁總弧過象限乙戊較弧不過象限其兩餘弦在圖心之兩邊故

相加得巳辛折半得辛壬與癸子等爲中數乙丙對弧與乙丑等其正弦丑卯餘弦卯庚正矢乙卯以乙卯與乙戊較弧之正矢乙辛相減餘辛卯與辰巳等爲矢較午庚爲半徑戊子爲距等圈半徑午未與戊巳兩段同爲甲丙申大圈所分是以中數癸子與矢較辰巳之比卽同於半徑午庚與甲角正矢午未之比也以午未與半徑相減餘未庚爲甲角餘弦檢表得甲角度　若求乙角如後圖以乙角旁甲乙丙兩弧相加爲總弧如甲丁其正弦丁巳餘弦巳庚兩弧相減餘爲較弧如甲戊其正弦戊辛餘弦辛

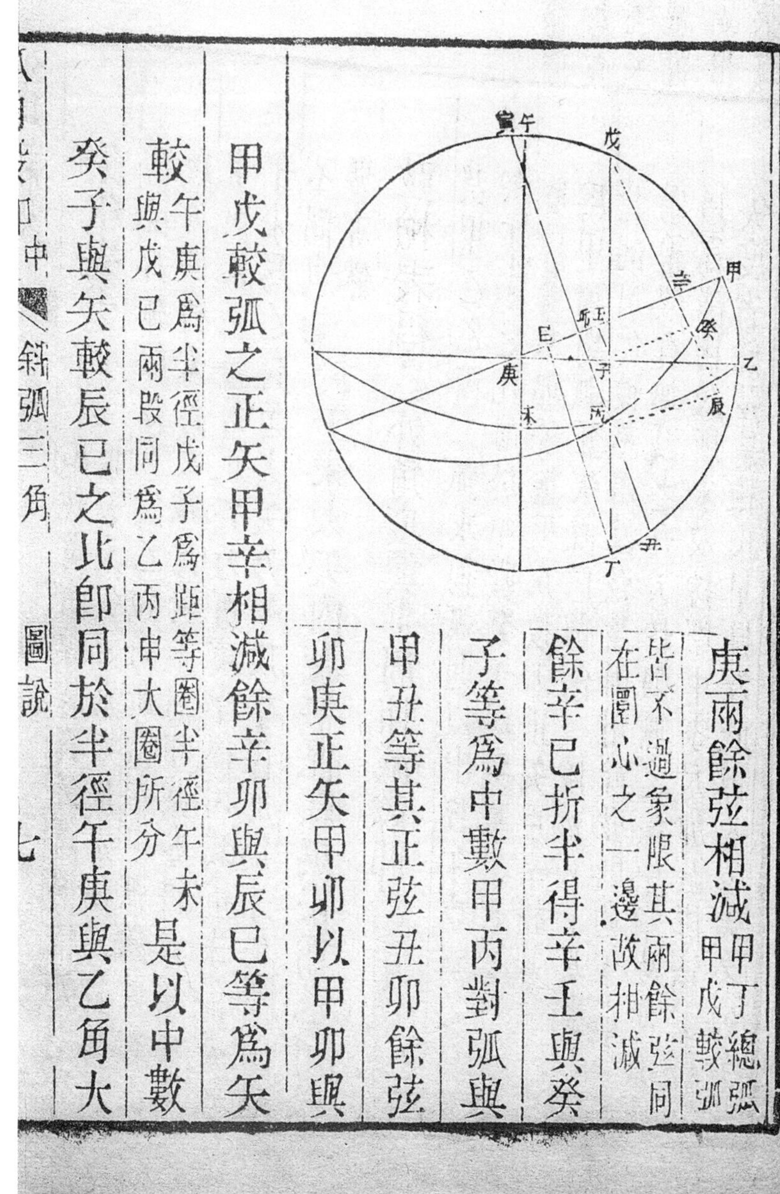

庚兩餘弦相減甲丁總弧甲戊較弧皆不過象限其兩餘弦同在圜心之一邊故相減餘辛巳折半得辛壬與癸子等爲中數甲丙對弧與甲丑等其正弦丑卯餘弦卯庚正矢甲卯以甲卯與甲戊較弧之正矢甲辛相減餘辛卯與辰巳等爲矢較午庚爲半徑戊子爲距等圈半徑午未與戊巳兩段同爲乙丙中大圈所分是以中數癸子與矢較辰巳之比卽同於半徑午庚與乙角大

江雲樵曰焦氏謂用矢較不繫乎總弧存弧之過不過不知矢綫以餘弦加減而得不審其過不過何由知爲大矢正矢及按

矢午未之比也凡鈍角諸線皆與外角同惟矢則有正矢大矢之別如庚未爲乙銳角所當申酉弧餘弦亦爲乙鈍角所當午申弧餘弦檢表銳角即得本角度鈍角與半周相減亦得本角度其未酉爲乙銳角正矢乃酉庚半徑內減庚未餘弦數午未爲乙鈍角大矢乃午庚半徑加庚未餘弦數故不同也過弧亦然於午未大矢內減半徑餘庚未爲乙角餘弦檢表得乙外角度與半周相減餘即乙角度若有乙角及甲乙乙丙二弧求對弧則以半徑午庚與乙角大矢午未之比同於中數癸子與矢較辰巳之比既得辰巳與辛卯等與甲戊較弧正矢甲辛相加得甲卯爲甲丙對弧正矢餘同前法　按戴氏句股割圜記此例用矢較不用餘弦蓋因用餘弦則過象限與不過象限有加減之殊矢較則無之焦里堂凌仲子皆以爲補梅氏所未及按環中黍尺加減捷法云專求矢度省餘弦是梅氏早見及此但八線表不列矢線

環中黍尺總論云矢餘弦相待而成者也可以矢算亦可用餘弦算但加減尚須詳審若矢線則一例用加尤爲簡妙云云是戴氏所欲補梅氏之遺者梅氏早自言之吳思孝欲推崇戴氏輒詆用餘弦爲遷就假借豈未讀梅氏之書乎

以餘弦減半徑得正矢正弦減半徑得餘矢若用矢較必取兩餘弦各減半徑方得兩弧之矢又兩相減方得矢較何如用餘弦省兩次相減乎梅法現常採入秝象考成知非遷就之法矣

總較法弦矢加減不便用對數汪雲樵採赤水遺珍

三弧求角用開平方得半角正弦法通之其法以三弧相加折半爲半總與所求角之角旁兩弧各相減得兩較弧乃以角旁小邊正弦爲一率小邊較弧正弦爲二率大邊較弧正弦爲三率求得四率爲初數又以角旁大邊正弦爲一率初數爲二率半徑爲三率求得四率爲末數再以半徑乘末數爲實開平方

得半角正弦檢表得度倍之即所求角度　如圖甲乙丙斜弧三角形有甲乙甲丙乙丙三弧求甲角甲庚甲丁俱與甲乙大邊等其正弦丁乾甲丙弧小邊正弦丙癸丙辛與對邊乙丙等其正弦辛戊庚甲丙辛為總弧折半於巳巳辛為半總與甲午等以甲午與甲丙小邊較餘丙午其正弦丙亥以甲巳與甲丁

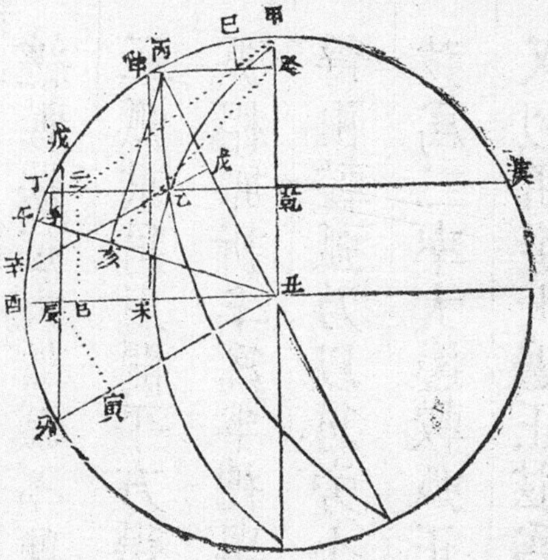

大邊較餘丁午其正弦丁子申酉弧爲甲角度其正弦申未以申酉弧半之於戊則戊酉爲半甲角度其正弦戊辰亦卽卯辰乃以丙癸小邊正弦與丙亥小邊較弧正弦之比同於丁子大邊較弧正弦與丁壬初數之比又以丁乾大邊正弦與丁壬初數之比同於丑酉半徑與巳酉末數之比既得巳酉與寅卯等用連比例之首率丑卯半徑與末率寅卯末數相乘爲實開平方得中率卯辰卽半甲角正弦

又法以角旁兩弧較與對弧相加減半之各取正弦相乘爲初數又以角旁兩弧餘割相乘以乘初數

爲實開平方得數以半徑除之得半角正弦

今將斜弧三角形弧角相求例三垂弧例四切線分外角例二總較例二各設數如左

有對角求對弧　弧角相求一

設如木星黃道經度午宮一十五度距夏至四十五度赤道經度午宮一十九度四十七分一十七秒距夏至四十九度四十七分一十七秒緯北一度三十分距黃極八十八度三十分求赤道緯度幾何

如圖甲爲赤極即北極　乙爲黃極甲乙爲兩極距度兩

爲木星丁戊爲黃道巳庚爲赤道丁爲黃道夏至巳爲赤道夏至丁辛爲黃道經度卽乙角巳壬爲赤道經度卽甲角丙辛爲黃道北緯度乙丙爲其餘丙壬爲赤道北緯度甲丙爲其餘用甲乙丙斜弧三角形求甲丙弧有甲角乙角乙丙弧有相對之弧角法以

甲角四十九度四十七分一十七秒爲對所知之角其正弦○七六三六六

一四為一率乙角四十五度為對所求之角其正弦〇七〇七一〇六八為二率乙丙弧八十八度三十分為所知之弧其正弦〇九九九九六五七三為三率求得四率〇九二五六二五九為甲丙弧正弦檢表得六十七度四十五分四十六秒為星距北極度以減象限餘二十二度一十四分一十四秒即木星距赤道北緯度

若以對數駁之一率甲角正弦〇九八八二九〇一二率乙角正弦〇九八四九四八五三率乙丙弧正弦〇九九九九八五一求得四率〇九九六六四三五為甲丙弧正弦檢表數同

又如太陽夏至緯北二十三度二十九分巳初初刻距

赤道午正四十五度地平經度偏東八十八度○九

分四十秒求太陽出地平高弧度　如圖甲爲北極乙爲天頂丙爲太陽丁巳爲地平庚辛爲赤道庚壬爲巳初初刻距午正赤道四十五度即甲角丙壬爲太陽距赤道北緯度二十三度二十九分與甲壬象限相減餘六十六度三十一分爲甲丙弧丁癸爲地平經度偏東八十八度○九分四十一秒

即乙角故用甲乙丙斜弧三角形有甲乙二角及甲丙弧求乙丙弧法以乙角八十八度九分四十秒正弦〇九九九四八五〇為一率甲角四十五度正弦〇七〇七一〇六八為二率甲丙弧六十六度三十一分正弦〇九一七一七六〇為三率求得四率〇六四八八七五六為乙丙弧正弦檢表得四十度二十七分二十五秒減象限餘四十九度三十二分三十五秒即太陽高弧度

若以對數馭之一率乙角正弦〇九九九九七七六二率甲角正弦〇九八四九四八五三率甲丙弧正弦〇九九六二四五三求得四率〇九八一二一六二為乙丙弧正弦檢表數同

有對弧求對角（弧角相求二）

設如木星黃道經度午宮一十五度距夏至四十五度（即乙角）緯北一度三十分距黃極八十八度三十分（即乙丙弧）赤道緯北二十二度一十四分一十四秒距北極六十七度四十五分四十六秒（即甲丙弧）求赤道經度幾何

此即前例甲乙丙斜弧三角形有乙角有乙丙甲丙二弧求甲角（圖見前）法以甲丙弧（六十七度四十五分四十六秒）為對所知之弧其正弦（○九二五六二五九）為一率乙丙弧（八十八度三十分）為對所求之弧其正弦（○九九九六五七三）為二率乙角（四十

五度為所知之角其正弦〇七〇七一〇六八為三率求得四率〇七六三六六一四為甲角正弦檢表得四十九度四十七分一十七秒即木星距夏至赤道經度自夏至未宮初度逆計之得午宮一十九度四十七分一十七秒為木星赤道宮度

若以對數馭之一率甲丙弧正弦〇九九六六四三五二率乙丙弧正弦〇九九九九八五一三率乙角正弦〇九八四九四八五求得四率〇九八八二九〇一為甲角正弦檢表數同

垂弧形丙垂弧一

設如土星黃道經度午宮初度距夏至三十度即乙角赤道

緯北二十二度三十七分四十八秒黃赤大距二十三度二十九分求赤道經度及黃道緯度幾何

如圖甲乙丙斜弧三角形甲爲赤極乙爲黃極甲乙相距二十三度二十九分丙爲土星卽黃赤兩極圈交角丙辛爲黃道緯北度乙丙爲星距黃極度丙壬爲赤道緯北二十二度三十七分四十八秒甲丙爲星距赤極六十七度二十二分一十二秒以赤道緯北度減

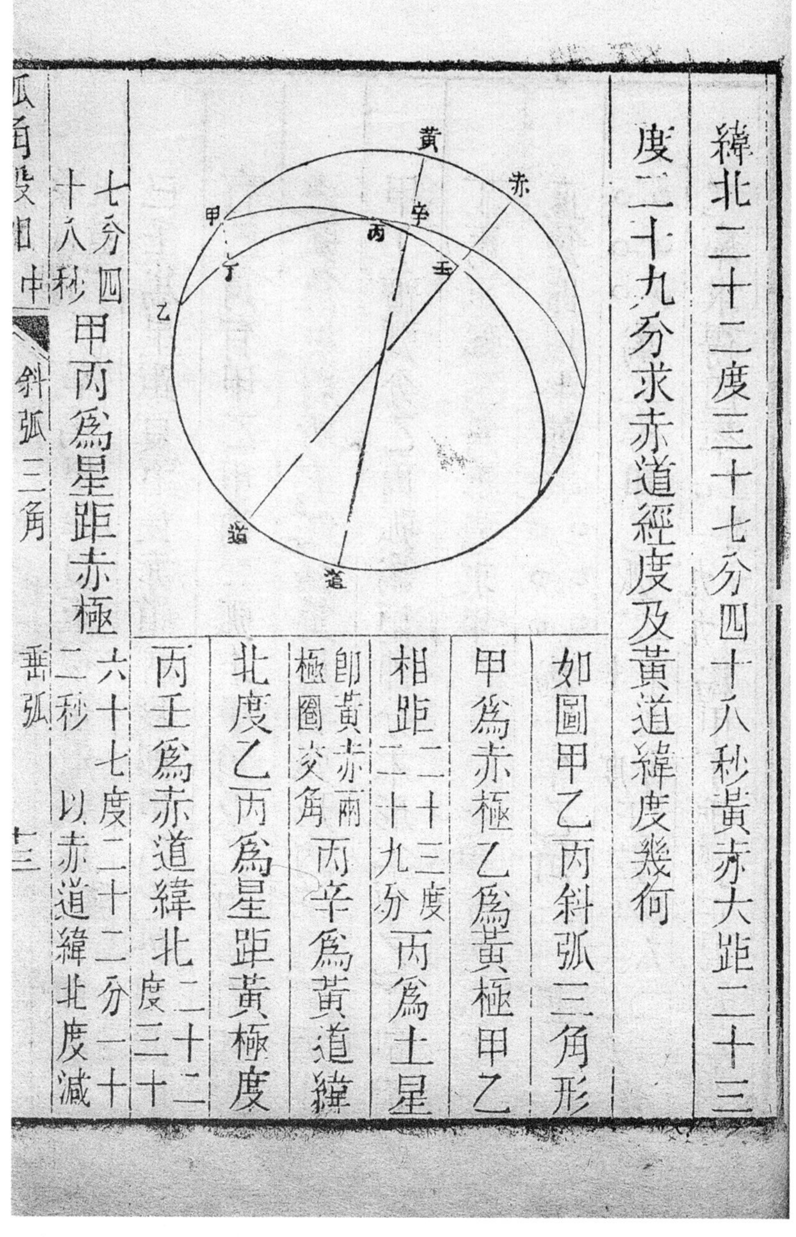

象限得此數癸辛爲星距夏至後黃道經度三十度卽乙角巳壬爲星距夏至後赤道經度卽甲角之外角此形有乙角有甲乙甲丙二弧求甲角及乙丙弧有相對之弧角無對所求之弧角用垂弧形內法自甲角作甲丁垂弧分乙丙弧爲兩卽分本形爲甲乙丁甲丙丁兩正弧三角形先求甲乙丁形之甲丁垂弧丁爲直角卽以半徑一〇〇〇〇〇〇爲一率乙角三十度正弦〇五〇〇〇〇〇〇爲二率甲乙弧二十三度二十九分正弦〇三九八四八二三爲三率求得四率〇一九九二四一六爲甲丁垂弧正弦檢表得

一十一度二十九分三十五秒即甲丁垂弧度此即正弧三角本形第一法次

求乙丁弧半徑一〇〇〇〇〇〇〇爲一率乙角度三十餘弦〇八六六〇二五四爲二率甲乙弧二十三度二十九分正切〇四三四四六六六爲三率求得四率〇三七六二五九一爲乙丁弧正切檢表得二十度三十七分〇九秒即乙丁弧度此即正弧三角本形第二法次求甲乙丁形之甲分角以甲乙弧二十三度二十九分正弦〇三九八四八二三爲一率乙丁弧二十度三十七分〇九秒正弦〇三五二一五四八爲二率半徑一〇〇〇〇〇〇〇爲三率求得四率〇八八三七四〇一爲甲分角正弦檢表得六十二度〇五分四十八秒即甲分角度此即正弧三角

本形第八法　次求甲丙丁形之丙丁弧以甲丁弧一十一度二十九分三十五秒餘弦〇九七九九四八八為一率甲丙弧六十七度二十二分一十二秒餘弦〇三八四七七八七為二率半徑一〇〇〇〇〇〇〇為三率求得四率〇三九二六五一八為丙丁弧餘弦檢表得六十六度五十二分五十一秒即丙丁弧度此即正弧三角次形第四法　次求甲丙丁形之甲分角以甲丙弧六十七度二十二分一十二秒正弦〇九二三〇〇八九為一率丙丁弧六十六度五十二分五十一秒正弦〇九一九六八八三為二率半徑一〇〇〇〇〇〇〇為三率求得四率〇九九六四〇二四為甲分角正弦檢表得八十五度〇八分二十秒即甲分角度此即正弧

三角本形第八法乃以乙丁丙丁兩弧相併得乙丙弧八十七度三十分爲土星距黃極度減象限餘二度三十分卽土星距黃道北緯度若乙丙弧過象限則減象限餘爲星距黃道南緯度兩甲分角相併得一百四十七度一十四分〇八秒減半周餘三十二度四十五分五十二秒卽土星距赤道夏至經度

若以對數馭之先求甲丁垂弧一率半徑一〇〇〇〇〇〇〇〇二率乙角正弦〇九六九八九七〇三率甲乙弧正弦〇九六〇〇四〇九求得四率〇九二九九三七九爲甲丁垂弧正弦檢表數同

次求乙丁弧一率半徑一〇〇〇〇〇〇〇〇二率乙角餘弦

○九九三七五三○三率甲乙弧正切○九六三七九五六求得四率○九
五七五四八六爲乙丁弧正切檢表數同　次求甲乙丁形
甲分角一率甲乙弧正弦○九六○四○九二率乙丁弧正
弦○九五四六七三三三率半徑一○○○○○○○求得四率○九九四六三
二四爲甲分角正弦檢表數同　次求丙丁弧一率甲
丁弧餘弦○九九九一二○三二率甲丙弧餘弦○九五八五二一一三
率半徑一○○○○○○○求得四率○九五九四○○八爲丙丁弧餘
弦檢表數同　次求甲丙丁形甲分角一率甲丙弧
正弦○九九六五二○八二率丙丁弧正弦○九九六三六四三三率半

徑一〇〇〇〇〇〇〇求得四率〇九九九八四三五爲甲分角正弦檢表數同

又如土星交黃赤兩極圈角一十二度二十七分五十

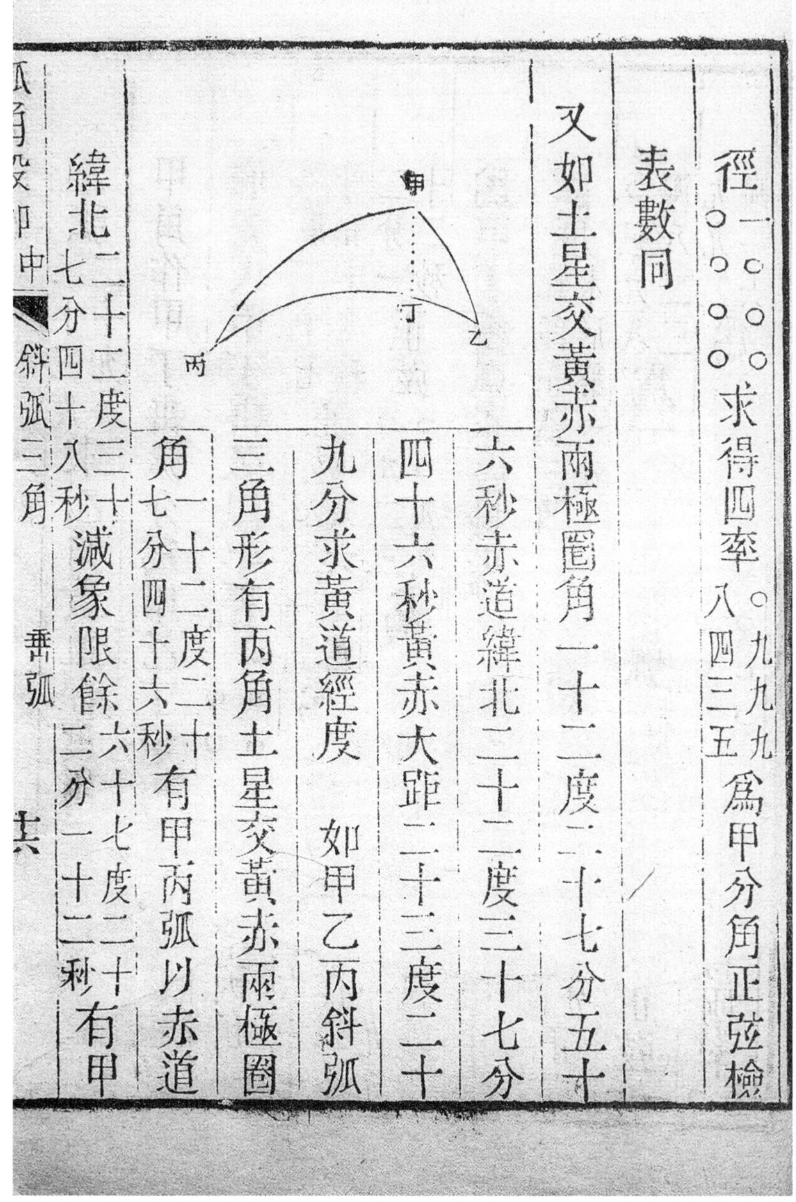

六秒赤道緯北二十二度三十七分四十六秒黃赤大距二十三度二十九分求黃道經度　如甲乙丙斜弧三角形有丙角土星交黃赤兩極圈角一十二度二十七分四十六秒有甲丙弧以赤道緯北二十二度三十七分四十八秒減象限餘六十七度二十二分一十二秒有甲

乙弧二十三度二十九分求乙角黃道經度用垂弧形內法自甲角作甲丁垂弧分爲甲乙丁甲丙丁兩正弧三角形先求甲丁垂弧以半徑一〇〇〇〇〇〇〇爲一率丙角一十二度二十七分五十七秒正弦〇二一一五八六〇九爲二率甲丙弧六十七度二十二分一十二秒正弦〇九二三〇〇八九爲三率求得四率〇一九九二四一六爲甲丁垂弧正弦檢表得一十一度二十九分三十五秒即甲丁垂弧度此即正弧三角本形第一法次以甲乙弧二十三度二十九分正弦〇三九八四八二三爲一率甲丁垂弧一十一度二十九分三十五秒正弦〇一九九二四一六爲二率半徑一〇〇〇〇〇〇〇爲三率求得四率〇五

〇〇〇〇〇〇為乙角正弦檢表得三十度即土星距黃道夏至經度此即正弧三角本形第八法

若以對數馭之先求甲丁垂弧一率半徑一〇〇〇〇〇〇〇二率丙角正弦〇九三三四一六二三率甲丙弧正弦〇九九六五二〇七求得四率〇九二九九三六九為甲丁垂弧正弦檢表數同

次求乙角一率甲乙弧正弦〇九六〇〇四〇九二率甲丁垂弧正弦〇九二九九三六九三率半徑一〇〇〇〇〇〇〇求得四率〇九六九八九七〇為乙角正弦檢表數同

垂弧形外垂弧二

設如大角星黃道經度辰宮二十一度四十七分距冬至六十八度一十三分卽乙角赤道經度卯宮一度五十七分三十五秒距冬至五十八度○二分二十五秒卽甲角黃道緯北三十度五十七分求赤道緯度及黃赤交極圈角幾何

如圖甲乙丙斜弧三角形甲爲赤極乙爲黃極甲乙爲兩極距度丙爲大角星癸戊爲赤道巳庚爲黃道壬點爲黃道辰宮二十一度四十七分巳壬爲星距冬至前黃道經度六十八度一十三分卽乙角辛點爲赤道卯宮一度五十七分

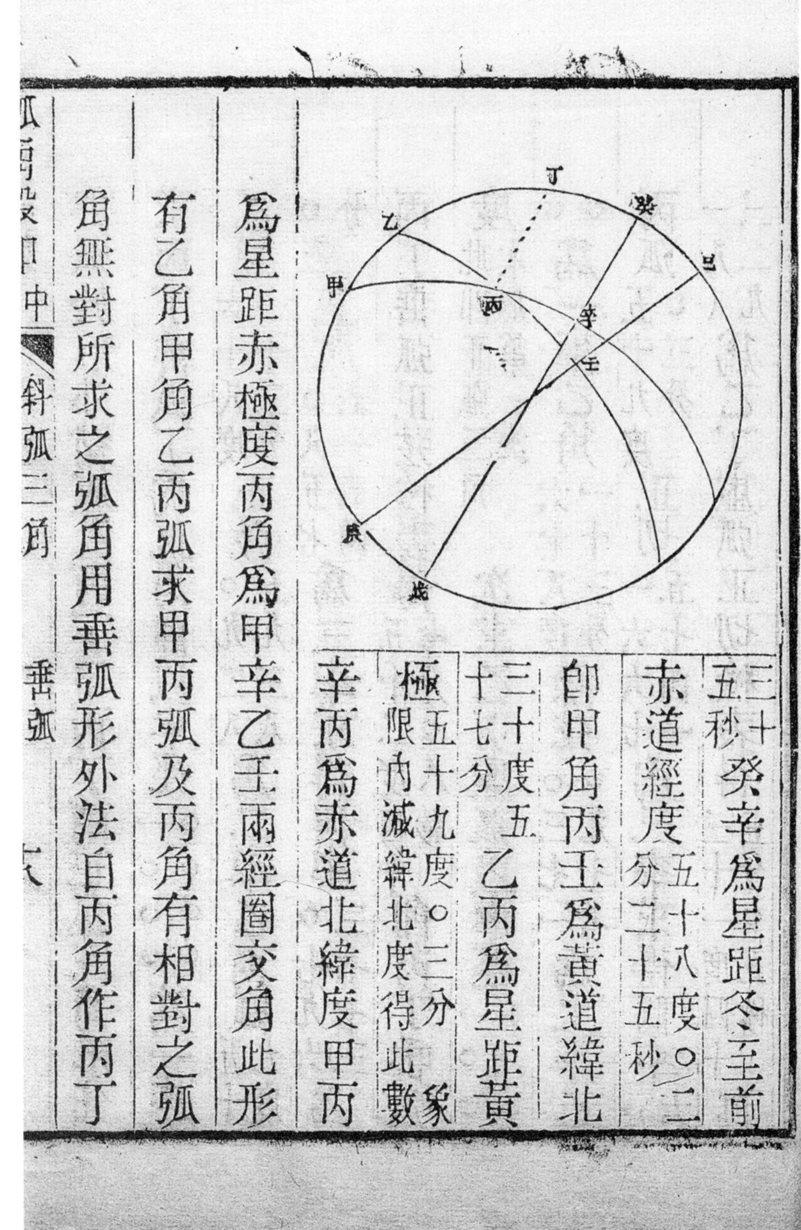

三十五秒癸辛爲星距冬至前赤道經度五十八度〇二分二十五秒即甲角丙壬爲黃道緯北三十度五十七分乙丙爲星距黃極五十九度〇三分象限內減緯北度得此數辛丙爲赤道北緯度甲丙爲星距赤極度丙角爲甲辛乙壬兩經圈交角此形有乙角甲角乙丙弧求甲丙弧及丙角有相對之弧角無對所求之弧角用垂弧形外法自丙角作丙丁

垂弧於形外補成乙丙丁甲丙丁兩正弧三角形先求丙丁垂弧丁爲直角即以半徑一〇〇〇〇〇〇〇爲一率乙角六十八度一十三分正弦〇九二八五九三八爲二率乙丙弧五十九度〇三分正弦〇八五七六一六四爲三率求得四率〇七九六三七七三爲丙丁垂弧正弦檢表得五十二度四十七分〇八秒即丙丁垂弧度此即正弧三角本形第一法次求乙丁虛弧以半徑一〇〇〇〇〇〇〇爲一率乙角六十八度一十三分餘弦〇三七一〇九七七爲二率乙丙弧五十九度〇三分正切一六六七五七四一爲三率求得四率〇六一八八三二九爲乙丁虛弧正切檢表得三十一度四十五分〇五秒即

乙丁虛弧度此即正弧三角本形第六法　次求丙虛角以乙丙弧五十九度○三分餘弦○五一四一八九九為一率乙角六十八度一十三分餘切○二九九六三四一為二率半徑一○○○○○○○為三率求得四率○七七七○六○○為丙虛角正切檢表得三十七度五十分五十六秒即丙虛角度此即正弧三角次形第一法　次求丙全角以丙丁弧五十二度四十七分○八秒餘弦○六○四七九九一為一率甲角五十八度○二分二十五秒餘弦○五二九三二二九為二率半徑一○○○○○○○為三率求得四率○八七五二○四五為丙全角正弦檢表得六十一度○四分一十秒即丙全角度此即正弧三角次形第三法　既得丙全

角以減丙虛角三十七度五十分五十六秒餘二十三度一十三分一十四秒卽

丙角黃赤過兩極圈交角度　次求甲丙弧以甲角

五十八度○二分二十五秒正弦○八四八四二○四爲一率半徑一○○○○○

○○○○爲二率丙丁弧五十二度四十七分○八秒正弦○七九六三七七三爲

三率求得四率○九三八六五八九爲甲丙弧正弦檢表得六十

九度四十九分四十秒卽甲丙星距赤極度此卽正弧三角本形第三法以

減象限餘三十度一十分二十秒卽星距赤道緯北度　若欲

再求甲乙黃赤大距度則先求甲丁弧以甲角五十八度

○二分二十五秒正切一六○二八四○七爲一率半徑一○○○○○○○爲

二率丙丁弧五十二度四十七分○八秒正切一三一六七三三六為三率

求得四率○八二一五○○○為甲丁弧正弦檢表得五十五度一十四分○五秒即甲丁弧度此即正弧三角本形第四法以減乙丁虛弧三十一度四十五分○五秒餘二十三度二十九分、即甲乙黃赤大距度

若以對數馭之先求丙丁垂弧一率半徑一○○○○○○○

二率乙角正弦○九九六七八二六三率乙丙弧正弦○九九九三三二三求得四率○九九○一一九為丙丁垂弧正弦檢表數同

次求乙丁虛弧一率半徑一○○○○○○○二率乙角餘弦○九五六九四八三三率乙丙弧正切一○二二二○八五求得四率

〇九七九一五六八為乙丁虛弧正切檢表數同　次求丙虛角一率乙丙弧餘弦〇九七一一二〇八二率乙角餘切〇九六〇一六六三三率半徑一〇〇〇〇〇〇〇求得四率〇九八九〇四五五為丙虛角正切檢表數同　次求丙全角一率丙丁弧餘弦〇九七八一六一二二率甲角餘弦〇九七二三七二一三率半徑一〇〇〇〇〇〇〇求得四率〇九九四二一〇九為丙全角正弦檢表數同　次求甲丙弧一率甲角正弦〇九九二八六一一二率半徑一〇〇〇〇〇〇〇三率丙丁弧正弦〇九九〇一一一九求得四率〇九九七二五〇八為甲丙弧正弦檢表數同　若求甲丁弧

一率甲角正切一〇二〇四八九一二率半徑一〇〇〇〇〇〇三率丙丁弧正切一〇一一九五〇七求得四率〇九九一四六一六為甲丁弧正弦檢表數同

又如北極出地二十九度一十分夏至太陽赤道緯北二十三度二十九分地平經度偏午正東二十二度三十分丙方求係何時刻

如左圖甲為北極庚辛為赤道丑巳為黃道乙為天頂戊癸為地平丙為太陽甲戊為北極出地度二十九度一十分甲乙為極距天頂度六十度五十分象限內減北極出地度得此數壬丙為太陽夏至赤道緯

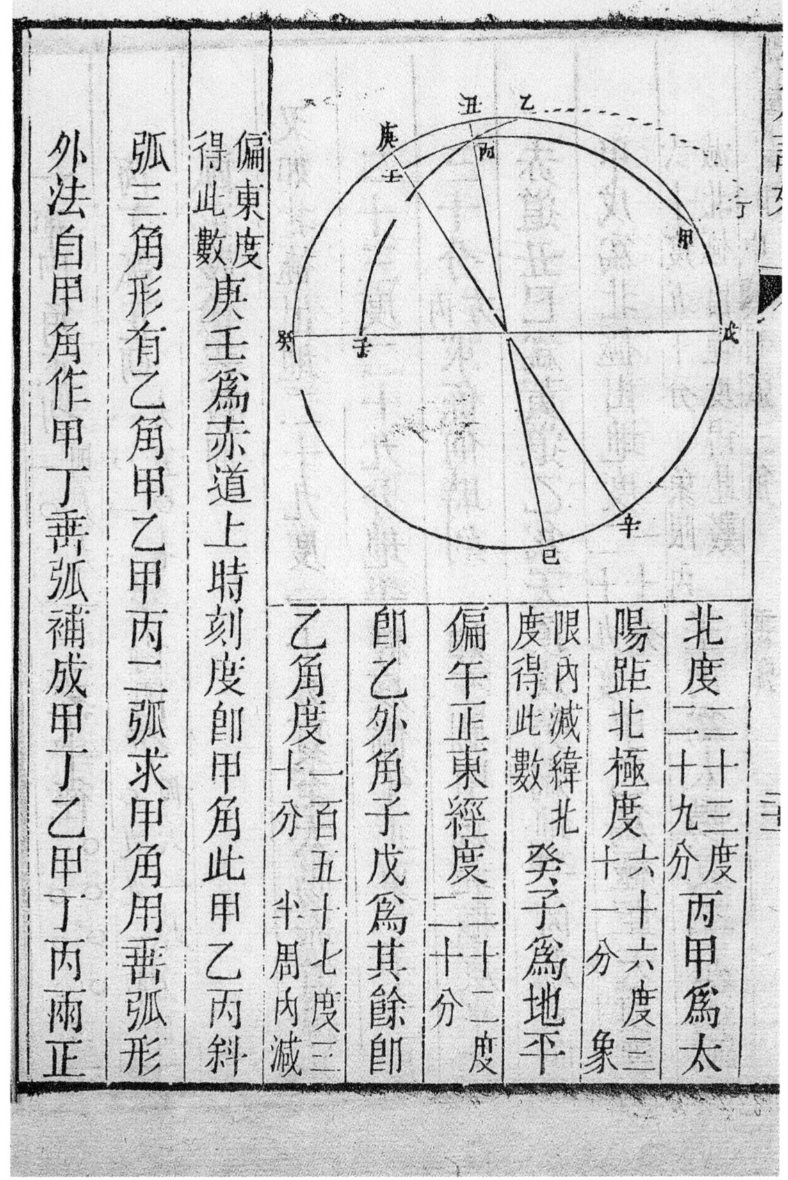

北度二十三度二十九分丙甲為太陽距北極度六十六度三十一分象限內減緯北度得此數癸子為地平偏午正東經度二十二度二十分即乙外角子戊為其餘即乙角度一百五十七度三十分半周內減偏東度得此數庚壬為赤道上時刻度即甲角此甲乙丙斜弧三角形有乙角甲乙甲丙二弧求甲角用垂弧形外法自甲角作甲丁垂弧補成甲丁乙甲丁丙兩正

弧三角形先求甲丁酉弧以半徑一〇〇〇〇〇〇〇爲一率乙外角二十二度三十分正弦〇三八二六八三四爲二率甲乙弧六十度五十分正弦〇八七三二〇五八爲三率求得四率〇三三四一六一四爲甲丁酉弧正弦檢表得一十九度三十一分一十七秒卽甲丁酉弧度此卽正弦三角本形第一法次求乙甲丁形之甲虛角以甲乙弧六十度五十分餘弦〇四八七三五一七爲一率乙外角二十二度三十分餘切二四一四二一三六爲二率半徑一〇〇〇〇〇〇〇爲三率求得四率四九五三七四九九爲甲虛角正切檢表得七十八度三十五分一十六秒卽甲虛角度此卽正弦三角次形第一法次求丙甲丁形之

甲全角以甲丙弧六十六度三十一分正切二三〇一六七三二為一率甲丁弧一十九度三十一分一十七秒正切〇三五四五四一五為二率半徑一〇〇〇〇〇〇〇為三率求得四率〇一五四〇三六三為甲全角餘弦檢表得八十一度〇八分二十秒即甲全角度此即正弧三角本形第九法於甲全角內減甲虛角七十八度三十五分一十六秒餘二度三十三分〇四秒為甲角度變時得一十分一十二秒以減午正為午初三刻〇四分四十八秒即太陽到丙方真時刻若地平偏西則加午正

若以對數馭之先求甲丁垂弧一率半徑一〇〇〇〇〇〇〇二率乙外角正弦〇九五八二八四一三率甲乙弧正弦〇九九四

一一六求得四率〇九五二一三九五六爲甲丁垂弧正弦檢表數

同　次求甲虛角一率甲乙弧餘弦〇九六八一七八四二二率

乙外角餘切一〇三八二七七六三率半徑一〇〇〇〇〇〇求得四

率一〇六九四九三四爲甲虛角正切檢表數同　次求甲全

角一率甲丙弧正切一〇三六二〇四四二率甲丁弧正切〇九

五三九六六七三率半徑一〇〇〇〇〇〇〇求得四率〇九一八七六二三爲

甲全角餘弦檢表數同

又如北極出地三十九度五十九分三十秒太陽高一

十度三十四分四十二秒地平經度距午正八十三

度距赤道緯北一度二十六分求清蒙氣差度 如圖丁爲地心乙爲天頂丙爲太陽甲爲北極戊癸爲地平乙丙巳爲高弧丙巳爲太陽實高弧庚巳爲視高弧用甲乙丙斜弧三角形此形有北極距天頂之甲乙弧五十度〇三十秒 以出地度減象限得此數 有太陽距北極之甲丙弧八十八度三十四分 此距緯度減象限得此數 有乙角九十七度 以距午正度減半周得此數 求太陽實距天頂之乙

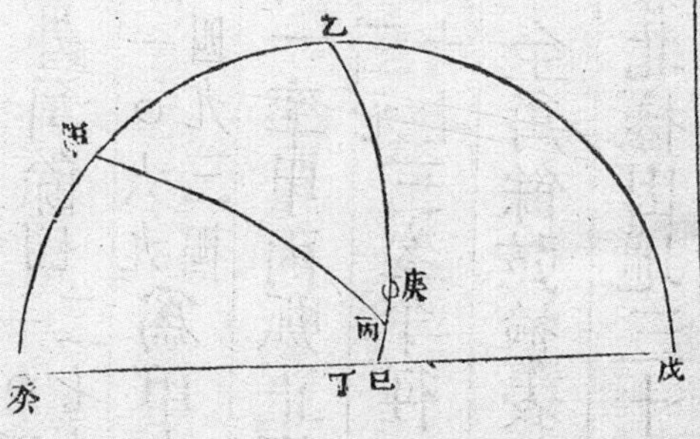

丙弧法以乙丙引長至辛從辛至甲作辛甲形外垂弧補成甲辛乙甲辛丙兩正弧三角形先求甲辛乙形之辛甲虛弧以半徑一○○○○○爲一率乙角八十三度正弦○九九二五四六二爲二

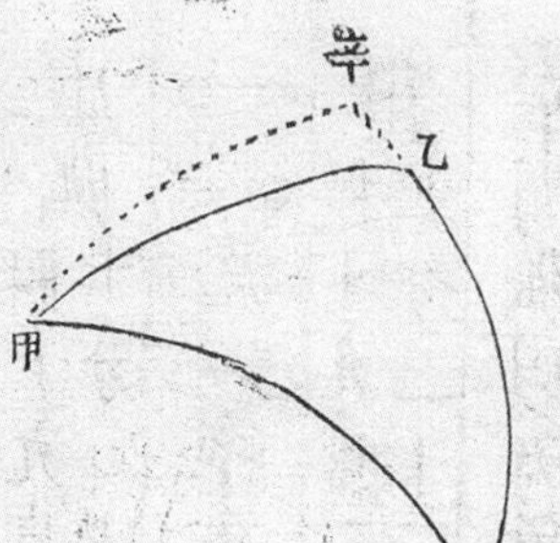

辛
乙
甲
丙

率乙甲弧五十度○三十秒正弦○七六六一三七九爲三率求得四率○七六○四二三七爲辛甲弧正弦檢表得四十九度三十分○七秒辛甲虛弧度此即正弧三角本形第一法　次求乙辛虛弧以半徑一○○○○○爲一率乙角八十三度餘弦○一二一八六九三爲二

率乙甲弧五十度〇三十秒正切一一九二一〇五六爲三率求得四
率〇一四五二八一一爲乙辛弧正切檢表得八度一十五分五十八秒即
乙辛虛弧度此即正弧三角本形第六法次求甲丙辛形之丙
角以甲丙弧八十八度三十四分正弦〇九九九六八七一爲一率辛甲
虛弧四十九度三十分〇七秒正弦〇七六〇四二七三爲二率半徑一〇〇〇
〇〇〇〇爲三率求得四率〇七六〇六六五三爲丙角正弦檢表
得四十九度三十一分二十二秒即丙角度此即正弧三角本形第八法次求
辛丙弧以丙角四十九度三十一分二十二秒正切一一七一七九二七爲一
率半徑一〇〇〇〇〇〇〇爲二率辛甲虛弧四十九度三十分〇七秒正

切一一七〇九三〇二爲三率求得四率〇九九二六三九爲辛丙弧正弦檢表得八十七度四十八分〇五秒即辛丙弧度此即正弧三角本形

第四法既得辛丙弧減乙辛虛弧八度一十五分五十八秒餘乙丙弧七十九度三十二分〇七秒爲太陽實高距天頂度再以乙丙弧與乙巳象限相減餘丙巳弧一十度二十七分五十三秒爲太陽實高度乃以實高與視高一十度三十四分四十二秒相減餘六分四十九秒加地半徑差二分五十七秒得九分四十六秒即太陽地平上一十度三十四分四十二秒之清蒙氣差度按秝象考成上編氣差度與後編不合因後編係由實測而得不用弧三角法故仍遵上編立算

若以對數馭之先求辛甲虛弧一率半徑一〇〇〇〇〇〇二率乙角正弦〇九九九六七五一三率乙甲弧正弦〇九八八四二〇七求得四率〇九八八一〇五八為辛甲弧正弦檢表數同

次求乙辛虛弧一率半徑一〇〇〇〇〇〇〇二率乙角餘弦〇九〇八五八九四三率乙甲弧正切一〇〇七六三一五求得四率〇九一六二二〇九為乙辛弧正切檢表數同

次求丙角一率甲丙弧正弦〇九九九九八六四二率辛甲虛弧正弦〇九八八一〇五八三率半徑一〇〇〇〇〇〇〇求得四率〇九八八一一九四為丙角正弦檢表數同

次求辛丙弧一率丙角正切一〇〇六

八八五一二率半徑一〇〇〇〇〇〇〇三率辛甲虛弧正切一〇〇六

八五三〇求得四率〇九九九九六七九為辛丙弧正弦檢表數同

垂弧次形丙垂弧三

設如北極出地二十九度一十分冬至太陽赤道緯南二

十三度二十九分地平經度偏午正東四十五度巽方求

時刻幾何

如左圖甲為北極丑為南極庚辛為赤道寅卯為黃

道乙為天頂戊巳為地平丙為太陽甲巳為北極出

地度二十九度一十分甲乙為極距天頂度六十度五十分以極出地度

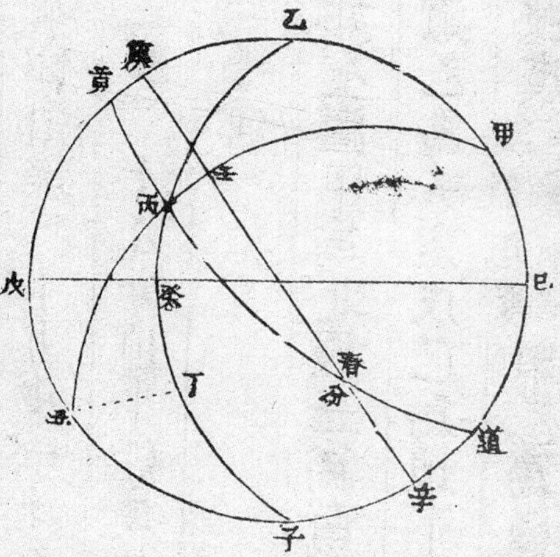

減象限得此數壬丙爲太陽冬至赤道南緯度二十三度二十九分丙丑爲太陽距南極度六十六度三十一分以緯南丙甲度減象限得此數爲太陽距北極度一百十三度二十九分以緯南度加象限得此數戊癸爲地平偏午正東經度四十五度卽乙外角庚壬爲赤道上時刻度卽甲角因甲丙弧過象限故將甲乙丙形易爲子丑丙次形本形之甲乙極距天頂度卽次形之子丑弧壬丙爲赤道緯度丑丙爲其

餘弧戊癸爲地平方位乙角度亦卽子角　此形有子度庚壬爲赤道上時刻甲角亦卽丑角

角地平偏東四十五度子丑弧北極距天頂六十度五十分丙丑弧太陽距南極六十六度三十一分求丑角用垂弧形內法自

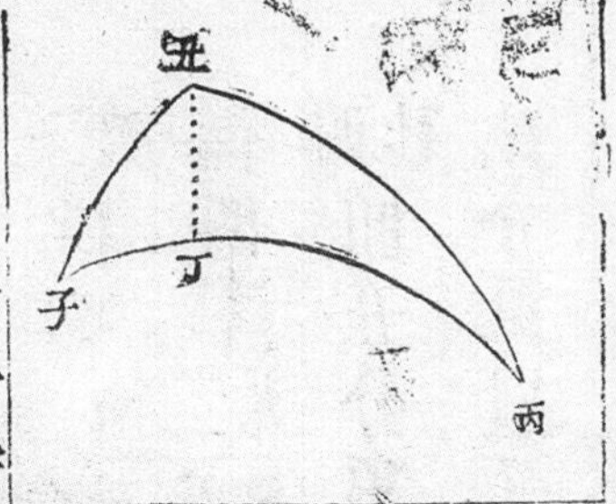

丑
丁
子
丙

丑角作丑丁垂弧分子丙弧爲兩卽分次形爲丙丑丁子丑丁兩正弧三角形

先求丑丁垂弧以半徑一〇〇〇〇〇爲一率子角四十五度正弦〇七〇七一〇六八爲二率子丑弧六十度五十分正弦〇八七三二〇五八爲三率求得四率〇六一七四四九七爲丑丁垂弧正弦檢表得三十八度〇七分四十八秒卽丑

丁亞弧度此卽正弧三角本形第一法次求子丑丁形之丑分角以子丑弧六十度五十分餘弦〇四八七三五一七爲一率子角四十五度餘切一〇〇〇〇〇〇〇爲二率半徑一〇〇〇〇〇〇〇爲三率求得四率二〇五一九〇五九爲丑分角正切檢表得六十四度〇一分〇四秒卽丑分角度此卽正弧三角次形第一法次求丙丑丁形之丑分角以丑丙弧六十六度三十一分正切二三〇一六七三二爲一率丑丁弧三十八度〇七分四十八秒正切〇七八四九四六七爲二率半徑一〇〇〇〇〇〇〇爲三率求得四率〇三四一〇三三一爲丑分角餘弦檢表得七十度〇三分三十七秒卽丑分角度此卽正弧三角本形第九法

旣得兩丑角併之得二百三十四度〇四分四十一秒以減半周餘四十五度五十五分一十九秒爲丑角卽赤道庚壬度變時得三小時〇三分四十一秒以減午正爲辰正三刻一十一分一十九秒卽太陽到巽方眞時刻

若以對數馭之先求丑丁垂弧一率半徑一〇〇〇〇〇〇二率子角正弦〇九八四九四八五三率子丑弧正弦〇九九四一一一六求得四率〇九七九〇六〇一爲丑丁垂弧正弦檢表數同

次求子丑丁形之丑分角一率子丑弧餘弦〇九六八七八四二二率子角餘切一〇〇〇〇〇〇〇三率半徑一〇〇〇〇〇〇〇

求得四率一〇三一二一五八為丑分角正切檢表數同　次

求丙丑丁形之丑分角一率丑丙弧正切一〇三六二〇四四

二率丑丁弧正切〇九八九四八三九三率半徑一〇〇〇〇〇〇〇求

得四率〇九五三二七九五為丑分角餘弦檢表數同

垂弧次形外垂弧四

設如北落師門赤道經度亥宮一十一度五十七分三十

秒距冬至七十一度五十七分三十秒角即乙黃道緯南

二十一度〇四分五十四秒黃赤距緯二十三度二十

九分求黃道經度及赤道緯度幾何

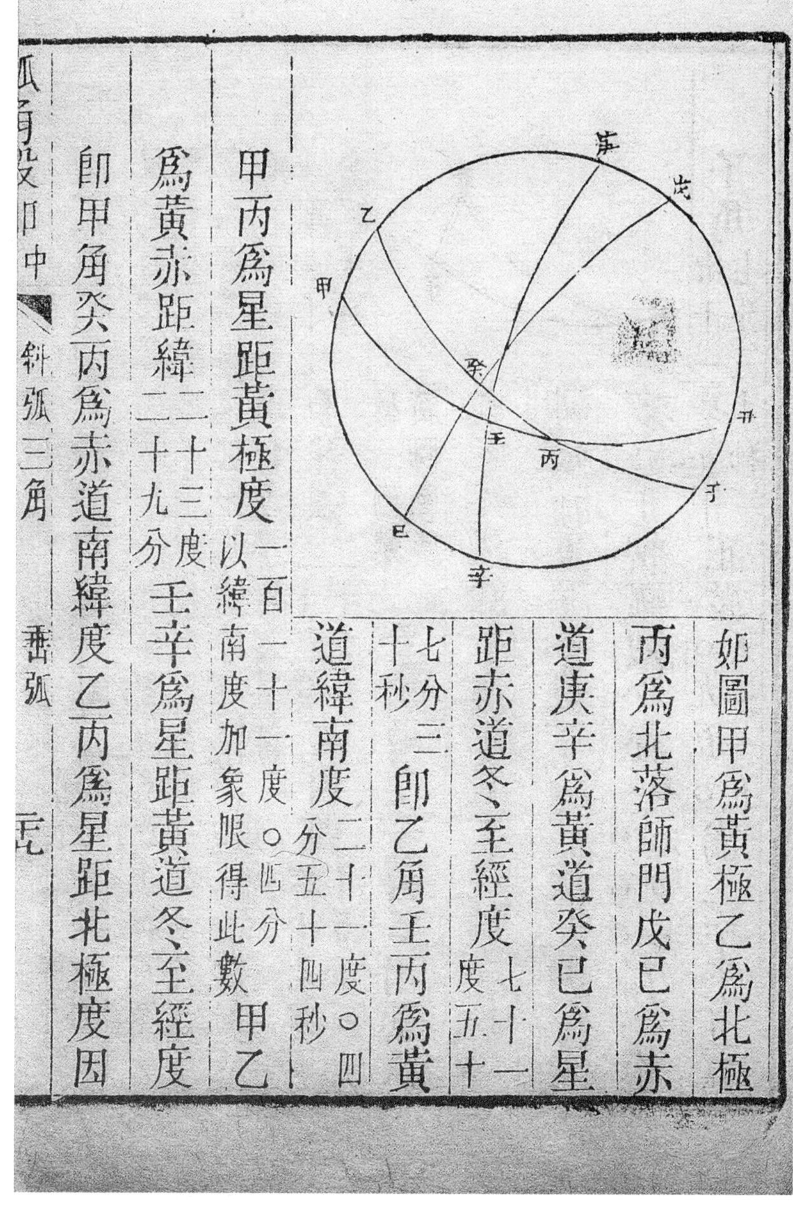

如圖甲爲黃極乙爲北極丙爲北落師門戊巳爲赤道庚辛爲黃道癸巳爲星距赤道冬至經度七十一度五十七分三十秒卽乙角壬丙爲黃道緯南度二十一度〇四分五十四秒

甲丙爲星距黃極度一百一十一度〇四分以緯南度加象限得此數甲乙爲黃赤距緯二十三度二十九分壬辛爲星距黃道冬至經度卽甲角癸丙爲赤道南緯度乙丙爲星距北極度因

兩弧俱過象限故將甲乙丙形易爲子丑丙次形本形甲乙距緯弧即次形子丑弧甲丙爲黃道緯度丑丙爲其餘巳癸爲赤道經度即乙角度亦即子角度癸辛爲黃道經度即甲角度亦即丑角度乙丙爲赤道緯度子丙爲其餘此形有子角七十一度五十七分三十秒子丑弧二十三度二十九分丑丙弧六十八度五十五分○六秒即星距黃極南度求丑角及子丙弧用垂弧次形外法自丑角作丑丁垂弧於形外補成丙丑丁子丑丁兩正弧三角形先求丑丁垂弧以半徑一○○○○○○○爲一率子角七十一度五十七分三十秒正弦○九五○八三一五爲二率子丑弧

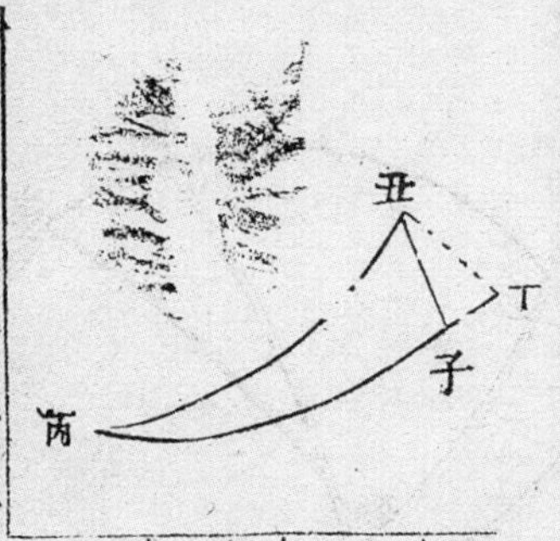

二十三度二十九分正弦○三九八四八二三爲三率求得四率○三七八八八九五爲丑丁弧正弦檢表得二十二度一十五分五十五秒即丑丁壽弧度此即正弧三角本形第一法　次求子丑丁形之丑虛角以子丑弧二十三度二十九分餘弦○九一七一七六○爲一率子角七十一度五十七分三十秒餘切○三二五七二三九爲二率半徑一○○○○○○○爲三率求得四率○三五五一三七三爲丑虛角正切檢表得十九度三十三分○五秒即丑虛角度此即正弧三角次形第一法　次求丙丑丁形之丑全角以丑丙弧六十八度五十五分○六秒正切二五九四○三一三爲一率丑丁弧二十二度一十五分五十五秒正切○四○九四三

三一爲二率半徑一○○○○○○爲三率求得四率○一五七八三六七爲丑全角餘弦檢表得八十度五十五分○五秒即丑全角度

此即正弧三角本形第九法既得丑全角減丑虛角一十九度三十三分○五秒餘六十一度二十二分爲丑角度亦即甲角度自冬至後丑宫初度逆計之爲亥宫一度二十二分即黃道經度再以弧角相求法求子丙弧以子角七十一度五十七分三十秒正弦○九五○八三一五爲一率丑丙弧六十八度五十五分○六秒正弦○九三三○六八六爲二率丑角六十一度二十二分正弦○八七七七○四三爲三率求得四率○八六一三○七五爲子丙弧正弦檢表得五十九度二十七分

五十秒以減半周餘一百二十度三十二分一十秒爲星距北極度卽乙

丙弧又減象限餘三十度三十二分一十秒卽星距赤道南緯度

若以對數馭之先求丑丁垂弧一率半徑一〇〇〇〇〇〇〇〇

二率子角正弦〇九九七八一〇三三率子丑弧正弦〇九六〇〇四

〇九求得四率〇九五七八五一二爲丑丁垂弧正弦檢表數同

次求子丑丁形之丑虛角一率丁丑弧餘弦〇九九六

二四五三二率子角餘切〇九五一二八四九三率半徑一〇〇〇〇〇〇〇

求得四率〇九九五〇三九六爲丑虛角正切檢表數同　次

求丙丑丁形之丑全角一率丑丙弧正切〇四一三九七二

二率丑丁弧正切〇九六一二一七一三率半徑一〇〇〇〇〇〇〇求得四率〇九一九八一九九爲丑全角餘弦檢表數同　再求子丙弧一率子角正弦〇九九七八一〇三二率丑丙弧正弦〇九九六九九一一三率丑角正弦〇九九四三三四八求得四率〇九九三五一五六爲子丙弧正弦檢表數同

魯侯侣鳳

弧角設如下卷

弧三角舉隅一卷

弧角設如卷下

金華張作楠撰算例

全椒江臨泰補對數

斜弧三角形

兩弧夾一角 切線分外角一 附垂弧總較法

設如北極出地二十九度一十分清明後五日太陽距赤道緯北七度五十分已正初刻求太陽地平經緯度及黃赤過兩極經圈交角各幾何

如甲乙丙斜弧三角形甲爲北極乙爲天頂庚辛爲

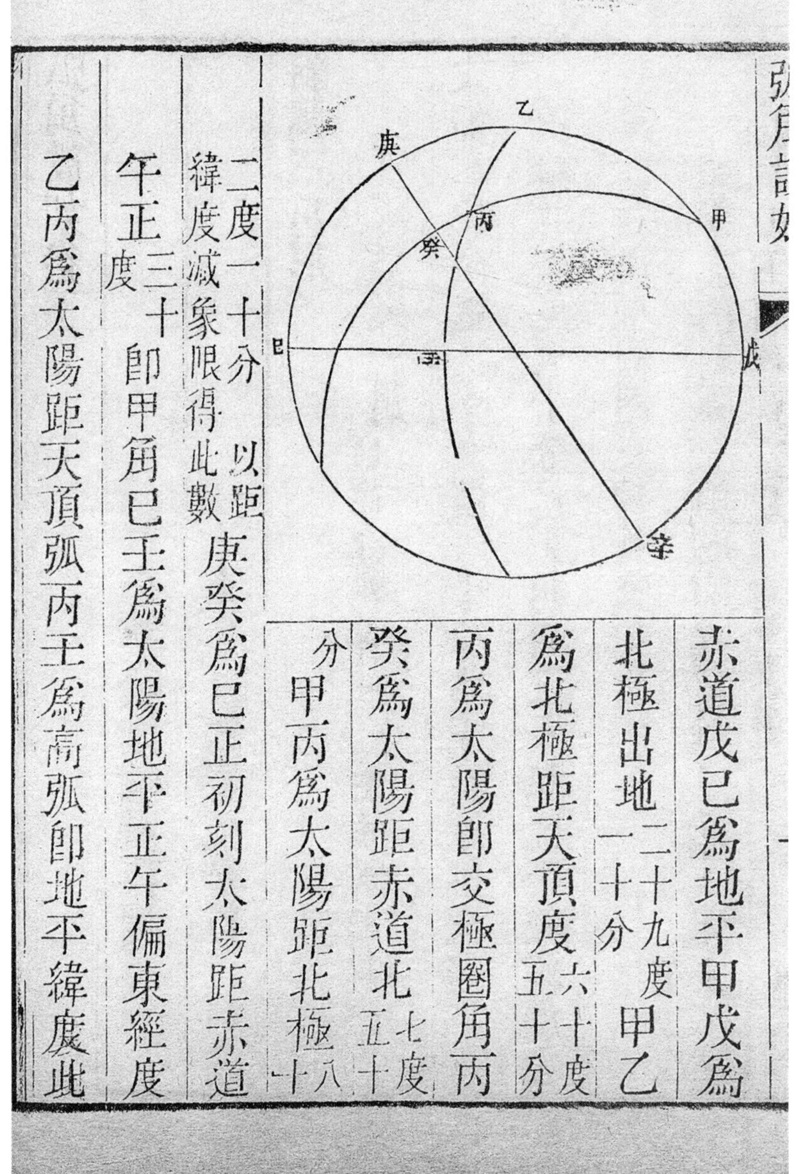

赤道戊巳爲地平甲戊爲北極出地二十九度一十分甲乙爲北極距天頂度六十度五十分丙爲太陽卽交極圈角丙癸爲太陽距赤道北七度五十分甲丙爲太陽距北極八十二度一十分以距緯度減象限得此數庚癸爲巳正初刻太陽距赤道午正三十度卽甲角巳壬爲太陽地平正午偏東經度乙丙爲太陽距天頂弧丙壬爲高弧卽地平緯度此

江雲樵曰此術三率應用正切然半外角餘切即半角正切故徑用餘切省減象限半周亦捷法也

形有甲角及甲乙甲丙二弧求乙角及乙丙餘弧兩弧夾一角而所知角在兩弧之間用切線分外角法

以甲乙弧六十度五十分與甲丙弧八十二度一十分相加得一百四十三度半之得七十一度三十分為半總兩弧相減餘二十一度二十分半之得一十度四十分為半較甲角三十度半之得一十五度為半外角乃以半總七十一度三十分正弦〇九四八三二三七為一率半較一十度四十分正弦〇一八五〇九四九為二率半外角一十五度餘切三七三二〇五〇八為三率求得四率〇七二八四二五九為兩角半較正切檢表得三十六度〇四分一十五秒即半較角度又以半總

七十一度三十分餘弦〇三一七三〇四七爲一率半較一十度四十分餘弦〇九八二一七二〇六爲二率半外角一十五度餘切三七三二〇五〇八爲三率求得四率一一五五八四九〇爲兩角半較正切檢表得八十五度〇三分一十九秒卽半較角度兩半較角度相加得一百二十一度〇七分三十四秒爲乙角度如戊壬以減半周餘五十八度五十二分二十六秒卽乙外角太陽地平午正偏東經度兩半較角度相減餘四十八度五十九分〇四秒爲丙角度卽黃赤過兩極經圈交角再以弧角相求法求乙丙弧以乙外角五十八度五十二分二十六秒正弦〇八五六〇三一六爲一率甲丙弧八十二度一十

分正弦〇九九〇六六八七爲一率甲角三十度正弦〇五〇〇〇〇〇〇爲三率求得四率〇五七八六四〇一爲乙丙弧正弦檢表得三十五度二十一分一十五秒卽太陽距天頂度以減象限餘五十四度三十八分四十五秒卽太陽巳正初刻地平緯度卽高弧

若以對數馭之一率半總正弦〇九九七六九五六二率半較正弦〇九二六七三九四三率半外角餘切一〇五七一九四七求得四率〇九八六二三八五爲半較角正切檢表數同　又一率半總餘弦〇九五〇一四七六二率半較餘弦〇九九九二四三〇三率半外角餘切一〇五七一九四七求得四率一〇九二二九〇一爲半較角

正切檢表數同　再一率乙外角正弦〇九九三二二四九〇二率甲丙弧正弦〇九九九五九二八三率甲角正弦〇九六九八九七〇求得四率〇九七六二四〇八爲乙丙弧正弦檢表數同

若用垂弧法則試從太陽丙點引長至丁作丙丁垂弧

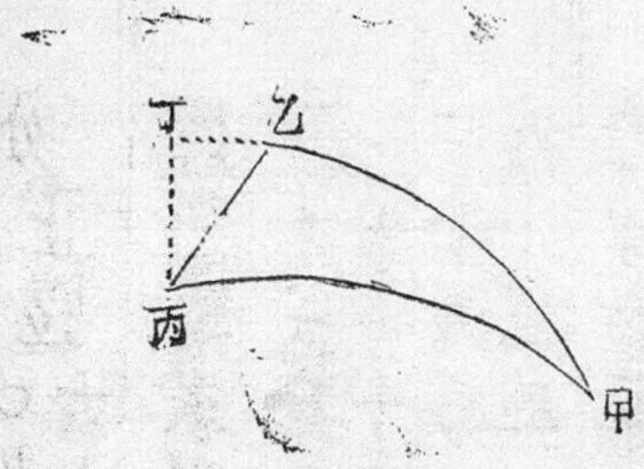

丁　乙　丙　甲

於形外補成甲丙丁乙丙丁兩正弧三角形先求甲丙丁形之甲丁乙丁兩弧以半徑一〇〇〇〇〇〇〇〇爲一率甲角三十度餘弦〇八六六〇二五四爲二率甲丙弧八十二度一十分正切七二六八七二五五爲三率求得四率六二九四

九〇〇〇爲甲丁弧正切檢表得八十度五十八分二十秒即甲丁弧度此即正弧三角本形第六法與甲乙弧六十度五十分相減餘二十度〇八分二十秒即乙丁虛弧度　次求丙丁弧以半徑一〇〇〇〇〇〇爲一率甲角三十度正切〇五七七三五〇五爲二率甲丁弧八十度五十八分二十秒正弦〇九八七六一二四爲三率求得四率〇五七〇一九八五爲丙丁弧正切檢表得二十九度四十一分三十秒即丙丁弧度此即正弧三角本形第二法　次求乙丙丁形之乙丙弧以半徑一〇〇〇〇〇〇爲一率乙丁弧二十度〇八分二十秒餘弦〇九三八八六〇八爲二率丙丁弧二十九度四十一分三十秒餘弦〇八六八七〇

三五爲三率求得四率〇八一五五九一七爲乙丙弧餘弦檢表得三十五度二十一分一十四秒即乙丙太陽距天頂度此即正弧三角次形

第六法 若從太陽丙點至卯正寅點作丙寅弧則成

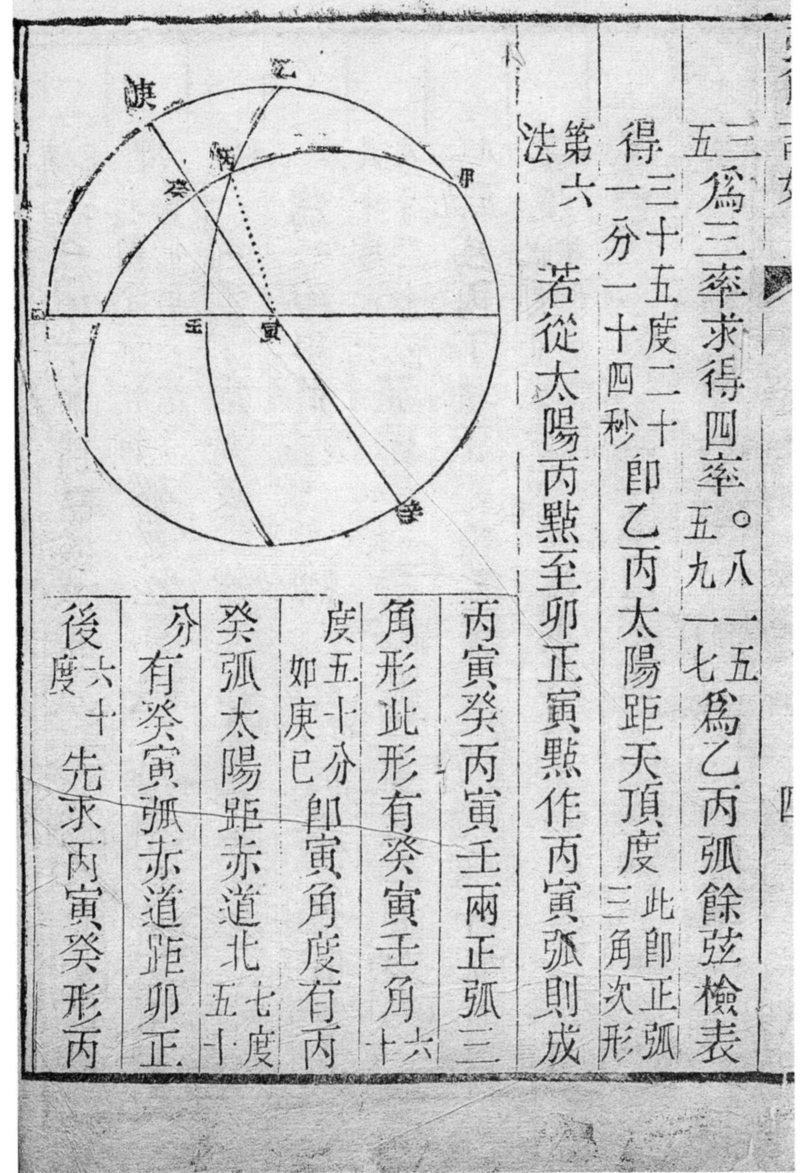

丙寅癸丙寅壬兩正弧三角形此形有癸寅壬角六十度五十分如庚巳即寅角度有丙癸弧太陽距赤道北七度五十分有癸寅弧赤道距卯正後六十度先求丙寅癸形丙

寅癸之寅角以癸寅弧度六十正弦○八六六○二五四為一率丙癸弧七度五十分正切○一三七五七五七為二率半徑一○○○○○○○○為三率求得四率○一五八八五八七為丙寅癸之寅角正切檢表得九度○一分三十五秒與癸寅壬角六十度五十分相加太陽在赤道南則相減得六十九度五十一分三十五秒卽丙寅壬角之寅角度此卽正弧三角本形第七法次求丙寅弧以丙寅癸之寅角度九度○一分三十五秒餘弦○九八七六一六八為一率半徑一○○○○○○○為二率癸寅弧度六十正切一七三二○五○八為三率求得四率一七五三七五七二為丙寅弧正切檢表得六十度一十八分二十九秒卽

江雲樵曰兩正弦相乘若以總較法以兩弧角度取半數卽與相乘數等一正弦一餘弦相乘則以餘弦弧角度改用餘度卽與兩正弦等

丙寅弧度此卽正弧三角本形第五法　次求丙寅壬形之丙壬弧以半徑一〇〇〇〇〇爲一率丙寅壬之寅角度六十九度五十一分三十五秒正弦〇九三八八五二一五爲二率丙寅弧六十度一十八分二十九秒正弦〇八六八七〇一一爲三率求得四率〇八一五五八二二爲丙壬弧正弦檢表得五十四度三十八分四十五秒卽丙壬地平緯度此卽正弧三角本形第一法

若用總較法則以半徑一〇〇〇〇〇爲一率甲角三十度正矢〇一三三九七四六爲二率卽餘弦與半徑相減數夾甲角之甲乙弧六十度五十分與甲丙弧八十二度一十分相加得一百四十三度爲總弧

其餘弦〇七九八六三五五又兩弧相減餘二十一度二十分爲較弧其餘弦〇九三一四七九七兩餘弦相加總弧過象限較弧不過象限故相加得一七三〇一一五二半之得〇八六五〇五七六爲中數爲三率若用矢較法則以總弧餘弦加半徑得一七九八六三五五爲總弧大矢以較弧餘弦減半徑餘〇〇六八五二〇三爲較弧正矢兩矢相減餘一七三〇一一五二半之得〇八六五〇五七六爲半矢較與中數同求得四率〇一一五八九七五爲矢較與較弧二十一度二十分正矢〇〇六八五二〇三相加得〇一八四四一六〇爲乙丙弧正矢以減半徑餘〇八一五五八二二爲乙丙弧餘弦檢表得三十五度二十一分一十五秒即太陽距天頂度若以半徑一〇〇〇〇〇〇〇爲一率甲角

江雲樵曰此法大弧用餘度小弧用本度以兩正弦易餘弦法似相反得數則同且不用矢線即得所求視矢較爲便使戴東原悟此可不必翻梅氏之案矣

三十度餘弦〇八六六〇二五四爲二率甲乙弧六十度與丙癸弧七度五十分相加得六十八度四十分爲總弧其正弦〇九三一四七九七又兩弧相減餘五十二度十分爲較弧其正弦〇七九八六三五五兩正弦相加得一七三〇一一五二半之得〇八六五〇五七六爲中數爲三率求得四率〇七四九一六一八再以兩正弦相減餘〇一三二八四四二半之得〇〇六六四二二一與所得四率相加得〇八一五五八三九爲丙壬弧正弦若以總弧正弦與中數相減餘與四率相加得數亦同檢表得五十四度三十八分四十五秒亦得丙壬地平緯度

又如太陰黃道經度辰宮一十九度一十分距夏至一

百○九度一十分黃道南緯度四度黃赤大距二十三度二十九分求赤道經緯度及太陰過兩極經圈交角　如甲乙丙斜弧三角形甲爲赤極即北極乙爲黃極甲乙相距二十三度二十九分丙爲太陰丁戊爲赤道己庚爲黃道巳辛爲太陰距黃道夏至一百○九度一十分即乙角丙辛爲黃道緯南四度乙丙爲太陰距黃極九十四度以

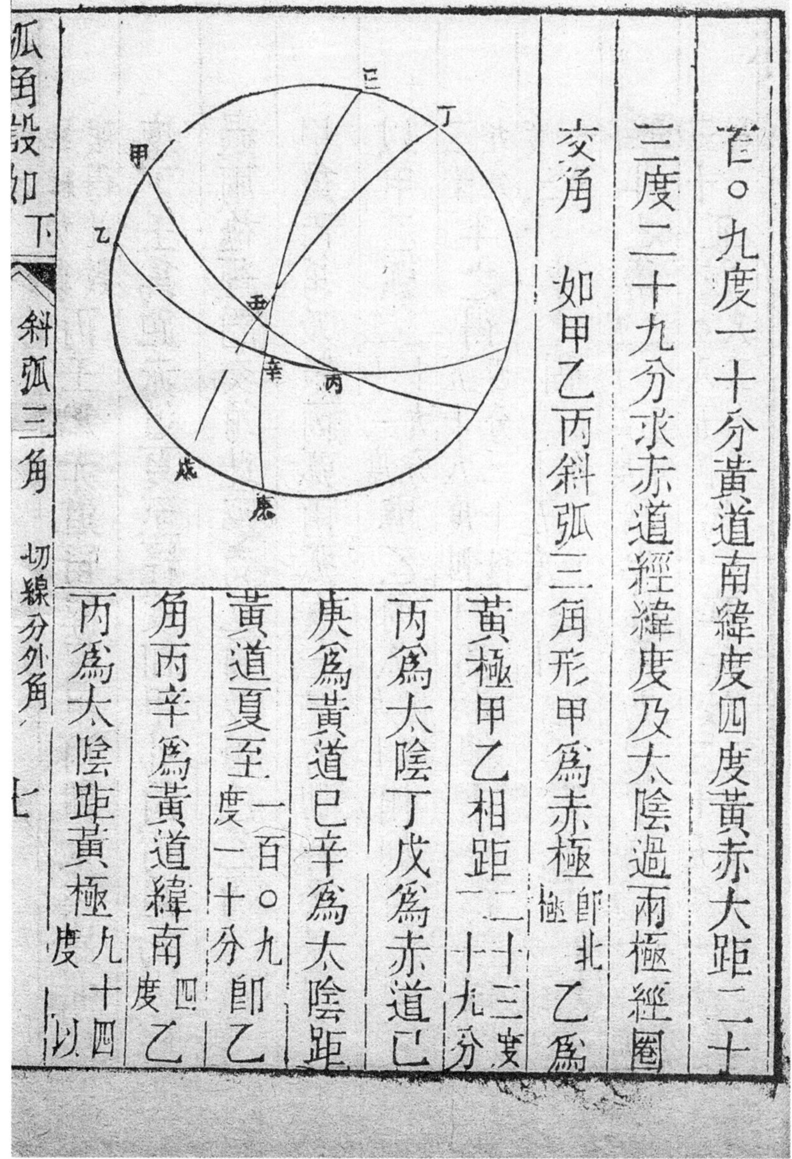

距緯加象限得此數丙壬為赤道南緯度甲丙即太陰距北極度丁壬為距赤道夏至經度即甲外角丙角為太陰過兩極經圈交角此形有乙角及甲乙乙丙二弧求甲角丙角及甲丙弧兩弧夾一角用切線分外角法以甲乙弧二十三度二十九分與乙丙弧九十四度相加得一百一十七度二十九分半之得五十八度四十四分三十秒為半總兩弧相減餘七十度三十一分半之得三十五度一十五分三十秒為半較乙角一百〇九度一十分半之得五十四度三十五分為半外角乃以半總五十八度四十四分三十秒正弦〇八五四八三六四為一率半較三十五度一十五分三十秒正

弦○五七六二一六三九爲二率半外角五十四度三十五分餘切○七一一一○

○九爲三率求得四率○四八○二○○五爲兩角半較正切檢

表得二十五度三十九分○一秒卽半較角度又以半總五十八度四十

四分三十秒餘弦○五一八八九七六爲一率半較三十五度一十五分三十秒

餘弦○八一六五五七六爲二率半外角五十四度三十五分餘切○七一一

一○○九爲三率求得四率一一一九○五二三爲兩角半較正切

檢表得四十八度一十二分五十六秒卽半較角度兩半較角度相

加得七十三度五十一分五十七秒卽甲角度如戊壬以減半周餘一百

○六度○八分○三秒爲甲外角度如丁壬卽赤道經度從夏至

未宮初度逆計之爲辰宮一十六度○八分○三秒又以兩半較角度相減餘二十二度三十三分五十五秒爲丙角度卽太陰過兩極經圈交角再用弧角相求法求甲丙弧以甲角七十三度五十一分五十七秒正弦○九六○六一三七爲一率乙丙弧九十四度正弦○九九七五六四○爲二率乙外角七十度五十分乙角減半周得此數以正弦○九四四五六七五爲三率求得四率○九六○三四二四爲甲丙弧正弦檢表得七十八度四十七分一十秒以減半周餘一百○一度一十二分五十秒卽甲丙太陰距北極度減象限餘一十一度一十一分五十秒卽太陰赤道南緯度五星恒星俱準此推

若以對數馭之一率半總正弦〇九九三一八八三二率半較正弦〇九七六一三七四三率半外角餘切〇九八五一九三一求得四率〇九六八一四三二為半較角正切檢表數同　一率半總餘弦〇九七一五〇八二二率半較餘弦〇九九一一九八七三率半外角餘切〇九八五一九三一求得四率〇〇四八八三六為半較角正切檢表數同　次求甲丙弧一率甲角正弦〇九九八二五四五二率乙丙弧正弦〇九九九八九四〇三率乙角正弦〇九九七五二一三三求得四率〇九九九一六二八為甲丙弧正弦檢表數同

若用垂弧法則將乙丙弧引長至丁從甲作甲丁垂弧

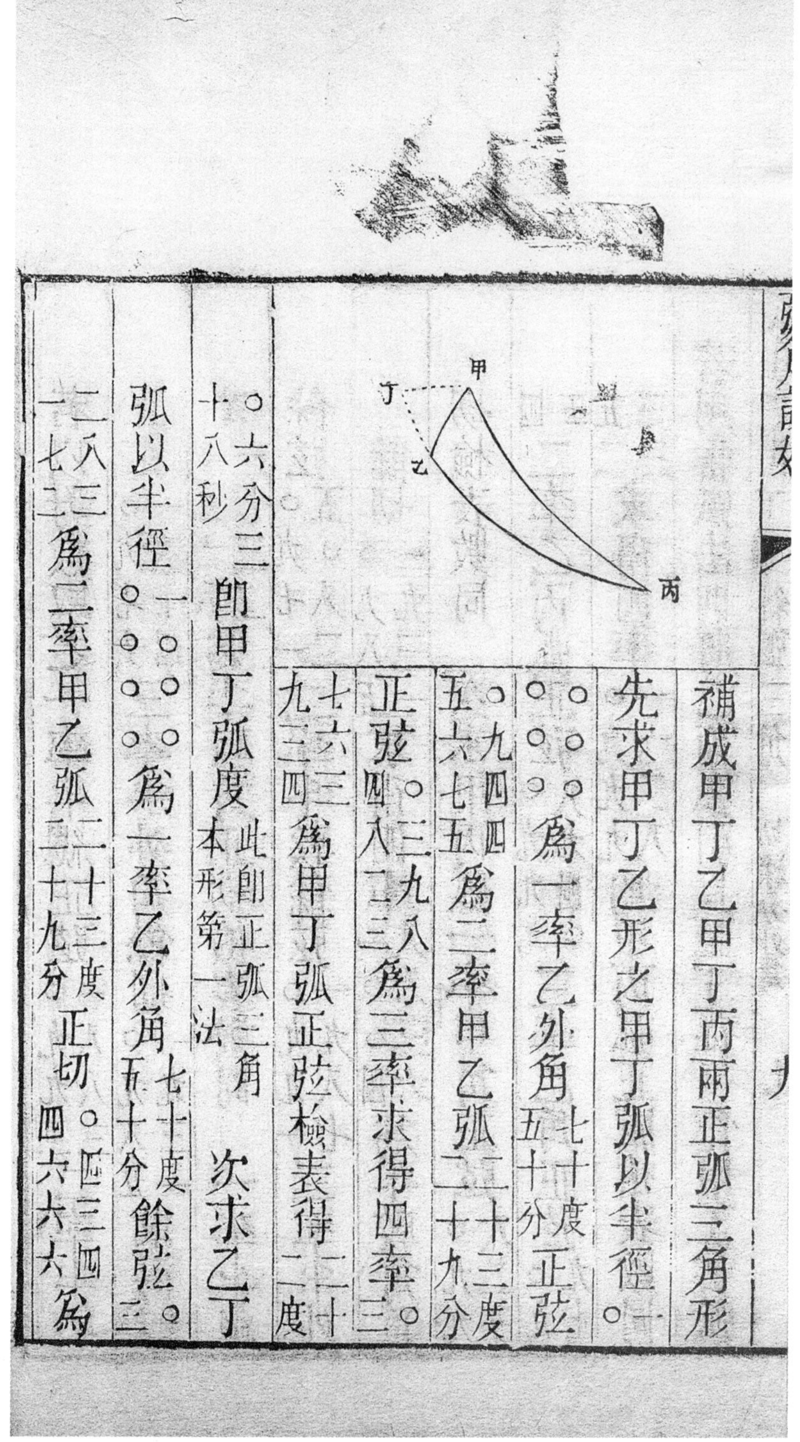

補成甲丁乙甲丁丙兩正弧三角形先求甲丁乙形之甲丁弧以半徑一〇〇〇〇〇〇為一率乙外角七十度五十分正弦〇九四四五六七五為二率甲乙弧二十三度二十九分正弦〇三九八四八二三為三率求得四率〇七六三三九三四為甲丁弧正弦檢表得二十二度〇六分三十八秒即甲丁弧度此即正弧三角本形第一法次求乙丁弧以半徑一〇〇〇〇〇〇為一率乙外角七十度五十分餘弦〇三二八三一七二為二率甲乙弧二十三度二十九分正切〇四三四四六六六為

江雲樵曰兩餘弦相乘者用總較法求得中數以減較弧餘弦即與二率三率相乘數等

三率求得四率〇一四二六四二八為乙丁弧正切檢表得八度〇七分〇六秒即乙丁弧度此即正弧三角本形第六法次求甲丁丙形之甲丙弧以半徑一〇〇〇〇〇〇〇為一率乙丙弧九十四度與乙丁弧八度〇七分〇六秒相加得丙丁弧一百〇二度〇七分〇六秒餘弦〇二〇九九三一四為二率甲丁弧二十二度〇六分三十八秒餘弦〇九二六四五九三為三率求得四率〇一九四四八八八為甲丙弧餘弦檢表亦得

一若用總較法則以半徑一〇〇〇〇〇〇〇為一率乙角一百〇九度一十分大矢一三二八三一七二以餘弦加半徑得此數為二率夾乙角之甲

乙弧二十三度二十九分與乙丙弧九十四度相加得一百一十七度二十九分
為總弧其餘弦○四六一四九○六又兩弧相減餘七十度三十一分
為較弧其餘弦○三三三五三二七兩餘弦相加總弧過象限較弧不過象
限故相加得○七九五○二三三半之得○三九七五一一六為中數為三率
若用矢較則以總弧餘弦加半徑得一四六一四九○六為總弧大矢以較弧餘弦減半徑餘○六六六
四六七三為較弧正矢兩矢相減餘○七九五○二三三半之得○三九七五一一六為半矢較與中數
同求得四率○五二八○二一五為矢較與較弧七十度三十一分正
矢○六六六四六七三相加得一一九四四八八八為甲丙弧正矢以減
半徑餘○一九四四八八八為甲丙弧餘弦檢表亦得　若以

半徑一〇〇〇〇〇〇爲一率乙角度一百〇九度一十分餘弦〇三二八三一

七二爲二率甲乙弧二十三度二十九分與黃道南緯丙辛弧四度

相加得一十七度二十九分爲總弧其正弦〇四六一四九〇六又兩弧

相減餘一十九度二十九分爲較弧其正弦〇三三三五三二七兩正弦

相加得〇七九五〇二三三半之得〇三九七五一一六爲中數爲三率

求得四率〇一三〇五〇九九再以總弧正弦〇四六一四九〇六與中

數〇三九七五一一六相減餘〇〇六三九七九〇與所得四率相加得

〇一九四四八八九爲丙壬弧正弦即甲丙餘弦檢表得一十一度一十二分

五十秒即得丙壬赤道緯南度此法省減象限

又如土星赤道經度未宮初度距赤道北緯度二十四度木星赤道經度酉宮一十五度距赤道北緯度一十六度求二星斜距度

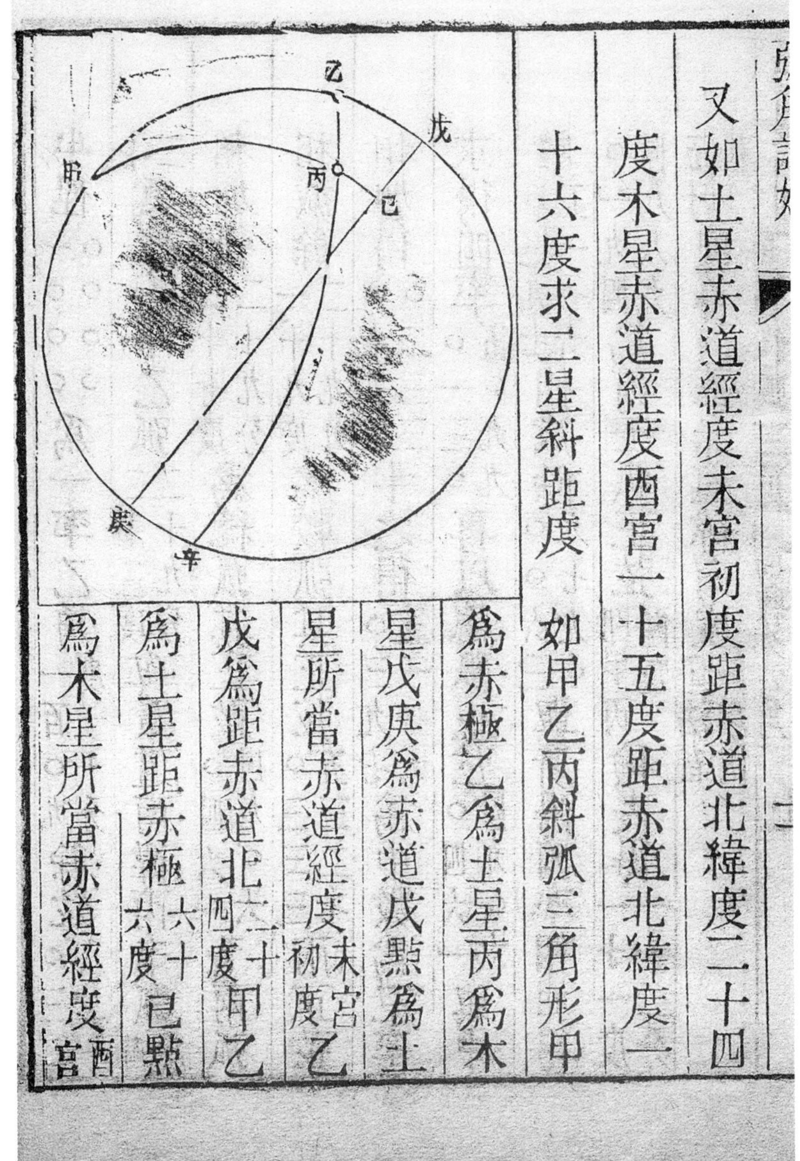

如甲乙丙斜弧三角形甲爲赤極乙爲土星丙爲木星戊庚爲赤道戊點爲土星所當赤道經度未宮初度乙戊爲距赤道北二十四度甲乙爲土星距赤極六十六度己點爲木星所當赤道經度酉宮

十五度丙巳爲距赤道北一十六度甲丙爲木星距赤極七十四度乙戊爲二星相距赤道經度四十五度即甲角度自乙丙二點作乙丙辛腰圍大圈則乙丙爲二星斜距弧此形有甲角二星相距赤道經度甲乙弧土星距赤極度甲丙弧木星距赤極度求乙丙二星斜距度兩弧夾一角用切線分外角法先求乙角以甲乙弧六十六度與甲丙弧七十四度相加得一百四十度半之得七十度爲半總兩弧相減餘八度半之得四度爲半較甲角四十五度半之得二十二度三十分爲半外角乃以半總七十度正弦〇九三九六九

二一六為一率半較四度正弦○○六九七五六五為二率半外角二十二度三十分餘切二四一四二一三六為三率求得四率○一七九二一五一為兩角半較正切檢表得一十度○九分三十四秒即半較角度

又以半總七十度餘弦○三四二○二○一為一率半較四度餘弦○九九七五六四○為二率半外角二十二度三十分餘切二四一四二一三六為三率求得四率七○九一四九四二為兩角半較正切檢表得八十一度五十八分二十四秒即半較角度兩半較角相加得九十二度○七分五十八秒即乙角度再用弧角相求法求乙丙弧以乙角九十二度○七分五十八秒正弦○九九九三○七三為一率甲丙

弧七十四度正弦○九六一二六一七爲二率甲角四十五度正弦○七○七一○六八爲三率求得四率○六八○一八五八爲乙丙弧正弦檢表得四十二度五十一分二十五秒卽二星斜距度若以兩半較角相減餘七十一度四十八分五十秒卽丙角度

若以對數馭之一率半總正弦○九九二二九八六二率半較正弦○八八四三五八四三率半外角餘切一○三八二七七五求得四率○九二五三三七三爲半較角正切檢表數同　一率半總餘弦○九五三四○五二二率半較餘弦○九九九八九四一三率半外角餘切一○三八二七七五求得四率一○八四七六六四爲半較角正

切檢表數同　次求乙丙弧一率乙角正弦〇九九九九六九九二率甲丙弧正弦〇九九八二八四二三率甲角正弦〇九八四九四八五求得四率〇九八三二六二八為乙丙弧正弦檢表數同

若用垂弧法則從乙至丁作乙丁垂弧於形內分為甲

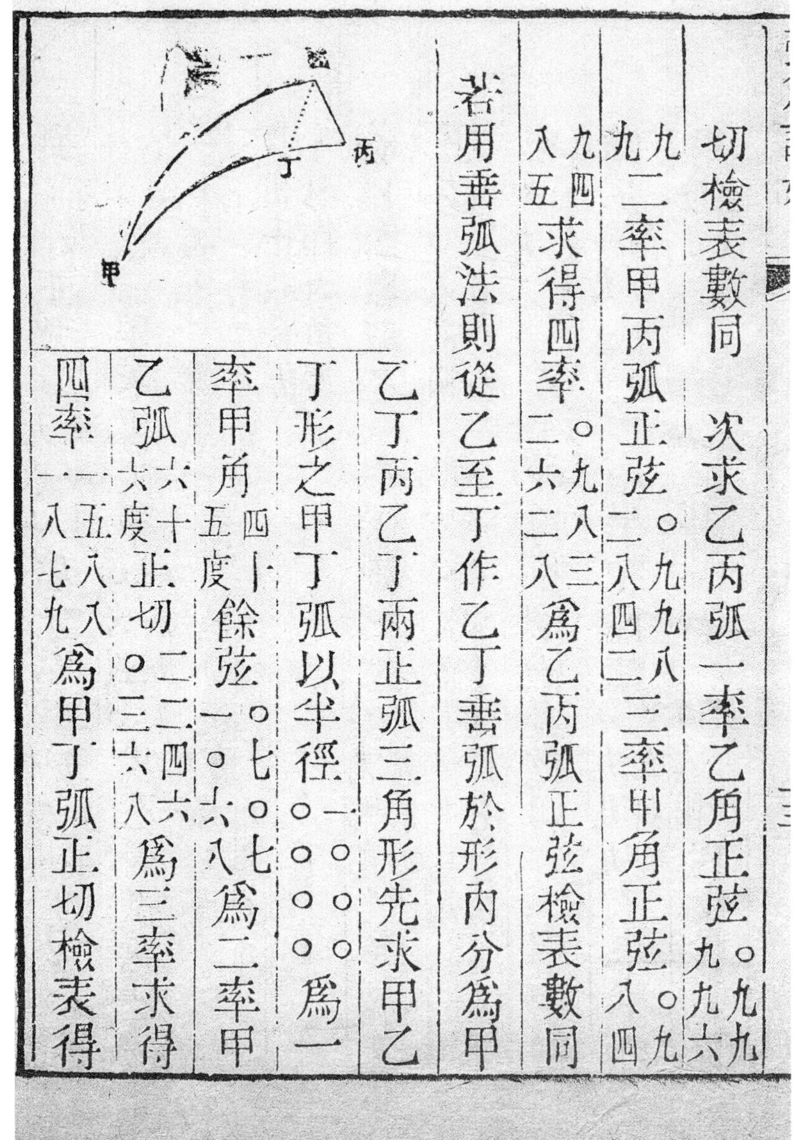

乙丁丙乙丁兩正弧三角形先求甲乙丁形之甲丁弧以半徑一〇〇〇〇〇〇〇為一率甲角四十五度餘弦〇七〇七一〇六八為二率甲乙弧六十六度正切二二四六〇三六八為三率求得四率一五八八一八七九為甲丁弧正切檢表得

五十七度四十八分一十三秒即甲丁弧度此即正弧三角本形第六法與甲丙
弧七十四度相減餘一十六度一十一分四十七秒爲丙丁弧度又以甲
丁弧五十七度四十八分一十三秒餘弦〇五三二八二三〇爲一率半徑一〇
〇〇〇〇〇〇爲二率甲乙弧六十六度餘弦〇四〇六七三六六爲三率
求得四率〇七六三三六一六爲乙丁弧餘弦此即正弧三角次形第五法
乃求丙乙丁形之乙丙弧以半徑一〇〇〇〇〇〇〇爲一率
内丁弧一十六度一十一分四十七秒餘弦〇九六〇三一一二爲二率前所
得乙丁弧餘弦〇七六三三六一六爲三率求得四率〇七三三〇六
四七爲乙丙弧餘弦檢表亦得乙丙斜距度此即正弧三角次形

第六法

若用總較法以半徑一〇〇〇〇〇〇爲一率甲角四十五度正矢〇二九二八九三二爲二率甲丙弧七十四度與甲乙弧六十六度相加得一百四十度爲總弧其餘弦〇七六六〇四四四又兩弧相減餘八度爲較弧其餘弦〇九九〇二六八〇兩餘弦相加一過象限一不過象限故相加得一七五六三一二四半之得〇八七八一五六二爲中數爲三率求得四率〇二五七二〇六〇爲矢較與較弧八度正矢〇〇〇九七三二〇相加得〇二六六九三八〇爲乙丙弧正矢以減半徑餘七三三〇六二〇爲乙丙弧餘弦檢表亦得乙丙斜距度　若

以半徑一〇〇〇〇〇〇爲一率甲角四十五度餘弦〇七〇七一〇六八爲二率甲乙弧六十六度與木星距赤道北丙巳弧一十六度相加得八十二度爲總弧其正弦〇九九〇二六八〇又兩弧相減餘五十度爲較弧其正弦〇七六六〇四四四兩正弦相加得一七五六三一二四半之得〇八七八一五六二爲中數爲三率求得四率〇六二〇九五〇二再以總弧正弦〇九九〇二六八〇與中數〇八七八一五六二相減餘〇一一二一一一八與所得四率相加得〇七三二〇六二〇爲乙丙弧餘弦檢表亦得乙丙斜距度

兩角夾一弧 切線分外角二 附垂弧總較法

設如木星黃道經度辰宫二十一度二十四分距夏至一百一十一度二十四分赤道經度辰宫一十九度距夏至一百○九度黃赤相距二十三度二十九分求黃赤道緯度各幾何　如圖甲乙丙斜弧三角形甲爲赤極乙爲黃極甲乙相距二十三度二十九分丙爲木星丁戊爲赤道巳庚爲黃道巳辛爲黃道經度距夏至一百一十一度

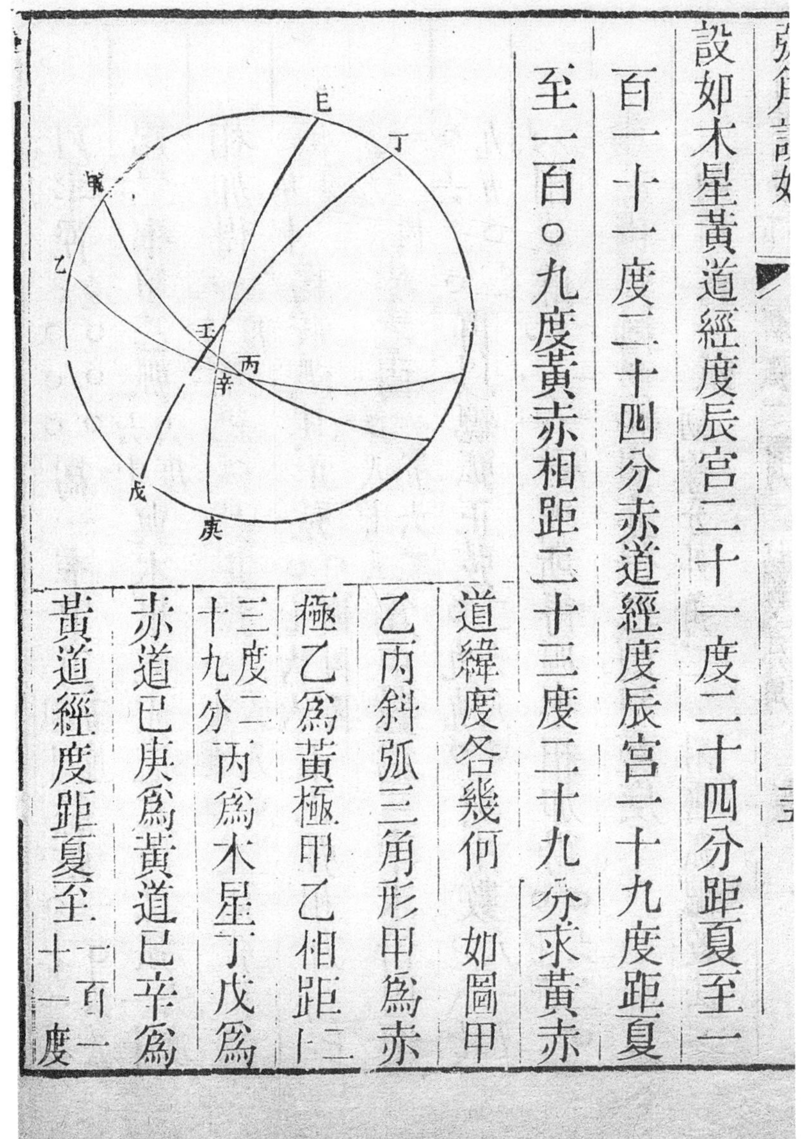

二十四分即乙角丁壬爲赤道經度距夏至一百○九度即甲
外角丙辛爲黃道緯南度乙丙爲星距黃極度丙壬
爲赤道緯南度甲丙爲星距赤極度此形有甲乙二

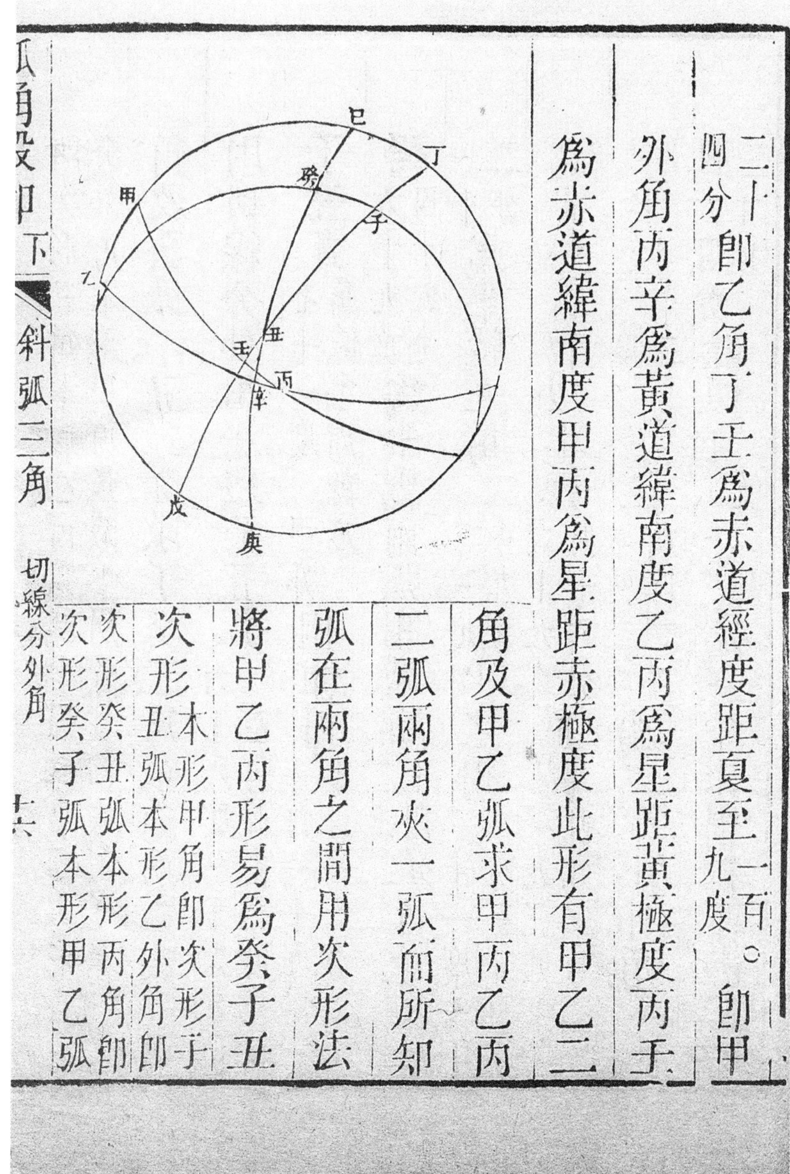

角及甲乙弧求甲丙乙丙
二弧兩角夾一弧而所知
弧在兩角之間用次形法
將甲乙丙形易爲癸子丑
次形本形甲角即次形子
丑弧本形乙外角即
次形癸丑弧本形丙角即
次形癸子弧本形甲乙弧

卽次形丑角本形乙丙弧減半周餘度卽次形癸外角本形甲丙弧減半周餘度卽次形子角有丑角及癸丑子丑二弧求子癸二角依前兩弧夾一角用切線分外角法以癸丑弧六十八度三十六分乙角減半周餘度與子丑弧七十一度甲外角減半周餘度相加得一百三十九度三十六分半之得六十九度四十八分爲半總兩弧相減得二度二十四分半之得一度一十二分爲半較丑角二十三度二十九分半之得一十一度四十四分三十秒爲半外角乃以半總六十九度四十八分正弦○九三八四九三○爲一率半較一度一十二分正弦○○二○九四二四爲二率半外角一十一度四十四分三十秒餘切四八一一一九六四爲三率求得四率○一○七三六

一四爲兩角半較正切檢表得六度○七分四十秒即半較角度

又以半總六十九度四十八分餘弦○三四五二九八二爲一率半較一度一十二分餘弦○九九九七八○六爲二率半外角一十一度四十四分三十秒

餘切四八一一一九六四爲三率求得四率一三九三○三九七爲兩角

半較正切檢表得八十五度五十三分四十秒即半較角度兩半

較角相加得九十二度○一分二十秒即癸角度亦即乙丙弧度

內減象限餘二度○一分二十秒即星距黃道南緯度兩半較

角相減得七十九度四十六分即子角度以減半周餘一百度○一十

四分即甲丙弧度內減象限餘一十度一十四分即星距赤道

南緯度

若以對數馭之一率半總正弦〇九九七二四三一二率半較正弦〇八三二一〇二七三率半外角餘切一〇六八二二五三求得四率〇九〇三〇八四九爲半較角正切檢表數同　一率半總餘弦〇九五三八一九四二率半較餘弦〇九九九九九〇五三率半外角餘切一〇六八二二五三求得四率一一一四三九六四爲半較角正切檢表數同

若用垂弧法則將乙丙弧引長至丁從甲至丁作甲丁垂弧於形外補成甲丁乙甲丁丙兩正弧三角形先

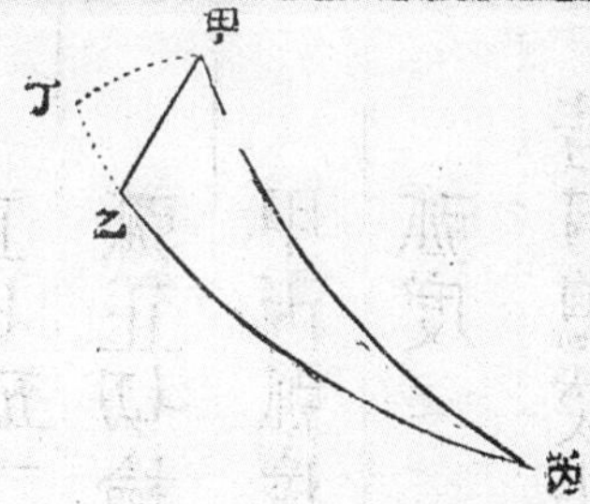

求甲丁乙形之甲丁虛弧及甲虛角以半徑一〇〇〇〇〇〇〇爲一率乙外角六十八度三十六分正弦〇九三一〇五五八爲二率甲乙弧二十三度二十九分正弦〇三九八四八二三爲三率求得四率〇三七一〇〇九四爲甲丁虛弧正弦檢表得二十一度四十六分四十秒即甲丁虛弧度此即正弧三角本形第一法又以甲乙弧二十三度二十九分正切〇四三四四六六六爲一率甲丁弧二十一度四十六分四十秒正切〇三九九五二三四爲二率半徑一〇〇〇〇〇〇〇爲三率求得四率〇九一九五七二一爲甲虛角餘弦檢表得二十

三度〇二分一十秒卽甲虛角度此卽正弧三角本形第九法次求甲丁丙形之甲丙弧以甲角七十一度與甲虛角二十三度〇八分一十秒相加得九十四度〇八分一十秒爲甲全角其餘弦〇〇七二一二六五爲一率半徑一〇〇〇〇〇〇〇爲二率甲丁弧二十一度四十六分四十秒正切〇三九九五二二三四爲三率求得四率五五三八八九二一爲甲丙弧正切檢表得七十九度四十六分以減半周餘一百度〇一十四分卽甲丙弧度此卽正弧三角本形第五法再用弧角相求法得乙丙弧度

若用總較法亦用癸子丑次形有丑角及癸丑子丑二

弧先求癸子對弧即丙角以半徑一〇〇〇〇〇〇〇為一率丑角二十三度二十九分正矢〇〇八二八二四〇為二率癸丑弧六十八度三十六分與子丑弧七十一度相加得一百三十九度三十六分為總弧其餘弦〇七六一五三八三又兩弧相減餘二度二十四分為較弧其餘弦〇九九九一二二八兩餘弦相加一過象限一不過象限故相加得一七六〇六六一一半之得〇八八〇三三〇六為中數為三率求得四率〇〇七二九一二五為矢較與較弧二度二十四分正矢〇〇〇八七七二相加得〇〇七三七八九七為癸子對弧正矢以減半徑餘〇九二六二一〇三為癸子對弧餘弦檢表得二十二度〇八分五十四秒即癸子對弧

度亦即丙角度再用弧角相求法得癸角子角度亦即得甲丙乙丙兩弧度　若以半徑一〇〇〇〇〇〇〇爲一率丑角二十三度二十九分餘弦〇九一七一七六〇爲二率癸丑弧六十八度三十六分與子丑弧減象限餘度一十九度相加得八十七度三十六分爲總弧其正弦〇九九九一二二八又兩弧相減餘四十九度三十六分爲較弧其正弦〇七六一五三八三兩正弦相加得一七六〇六六一一半之得〇八八〇三三〇六爲中數爲三率求得四率〇八〇七四一八一再以總弧正弦〇九九九一二二八與中數〇八八〇三三〇六相減餘〇一一八七九二二與所得四率相加得〇九二六二一〇三爲癸

子對弧餘弦檢表亦得

三弧求角 總較一 附開平方得半角正弦法

設如老人星黃道緯南七十五度五十分一十九秒赤道

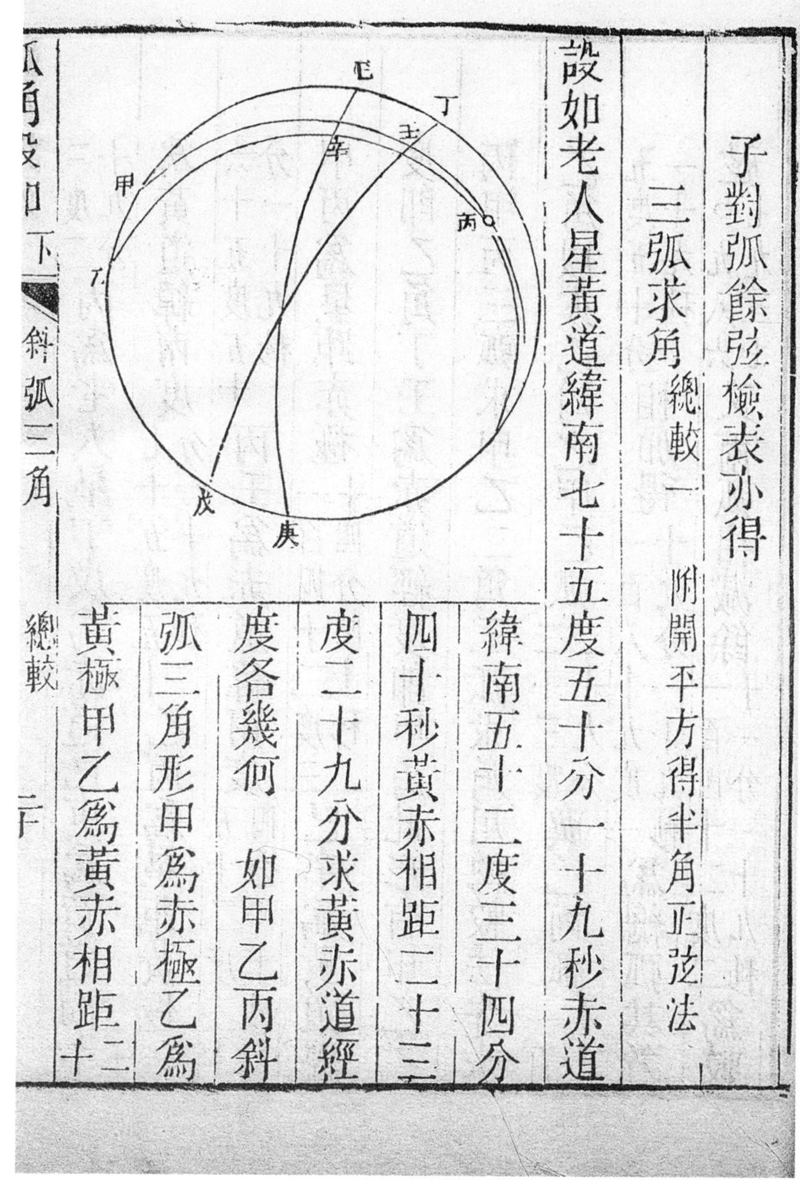

緯南五十二度三十四分四十秒黃赤相距二十三度二十九分求黃赤道經度各幾何 如甲乙丙斜弧三角形甲爲赤極乙爲黃極甲乙爲黃赤相距二十

三度二十九分丙爲老人星丁戊爲赤道巳庚爲黄道丙辛爲黄道緯南度七十五度五十分一十九秒乙丙爲星距黄極一百六十五度五十分一十九秒丙壬爲赤道緯南度五十二度三十四分四十秒甲丙爲星距赤極一百四十二度三十四分四十秒巳辛爲黄道經度即乙角丁壬爲赤道經度即甲角此形有甲乙丙甲丙三弧求甲乙二角三弧求角用總較法先求乙角以夾乙角之甲乙弧二十三度二十九分與乙丙弧一百六十五度五十分一十九秒相加得一百八十九度一十九分一十九秒爲總弧其餘弦〇九八六七九三七又兩弧相減餘一百四十二度二十一分一十九秒爲較

弧其餘弦○七九一八一三一兩餘弦相減俱過象限故相減餘○一九四

九八○六半之得○○九七四九○三為中數為一率以對乙角之

甲丙弧一百四十二度三十四分四十秒大矢一七九四一七九○與較弧一百

四十二度二十一分一十九秒大矢一七九一八一三一相減餘○○○二三六五九為

矢較為二率半徑一○○○○○○○為三率求得四率○○二四

二六八○為乙角正矢以減半徑餘○九七五七三一九為乙角餘

弦檢表得一十二度三十八分五十九秒為乙角度即星距黃道夏

至未宮經度　若先求甲角則以夾甲角之甲乙弧

二十三度二十九分與甲丙弧一百四十二度三十四分四十秒相加得一百六十

六度〇三分四十秒爲總弧其餘弦〇九七〇五五三二又兩弧相減餘一百一十九度〇五分四十秒爲較弧其餘弦〇四八六二五〇七兩餘弦相減俱過象限故相減餘〇四八四三〇二五半之得〇二四二一五一二爲中數爲一率以對甲角之乙丙弧一百六十五度五十分一十九秒大矢一九六九六一〇四與較弧一百一十九度〇五分四十秒大矢一四八六二五〇七相減餘〇四八三三五九七爲矢較爲二率半徑一〇〇〇〇〇〇〇爲三率求得四率一九九六一〇五九爲甲角大矢以減半徑餘〇九九六一〇五九爲甲角餘弦檢表得五度〇三分三十秒爲甲角度即

星距赤道夏至未宮經度

江寧樵曰大弧用餘度則總弧之餘弦即較弧之正弦較弧之餘弦即總弧之正弦若過弧截去象限用其餘度則總弧較弧餘變爲正

又曰對弧與總弧正弦相加減視對弧總弧俱過象限或俱不過象限則相減一過一不過則相加與兩餘弦加減法同

又法先求乙角以夾乙角之乙丙弧減象限餘七十五度五十分一十九秒與甲乙弧二十三度二十九分相加得九十九度一十九分一十九秒爲總弧其正弦〇九八六七九三七又兩弧相減餘五十二度二十一分一十九秒爲較弧其正弦〇七九一八一三一兩正弦相減俱不過象限故餘〇一九四九八〇六半之得〇〇九七四九〇三爲中數爲一率以對乙角之甲丙弧一百四十二度三十四分四十秒餘弦〇七九四一七九〇與總弧正弦〇九八六七九三六相減餘〇一九三六一四七爲二率半徑一〇〇〇〇〇〇〇爲三率求得四率一九七五七三一九爲乙角大矢以減半徑餘〇九七五七三一九爲乙角餘弦檢表亦得

若先求甲角則以夾甲角之甲丙弧減象限餘五十二度三十四分四十秒與甲乙弧二十三度二十九分相加得七十六度○三分四十秒爲總弧其正弦○九七○五五三二又兩弧相減餘二十九度○五分四十秒爲較弧其正弦○四八六二五○七兩正弦相減餘○四八四三○二五半之得○二四二一五一二爲中數爲一率以對甲角之乙丙弧一百六十五度五十分一十九秒餘弦○九六九六一○四與總弧正弦○九七○五五三二相減餘○○○○九四二八爲二率半徑一○○○○○○○爲三率求得四率○○○三八九四一爲甲角正矢以減半徑餘○九九六一○五九爲甲角餘弦檢表亦得

若用開平方得半角正弦法先求乙角以三弧相加得三百三十一度五十三分五十九秒半之得一百六十五度五十六分五十九秒半為半總與夾乙角之甲乙弧二十三度二十九分相減餘一百四十二度二十七分五十九秒半為小弧較又與乙丙弧一百六十五度五十分一十九秒相減餘六分四十秒半為大弧較乃以角旁小弧二十三度二十九分正弦○三九八四八二三為一率小弧較一百四十二度二十七分五十九秒半正弦○六○九二二二九為二率大弧較六分四十秒半正弦○○○一九四一六為三率求得四率○二九六八五○四為初數又以角旁大弧一百六十五度五十分一十九秒正弦○二四四六五四○為一率初數○二

江雲樵曰此二法本赤水遺珍梅文穆較其繁簡更正前後且謂西人示人繡鴛鴦而藏其金針今課其法疊次乘除幾以開方視總較法更繁惟以對數通之則迎刃而解余又將兩一率除變爲先乘用折半代開方以如此委曲繁重之題俄頃即得始悟西人創此二法專爲對數設而藏却金針宜汪衡齋謂總較法不便用對數也

九六八五〇四爲二率半徑一〇〇〇〇〇〇〇爲三率求得四率〇一二一三三四八爲末數以半徑乘末數得一二一三三四八〇爲實開平方得〇一一〇一六五六爲半角正弦檢表得六度一十九分二十九秒半倍之得乙角度先求甲角同

又法以角旁兩弧相減餘一百四十二度二十一分一十九秒與對角甲丙弧一百四十二度三十四分四十秒相加得二百八十四度五十五分五十九秒半之得一百四十二度二十七分五十九秒半其正弦〇六〇九二二二九又相減餘一十三分二十一秒半之得六分四十秒半其正弦〇〇〇一九四一六兩正弦相乘得一一八二八六七二爲初數又以角旁甲乙弧二十

二度二十九分餘割二五〇九五二一八與乙丙弧一百六十五度五十分一十九秒餘割四〇八七四〇五〇相乘得一〇二五七四三一又與初數相乘得一二一三三一七八爲實開平方得一一〇一六五六一以半徑除之得〇一一〇一六五六爲半角正弦檢表亦得若以對數馭之先求乙角以三弧相加半之得一百六十五度五十六分五十九秒半爲半總與夾乙角之甲乙弧相減餘一百四十二度二十七分五十九秒半其正弦〇九七八四七七七又與乙丙弧相減餘六分四十秒半其正弦〇七二八八一七一兩正弦相加得一〇七二七九四八加半徑得二七〇七二九四八爲初數又以甲乙弧二十

三度二十九分正弦○九六○○四○九與乙丙弧一百六十五度五十分一十九秒正弦○九八三八五五二相加得一八九八八九六一與初數相減餘○八○八三九八七加半徑得一八○八三九八七半之得○九○四一九九四為半角正弦檢表數同

又法以角旁兩弧相減與對弧相加半之其正弦○九七八四七七七又相減半之其正弦○七二八八一七一兩正弦相加得一七○七二九四八為初數再以甲乙弧餘割一○三九九五九一與乙丙弧餘割一○六○一四五四相加得二一○一一○四五加初數得三八○八三四四三半之得一九○四一九九六減半徑餘○九○四一九九六為

半角正弦檢表亦同

又如北極出地二十九度立夏後七日太陽赤道緯北一十八度一十八分曚景限一十八度求昏旦時刻

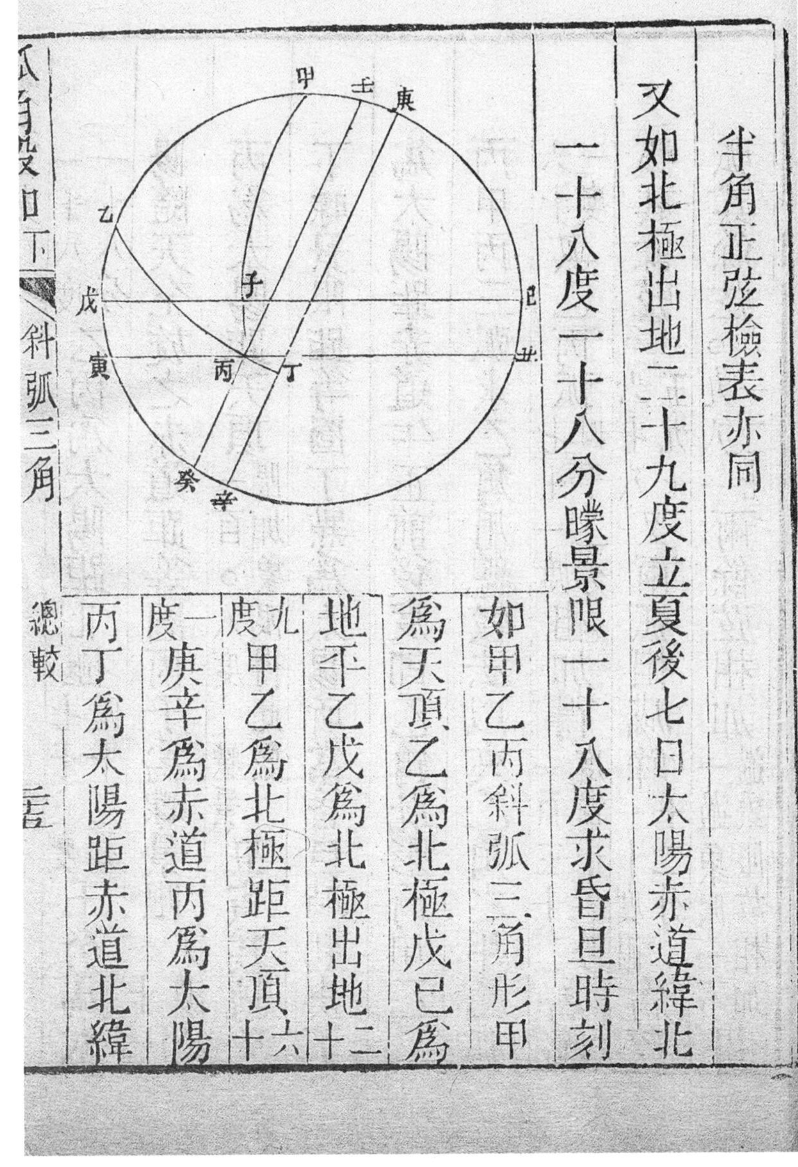

如甲乙丙斜弧三角形甲爲天頂乙爲北極戊巳爲地平乙戊爲北極出地二十九度甲乙爲北極距天頂六十一度庚辛爲赤道丙爲太陽丙丁爲太陽距赤道北緯

一十八度一十八分乙丙爲太陽距北極七十一度四十二分壬癸爲太陽隨天左旋之赤道距等圈丙子爲矇景限一十八度甲丙爲太陽距天頂一百○八度矇景限加象限得此數丑寅爲地平下矇景限距等圈丁點爲太陽所當昏旦時刻庚丁爲太陽距赤道午正前後度卽乙角此形有甲乙乙丙甲丙三弧求乙角用總較法以夾乙角之甲乙弧六十一度與乙丙弧七十一度四十二分相加得一百三十二度四十二分爲總弧其餘弦○六七八一五九七又兩弧相減餘一十度四十二分爲較弧其餘弦○九八一六一二七兩餘弦相加一過象限一不過象限故相加得

一六五九七七二四半之得〇八四九八八六二爲中數爲一率以對乙

角之甲丙弧一百八度〇大矢〇一三〇九一七〇與較弧二十度四十二

分正矢〇〇三八七三一八相減餘一二九〇六二九七爲矢較爲二率

半徑一〇〇〇〇〇〇〇〇爲三率求得四率一五五五一八八七爲乙角

大矢減半徑餘〇五五五一八八七爲乙角餘弦檢表得五十六度

一十六分三十五秒以減半周餘一百二十三度四十三分二十五秒爲乙角度

即旦刻太陽距午正前昏刻太陽距午正後赤道度

變時得八小時〇一十三刻四分五十三秒以減午正得寅初三刻七秒〇即

旦刻加午正得戌正初刻〇一十四分五十三秒即昏刻以減日

出入刻分餘即曚景刻分

又法以夾乙角之乙丙弧減象限餘一十八度一十八分與甲乙弧六十一度相加得七十九度一十八分爲總弧其正弦○九八一六一二七又兩弧相減餘四十二度四十二分爲較弧其正弦○六七八一五九七兩正弦相加大弧餘度小於小弧則總弧過象限大弧餘度大於小弧則總弧不及象限過則加得一六五九不及則減得七七二四半之得○八二九八八六二爲中數爲一率以對乙角之甲丙弧一百○八度餘弦○三○九○一七○與總弧正弦○九八一六一二七相加得一二九○六二九七爲二率半徑一○○○○○○○爲三率求得四率一五五五一八八七爲乙角大矢

減半徑餘〇五五一八八七為乙角餘弦檢表亦得

若用開平方得半角正弦法以三弧相加得二百四十度〇四十二分半之得一百二十度〇二十一分為半總與夾乙角之甲乙弧六十一度相減餘五十九度二十一分為小弧較又與乙丙弧七十一度四十二分相減餘四十八度三十九分為大弧較乃以角旁小弧六十一度正弦〇八七四六一九七為一率小弧較五十九度二十一分正弦〇八六〇二九七五為二率大弧較四十八度三十九分正弦〇七五〇六八七九為三率求得四率七三八三九五一一為初數又以角旁大弧七十一度四十二分正弦〇九四九四二五五為一率初數七三八三九五一一為二

率半徑一○○○○○○○爲三率求得四率○七七七七二八三爲末數以半徑乘末數得七七七二八三八爲實開平方得○八八一八三四二爲半角正弦檢表得六十一度五十一分四十二秒半倍之即乙角度

又法以角旁兩弧相減餘一十度四十二分與對角甲丙弧一百○八度相加得一百一十八度四十二分半之得五十九度二十一分其正弦○八六○二九七五又相減餘九十七度一十八分半之得四十八度三十九分其正弦○七五○六八七九兩正弦相乘得六四五八一四九一爲初數又以角旁甲乙弧六十一度餘割一一四三三五四一與乙丙弧七十

一度四十二分餘割一〇五三二六八六相乘得一二〇四二五八九又與初數相乘得〇七七七七二八三爲實開平方得八八一八三四二二以半徑除之得〇八八一八三四二爲半角正弦檢表亦得

若以對數馭之以三弧相加半之得一百二十度二十一分爲半總與夾乙角之甲乙弧相減餘五十九度二十一分其正弦〇九九三四六四八又與乙丙弧相減餘四十八度三十九分其正弦〇九八七五四五九兩正弦相加得一九八一〇一〇七加半徑得二九八〇一〇一七爲初數又以甲乙弧六十一度正弦〇九九四一八一九與乙丙弧七十一度四十二分正弦〇九九七七四六一相加得一九九一九二八〇與初

巫雲樵曰若總弧適足象限或三象限無

數相減餘〇九八九九〇八二七加半徑得一九八九九〇八二七半之得〇九九四五四一四為半角正弦檢表數同

又法以角旁兩弧相減與對弧相加半之其正弦〇九九三四六四八又相減半之其正弦〇九八七五四五九兩正弦相加得一九八一〇一〇七為初數再以甲乙弧餘割一〇〇五八一八一與乙丙弧餘割一〇〇二二五三九相加得二〇〇八〇七二〇加初數得三九八九〇八二七半之得一九九四五四一四減半徑餘〇九九四五四一四為半角正弦檢表數亦同

若三弧求角而角旁兩弧同度則無較弧即以半徑為

餘弦而角旁兩弧又同度亦以半徑爲餘弦

餘弦依前法求之亦可用再弧形內法　如北極出地三十度太陽夏至緯北二十三度二十九分測得高弧三十度求時刻及地平經度　如甲乙丙斜弧三角形甲爲北極乙爲天頂丙爲太陽庚辛爲赤道戊巳爲地平甲戊爲北極出地三十度甲乙爲極距天頂六十度丙癸爲太陽距赤道北二十三度二十九分甲丙爲太

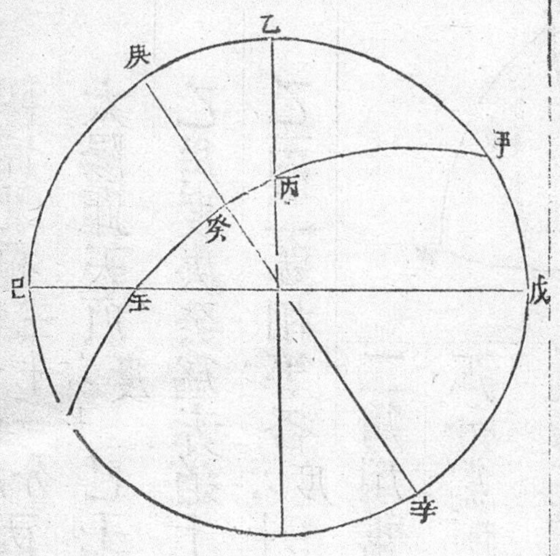

陽距北極六十六度三十一分丙壬為太陽高弧三十度乙丙為太陽距天頂六十度巳壬為地平偏午正東西經度即乙角度庚癸為赤道上時刻即甲角度此形有甲乙乙丙二弧相等各六十度有甲丙弧六十六度三十一分求甲乙

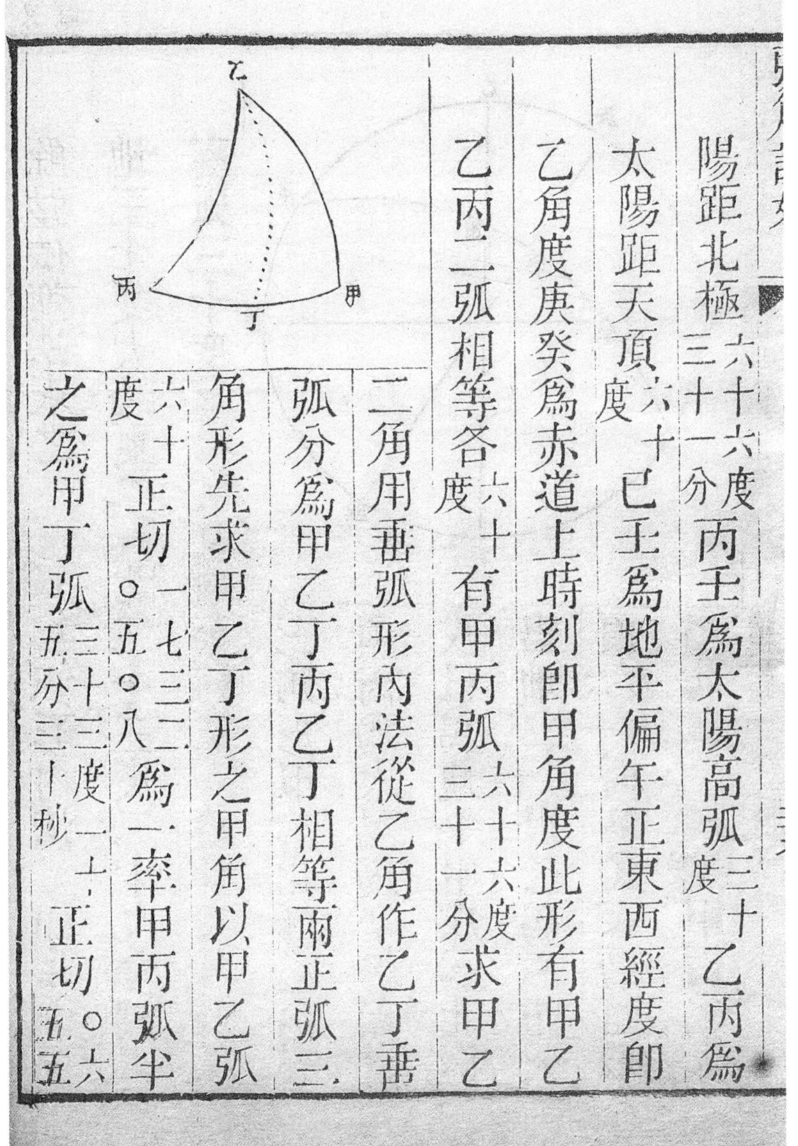

二角用垂弧形內法從乙角作乙丁垂弧分為甲乙丁丙乙丁相等兩正弧三角形先求甲乙丁形之甲角以甲乙弧六十度正切一七三二〇五〇八為一率甲丙弧半之為甲丁弧三十三度一十五分三十秒正切〇六五五

八三六七為二率半徑一〇〇〇〇〇〇〇為三率求得四率〇三七八
六四六九為甲角餘弦檢表得六十七度四十五分即甲角度丙角同
變時得四小時二刻〇一分以減午正為辰初一刻一十四分加午正
為申正二刻一分。即太陽出入前後高三十度眞時刻
次求乙分角以甲乙弧六十度正弦〇八六六〇二五四為一率
甲丁弧三十三度一十五分三十秒正弦〇五四八四一四九為二率半徑
一〇〇〇〇〇〇〇為三率求得四率〇六三三二五五〇為乙分角正
弦檢表得三十九度一十七分二十七秒為乙分角度倍之得七十八度
三十四分五十四秒為乙角度即太陽出入前後地平偏午正

江寧樵曰若總弧滿半周或較弧又適足象限俱以半徑爲總弧餘弦　若總弧滿

東西經度

若以對數馭之先求甲乙丁形之甲角一率甲乙弧正切一〇二三八五六一二率甲丁弧正切〇九八一六七九三三率半徑一〇〇〇〇〇〇〇求得四率〇九五七八二三五爲甲角餘弦檢表數同　次求乙分角一率甲乙弧正弦〇九九三七五三〇二率甲丁弧正弦〇九七三九一〇九三率半徑一〇〇〇〇〇〇〇求得四率〇九八〇一五七九爲乙分角正弦檢表數同

若三弧求角而角旁弧有一滿象限兩餘弦相同即以餘弦爲中數　如日月帶食月距北極六十七度距

象即　或三象限較弧又滿象限即以一餘弦折半為中數不須加減　若對弧滿象限即以半徑為矢若求得矢有過足半徑者　弧矢必度

天頂九十度北極距天頂五十度求地經赤道差角

如甲乙丙斜弧三角形乙為天頂丙為北極丁戊為赤道甲為地平帶食時月當地平甲如乙甲為月距天頂高弧九十度丙甲為月距北極六十七度甲戊為月距赤道二十三度亦即黃赤距度交食時月必當黃道故甲戊即黃赤距度乙丙為極距天頂五十度乙庚即所求甲角地經赤道差度此形有

乙甲丙甲乙丙三弧求甲角用總較法以夾甲角之乙甲弧九十度與丙甲弧六十七度相加得一百五十七度為總弧其餘弦〇九二〇五〇四九又兩弧相減餘二十三度為較弧其餘弦〇九二〇五〇四九兩餘弦相同即用為中數為一率以對甲角之乙丙弧五十度正矢〇三五七二一二四與較弧二十三度正矢〇〇七九四九五一相減餘〇二七七七一七三為矢較為二率半徑一〇〇〇〇〇〇〇為三率求得四率〇三〇一七〇一〇為甲角正矢減半徑餘〇六九八二九九〇為甲角餘弦檢表得四十五度四十二分二十三秒即地經赤道差角度

又捷法以黄赤距度二十三度餘弦○九二○五○四九與極出地四十度正弦○六四二七八七六相減仍以黄赤距度餘弦○九二○五○四九除之亦得甲角矢度

三角求弧總較二 附開平方得半角正弦法

設如土星黄道經度距夏至一百二十二度二十九分赤道經度距夏至一百一十九度二十一分○三秒黄赤兩過極經圈交角二十度二十分四十七秒求黄赤緯度各幾何

如左圖甲乙丙斜弧三角形甲爲赤極乙爲黄極甲

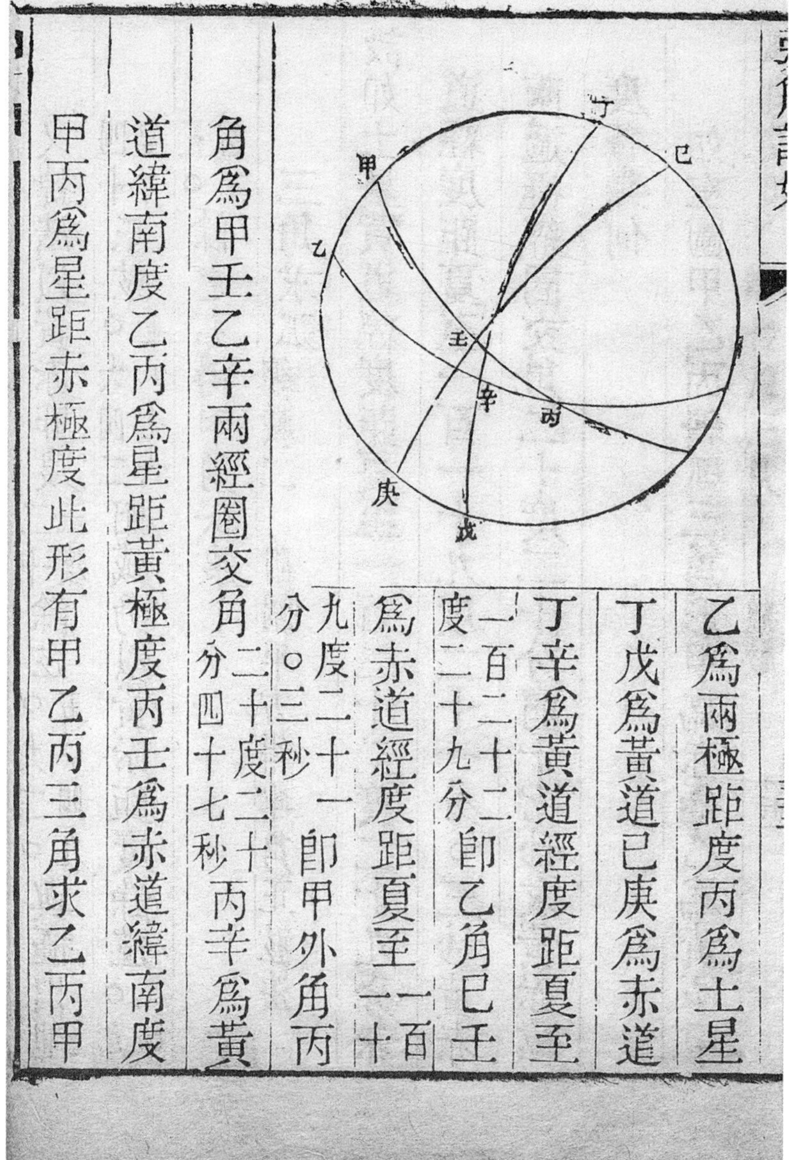

乙爲兩極距度丙爲土星丁戊爲黄道巳庚爲赤道丁辛爲黄道經度距夏至一百二十二度二十九分卽乙角巳壬爲赤道經度距夏至一百一十九度二十一分〇三秒卽甲外角丙角爲甲壬乙辛兩經圈交角二十度二十分四十七秒丙辛爲黄道緯南度乙丙爲星距黄極度丙壬爲赤道緯南度甲丙爲星距赤極度此形有甲乙丙三角求乙丙甲

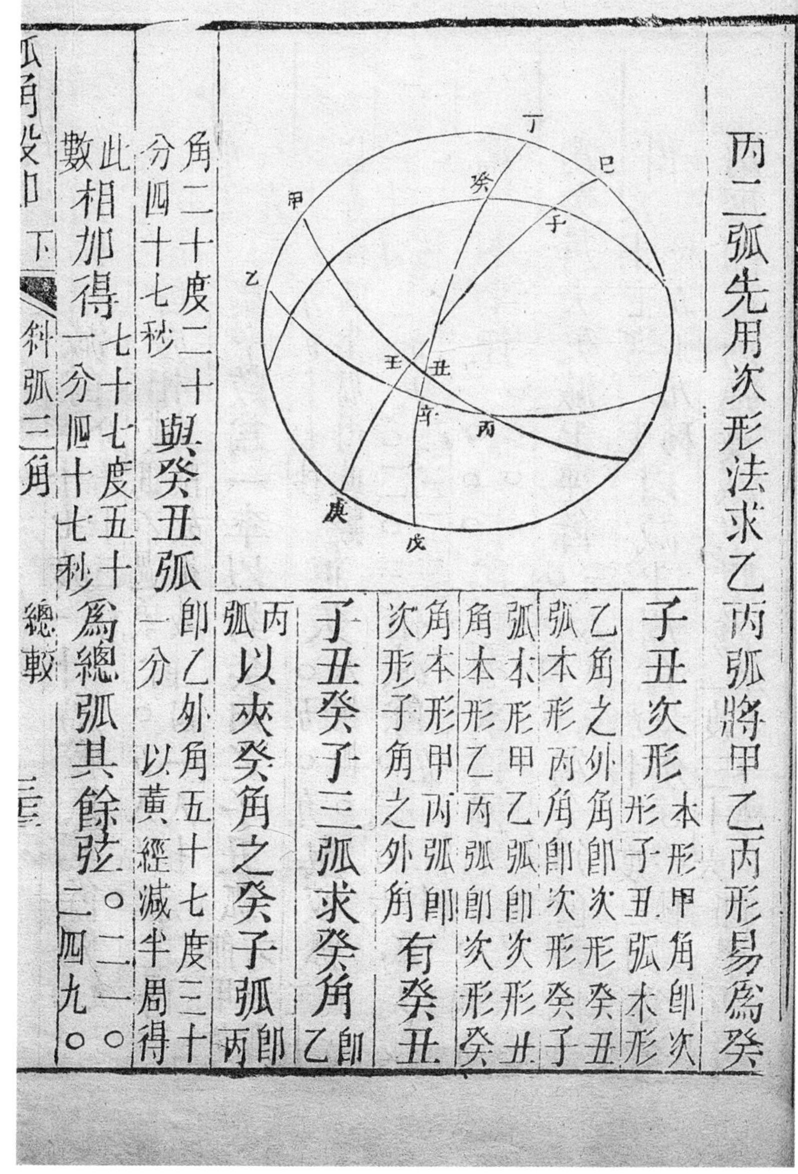

丙二弧先用次形法求乙丙弧將甲乙丙形易爲癸子丑次形（本形甲角即次形子丑弧本形乙角之外角即次形癸丑弧本形丙角即次形癸子弧本形甲乙弧即次形丑角本形乙丙弧即次形癸角本形甲丙弧即次形子角之外角）有癸丑子丑癸子三弧求癸角（即乙丙弧）以夾癸角之癸子弧（即丙角二十度二十分四十七秒）與癸丑弧（即乙外角五十七度三十一分以黃經減半周得此數）相加得（七十七度五十一分四十七秒）爲總弧其餘弦（○二一○二四九○）

又兩弧相減餘三十七度一十分一十三秒為較弧其餘弦○七九六六七六七兩餘弦相減俱不過象限故相減餘○五八六四一八七半之得二○九三二○九三為中數為一率以對癸角之子丑弧即甲角六十度三十八分五十七秒以赤經減半周得此數正矢○五○九八四四○與較弧三十七度一十分一十三秒正矢○二○三三三二三相減餘○三○六五一一七為矢較為二率半徑一○○○○○○為三率求得四率一○四五三六八三為癸角大矢減半徑餘○○四五三六八三為癸角餘弦檢表得八十七度二十三分五十九秒以減半周餘九十二度三十六分○一秒為癸角度即乙丙弧度減象限餘二度三十六分○一秒即星距黃

道南緯度　次用弧角相求法求甲丙弧以甲角一百一十九度二十一分○三秒正弦○八七二六三四八為一率乙丙弧九十二度三十六分○一秒正弦○九九八九七○三為二率乙角一百二十二度二十九分正弦○八四三五四七七為三率求得四率○九六六七七九九為甲丙弧正弦檢表得七十五度一十一分二十五秒以減半周餘一百○四度四十八分三十五秒為甲丙弧度減象限餘一十四度四十八分三十五秒即星距赤道南緯度

又法先求乙丙弧亦用癸子丑次形以夾癸角之癸子弧二十度二十分四十七秒與癸丑弧減象限餘三十二度二十九分相

加得五十二度四十九分四十七秒為總弧其正弦○七九六六六七七又兩弧相減餘一十二度○八分一十三秒為較弧其正弦○二一○二四九○兩正弦相減餘○五八六四一八七半之得○二九三二○九三為中數為一率以對癸角之子丑弧六十度三十八分五十七秒餘弦○四九○一五六○與總弧正弦○七九六六六七七相減餘○三○六五一一七為二率半徑一○○○○○○○為三率求得四率一○四五三六八三為癸角大矢減半徑餘○四五三六八二七為癸角餘弦檢表亦得

若用開平方得半角正弦法亦用次形以三弧相加得

一百三十八度三十分四十四秒半之得六十九度一十五分二十二秒為半總與

夾癸角之癸子弧二十度二十分四十七秒相減餘四十八度五十四分三十

五秒為小弧較又與癸丑弧五十七度三十一分相減餘一十一度四十

四分二十二秒為大弧較乃以角旁小弧二十度二十分四十七秒正弦

○三四七六九四九為一率小弧較四十八度五十四分三十五秒正弦○七五三

六七四九為二率大弧較一十一度四十四分二十二秒正弦○二○三四六一三

為三率求得四率○四四一○二九四為初數又以角旁大弧

五十七度三十一分正弦○八四三五四七七為一率初數○四四一○二九四為

二率半徑一○○○○○○○為三率求得四率○五二二八二六八為

末數以半徑乘末數得五二二八二六八七為實開平方得〇七二二九六九一為半角正弦檢表得四十六度一十八分〇半秒倍之得九十二度三十六分〇一秒即癸角度

又法以角旁兩弧相減餘三十七度一十分一十三秒與對角子丑弧六十度三十八分五十七秒相加得九十七度四十九分一十秒半之得四十八度五十四分三十五秒其正弦〇七五三六七四九又相減餘二十三度二十八分四十四秒半之得一十一度四十四分二十二秒其正弦〇二〇三四二一三兩正弦相乘得一五三三四三六七為初數又以角旁癸子弧二十度二十分四十七秒餘割二八七六〇四五〇與癸丑弧五十七度二十一分餘割

一一八五四六九四相乘得三四〇九五一〇七又與初數相乘得五二二八
二六八八爲實開平方得七二二九六九一二以半徑除之得〇七二二
九六九一爲半角正弦檢表亦得
若以對數馭之三弧相加半之得六十九度一十五分二十二秒爲
半總與夾癸角之癸子弧相減餘四十八度五十四分三十五秒其
正弦〇九八七七一八四又與癸丑弧相減餘一十一度四十四分二十二秒
其正弦〇九三〇八四八二兩正弦相加得一九一八五六六六加半徑
得二九一八五六六六爲初數又以癸子弧二十度二十分四十七秒正弦
〇九五四一一九八與癸丑弧五十七度三十一分正弦〇九九二六一〇九相加

得一九四六七三〇七與初數相減餘〇九七一八三五九加半徑得一九七一八三五九半之得〇九八五九一七九爲半角正弦檢表數同

又法以角旁兩弧相減與對弧相加半之其正弦〇九八七七一八四又相減半之其正弦〇九三〇八四八二兩正弦相加得一九一八五六六六爲初數再以癸子弧餘割一〇四五八八〇一與癸丑弧餘割一〇〇七三八九〇相加得二〇五三二六九一加初數得三九七一八三五七半之得一九八五九一七九減半徑餘〇九八五九一七九爲半角正弦檢表數亦同

又如北落師門赤道經度亥宮一十一度五十七分三

十秒距夏至二百五十一度五十七分三十秒大角星赤道經度卯宫一度五十七分二十六秒距夏至一百二十一度五十七分二十六秒兩星相距赤道經度一百三十度〇〇四秒角即甲北落師門過極經圈交角八十九度一十四分三十二秒角即乙大角星過極經圈交角一百一十三度二十五分五十八秒角即丙求兩星赤道緯度及兩星斜距度　如甲乙丙斜弧三角形如圖左甲爲北極乙爲北落師門丙爲大角星甲乙爲北落師門距北極度甲丙爲大角星距

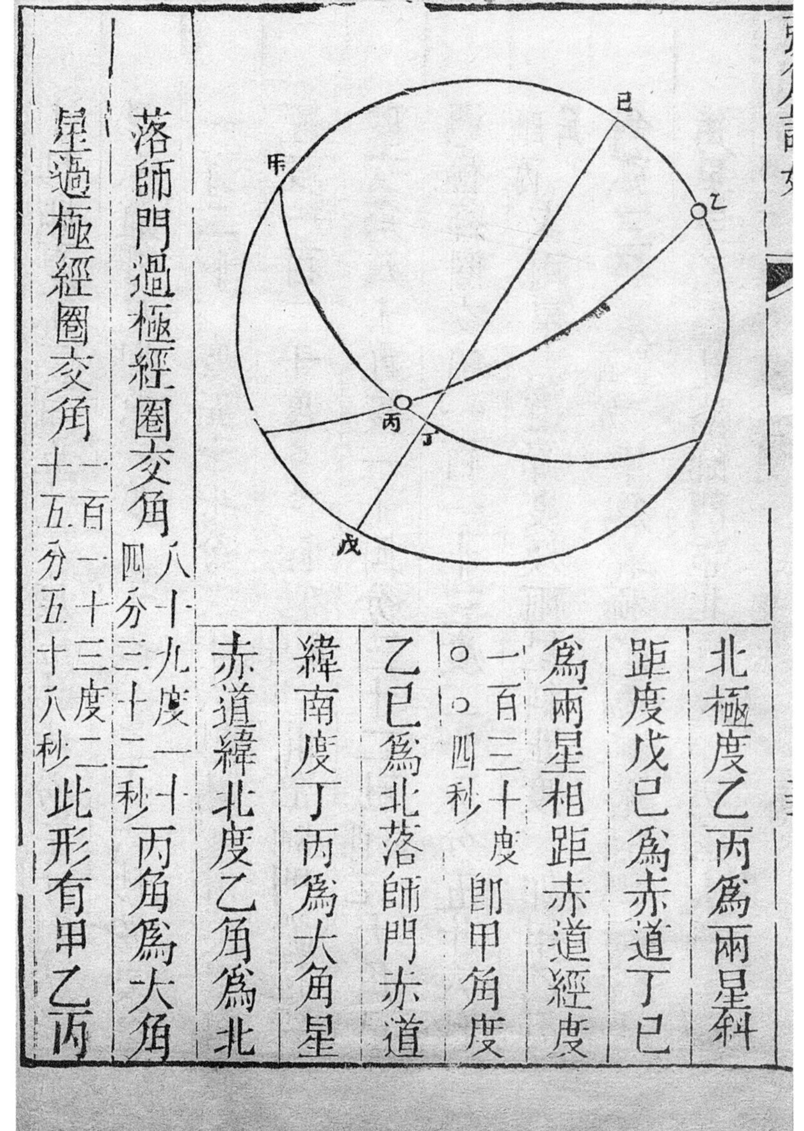

北極度乙丙爲兩星斜距度戊巳爲赤道丁巳爲兩星相距赤道經度一百三十度〇〇四秒卽甲角度乙巳爲北落師門赤道緯南度丁丙爲大角星赤道緯北度乙角爲北落師門過極經圈交角八十九度一十四分三十二秒丙角爲大角星過極經圈交角一百一十三度二十五分五十八秒此形有甲乙丙

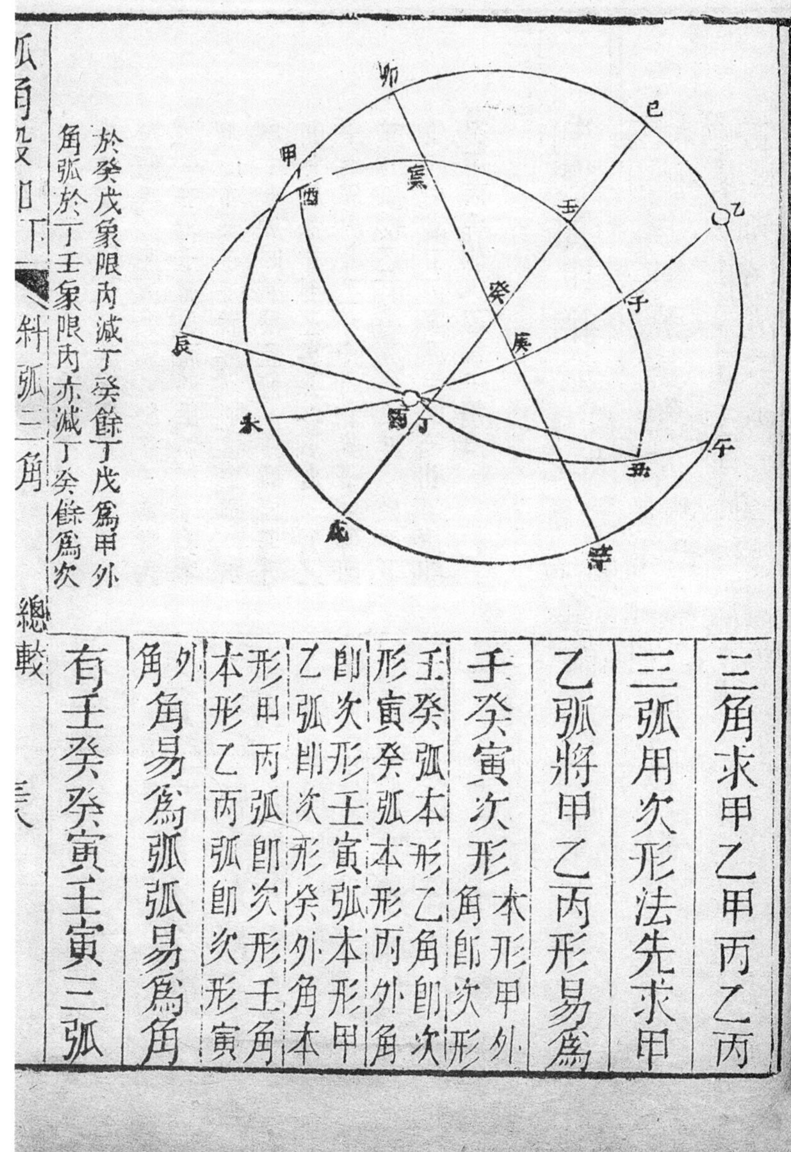

於癸戊象限內減丁癸餘丁戊爲甲外角弧於丁壬象限內亦減丁癸餘爲次

三角求甲乙甲丙乙丙三弧用次形法先求甲乙弧將甲乙丙形易爲壬癸寅次形本形甲外角即次形壬癸弧本形乙角即次形寅癸弧本形丙外角即次形壬寅弧本形甲乙弧即次形癸外角本形甲丙弧即次形壬角本形乙丙弧即次形寅外角易爲弧弧易爲角有壬癸癸寅壬寅三弧

形壬癸弧　於癸辛象限內滅庚癸餘庚辛爲乙角弧於庚寅象限內亦滅庚癸餘爲次形寅癸弧　於丑壬象限內滅子壬餘子丑爲丙外角弧於子寅象限內亦滅子壬餘爲次形壬寅弧　於甲午半周內滅甲乙餘乙午與巳卯等卽癸角弧故甲乙爲癸外角度　於乙未半周內滅乙丙餘丙未與子庚等卽寅角弧故乙丙爲寅外角度　於甲丁象限內滅丁丙與滅甲酉等則丁酉卽與甲丙等故甲丙爲壬角度

求癸壬寅三角先求癸外角卽甲乙弧以夾癸角之壬癸弧四十九度五十九分五十六秒滅半周度卽甲角與癸寅弧八十九度一十四分三十二秒卽乙角度相加得一百三十九度一十四分二十八秒爲總弧其餘弦〇七五七四六三八又兩弧相減餘三十九度一十四分三十六秒爲較弧其餘弦〇七七四四六六二兩餘弦相加一過象限一不過象限故相加得一五三一九三〇〇半之得〇七六五九六五〇爲中數爲一

率以對癸角之壬寅弧六十六度三十四分〇二秒卽丙角減半周度正矢〇六〇二三二七二與較弧三十九度一十四分三十六秒正矢〇二二五五三三八相減餘〇三七六七九三四爲矢較爲二率半徑一〇〇〇〇〇〇〇爲三率求得四率〇四九一九一九八爲癸角正矢減半徑餘〇五〇八〇八〇二爲癸角餘弦檢表得五十九度二十七分五十秒以減半周餘一百二十度三十二分一十秒爲癸外角度卽甲乙弧度減象限餘三十度三十二分一十秒卽北落師門距赤道南緯度 次求甲丙弧用弧角相求法以丙角一百一十三度二十五分五十八秒正弦〇九一七五二七三爲一率甲乙弧一百二十度三十二分一十秒正弦

〇八六一三〇九一爲二率乙角八十九度一十四分三十二秒正弦〇九九九九一二五爲三率求得四率〇九三八六四六四爲甲丙弧正弦檢表得六十九度四十九分三十二秒卽大角星距北極度以減象限餘二十度一十分二十八秒卽大角星距赤道北緯度

次求乙丙弧以丙角一百一十三度二十五分五十八秒正弦〇九一七五二七三爲一率甲乙弧一百二十度三十二分一十秒正弦〇八六一三〇九一爲二率甲角一百三十度〇〇四秒正弦〇七六六〇三一九爲三率求得四率〇七一九〇九六〇爲乙丙弧正弦檢表得四十五度五十八分四十四秒以減半周餘一百三十四度〇一分一十六秒卽乙丙兩星斜距度

又法以亥癸角之壬癸弧四十九度五十九分五十六秒與癸寅弧減象限餘四十五分二十八秒相加得五十度四十五分二十四秒為總弧其正弦〇七七四四六六二又兩弧相減餘四十九度一十四分二十八秒為較弧其正弦〇七五七四六三八兩正弦相加得一五三一九三〇〇半之得〇七五九九六五〇為中數為一率以對癸角之壬寅弧六十六度三十四分〇二秒餘弦〇三九七六七二八與總弧正弦〇七七四四六六二相減總弧對弧俱不過象限故相減得〇三七六七九三四為二率半徑一〇〇〇〇〇〇〇為三率求得四率〇四九一九一九八為癸角正矢減半徑餘〇五〇八〇八〇二為癸角餘弦檢表亦得

若用開平方得半角正弦法以三弧相加得二百〇五度四十八分三十秒半之得一百〇二度五十四分一十五秒為半總與夾癸角之壬癸弧四十九度五十九分五十六秒相減餘五十二度五十四分一十九秒為小弧較又與癸寅弧八十九度一十四分三十二秒相減餘一十三度三十九分四十三秒為大弧較乃以角旁小弧四十九度五十九分五十六秒正弦〇七六六〇三一九為一率小弧較五十二度五十四分一十九秒正弦〇七九七六三九五為二率大弧較一十三度三十九分四十三秒正弦〇二三六一九二八為三率求得四率二四五九三八四一為初數又以角旁大弧八十九度一十四分三十二秒正弦〇九九九九一二五為一率初數二四五九三八

□一爲二率半徑一〇〇〇〇〇〇爲三率求得四率〇一四五九五

九九爲末數以半徑乘末數得二四五九五九九二爲實開平方

得〇四九五九五五五爲半角正弦檢表得二十九度四十三分五十五秒倍

之得五十九度二十七分五十秒卽癸角度

又法以角旁兩弧相減餘三十九度一十四分三十六秒與對角壬

寅弧六十六度三十四分〇二秒相加得一百〇五度四十八分三十八秒半之

得五十二度五十四分一十九秒其正弦〇七九七六三九五又相減餘二十七度

一十九分二十六秒半之得一十三度三十九分四十三秒其正弦〇二三六一九一八

兩正弦相乘得一八八三九七六〇爲初數又以角旁壬癸弧

四十九度五十九分五十六秒餘割一三二〇五四二一八五與癸寅弧八十九度一十四分三十二秒餘割一〇〇〇〇八七五相乘得一三二〇五五四二一七又與初數相乘得二四五九五九九二為實開平方得四九五九五五五一以半徑除之得〇四九五九五五五為半角正弦檢表亦得

若以對數馭之先求甲乙弧以三弧相加半之得一百〇二度五十四分一十五秒為半總與夾癸角之癸寅弧相減餘一十三度三十九分四十三秒其正弦〇九二七三二六六又與壬癸弧相減餘五十二度五十四分一十九秒其正弦〇九九〇一八〇六兩正弦相加得一九二七五〇七二加半徑得二九二七五〇七二為初數又以壬癸弧

四十九度五十正弦○九八八與癸寅弧八十九度
九分五十六秒四二四七一十四分
三十正弦○九九九相加得一九八八與初數相減
二秒九九六二四二○九
餘○九三九加半徑得一九三九半之得○九六九
○八六三○八六三五四三二
爲半角正弦檢表數同
又法以角旁兩弧相減與對弧相加半之其正弦九○
三七三又相減半之其正弦○九九○兩正弦相加
二六六一八○六
得一九二七爲初數再以壬癸弧餘割一○一一與
五○七二五七五三
癸寅弧餘割一○○○相加得二○一一加初數得
○○三八五七九一
三九三九半之得一九六九減半徑餘○九六九爲
○八六三五四三二五四三二

半角正弦檢表數同　次求甲丙弧一率丙角正弦〇九九六二六一九二率甲乙弧正弦〇九九三五一五九三率乙角正弦〇九九九九九六二求得四率〇九九七二五〇二爲甲丙弧正弦檢表數同　次求乙丙弧一率丙角正弦〇九九六二六一九二率甲角正弦〇九八八四二四七三率甲乙弧正弦〇九九三五一五九求得四率〇九八五六七八七爲乙丙弧正弦檢表數同

全椒古代典籍叢書

江臨泰集

2

（清）江臨泰 撰

政協全椒縣委員會 編
國家圖書館出版社

第二册目録

（清）張作楠 撰　（清）江臨泰 補

弧角設如三卷附弧三角舉隅一卷（二）

清道光元年（1821）刻本

弧三角舉隅

弧三角舉隅

全椒　江臨泰　雲樵

曩與齊梅麓談弧三角術輒成小帙意在求簡第列用法而未詳立法之根梅麓屬補圖說久而未就近得張丹邨弧角設如此帙直可覆瓿矣顧丹邨獨愛之以爲秝算之書難得如此簡明直捷且以弧角設如中左弧右弧諸目淺學或移步郎迷不如余書可按題得其比例强索付梓余重違其意乃增補正弧三角形圖一斜弧三角形圖十一付之道光壬午浴佛日臨泰識

正弧三角形

弧三角形爲球上大圈所成圈必有極其過極經圈與本圈交皆成直角相當弧皆九十度故爲正弧三角形所知之三件弧角相對者用弧角入線比例不相對者則用次形次形之度卽本形與象限相減之餘度故用本形之餘弦餘切卽次形之正弦正切也其法可易弧爲角角易角爲弧弧與角不相對可易爲相對今以黃赤道與過極經圈所成之正弧三角形錯綜比例凡三十則括以十題各設例並附對數如左

第一題

設如甲乙丙正弧三角形有丙直角有甲角二十三度三十分甲乙弧四十五度求乙丙弧用本形

如圖甲巳子庚爲赤道甲丁子戊爲黃道兩道相交於甲子甲爲春分子爲秋分丁爲夏至戊爲冬至辛爲北極壬爲南極癸爲地心巳丁辛庚戊壬爲二極二至交

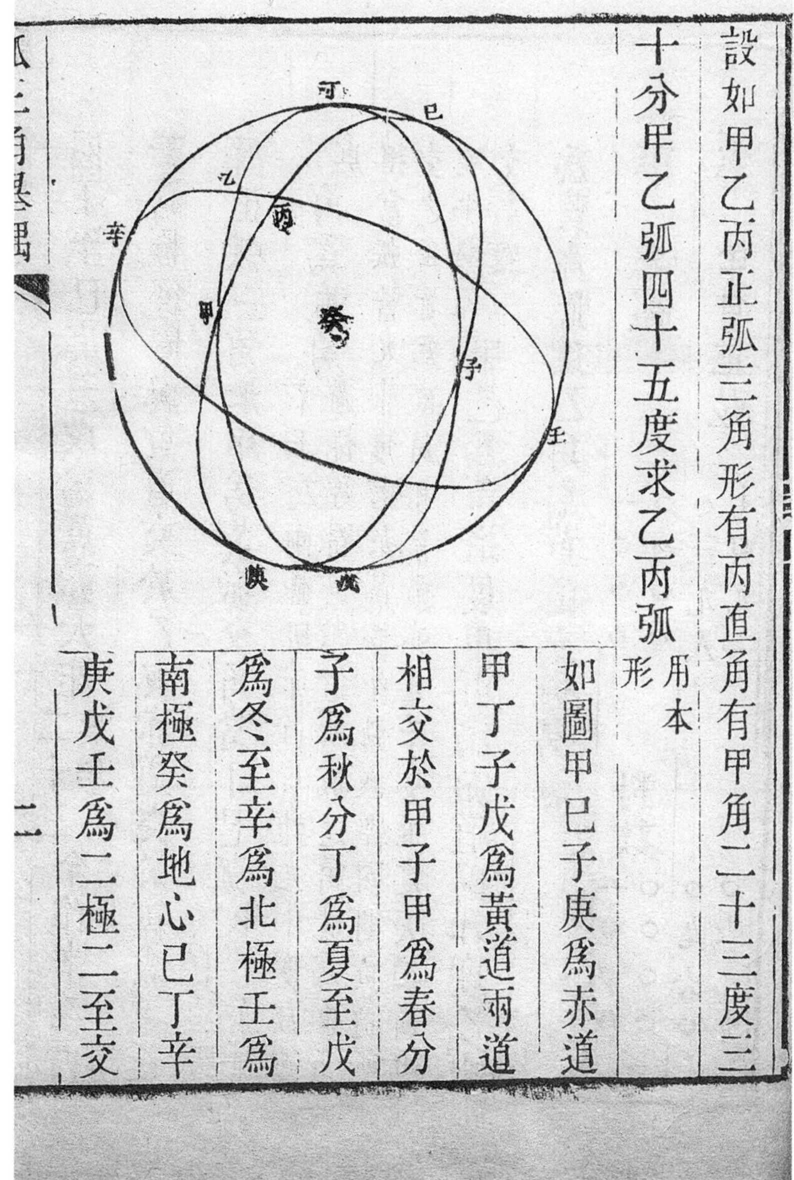

圈丁至巳庚至戊爲黃赤大距二十三度半今作辛乙丙壬過極經圈與黃道交於乙與赤道交於丙成甲乙丙正弧三角形甲爲黃赤交角當丁巳弧二十三度半亦即戊庚丙爲直角辛壬爲兩極與赤道皆距九十度故凡過極經圈與赤道所成之角皆爲直角相當弧皆九十度若於黃極作過極經圈則黃道所交之角亦爲直角相當弧亦九十度推之天頂圈與地平圈相交亦然甲乙爲黃道度甲丙爲赤道同升度乙丙爲黃赤距度乙角爲黃道交極圈角

一率　半徑　一〇〇〇〇〇〇〇　對數　一〇〇〇〇〇〇〇

二率　甲角正弦　〇三九八七四九一　〇九六〇〇六九九

三率　甲乙弧正弦　〇七〇七一〇六八　〇九八四九四八五

四率　乙丙弧正弦　〇二八一九五八二　〇九四五〇一八四

檢表得十六度二十二分三十八秒爲乙丙距緯弧度

若求甲丙弧

一率　半徑　一〇〇〇〇〇〇〇　對數　一〇〇〇〇〇〇〇

二率　甲角餘弦　〇九一七〇六〇一　〇九九六二三九八

三率　甲乙弧正切　一〇〇〇〇〇〇〇　一〇〇〇〇〇〇〇

四率　甲丙弧正切　〇九一七〇六〇一　〇九九六二三九八

檢表得四十二度三十一分二十二秒爲甲丙赤道弧度

若求乙角用次形

一率 甲乙弧餘弦 〇七〇七一〇六八 對數〇九八四九四八五

二率 甲角餘切 二二九九八四二五 一〇三六一六九八

三率 半徑 一〇〇〇〇〇〇〇 一〇〇〇〇〇〇〇

四率 乙角正切 三二五二四六八三 一〇五一二二一三

檢表得七十二度五十四分三十四秒爲黄道交極圈乙角度

第二題

設如甲乙丙正弧三角形有丙直角有乙角七十二度五十四分三十四秒甲乙弧四十五度求甲丙弧圖見前下同

與第一題求乙丙弧法同（甲角易乙角乙丙弧易甲丙弧）

若求乙丙弧

與第一題求甲丙弧法同（甲角易乙角甲丙弧易乙丙弧）

若求甲角

與第一題求乙角法同（甲乙角互易）

第三題

設如甲乙丙正弧三角形有兩直角有甲角二十三度三十分甲丙弧四十二度三十一分二十二秒求乙丙弧（用本形）

一率　半徑　一〇〇〇〇〇〇〇　對數　一〇〇〇〇〇〇〇

二率　甲角正切　〇四三四八一二四　〇九六三八三〇二

三率　甲丙弧正弦　〇六七五八八二一　〇九八二九八七七

四率　乙丙弧正切　〇二九三八八一九　〇九四六八一七九

檢表得十六度二十二分三十八秒為乙丙距緯弧度

若求甲乙弧用本形

一率　甲角餘弦　〇九一七六〇一一　對數　〇九九六二三九八

二率　半徑　一〇〇〇〇〇〇〇　一〇〇〇〇〇〇〇

三率　甲丙弧正切　〇九一七六〇一一　〇九九六二三九八

			對數
四率	甲乙弧正切	一〇〇〇〇〇〇〇	一〇〇〇〇〇〇〇

檢表得四十五度爲甲乙黃道弧度

若求乙角用次形

			對數
一率	半徑	一〇〇〇〇〇〇〇	一〇〇〇〇〇〇〇
二率	甲丙弧餘弦	〇七三七〇〇九八	〇九八六七四六八
三率	甲角正弦	〇三九八七四九一	〇九六〇〇六九九
四率	乙角餘弦	〇二九三八八二〇	〇九四六八一六四

檢表得七十二度五十四分三十四秒爲黃道交極圈乙角度

第四題

設如甲乙丙正弧三角形有丙直角有乙角七十二度五十四分三十四秒乙丙弧十六度二十二分三十八秒求甲丙弧

與第三題求乙丙弧法同（甲角易乙角乙丙弧與甲丙弧互易）

若求甲乙弧

與第三題求甲乙弧法同（甲角易乙角甲丙弧與乙丙弧互易）

若求甲角

與第三題求乙角法同（甲丙弧易乙丙弧甲角與乙角互易）

第五題

設如甲乙丙正弧三角形有丙直角有甲角二十三度三十分乙丙弧十六度二十二分三十八秒求甲乙弧用本形

一率　甲角正弦　○三九八七四九一　對數　○九六○○六九九

二率　半徑　一○○○○○○○　一○○○○○○○

三率　乙丙弧正弦　○二八一九五八二　○九四五○一八四

四率　甲乙弧正弦　○七○七一○六八　○九八四九四八五

檢表得四十五度為甲乙黃道弧度

若求甲丙弧用本形

一率　甲角正切　○四三四八一二四　對數　○九六三八三○二

二率　半徑　一○○○○○○○　一○○○○○○○

三率　乙丙弧正切　○二九三八八一九　○九四六八一七九

四率　甲丙弧正弦　○六七五八八二一　○九八二九八七七

檢表得四十二度三十一分二十二秒爲甲丙赤道弧度

若求乙角用次形

一率　乙丙弧餘弦　○九五九四二六七　對數　○九九八二○二○

二率　甲角餘弦　○九一七○六○一　○九九六三三九八

三率　半徑　一○○○○○○○　一○○○○○○○

四率　乙角正弦　○九五五八四一七　○九九八○三七八

檢表得七十二度五十四分三十四秒爲黃道交極圈乙角度

第六題

設如甲乙丙正弧三角形有丙直角有乙角七十二度五十四分三十四秒甲丙弧四十二度三十一分二十二秒

求甲乙弧

與第五題求甲乙弧法同甲角易乙角乙丙弧易甲丙弧

若求乙丙弧

與第五題求甲丙弧法同甲角易乙角甲丙弧與乙丙弧互易

若求甲角

與第五題求乙角法同乙丙弧易甲丙弧甲角與乙角互易

第七題

設如甲乙丙正弧三角形有丙直角有甲乙弧四十五度甲丙弧四十二度三十一分二十二秒求甲角用本形

率	名	數	對數
一率	甲乙弧正切	一〇〇〇〇〇〇〇	一〇〇〇〇〇〇〇
二率	甲丙弧正切	〇九一七〇六〇一	〇九九六二三九八
三率	半徑	一〇〇〇〇〇〇〇	一〇〇〇〇〇〇〇
四率	甲角餘弦	〇九一七〇六〇一	〇九九六二三九八

檢表得二十三度三十分爲黃赤相交之甲角度

若求乙丙弧用次形

一率　甲丙弧餘弦　○七三七○○九八　對數　○九八六七四六五

二率　半徑　一○○○○○○○　對數　一○○○○○○○

三率　甲乙弧餘弦　○七○七一○六八　對數　○九八四九四八五

四率　乙丙弧餘弦　○九五九四二六七　對數　○九九八二○二○

檢表得十六度二十二分三十八秒爲乙丙距緯弧度

若求乙角用本形

一率　甲乙弧正弦　○七○七一○六八　對數　○九八四九四八五

二率　甲丙弧正弦　○六七五八八二一　對數　○九八二九八七七

三率　半徑　一〇〇〇〇〇〇〇　一〇〇〇〇〇〇〇

四率　乙角正弦　〇九五五八四一六　〇九九八〇三九二

檢表得七十二度五十四分三十四秒為黃道交極圈乙角度

第八題

設如甲乙丙正弧三角形有丙直角有甲乙弧四十五度乙丙弧十六度二十二分三十八秒求甲角

與第七題求乙角法同（甲丙弧易乙丙弧乙角易甲角）

若求甲丙弧

與第七題求乙丙弧法同（甲丙弧與乙丙弧互易）

若求乙角

與第七題求甲角法同甲丙弧易乙丙弧甲角易乙角

第九題

設如甲乙丙正弧三角形有丙直角有甲角二十三度三十分乙角七十二度五十四分三十四秒求甲乙弧形用次

一率　乙角正切　三二五二四六八三　對數　一〇五一二二一三

二率　半徑　一〇〇〇〇〇〇〇　一〇〇〇〇〇〇〇

三率　甲角餘切　二二九九八四二五　一〇三六一六九八

四率　甲乙弧餘弦　〇七〇七一〇六八　〇九八四九四八五

檢表得四十五度為甲乙黃道弧度

若求甲丙弧 用次形

一率 甲角正弦 〇三九八七四九一 對數 〇九六〇〇六九九

二率 乙角餘弦 〇二九三八八二〇 〇九四六八一六四

三率 半徑 一〇〇〇〇〇〇〇 一〇〇〇〇〇〇〇

四率 甲丙弧餘弦 〇七三七〇〇九八 〇九八六七四六五

檢表得四十二度三十一分二十二秒為甲丙赤道弧度

若求乙丙弧

與本題求甲丙弧法同 甲角與乙角互易 甲丙弧易乙丙弧

第十題

設如甲乙丙正弧三角形有丙直角有甲丙弧四十二度三十一分二十二秒乙丙弧十六度二十二分三十八秒求甲角用本形

一率　甲丙弧正弦　〇六七五八八二一　對數　九〇九八二九八七七

二率　乙丙弧正切　〇二九三八八一九　八〇九四六八一七九

三率　半徑　一〇〇〇〇〇〇〇　一〇〇〇〇〇〇〇〇

四率　甲角正切　〇四三四八一〇九　八〇九六三八三〇二

檢表得二十三度三十分爲黄赤交角度

若求甲乙弧 用次形

			對數
一率	半徑	一〇〇〇〇〇〇〇	一〇〇〇〇〇〇〇
二率	甲丙弧餘弦	〇七三七〇〇九八	〇九八六七四六五
三率	乙丙弧餘弦	〇九五九四二六七	〇九九八二〇二〇
四率	甲乙弧餘弦	〇七〇七一〇六八	〇九八四九四八五

檢表得四十五度為甲乙黃道弧度

若求乙角

與本題求甲角法同 甲丙弧與乙丙弧互易甲角易乙角

正弧三角形四率比例表

一率	二率	三率	四率
半徑	甲乙角正弦	甲乙弧正弦	乙丙甲丙弧正弦
半徑	甲乙角餘弦	甲乙弧正切	甲丙乙丙弧正切
甲乙弧餘弦	甲乙角餘切	半徑	乙甲角正切
半徑	甲乙角正切	甲丙乙丙弧正弦	乙丙甲丙弧正切

一率	二率	三率	四率
甲乙角餘弦	半徑	甲丙乙丙弧正切	甲乙弧正切
半徑	甲丙乙丙弧餘弦	甲乙角正弦	乙甲角餘弦
甲乙角正弦	半徑	乙丙甲丙弧正弦	甲乙弧正弦
甲乙角正切	半徑	乙丙甲丙弧正切	甲丙乙丙弧正弦

一率	二率	三率	四率
乙丙 甲丙 弧餘弦	甲 乙 角餘弦	半徑	乙 甲 角正弦
甲乙弧正切	甲丙 乙丙 弧正切	半徑	甲 乙 角餘弦
甲丙 乙丙 弧餘弦	半徑	甲乙弧餘弦	乙丙 甲丙 弧餘弦
甲乙弧正弦	甲丙 乙丙 弧正弦	半徑	乙 甲 角正弦
乙角正切	半徑	甲角餘切	甲乙弧餘弦
甲 乙 角正弦	乙 甲 角餘弦	半徑	甲丙 乙丙 弧餘弦
甲丙 乙丙 弧正弦	乙丙 甲丙 弧正切	半徑	甲 乙 角正切
半徑	甲丙弧餘弦	乙丙弧餘弦	甲乙弧餘弦

斜弧三角形

正弧三角有直角斜弧三角無直角猶平三角之有鋭鈍也今約以三法一曰邊角比例二曰垂弧三曰總較不論角之鋭鈍邊之大小並視先所知之三件爲斷總較法不便用對數另立對數總較法及各簡法通之各設例如左

邊角比例法

斜弧三角所知三件有對所知之邊角又有對所求之邊角則用邊角比例法　如甲乙丙斜弧三角形欲求丙角則甲角爲所知之角甲乙邊爲對所求之邊乙丙邊爲

對所知之邊法以對所知之乙丙邊正弦與對所求之甲乙邊正弦之比同於所知之甲角正弦與所求丙角正弦之比若求甲乙邊則以對所知之乙角正弦與對所求之丙角正弦之比同於所知之甲丙邊正弦與所求甲乙邊正弦之比

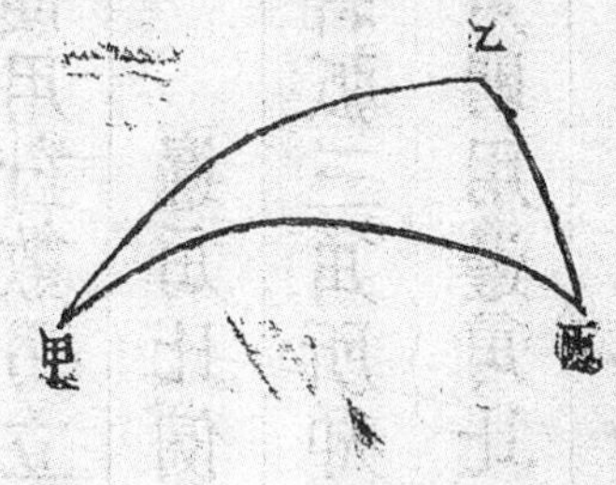

設如申正初刻測得太陽高三十二度地平經度偏西八十一度四十三分四十八秒求太陽距赤道緯度

如圖甲爲北極乙爲天頂丙爲太陽乙子戊巳爲子午

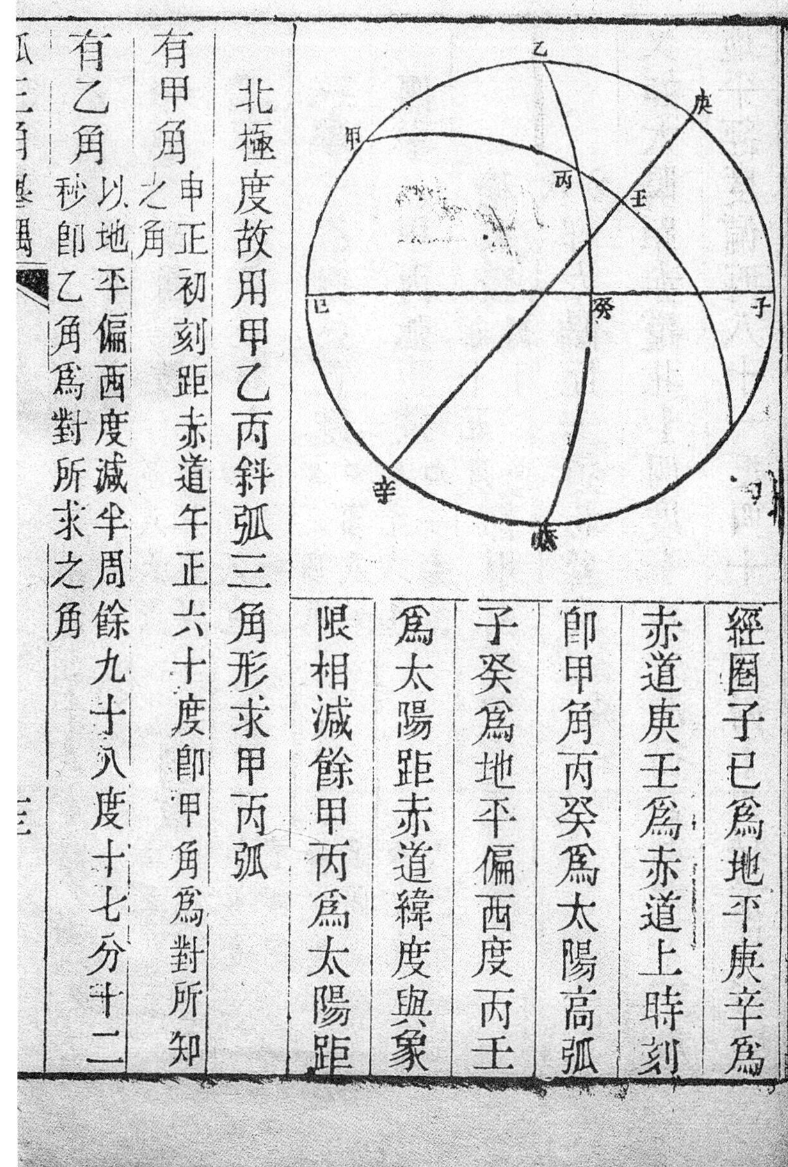

經圈子巳爲地平庚辛爲赤道庚壬爲赤道上時刻卽甲角丙癸爲太陽高弧子癸爲地平偏西度丙壬爲太陽距赤道緯度與象限相減餘甲丙爲太陽距北極度故用甲乙丙斜弧三角形求甲丙弧

有甲角 申正初刻距赤道午正六十度卽甲角爲對所知之角

有乙角 以地平偏西度減半周餘九十八度十七分十二秒卽乙角爲對所求之角

有乙丙弧所知之邊以太陽高度減象限餘五十八度即乙丙弧為

			對數
一率	甲角正弦	○八六六○二五四	○九九三七五三一
二率	乙角正弦	○九八九五五九三	○九九九五四四二
三率	乙丙弧正弦	○八四八○四八一	○九九二八四二○
四率	甲丙弧正弦	○九六九○一七六	○九九八六三三一

檢表得七十五度四十二分即甲丙弧度以減象限餘十四度十八分即太陽距赤道北緯度檢表用餘度省減象限

又如太陽距赤道北十四度十八分測得高弧三十二度地平經度偏西八十一度四十二分四十八秒求是何時

刻

法用甲乙丙斜弧三角形求甲角圖見上

有乙角以地平偏西度減半周餘九十八度十七分十二秒即乙角爲所知之角

有甲丙弧以太陽距赤道北緯度減象限餘七十五度四十二分即甲丙弧爲對所知之邊

有乙丙弧以太陽高度減象限餘五十八度即乙丙弧爲對所求之邊

			對數
一率	甲丙弧正弦	○九六九○一七六	○九九八六三三一
二率	乙丙弧正弦	○八四八○四八一	○九九二八四二○
三率	乙角正弦	○九八九五五九三	○九九九五四四二
四率	甲角正弦	○八六六○二五四	○九九三七五三一

檢表得六十度即甲角度變時得二大時自午正後推之爲申正初刻變時法三十度爲一大時十五度爲一小時三度四十五分爲一刻七度三十分爲二刻十一度十五分爲三刻一度爲時之四分十五分爲一分一分爲四秒十五秒爲一秒

垂弧法

斜弧三角所知三件有對所知之邊角無對所求之邊角則用垂弧法

垂弧形內　如甲乙丙斜弧三角形有甲角有甲乙邊有乙丙邊求乙角及甲丙邊法從乙角作乙丁垂弧於形

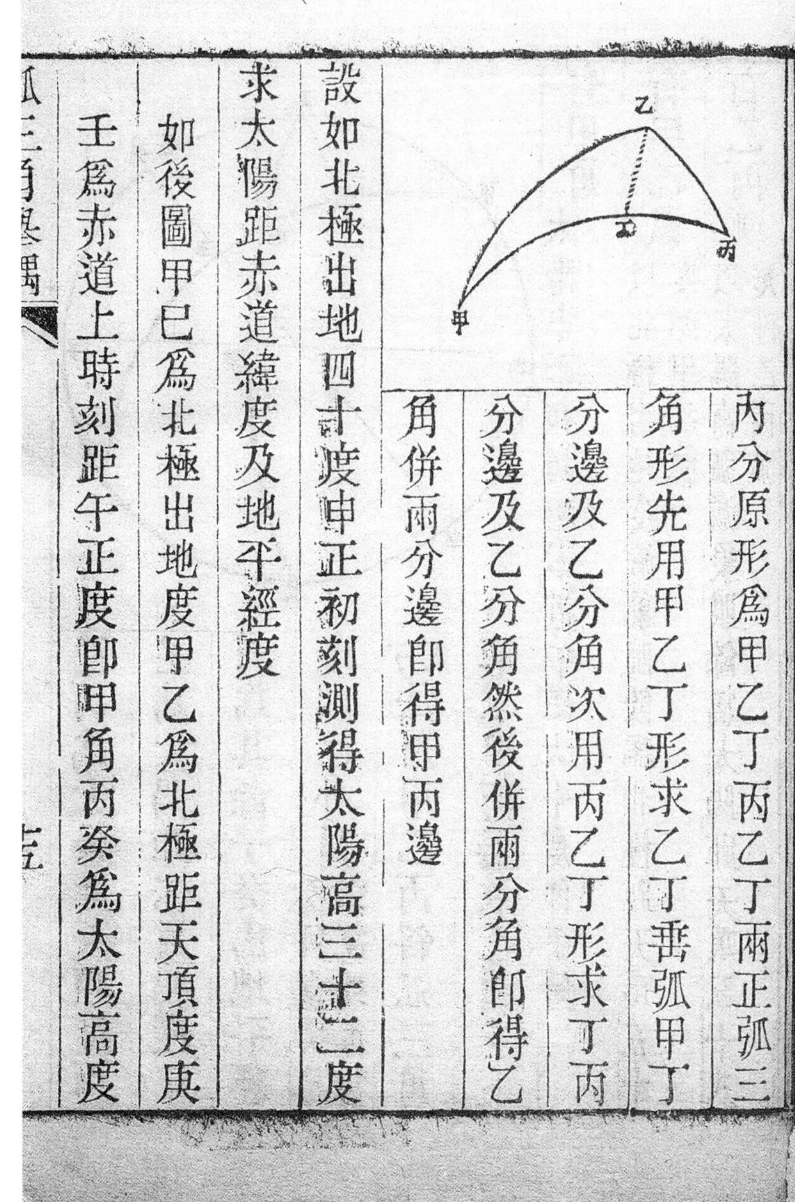

丙分原形爲甲乙丁丙乙丁兩正弧三角形先用甲乙丁形求乙丁垂弧甲丁分邊及乙分角次用丙乙丁形求丁丙分邊及乙分角然後併兩分角卽得乙角併兩分邊卽得甲丙邊

設如北極出地四十度申正初刻測得太陽高三十二度求太陽距赤道緯度及地平經度

如後圖甲巳爲北極出地度甲乙爲北極距天頂度庚壬爲赤道上時刻距午正度卽甲角丙癸爲太陽高度

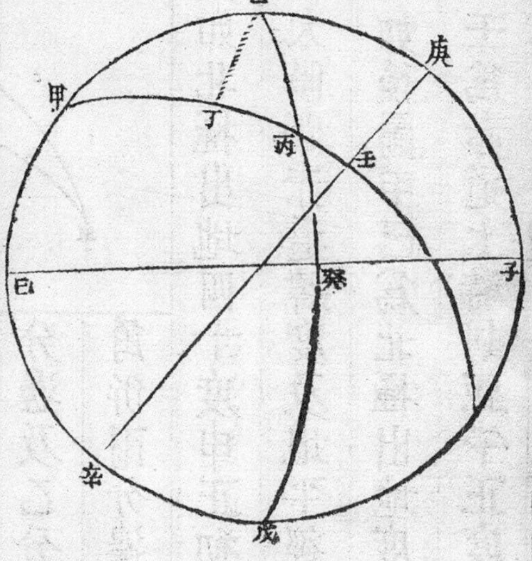

乙丙爲太陽距天頂度丙壬爲太陽距赤道緯度甲丙爲其餘子癸爲地平經度即乙外角乙角當癸巳弧故外角當子癸法用甲乙丙斜弧三角形求甲丙邊及乙角

有甲角　太陽申正初刻距赤道午正六十度即甲角

有甲乙弧　以北極出地度減象限餘爲北極距天頂五十度即甲乙弧

有乙丙弧　以太陽高弧減象限餘爲太陽距天頂五十八度即乙丙弧

有對所知之弧無對所求之弧乃從乙角作乙丁垂弧於形內分爲甲乙丁丙乙丁兩正弧三角形

先求甲乙丁形之乙丁垂弧法 用正弧三角第一題求乙丙

			對數
一率	半徑 卽丁角正弦	一〇〇〇〇〇〇〇	一〇〇〇〇〇〇〇
二率	甲角正弦	〇八六六〇〇五四	〇九九三七五三一
三率	甲乙弧正弦	〇七六六〇四四四	〇九八八四二五四
四率	乙丁弧正弦	〇六六三四一三九	〇九八二一七八五

檢表得四十一度三十三分三十九秒卽乙丁弧度

次求甲乙丁形之甲丁分邊弧法 用正弧三角第一題求甲丙

一率　半徑　一〇〇〇〇〇〇〇　對數一〇〇〇〇〇〇〇

二率　甲角餘弦　〇五〇〇〇〇〇〇　〇九六九八九七〇

三率　甲乙弧正切　一一九一七五三六　一〇〇七六一八六

四率　甲丁弧正切　〇五九五八七六八　〇九七七五一五六

檢表得三十度四十七分二十二秒　即甲丁弧度

次求甲乙丁形之乙分角　用正弧三角第七題求乙角法

一率　甲乙弧正弦　〇七六六〇四四四　對數〇九八八四二五四

二率　甲丁弧正弦　〇五一一八八八八　〇九七〇九一七二

三率　半徑　一〇〇〇〇〇〇〇　一〇〇〇〇〇〇〇

四率　乙分角正弦　○六六八二二三四　　○九八二四九一八

檢表得四十一度五十五分四十八秒卽乙分角度

次求丙乙丁形之丁丙分邊弧法　用正弧三角第八題求甲丙

一率　乙丁弧餘弦　○七四八二五二六　對數　○九八七四○四八

二率　乙丙弧餘弦　○五二九九一九三　　四二九七二一○

三率　半徑　一○○○○○○○　　一○○○○○○○

四率　丁丙弧餘弦　○七○八二○九一　　○九八五○一六二

檢表得四十四度五十四分三十八秒卽丁丙弧度

次求丙乙丁形之乙分角　用正弧三角第八題求甲角法

一率　乙丙弧正弦　○八四八○四八一　對數　○九九二八四二○

二率　丁丙弧正弦　○七○六○○二七　○九八四八八○六

三率　半徑　一○○○○○○○　一○○○○○○○

四率　乙分角正弦　○八三二五○三一　○九九二○三八六

檢表得五十六度二十一分二十四秒即乙分角度乃以甲丁丁丙相併得七十五度四十二分○一秒即甲丙太陽距北極度以減象限餘十四度十七分五十九秒即太陽距赤道北緯度如甲丙大於象限則減去象限餘為太陽距赤道南緯度兩乙分角相併得九十八度十七分十二秒以減半周餘八十一度四十二分四十八秒即太陽

距午正偏西地平經度

垂弧形外　如甲乙丙斜弧三角形有甲角有乙角有乙丙邊求甲乙邊及丙角則自丙角作丙丁垂弧於形外將甲乙引長至丁成甲丙丁乙丙丁兩正弧三角形先用乙丙丁形求丙丁虛弧乙丁虛弧及丙虛角

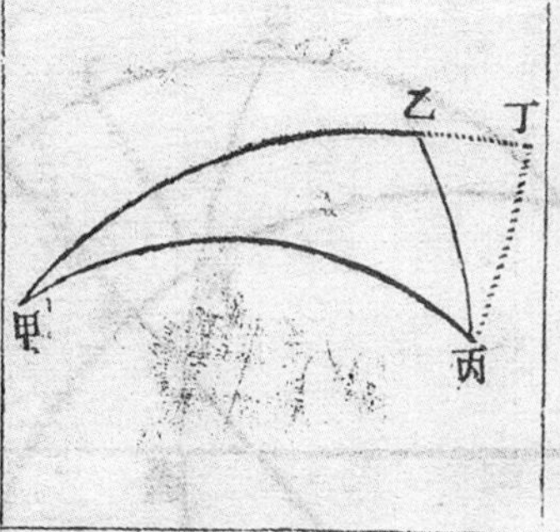

次用甲丙丁形求甲丁總弧及丙總角然後於甲丁總弧內減乙丁虛弧即得甲乙邊於丙總角內減丙虛角即得丙角

設如申正初刻測得太陽高三十二度地平經度偏西八十一度四十二分四十八秒求北極出地度

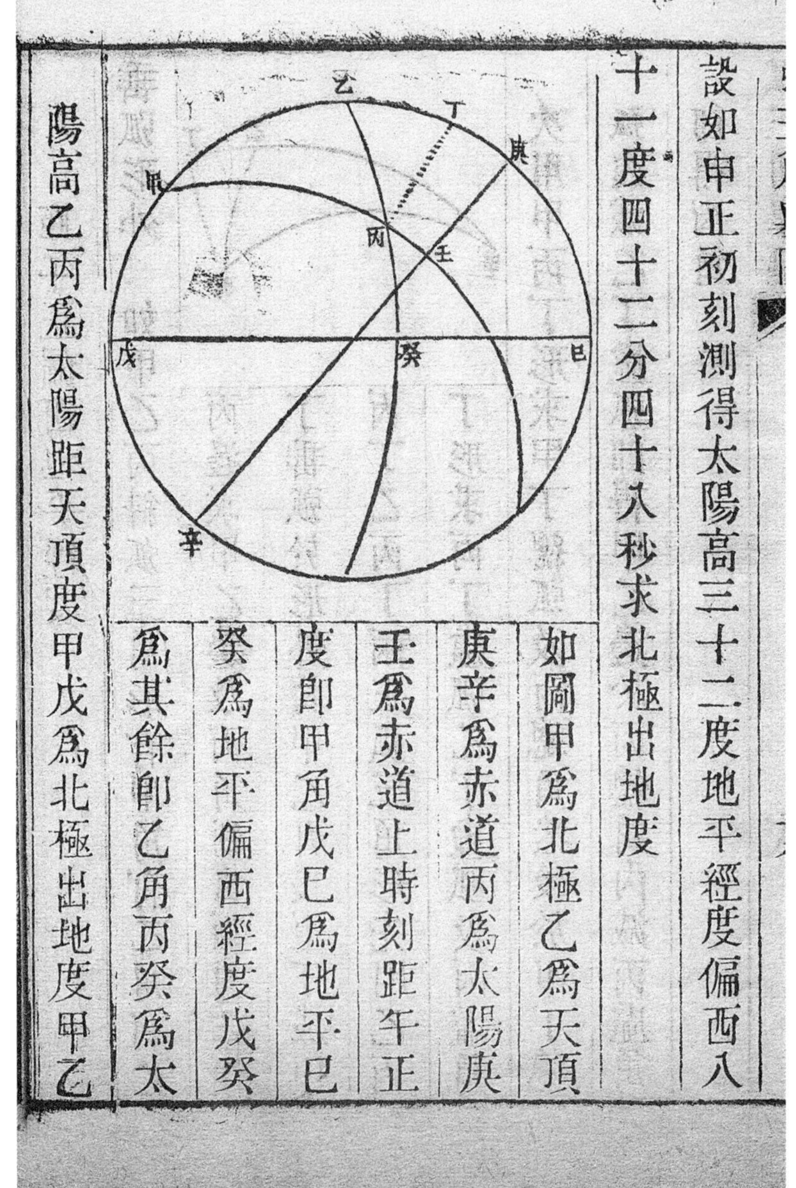

如圖甲爲北極乙爲天頂庚辛爲赤道丙爲太陽庚壬爲赤道上時刻距午正度卽甲角戊巳爲地平巳癸爲地平偏西經度戊癸爲其餘卽乙角丙癸爲太陽高乙丙爲太陽距天頂度甲戊爲北極出地度甲乙

爲北極距天頂度法用甲乙丙斜弧三角形求甲乙邊

有甲角 太陽申正初刻距赤道午正六十度卽甲角

有乙角 以地平經度減半周餘九十八度十七分十二秒卽乙角

有乙丙弧 以太陽高度減象限餘爲太陽距天頂五十八度卽乙丙弧

有對所知之弧無對所求之弧乃從丙角作丁丙垂弧

於形外補成甲丁丙乙丁丙兩正弧三角形

先求乙丁丙形之丁丙虛弧 用正弧三角第一題求乙丙弧法

			對數
一率	半徑	一〇〇〇〇〇〇〇	一〇〇〇〇〇〇〇
二率	乙角正弦	〇九八九五五九三	〇九九九五四四二

三率　乙丙弧正弦　〇八四八四八一　　〇九九二八四二〇

四率　丁丙弧正弦　〇八三九一九三九　　〇九九二八三六二

　檢表得五十七度〇三分十八秒即丁丙虛弧度

次求乙丁丙形之乙丁虛弧用正弧三角第一題求甲丙弧法

一率　半徑　一〇〇〇〇〇〇〇　對數　一〇〇〇〇〇〇〇

二率　乙角餘弦　〇一四四一二六〇　　〇九一五八七四二

三率　乙丙弧正切　一六〇〇三三四五　　一〇二〇四二一一

四率　乙丁弧正切　〇二三〇六四九八　　〇九三六二九五三

　檢表得十二度五十九分十七秒即乙丁虛弧度

次求甲丁丙形之甲丁總弧用正弧三角第五題求甲丙弧法

一率　甲角正切　一七三二〇五〇八　對數　一〇二三八五六一

二率　半徑　一〇〇〇〇〇〇〇　一〇〇〇〇〇〇〇

三率　丁丙弧正切　一五四三一〇五九　一〇一八八三九六

四率　甲丁弧正弦　〇八九〇九一二六　〇九九四九八三五

檢表得六十二度五十九分十七秒　即甲丁總弧度　乃以甲

丁乙丁相減餘五十度　即甲乙北極距天頂度以減

象限餘四十度　即北極出地度

總較法

斜弧三角或三邊求角或三角求邊或兩邊一角而角在兩邊之間或兩角一邊而邊在兩角之間無相對之邊角者俱用總較法

如三邊求角則以所求角傍兩邊相加爲總弧相減爲較弧各取其餘弦相加減（總弧較弧俱不過象限或俱過象限則兩餘弦相減若一過一不過則相加若過兩象限與過一象限同過三象限與不過同）折半爲中數又以對邊之正矢與較弧之正矢相減爲矢較（凡角度過象限爲鈍角弧度過象限爲過弧所用諸線皆與減半周餘度同惟矢則有正矢大矢之別弧角度在象限內用正矢即半徑減餘弦也過象限用大矢即餘弦加半徑也）乃以中數與矢較之比同於半徑與

所求角正矢之比既得正矢與半徑相減得所求角餘弦

設如北極出地三十二度夏至太陽赤道北二十三度二十九分求昏旦時刻

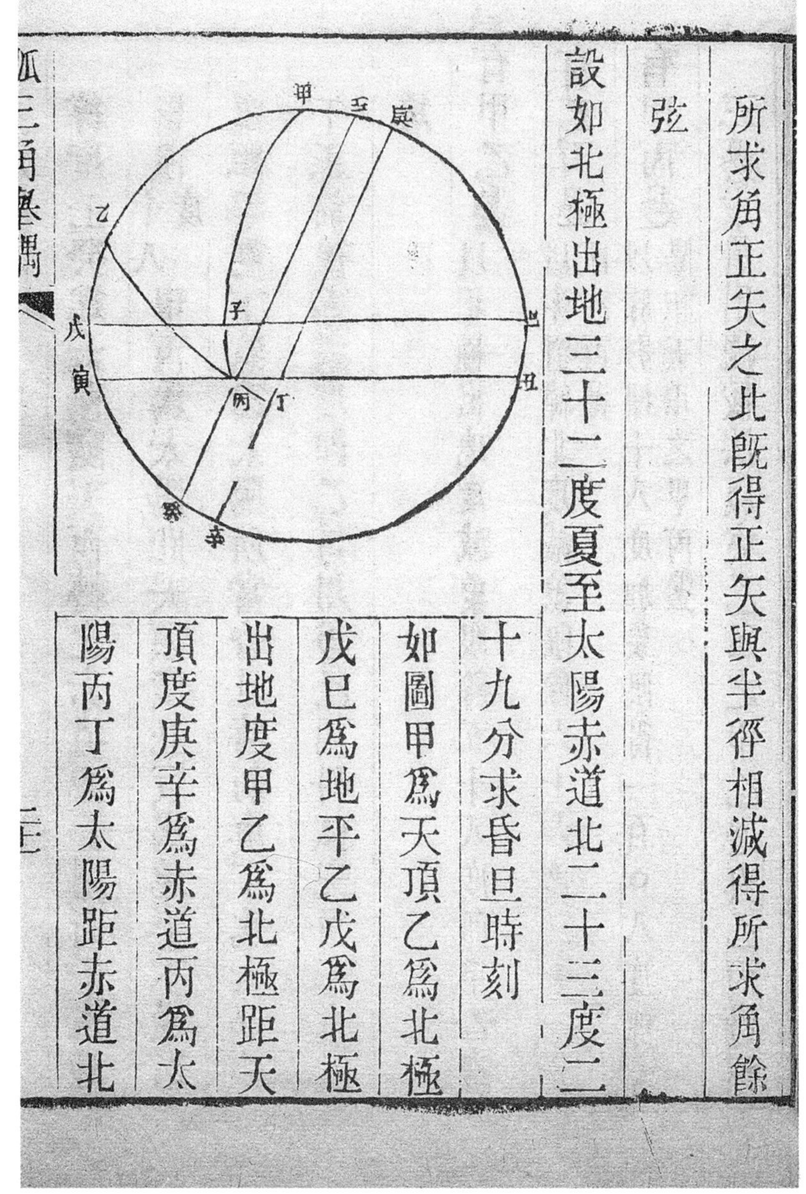

如圖甲爲天頂乙爲北極戊巳爲地平乙戊爲北極出地度甲乙爲北極距天頂度庚辛爲赤道丙爲太陽丙丁爲太陽距赤道北

緯度壬癸爲太陽隨天西轉之赤道距等圈丙子爲曚影限十八度甲丙爲太陽距天頂度丑寅爲地平下曚影限距等圈丁點爲太陽所當昏旦時刻庚丁爲太陽距午正前後赤道度卽乙角用甲乙丙斜弧三角形求乙角

有甲乙邊以北極出地度減象限餘五十八度卽甲乙邊

有乙丙邊以赤道緯北度減象限餘六十六度三十一分卽乙丙邊

有甲丙邊以曚影限十八度加象限得一百〇八度卽太陽距天頂之甲丙邊

三邊求角用總較法以夾乙角之甲乙邊與乙丙邊相

加得一百二十四度三十一分為總弧其餘弦〇五六六六四五九又兩邊相

減餘八度三十一分為較弧其餘弦〇九八八九七二八兩餘弦相加過一

象限一不過象限故相加折半得〇七七七八〇九四為中數又以對乙角之

甲丙邊一百〇八度大矢〇一三〇九〇一七〇與較弧八度三十一分正矢〇〇

一一〇二七二相減餘一二九七九八九八為矢較

一率 中數 〇七七七八〇九四

二率 矢較 一二九七九八九八

三率 半徑 一〇〇〇〇〇〇〇

四率 乙角大矢 一六六八七七六三

於大矢內減半徑餘〇六六八七七六三為乙角餘弦若正矢則與半徑相減檢表得四十八度〇一分四十秒與半周相減餘一百三十一度五十八分二十秒為乙角度即旦刻太陽距午正前昏刻太陽距午正後赤道度變時得八小時三刻〇二分五十三秒與午正十二小時相減得寅初二刻十二分〇七秒即旦刻與午正十二小時相加得戌正三刻〇二分五十三秒即昏刻

若三角求邊則用次形法易邊為角易角為邊求之　如甲乙丙斜弧三角形可易為癸子丑形法設本形引乙甲作圜次引乙丙至辰引甲丙至巳並半周次以甲為

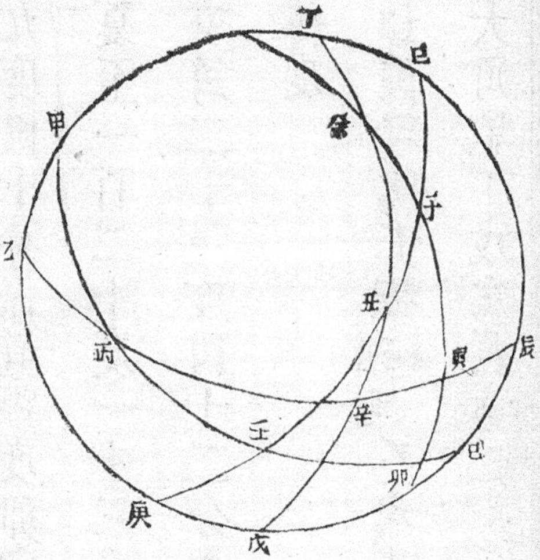

心作巳子丑壬庚弧以乙爲心作癸子寅卯弧三弧相交別成一癸子丑形與本形相當而本形之角盡易爲邊邊盡易爲角甲角之度當庚壬而庚壬與子丑等故本形甲角即次形丑子邊乙外角之度當辛戊而辛戊與丑癸等故本形乙外角即次形丑癸邊丙角之度當寅卯而寅卯與子癸等故本形丙角即次形子癸邊是本形三角即次形三邊也又次形癸角之度當寅辛而寅辛與乙丙等故次形癸角即本形乙丙邊子外角之度當卯壬而卯壬與甲丙等故次形子外角即本形甲丙邊丑角之度當戊庚

而戊庚與甲乙等故次形丑角即本形甲乙邊是次形三角亦即本形三邊也仍用總較法求得次形之三角即得本形之三邊

設如大角星黃道經度卯宮十九度四十分距夏至一百〇九度四十分赤道經度卯宮初度一十三分四十四秒距夏至一百二十度一十三分四十四秒黃赤兩過極經圈交角二十三度四十二分四十五秒求黃道緯度及赤道緯度

如圖甲為赤極即北極乙為黃極甲乙為兩極距度丙為大角星丁戊為黃道巳庚為赤道丁辛為黃道經度即

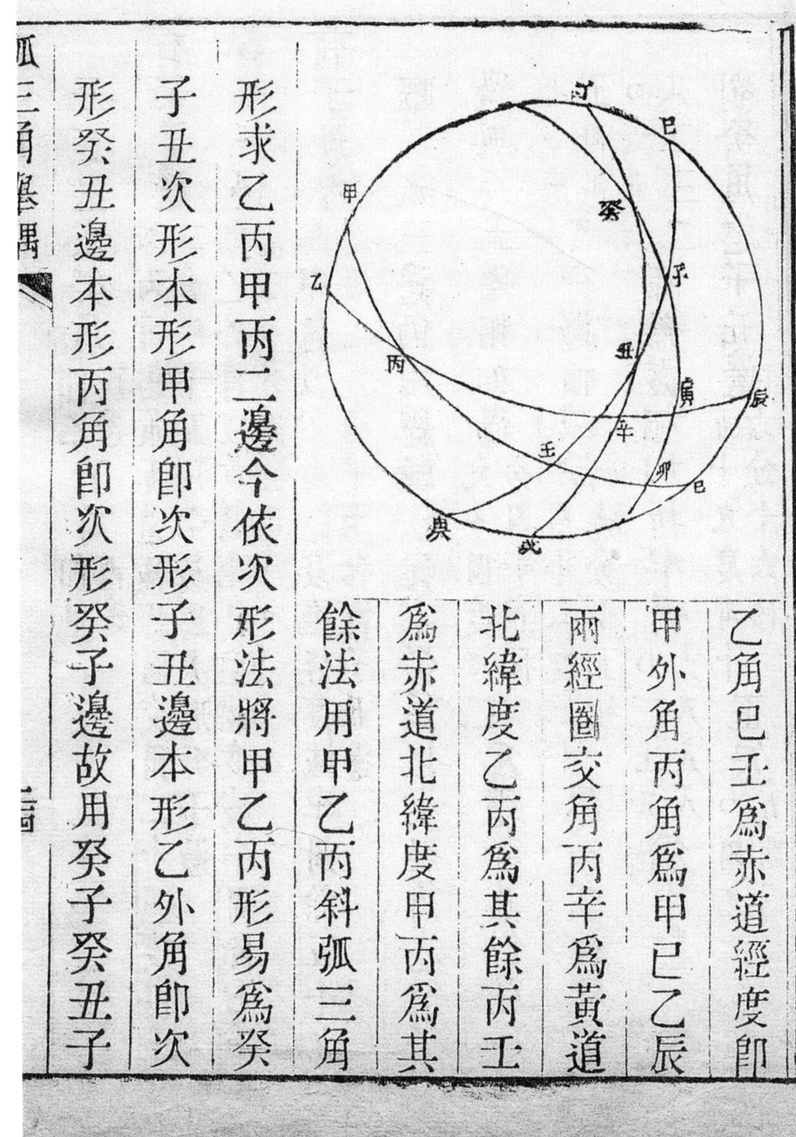

乙角巳壬爲赤道經度即甲外角丙角爲甲巳乙辰兩經圈交角丙辛爲黃道北緯度乙丙爲其餘丙壬爲赤道北緯度甲丙爲其餘法用甲乙丙斜弧三角形求乙丙甲丙二邊今依次形法將甲乙丙形易爲癸子丑次形本形甲角即次形子丑邊本形乙外角即次形癸丑邊本形丙角即次形癸子邊故用癸子癸丑子

丑三邊求癸角即乙丙邊子角即甲丙邊

有癸子邊即丙角爲黃赤過極經圈交角二十三度四十二分四十五秒今易爲次形癸子邊

有癸丑邊即乙外角以黃道距夏至經度減半周餘七十度二十分即癸丑邊

有子丑邊即甲角以赤道距夏至經度減半周餘五十九度四十六分十六秒即子丑邊

既易爲三邊仍用總較法先求癸角以夾癸角之癸子邊與癸丑邊相加得九十四度〇二分四十五秒爲總弧其餘弦〇〇七〇五五四四又兩邊相減餘四十六度三十七分十五秒爲較弧其餘弦〇六八六八二三二兩餘弦相加折半得〇三七八六八八八爲中數又以對癸角之子丑邊五十九度四十六分十六秒正矢〇四九六五四四五與較

弧四十六度三十七分十六秒　正矢〇三一三一七六八相減餘〇一八三三六七七爲

矢較

一率　中數　〇三七八六八八八

二率　矢較　〇一八三三六七七

三率　半徑　一〇〇〇〇〇〇〇

四率　癸角正矢　〇四八四二一七四

以正矢減半徑餘〇五一五七八二六爲癸角餘弦檢表得

五十八度五十七分即癸角度亦即乙丙邊度以減象限餘

三十一度〇三分即黃道北緯度既得乙丙邊再以對邊

對角法求甲丙邊

一率　甲角正弦〇八六四〇二一一

二率　乙角正弦〇九四一六六六五

三率　乙丙弧正弦〇八五六七一七五

四率　甲丙弧正弦〇九三三七〇六五

檢表得六十九度〇一分十三秒即甲丙弧度以減象限餘二十度五十八分四十七秒　即赤道北緯度

若知兩邊一角而角在兩邊之間則以半徑與所知角正矢鈍角則用大矢之比同於中數與矢較之比既得矢較與較

弧之矢相加即得對邊之矢若大矢減半徑得餘弦查表得度後仍與半周相減方得本弧之度

設如北極出地三十二度巳正初刻夏至太陽距赤道北

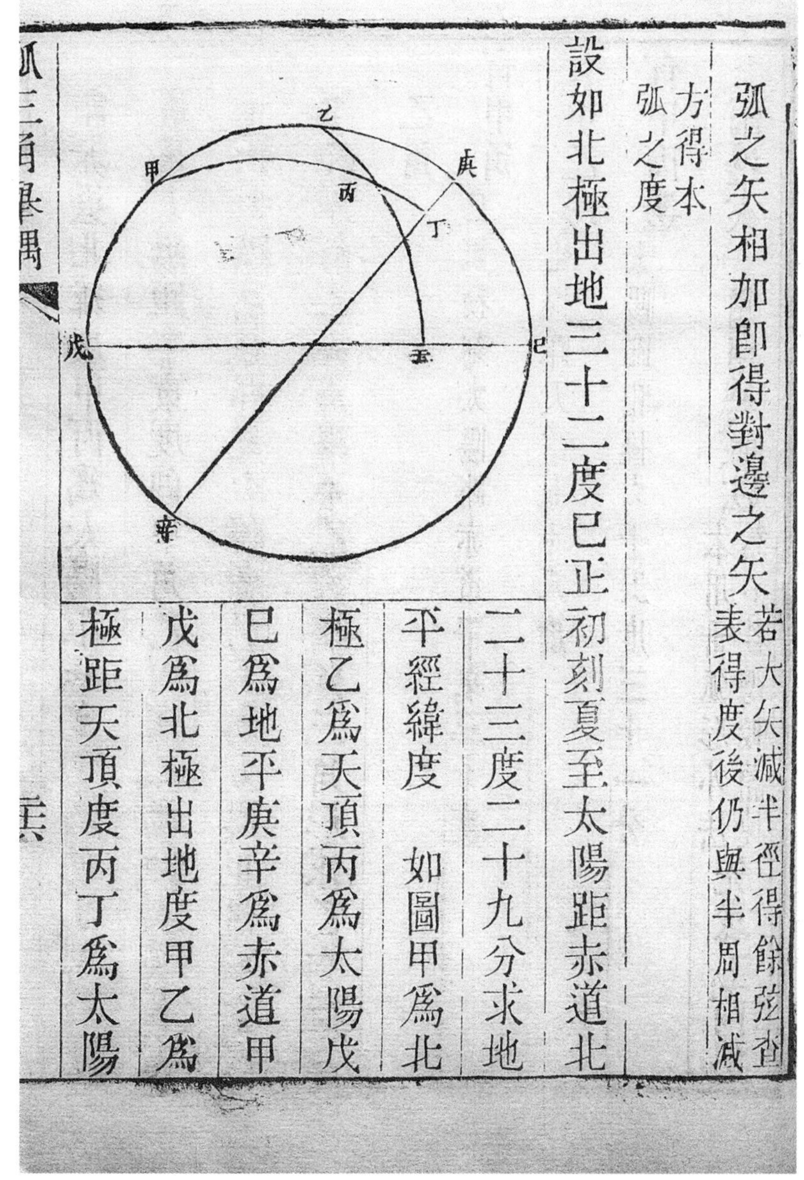

二十三度二十九分求地平經緯度　如圖甲爲北極乙爲天頂丙爲太陽戊巳爲地平庚辛爲赤道甲戊爲北極出地度甲乙爲極距天頂度丙丁爲太陽

距赤道北緯度甲丙爲太陽距極度丁爲巳正初刻丁庚爲太陽距午東度即甲角乙丙爲太陽距天頂度丙壬爲太陽高弧即地平緯度巳壬爲太陽正南偏東地平經度即乙外角用甲乙丙斜弧三角形求乙丙邊及乙角

有甲角　巳正初刻太陽距赤道午東三十度

有甲乙邊　北極距天頂五十八度

有甲丙邊　太陽距北極六十六度三十一分

兩邊夾一角用總較法本用垂弧形外法然不若總較簡捷先求乙丙邊

一率　半徑　一〇〇〇〇〇〇〇

二率　甲角正矢　〇一三三九七四六

三率　中數　〇七七七八〇九四　求中數法見三邊求角條

四率　矢較　〇一〇四二〇六七

既得矢較與較弧八度三十一分正矢〇〇一一〇二七二相加得〇一一五二三三九與半徑相減餘〇八八四七六六一爲乙丙弧餘弦檢表得二十七度四十六分三十八秒爲乙丙弧太陽距天頂度以減象限餘六十二度十三分二十二秒爲丙壬太陽高弧卽地平緯度再以對邊對角法求乙角

一率　乙丙弧正弦　○四六六○三四九

二率　甲丙弧正弦　○九一七一七六○

三率　甲角正弦　○五○○○○○○

四率　乙外角正弦　○九八四○二○七

檢表得七十九度四十四分四十秒為乙外角度即太陽正南偏東地平經度

若知兩角一邊而邊在兩角之間亦用次形法易邊為角易角為邊求之

設如土星黃道經度卯宮二度二十九分距夏至一百二

十二度二十九分赤道經度辰宮二十九度二十分五十秒距夏至一百十九度二十分五十秒黃赤極相距二十三度三十分求黃道緯度及赤道緯度　如圖甲為赤極

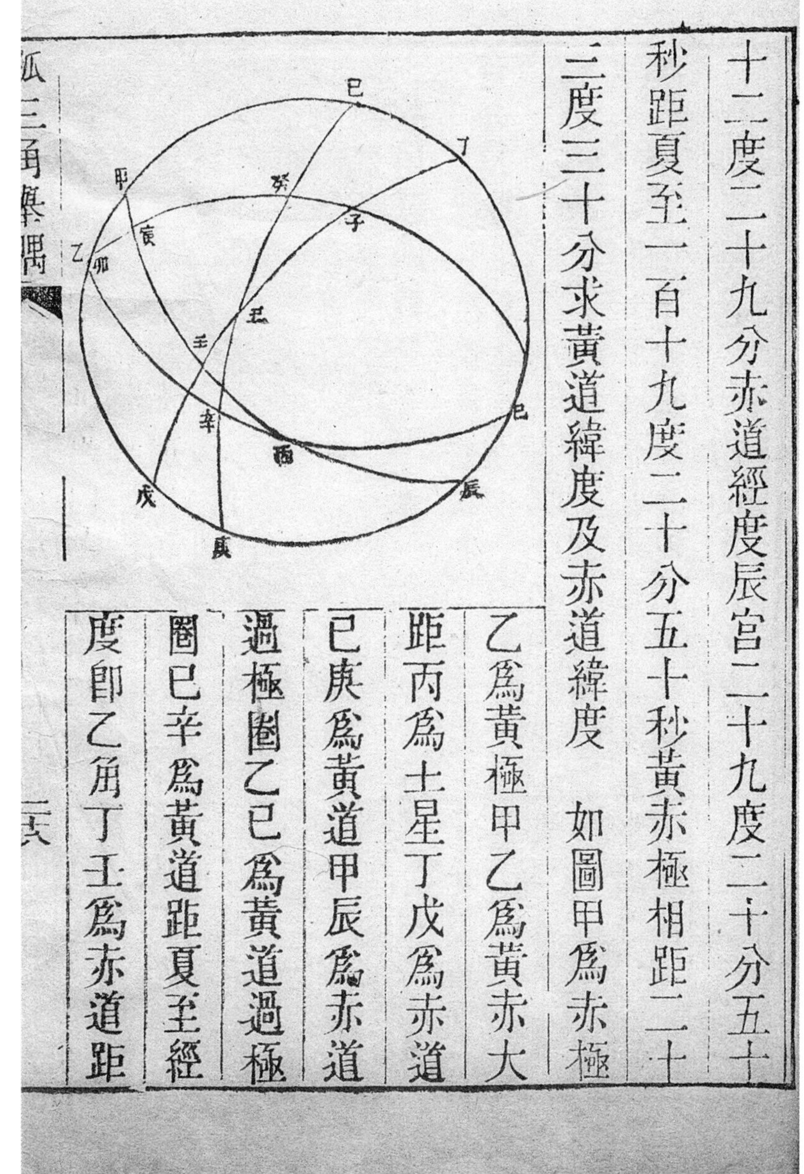

乙為黃極甲乙為黃赤大距丙為土星丁戊為赤道巳庚為黃道甲辰為赤道過極圈乙巳為黃道過極圈巳辛為黃道距夏至經度即乙角丁壬為赤道距

夏至經度即甲外角丙辛爲黄道南緯度乙丙爲星距黄極度丙壬爲赤道南緯度甲丙爲星距赤極度法用甲乙丙斜弧三角形有甲乙二角及甲乙邊求甲丙乙丙二邊今亦依次形法將甲乙丙形易爲癸子丑次形故用丑角及癸丑子丑二邊先求癸子邊即丙角

有丑角即甲乙弧黄赤大距二十三度三十分蓋丑角即秋分角也

有癸丑邊即乙外角以黄道距夏至經度減半周餘五十七度三十一分即癸丑邊

有子丑邊即甲角以赤道距夏至經度減半周餘六十度三十九分一十秒即子丑邊

既易爲兩邊夾一角仍用總較法

一率　半徑　一○○○○○○○○

二率　丑角正矢　○○八二九三九九

三率　中數　○七三五二九一五　求中數法見三邊求角條

四率　矢較　○○六○九八五○

既得矢較與較弧三度○八分一十秒正矢○○○一四九七六相加得○○六二四八二六為癸子弧正矢減半徑餘○九三七五一七四為癸子弧餘弦檢表得二十度二十一分四十一秒為癸子弧度亦即丙角度再以對邊對角法求乙丙邊

一率　丙角正弦　○三四七九三八七

二率　甲角正弦　〇八七一六六五七

三率　甲乙弧正弦　〇三九八七四九一

四率　乙丙弧正弦　〇九九八九五七三

檢表得八十七度二十三分減半周餘九十二度三十七分即乙丙弧度內減象限餘二度三十七分即星距黃道南緯度次求甲丙邊

一率　丙角正弦　〇三四七九三八七

二率　乙角正弦　〇八四三五四七七

三率　甲乙弧正弦　〇三九八七四九一

四率　甲丙弧正弦○九六六七三三一

檢表得七十五度一十分四十六秒減半周餘一百○四度四十九分十四秒

即甲丙弧度內減象限餘十四度四十九分十四秒即星距赤道南緯度

對數總較法

總較法餘弦加減及矢較不便用對數今另立對數總較法通之以下各例八線俱用對數

三邊求角仍用總較法以三邊相加折半爲半總與角旁兩邊各相減爲兩較弧各取其正弦相加得數加半徑

爲初數又以角旁兩邊之兩正弦相加與初數相減得數仍加半徑折半得半角正弦檢表得度倍之得全角度　又法以角旁兩弧相減餘與對弧相加折半爲總弧相減折半爲較弧各取其正弦相加爲初數次四因半徑以角旁兩弧兩正弦減之得數加初數折半減半徑若改四因半徑爲倍半徑則折半即得不須減半徑得數爲半角正弦檢表得度倍之亦得全角度

如前例以三邊求角法求昏旦時刻今以對數馭之法以甲乙乙丙甲丙三邊相加得二百三十二度三十一分折半得一百

十六度十五分三十秒為半總與甲乙邊相減餘五十八度十五分三十秒其正弦〇九九二九六三八又與乙丙邊相減餘四十九度四十四分三十秒其正弦〇九八八二六〇三兩正弦相加得一九八一二二四一加半徑得二九八一二二四一為初數次以角旁甲乙邊五十八度正弦〇九九二八四二〇又乙丙邊六十六度三十一分正弦〇九九六二四五三兩正弦相加得一九八九〇八七三與初數相減餘〇九九二一三六八仍加半徑得一九九二一三六八折半得〇九九六〇六八四為半角正弦檢表得六十五度五十九分一十秒倍之得一百三十一度五十八分二十秒即乙角全度

又法以角旁兩弧相減餘八度三十一分與對弧相加折半得

五十八度十五分三十秒其正弦○九九二九六三八又相減折半得四十九度四十四分三十秒其正弦○九八八二六○三兩正弦相加得一九八一二二四一加倍半徑二○○○○○○○得三九八一二二四一為初數次以角旁甲乙邊正弦○九九二八四二○與乙丙邊正弦○九九六二四五三相加得一九八九○八七三與初數相減餘一九九二一三六八折半得○九九六○六八四為半角正弦檢表得度倍之亦得全角度一法總弧較弧兩正弦相加又與角旁兩弧之兩餘割相加折半得數減半徑亦得半角正弦

若三角求邊亦用次形易為三邊求角然後馭以前術

如前例以三角求邊用次形法求大角星黃赤道緯度

今以對數馭之法先用次形將甲乙丙形易爲癸子丑
次形然後以癸子癸丑子丑三邊相加得一百五十三度四十九分
〇一秒折半得七十六度五十四分三十秒半爲半總與癸子邊相減餘
五十三度十一分四十五秒半其正弦〇九九〇三四六三又與癸丑邊相減餘
六度三十四分三十秒半其正弦〇九〇五八八二〇兩正弦相加得一八九六二二二
八三加半徑得二八九六二二八三爲初數次以角旁癸子邊二十三度
四十二分四分五秒正弦〇九六〇四三八五又癸丑邊七十度二十分正弦〇九九七
三八九七兩正弦相加得一九五七八二八二與初數相減餘〇九三八四〇
〇一仍加半徑得一九三八四〇〇一折半得〇九六九二〇〇一爲半角正

弦檢表得二十九度二十八分三十秒倍之得五十八度五十七分即癸角全度

又法以角旁兩弧相減餘四十六度三十七分十五秒與對弧相加折半得五十三度十一分四十五秒半其正弦〇九九〇三四六三又相減折半得六度三十四分三十秒半其正弦〇九〇五八八二〇兩正弦相加得一八九六二二八三加倍半徑二〇〇〇〇〇〇〇得三八九六二二八三爲初數次以角旁癸子邊正弦〇九六〇四三八五與癸丑邊正弦〇九九七三八九七相加得一九五七八二八二與初數相減餘一九三八四〇〇一折半得〇九六九二〇〇[illegible]爲半角正弦檢表得度倍之亦得全角度

若兩邊夾一角而角在兩邊之間亦用總較法以兩弧相加折半爲總弧兩弧相減折半爲較弧先以總弧餘弦與較弧餘弦之比同於角度折半餘切與兩角半較正切之比又以總弧正弦與較弧正弦之比同於角度折半餘切與兩角半較正切之比俱檢表得度相加爲近大邊角度相減爲近小邊角度既得兩角度任取一角用對邊對角法求之即得又一邊

如前例以兩邊夾一角法求地平經緯度今以對數馭之

一率　甲乙甲丙弧相加折半六十二度十五分三十秒　餘弦○九六六七九○六

二率　甲乙甲丙弧相減折半四度十五分三十秒　餘弦○九九九八七九九

三率　甲角三十度折半十五度　餘切一○五七一九四七

四率　兩角半較　正切一○九○二八四○

檢表得八十二度五十二分一十五秒

一率　甲乙甲丙弧相加折半六十二度十五分三十秒　正弦○九九四六九七○

二率　甲乙甲丙弧相減折半四度十五分三十秒　正弦○八八七○七一七

三率　甲角三十度折半十五度　餘切一○五七一九四七

四率　兩角半較　正切○九四九五六九四

檢表得十七度二十三分○九秒二算相加得一百度○十五分二十四秒爲乙角減半周餘七十九度四十四分三十六秒即乙外角已壬地平經度二算相減餘六十五度二十九分十五秒即丙角度亦即黃赤過極經圈交角度既得乙角再以對邊對角法求得乙丙弧度減象限即得地平經度法見前

若兩角夾一邊而邊在兩角之間亦用次形易爲兩邊夾一角然後馭以前術

如前例以兩角夾一邊用次形法求土星黃赤道緯度

今以對數馭之法先用次形法將甲乙丙形易爲癸子

丑次形然後依前術求之

一率　癸丑子丑弧相加折半五十九度○五分○五秒餘弦○九七一○七六九

二率　癸丑子丑弧相減折半一度三十四分○五秒餘弦○九九九九八三七

三率　丑角折半一十一度四十五分餘切一○六八一九三六

四率　兩角半較正切一○九七一○○四

檢表得八十三度五十三分五十三秒

一率　癸丑子丑弧相加折半五十九度○五分○五秒正弦○九九三三四五一

二率　癸丑子丑弧相減折半一度三十四分○五秒正弦○八四三七一八四

三率　丑角折半一十一度四十五分餘切一○六八一九三六

四率　兩角半較　正切○九一八五六六九

檢表得八度四十三分○七秒　二算相加得九十二度三十七分為

癸外角即乙丙弧度內減象限餘二度三十七分即星距

黃道南緯度二算相減餘七十五度一十分四十六秒　為子角

減半周餘一百○四度四十九分十四秒即甲丙弧度內減象限

餘十四度四十九分十四秒即星距赤道南緯度

丙吉問牛

高弧細草一卷

（清）張作楠　江臨泰　撰

清道光元年（1821）刻本

高弧細草一卷上

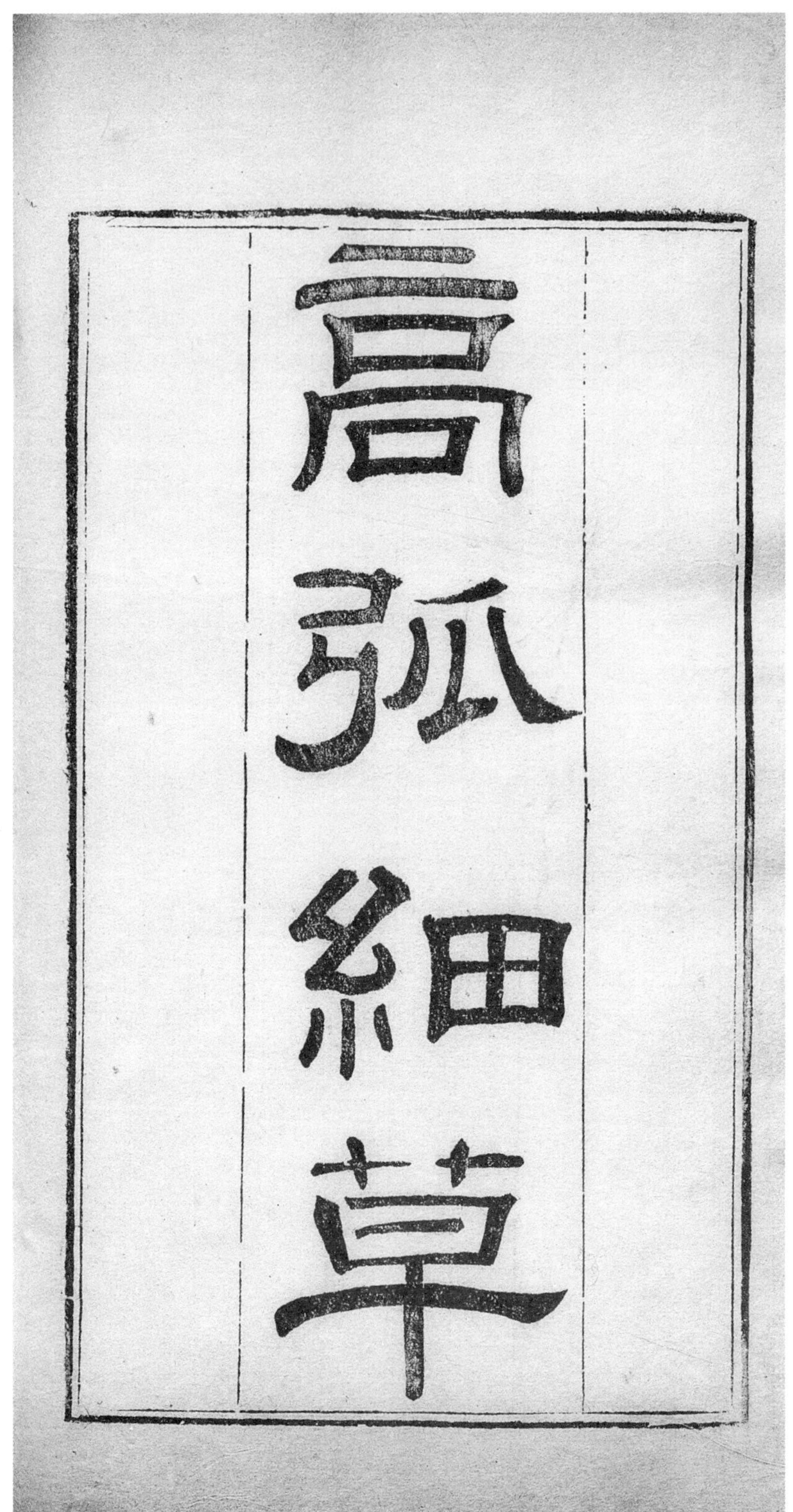
高弧細草

高弧細草

金華 張作楠 丹邨

全椒 江臨泰 雲樵

曩在京師力不能置鐘表因用垂弧本法逐節氣時刻求太陽距地高度並用正切餘切比例加減太陽半徑求橫直表景長短作四十度高弧細草（京師北極出地四十度稍弱）歸里後復成二十九度細草（金華府北極出地二十九度十分）補官括蒼又續二十八度細草（處州府北極出地二十八度二十五分）以備檢查然依法推步每度動經旬月及更歷一地又須另衍存之行篋幾等黃

金擲虛牝矣今春周葵伯回武林屬衍三十度細草杭州府北極出地三十度十七分而毘陵諸好事者又以不及江南各度晷景爲憾江南蘇州府北極出地三十一度二十二分太倉州三十一度二十九分松江府三十一度整常州府三十一度五十一分江寧府三十二度零四分鎮江府三十二度十四分揚州府三十二度二十七分通州三十二度二十八分淮安府三十三度三十二分徐州府三十四度十五分海州三十四度三十二分簿書鮮暇屬江雲樵補之浹旬而就詫而叩其術則所創對數簡法也夫古人以高弧測景求天於渾圓以表臬測景求天於平面其用最鉅其法甚繁彼立表求地中經生家紛紛聚訟無論已即郭邢臺行測四出所得無幾熊三拔表度說

用十二爲率創製各器視古法較捷然以三角八線推之猶多未確馬德稱四省表景立成傳及午正已爲梅勿菴所稱非以此法未易操觚歟自有西人八線對數可以省乘除然勿菴氏尚謂薛儀甫專用對數不如直用乘除爲正法近時名家如江衡齋亦有總較法不便用對數之說余撰揣籥續錄時雖亦採用雲樵對數總較法而不能省加減折半之繁又不能不檢正餘弦表數故仍依梅氏例有時無刻誠苦其繁也雲樵乃以定緯距緯餘弧相加減折半之正弦餘弦一率二率較數立表徑與三率加減即

得四率既不須加減折半又不須檢正餘弦表可謂善用對數矣得此法而補成各省細草計日可成豈非快事然得此法而人人可算處處可推卽今所衍各草尙可不存又何須再補哉爰列垂弧總較法於前以溯其源次以矢較正弦及對數總較諸法以通其變再列雲樵所創新術及各表於後以妙其用而附以所衍各草彙爲一帙以貽葵伯且以質諸好事者道光辛巳日在東壁張作楠識

高弧算例

設如北極出地四十度夏至太陽距赤道北二十三度二

十九分巳正初刻求太陽距地平高弧幾何

如圖甲爲北極乙爲天頂庚辛爲赤道戊巳爲地平甲戊爲北極出地四十度甲乙爲北極距天頂五十度丙爲太陽丙癸爲太陽距赤道北二十三度二十九分甲丙爲太陽距北極六十六度三十一分癸爲巳正初刻庚癸爲太陽距赤道午正三十度卽甲角乙丙爲太陽距天頂丙壬爲太陽高弧一名地平緯度用甲乙丙斜弧三

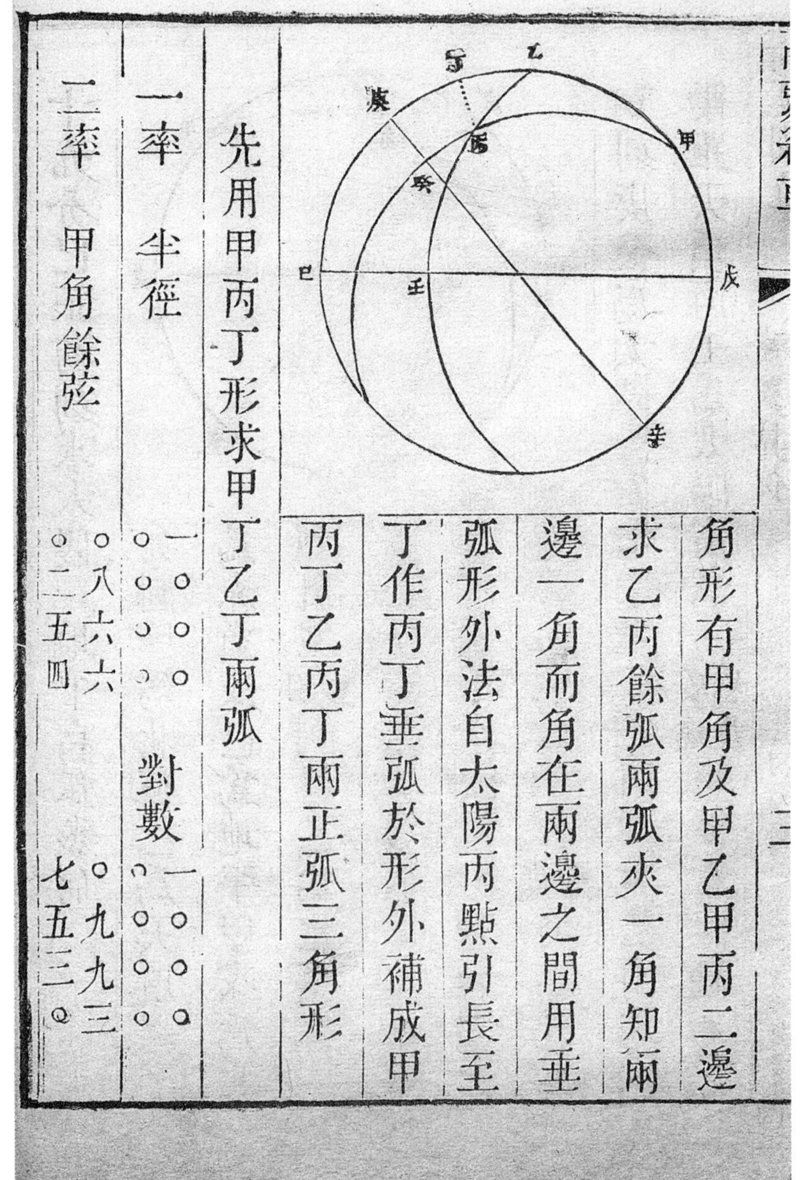

角形有甲角及甲乙甲丙二邊求乙丙餘弧兩弧夾一角知兩邊一角而角在兩邊之間用垂弧形外法自太陽丙點引長至丁作丙丁垂弧於形外補成甲丙丁乙丙丁兩正弧三角形

先用甲丙丁形求甲丁乙丁兩弧

一率　半徑　一〇〇〇〇〇〇〇　對數　一〇〇〇〇〇〇〇

二率　甲角餘弦　〇八六六〇二五四　〇九九三七五二〇

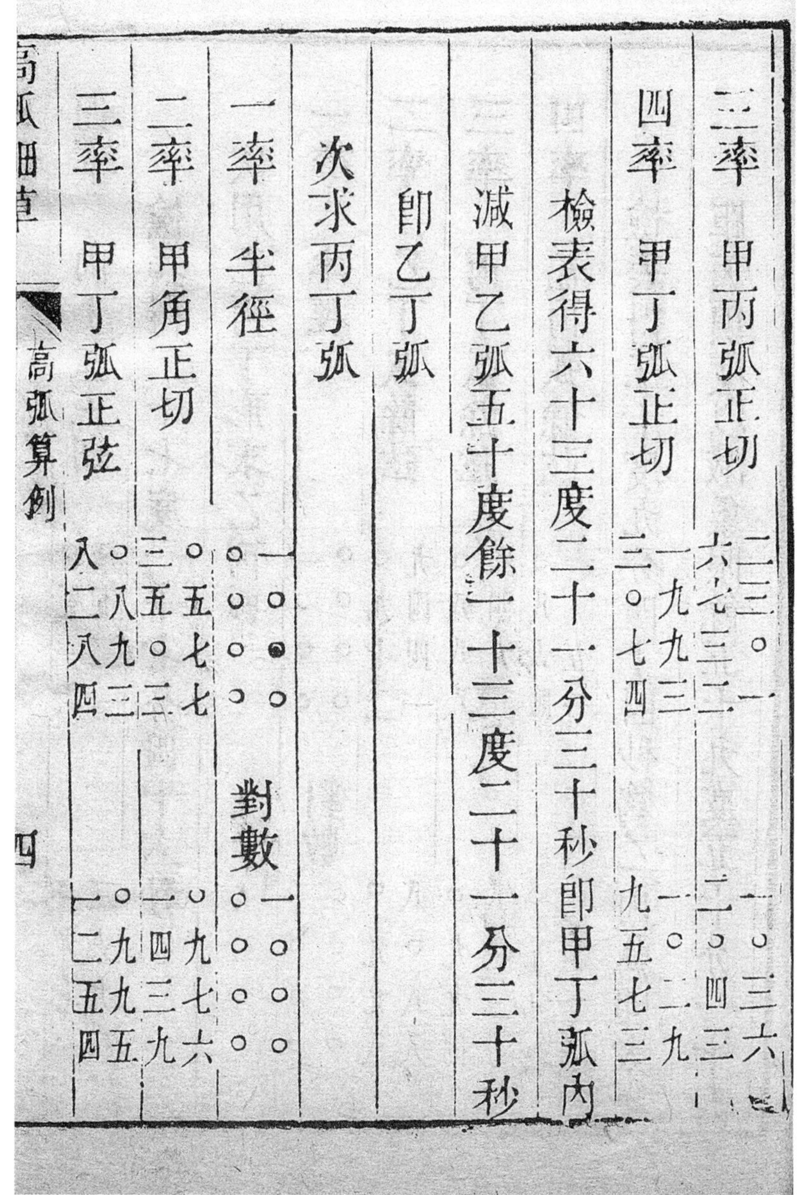

三率　甲丙弧正切　二三〇一六七三二　一〇三六二〇四三

四率　甲丁弧正切　一九九三三〇七四　一〇二九九五七三

檢表得六十三度二十一分三十秒即甲丁弧內

減甲乙弧五十度餘一十三度二十一分三十秒

即乙丁弧

次求丙丁弧

一率　半徑　一〇〇〇〇〇〇〇　對數　一〇〇〇〇〇〇〇

二率　甲角正切　〇五七七三五〇三　〇九七六一四三九

三率　甲丁弧正弦　〇八九三八二八四　〇九九五一二五四

四率　丙丁弧正切　〇五一六〇五二一　〇九七一二六九三

檢表得二十七度一十七分四十六秒

次用乙丙丁形求乙丙弧

一率　半徑　一〇〇〇〇〇〇〇　對數　一〇〇〇〇〇〇〇

二率　乙丁弧餘弦　〇九七二九四四一　〇九九八八〇八八

三率　丙丁弧餘弦　〇八八八六四八三　〇九九四八七三〇

四率　乙丙弧餘弦　〇八六四六〇五一　〇九九三六八一八

檢表得三十度九分四十四秒爲乙丙弧卽太陽

距天頂度以減象限餘五十九度五十分一十六

秒即丙壬太陽高弧凡太陽在赤道北皆倣此推

設如冬至太陽距赤道南二十三度二十九分北極出地四十度巳正初刻求太陽距地平高弧則以甲乙丙斜弧三角形易爲子丑丙形（因甲丙弧過象限用甲丙餘弧即是用子丑丙形）如圖甲爲北極丑爲南極乙爲天頂子爲地平下天頂甲乙爲北極距天頂度亦即子丑弧丙癸爲太陽距赤道南度丑丙爲其餘弧庚

癸爲赤道上時刻甲角度亦卽丑角度巳壬爲太陽偏東地平經度乙角度亦卽子角度丙壬爲太陽高弧此形有丑角及子丑丙丑二邊求丙壬弧亦用垂弧形外法自太陽丙點引長至丁作丙丁垂弧於形外補成丑丙丁子丙丁兩正弧三角形

先用丑丙丁形求丑丁乙丁兩弧子丁過象限故用餘弧

一率　半徑　一〇〇〇〇〇〇〇　對數　一〇〇〇〇〇〇〇〇

二率　丑角餘弦　〇八六六〇二五四　〇九九三七五三〇

三率　丑丙弧正切　一三〇一六七三二　一〇三六二〇四三

四率　五丁弧正切　一九九三三〇七四　一〇二九九五七三

檢表得六十三度二十一分三十秒即丑丁弧與丑子五十度相加得一百一十三度二十一分三十秒以減半周餘六十六度三十八分三十秒為乙丁弧

次求丙丁弧

一率　半徑　一〇〇〇〇〇〇〇　對數　一〇〇〇〇〇〇〇

二率　丑角正切　〇五七七三五〇三　〇九七六一三四九

三率　丑丁弧正弦　〇八九三八二八四　〇九九五一二五四

四率　丙丁弧正切　○五一六五二一　○九七一二六九三

檢表得二十七度一十七分四十秒

次用乙丙丁形求乙丙弧

一率　半徑　一○○○○○○○　對數　一○○○○○○○

二率　丙丁弧餘弦　○八八八七九五○　○九九四八七三六

三率　乙丁弧餘弦　○三九六四八○三　○九五九八二二二

四率　乙丙弧餘弦　○三五二三二○六　○九五四六九五八

檢表得六十九度一十二分一十秒為乙丙弧以

減象限餘二十度三十七分五十秒即丙壬太陽

高弧凡太陽在赤道南皆倣此推

又法自太陽丙點至卯正寅點作丙寅弧成丙癸寅丙壬寅兩正弧三角形算之　有癸寅壬角五十度如庚卯寅角度巳有丙癸弧太陽距赤道北二十三度二十九分有癸寅弧卯正後赤道六十度

先用丙癸寅形求丙寅癸角之寅角

一〇〇

一率　癸寅弧正弦　○八六六○二五四　對數　○九九三七五三○一

二率　丙癸弧正切　○四三四四六六六　對數　○九六三七九五六

三率　半徑　一○○○○○○○　一○○○○○○○

四率　丙寅癸正切之寅角　○五○一六七八八　○九七○○四二六

檢表得二十六度三十八分三十秒與癸寅壬角五十度相加太陽在赤道南則相減餘俱同得七十六度三十八分三十秒即丙寅壬角之寅角度

次求丙寅弧

一率　丙寅癸之寅角餘弦　○八九三八二八四　對數　○九九五一二五四

二率　半徑　一〇〇〇〇〇〇〇　一〇〇〇〇〇〇〇

三率　癸寅弧正切　一七三二〇五〇八　一〇二三八五六一

四率　丙寅弧正切　一九三七七八八九　一〇二八七三〇七

檢表得六十二度四十二分一十五秒

次用丙壬寅形求丙壬弧

一率　半徑　一〇〇〇〇〇〇〇　對數　一〇〇〇〇〇〇〇

二率　丙寅壬之寅角正弦　〇九七二九四四一　〇九九八八〇八八

三率　丙寅弧正弦　〇八八八六五〇五　〇九九四八七三一

四率　丙壬弧正弦　〇八六四六〇七三　〇九九三六八一九

檢表得五十九度五十分一十六秒爲丙壬太陽

高弧

又法用總較法算之以半徑爲一率甲角三十度正矢〇一三三九七四六爲二率即餘弦與半徑相減以夾甲角之甲乙邊五十度與甲丙邊六十六度三十一分相加得一百一十六度三十一分爲總弧其餘弦〇四四六四五八一又以兩邊相減餘一十六度三十一分爲較弧其餘弦〇九五八七三七一兩餘弦相加總弧過象限較弧不過象限故相加得一四〇五一九五二折半得〇七〇二五九七六爲中數爲三率求得四率〇〇九四一三〇二爲矢較與較弧一十六度三十一分之正矢〇〇四一二六二九相加得〇一三五

三九三一為乙丙邊之正矢與半徑相減餘〇八六四六〇六九為乙丙弧之餘弦檢表得三十度九分四十四秒以減象限餘五十九度五十分一十六秒為丙壬太陽高弧

又法用矢較法算之無餘弦加減之繁法以總弧大矢一四四六四五八一與較弧正矢〇〇四一二六二九相減餘一四〇五一九五二折半得〇七五九〇二七六為半矢較為三率與中數同餘俱同前

又法用正弦算之以半徑為一率甲角三十度餘弦〇八六五六〇二四為二率以甲乙弧五十度與丙癸弧二十三度二十九分相加得七十三度二十九分其正弦〇九五八七三七一又以兩弧相減餘二十六度三十

一分其正弦○四四六四五八一兩正弦相加得一四○五二九五二折半得○七○二五九七六爲中數爲三率求得四率○六○八四六七四又以中數○七○二五九七六與總弧正弦○九五八七三七一相減餘○二五六一八九五與四率○六○八四六七四相加得○八六四六五六九爲丙壬高弧正弦檢表得五十九度五十分三十六秒爲夏至巳正初刻太陽高弧若中數與總弧正弦相減數以減四率餘○三五二二七七九檢表得二十度三十七分三十五秒爲冬至巳正初刻太陽高弧此法較前各法稍簡但秒數不同究非密率

又法用對數總較法算之二率三率相加減去一率即得四率

一率　兩弧相加折半　五十八度一十五分三十秒　餘弦　○九七二一○六○

二率　兩弧相減折半　八度一十五分三十秒　餘弦　○九九九五四七三

三率　甲角折半　一十五度　餘切　一○五七一九四八

四率　兩角半較　正切　一○八四六三六一

檢表得八十一度五十三分三十五秒

一率　兩弧相加折半　仝上　正弦　○九九二九六三八

二率　兩弧相減折半　仝上　正弦　○九一五七二六五

三率　甲角折半　仝上　餘切　一○五七一九四八

四率　兩角半較　正切○九七九九五七五

檢表得三十二度一十三分三十秒　二數相加

得一百一十四度○七分○五秒爲乙角度如戊壬

以減半周餘六十五度五十二分五十五秒爲乙

外角即太陽正南偏東地平經度如巳壬　二數相減

餘四十九度四十分○五秒爲丙角度即黃赤過極經圈交

角既得乙外角乃以對弧對角法求乙丙弧

一率　乙外角六十五度五十二分五十五秒　正弦○九九六○三三一

二率　甲丙弧六十六度三十一分　正弦○九九六二一四五三

三率　甲角三十度　正弦〇九六九八九七〇

四率　乙丙弧太陽距天頂度　正弦〇九七〇一〇九二

檢表得三十度〇九分四十四秒以減象限餘五十九度五十分一十六秒查餘弦即不用減象限　即巳正初刻太陽高弧此法最簡妙一算而其餘兩角一邊皆得正八線亦可用此法

二分日求高弧用正弧三角法

設如北極出地四十度春分巳正初刻求太陽高弧幾何

一率　半徑　一〇〇〇〇〇〇〇　對數一〇〇〇〇〇〇〇

二率　甲角餘弦　〇八六六〇二五四　〇九九三七五三〇

三率　甲乙弧正弦　○七六六○九八八　○四四四四二五四

四率　乙丙弧正弦　○六六三○九八二　四一三九一七八四

檢表得四十一度三十三分四十秒即太陽高弧

若求各節氣午正高弧不用算以極距天頂度與距緯南減北加即得如北極出地四十度立夏節求午正高弧以北極度減象限餘五十度立夏距緯在北一十六度二十一分五十七秒與五十度相加得六十六度二十一分五十七秒即午正高弧

對數總較法求高弧各節氣時刻八線定率

甲角各線表 即赤道時刻度

時刻	度	分	正弦	折半餘切
初一	〇三	四五	〇八一一五五九九	一一四八四九六六
初二	〇七	三〇	〇九一一五六九八	一一一八三四七一
初三	一一	一五	〇九二九〇二三六	一一〇〇六六〇二
一初	一五	〇〇	〇九四一二九九六	一〇八八〇五七一
一一	一八	四五	〇九五〇七〇九九	一〇七八二二五一
一二	二二	三〇	〇九五八二八四〇	一〇七〇一三三八
一三	二六	一五	〇九六四五七〇六	一〇六三二三三二
二初	三〇	〇〇	〇九六九八九七〇	一〇五七一九四八
二一	三三	四五	〇九七四四七三九	一〇五一八〇六一
二二	三七	三〇	〇九七八四四四七	一〇四六九二一九
二三	四一	一五	〇九八一九一一三	一〇四二四三八一
三初	四五	〇〇	〇九八四九四八五	一〇三八二七七六

時	刻																				
	一	四	八	四	五	○	九	八	七	六	一	二	五	一	○	三	四	三	八	一	二
	二	五	二	三	○	○	九	八	九	九	四	六	七	一	○	三	○	七	○	二	五
	三	五	六	一	五	○	九	九	一	九	八	四	六	一	○	二	七	二	○	四	三
四	初	六	○	○	○	○	九	九	三	七	五	三	一	一	○	二	三	八	五	六	一
	一	六	三	四	五	○	九	九	五	二	七	三	一	一	○	二	○	六	三	二	一
	二	六	七	三	○	○	九	九	六	五	六	一	五	一	○	一	七	五	一	○	七
	三	七	一	一	五	○	九	九	七	六	三	一	八	一	○	一	四	四	七	二	九
五	初	七	五	○	○	○	九	九	八	四	九	四	四	一	○	一	一	五	○	二	○
	一	七	八	四	五	○	九	九	九	一	五	七	四	一	○	○	八	五	八	二	七
	二	八	二	三	○	○	九	九	九	六	二	六	九	一	○	○	五	七	○	一	二
	三	八	六	一	五	○	九	九	九	九	○	六	九	一	○	○	二	八	四	四	四
六	初	九	○	○	○	一	○	○	○	○	○	○	○	一	○	○	○	○	○	○	○
	一	九	三	五	四	○	九	九	九	九	○	六	九	○	九	九	七	一	五	五	五
	二	九	七	三	○	○	九	九	九	六	二	六	九	○	九	九	四	二	九	八	八
	三	一○	一	一	五	○	九	九	九	一	五	七	四	○	九	九	一	四	一	七	三
七	初	一○	五	○	○	○	九	九	八	四	九	四	四	○	九	八	八	四	九	八	○
	一	一○	八	四	五	○	九	九	七	六	三	一	八	○	九	八	七	一	一	八	九

二分用甲角餘弦以五時三刻爲初時一刻逆推即是

各節氣距緯度 春分後緯在北秋分後緯在南

二至		二十三度二十九分
小寒大雪	芒種小暑	二十二度三十八分一十六秒
大寒小雪	小滿大暑	二十度一十一分一十六秒
四立		十六度二十一分五十七秒
雨水霜降	穀雨處暑	一十一度二十九分三十三秒
驚蟄寒露	清明白露	五度五十五分一十一秒

各距緯距極度 即甲丙弧距緯與象限北減南加數

節氣	距極度	正弦對數
冬至	一百一十三度二十九分	○九九六二四五三
小寒大雪	一百一十二度三十八分一十六秒	○九九六五一八○
大寒小雪	一百一十度一十一分一十六秒	○九九七二四六五
立春立冬	一百○六度二十一分五十七秒	○九九八二○三六

節氣	度分	正弦數
雨水 霜降	一百〇一度二十九分三十三秒	對〇九九九一二〇五
驚蟄 寒露	九十五度五十五分一十一秒	〇九九九七六七八
二分	九十度	一〇〇〇〇〇〇
清明 白露	八十四度〇四分四十九秒	〇九九九七六七八
穀雨 處暑	七十八度三十分二十七秒	〇九九九一二〇五
立夏 立秋	七十三度三十八分〇三秒	〇九九八二〇三六
小滿 大暑	六十九度四十八分四十四秒	〇九九七二四六五
芒種 小暑	六十七度二十一分四十四秒	〇九九六五一八〇
夏至	六十六度三十一分	〇九九六二四五三

兩弧相加減折半正弦餘弦較數表　雲樵新衍

北極出地十八度

南	南減北加	南加北減	北
冬至	○○四五○三一○	○一二九一一七二	夏至
小寒大雪	○○四五八九九七	○一三六四九五四	芒種小暑
大寒小雪	○○四八五二○六	○一六九四三七九	小滿大暑
立春立冬	○○五二九五○○	○一八二六二六二	立夏立秋
雨水霜降	○○五九三五一七	○一二○四五五五	穀雨處暑
驚蟄寒露	○○六八一一四三	○○九六八三四○	清明白露

北極出地十九度

南	南減北加	南加北減	北
冬至	○○四四○五九六	○一三七七一○六	夏至
小寒大雪	○○四四九○三四	○一四六八九三一	芒種小暑
大寒小雪	○○四七四四六五	○一九五八一一二	小滿大暑
立春立冬	○○五一七三六一	○一六一七六六三	立夏立秋
雨水霜降	○○五七九一三七	○一一六八五一八	穀雨處暑
驚蟄寒露	○○六六三一六一	○○九三三二○八	清明白露

北極出地二十度

南	南減北加	南加北減	北
冬至	○○四三一一○二	○一四八五一七六	夏至
小寒大雪	○○四三九三○○	○一六○六四八五	芒種小暑
大寒小雪	○○四六三九八五	○二七五五六七○	小滿大暑
立春立冬	○○五○五五四六	○一四七六六七二	立夏立秋
雨水霜降	○○五六五二三八	○一一一三○九六	穀雨處暑
驚蟄寒露	○○六四五九四九	○一九○○四二○	清明白露

北極出地二十一度

南	南減北加	南加北減	北
冬至	○○四二一八一六	○一六三○五七三	夏至
小寒大雪	○○四二九七八三	○一八一二三三四	芒種小暑
大寒小雪	○○四五三七五四	○三一二一三九五	小滿大暑
立春立冬	○○四九四○三七	○一二六九八六六	立夏立秋
雨水霜降	○○五五一七一九	○一○六三八五○	穀雨處暑
驚蟄寒露	○○六二九四○四	○○八六九八九四	清明白露

南	南減北加	南加北減	北
北極出地二十二度			
冬至	○○四一二七三○	○一八六二六三八	夏至
小寒大雪	○○四二○四七三	○二二一九九一○	芒種小暑
大寒小雪	○○四四三七五六	○一七七一一○二	小滿大暑
立春立冬	○○四八二八一九	○一二八三七五二	立夏立秋
雨水霜降	○○五三八五八八	○一○一九四○八	穀雨處暑
驚蟄寒露	○○六一三二六一	○○八四一二五八	清明白露
北極出地二十三度			
冬至	○○四○三八二八	○二三三八一五一	夏至
小寒大雪	○○四一一三五九	○二四六六一一七	芒種小暑
大寒小雪	○○四三三九八一	○一五七八七一四	小滿大暑
立春立冬	○○四七一八七三	○一二一一五一六	立夏立秋
雨水霜降	○○五二五八二二	○○九七八八九三	穀雨處暑
驚蟄寒露	○○五九七七四○	○○八一四二八○	清明白露
北極出地二十四度			
冬至	○○三九五一○七	○二三○七五四一	夏至
小寒大雪	○○四○二四三一	○一八八八二五九	芒種小暑
大寒小雪	○○四二四四一六	○一四四五○五七	小滿大暑
立春立冬	○○四六一一八五	○一一四九二三七	立夏立秋
雨水霜降	○○五一三三九九	○○九四一六四三	穀雨處暑
驚蟄寒露	○○五八二七三六	○○七八九五六五	清明白露
北極出地二十五度			
冬至	○○三八六五五八	○一八三八一八五	夏至
小寒大雪	○○四一一二六九	○二六五○六七一	芒種小暑
大寒小雪	○○四一五○五三	○一三四二三五三	小滿大暑
立春立冬	○○四五○七四二	○一○九四四五一	立夏立秋
雨水霜降	○○五○一三○五	○○九○七一五三	穀雨處暑
驚蟄寒露	○○五六八一五五	○○七六四五七五	清明白露

北極出地二十六度			
冬至	○○三七八一七一	○一六一六五四五	夏至
小寒大雪	○○三八五一○二	○　四九二三七六	芒種小暑
大寒小雪	○○四○五八八一	○一二五九四三一	小滿大暑
立春立冬	○○四四○五三一	○一○四五五○三	立夏立秋
雨水霜降	○○四八九五○四	○○八七五○二四	穀雨處暑
驚蟄寒露	○○五五四○二七	○○七四一五二九	清明白露

北極出地二十七度			
冬至	○○三六九九四○	○一四六九五○七	夏至
小寒大雪	○○三七八六八四	○一三七七五七二	芒種小暑
大寒小雪	○○三九六八九○	○一一八八二七六	小滿大暑
立春立冬	○○四三○五四一	○一○○一二七四	立夏立秋
雨水霜降	○○四七八○一一	○○八四四九三九	穀雨處暑
驚蟄寒露	○○五四○三八○	○○七一九五五一	清明白露

北極出地二十八度			
冬至	○○三六一八五九	○一三五九○五六	夏至
小寒大雪	○○三六八四二二	○一二八六一九四	芒種小暑
大寒小雪	○○三八八○八二	○一一二七一三六	小滿大暑
立春立冬	○○四二○七六○	○○九六○七九六	立夏立秋
雨水霜降	○○四六六七三○	○○八一五七七一	穀雨處暑
驚蟄寒露	○○五二六九五二	○○六九八五二三	清明白露

北極出地二十九度			
冬至	○○三五三九一九	○一二七○四○六	夏至
小寒大雪	○○三六○三○七	○一二一○一六八	芒種小暑
大寒小雪	○○三七九四二○	○一○七三二四五	小滿大暑
立春立冬	○○四[illegible]一一[illegible]六	○○九二三五五二	立夏立秋
雨水霜降	○○四五五七七四	○○七八九九二一	穀雨處暑
驚蟄寒露	○○五一三九五九	○○六七八三六八	清明白露
南	南減北加	南加北減	北

北極出地三十度

南	南減北加	南加北減	北
冬至	○○三四六一一五	○一一九六二三四	夏至
小寒大雪	○○三五二三三一	○一一四四九○八	芒種小暑
大寒小雪	○○三七○九二六	○一○二四九○七	小滿大暑
立春立冬	○○四○一七八二	○○八八九○○九	立夏立秋
雨水霜降	○○四四五○三四	○○七六四五六一	穀雨處暑
驚蟄寒露	○○五○一二九八	○○六五九○○○	清明白露

北極出地三十一度

南	南減北加	南加北減	北
冬至	○○三三八四四二	○一一三二三八一	夏至
小寒大雪	○○三四四四九二	○一○八七八五○	芒種小暑
大寒小雪	○○三六二五八二	○○九八一○七三	小滿大暑
立春立冬	○○三九二五六八	○○八五六七八二	立夏立秋
雨水霜降	○○四三四五一六	○○七四○四三一	穀雨處暑
驚蟄寒露	○○四八八九五一	○○六四○三四七	清明白露

北極出地三十二度

南	南減北加	南加北減	北
冬至	○○三三○八九三	○一○七六二五三	夏至
小寒大雪	○○三三六七八三	○一○三六九四七	芒種小暑
大寒小雪	○○三五四三八二	○○九四○九四一	小滿大暑
立春立冬	○○三八三五二四	○○八二六五五八	立夏立秋
雨水霜降	○○四二四二○五	○○七一七五三七	穀雨處暑
驚蟄寒露	○○四七六九○○	○○六二二三七二	清明白露

北極出地三十三度

南	南減北加	南加北減	北
冬至	○○三二三四六三	○一○二六一二三	夏至
小寒大雪	○○三二九一九七	○○九九○九九八	芒種小暑
大寒小雪	○○三四六三二○	○○九○三九○四	小滿大暑
立春立冬	○○三七四六四五	○○七九八○八六	立夏立秋
雨水霜降	○○四一四一四六	○○六九五五○八	穀雨處暑
驚蟄寒露	○○四六五一二六	○○六○五○○○	清明白露

北極出地三十四度			
冬至	○○三一六一五一	○○九八○七八四	夏至
小寒大雪	○○三二一六五一	○○九四九○六○	芒種小暑
大寒小雪	○○三三八三九○	○○八六九四九一	小滿大暑
立春立冬	○○三六五九二一	○○七七一一五九	立夏立秋
雨水霜降	○○四○四二五九	○○六七四四四四	穀雨處暑
驚蟄寒露	○○四五二六○六	○○五八八一九九	清明白露

北極出地三十五度			
冬至	○○三○八九四四	○○九三九三五六	夏至
小寒大雪	○○三一四三七五	○○九一○五一三	芒種小暑
大寒小雪	○○三三○五八四	○○八三七三三○	小滿大暑
立春立冬	○○三五七三四七	○○七四五六○○	立夏立秋
雨水霜降	○○三九四五五五	○○六五四二三○	穀雨處暑
驚蟄寒露	○○四四二三五五	○○五七一九二二	清明白露

北極出地三十六度			
冬至	○○三○一八四三	○○九○一一八三	夏至
小寒大雪	○○三○七一三○	○○八七四七六三	芒種小暑
大寒小雪	○○三二二九○○	○○八○七一二三	小滿大暑
立春立冬	○○三四八九一五	○○七二一二六五	立夏立秋
雨水霜降	○○三八五○三○	○○六三四七三七	穀雨處暑
驚蟄寒露	○○四三一三二八	○○五五六一三四	清明白露

北極出地三十七度			
冬至	○○二九四八四五	○○八六五七五九	夏至
小寒大雪	○○三九九九八九	○○八四一四二○	芒種小暑
大寒小雪	○○三一五三三七	○○七七八六二五	小滿大暑
立春立冬	○○三四○六一八	○○六九八○二八	立夏立秋
雨水霜降	○○三七五六七六	○○六一五九五九	穀雨處暑
驚蟄寒露	○○四二○五[illegible]六	○○五四○八○○	清明白露
南	南減北加	南加北減	北

北極出地三十八度			
冬至	○○二八七九四二	○○八三二六八四	夏至
小寒大雪	○○二九二九四九	○○八一○一五五	芒種小暑
大寒小雪	○○三○七八七二	○○七五一六三三	小滿大暑
立春立冬	○○二三二四五一	○○六七五七八二	立夏立秋
雨水霜降	○○三六六四八三	○○五九七八一九	穀雨處暑
驚蟄寒露	○○四○九九四○	○○五二五八八九	清明白露
北極出地三十九度			
冬至	○○二八一一一六	○○八○○七一五	夏至
小寒大雪	○○三八六○○五	○○七八○七○二	芒種小暑
大寒小雪	○○三○○五二○	○○七二五九八一	小滿大暑
立春立冬	○○三二四六七九	○○六五四四三四	立夏立秋
雨水霜降	○○三五七四四二	○○五八○二六九	穀雨處暑
驚蟄寒露	○○三九九五四五	○○五一一三七○	清明白露
北極出地四十度			
冬至	○○二七四四一三	○○七七二三七三	夏至
小寒大雪	○○二七九一六八	○○七五二七三二	芒種小暑
大寒小雪	○○二九三二七六	○○七○一五○三	小滿大暑
立春立冬	○○三一六四九○	○○六三三八九二	立夏立秋
雨水霜降	○○三四八五四二	○○五六三二七六	穀雨處暑
驚蟄寒露	○○三八九三四三	○○四九七二二六	清明白露
北極出地四十一度			
冬至	○○二六七七七九	○○七四四六六四	夏至
小寒大雪	○○二七二三八九	○○七二六三八六	芒種小暑
大寒小雪	○○二八六一一七	○○六七八一四五	小滿大暑
立春立冬	○○三○八六七五	○○六一四一二一	立夏立秋
雨水霜降	○○三三九七九八	○○五四六七六五	穀雨處暑
驚蟄寒露	○○三七九二二六	○○四八三四二五	清明白露
南	南減北加	南加北減	北

北極出地四十二度			
冬至	○○二六一二二七	○○七一八三三八	夏至
小寒 大雪	○○二六五七一○	○○七○一一八九	芒種 小暑
大寒 小雪	○○二七九○五七	○○六五五七三五	小滿 大暑
立春 立冬	○○三○○九七四	○○五九五○二二	立夏 立秋
雨水 霜降	○○三三一一七九	○○五三○七三四	穀雨 處暑
驚蟄 寒露	○○三六九五三八	○○四六九九四六	清明 白露
北極出地四十三度			
冬至	○○二五四七五四	○○六九三二四五	夏至
小寒 大雪	○○二五九一一三	○○六七七一一六	芒種 小暑
大寒 小雪	○○二七二○八六	○○六三四二○五	小滿 大暑
立春 立冬	○○二九三三七七	○○五七六九五二	立夏 立秋
雨水 霜降	○○三二二六六九	○○五一五一七一	穀雨 處暑
驚蟄 寒露	○○三五九八○一	○○四五六七七○	清明 白露
北極出地四十四度			
冬至	○○二四八三五七	○○六六九二五七	夏至
小寒 大雪	○○二五二五九六	○○六五四○五六	芒種 小暑
大寒 小雪	○○二六五二○二	○○六一三四七五	小滿 大暑
立春 立冬	○○二八五八八○	○○五五八六六二	立夏 立秋
雨水 霜降	○○三一四三○一	○○四九九九八四	穀雨 處暑
驚蟄 寒露	○○三五○二七○	○○四四三九一六	清明 白露
北極出地四十五度			
冬至	○○二四二○三三	○○六四六二六六	夏至
小寒 大雪	○○二四六一五三	○○六三一八○七	芒種 小暑
大寒 小雪	○○二五八四○一	○○五九三四七八	小滿 大暑
立春 立冬	○○二七八四七九	○○五四一三○八	立夏 立秋
雨水 霜降	○○三○六○六八	○○四八五一三五	穀雨 處暑
驚蟄 寒露	○○三四○三九五	○○四三一二七六	清明 白露
南	南減北加	南加北減	北

北極出地四十六度

節氣	南減北加	南加北減	節氣
冬至	○○二三五七八○	○○六二四一七六	夏至
小寒大雪	○○二三九七八三	○○六一○六○三	芒種小暑
大寒小雪	○○二五一六七九	○○五七四一五○	小滿大暑
立春立冬	○○二七一一七○	○○五二四四五一	立夏立秋
雨水霜降	○○二九七九二○	○○四七○六九五	穀雨處暑
驚蟄寒露	○○二三一六五九	○○四一八九二九	清明白露

北極出地四十七度

節氣	南減北加	南加北減	節氣
冬至	○○二二九五九四	○○六○二九○六	夏至
小寒大雪	○○二三三四八一	○○五九○○五一	芒種小暑
大寒小雪	○○二四五○三三	○○五五五四三九	小滿大暑
立春立冬	○○二六三九四九	○○五○八○五五	立夏立秋
雨水霜降	○○二八九八九九	○○四五六五七五	穀雨處暑
驚蟄寒露	○○三二二五五九	○○四○六七四六	清明白露

北極出地四十八度

節氣	南減北加	南加北減	節氣
冬至	○○二二二四七三	○○五八二三八三	夏至
小寒大雪	○○二二七二四七	○○五七○一○○	芒種小暑
大寒小雪	○○二三八四六○	○○五三七二九七	小滿大暑
立春立冬	○○二五六八一二	○○四九二○八七	立夏立秋
雨水霜降	○○二八一九六○	○○四四二七七九	穀雨處暑
驚蟄寒露	○○三一三五八八	○○三九四九一三	清明白露

北極出地四十九度

節氣	南減北加	南加北減	節氣
冬至	○○二一七四一四	○○五六二五四四	夏至
小寒大雪	○○二二一○七七	○○五五○九七五	芒種小暑
大寒小雪	○○二三一九五九	○○五一九六七八	小滿大暑
立春立冬	○○二四九七五六	○○四七六五一八	立夏立秋
雨水霜降	○○二七四一二五	○○四二九三○七	穀雨處暑
驚蟄寒露	○○三○四七三八	○○三八三二三七	清明白露
南	南減北加	南加北減	北

北極出地五十度

南	南減北加	南加北減	北
冬至	○○二一一四一五	○○五四三三二四	夏至
小寒大雪	○○二一四九六八	○○五三二三四二	芒種小暑
大寒小雪	○○二二五五二三	○○五○二五四七	小滿大暑
立春立冬	○○二四二七七七	○○四六一三二二	立夏立秋
雨水霜降	○○二六六三八四	○○四一六○二一	穀雨處暑
驚蟄寒露	○○二九六○○八	○○三七一七六六	清明白露

北極出地五十一度

南	南減北加	南加北減	北
冬至	○○二○五四七四	○○五二四七○一	夏至
小寒大雪	○○二○八九二○	○○五一四二四九	芒種小暑
大寒小雪	○○二一九一五三	○○四八五八六五	小滿大暑
立春立冬	○○二三五八七四	○○四四六四七四	立夏立秋
雨水霜降	○○二五八七三四	○○四○二九八四	穀雨處暑
驚蟄寒露	○○二八七三九○	○○三六○五○○	清明白露

北極出地五十二度

南	南減北加	南加北減	北
冬至	○○一九九六三七	○○五○六六○一	夏至
小寒大雪	○○二○二九二八	○○四九六六五六	芒種小暑
大寒小雪	○○二一二八四四	○○四六九六○三	小滿大暑
立春立冬	○○二二九○四一	○○四三一九五一	立夏立秋
雨水霜降	○○二五一一六八	○○三九○三一○	穀雨處暑
驚蟄寒露	○○二七八八七五	○○三四九二八七	清明白露

北極出地五十三度

南	南減北加	南加北減	北
冬至	○○一九三七五四	○○四八九八三九	夏至
小寒大雪	○○一九六九九○	○○四七九五二六	芒種小暑
大寒小雪	○○二○六五九五	○○四五三七三一	小滿大暑
立春立冬	○○二一二二七六	○○四一七七三四	立夏立秋
雨水霜降	○○二四三六八七	○○三七七八○七	穀雨處暑
驚蟄寒露	○○二七○四六五	○○三三八四七○	清明白露

北極出地五十四度

節氣			節氣
冬至	〇〇一八七九七二	〇〇四七一八四二	夏至
小寒大雪	〇〇一九一一〇五	〇〇四六二八二五	芒種小暑
大寒小雪	〇〇二〇〇四〇三	〇〇四三八二二二	小滿大暑
立春立冬	〇〇二一五五七七	〇〇四〇三八〇四	立夏立秋
雨水霜降	〇〇二三六二七九	〇〇三六九五二一	穀雨處暑
驚蟄寒露	〇〇二六二一五二	〇〇三二七七〇八	清明白露

北極出地五十五度

節氣			節氣
冬至	〇〇一八二二三八	〇〇四五五一一五	夏至
小寒大雪	〇〇一八五二七〇	〇〇四四六五二五	芒種小暑
大寒小雪	〇〇一九四二六六	〇〇四二三〇五二	小滿大暑
立春立冬	〇〇二〇八九四一	〇〇三九〇一四一	立夏立秋
雨水霜降	〇〇二二八九四八	〇〇三五三四四〇	穀雨處暑
驚蟄寒露	〇〇二五三九三三	〇〇三一七一〇三	清明白露

對數求高弧總較法兩弧相加折半正餘弦各為一率相減折半正餘弦各為二率俱以甲角餘切為三率今先以一率二率正餘弦各相減以其餘數為較數其距緯南北正餘相反一二率互易若一率大於二率則較數與餘切相減一率小於二率則較數

與餘切相加即得四率既不須加減折半又省檢正餘弦表遇高度有零分或節氣分三候俱可依此法衍成定率求之求高弧法莫此爲簡　設如北極出地三十度立夏節巳正初刻求高弧法先置二時初刻甲角折半餘切一〇五七一九四八與較數三十度立夏初數〇〇四〇一七八二相加緯北爲加號得一〇九七三七三〇爲四率正切查對數八線表得八十三度五十六分十秒又置餘切數與次數〇〇八八九〇〇九相減緯北爲減號餘〇九六八二九三九亦得四率正切查表得二十五度四十三分四十二秒併兩數得一百〇九度三十九分五十二秒減半周餘七十度二十分〇八秒

為乙外角乃以對弧對角法求乙丙弧

一率　乙外角七十度二十分○八秒　正弦○九九七三九○四

二率　甲丙弧七十三度三十八分○三秒　正弦○九九八二○三六

三率　甲角三十度　正弦○九六九八九七○

四率　乙丙弧　正弦○九七○七一○二

檢表得三十度三十七分四十秒減象限餘五十九度二十二分二十秒得四率查餘弦即得可省減象限即北極高三十度立夏節立秋同巳正初刻未正同高弧餘倣此推

檢表法

表內上層爲太陽高弧如北極出地四十度冬至節用象限儀測得高弧二十度三十七分五十秒查表內巳正初刻高弧爲二一〇三七太十秒內外爲少二十秒內外爲弱三十秒內外爲半四十秒內外爲強五十秒內外爲太卽知爲巳正初刻午後則爲未正初刻中層爲直景卽直表景數如北極高四十度冬至節用直表一尺測得景長二尺六寸五分六釐查表內二六五六卽知爲巳未正初刻下層爲倒景卽橫表景數如北極高四十度冬至節用橫表一尺測得景長三寸七分六釐查表內〇三七六卽知爲巳未

正初刻餘倣此若表長用折算如表一丈加十倍表八尺用八因若表長一寸則尺降寸寸降分分降釐釐降豪餘倣此

測景法

凡立表稍偏則景變須用垂線一法以表位爲心任規一圜於圜界平分三點展規以一尖指圜上點一尖量表端三面度之均無盈縮表方直其取景之地與壁須極平稍高下則景不應舊法準以水今用螺旋取平最便平地之景用直表取之即高弧餘切壁上之景用橫表取之即高弧正切

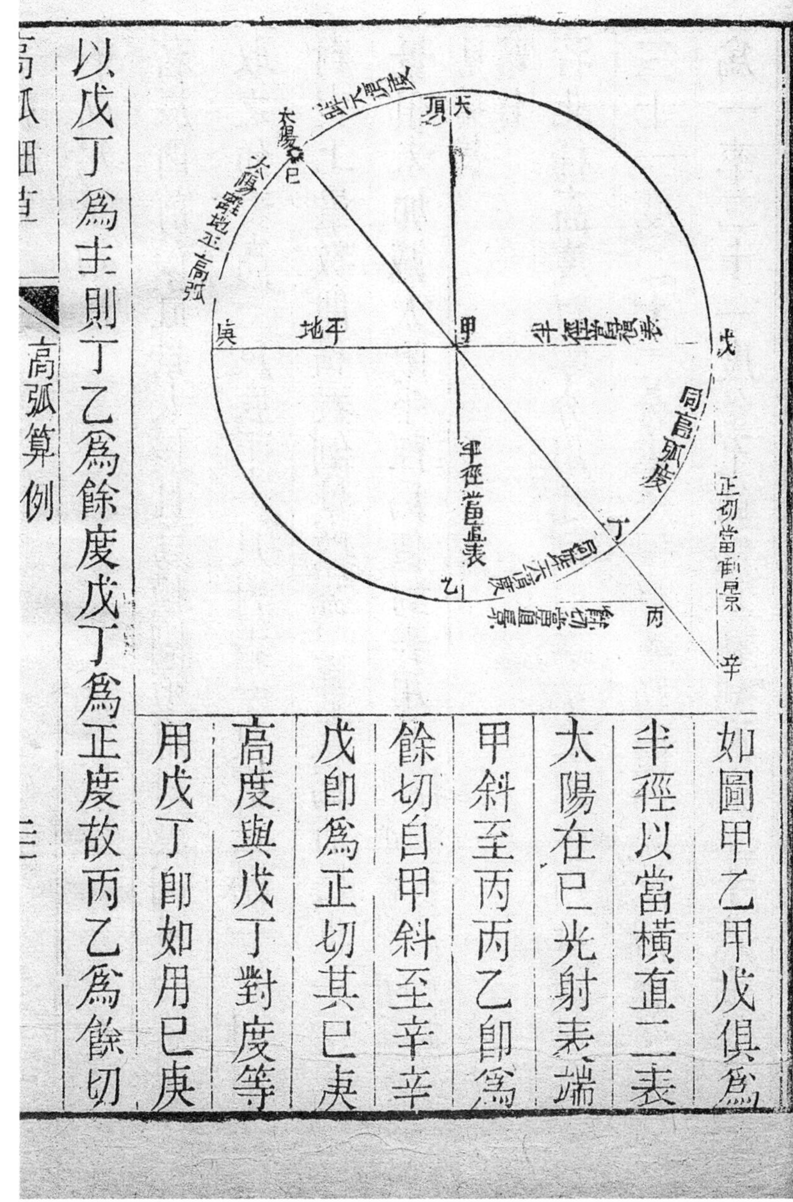

如圖甲乙甲戊俱爲半徑以當橫直二表太陽在巳光射表端甲斜至丙丙乙即爲餘切自甲斜至辛辛戊即爲正切其巳庚高度與戊丁對度等用戊丁即如用巳庚以戊丁爲主則丁乙爲餘度戊丁爲正度故丙乙爲餘切

辛戊爲正切也

若辰酉前後直景太長且易模糊須用對表倒景變直景取之如表高一尺底平一尺對表一尺直景過一尺則視對表上景數即橫表倒景數葢二景互爲消長也表內二景俱未加減太陽半徑爲便對表用耳欲求密率須檢八線表按法加減法見揣籥續錄

若北極高度有零分用此例四率求之如蘇州府城極高三十一度二十二分求冬至巳正初刻高弧法以六十分爲一率三十一度冬至節巳正初刻高弧二十八度二十

三分四十秒與三十二度冬至節巳正初刻高弧二十七度三十二分五十秒相減餘五十分五十秒爲二率二十二分爲三率求得四率一十八分十八秒與三十二度冬至節巳正初刻高弧二十七度三十二分五十秒相加得二十七度五十一分二十八秒即蘊城冬至節巳正初刻高弧也倒直景數亦依此法求之其節氣前後亦用前法以兩節氣定距十五日爲一率兩節氣時刻表景數相減餘爲二率今距節氣若干日爲三率求得四率按盈縮加減即得益徑尺之表損益甚微故可以中比例求之若表

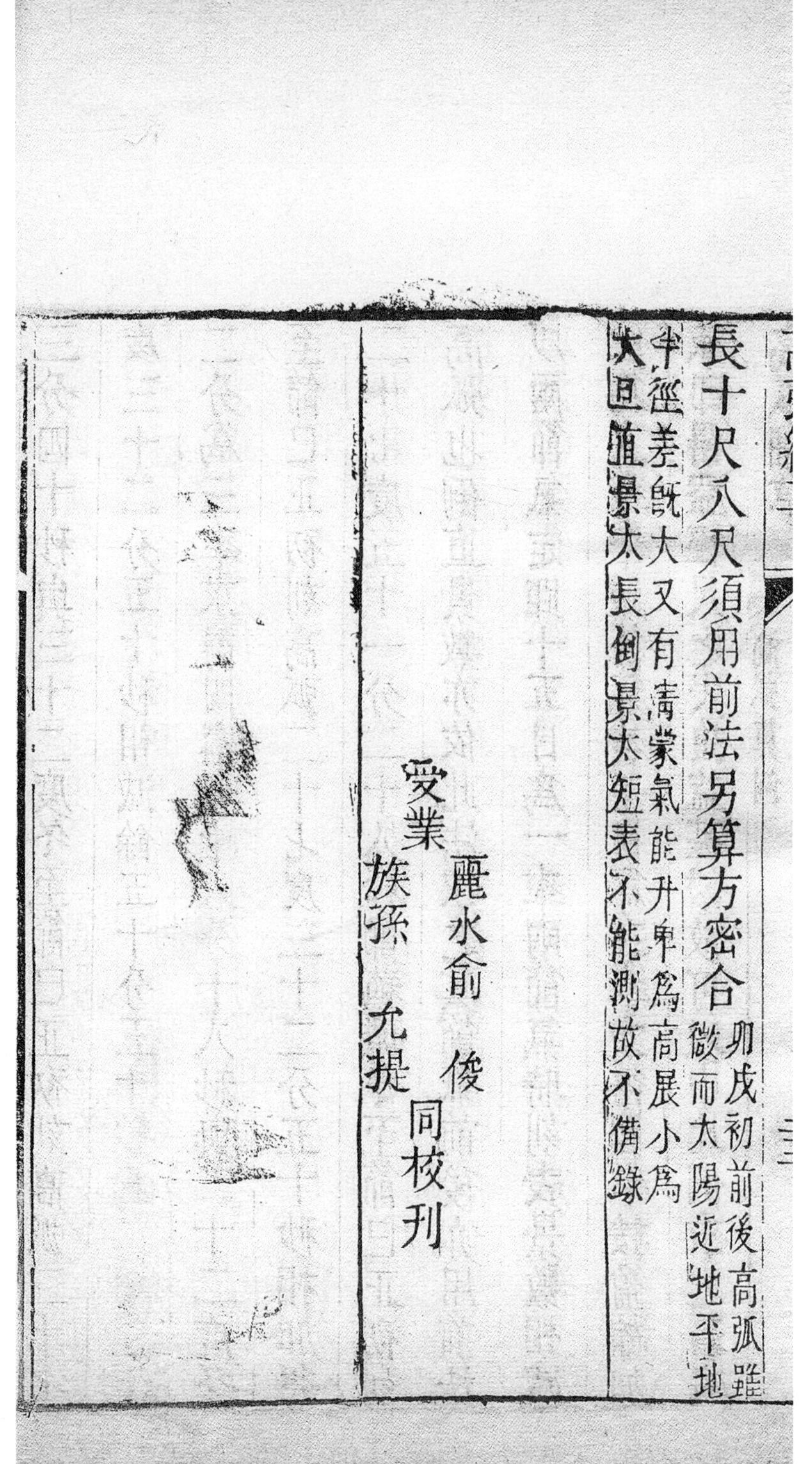

長十尺八尺須用前法另算方密合卯戌初前後高弧雖微而太陽近地平地半徑差既大又有清蒙氣能升卑爲高展小爲大且直景太長倒景太短表不能測故不備錄

受業　麗水俞　俊
族孫　允提　同校刊

四十度細草

北極出地四十度

冬至 午前時刻	太陽高弧 度	分	秒	直表一尺 尺寸分釐	橫表一尺 尺寸分釐	冬至 午後時刻
午正初刻	二六	三一		二〇〇四	四九九	午正初刻
午初三刻	二六	二七	少	二〇一〇	四九七	午正一刻
午初二刻	二六	〇八	強	二〇三八	四九〇	午正二刻
午初一刻	二五	三九	強	二〇八〇	四八〇	午正三刻
午初初刻	二四	五九	強	二一四四	四六六	未初初刻
巳正三刻	二四	〇九	少	二二二〇	四四八	未初一刻
巳正二刻	二三	〇八	弱	二三四〇	四二七	未初二刻
巳正一刻	二一	五八	少	二四七九	四〇三	未初三刻
巳正初刻	二〇	三七	太	二六五六	三七六	未正初刻
巳初三刻	一九	〇九	弱	二八七九	三四七	未正一刻
巳初二刻	一七	三二	少	三一六五	三一六	未正二刻
巳初一刻	一五	四八	少	三五三三	二八三	未正三刻
巳初初刻	一三	五五	少	四〇三五	二四八	申初初刻

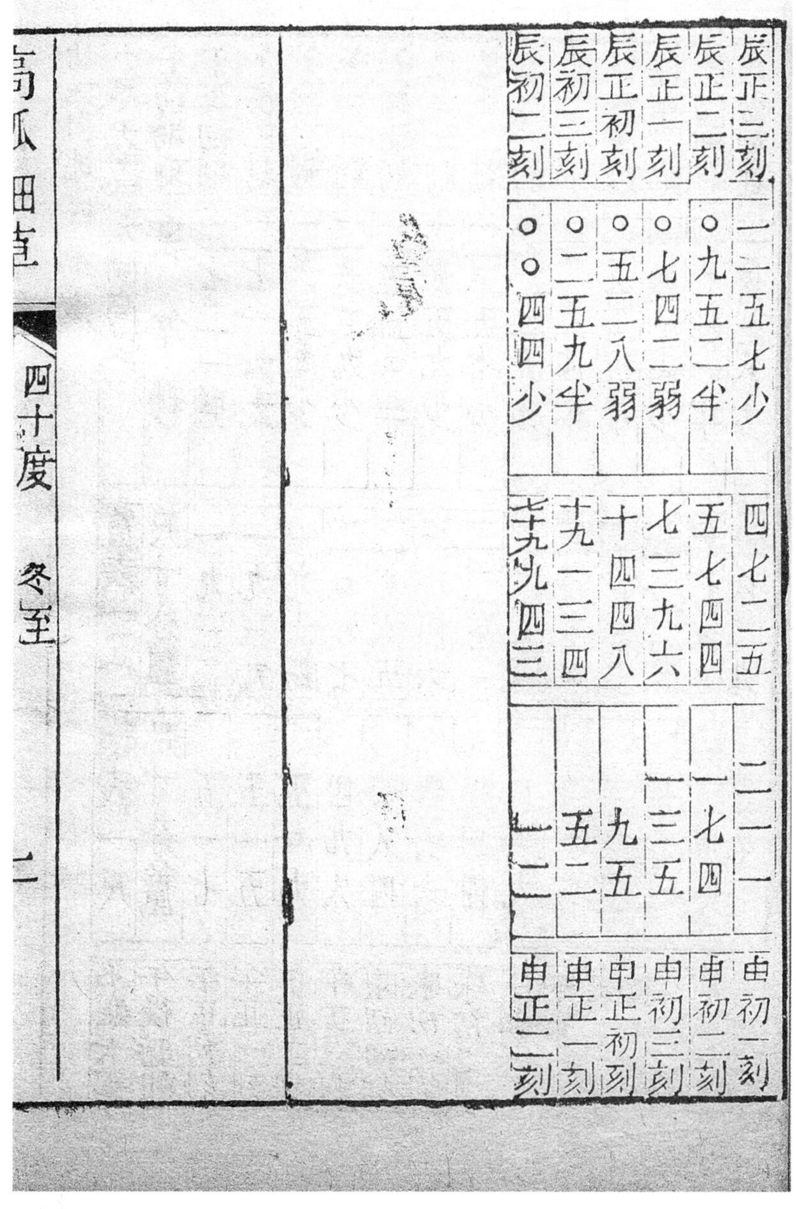

辰正三刻	辰正二刻	辰正一刻	辰正初刻	辰初三刻	辰初二刻
一一五七少	○九五二半	○七四二弱	○五二八弱	○二五九半	○○四四少
四七二五	五七四四	七三九六	十四四八	十九一三四	七十九九四三
二一一	一七四	一三五	九五	五二	一二
申初一刻	申初二刻	申初三刻	申正初刻	申正一刻	申正二刻

北極出地四十度

小寒大雪 午前時刻	太陽高弧 度分秒	直表一尺 尺寸分釐	橫表一尺 尺寸分釐	小寒大雪 午後時刻
午正初刻	二七二一強	一九三三	五一七	午正初刻
午初三刻	二七一六太	一九三九	五一五	午正一刻
午初二刻	二六五九少	一九六四	五〇九	午正二刻
午初一刻	二六二九少	二〇〇七	四九八	午正三刻
午初初刻	二五五〇半	二〇六五	四八四	未初初刻
巳正三刻	二四五九少	二一四六	四六六	未初一刻
巳正二刻	二三五七少	二二五一	四四四	未初二刻
巳正一刻	二二四五強	二三八二	四一九	未初三刻
巳正初刻	二一二四半	二五五〇	三九二	未正初刻
巳初三刻	一九五五半	二七五八	三六二	未正一刻
巳初二刻	一八一七少	三〇二六	三三〇	未正二刻
巳初一刻	一六三一半	三三七〇	二九六	未正三刻
巳初初刻	一四三八少	三八二九	二六	申初初刻

辰正三刻	辰正二刻	辰正一刻	辰正初刻	辰初三刻	辰初二刻
一二四一少	一〇三四少	〇八二二半	〇六〇六少	〇三四五弱	〇一二二太
四四四三	五三六〇	六七九二	九三五七	十五三一五	四十四一〇
一三五	一八六	一四七	一〇七	六五	二四
申初[illegible]刻	申初一刻	申初二刻	申正初刻	申正一刻	申正二刻

北極出地四十度

大寒小雪 午前時刻	太陽高弧 度 分 秒	直表一尺 尺寸分釐	橫表一尺 尺寸分釐	大寒小雪 午後時刻
午正初刻	二九四八強	一七四五	五七三	午正初刻
午初三刻	二九四二半	一七五四	五七〇	午正一刻
午初二刻	二九二八少	一七六九	五六五	午正二刻
午初一刻	二八五三太	一八一一	五五二	午正三刻
午初初刻	二八一二少	一八六四	五三六	未初初刻
巳正三刻	二七二〇少	一九三四	五一七	未初一刻
巳正二刻	二六一五少	二〇二七	四九三	未初二刻
巳正一刻	二五五六太	二一五一	四六五	未初三刻
巳正初刻	二三三八少	二三八五	四三七	未正初刻
巳初三刻	二二〇五少	二四六四	四〇六	未正一刻
巳初二刻	二〇二四少	二六八八	三七二	未正二刻
巳初一刻	一八三四太	二九七五	三三六	未正三刻
巳初初刻	一六三九半	三三四二	二九九	申初初刻

辰正三刻	辰正二刻	辰正一刻	辰正初刻	辰初三刻	辰初二刻	辰初一刻
一四三九少	一二二七半	一○一三太	○七五五少	○五三一弱	○三○二弱	○○三一弱
二八二五	四五二六	五五三九	七一九一	十三五三	十六八七一	百十八九二
二六一	二二一	一八○	一三九	九六	五三	○九
申初一刻	申初二刻	申初三刻	申正初刻	申正一刻	申正二刻	申正三刻

北極出地四十度

立春立冬午前時刻	太陽高弧度分秒	直表一尺尺寸分釐	横表一尺尺寸分釐	立春立冬午後時刻
午正初刻	三三三八少	一五〇三	六六五	午正初刻
午初三刻	三三二七強	一五一三	六六〇	午正一刻
午初二刻	三三一四少	一五二六	六五五	午正二刻
午初一刻	三二四一少	一五五八	六四一	午正三刻
午初初刻	三一五五少	一六〇五	六二三	未初初刻
巳正三刻	三一〇一少	一六六三	六〇一	未初一刻
巳正二刻	二九五二半	一七四一	五七四	未初二刻
巳正一刻	二八三四強	一八三六	五四五	未初三刻
巳正初刻	二七〇六弱	一九五四	五一一	未正初刻
巳初三刻	二五二八強	二〇九八	四七六	未正一刻
巳初二刻	二三四三少	二二七六	四三九	未正二刻
巳初一刻	二一四〇少	二五一七	三九七	未正三刻
巳初初刻	一九四八半	二七七七	三六〇	申初初刻

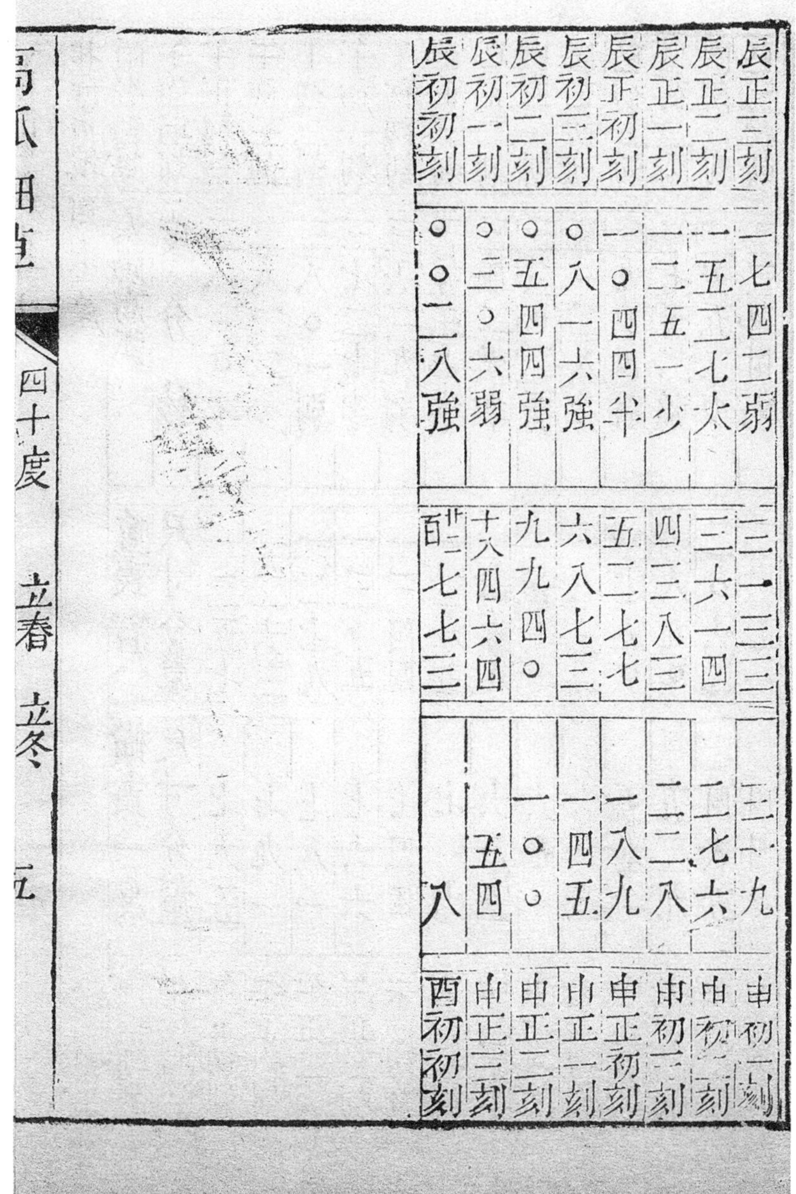

辰正三刻	一七四二弱	三一三三	三一九	申初一刻
辰正二刻	一五二七太	三六一四	二七六	申初二刻
辰正一刻	一二五一少	四三八三	二三八	申初三刻
辰正初刻	一〇四四半	五二七七	一八九	申正初刻
辰初三刻	〇八一六強	六八七三	一四五	申正一刻
辰初二刻	〇五四四強	九九四〇	一〇〇	申正二刻
辰初一刻	〇三〇六弱	十八四六四	五四	申正三刻
辰初初刻	〇〇二八強	百廿二七七三	八	酉初初刻

北極出地四十度

雨水霜降 午前時刻	太陽高弧 度 分 秒	直表一尺 尺寸分釐	橫表一尺 尺寸分釐	雨水霜降 午後時刻
午正初刻	三八 三〇 半	一一五七	七九五	午正初刻
午初三刻	三八 一二 少	一一六三	七九一	午正一刻
午初二刻	三八 〇一 弱	一一七九	七八一	午正二刻
午初一刻	三七 二七 半	一二〇五	七六六	午正三刻
午初初刻	三六 三九 弱	一二四四	七四四	未初初刻
巳正三刻	三五 三七 半	一二九五	七一六	未初一刻
巳正二刻	三四 二五 半	一四五九	六八五	未初二刻
巳正一刻	三三 〇二 弱	一五三七	六五〇	未初三刻
巳正初刻	三一 二八 少	一六三三	六一二	未正初刻
巳初三刻	二九 四四 弱	一七五〇	五七一	未正一刻
巳初二刻	二七 五二 強	一八九〇	五二九	未正二刻
巳初一刻	二五 五二 少	二〇六二	四八五	未正三刻
巳初初刻	二三 四四 太	二二七一	四四〇	申初初刻

四十度　雨水　霜降

辰正三刻	二一三一弱	二五三六	三九四	申初一刻
辰正二刻	一九一二少	二八七一	三四八	申初二刻
辰正一刻	一六四七半	三三一四	三〇一	申初三刻
辰正初刻	一四一八強	三九二〇	二五五	申正初刻
辰初三刻	一一四五太	四八〇〇	二〇八	申正一刻
辰初二刻	〇九一二半	六一六八	一六一	申正二刻
辰初一刻	〇六三〇弱	八七七六	一一四	申正三刻
辰初初刻	〇三四八少	十五〇五五	六六	酉初初刻
卯正三刻	〇一〇四少	五十三七〇八	一八	酉初一刻

北極出地四十度

驚蟄寒露 午前時刻	太陽高弧 度	分	秒	直表一尺 尺寸分釐	横表一尺 尺寸分釐	驚蟄寒露 午後時刻
午正初刻	四四	〇四	太	一〇三二	九六八	午正初刻
午初三刻	四三	五六	弱	一〇三七	九六三	午正一刻
午初二刻	四三	三五	少	一〇五〇	九五一	午正二刻
午初一刻	四二	五五	弱	一〇七五	九二九	午正三刻
午初初刻	四二	〇二	少	一一〇九	九〇一	未初初刻
巳正三刻	四〇	五六	少	一一五三	八六七	未初一刻
巳正二刻	三九	三七	少	一二〇八	八二七	未初二刻
巳正一刻	三八	〇六	少	一二七五	七八四	未初三刻
巳正初刻	三六	二四	強	一三五六	七三七	未正初刻
巳初三刻	三四	三三	弱	一四五二	六八八	未正一刻
巳初二刻	三二	三三	太	一五六六	六三八	未正二刻
巳初一刻	三〇	二六	少	一七〇二	五八七	未正三刻
巳初初刻	二八	一一	強	一八五二	五四〇	申初初刻

高弧細草　四十度　驚蟄　寒露　七

辰正二刻	二五五一弱	二〇六四	四八四	申初一刻
辰正一刻	二三二五半	二三〇八	四三三	申初二刻
辰正一刻	二〇五四太	二六一六	三八二	申初三刻
辰正初刻	一八二〇半	三〇一五	三三一	申正初刻
辰初三刻	一五四二弱	三五五六	二八一	申正一刻
辰初二刻	一三〇一弱	四三二五	二三一	申正二刻
辰初一刻	一〇一七弱	五五一一	一八一	申正三刻
辰初初刻	〇七三一少	七五七八	一三二	酉初初刻
卯正三刻	〇四四三弱	十二二〇	八二	酉初一刻
卯正二刻	〇一五三半	卅二五二	三三	酉初二刻

北極出地四十度

春分秋分午前時刻	太陽高弧 度分秒	直表一尺 尺寸分釐	横表一尺 尺寸分釐	春分秋分午後時刻
午正初刻	五〇〇〇	八三九	一一九一	午正初刻
午初三刻	四九五一弱	八四三	一一八五	午正一刻
午初二刻	四九二五少	八五六	一一六七	午正二刻
午初一刻	四八四二弱	八七八	一一三八	午正三刻
午初初刻	四七四三強	九〇九	一一〇〇	未初初刻
巳正三刻	四六三〇少	九四九	一〇五三	未初一刻
巳正二刻	四五〇三少	九九八	一〇〇二	未初二刻
巳正一刻	四三二三太	一〇五七	九四五	未初三刻
巳正初刻	四一三三強	一一二七	八八六	未正初刻
巳初三刻	三九三四少	一二一〇	八二六	未正一刻
巳初二刻	三七二五強	一三〇七	七六五	未正二刻
巳初一刻	三五一〇少	一四一九	七〇四	未正三刻
巳初初刻	三二四七太	一五五二	六四四	申初初刻

辰正三刻	三〇二〇少	一七〇九	五八五	申初一刻
辰正二刻	二七四七太	一八九七	五二七	申初二刻
辰正一刻	二五一一弱	二一二六	四七〇	申初三刻
辰正初刻	二二三一弱	二四一二	四一四	申正初刻
辰初三刻	一九四八弱	二七七七	三六〇	申正一刻
辰初二刻	一七〇二太	三二六一	三〇六	申正二刻
辰初一刻	一四一五弱	三九三七	二五四	申正三刻
辰初初刻	一一二六少	四九四四	二〇二	酉初初刻
卯正三刻	〇八三五強	六六一五	一五一	酉初一刻
卯正二刻	〇五四四強	九九六〇	一〇〇	酉初二刻
卯正一刻	〇二五二弱	一九九七〇	五〇	酉初三刻

北極出地四十度

清明白露	太陽高弧	直表一尺	橫表一尺	清明白露
午前時刻	度 分 秒	尺寸分釐	尺寸分釐	午後時刻
午正初刻	五五五五少	六七六	一四七八	午正初刻
午初三刻	五五四五半	六八〇	一四六九	午正一刻
午初二刻	五五一五半	六九三	一四四二	午正二刻
午初一刻	五四二六強	七一五	一三九九	午正三刻
午初初刻	五三二〇強	七四四	一三四四	未初初刻
巳正三刻	五二〇〇強	七八〇	一二八〇	未初一刻
巳正二刻	五〇二二半	八二八	一二〇八	未初二刻
巳正一刻	四八三三強	八八三	一一三二	未初三刻
巳正初刻	四六三四少	九四六	一〇五六	未正初刻
巳初三刻	四四二五少	一〇二〇	九八〇	未正一刻
巳初二刻	四二〇七強	一一〇六	九〇四	未正二刻
巳初一刻	三九四三太	一二〇三	八三一	未正三刻
巳初初刻	三七一四少	一三一五	七六〇	申初初刻

辰正三刻	三四三九半	一四四六	六九一	申初一刻
辰正二刻	三二三七弱	一五六二一	六四○	申初二刻
辰正一刻	二九一八太	一七八○	五六一	申初三刻
辰正初刻	二六三四少	一九九九	五○○	申正初刻
辰初三刻	二三四四半	二二七三	四四○	申正一刻
辰初二刻	二○五八少	二六○九	三八三	申正二刻
辰初一刻	一八○八少	三○五三	三二七	申正三刻
辰初初刻	一五一六強	三六五七	二七三	酉初初刻
卯正三刻	一二二四強	四五四四	二二○	酉初一刻
卯正二刻	○九五八少	五六九○	一七六	酉初二刻
卯正一刻	○六四○少	八五七七	一一六	酉初三刻
卯正初刻	○三四八少	十五○五五	六六	酉正初刻
卯初三刻	○○五七少	六十三○五	一六	酉正一刻

北極出地四十度

穀雨處暑 午前時刻	太陽高弧 度分秒	直表一尺 尺寸分釐	横表一尺 尺寸分釐	穀雨處暑 午後時刻
午正初刻	六一二九半	五四三	一八四〇	午正初刻
午初三刻	六一一五太	五四八	一八二四	午正一刻
午初二刻	六〇四四少	五六〇	一七八四	午正二刻
午初一刻	五九四八弱	五八二	一七一八	午正三刻
午初初刻	五八三三半	六一一	一六三五	未初初刻
巳正三刻	五七〇一強	六四八	一五四一	未初一刻
巳正二刻	五五一八太	六九二	一四四五	未初二刻
巳正一刻	五三一五半	七四六	一三三九	未初三刻
巳正初刻	五一〇五強	八〇七	一二三九	未正初刻
巳初三刻	四八四七少	八七六	一一四一	未正一刻
巳初二刻	四六一五強	九五七	一〇四五	未正二刻
巳初一刻	四三四九半	一〇四二	九六〇	未正三刻
巳初初刻	四一一二太	一一四二	八七五	申初初刻

辰正三刻	三八三二弱	一二二五五	七九六	申初一刻
辰正二刻	三五四八半	一三八六	七二一	申初二刻
辰正一刻	三三〇二少	一五三八	六五〇	申初三刻
辰正初刻	三〇一三半	一七一七	五八二	申正初刻
辰初三刻	二七二三半	一九四四	五一四	申正一刻
辰初二刻	二四三二半	二一九〇	四五六	申正二刻
辰初一刻	二一四〇強	二五一六	三九七	申正三刻
辰初初刻	一八四八弱	二九二七	三四〇	酉初初刻
卯正三刻	一五五六少	三五〇二	二八五	酉初一刻
卯正二刻	一三〇三太	四三一〇	二三二	酉初二刻
卯正一刻	一〇一二少	五五五七	一八〇	酉初三刻
卯正初刻	〇七二二弱	七七五二	一二九	酉正初刻
卯初三刻	〇四三二強	十一六四七	七九〇	酉正一刻

北極出地四十度

午前時刻	立夏立秋 太陽高弧 度分秒	直表一尺 尺寸分釐	橫表一尺 尺寸分釐	立夏立秋 午後時刻
午正初刻	六六二一太	四三七	二二八五	午正初刻
午初三刻	六六〇九少	四四二	二二六三	午正一刻
午初二刻	六五二九少	四五六	二一九二	午正二刻
午初一刻	六四二五弱	四七八	二〇八八	午正三刻
午初初刻	六三〇〇半	五〇九	一九六三	未初初刻
巳正三刻	六一一一少	五五〇	一八一七	未初一刻
巳正二刻	五九二〇少	五九三	一六八六	未初二刻
巳正一刻	五七一〇半	六四五	一五五〇	未初三刻
巳正初刻	五四五一少	七〇四	一四二〇	未正初刻
巳初三刻	五二二四少	七七〇	一二九八	未正一刻
巳初二刻	四九五〇弱	八四四	一一八四	未正二刻
巳初一刻	四七一二少	九二六	一〇七九	未正三刻
巳初初刻	四四二九強	一〇一八	九八二	申初初刻

辰正三刻	四一四四弱	一一二一	八九二一	申初一刻
辰正二刻	三八五六強	一二三七	八〇八	申初二刻
辰正一刻	三六〇二少	一三七〇	七三〇	申初三刻
辰正初刻	三三一六弱	一五二四	六五六	申正初刻
辰初三刻	三〇二四強	一七一三	五八三	申正一刻
辰初二刻	二七三二半	一九一八	五二一	申正二刻
辰初一刻	二四四〇少	二一七七	四五九	申正三刻
辰初初刻	二一四八少	二五〇〇	四〇〇	酉初初刻
卯正三刻	一八五五太	二九一六	三四三	酉初一刻
卯正二刻	一六〇五少	三四六八	二八八	酉初二刻
卯正一刻	一三一五少	四二四六	二三五	酉初三刻
卯正初刻	一〇二六少	五四三〇	一八四	酉正初刻
卯初三刻	〇七三八強	七四五一	一三四	酉正一刻
卯初二刻	〇四五三弱	十七〇四	八五	酉正二刻
卯初一刻	〇二〇九強	廿六三三〇	三八	酉正三刻
卯初初刻				

北極出地四十度

小滿大暑 午前時刻	太陽高弧 度分秒	直表一尺 尺寸分釐	橫表一尺 尺寸分釐	小滿大暑 午後時刻
午正初刻	七〇一一弱	三六〇	二七七五	午正初刻
午初三刻	六九五六少	三六五	二七三七	午正一刻
午初二刻	六九〇一少	三八三	二六〇七	午正二刻
午初一刻	六七五八少	四〇四	二四七一	午正三刻
午初初刻	六六二二少	四三七	二二八五	未初初刻
巳正三刻	六四三〇半	四七六	二〇九七	未初一刻
巳正二刻	六二二三少	五二三	一九一一	未初二刻
巳正一刻	六〇〇四弱	五七五	一七三六	未初三刻
巳正初刻	五七三七少	六三四	一五七六	未正初刻
巳初三刻	五五〇三少	六九九	一四三一	未正一刻
巳初二刻	五二二三半	七七〇	一二九八	未正二刻
巳初一刻	四九四〇半	八四九	一一七七	未正三刻
巳初初刻	四六五四弱	九三五	一〇六八	申初初刻

四十度　小滿　大暑　三

辰正三刻	四四一〇弱	一〇二九	九七一	申初一刻
辰正二刻	四一一五太	一一四〇	八七七	申初二刻
辰正一刻	三八二四半	一二六一	七九三	申初三刻
辰正初刻	三五三三強	一四〇〇	七一四	申正初刻
辰初三刻	三二四〇少	一五五九	六四一	申正一刻
辰初二刻	二九四八少	一七四六	五七二	申正二刻
辰初一刻	二六五五少	一九六九	五〇八	申正三刻
辰初初刻	二四〇四半	二二三八	四四六	酉初初刻
卯正三刻	二一〇九弱	二五八四	三八七	酉初一刻
卯正二刻	一八二四少	三〇〇六	三三二	酉初二刻
卯正一刻	一五三五大	三五八一	二七九	酉初三刻
卯正初刻	一二四九少	四四〇〇	二二七	酉正初刻
卯初三刻	一〇〇四少	五六三二	一七七	酉正一刻
卯初二刻	〇七二一弱	七七五二	一二九	酉正二刻
卯初一刻	〇四四〇弱	十二三五〇	八一	酉正三刻
卯初初刻	〇二〇三少	廿七九三七	三六	戌初初刻

北極出地四十度

芒種小暑 午前時刻	太陽高弧 度分秒	直表一尺 尺寸分釐	橫表一尺 尺寸分釐	芒種小暑 午後時刻
午正初刻	七二三八弱	三二二	三一九七	午正初刻
午初三刻	七二二一少	三二八	三一四三	午正一刻
午初二刻	七一三〇半	三三四	二九九〇	午正二刻
午初一刻	七〇一一半	三六〇	二七七六	午正三刻
午初初刻	六八二九少	三九四	二五三七	未初初刻
巳正三刻	六六二八半	四三五	二二九七	未初一刻
巳正二刻	六四一四少	四八二	二〇七二	未初二刻
巳正一刻	六一四九半	五三五	一八六七	未初三刻
巳正初刻	五九一七少	五九四	一六八三	未正初刻
巳初三刻	五六三八強	六五八	一五一九	未正一刻
巳初二刻	五三五六少	七二八	一三七三	未正二刻
巳初一刻	五一一〇少	八〇五	一二四二	未正三刻
巳初初刻	四八二二強	八八九	一一二五	申初初刻

辰正三刻	四五三〇弱	九八二	一〇一八	申初一刻
辰正二刻	四二四〇弱	一〇八五	九二二	申初二刻
辰正一刻	三九四八半	一二〇〇	八三三	申初三刻
辰正初刻	三六五六少	一三三〇	七五一	申正初刻
辰初三刻	三三二一弱	一五一九	六五八	申正一刻
辰初二刻	三〇五〇太	一六七五	五九七	申正二刻
辰初一刻	二八二〇弱	一八五四	五三九	申正三刻
辰初初刻	二五二九半	二〇九七	四七七	酉初初刻
卯正三刻	二二四〇少	二三九四	四一七	酉初一刻
卯正二刻	一九五一半	二七六八	三六一	酉初二刻
卯正一刻	一七〇四太	三二五四	三〇七	酉初三刻
卯正初刻	一四一九強	三九一四	二五五	酉正初刻
卯初三刻	一一三六半	四八六八	二〇五	酉正一刻
卯初二刻	〇八五五太	六三六二	一五七	酉正二刻
卯初一刻	〇六一七半	九〇七〇	一一〇	酉正三刻
卯初初刻	〇三四二少	十五四六三	六四	戌初初刻

北極出地四十度

夏至 午前時刻	太陽高弧 度分秒	直表一尺 尺寸分釐	橫表一尺 尺寸分釐	夏至 午後時刻
午正初刻	七三二九	二九六	三三七二	午正初刻
午初三刻	七三一一	三〇二	三三〇八	午正一刻
午初二刻	七二二〇弱	三一八	三一三九	午正二刻
午初一刻	七〇五七少	三四五	二八九六	午正三刻
午初初刻	六九一二少	三七九	二六三二	未初初刻
巳正三刻	六七〇八半	四二一	二三七二	未初一刻
巳正二刻	六四五一半	四六九	二一三〇	未初二刻
巳正一刻	六二二四強	五二二	一九一三	未初三刻
巳正初刻	五九五〇弱	五八一	一七二〇	未正初刻
巳初三刻	五七一〇半	六四五	一五五〇	未正一刻
巳初二刻	五四二六強	七一五	一三九九	未正二刻
巳初一刻	五一三九太	七九〇	一二六四	未正三刻
巳初初刻	四八五八太	八七〇	一一四九	申初初刻

高弧細草　四十度　夏至　[illegible]

時刻	高弧	影長	影長	時刻
辰正三刻	四六〇〇少	九六五	一〇三五	申初一刻
辰正二刻	四三〇八強	一〇六七	九三六	申初二刻
辰正一刻	四〇一六半	一一八〇	八四七	申初三刻
辰正初刻	三七二四少	一三〇八	七六四	申正初刻
辰初三刻	三四三一強	一四五四	六八八	申正一刻
辰初二刻	三一四〇少	一六二一	六一七	申正二刻
辰初一刻	二八四〇弱	一八二九	五四六	申正三刻
辰初初刻	二五五八半	二〇五二	四八七	酉初初刻
卯正三刻	二三〇九少	二三三八	四二七	酉初一刻
卯正二刻	二〇二一弱	二六九六	三七〇	酉初二刻
卯正一刻	一七五五少	三〇九三	三二三	酉初三刻
卯正初刻	一四五〇半	三七七四	二六五	酉正初刻
卯初三刻	一二〇八少	四六五一	二一五	酉正一刻
卯初二刻	〇九二八弱	五九九四	一六七	酉正二刻
卯初一刻	〇七〇三太	八〇六七	一一四	酉正三刻
卯初初刻	〇四一五少	十三四五六	七四	戌初初刻

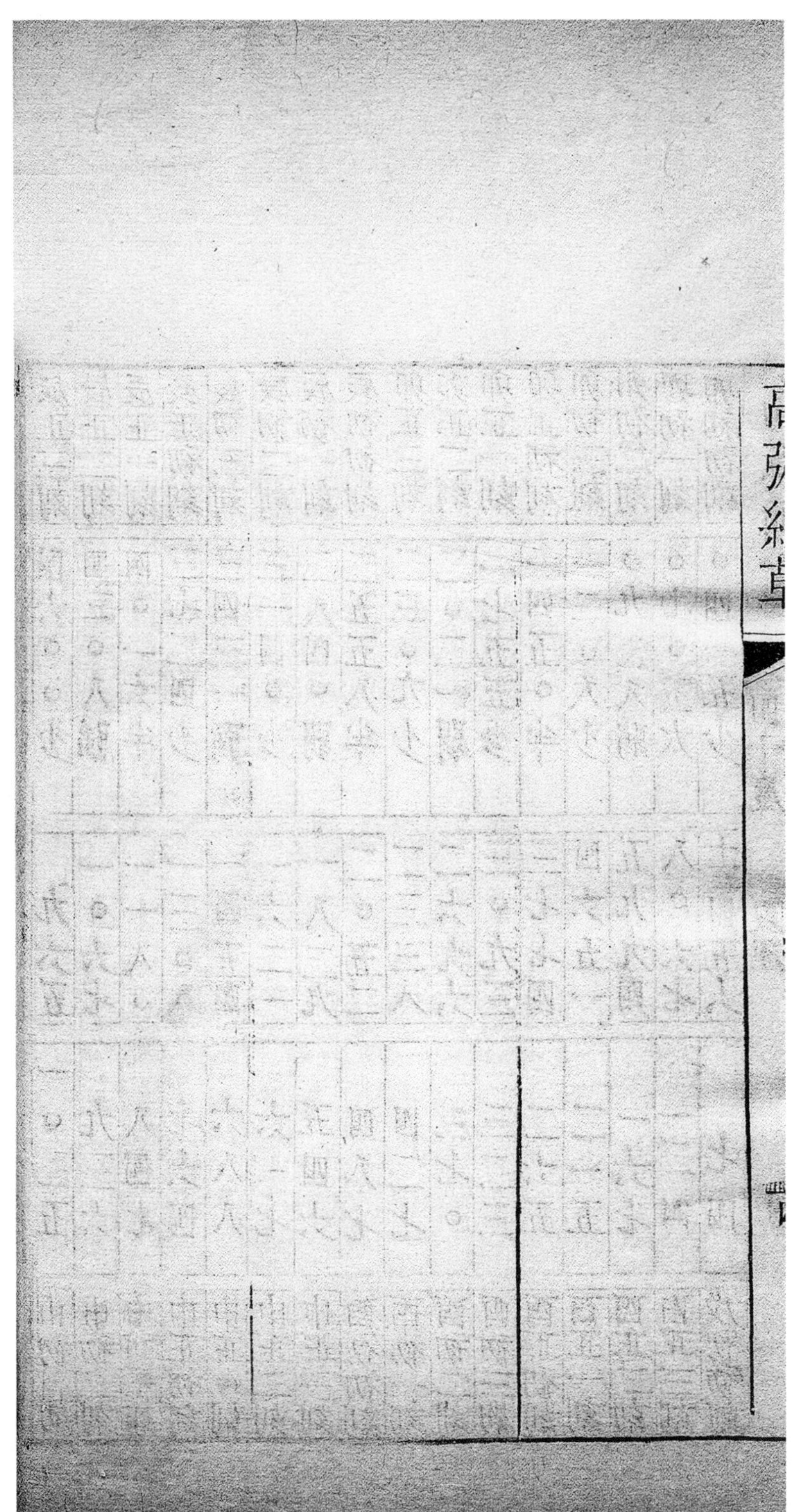

三十四度細草

高弧細草

北極出地三十四度

冬至 午前時刻	太陽高弧 度	分	秒	直表一尺 尺寸分釐	横表一尺 尺寸分釐	冬至 午後時刻
午正初刻	三二	三一		一五六八	六三七	午正初刻
午初三刻	三二	二五	少	一五七四	六三五	午正一刻
午初二刻	三二	○四	強	一五九五	六二六	午正二刻
午初一刻	三一	三一	少	一六三○	六一三	午正三刻
午初初刻	三○	四六	半	一六七九	五九五	未初初刻
巳正三刻	二九	四八	太	一七四五	五七三	未初一刻
巳正二刻	二八	四○	少	一八二九	五四六	未初二刻
巳正一刻	二七	一九	太	一九三五	五一六	未初三刻
巳正初刻	二五	五○		二○六五	四八四	未正初刻
巳初三刻	二四	一○	少	二二二八	四四八	未正一刻
巳初二刻	二三	二一	少	二四三二	四一一	未正二刻
巳初一刻	二○	五六	少	二六一四	三八二	未正三刻
巳初初刻	一八	二○	太	三○一五	三三一	申初初刻

高弧細草 三十四度 冬至 二

辰正三刻	一六一〇半	三四四七	二九〇	申初一刻
辰正二刻	一三五三弱	四〇四四	二四七	申初二刻
辰正一刻	一一三〇弱	四九一二	二〇三	申初三刻
辰正初刻	〇九〇三少	六二七六	一五九	申正初刻
辰初三刻	〇六三〇半	八七六七	一一四	申正一刻
辰初二刻	〇三五四少	十四六五八	六八	申正二刻
辰初一刻	〇一一三太	四六五五四	二一	申正三刻

北極出地三十四度

小寒 大雪 午前時刻	太陽高弧 度	分	秒	直表一尺 尺寸分釐	橫表一尺 尺寸分釐	小寒 大雪 午後時刻
午正初刻	三三	二一	強	一五一八	六五八	午正初刻
午初三刻	三三	一四	半	一五二五	六五五	午正一刻
午初二刻	三二	五二	強	一五四七	六四六	午正二刻
午初一刻	三二	一九	半	一五八〇	六三二	午正三刻
午初初刻	三一	三四	半	一六二七	六一四	未初初刻
巳正三刻	三〇	三五	太	一六九一	五九一	未初一刻
巳正二刻	二九	二五	太	一七七二	五六四	未初二刻
巳正一刻	二八	〇五	少	一八七四	五三三	未初三刻
巳正初刻	二六	三三	太	二〇〇〇	五〇〇	未正初刻
巳初三刻	二四	五二	半	二一五七	四六三	未正一刻
巳初二刻	二三	〇二	太	二三五〇	四二五	未正二刻
巳初一刻	二一	〇五		二五九四	三八五	未正三刻
巳初初刻	一八	五九	太	二九〇五	三四四	申初初刻

辰正三刻	一六四七太	三三一三	三〇二	申初一刻
辰正二刻	一四二九強	三八六八	二五八	申初二刻
辰正一刻	一二〇五太	四六六六	二一四	申初三刻
辰正初刻	〇九三六弱	五九一〇	一六九	申正初刻
辰初三刻	〇七〇二太	八〇八九	一二三	申正一刻
辰初二刻	〇四二五	十二九四七	七七	申正二刻
辰初一刻	〇一三九少	三十四六五七	二九	申正三刻

北極出地三十四度

大寒 小雪 太陽高弧

午前時刻	度 分 秒	直表一尺 尺寸分釐	橫表一尺 尺寸分釐
午正初刻	三五 四八強	一三八六	七二一
午初三刻	三五 四〇少	一三九三	七一七
午初二刻	三五 二一少	一四〇九	七〇九
午初一刻	三四 四五半	一四四一	六九四
午初初刻	三三 五六太	一四八五	六七三
巳正三刻	三二 五六強	一五四三	六四八
巳正二刻	三一 四一少	一六二〇	六一七
巳正一刻	三〇 一九弱	一七〇九	五八五
巳正初刻	二八 四四弱	一八二三	五四八
巳初三刻	二七 〇〇少	一九六二	五〇九
巳初二刻	二五 〇六弱	二一三四	四六八
巳初一刻	二三 〇四太	二三四六	四一六
巳初初刻	二一 〇五五太	二六一四	三八二一

大寒 小雪

午後時刻
午正初刻
午正一刻
午正二刻
午正三刻
未初初刻
未初一刻
未初二刻
未初三刻
未正初刻
未正一刻
未正二刻
未正三刻
申初初刻

辰正三刻	一八三九太	二九六〇	三三七	申初一刻
辰正二刻	一六一八少	三四一九	二九二	申初二刻
辰正一刻	一三五〇少	四〇六〇	二四六	申初三刻
辰正初刻	一一一八少	五〇〇三	一九九	申正初刻
辰初三刻	〇八四一弱	六五四四	一五二	申正一刻
辰初二刻	〇六〇〇少	九四八八	一〇五	申正二刻
辰初一刻	〇三一六強	十七四六一	五七	申正三刻
辰初初刻	〇〇二七半	廿五百〇〇七	八	酉初初刻

高弧總草

北極出地三十四度

立春 立冬	太陽高弧	直表一尺	横表一尺	立春 立冬
午前時刻	度 分 秒	尺寸分釐	尺寸分釐	午後時刻
午正初刻	三九三八半	一一〇七	八二八	午正初刻
午初三刻	三九二四弱	一一一七	八二一	午正一刻
午初二刻	三九〇六太	一一三〇	八一三	午正二刻
午初一刻	三八三〇少	一一五七	七九五	午正三刻
午初初刻	三七三八強	一二九六	七七一	未初初刻
巳正三刻	三六四四半	一三三九	七四六	未初一刻
巳正二刻	三五一五太	一四一四	七〇七	未初二刻
巳正一刻	三三四六少	一四九五	六六八	未初三刻
巳正初刻	三二〇五弱	一五九四	六二七	未正初刻
巳初三刻	三〇一五少	一七一四	五八三	未正一刻
巳初二刻	二八一五半	一八六〇	五三七	未正二刻
巳初一刻	二六〇八	二〇三八	四九〇	未正三刻
巳初初刻	二三五二太	二二五八	四四一	申初初刻

辰正三刻	二一三一少	二五三六	三九四	申初一刻
辰正二刻	一九〇四少	二八九三	三四五	申初二刻
辰正一刻	一六三一少	三三七二	二九六	申初三刻
辰正初刻	一三五三半	四〇四三	二四七	申正初刻
辰初三刻	一一一二	五〇五〇	一九八	申正一刻
辰初二刻	〇八二六強	六七三六	一四八	申正二刻
辰初一刻	〇五三三半	十二七六	九七	申正三刻
辰初初刻	〇二四六少	三十六七二	四八	酉初初刻

北極出地三十四度

雨水　霜降	太陽高弧	直表一尺	橫表一尺	雨水　霜降
午前時刻	度　分　秒	尺寸分釐	尺寸分釐	午後時刻
午正初刻	四四　三〇　半	一〇一七	九八三	午正初刻
午初三刻	四四　二二　半	一〇二二	九七八	午正一刻
午初二刻	四三　五六　太	一〇三七	九六四	午正二刻
午初一刻	四三　一六　少	一〇六二	九四一	午正三刻
午初初刻	四二　一九　太	一〇九八	九一一	未初初刻
巳正三刻	四一　〇八　弱	一一四四	八七三	未初一刻
巳正二刻	三九　四六　少	一二〇一	八三二	未初二刻
巳正一刻	三八　〇六　太	一二七四	七八四	未初三刻
巳正初刻	三六　一八　半	一三六一	七三四	未正初刻
巳初三刻	三四　二〇　弱	一四八四	六八三	未正一刻
巳初二刻	三二　二二　太	一五八七	六三〇	未正二刻
巳初一刻	二九　五七　強	一七三四	五七六	未正三刻
巳初初刻	二七　三五	一九一四	五二二	申初初刻

三十四度 雨水 霜降

辰正三刻	辰正二刻	辰正一刻	辰正初刻	辰初三刻	辰初二刻	辰初一刻	辰初初刻	卯正三刻
二五〇六弱	二三三一太	一九二五半	一七〇八太	一四二一少	一一三〇半	〇八三六強	〇五四〇弱	〇二四一太
一一三四	一一四一〇	二八三六	三二四一	三九〇八	四九一一	六六〇四	十〇六八	二十二二七
四六八	四一四	三五二	三〇八	二五六	二〇三	一五一	九九	四七
申初一刻	申初二刻	申初三刻	申正初刻	申正一刻	申正二刻	申正三刻	酉初初刻	酉初一刻

北極出地三十四度

驚蟄 寒露 午前時刻	太陽高弧 度 分 秒	直表一尺 尺寸分釐	橫表一尺 尺寸分釐	驚蟄 寒露 午後時刻
午正初刻	五〇〇四太	八三六	一一九五	午正初刻
午初三刻	四九五九弱	八四二	一一八七	午正一刻
午初二刻	四九二七強	八五五	一一六九	午正二刻
午初一刻	四八四四弱	八七七	一一四〇	午正三刻
午初初刻	四七三八半	九一一	一〇九六	未初初刻
巳正三刻	四六一八太	九五五	一〇四七	未初一刻
巳正二刻	四四四五半	一〇〇八	九九一	未初二刻
巳正一刻	四二五九強	一〇七二	九三二	未初三刻
巳正初刻	四一〇一太	一一四九	八七〇	未正初刻
巳初三刻	三八五四少	一二三九	八〇七	未正一刻
巳初二刻	三六三七弱	一三四五	七四三	未正二刻
巳初一刻	三四一二太	一四七〇	六八〇	未正三刻
巳初初刻	三一四一強	一六一九	六一七	申初初刻

辰正三刻	一九〇四大	一七九八	五五六	申初一刻
辰正二刻	二六二二太	二〇一六	四九六	申初二刻
辰正一刻	二三三六弱	二二八八	四三七	申初三刻
辰正初刻	二〇四六少	二六三七	三七九	申正初刻
辰初三刻	一七五二太	三〇九九	三二二	申正一刻
辰初二刻	一四五六強	三七四七	二六七	申正二刻
辰初一刻	一一五八少	四七一八	二一二	申正三刻
辰初初刻	〇八五七半	六三四四	一五七	酉初初刻
卯正三刻	〇五五五少	九六四五	一〇三	酉初一刻
卯正二刻	〇二五一	二十〇八七	四九	酉初二刻

高弧細草

北極出地三十四度　太陽高弧

春分 秋分 午前時刻	度 分 秒	直表一尺 尺寸分釐	横表一尺 尺寸分釐	春分 秋分 午後時刻
午正初刻	五六〇〇	六七四	一四八二	午正初刻
午初三刻	五五四九少	六七九	一四七二	午正一刻
午初二刻	五五一六太	六九三	一四四三	午正二刻
午初一刻	五四二四	七一六	一三九六	午正三刻
午初初刻	五三二二弱	七四三	一三四四	未初初刻
巳正三刻	五一四三半	七八九	一二六七	未初一刻
巳正二刻	四九五九弱	八三九	一一九一	未初二刻
巳正一刻	四八〇二少	八九九	一一一二	未初三刻
巳正初刻	四五五三少	九六九	一〇三一	未正初刻
巳初三刻	四三三四半	一〇五一	九五一	未正一刻
巳初二刻	四一〇七半	一一四五	八七三	未正二刻
巳初一刻	三八三三半	一二五四	七九七	未正三刻
巳初初刻	三五五三弱	一三八二	七二三	申初初刻

三十四度 春分 秋分

時刻				時刻
辰正三刻	三三〇八少	一五三二	六五二一	申初一刻
辰正二刻	三〇一八強	一七一〇	五八四	申初二刻
辰正一刻	二七二五半	一九二七	五一八	申初三刻
辰正初刻	二四二九弱	二一九五	四五五	申正初刻
辰初三刻	二一三〇強	二五三七	三九四	申正一刻
辰初二刻	一八一九太	二九八九	三三四	申正二刻
辰初一刻	一五二七弱	三六一七	二七六	申正三刻
辰初初刻	一二三三弱	四五五二	二一九	酉初初刻
卯正三刻	〇九一八半	六一〇一	一六四	酉初一刻
卯正二刻	〇六一二強	九一八九	一〇八	酉初二刻
卯正一刻	〇三〇六半	十八四一五	五四	酉初三刻

高弧細草

北極出地三十四度

清明 白露 午前時刻	太陽高弧 度分秒	直表一尺 尺寸分釐	橫表一尺 尺寸分釐	清明 白露 午後時刻
午正初刻	六一五五少	五三三	一八七四	午正初刻
午初三刻	六一四二半	五三八	一八五八	午正一刻
午初二刻	六一〇四弱	五五二	一八〇九	午正二刻
午初一刻	六〇〇二強	五七六	一七三五	午正三刻
午初初刻	五八四〇半	六〇八	一六四三	未初初刻
巳正三刻	五六五九少	六四九	一五三九	未初一刻
巳正二刻	五五〇二少	六九九	一四三〇	未初二刻
巳正一刻	五二五二	七五七	一三二一	未初三刻
巳正初刻	五〇三一少	八二三	一二一四	未正初刻
巳初三刻	四八〇〇太	九〇〇	一一一一	未正一刻
巳初二刻	四五二三弱	九八六	一〇一三	未正二刻
巳初一刻	四二三九太	一〇八五	九二一	未正三刻
巳初初刻	三九五一	一一九八	八[illegible]四	申初初刻

辰正三刻	三六五八少	一三二八	七五二
辰正二刻	三四○一太	一四八一	六七五
辰正一刻	三一○三少	一六六一	六○二
辰正初刻	二八○二少	一八七八	五三二
辰初三刻	二四五八太	二一四六	四六六
辰初二刻	二一五五	二四八五	四○二
辰初一刻	一八四九強	二九三三	三四一
辰初初刻	一五四三太	三五五○	二八一
卯正三刻	一二三七弱	四四六六	二二四
卯正二刻	○九三○太	五九六七	一六七
卯正一刻	○六二四半	八九○四	一一二
卯正初刻	○三一八弱	十七三一四	五七

申初一刻	辰正三刻
申初二刻	辰正二刻
申初三刻	辰正一刻
申正初刻	辰正初刻
申正一刻	辰初三刻
申正二刻	辰初二刻
申正三刻	辰初一刻
酉初初刻	辰初初刻
酉初一刻	卯正三刻
酉初二刻	卯正二刻
酉初三刻	卯正一刻
酉正初刻	卯正初刻

北極出地三十四度

穀雨 處暑 午前時刻	太陽高弧 度	分	秒	直表一尺 尺寸分釐	橫表一尺 尺寸分釐
午正初刻	六七	二九	半	四一四	二四一三
午初三刻	六七	一四	弱	四一九	二三八三
午初二刻	六六	二八	弱	四三五	二二九六
午初一刻	六五	四四	少	四五○	二二一八
午初初刻	六三	三九	少	四九五	二○一九
巳正三刻	六二	四二	太	五一五	一九三八
巳正二刻	五九	三二	弱	五八八	一七○○
巳正一刻	五七	○八	強	六四五	一五四八
巳正初刻	五四	三五	少	七一一	一四○六
巳初三刻	五一	五三	強	七八四	一二七五
巳初二刻	四九	○六	半	八六六	一一五四
巳初一刻	四六	二○	弱	九五四	一○四八
巳初初刻	四三	一八	弱	一○六○	九四二

穀雨 處暑

午後時刻

午正初刻 午正一刻 午正二刻 午正三刻 未初初刻 未初一刻 未初二刻 未初三刻 未正初刻 未正一刻 未正二刻 未正三刻 申初初刻

辰正三刻	四〇一九少	一一七八	八四八	申初一刻
辰正二刻	三七一七太	一三一三	七六一	申初二刻
辰正一刻	三四一四太	一四六九	六八〇	申初三刻
辰正初刻	三一一〇弱	一六五三	六〇五	申正初刻
辰初三刻	二八〇四太	一八七三	五三四	申正一刻
辰初二刻	二四五五強	二一五一	四六四	申正二刻
辰初一刻	二一五二強	二四九一	四〇一	申正三刻
辰初初刻	一八四五太	二九四四	三三九	酉初初刻
卯正三刻	一五三九半	三五六八	二八〇	酉初一刻
卯正二刻	一二三二強	四四九四	二二二	酉初二刻
卯正一刻	〇九二八弱	五九九四	一六六	酉初三刻
卯正初刻	〇六二三太	八九一九	一一二	酉正初刻
卯初三刻	〇三三九強	十五六二八	六四	酉正一刻

北極出地二十四度

立夏 立秋 太陽高弧 午前時刻	度 分 秒	直表一尺 尺寸分釐	橫表一尺 尺寸分釐	立夏 立秋 午後時刻
午正初刻	七二二一太	三一七	三一四六	午正初刻
午初三刻	七二〇二太	三二四	三〇八六	午正一刻
午初二刻	七一〇七弱	三四一	二九二四	午正二刻
午初一刻	六九四二弱	三六九	二七〇四	午正三刻
午初初刻	六七四八強	四〇七	二四五二	未初初刻
巳正三刻	六五三六太	四五三	二二〇六	未初一刻
巳正二刻	六三一一少	五〇五	一九七八	未初二刻
巳正一刻	六〇三四弱	五六四	一七七三	未初三刻
巳正初刻	五七四九強	六二九	一五八九	未正初刻
巳初三刻	五四五八太	七〇〇	一四二七	未正一刻
巳初二刻	五二〇三太	七七九	一二八三	未正二刻
巳初一刻	四九〇五	八六六	一一五三	未正三刻
巳初初刻	四六〇三半	九六三	一〇三七	申初初刻

辰正三刻	辰正二刻	辰正一刻	辰正初刻	辰初三刻	辰初二刻	辰初一刻	辰初初刻	卯正三刻	卯正二刻	卯正一刻	卯正初刻	卯初三刻	卯初二刻
四三〇〇少	三九五五強	三六五〇	三三四三太	三〇三七弱	二七一七太	二四二四半	二一一八強	一八一三半	一五〇九少	一二〇五太	〇九〇三太	〇六〇三少	〇三〇四強
一〇七一	一一九五	一三二五	一四九八	一六八九	一九三七	二二〇三	二五六三	三〇三七	三六九二	四六六六	六二六八	九四三一	十八五九八
九三三	八三七	七四九	六六七	五九二	五一六	四五三	三九〇	三二九	二七〇	二一四	一五九	一〇六	五三
申初一刻	申初二刻	申初三刻	申正初刻	申正一刻	申正二刻	申正三刻	酉初初刻	酉初一刻	酉初二刻	酉初三刻	酉正初刻	酉正一刻	酉正二刻

北極出地三十四度

小滿 大暑 午前時刻	太陽高弧 度 分 秒	直表一尺 尺寸分釐	橫表一尺 尺寸分釐	小滿 大暑 午後時刻
午正初刻	七六一一弱	二四五	四〇六八	午正初刻
午初三刻	七五四七強	二五三	三九五〇	午正一刻
午初二刻	七四四〇弱	二七四	三六四八	午正二刻
午初一刻	七二五八	三〇六	三二六四	午正三刻
午初初刻	七〇五〇少	三四七	二八七七	未初初刻
巳正三刻	六八二四少	三九五	二五二六	未初一刻
巳正二刻	六五四五太	四五〇	二二二一	未初二刻
巳正一刻	六二五八太	五一〇	一九六〇	未初三刻
巳正初刻	六〇〇五半	五七五	一七三八	未正初刻
巳初三刻	五七〇八少	六四六	一五四八	未正一刻
巳初二刻	五四〇七半	七二三	一三八二	未正二刻
巳初一刻	五一〇四強	八〇七	一二三八	未正三刻
巳初初刻	四八〇〇弱	九〇〇	一一一一	申初初刻

辰正三刻	四四五五少	一〇〇三	九九七	申初一刻
辰正二刻	四一四八半	一一一八	八九四	申初二刻
辰正一刻	三八四二少	一二四八	八〇一	申初三刻
辰正初刻	三五三五半	一三九七	七一五	申正初刻
辰初三刻	三二二九弱	一五七〇	六三六	申正一刻
辰初二刻	二九二三半	一七七五	五六三	申正二刻
辰初一刻	二六一八少	二〇二三	四九四	申正三刻
辰初初刻	二三一三半	二三六[illegible]	四二九	酉初初刻
卯正三刻	二〇一〇少	二七二二	三六七	酉初一刻
卯正二刻	一七〇七太	三二四四	三〇八	酉初二刻
卯正一刻	一四〇六太	三九七七	二五一	酉初三刻
卯正初刻	一一〇七弱	五〇八七	一九六	酉正初刻
卯初三刻	〇八〇九太	六九七一	一四三	酉正一刻
卯初二刻	〇五一六半	十八一九	九二	酉正二刻
卯初一刻	〇二二〇少	三十四五一三	四一	酉正三刻

北極出地三十四度

芒種 小暑 午前時刻	太陽高弧 度 分 秒	直表一尺 尺寸分釐	橫表一尺 尺寸分釐	芒種 小暑 午後時刻
午正初刻	七八 三 八 弱	二〇一	四九七七	午正初刻
午初三刻	七八 一 〇 弱	二〇九	四七七四	午正一刻
午初二刻	七六 五 二 少	二三三	四二八七	午正二刻
午初一刻	七四 五 七	二六八	三七一九	午正三刻
午初初刻	七二 三 七 少	三一三	三一九五	未初初刻
巳正三刻	七〇 〇 一 少	三六三	二七五〇	未初一刻
巳正二刻	六七 一 四 強	四一九	二三八四	未初二刻
巳正一刻	六四 二 一 弱	四八〇	二〇八三	未初三刻
巳正初刻	六一 一 三 弱	五四五	一八三三	未正初刻
巳初三刻	五八 一 二 少	六一六	一六二三	未正一刻
巳初二刻	五五 一 八 太	六九二	一四四五	未正二刻
巳初一刻	五二 一 四 少	七七四	一二九〇	未正三刻
巳初初刻	四九 〇 八 弱	八六五	一一五六	申初初刻

辰正三刻	四六〇二	九六四	一〇三六	申初一刻
辰正二刻	四二五五半	一〇七五	九三〇	申初二刻
辰正一刻	三九四九少	一一九九	八三三	申初三刻
辰正初刻	三六四二太	一三四一	七四五	申正初刻
辰初三刻	三三三七少	一五〇四	六六四	申正一刻
辰初二刻	三〇三二	一六九五	五八九	申正二刻
辰初一刻	二七二七太	一九二四	五一九	申正三刻
辰初初刻	二四二四半	二二〇三	四五三	酉初初刻
卯正三刻	二一二二半	二五五五	三九一	酉初一刻
卯正二刻	一八一七強	三〇二五	三三〇	酉初二刻
卯正一刻	一五二二強	三六三六	二七五	酉初三刻
卯正初刻	一二二五半	四五三九	二二〇	酉正初刻
卯初三刻	〇九二九強	五九七九	一六七	酉正一刻
卯初二刻	〇六三六強	八六二八	一一六	酉正二刻
卯初一刻	〇三四五弱	十五二三四	六五	酉正三刻
卯初初刻	〇〇五〇	六八七五〇	一四	戌初初刻

北極出地三十四度

夏至	太陽高弧	直表一尺	横表一尺	夏至
午前時刻	度 分 秒	尺寸分釐	尺寸分釐	午後時刻
午正初刻	七九二九	一八五	五三八七	午正初刻
午初三刻	七八五九少	一九四	五一三八	午正一刻
午初二刻	七七三七半	二一九	四五五八	午正二刻
午初一刻	七五三六少	二五六	三八九五	午正三刻
午初初刻	七三一一強	三〇二	三三一一	未初初刻
巳正三刻	七〇三二弱	三五三	二八三〇	未初一刻
巳正二刻	六七四二太	四〇九	二四四〇	未初二刻
巳正一刻	六四四七強	四七〇	二一二四	未初三刻
巳正初刻	六一四八少	五三六	一八六五	未正初刻
巳初三刻	五八四五太	六〇六	一六四九	未正一刻
巳初二刻	五五四一太	六八二	一四六五	未正二刻
巳初一刻	五二三六強	七六四	一三〇八	未正三刻
巳初初刻	四九三〇半	八五三	一一七一	申初初刻

高弧細草 三十四度 夏至

辰正三刻	四六二四少	九五二	一〇五〇	申初一刻
辰正二刻	四三一七半	一〇六一	九四二	申初二刻
辰正一刻	四〇一一少	一一八四	八四四	申初三刻
辰正初刻	三七〇五太	一三二二	七五六	申正初刻
辰初三刻	三四〇〇強	一四八二	六七四	申正一刻
辰初二刻	三〇五五少	一六六九	五九九	申正二刻
辰初一刻	二七五一弱	一八九二	五二八	申正三刻
辰初初刻	二四四八強	二一六三	四六二	酉初初刻
卯正三刻	二一四七少	二五〇二	三九九	酉初一刻
卯正二刻	一八四七弱	二九三九	三四〇	酉初二刻
卯正一刻	一五四八太	三五三一	二八三	酉初三刻
卯正初刻	一二五二半	四三七六	二二八	酉正初刻
卯初三刻	〇九五八少	五六八九	一七五	酉正一刻
卯初二刻	〇七〇六太	八〇一三	一二四	酉正二刻
卯初一刻	〇四一六半	十三三七八	七四	酉正三刻
卯初初刻	〇一二九弱	三十八四七四	二六	戌初初刻

三十三度細草

北極出地三十三度

冬至午前時刻	太陽高弧 度分秒	直表一尺 尺寸分釐	橫表一尺 尺寸分釐	冬至午後時刻
午正初刻	三三三一	一五〇九	六六二	午正初刻
午初三刻	三三二六弱	一五一四	六六〇	午正一刻
午初二刻	三三〇四半	一五三五	六五一	午正二刻
午初一刻	三二二九弱	一五七〇	六三六	午正三刻
午初初刻	三一四二強	一六一八	六一八	未初初刻
巳正三刻	三〇五〇強	一六七四	五九七	未初一刻
巳正二刻	二九三四太	一七六二	五六七	未初二刻
巳正一刻	二八一三少	一八六三	五三六	未初三刻
巳正初刻	二六四一半	一九八九	五〇二	未正初刻
巳初三刻	二五〇二強	二一四〇	四六七	未正一刻
巳初二刻	二三〇九弱	二三三八	四二七	未正二刻
巳初一刻	二一一一少	二五八〇	三八七	未正三刻
巳初初刻	一九〇四太	二八九一	三四六	申初初刻

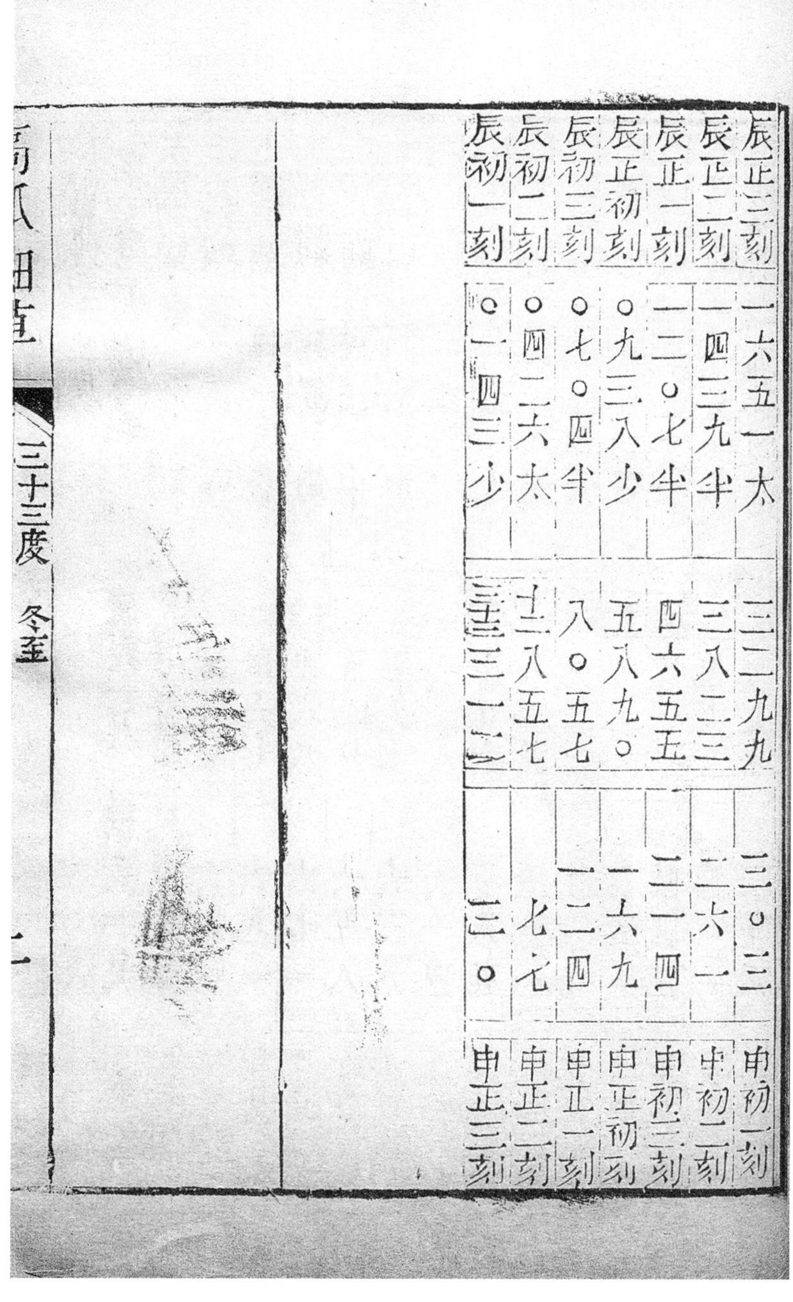

辰正三刻	一六五一太	三二九九	三〇三	申初一刻
辰正二刻	一四三九半	三八二三	二六一	申初二刻
辰正一刻	一二〇七半	四六五五	二一四	申初三刻
辰正初刻	〇九三八少	五八九〇	一六九	申正初刻
辰初三刻	〇七〇四半	八〇五七	一二四	申正一刻
辰初二刻	〇四二六太	十二八五七	七七	申正二刻
辰初一刻	〇一四三少	三十三一二	三〇	申正三刻

高氏[illegible][illegible]　三十三度　冬至　二

北極出地三十三度太陽高弧

小寒 大雪 午前時刻	度 分 秒	直表一尺 尺寸分釐	橫表一尺 尺寸分釐	小寒 大雪 午後時刻
午正初刻	三四 二一 強	一四六二	六八三	午正初刻
午初三刻	三四 一六 少	一四六七	六八一	午正一刻
午初二刻	三三 五三 弱	一四八八	六七一	午正二刻
午初一刻	三三 二〇 半	一五二〇	六五八	午正三刻
午初初刻	三二 三二 半	一五六七	六三八	未初初刻
巳正三刻	三一 三三 半	一六二八	六一四	未初一刻
巳正二刻	三〇 二一 太	一七〇七	五八五	未初二刻
巳正一刻	二八 五八 太	一八〇五	五五三	未初三刻
巳正初刻	二七 二五 太	一九二六	五一九	未正初刻
巳初三刻	二五 四三 弱	二〇七六	四八一	未正一刻
巳初二刻	二三 五一 少	二二六一	四四二	未正二刻
巳初一刻	二一 五一 少	二四九三	四〇一	未正三刻
巳初初刻	一九 四四 弱	二七八七	三五八	申初初刻

辰正三刻	一七二九太	三一七二	三一五	申初一刻
辰正二刻	一五〇九太	三六九〇	二七一	申初二刻
辰正一刻	一二四三太	四四二六	二二六	申初三刻
辰正初刻	一〇一三弱	五五四五	一八〇	申正初刻
辰初三刻	〇七三七太	七四六四	一三四	申正一刻
辰初二刻	〇四五八少	十一五〇〇	八七	申正二刻
辰初一刻	〇二一四強	三五五一五	三九	申正三刻

北極出地三十三度

大寒 小雪	太陽高弧	直表一尺	橫表一尺	大寒 小雪
午前時刻	度 分 秒	尺寸分釐	尺寸分釐	午後時刻
午正初刻	三六 四八 強	一三三六	七四八	午正初刻
午初三刻	三六 三九 太	一三四三	七四四	午正一刻
午初二刻	三六 二〇 少	一三五九	七三五	午正二刻
午初一刻	三五 四四 太	一三八九	七一九	午正三刻
午初初刻	三四 五四 半	一四三三	六九七	未初初刻
巳正三刻	三三 五六 半	一四八六	六七三	未初一刻
巳正二刻	三二 三八 少	一五六一	六四〇	未初二刻
巳正一刻	三一 一二 少	一六五一	六〇五	未初三刻
巳正初刻	二九 三四 太	一七六二	五六七	未正初刻
巳初三刻	二七 四八 弱	一八九六	五二七	未正一刻
巳初二刻	二五 五二 太	二〇六一	四八五	未正二刻
巳初一刻	二三 四九 少	二二六五	四四一	未正三刻
巳初初刻	二一 三七 強	二五二二	三九六	申初初刻

辰正三刻	一九一九少	二八五二	三五〇	申初一刻
辰正二刻	一六五七太	三二七八	三〇五	申初二刻
辰正一刻	一四二六弱	三八八四	二五七	申初三刻
辰正初刻	一一五二少	四七五八	二一〇	申正初刻
辰初三刻	〇九一三少	六一六一	一六二	申正一刻
辰初二刻	〇六三〇少	八七七三	一一四	申正二刻
辰初一刻	〇三四三少	十五三八二	六五	申正三刻
辰初初刻	〇〇四八弱	七一一二一	一四	酉初初刻

北極出地三十三度

立春 立冬	太陽高弧	直表一尺	横表一尺	立春 立冬
午前時刻	度 分 秒	尺寸分釐	尺寸分釐	午後時刻
午正初刻	四〇 三八 半	一一六五	八五八	午正初刻
午初三刻	四〇 三〇 少	一一七〇	八五四	午正一刻
午初二刻	四〇 〇六 強	一一八七	八四二	午正二刻
午初一刻	三九 二八 弱	一二一四	八二三	午正三刻
午初初刻	三八 三六 少	一二五二	七九八	未初初刻
巳正三刻	三七 一八 強	一三〇四	七六六	未初一刻
巳正二刻	三六 三五 太	一三四六	七四二	未初二刻
巳正一刻	三四 三七 半	一四四八	六九〇	未初三刻
巳正初刻	三二 五五 少	一五四四	六四七	未正初刻
巳初三刻	三一 〇一 太	一六六二	六〇一	未正一刻
巳初二刻	二九 〇〇	一八〇四	五五四	未正二刻
巳初一刻	二六 五〇 半	一九七六	五〇六	未正三刻
巳初初刻	二四 三三 少	二一八九	四五六	申初初刻

辰正三刻	二二〇九弱	二四五六	四〇七	申初一刻
辰正二刻	一九三九弱	二八〇〇	三五七	申初二刻
辰正一刻	一七〇三太	三二五八	三〇七	申初三刻
辰正初刻	一四二四半	三八九二	二五七	申正初刻
辰初三刻	一一四〇強	四八三八	二〇六	申正一刻
辰初二刻	〇八五三少	六三九六	一五六	申正二刻
辰初一刻	〇六〇二少	九四五七	一〇五	申正三刻
辰初初刻	〇三〇九半	十八一二三	五五	酉初初刻

北極出地三十三度

雨水　霜降 午前時刻	太陽高弧 度　分　秒	直表一尺 尺寸分釐	横表一尺 尺寸分釐	雨水　霜降 午後時刻
午正初刻	四五三〇半	九八二	一〇一八	午正初刻
午初三刻	四五二一半	九八七	一〇一二	午正一刻
午初二刻	四四五六半	一〇〇二	九九八	午正二刻
午初一刻	四四一三弱	一〇二七	九七三	午正三刻
午初初刻	四三〇六太	一〇六八	九三六	未初初刻
巳正一刻	四二〇三強	一一〇九	九〇一	未初一刻
巳正二刻	四〇三六弱	一一六六	八五七	未初二刻
巳正一刻	三八五六太	一二三七	八〇八	未初三刻
巳正初刻	三七〇六少	一三二二	七五六	未正初刻
巳初三刻	三五〇五少	一四二三	七〇二	未正一刻
巳初二刻	三二五五弱	一五四四	六四七	未正二刻
巳初一刻	三〇三七強	一六八九	五九二	未正三刻
巳初初刻	二八一二少	一八六四	五三六	申初初刻

辰正三刻	二五四〇太	二〇七九	四八〇	申初一刻
辰正二刻	二三〇四少	二三四八	四二六	申初二刻
辰正一刻	二〇二二少	二六九三	三七一	申初三刻
辰正初刻	一七三六弱	三一五一	三一七	申正初刻
辰初三刻	一四四六弱	三七九二	二六三	申正一刻
辰初二刻	一一五三弱	四七五〇	二一〇	申正二刻
辰初一刻	〇八五七少	六三四八	一五七	申正三刻
辰初初刻	〇五五九弱	九五三二	一〇五	酉初初刻
卯正三刻	〇二五八少	十九二七八	五一	酉初一刻

北極出地三十三度

驚蟄 寒露	太陽高弧	直表一尺	橫表一尺
午前時刻	度分秒	尺寸分釐	尺寸分釐
午正初刻	五一〇四太	八〇七	一二三八
午初三刻	五〇五四強	八一二	一二三一
午初二刻	五〇二六太	八二六	一二一一
午初一刻	四九三八弱	八四九	一一七六
午初初刻	四八三三弱	八八三	一一三二
巳正三刻	四七一二少	九二六	一〇八〇
巳正二刻	四五三六少	九七九	一〇二一
巳正一刻	四三四七弱	一〇四三	九五八
巳正初刻	四一四六半	一一一九	八九三
巳初三刻	三九三六少	一二〇八	八二七
巳初二刻	三七一六半	一三一四	七六一
巳初一刻	三五五一強	一三八三	七二二
巳初初刻	三三一五弱	一五八四	六三一

驚蟄 寒露
午後時刻
午正初刻
午正一刻
午正二刻
午正三刻
未初初刻
未初一刻
未初二刻
未初三刻
未正初刻
未正一刻
未正二刻
未正三刻
申初初刻

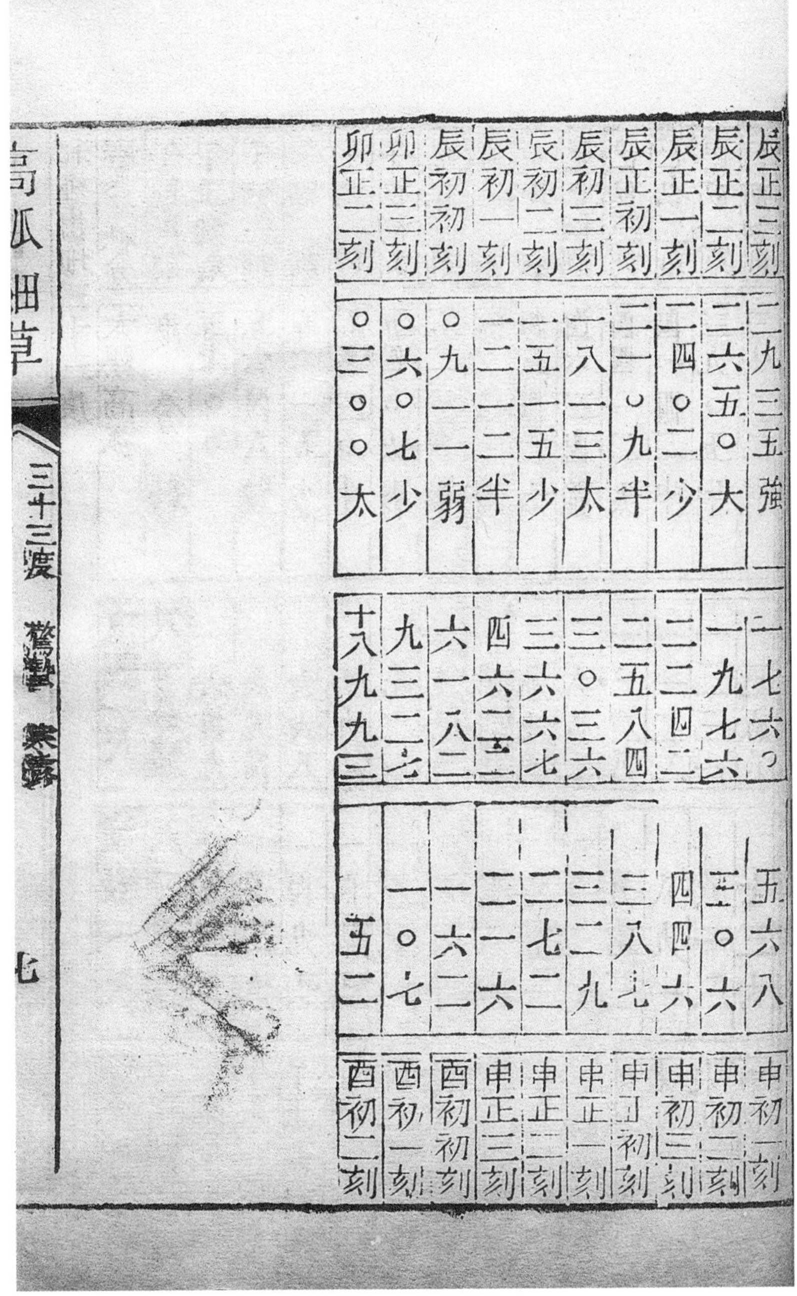

辰正三刻	二九三五強	一七六〇	五六八	申初一刻
辰正二刻	二六五〇大	一九七六	五〇六	申初二刻
辰正一刻	二四〇二少	二二四二	四四六	申初三刻
辰正初刻	二一〇九半	二五八四	三八七	申正初刻
辰初三刻	一八一三太	三〇三六	三二九	申正一刻
辰初二刻	一五一五少	三六六七	二七二	申正二刻
辰初一刻	一二一二半	四六一五一	二一六	申正三刻
辰初初刻	〇九一一弱	六一八二	一六二	酉初初刻
卯正三刻	〇六〇七少	九三二七	一〇七	酉初一刻
卯正二刻	〇三〇〇太	十八九九三	五二	酉初二刻

北極出地三十三度

春分 秋分 午前時刻	太陽高弧 度分秒	直表一尺 尺寸分釐	橫表一尺 尺寸分釐	春分 秋分 午後時刻
午正初刻	五七〇〇	六四九	一五四〇	午正初刻
午初三刻	五六四八強	六五四	一五二九	午正一刻
午初二刻	五六一五少	六六八	一四九六	午正二刻
午初一刻	五五二〇半	六九一	一四四六	午正三刻
午初初刻	五四〇六弱	七二三	一三八一	未初初刻
巳正三刻	五二三四半	七六五	一三〇七	未初一刻
巳正二刻	五〇四七弱	八一六	一二二五	未初二刻
巳正一刻	四八四六太	八七六	一一四二	未初三刻
巳正初刻	四六三四強	九四六	一〇五六	未正初刻
巳初三刻	四四一二太	一〇二八	九七三	未正一刻
巳初二刻	四一四二半	一一二二	八九一	未正二刻
巳初一刻	三九〇五半	一二三一	八一二	未正三刻
巳初初刻	三六二三弱	一三五八	七三六	申初初刻

辰正三刻	三三三四少	一五〇七	六六三	申初一刻
辰正二刻	三〇四二	一六八四	五九三	申初二刻
辰正一刻	二七四六弱	一八九九	五二六	申初三刻
辰正初刻	二四四七半	二一六五	四六二	申正初刻
辰初三刻	二一四六半	二五〇三	三九九	申正一刻
辰初二刻	一八四三少	二九五一	三三八	申正二刻
辰初一刻	一五三八弱	三五七二	二八〇	申正三刻
辰初初刻	一二三二少	四四九七	二二二	酉初初刻
卯正三刻	〇九二五	六〇二九	一六五	酉初一刻
卯正二刻	〇六一七少	九〇七八	一一〇	酉初二刻
卯正一刻	〇三〇八強	十八二〇三	五五	酉初三刻

高弧細草

北極出地三十三度

清明 白露 午前時刻	太陽高弧 度分秒	直表一尺 尺寸分釐	橫表一尺 尺寸分釐	清明 白露 午後時刻
午正初刻	六二五五少	五一一	一九五六	午正初刻
午初三刻	六二〇一強	五三一	一八八二	午正一刻
午初二刻	六一三九弱	五三九	一八五三	午正二刻
午初一刻	六〇五八少	五五五	一八〇二	午正三刻
午初初刻	五九三三少	五八八	一七〇〇	未初初刻
巳正三刻	五七四七弱	六三〇	一五八七	未初一刻
巳正二刻	五五四六強	六八〇	一四七〇	未初二刻
巳正一刻	五三三二半	七三八	一三五三	未初三刻
巳正初刻	五一〇八少	八〇六	一二四一	未正初刻
巳初三刻	四八三四弱	八八二	一一三三	未正一刻
巳初二刻	四五五三弱	九六九	一〇三一	未正二刻
巳初一刻	四三〇六弱	一〇六八	九三六	未正三刻
巳初初刻	四〇一四強	一一八一	八四六	申初初刻

辰正三刻	三七一八太	一三一二	七六二	申初一刻
辰正二刻	三四一九太	一四六四	六八三	申初二刻
辰正一刻	三一一八半	一六四四	六〇八	申初三刻
辰正初刻	二八一四太	一八六一	五三七	申正初刻
辰初三刻	二五〇九半	二一二九	四六九	申正一刻
辰初二刻	二二〇二太	二四六九	四〇五	申正二刻
辰初一刻	一八五五半	二九一七	三四二	申正三刻
辰初初刻	一三四七少	三五三七	二八二	酉初初刻
卯正三刻	一二三八強	四四五七	二二四	酉初一刻
卯正二刻	〇九三〇	五九七六	一六七	酉初二刻
卯正一刻	〇六二一半	八九七四	一一一	酉初三刻
卯正初刻	〇三一三少	十七七七八	五六	酉正初刻

北極出地三十三度

穀雨 處暑 午前時刻	太陽高弧 度 分 秒	直表一尺 尺寸分釐	橫表一尺 尺寸分釐
午正初刻	六八二九半	三九四	二五三七
午初三刻	六八一三少	三九九	二五〇二
午初二刻	六七二五	四一六	二四〇四
午初一刻	六六〇八太	四四二	二二六一
午初初刻	六四二八少	四七七	二〇九三
巳正三刻	六二一八少	五二一	一九一八
巳正二刻	六〇一二弱	五七二	一七四六
巳正一刻	五七四四少	六三一	一五八四
巳正初刻	五五〇六強	六九七	一四三四
巳初三刻	五二一一半	七七一	一二九六
巳初二刻	四九三〇強	八五三	一一七一
巳初一刻	四六二五弱	九四六	一〇五七
巳初初刻	四三三六少	一〇五〇	九五二一

穀雨 處暑 午後時刻
午正初刻
午正一刻
午正二刻
午正三刻
未初初刻
未初一刻
未初二刻
未初三刻
未正初刻
未正一刻
未正二刻
未正三刻
申初初刻

高弧細草　三十三度　穀雨　處暑　廿

辰正三刻	四〇三四弱	一一六七	八五六	申初一刻
辰正二刻	三七一三半	一三一六	七五九	申初二刻
辰正一刻	三四二四半	一四六〇	六八五	申初三刻
辰正初刻	三一一七強	一六四五	六〇八	申正初刻
辰初三刻	二八〇九太	一八六八	五三五	申正一刻
辰初二刻	二五〇一半	二一四二	四六六	申正二刻
辰初一刻	二一五二太	二四九〇	四〇一	申正三刻
辰初初刻	一八四四少	二九四八	三三九	酉初初刻
卯正三刻	一五三五太	三五八二	二七九	酉初一刻
卯正二刻	一二一七強	四五二五	二二一	酉初二刻
卯正一刻	〇九二〇弱	六〇八一	一六四	酉初三刻
卯正初刻	〇六一三半	九一六八	一〇九	酉正初刻
卯初三刻	〇三〇八少	十八二五一	五五	酉正一刻

北極出地三十三度

立夏 立秋	太陽高弧	直表一尺	橫表一尺	立夏 立秋
午前時刻	度 分 秒	尺寸分釐	尺寸分釐	午後時刻
午正初刻	七三 二一 太	二九八	三三四七	午正初刻
午初三刻	七三 ○一 半	三○五	三二七六	午正一刻
午初二刻	七二 ○二 太	三二四	三○八六	午正二刻
午初一刻	七○ 三○ 半	三五四	二八二五	午正三刻
午初初刻	六八 三三 少	三九二	二五四五	未初初刻
巳正三刻	六六 一六 少	四三九	二二七五	未初一刻
巳正二刻	六三 四五 少	四九三	二○二八	未初二刻
巳正一刻	六一 ○三 太	五五三	一八○九	未初三刻
巳正初刻	五八 一五 少	六一八	一六一六	未正初刻
巳初三刻	五五 一○ 半	六九一	一四四六	未正一刻
巳初二刻	五二 二一 強	七七一	一二九六	未正二刻
巳初一刻	四九 一九 強	八五九	一一六三	未正三刻
巳初初刻	四六 一五 半	九五七	一○四五	申初初刻

辰正三刻	四三〇九強	一〇六六	九三七	申初一刻
辰正二刻	四〇〇三弱	一一八九	八四〇	申初二刻
辰正一刻	三六五四弱	一三三一	七五一	申初三刻
辰正初刻	三三四五太	一四九六	六八八	申正初刻
辰初三刻	三〇三七弱	一六八九	五九二	申正一刻
辰初二刻	二七二八強	一九二三	五二〇	申正二刻
辰初一刻	二四二〇弱	二二一一	四五二	申正三刻
辰初初刻	二一一二半	二五七七	三八八	酉初初刻
卯正三刻	一八〇五少	三〇六二	三二六	酉初一刻
卯正二刻	一四五八太	三七三七	二六七	酉初二刻
卯正一刻	一一五三半	四七四九	二一〇	酉初三刻
卯正初刻	〇八四九太	六四三七	一五五	酉正初刻
卯初三刻	〇五四七半	九八五九	一〇一	酉正一刻
卯初二刻	〇二四五太	二千七一四	四八	酉正二刻

北極出地三十三度

小滿 大暑 午前時刻	太陽高弧 度 分 秒	直表一尺 尺寸分釐	橫表一尺 尺寸分釐	小滿 大暑 午後時刻
午正初刻	七七 一一 弱	二二七	四三九七	午正初刻
午初三刻	七六 四五 半	二三五	四二四九	午正一刻
午初二刻	七五 三三 少	二五七	三八八	午正二刻
午初一刻	七三 四四 少	二九一	三四二八	午正三刻
午初初刻	七一 二九 半	三三四	二九八七	未初初刻
巳正三刻	六八 五七 強	三八四	二六〇〇	未初一刻
巳正二刻	六六 一三 太	四四〇	二二七〇	未初二刻
巳正一刻	六三 二二 弱	五〇一	一九九四	未初三刻
巳正初刻	六〇 二五 少	五六七	一七六一	未正初刻
巳初三刻	五七 一三 太	六三九	一五六三	未正一刻
巳初二刻	五四 一〇 少	七一七	一三九三	未正二刻
巳初一刻	五一 一五 強	八〇二	一二四六	未正三刻
巳初初刻	四八 〇七 少	八九六	一一一五	申初初刻

高弧細草　三十三度　小滿　大暑　七三

辰正三刻	四四五九弱	一〇〇〇	九九九	申初一刻
辰正二刻	四一五〇太	一一一六	八九五	申初一刻
辰正一刻	二八四二少	一二四八	八〇一	申初三刻
辰正初刻	三五三三半	一三九九	七一四	申正初刻
辰初三刻	三二二五少	一五七四	六三五	申正一刻
辰初二刻	二九一九弱	一七八〇	五六一	申正二刻
辰初一刻	二六〇九太	二〇三五	四九一	申正三刻
辰初初刻	二三〇三半	三三四九	四二五	酉初初刻
卯正三刻	一九五八少	二七五二	三六三	酉初一刻
卯正二刻	一六五三太	三二九二	三〇二	酉初二刻
卯正一刻	一三五一少	四〇五五	二四六	酉初三刻
卯正初刻	一〇二五弱	五四三七	一八四	酉正初刻
卯初三刻	〇七五〇半	七二六一	一三七	酉正一刻
卯初二刻	〇四五二太	十一七一一	八五	酉正二刻
卯初一刻	〇一五七強	三十九二〇五	三四	酉正三刻

北極出地二十三度

芒種 小暑	太陽高弧	直表一尺	橫表一尺	芒種 小暑
午前時刻	度 分 秒	尺寸分釐	尺寸分釐	午後時刻
午正初刻	七九 三八 弱	一八二	五四六九	午正初刻
午初三刻	七九 〇四 少	一九三	五一七八	午正一刻
午初二刻	七七 四二 弱	二一七	四五八八	午正二刻
午初一刻	七五 三七 弱	二五六	三九〇一	午正三刻
午初初刻	七三 〇七 少	三〇三	三三九五	未初初刻
巳正三刻	七〇 二九 太	三五四	二八二三	未初一刻
巳正二刻	六七 三八 少	四一一	二四三〇	未初二刻
巳正一刻	六四 四〇 弱	四七三	二一一三	未初三刻
巳正初刻	六一 三八 半	五三九	一八五二	未正初刻
巳初三刻	五八 三三 太	六一一	一六三六	未正一刻
巳初二刻	五五 二七 強	六八八	一四五三	未正二刻
巳初一刻	五二 三〇 少	七七一	一二九五	未正三刻
巳初初刻	四九 一一 太	八六三	一一五八	申初初刻

辰正三刻	四六〇三弱	九六三	一〇三七	申初一刻
辰正二刻	四二五四半	一〇七六	九一九	申初二刻
辰正一刻	三九四六少	一二〇一	八三二	申初三刻
辰正初刻	三六三七太	一三四五	七四三	申正初刻
辰初三刻	三三三一強	一五〇九	六六二	申正一刻
辰初二刻	三〇二三弱	一七〇五	五八六	申正二刻
辰初一刻	二七一七少	一九三八	五一五	申正三刻
辰初初刻	二四一二少	二二二五	四四九	酉初初刻
卯正三刻	二一〇八弱	二五八六	三八六	酉初一刻
卯正二刻	一八〇五太	三〇六〇	三二六	酉初二刻
卯正一刻	一五〇五少	三七一〇	二六九	酉初三刻
卯正初刻	一二〇五太	四六六五	二一四	酉正初刻
卯初三刻	〇九〇九	六二〇九	一六一	酉正一刻
卯初二刻	〇六一四少	九一五一	一〇九	酉正二刻
卯初一刻	〇三二一半	十七〇四一	五八	酉正三刻
卯初初刻	〇〇三六	九五四八九	一〇	戌初初刻

北極出地三十二度

夏至 午前時刻	太陽高弧 度 分 秒	直表一尺 尺寸分釐	横表一尺 尺寸分釐	夏至 午後時刻
午正初刻	八〇二九	一六七	五九六五	午正初刻
午初三刻	七九五五強	一七七	五六二九	午正一刻
午初二刻	七八二五半	二〇四	四八八二	午正二刻
午初一刻	七六一六強	二四四	四〇九五	午正三刻
午初初刻	七三四四強	二九一	三四二九	未初初刻
巳正三刻	七〇五八太	三四四	二九〇一	未初一刻
巳正二刻	六八〇四半	四〇二	二四八四	未初二刻
巳正一刻	六五〇四大	四六四	二一五二	未初三刻
巳正初刻	六二〇一強	五三一	一八八三	未正初刻
巳初三刻	五八五六弱	六〇二	一六六〇	未正一刻
巳初二刻	五五四九弱	六七九	一四七二	未正二刻
巳初一刻	五二四一少	七六二	一三一二	未正三刻
巳初初刻	四九三二太	八五二	一一七二	申初初刻

辰正三刻	四六一一四少	九五二	一〇五〇	申初一刻
辰正二刻	四三一五半	一〇六二	九四〇	申初二刻
辰正一刻	四〇〇七少	一一八六	八四二	申初三刻
辰正初刻	三六五九少	一三二七	七五三	申正初刻
辰初三刻	三三五一太	一四九〇	六七一	申正一刻
辰初二刻	三〇四五弱	一六八〇	五九五	申正二刻
辰初一刻	二七三九太	一九〇七	五二四	申正三刻
辰初初刻	二四三五弱	二一八五	四五七	酉初初刻
卯正三刻	二一三二少	二五三四	三九四	酉初一刻
卯正二刻	一八三〇半	二九八七	三三四	酉初二刻
卯正一刻	一五三〇半	三六〇四	二七七	酉初三刻
卯正初刻	一二三二少	四四九七	二二二	酉正初刻
卯初三刻	〇九三五強	五九一六	一六九	酉正一刻
卯初二刻	〇六四一太	八五一六	一一七	酉正二刻
卯初一刻	〇三五〇強	十四八八一	六七	酉正三刻
卯初初刻	〇一〇一強	五六六六〇	一七	戌初初刻

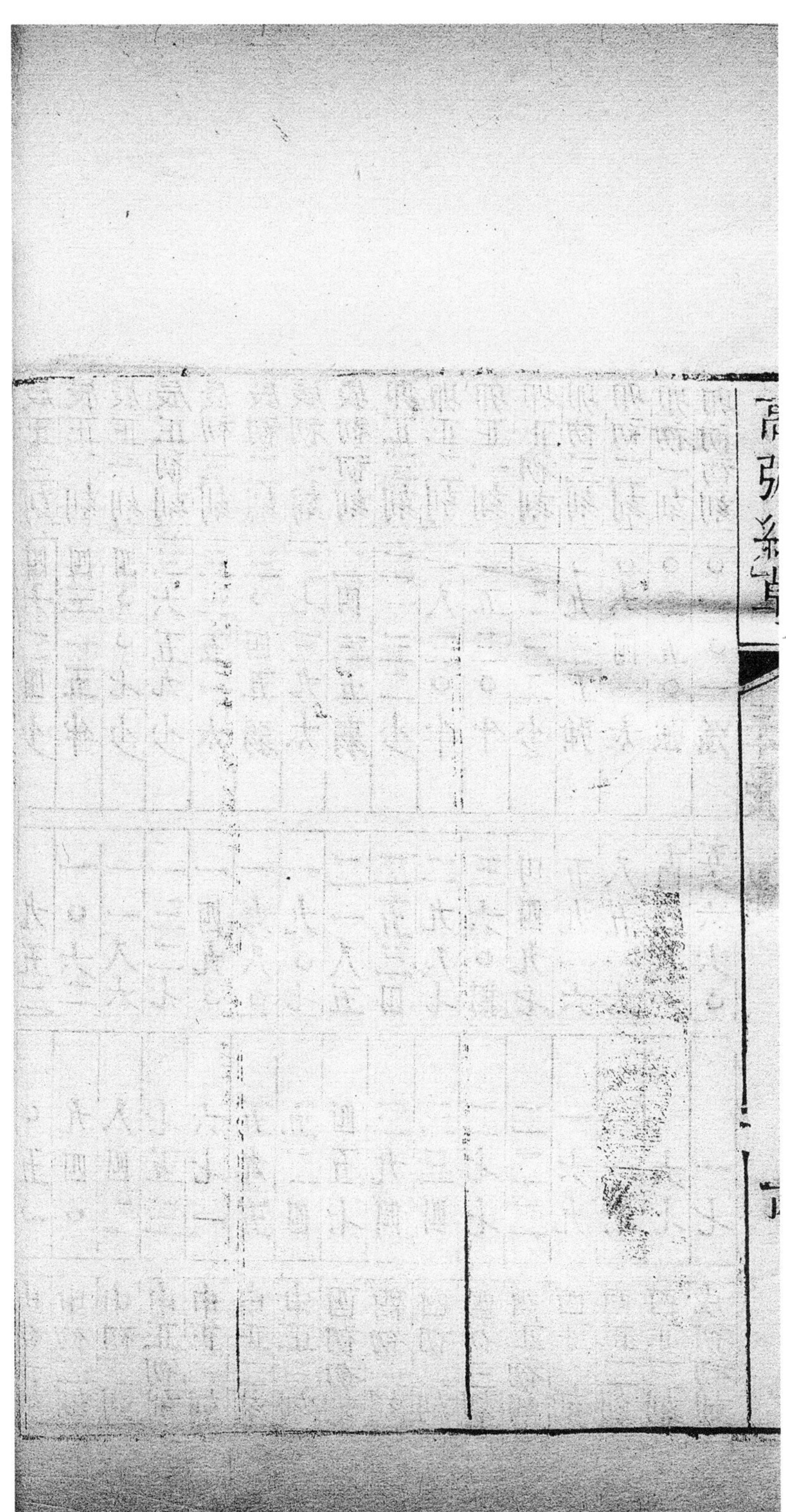

老子猶龍

高弧細草一卷下

三十二度細草
高弧細草

北極出地三十二度

冬至	太陽高弧	直表一尺	橫表一尺	冬至
午前時刻	度 分 秒	尺寸分釐	尺寸分釐	午後時刻
午正初刻	三四三一	一四五四	六八七	午正初刻
午初三刻	三四二二強	一四六二	六八三	午正一刻
午初二刻	三四〇三弱	一四七九	六七五	午正二刻
午初一刻	三三二九弱	一五一一	六六一	午正三刻
午初初刻	三二四一半	一五五八	六四一	未初初刻
巳正三刻	三一四二弱	一六一九	六一七	未初一刻
巳正二刻	三〇二九弱	一六九八	五八八	未初二刻
巳正一刻	二九〇六強	一七九五	五五六	未初三刻
巳正初刻	二七三二太	一九一六	五二一	未正初刻
巳初三刻	二五四九少	二〇六七	四八三	未正一刻
巳初二刻	二三五六半	二二五二	四四三	未正二刻
巳初一刻	二一五六弱	二四八三	四〇二	未正三刻
巳初初刻	一九四八少	二七七七	三六〇	申初初刻

辰正三刻	一七三三弱	三一六一	三一六	申初一刻
辰正二刻	一五◦九弱	三六九三	二七◦	申初二刻
辰正一刻	一二四五太	四四一三	二二六	申初三刻
辰正初刻	一◦一三太	五五三九	一八◦	申正初刻
辰初三刻	◦七三八弱	七四六一	一三四	申正一刻
辰初二刻	◦五◦一半	十一三九一	八七	申正二刻
辰初一刻	◦二一一	廿六二二九	三八	申正三刻

北極出地三十二度

小寒大雪午前時刻	太陽高弧 度分秒	直表一尺 尺寸分釐	橫表一尺 尺寸分釐	小寒大雪午後時刻
午正初刻	三五二一太	一四〇八	七〇九	午正初刻
午初三刻	三五一四太	一四一四	七〇七	午正一刻
午初二刻	三四五三半	一四三四	六九七	午正二刻
午初一刻	三四一八太	一四六五	六八二	午正三刻
午初初刻	三三三五強	一五〇五	六六四	未初初刻
巳正三刻	三二二九少	一五七〇	六三六	未初一刻
巳正二刻	三一一六弱	一六四六	六〇七	未初二刻
巳正一刻	二九五二	一七四一	五七四	未初三刻
巳正初刻	二八一七少	一八五八	五三八	未正初刻
巳初三刻	二六三二弱	二〇〇二	四九九	未正一刻
巳初二刻	二四三八太	二一七九	四五八	未正二刻
巳初一刻	二二三六半	二四〇二	四一六	未正三刻
巳初初刻	二〇二一	二六九六	三七〇	申初初刻

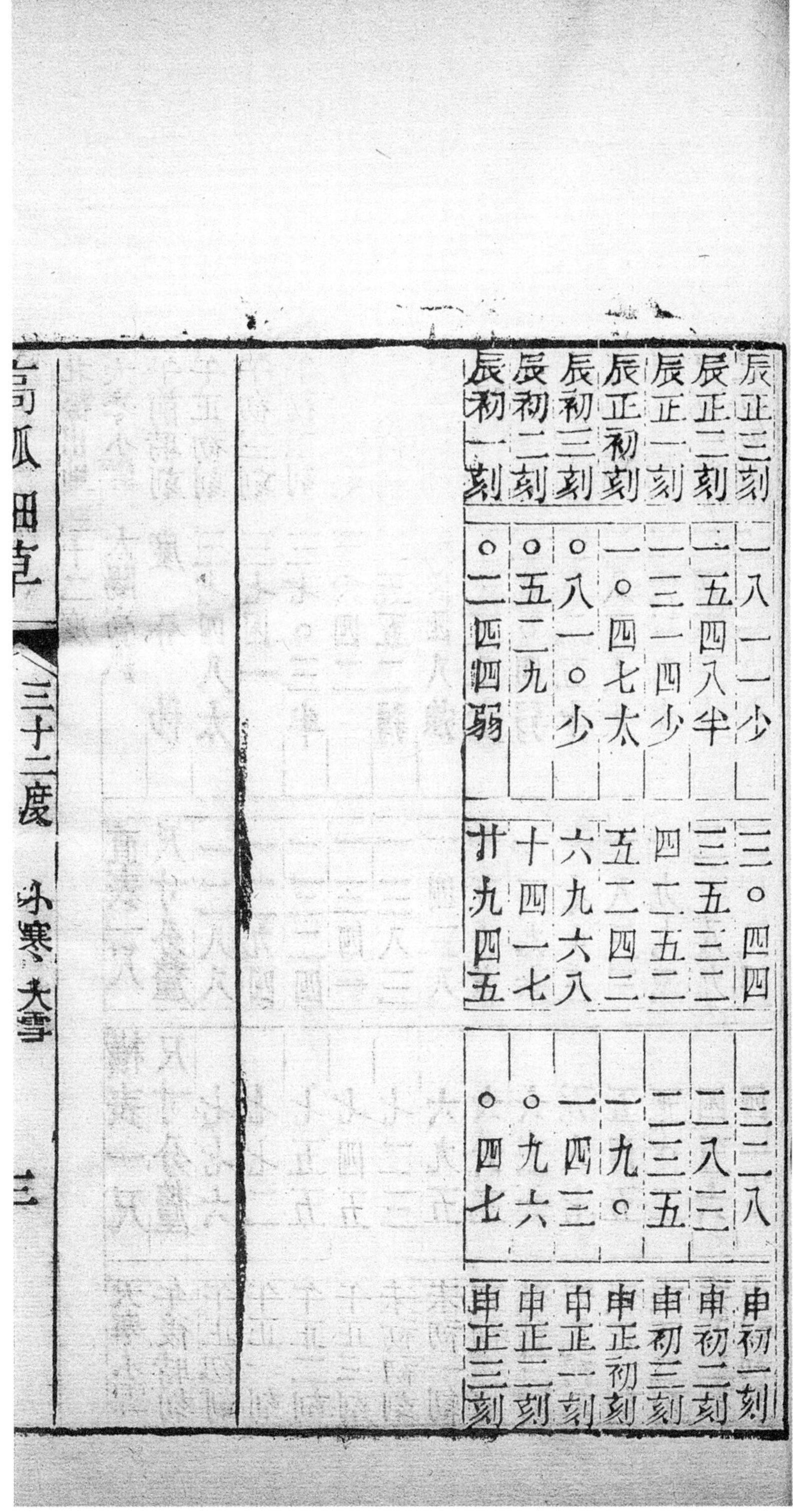

高孤細草 三十二度 小寒 大雪 三

辰正三刻	一八一一少	三〇四四	三二八	申初一刻
辰正二刻	二五四八半	三五三二	二八三	申初二刻
辰正一刻	一三一四少	四二五二	二三五	申初三刻
辰正初刻	一〇四七太	五二四二	一九〇	申正初刻
辰初三刻	〇八一〇少	六九六八	一四三	申正一刻
辰初二刻	〇五二九	十四一七	〇九六	申正二刻
辰初一刻	〇二四四弱	廿九四五	〇四七	申正三刻

北極出地三十二度	太陽高弧			
大寒小雪		直表一尺	橫表一尺	大寒小雪
午前時刻	度分秒	尺寸分釐	尺寸分釐	午後時刻
午正初刻	三七四八太	一二八八	七七六	午正初刻
午初三刻	三七四一	一二九四	七七二	午正一刻
午初二刻	三七〇三半	一三二四	七五五	午正二刻
午初一刻	三六四二	一三四一	七四五	午正三刻
午初初刻	三五五二弱	一三八三	七二三	未初初刻
巳正三刻	三四四八強	一四三八	六九五	未初一刻
巳正二刻	三三三二少	一五〇九	六六三	未初二刻
巳正一刻	三二〇四弱	一五九六	六二六	未初三刻
巳正初刻	三〇二五半	一七〇三	五八七	未正初刻
巳初三刻	二八三六太	一八三三	五四五	未正一刻
巳初二刻	二六三九少	一九九二	五〇二	未正二刻
巳初一刻	二四三三少	二一八九	四五六	未正三刻
巳初初刻	二二一九強	二四三四	四一〇	申初初刻

三十二度 大寒 小雪 四

辰正三刻	一九五九強	二七四七	三六四	申初一刻
辰正二刻	一七三三	三一六二	三一六	申初二刻
辰正一刻	一五○一半	三七二五	二六八	申初三刻
辰正初刻	一二二八	四五二三	二二一	申正初刻
辰初三刻	○九四四弱	五八二九	一七一	申正一刻
辰初二刻	○六五九少	八一六四	一二二	申正二刻
辰初一刻	○四一○弱	十二七二六	○七三	申正三刻
辰初初刻	○一二二半	四十四三三	○二三	酉初初刻

北極出地三十二度

立春立冬午前時刻	太陽高弧 度 分 秒	直表一尺 尺寸分釐	橫表一尺 尺寸分釐	立春立冬午後時刻
午正初刻	四一三八少	一一二五	八八八	午正初刻
午初三刻	四一二九半	一一三〇	八八四	午正一刻
午初二刻	四一〇六	一一四六	八七二	午正二刻
午初一刻	四〇二六強	一一七三	八五二	午正三刻
午初初刻	三九三二強	一二一一	八二五	未初初刻
巳正三刻	三八二四	一二六一	七九二	未初一刻
巳正二刻	三七〇二強	一三二五	七五五	未初二刻
巳正一刻	三五二八太	一四〇三	七一二	未初三刻
巳正初刻	三三四四	一四九七	六六七	未正初刻
巳初三刻	三一四九	一六一一	六二〇	未正一刻
巳初二刻	二九四五	一七四九	五七一	未正二刻
巳初一刻	二七三二半	一九一七	五二一	未正三刻
巳初初刻	二五一三	二一二三	四七〇	申初初刻

時刻				時刻
辰正三刻	一二四六強	一三八〇	四一〇	申初一刻
辰正二刻	二〇一四半	一七一二	三六八	申初二刻
辰正一刻	一七三七弱	三一四九	三一七	申初三刻
辰正初刻	一四五五少	三七五三	二六六	申正初刻
辰初三刻	一二〇九弱	四六四四	二一五	申正一刻
辰初二刻	〇九一九太	六〇八四	一六四	申正二刻
辰初一刻	〇六二六弱	八八六八	一一二	申正三刻
辰初初刻	〇三三〇強	十六二七二	六一	酉初初刻

北極出地三十二度

雨水霜降	太陽高弧	直表一尺	橫表一尺	雨水霜降
午前時刻	度 分 秒	尺寸分釐	尺寸分釐	午後時刻
午正初刻	四六三〇半	九四八	一〇五四	午正初刻
午初三刻	四六二一	九五四	一〇四八	午正一刻
午初二刻	四五五五	九六八	一〇三二	午正二刻
午初一刻	四五一一少	九九三	一〇〇六	午正三刻
午初初刻	四四一一強	一〇二八	九七二	未初初刻
巳正三刻	四二五六太	一〇七四	九三一	未初一刻
巳正二刻	四一二八	一一三八	八七八	未初二刻
巳正一刻	三九四六弱	一二〇一	八三二	未初三刻
巳正初刻	三七五三	一二八五	七七八	未正初刻
巳初三刻	三五四九強	一三八四	七二二	未正一刻
巳初二刻	三三三七弱	一五〇四	六六五	未正二刻
巳初一刻	三一一六太	一六四六	六〇七	未正三刻
巳初初刻	二八四九	一八一七	五五〇	申初初刻

辰正三刻	二六一五	二〇二七	四九三	申初一刻
辰正二刻	二三五八半	二二四八	四四四	申初二刻
辰正一刻	二〇五一太	二六二三	三八二	申初三刻
辰正初刻	一八〇三少	三〇六八	三二六	申正初刻
辰初三刻	一五一一	三六八四	二七一	申正一刻
辰初二刻	一二一五強	四五九六	二一七	申正二刻
辰初一刻	〇九一七半	六一一七	一六三	申正三刻
辰初初刻	〇六一六太	九〇八二	一一〇	酉初初刻
卯正三刻	〇三一三	十七七三九	五六	酉初一刻

三十二度　雨水　霜降　六

北極出地三十二度

驚蟄寒露 午前時刻	太陽高弧 度分秒	直表一尺 尺寸分釐	横表一尺 尺寸分釐	驚蟄寒露 午後時刻
午正初刻	五二〇四太	七七九	一二八三	午正初刻
午初三刻	五一五四弱	七八四	一二七五	午正一刻
午初二刻	五一二五少	八〇二	一二四六	午正二刻
午初一刻	五〇三五太	八二一	一二一七	午正三刻
午初初刻	四九二八半	八五五	一一六九	未初初刻
巳正三刻	四八一一半	八九四	一一一八	未初一刻
巳正二刻	四六二六半	九五一	一〇五一	未初二刻
巳正一刻	四四三四強	一〇一五	九八五	未初三刻
巳正初刻	四二三一弱	一〇九〇	九一七	未正初刻
巳初三刻	四〇一七強	一一七九	八四八	未正一刻
巳初二刻	三七五五少	一二八三	七七九	未正二刻
巳初一刻	三五二四半	一四〇七	七一一	未正三刻
巳初初刻	三二四八半	一五五一	六四四	申初初刻

辰正三刻	辰正二刻	辰正一刻	辰正初刻	辰初三刻	辰初二刻	辰初一刻	辰初初刻	卯正三刻	卯正二刻
三〇〇六	二七一八太	二四一七弱	二一三二少	一八三四	一五三三弱	一二三〇	〇九一五少	〇六一八半	〇三一〇弱
一七二五	一九三六	二一九九	二五三四	二九七七	三五九三	四五一〇	六〇二九	九〇五七	十八〇七五
五八〇	五一六	四五五	三九四	三三六	二七八	二二一	一六五	一一〇	五五
申初一刻	申初二刻	申初三刻	申正初刻	申正一刻	申正二刻	申正三刻	酉初初刻	酉初一刻	酉初二刻

北極出地三十二度

春分秋分午前時刻	太陽高弧 度 分 秒	直表一尺 尺寸分釐	橫表一尺 尺寸分釐	春分秋分午後時刻
午正初刻	五八〇〇	六二四	一六〇〇	午正初刻
午初三刻	五七四八少	六三〇	一五八七	午正一刻
午初二刻	五七一三弱	六四四	一五五二	午正二刻
午初一刻	五六一六太	六六七	一四九八	午正三刻
午初初刻	五五〇〇少	七〇〇	一四二八	未初初刻
巳正三刻	五三二五弱	七四二	一三四七	未初一刻
巳正二刻	五一三五少	七九三	一二六一	未初二刻
巳正一刻	四九三一少	八五三	一一七二	未初三刻
巳正初刻	四七一五強	九二四	一〇八二	未正初刻
巳初三刻	四四五〇弱	一〇〇六	九九四	未正一刻
巳初二刻	四二一七少	一〇九九	九〇九	未正二刻
巳初一刻	三九三六太	一二〇八	八二八	未正三刻
巳初初刻	三六五〇太	一三三四	七四九	申初初刻

辰正三刻	三三五九太	一四八二	六七四	申初一刻
辰正二刻	三一〇四太	一六五九	六〇三	申初二刻
辰正一刻	二八〇六半	一八七二	五三四	申初三刻
辰正初刻	二五〇五弱	二一三六	四六八	申正初刻
辰初三刻	二二〇一太	二四七〇	四〇四	申正一刻
辰初二刻	一八五六弱	二九一五	三四三	申正二刻
辰初一刻	一五四九少	三五三〇	二八三	申正三刻
辰初初刻	一二四〇太	四四四四	二二五	酉初初刻
卯正三刻	〇九三一半	五九六〇	一六七	酉初一刻
卯正二刻	〇六二一弱	八九八五	一一一	酉初二刻
卯正一刻	〇三一〇太	十七九八〇	五六	酉初三刻

北極出地二十二度

清明白露 午前時刻	太陽高弧 度分秒	直表一尺 尺寸分釐	橫表一尺 尺寸分釐	清明白露 午後時刻
午正初刻	六三五五少	四八九	二〇四二	午正初刻
午初三刻	六三四一強	四九四	二〇二一	午正一刻
午初二刻	六三〇〇少	五〇九	一九六三	午正二刻
午初一刻	六一五四強	五三三	一八七四	午正三刻
午初初刻	六〇二三強	五六八	一七六〇	未初初刻
巳正三刻	五八四二少	六〇八	一六四五	未初一刻
巳正二刻	五六三〇半	六六一	一五一一	未初二刻
巳正一刻	五四一二強	七二〇	一三八七	未初三刻
巳正初刻	五一四四少	七八八	一二六八	未正初刻
巳初三刻	四九〇六太	八六六	一一五五	未正一刻
巳初二刻	四六二二強	九五三	一〇四九	未正二刻
巳初一刻	四三三二弱	一〇五二	九五〇	未正三刻
巳初初刻	四〇三七半	一一六六	八五八	申初初刻

辰正三刻	三七三八太	一二一九六	七七一	申初一刻
辰正二刻	三四三七弱	一四四八	六九〇	申初二刻
辰正一刻	三一三三少	一六二八	六一四	申初三刻
辰正初刻	二八二六太	一八四六	五四一	申正初刻
辰初三刻	二五一九弱	二一一三	四七三	申正一刻
辰初二刻	二二一〇半	二四五三	四〇七	申正二刻
辰初一刻	一九〇〇太	二九〇二一	三四四	申正三刻
辰初初刻	一五五〇弱	三五二六	二八三	酉初初刻
卯正三刻	一三三九太	四四五〇	二二四	酉初一刻
卯正二刻	〇九二九少	五九八六	一六七	酉初二刻
卯正一刻	〇六一六少	九一五五	一〇九	酉初三刻
卯正初刻	〇三〇八少	十六二六七	五四	酉正初刻

北極出地三十一度

穀雨處暑午前時刻	太陽高弧度分秒	直表一尺尺寸分釐	橫表一尺尺寸分釐	穀雨處暑午後時刻
午正初刻	六九二九半	三七四	二六七三	午正初刻
午初三刻	六九一二太	三八三	二六一一	午正一刻
午初二刻	六八二二強	三九六	二五二〇	午正二刻
午初一刻	六七〇一半	四二四	二三五八	午正三刻
午初初刻	六五一五強	四六〇	二一七〇	未初初刻
巳正三刻	六三一一強	五〇五	一九七九	未初一刻
巳正二刻	六〇五一少	五五七	一七九三	未初二刻
巳正一刻	五八一八太	六一七	一六二〇	未初三刻
巳正初刻	五五三七少	六八四	一四六一	未正初刻
巳初三刻	五二四八弱	七五九	一三一七	未正一刻
巳初二刻	四九五三太	八四二	一一八七	未正二刻
巳初一刻	四六五五少	九三五	一〇六九	未正三刻
巳初初刻	四三五二少	一〇二九	九六一	申初初刻

辰正三刻	四〇四八半	一一五八	八六三	申初一刻
辰正二刻	三七四一太	一二九四	七七二	申初二刻
辰正一刻	三四三三強	一四五二	六八八	申初三刻
辰正初刻	三一二四半	一六三八	六一〇	申正初刻
辰初三刻	二八一四弱	一八六二	五三七	申正一刻
辰初二刻	二五〇三強	二一三八	四六七	申正二刻
辰初一刻	二一五三少	二四八九	四〇一	申正三刻
辰初初刻	一八四二少	二九五四	三三八	酉初初刻
卯正三刻	一五三一強	三六〇〇	二七七	酉初一刻
卯正二刻	一二二一半	四五六四	二一九	酉初二刻
卯正一刻	〇九二一少	六〇七三	一六四	酉初三刻
卯正初刻	〇六〇三半	九四二二	一〇六	酉正初刻
卯初三刻	〇二五五太	九五一五	五一	酉正一刻

北極出地三十二度

立夏立秋 午前時刻	太陽高弧 度分秒	直表一尺 尺寸分釐	橫表一尺 尺寸分釐	立夏立秋 午後時刻
午正初刻	七四二一太	一七九	三五七七	午正初刻
午初三刻	七三三七弱	一九四	三四〇一	午正一刻
午初二刻	七二五六太	三〇七	三二六〇	午正二刻
午初一刻	七一一九強	三三七	二九六〇	午正三刻
午初初刻	六九一六弱	三七八	二六四一	未初初刻
巳正三刻	六六三三弱	四三三	二三〇五	未初一刻
巳正二刻	六四一八少	四八一	二〇七八	未初二刻
巳正一刻	六一三三少	五四二	一八四四	未初三刻
巳正初刻	五八三八太	六〇九	一六四一	未正初刻
巳初三刻	五五四〇強	六八三	一四六四	未正一刻
巳初二刻	五二三八半	七六三	一三〇五	未正二刻
巳初一刻	四九三三半	八五二	一一七三	未正三刻
巳初初刻	四六二六半	九五一	一〇五一	申初初刻

辰正三刻	四三一八少	一〇六一	九四二	申初一刻
辰正二刻	四〇〇八弱	一一八六	八四三	申初二刻
辰正一刻	三六五八少	一三二八	七五二	申初三刻
辰正初刻	三三四七半	一四九四	六六九	申正初刻
辰初三刻	三〇三六強	一六八九	五九一	申正一刻
辰初二刻	二七二六少	一九二六	五一九	申正二刻
辰初一刻	二四一五半	二二一九	四五〇	申正三刻
辰初初刻	二一〇五強	二五九一	三八五	酉初初刻
卯正三刻	一八一二弱	三〇四一	三二九	酉初一刻
卯正二刻	一四四八弱	三七八四	二六四	酉初二刻
卯正一刻	一一四一少	四八三五	二〇六	酉初三刻
卯正初刻	〇八三五少	六六二五	一五〇	酉正初刻
卯初三刻	〇五三〇強	十三六〇	九六	酉正一刻
卯初二刻	〇二五八弱	廿九二九五	五一	酉正二刻
卯初一刻	〇〇二八半	百九七六五	八	酉正三刻

北極出地三十二度

小滿大暑 午前時刻	太陽高弧 度 分 秒	直表一尺 尺寸分釐	橫表一尺 尺寸分釐	小滿大暑 午後時刻
午正初刻	七八 一一 弱	二〇九	四七七九	午正初刻
午初三刻	七七 四三 少	二一七	四五九二	午正一刻
午初二刻	七六 二四 太	二四一	四一三八	午正二刻
午初一刻	七四 二八 太	二七七	三六〇一	午正三刻
午初初刻	七二 一二 少	三二一	三一一四	未初初刻
巳正三刻	六九 二九 少	三七四	二六七二	未初一刻
巳正二刻	六六 四〇 少	四三一	二三一八	未初二刻
巳正一刻	六三 四四 少	四九三	二〇二六	未初三刻
巳正初刻	六〇 四二 太	五六〇	一七八三	未正初刻
巳初三刻	五七 三八 弱	六三三	一五七七	未正一刻
巳初二刻	五四 三一 弱	七一二	一四〇三	未正二刻
巳初一刻	五一 二二 太	七九八	一二五二	未正三刻
巳初初刻	四八 一三 少	八九三	一一一九	申初初刻

時刻				時刻
辰正三刻	四五〇一二太	九九八	一〇〇一	申初一刻
辰正二刻	四一五二少	一一一五	八九六	申初二刻
辰正一刻	三八四一弱	一二四八	八〇〇	申初三刻
辰正初刻	三五三〇半	一四〇一	七一二	申正初刻
辰初三刻	三二二〇少	一五七九	六三三	申正一刻
辰初二刻	二九一〇半	一七九一	五五八	申正二刻
辰初一刻	二六〇一弱	二〇四八	四八八	申正三刻
辰初初刻	二二五三少	二三六九	四二二	酉初初刻
卯正三刻	一九五九強	二七四七	三六四	酉初一刻
卯正二刻	一六三九太	三三四〇	二九九	酉初二刻
卯正一刻	一三三五半	四一三五	二四一	酉初三刻
卯正初刻	一〇三二少	五三七八	一八六	酉正初刻
卯初三刻	〇七三一少	七五七八	一三二	酉正一刻
卯初二刻	〇四三一少	十二六五九	七九	酉正二刻
卯初一刻	〇一三五少	卌六一七七	二八	酉正三刻

北極出地二十二度

芒種小暑 午前時刻	太陽高弧 度 分 秒	直表一尺 尺寸分釐	横表一尺 尺寸分釐
午正初刻	八〇三八弱	一六五	六〇六二
午初三刻	八〇一二弱	一七三	五七八〇
午初二刻	七八三一少	一〇三	四九二二
午初一刻	七六一九弱	一四三	四一〇七
午初初刻	七三四四強	二九一	三四三〇
巳正三刻	七〇五六少	三四五	二八九三
巳正二刻	六七五九少	四〇四	二四七三
巳正一刻	六四五七少	四六七	二一三九
巳正初刻	六一五一太	五三四	一八七〇
巳初三刻	五八四四少	六〇七	一六四六
巳初二刻	五五三五少	六八五	一四五九
巳初一刻	五二二四太	七七〇	一二九八
巳初初刻	四九一四弱	八六二	一一五九

芒種小暑 午後時刻
午正初刻
午正一刻
午正二刻
午正三刻
未初初刻
未初一刻
未初二刻
未初三刻
未正初刻
未正一刻
未正二刻
未正三刻
申初初刻

辰正三刻	四六〇三半	九六四	一〇三七	申初一刻
辰正二刻	四二五二強	一〇七六	九二八	申初二刻
辰正一刻	三九四二少	一二〇四	八三〇	申初三刻
辰正初刻	三六三二少	一三四九	七四〇	申正初刻
辰初三刻	三三二九少	一五一一	六六一	申正一刻
辰初二刻	三〇一三太	一七一六	五八二	申正二刻
辰初一刻	二七〇六少	一九五四	五一二	申正三刻
辰初初刻	二三五九少	二二四七	四四五	酉初初刻
卯正三刻	二〇五四少	二六一八	三八二	酉初一刻
卯正二刻	一七四九半	三一一一	三二一	酉初二刻
卯正一刻	一四四六太	三七八九	二六四	酉初三刻
卯正初刻	一一四六少	四八〇〇	二〇八	酉正初刻
卯初三刻	〇八四七弱	六四七二	一五四	酉正一刻
卯初二刻	〇五五〇強	九七六〇	一〇二	酉正二刻
卯初一刻	〇二五六少	十九五一五	五一	酉正三刻

北極出地三十二度

夏至 午前時刻	太陽高弧 度分秒	直表一尺 尺寸分釐	橫表一尺 尺寸分釐	夏至 午後時刻
午正初刻	八一二九	一四九	六六七七	午正初刻
午初三刻	八〇五一強	一六一	六一二〇	午正一刻
午初二刻	七九一二半	一九〇	五二四六	午正二刻
午初一刻	七六五四太	二三二	四三〇三	午正三刻
午初初刻	七四一五少	二八二	三五四五	未初初刻
巳正三刻	七一二三少	三三六	二九六八	未初一刻
巳正二刻	六八二三太	三九六	二五二三	未初二刻
巳正一刻	六五二〇少	四五九	二二七七	未初三刻
巳正初刻	六二一三弱	五二六	一八九八	未正初刻
巳初三刻	五九〇四太	五九九	一六六九	未正一刻
巳初二刻	五五五五少	六七六	一四七八	未正二刻
巳初一刻	五二四四強	七六〇	一三一五	未正三刻
巳初初刻	四九三四少	八五二	一一七三	申初初刻

時刻	高弧	影	距	時刻
辰正三刻	四六一三少	九五八	一〇四三	申初一刻
辰正二刻	四三一一半	一〇六四	九三九	申初二刻
辰正一刻	四〇〇一弱	一一九〇	八四〇	申初三刻
辰正初刻	三六五一半	一三三三	七五〇	申正初刻
辰初三刻	三三四三弱	一四九八	六六七	申正一刻
辰初二刻	三〇三五少	一六九二	五九一	申正二刻
辰初一刻	二七一七太	一九一三	五二〇	申正三刻
辰初初刻	二四一一強	二一〇八	四五二	酉初初刻
卯正三刻	二一一六強	二五六八	三八九	酉初一刻
卯正二刻	一八一三弱	三〇三八	三二九	酉初二刻
卯正一刻	一五一一弱	三六八〇	二七一	酉初三刻
卯正初刻	一二一一半	四六二八	二一六	酉正初刻
卯初三刻	〇九一三弱	六一六二	一六二	酉正一刻
卯初二刻	〇六一七太	九〇六〇	一一〇	酉正二刻
卯初一刻	〇三一四少	十六八三一	五九	酉正三刻
卯初初刻	〇〇一三半	四十七三八	一〇	戌初初刻

三十一度細草

北極出地三十一度

冬至午前時刻	太陽高弧 度	分	秒	直表一尺 尺寸分釐	橫表一尺 尺寸分釐	冬至午後時刻
午正初刻	三五	三一		一四○一	七一三	午正初刻
午初三刻	三五	二三		一四○八	七一○	午正一刻
午初二刻	三五	○二	強	一四二六	七○一	午正二刻
午初一刻	三四	二六	弱	一四五八	六八六	午正三刻
午初初刻	三三	三四	少	一五○七	六六三	未初初刻
巳正三刻	三二	二七	太	一五六二	六四○	未初一刻
巳正二刻	三一	一四	半	一六三八	六一○	未初二刻
巳正一刻	二九	五八	強	一七三四	五七六	未初三刻
巳正初刻	二八	二三	強	一八五○	五四○	未正初刻
巳初三刻	二六	三八	半	一九九三	五○一	未正一刻
巳初二刻	二四	四四	少	二一七○	四六○	未正二刻
巳初一刻	二二	四一	半	二三九一	四一八	未正三刻
巳初初刻	二○	三一	太	二六六八	三七四	申初初刻

時刻				時刻
辰正三刻	一八一四強	三〇三四	三二九	申初一刻
辰正二刻	一五五一弱	三五二二	二八四	申初二刻
辰正一刻	一三二二強	四二〇四	二三八	申初三刻
辰正初刻	一〇四八半	五二三八	一九〇	申正初刻
辰初三刻	〇八一一弱	六九五三	一四三	申正一刻
辰初二刻	〇五二九半	十四〇〇	九六	申正二刻
辰初一刻	〇二四二弱	廿二〇四	四七	申正三刻

北極出地三十一度

小寒大雪 午前時刻	太陽高弧 度 分 秒	直表一尺 尺寸分釐	橫表一尺 尺寸分釐	小寒大雪 午後時刻
午正初刻	三六二一太	一三五八	七三六	午正初刻
午初三刻	三六一三太	一三六四	七三二	午正一刻
午初二刻	三五五二半	一三八三	七二三	午正二刻
午初一刻	三五一六半	一四一四	七〇七	午正三刻
午初初刻	三四二八強	一四五六	六八六	未初初刻
巳正三刻	三三二五強	一五一五	六六〇	未初一刻
巳正二刻	三二一一少	一五八八	六二九	未初二刻
巳正一刻	三〇四五少	一六八〇	五九五	未初三刻
巳正初刻	二九〇八半	一七九三	五五七	未正初刻
巳初三刻	二七二一半	一九三二	五一七	未正一刻
巳初二刻	二五二五強	二一〇三	四七五	未正二刻
巳初一刻	二三二一半	二三一五	四三二	未正三刻
巳初初刻	二一一〇弱	二八五二	三八七	申初初刻

辰正三刻	一八五一太	二九二七	三四一	申初一刻
辰正二刻	一六二七少	三三八六	二九五	申初二刻
辰正一刻	一三五七太	四〇二〇	二四八	申初三刻
辰正初刻	一一二三強	四九六八	二〇一	申正初刻
辰初三刻	〇八四三少	六五二三	一五三	申正一刻
辰初二刻	〇六〇〇少	九五一四	一〇五	申正二刻
辰初一刻	〇三二二半	一九八四〇	五六	申正三刻

北極出地三十一度

大寒小雪午前時刻	太陽高弧 度 分 秒	直表一尺 尺寸分釐	横表一尺 尺寸分釐	大寒小雪午後時刻
午正初刻	三八 四八強	一二四三	八〇四	午正初刻
午初三刻	三八 三九少	一二五〇	八〇〇	午正一刻
午初二刻	三八 一七太	一二六六	七八九	午正二刻
午初一刻	三七 四一少	一二九四	七七二	午正三刻
午初初刻	三六 四九強	一三三五	七四九	未初初刻
巳正三刻	三五 四四少	一三八九	七一九	未初一刻
巳正二刻	三四 二六少	一四六七	六八一	未初二刻
巳正一刻	三二 五六少	一五四三	六四七	未初三刻
巳正初刻	三一 一五強	一六四七	六〇七	未正初刻
巳初三刻	二八 四八強	一八一八	五五〇	未正一刻
巳初二刻	二七 二五少	一九四一	五一五	未正二刻
巳初一刻	二五 一七少	二一一七	四七二	未正三刻
巳初初刻	二三 〇一少	二三五三	四二五	申初初刻

辰正三刻	辰正二刻	辰正一刻	辰正初刻	辰初三刻	辰初二刻	辰初一刻	辰初初刻
二〇三九弱	一八一一少	一五三七少	一二五八少	一〇一五弱	〇七二八弱	〇四三七強	〇一四四少
一六五三	三〇四四	三五七七	四三四三	五五三〇	七六三〇	一二二三六	卅三〇四五
三七六	三二八	二七九	二三〇	一八〇	一三一	八一	三〇
申初一刻	申初二刻	申初三刻	申正初刻	申正一刻	申正二刻	申正三刻	酉初初刻

北極出地三十一度

立春立冬 午前時刻	太陽高弧 度分秒	直表一尺 尺寸分釐	橫表一尺 尺寸分釐	立春立冬 午後時刻
午正初刻	四二三八少	一〇八六	九二〇	午正初刻
午初三刻	四二三〇半	一〇九〇	九一六	午正一刻
午初二刻	四二〇四強	一一〇七	九〇三	午正二刻
午初一刻	四一三八半	一一二五	八八八	午正三刻
午初初刻	四〇二九半	一一七〇	八五四	未初初刻
巳正三刻	三九一九半	一二二一	八一九	未初一刻
巳正二刻	三七五五半	一二八三	七七九	未初二刻
巳正一刻	三六一九強	一三六〇	七三五	未初三刻
巳正初刻	三四三三少	一四五二	六八八	未正初刻
巳初三刻	三三三五強	一五六四	六三九	未正一刻
巳初二刻	三〇二九少	一六九八	五八八	未正二刻
巳初一刻	二八一四半	一八六二	五三七	未正三刻
巳初初刻	二五五二半	二〇六	四八五	申初初刻

辰正三刻	二三二二三太	二三一一	四三二	申初一刻
辰正二刻	二〇四五弱	二六三九	三七九	申初二刻
辰正一刻	一八一〇少	三〇四七	三二八	申初三刻
辰正初刻	一五二五強	三六二三	二七六	申正初刻
辰初三刻	一二三八少	四四六一	二二四	申正一刻
辰初二刻	〇九四五太	五八一〇	一七二	申正二刻
辰初一刻	〇六五一少	八三二四	一二〇	申正三刻
辰初初刻	〇三五二太	一四七二	六七	酉初初刻

北極出地三十一度

雨水霜降 午前時刻	太陽高弧 度 分 秒	直表一尺 尺寸分釐	橫表一尺 尺寸分釐	雨水霜降 午後時刻
午正初刻	四七三三半	九一四	一〇九三	午正初刻
午初三刻	四七二二弱	九二〇	一〇八六	午正一刻
午初二刻	四六五四強	九三五	一〇六九	午正二刻
午初一刻	四六〇九少	九六〇	一〇四一	午正三刻
午初初刻	四五〇八少	九九五	一〇〇四	未初初刻
巳正三刻	四三五一少	一〇四一	九六〇	未初一刻
巳正二刻	四二一九太	一〇九七	九一〇	未初二刻
巳正一刻	四〇三六少	一一六六	八五七	未初三刻
巳正初刻	三八四〇弱	一二四九	八〇〇	未正初刻
巳初三刻	三六一七強	一三六二	七三四	未正一刻
巳初二刻	三四一九少	一四六五	六八三	未正二刻
巳初一刻	三一五六少	一六〇四	六二三	未正三刻
巳初初刻	二九二五半	一七七三	五六四	申初初刻

高弧細草　三十二度　雨水　霜降　六

時刻				時刻
辰正三刻	二六四九少	一九七八	五〇五	申初一刻
辰正二刻	二四〇七半	二三三三	四四八	申初二刻
辰正一刻	二一二一少	二五五八	三九〇	申初三刻
辰正初刻	一八三〇弱	二九八八	三三四	申正初刻
辰初三刻	一五三七半	三五七八	二七九	申正一刻
辰初二刻	一二三八少	四四六一	二二四	申正二刻
辰初一刻	〇九三八少	五八九一	一七〇	申正三刻
辰初初刻	〇六三五太	八六四〇	一一五	酉初初刻
卯正三刻	〇三三一弱	一六二七二	六一	酉初一刻

北極出地二十一度

驚蟄寒露午前時刻	太陽高弧度分秒	直表一尺尺寸分釐	橫表一尺尺寸分釐	驚蟄寒露午後時刻
午正初刻	五三〇四太	七五一	一三三一	午正初刻
午初三刻	五二五五弱	七五六	一三二三	午正一刻
午初二刻	五二二二太	七七〇	一二九七	午正二刻
午初一刻	五一三二半	七九四	一二五九	午正三刻
午初初刻	五〇二三弱	八二七	一二〇八	未初初刻
巳正三刻	四八五七半	八七〇	一一四九	未初一刻
巳正二刻	四七一六弱	九三三	一〇八二	未初二刻
巳正一刻	四四五四少	一〇〇三	九九七	未初三刻
巳正初刻	四三一五弱	一〇六三	九四〇	未正初刻
巳初三刻	四〇五八強	一一五一	八六八	未正一刻
巳初二刻	三八三五太	一二五三	七九七	未正二刻
巳初一刻	三六〇五少	一三七二	七二八	未正三刻
巳初初刻	三三三一少	一五一九	六五八	申初初刻

辰正三刻	三〇三六少	一六九〇	五九一	申初一刻
辰正二刻	二七四六少	一八九九	五二六	申初二刻
辰正一刻	二四五二弱	二一五七	四六三	申初三刻
辰正初刻	二一五三強	二四八八	四〇二	申正初刻
辰初三刻	一八五四少	二九二〇	三四二	申正一刻
辰初二刻	一五五一弱	三五二二	二八四	申正二刻
辰初一刻	一二四五強	四四一四	二二六	申正三刻
辰初初刻	〇九三八半	五八八六	一七〇	酉初初刻
卯正三刻	〇六三〇少	八七七六	一一四	酉初一刻
卯正二刻	〇三二〇少	十七一六九	五八	酉初二刻

北極出地三十一度

春分秋分 午前時刻	太陽高弧 度分秒	直表一尺 尺寸分釐	橫表一尺 尺寸分釐	春分秋分 午後時刻
午正初刻	五九〇〇	六〇〇	一六六四	午正初刻
午初三刻	五八四七太	六〇六	一六五一	午正一刻
午初二刻	五八一一強	六二〇	一六一二	午正二刻
午初一刻	五七一二太	六四四	一五五二	午正三刻
午初初刻	五五五三半	六七七	一四七六	未初初刻
巳正三刻	五四一五強	七一九	一三八九	未初一刻
巳正二刻	五二二二少	七七一	一二九六	未初二刻
巳正一刻	五〇一四太	八三一	一二〇二	未初三刻
巳正初刻	四七五五太	九〇三	一一〇八	未正初刻
巳初三刻	四五二七弱	九八四	一〇一六	未正一刻
巳初二刻	四二五〇太	一〇八八	九二七	未正二刻
巳初一刻	四〇〇七半	一一八六	八四三	未正三刻
巳初初刻	三七一八半	一三一二	七六二	申初初刻

三十一度 春分 秋分

時刻				時刻
辰正三刻	三四二四太	一四六〇	六八五	申初一刻
辰正二刻	三一二七少	一六三五	六一一	申初二刻
辰正一刻	二八二六弱	一八四六	五四一	申初三刻
辰正初刻	二五二二強	二一〇八	四七四	申正初刻
辰初三刻	二二一六太	二四二〇	四一三	申正一刻
辰初二刻	一九〇九少	二八七九	三四七	申正二刻
辰初一刻	一五五九半	三四八九	二八六	申正三刻
辰初初刻	一二四九少	四三九五	二二七	酉初初刻
卯正三刻	〇九三七半	五八九六	一六九	酉初一刻
卯正二刻	〇六二五半	八八八〇	一一二	酉初二刻
卯正一刻	〇三一二太	十七七八四	五六二	酉初三刻

高弧細草

北極出地三十一度

清明白露 午前時刻	太陽高弧 度 分 秒	直表一尺 尺寸分釐	橫表一尺 尺寸分釐	清明白露 午後時刻
午正初刻	六四五五少	四六八	二一三六	午正初刻
午初三刻	六四四○弱	四七三	二一一二	午正一刻
午初二刻	六三五七少	四八九	二○四五	午正二刻
午初一刻	六二四七少	五一四	一九四四	午正三刻
午初初刻	六一一四半	五四八	一八二一	未初初刻
巳正三刻	五九二二少	五九二	一六八九	未初一刻
巳正二刻	五七一三半	六四三	一五五三	未初二刻
巳正一刻	五四九一太	七○三	一四二一	未初三刻
巳正初刻	五二一九半	七七二	一二九五	未正初刻
巳初三刻	四九三八弱	八五○	一一七六	未正一刻
巳初二刻	四六五○弱	九三八	一○六六	未正二刻
巳初一刻	四三五七弱	一○七○	九三四	未正三刻
巳初初刻	四○五九強	一一五一	八六九	申初初刻

辰正三刻	辰正二刻	辰正一刻	辰正初刻	辰初三刻	辰初二刻	辰初一刻	辰初初刻	卯正三刻	卯正二刻	卯正一刻	卯正初刻
三七五八弱	三四五四少	三一四七弱	二八三八太	二五二八太	二二一七強	一九〇四半	一五五三弱	一二四〇半	〇九二七太	〇六一五少	〇三〇二太
一二八一	一四三三	一六二三	一八三一	二〇九九	二四三九	二八九一	三五一四	四四四五	六〇〇〇	九一三〇	十八七三〇
七八〇	六九八	六二〇	五四六	四七六	四一〇	三四六	二八四	二二五	一六六	一〇九	五二三
申初一刻	申初二刻	申初三刻	申正初刻	申正一刻	申正二刻	申正三刻	酉初初刻	酉初一刻	酉初二刻	酉初三刻	酉正初刻

北極出地三十一度

穀雨處暑 午前時刻	太陽高弧 度 分 秒	直表一尺 尺寸分釐	橫表一尺 尺寸分釐
午正初刻	七〇二九半	三五四	二八二一
午初三刻	七〇一一少	三六〇	二七七五
午初二刻	六九一七半	三七八	二六四五
午初一刻	六七五三少	四〇六	二四六一
午初初刻	六六〇三半	四四四	二二五二
巳正三刻	六三五三太	四九〇	二〇四〇
巳正二刻	六一二八太	五四三	一八四〇
巳正一刻	五八五二少	六〇四	一六五五
巳正初刻	五五五〇半	六七八	一四七三
巳初三刻	五三二一太	七四四	一三四四
巳初二刻	五〇一五太	八三一	一二〇三
巳初一刻	四七一四少	九二四	一〇八一
巳初初刻	四四〇九少	一〇三〇	九七〇

穀雨處暑 午後時刻
午正初刻
午正一刻
午正二刻
午正三刻
未初初刻
未初一刻
未初二刻
未初三刻
未正初刻
未正一刻
未正二刻
未正三刻
申初初刻

辰正三刻	四一○○少	一一五○	八六九	申初一刻
辰正二刻	三七四九弱	一二八八	七七六	申初二刻
辰正一刻	三四四二少	一四四四	六九二	申初三刻
辰正初刻	三一三○弱	一六三一	六一三	申正初刻
辰初三刻	二八一八少	一八五七	五三八	申正一刻
辰初二刻	二五○五半	二一三五	四六八	申正二刻
辰初一刻	二一五二半	二四九○	四○一	申正三刻
辰初初刻	一八三九太	二九六○	三三七	酉初初刻
卯正三刻	一五二七弱	三六一八	二七六	酉初一刻
卯正二刻	一二一五弱	四六○五	二一七	酉初二刻
卯正一刻	○九○四強	六二五○	一六○	酉初三刻
卯正初刻	○五五三半	九六九○	一○三	酉正初刻
卯初三刻	○二四四半	廿八五三	四八	酉正一刻

北極出地三十一度　太陽高弧

立夏立秋 午前時刻	度 分 秒	直表一尺 尺寸分釐	横表一尺 尺寸分釐	立夏立秋 午後時刻
午正初刻	七五 二一太	二六一	三八三〇	午正初刻
午初三刻	七四 五八弱	二六八	三七二三	午正一刻
午初二刻	七三 五一少	二八九	三四五三	午正二刻
午初一刻	七二 〇七太	三二三	三一〇一	午正三刻
午初初刻	六九 五八半	三六四	二七四三	未初初刻
巳正三刻	六七 三四強	四一二	二四二三	未初一刻
巳正二刻	六四 四九少	四七〇	二一二七	未初二刻
巳正一刻	六一 五八半	五三二	一八七九	未初三刻
巳正初刻	五九 〇一半	六〇〇	一六六六	未正初刻
巳初三刻	五五 五九半	六七四	一四八二	未正一刻
巳初二刻	五二 四三弱	六六一	一三一四	未正二刻
巳初一刻	四九 四六弱	八四六	一一八二	未正三刻
巳初初刻	四六 三六半	九四五	一〇八五	申初初刻

辰正三刻	四三二五半	一〇五六	九四六	申初一刻
辰正二刻	四〇一三半	一一八二	八四六	申初二刻
辰正一刻	三七〇一少	一三二六	七五四	申初三刻
辰正初刻	三三四八少	一四九三	六六九	申正初刻
辰初三刻	三〇三五弱	一六九二	五九一	申正一刻
辰初二刻	二七二二強	一九三一	五一七	申正二刻
辰初一刻	二四一〇弱	二二二八	四四九	申正三刻
辰初初刻	二〇五八半	二六〇八	三八三	酉初初刻
卯正三刻	一七四七半	三一一五	三二〇	酉初一刻
卯正二刻	一四三七半	三八三三	二六一	酉初二刻
卯正一刻	一一二八弱	四九二九	二〇三	酉初三刻
卯正初刻	〇八二〇半	六八〇〇	一四六	酉正初刻
卯初三刻	〇五一四少	十九一七	九一	酉正一刻
卯初二刻	〇二一〇少	廿六四三一	三七	酉正二刻
卯初一刻	〇〇五二強	睦五〇〇〇	一五	酉正三刻

北極出地三十一度

小滿大暑 午前時刻	太陽高弧 度 分 秒	直表一尺 尺寸分釐	橫表一尺 尺寸分釐	小滿大暑 午後時刻
午正初刻	七九一一弱	一九一	五二三六	午正初刻
午初三刻	七八四〇弱	二〇〇	四九九〇	午正一刻
午初二刻	七七一五半	二二六	四四二二	午正二刻
午初一刻	七五一一強	二六四	三七八三	午正三刻
午初初刻	七二四四少	三一〇	三二一七	未初初刻
巳正三刻	六九五八強	三六四	二七四四	未初一刻
巳正二刻	六七〇四半	四二三	二三六四	未初二刻
巳正一刻	六四〇五少	四八六	二〇五八	未初三刻
巳正初刻	六〇五八太	五五四	一八〇二	未正初刻
巳初三刻	五七五一少	六二八	一五九一	未正一刻
巳初二刻	五四四一少	七〇八	一四一一	未正二刻
巳初一刻	五一三〇少	七九五	一二五七	未正三刻
巳初初刻	四八一七太	八九〇	一一二二	申初初刻

辰正三刻	四五〇五弱	九九七	一〇〇三	申初一刻
辰正二刻	四一五二弱	一一一五	八九六	申初二刻
辰正一刻	三八三九強	一二五〇	八〇〇	申初三刻
辰正初刻	三五二七少	一四〇四	七一二	申正初刻
辰初三刻	三二一四太	一五八五	六三〇	申正一刻
辰初二刻	二九〇三少	一八〇〇	五五五	申正二刻
辰初一刻	二五五二少	二〇六二	四八四	申正三刻
辰初初刻	二二四二少	二三九〇	四一八	酉初初刻
卯正三刻	一九三三少	二八一六	三五五	酉初一刻
卯正二刻	一六二五半	三三九二	二九四	酉初二刻
卯正一刻	一三一九少	四二二四	二三六	酉初三刻
卯正初刻	一〇一四少	五五三九	一八〇	酉正初刻
卯初三刻	〇七〇五弱	八〇四一	一二四	酉正一刻
卯初二刻	〇四一〇少	十三七二六	七三	酉正二刻
卯初一刻	〇一一一半	四十八〇七五	二一	酉正三刻

北極出地三十一度

芒種小暑 太陽高弧

午前時刻	度	分	秒	直表一尺 尺寸分釐	橫表一尺 尺寸分釐	芒種小暑 午後時刻
午正初刻	八一	三八	弱	一四七	六八〇〇	午正初刻
午初三刻	八〇	五九	強	一五八	六三一〇	午正一刻
午初二刻	七九	四六	太	一八〇	五五四八	午正二刻
午初一刻	七六	五九	半	二三一	四三二八	午正三刻
午初初刻	七四	一四	半	二八二	三五四三	未初初刻
巳正三刻	七一	一九	太	三三八	二九六〇	未初一刻
巳正二刻	六八	二二	少	三九六	二五二二	未初二刻
巳正一刻	六五	一二	弱	四六二	二一六四	未初三刻
巳正初刻	六二	〇三	少	五三〇	一八八四	未正初刻
巳初三刻	五八	五二	半	六〇四	一六五六	未正一刻
巳初二刻	五五	四〇	強	六八三	一四六四	未正二刻
巳初一刻	五二	二八	弱	七六八	一三〇二	未正三刻
巳初初刻	四九	一五	少	八六一	一一六〇	申初初刻

辰正三刻	四六〇二強	九六四	一〇三七	申初一刻
辰正二刻	四二五〇少	一〇七八	九二七	申初二刻
辰正一刻	三九三七半	一二〇八	八二七	申初三刻
辰正初刻	三六二五強	一三五五	七三八	申正初刻
辰初三刻	三三一四半	一五二六	六五五	申正一刻
辰初二刻	三〇〇三太	一七二八	五七八	申正二刻
辰初一刻	二六五四弱	一九七一	五〇七	申正三刻
辰初初刻	二三四六少	二二七〇	四四〇	酉初初刻
卯正三刻	二〇三八強	二六五五	三七六	酉初一刻
卯正二刻	一七三二太	三一六六	三一六	酉初二刻
卯正一刻	一四二八強	三八七四	二五八	酉初三刻
卯正初刻	一一一五太	四九四五	二〇二	酉正初刻
卯初三刻	〇八一五弱	六七五八	一四八	酉正一刻
卯初二刻	〇五二七少	十四八一	九五	酉正二刻
卯初一刻	〇二三〇少	廿二九〇三	四三	酉正三刻

北極出地三十一度

夏至 午前時刻	太陽高弧 度分秒	直表一尺 尺寸分釐	横表一尺 尺寸分釐	夏至 午後時刻
午正初刻	八二二九	一三二	七五七八	午正初刻
午初三刻	八一四六強	一四四	六九一一	午正一刻
午初二刻	七九五七半	一七七	五六四六	午正二刻
午初一刻	七七三〇少	二二一	四五一一	午正三刻
午初初刻	七四四二太	二七三	三六五八	未初初刻
巳正三刻	七一四四太	三三〇	三〇二一	未初一刻
巳正二刻	六八四〇太	三九〇	二五六一	未初二刻
巳正一刻	六五三三少	四五四	二一九九	未初三刻
巳正初刻	六二二三少	五二三	一九一一	未正初刻
巳初三刻	五九〇四弱	五九九	一六六八	未正一刻
巳初二刻	五五五九弱	六七四	一四八一	未正二刻
巳初一刻	五二四六強	七五九	一三一六	未正三刻
巳初初刻	四九三四少	八五二	一一七三	申初初刻

辰正三刻	四六二一少	九五四	一〇四八	申初一刻
辰正二刻	四三〇八半	一〇六七	九三七	申初二刻
辰正一刻	三九五六半	一一九四	八三七	申初三刻
辰正初刻	三六四五少	一三三九	七四六	申正初刻
辰初三刻	三三三四少	一五〇七	六六三	申正一刻
辰初二刻	三〇二四少	一七〇四	五八七	申正二刻
辰初一刻	二七一五半	一九四一	五一五	申正三刻
辰初初刻	二四〇七弱	二二三三	四四七	酉初初刻
卯正三刻	二一〇〇太	二六〇三	三八四	酉初一刻
卯正二刻	一七五五太	三〇九二	三二三	酉初二刻
卯正一刻	一四五二少	三七六七	二六五	酉初三刻
卯正初刻	一一五〇半	四七七〇	二〇九	酉正初刻
卯初三刻	〇八五一少	六四二二	一五五	酉正一刻
卯初二刻	〇五五三弱	九七〇四	一〇三	酉正二刻
卯初一刻	〇二五八少	十九二九五	五二	酉正三刻

三十度細草

高弧細草

北極出地三十度

冬至 午前時刻	太陽高弧 度 分 秒	直表一尺 尺寸分釐	橫表一尺 尺寸分釐	冬至 午後時刻
午正初刻	三六 三一	一三五〇	七四〇	午正初刻
午初三刻	三六 二五	一三五六	七三八	午正一刻
午初二刻	三六 〇二 弱	一三七四	七二七	午正二刻
午初一刻	三五 二六 少	一四〇五	七一一	午正三刻
午初初刻	三四 三六 強	一四四九	六九〇	未初初刻
巳正三刻	三三 三四 弱	一五〇六	六六三	未初一刻
巳正二刻	三二 一八 太	一五八一	六三二	未初二刻
巳正一刻	三〇 五二 半	一六七二	五九八	未初三刻
巳正初刻	二九 一五 弱	一七八五	五六〇	未正初刻
巳初三刻	二七 一八	一九二三	五二〇	未正一刻
巳初二刻	二五 三〇 太	二〇九五	四七七	未正二刻
巳初一刻	二三 二六	二三〇七	四三三	未正三刻
巳初初刻	二一 一四 太	二五七二	三八八	申初初刻

辰正三刻	辰正二刻	辰正一刻	辰正初刻	辰初三刻	辰初二刻	辰初一刻
一八五五太	一六三○太	一四○○	一一二四太	○八四五強	○六○○少	○三一三弱
二九一六	三三七三	四○一一	四九五三	六四八九	九五一○	一七七六三
三四二	二九六	二四九	二○二	一五四	一○五	五六
申初一刻	申初二刻	申初三刻	申正初刻	申正一刻	申正二刻	申正三刻

高弧細草

北極出地三十度

小寒 大雪 午前時刻	太陽高弧 度	分	秒	直表一尺 尺寸分釐	橫表一尺 尺寸分釐	小寒 大雪 午後時刻
午正初刻	三七	二一	強	一三○九	七六四	午正初刻
午初三刻	三七	一三		一三一六	七五九	午正一刻
午初二刻	三六	五二	弱	一三三三	七五○	午正二刻
午初一刻	三六	一四	半	一三六四	七三三	午正三刻
午初初刻	三五	二四	太	一四○六	七一一	未初初刻
巳正三刻	三四	二一	太	一四六二	六八三	未初一刻
巳正二刻	三三	○九	少	一五二一	六五三	未初二刻
巳正一刻	三一	三七	強	一六二四	六一六	未初三刻
巳正初刻	二九	五八	強	一七三三	五七七	未正初刻
巳初三刻	二八	一○		一八六七	五三五	未正一刻
巳初二刻	二六	一二	弱	二○三二	四九[illegible]	未正二刻
巳初一刻	二四	○六	強	二二三四	四四七	未正三刻
巳初初刻	二一	五二	太	二四九○	四○一	申初初刻

二

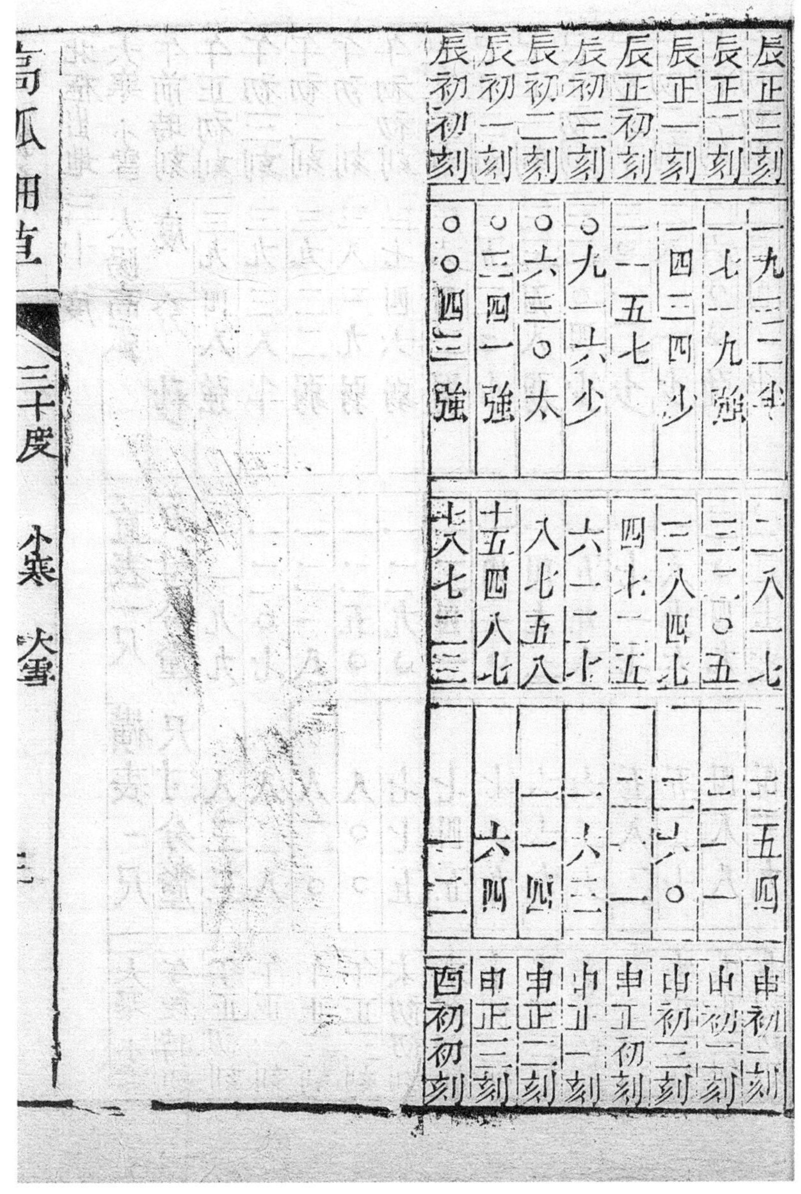

辰正三刻	一九三二半	二八一七	一五四	申初一刻
辰正二刻	一七一九強	三三一〇五	二一	申初二刻
辰正一刻	一四三四少	三八四七	一六〇	申初三刻
辰正初刻	一一五七	四七一五	一一	申正初刻
辰初三刻	〇九一六少	六一一七	一六二	申正一刻
辰初二刻	〇六三〇太	八七五八	一一四	申正二刻
辰初一刻	〇三四一強	十五四八七	六四	申正三刻
辰初初刻	〇〇四三強	十八七一三	一二	酉初初刻

北極出地三十度

大寒 小雪 太陽高弧

午前時刻	度 分 秒	直表一尺 尺寸分釐	橫表一尺 尺寸分釐	大寒 小雪 午後時刻
午正初刻	三九四八強	一一九九	八三三	午正初刻
午初三刻	三九三八半	一二〇七	八二八	午正一刻
午初二刻	三九二二弱	一二一八	八二〇	午正二刻
午初一刻	三八三九弱	一二五〇	八〇〇	午正三刻
午初初刻	三七四六弱	一二九〇	七七五	未初初刻
巳正三刻	三六四二弱	一三四一	七四五	未初一刻
巳正二刻	三五二〇少	一四一〇	七〇九	未初二刻
巳正一刻	三三四八弱	一四九三	六六九	未初三刻
巳正初刻	三二〇四少	一五九六	六二六	未正初刻
巳初三刻	三〇一三少	一七一七	五八二	未正一刻
巳初二刻	二八一一少	一八六六	五三六	未正二刻
巳初一刻	二六〇〇強	二〇四九	四八八	未正三刻
巳初初刻	二三四一半	二二七七	四三九	申初初刻

時刻				時刻
辰正三刻	二二一八少	二二五六四	三九〇	申初一刻
辰正二刻	一八四七太	二二九三八	三四〇	申初二刻
辰正一刻	一六一一太	三三四四三	二九〇	申初三刻
辰正初刻	一三三一太	四一五六	二四〇	申正初刻
辰初三刻	一〇四六少	五二五七	一九〇	申正一刻
辰初二刻	〇七五七強	七一五一	一四〇	申正二刻
辰初一刻	〇五〇五半	十二二三	八九	申正三刻
辰初初刻	〇二〇七少	二七〇二一	三七	酉初初刻

三十度 大寒 小雪

北極出地三十度

立春 立冬 太陽高弧

午前時刻	度	分	秒	直表一尺 尺寸分釐	橫表一尺 尺寸分釐	立春 立冬 午後時刻
午正初刻	四三	三八	半	一〇四九	八五三	午正初刻
午初三刻	四三	二六	強	一〇五六	九四七	午正一刻
午初二刻	四三	〇三	半	一〇七〇	九三四	午正二刻
午初一刻	四二	二二	半	一〇九六	九一二	午正三刻
午初初刻	四一	一六	少	一一三三	八八二	未初初刻
巳正三刻	四〇	一四	半	一一八一	八四六	未初一刻
巳正二刻	三八	四八	太	一二四三	八〇四	未初二刻
巳正一刻	三七	一〇	太	一三一八	七五八	未初三刻
巳正初刻	三五	一〇	太	一四一八	七〇五	未正初刻
巳初三刻	三三	二二		一五一八	六五八	未正一刻
巳初二刻	三一	一二	強	一六五〇	六〇六	未正二刻
巳初一刻	二八	五六	弱	一八〇八	五五三	未正三刻
巳初初刻	二六	三一	強	二〇〇三	四九九	申初初刻

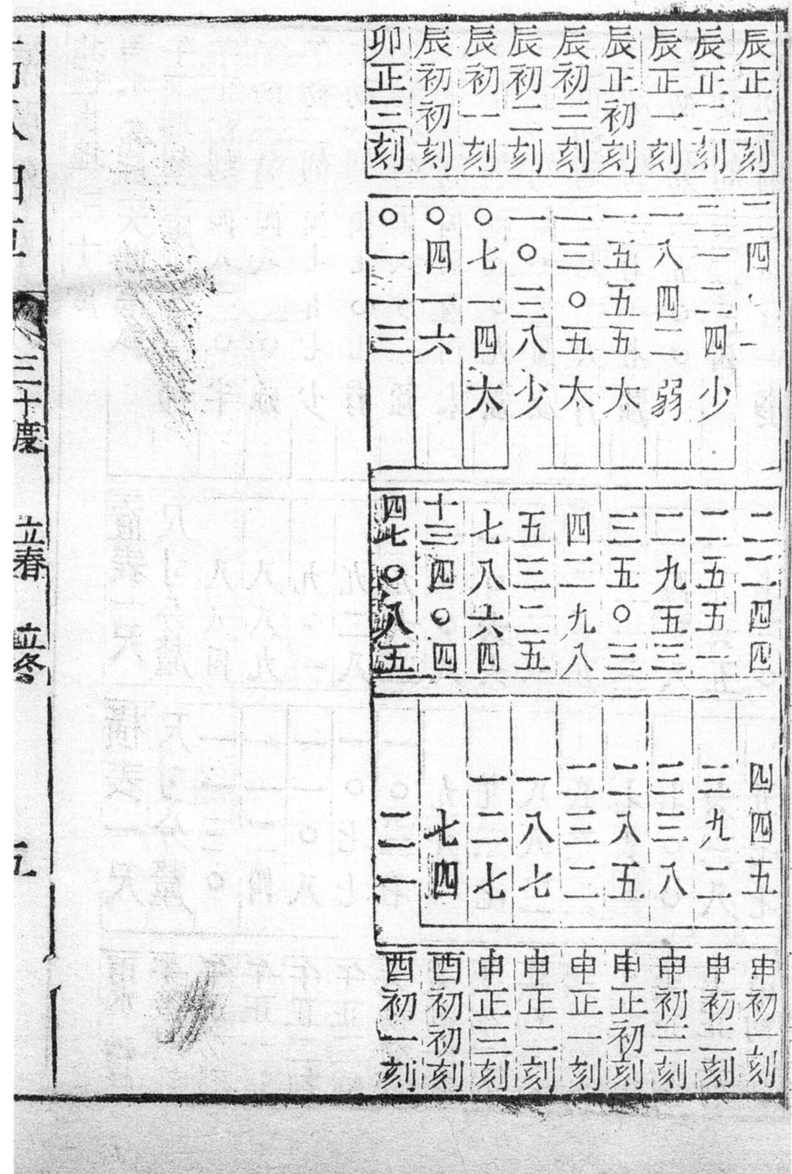

辰正二刻	辰正二刻	辰正一刻	辰正初刻	辰初三刻	辰初二刻	辰初一刻	辰初初刻	卯正三刻
二四一	二一二四少	一八四二弱	一五五五大	一三〇五太	一〇三八少	〇七一四太	〇四一六	〇一一三
二二四四	二五五一	二九五三	三五〇三	四二九八	五三二五	七八六四	十三四〇四	四七〇八五
四四五	三九二	三三八	二八五	二三二	一八七	一二七	七四	二一
申初一刻	申初二刻	申初三刻	申正初刻	申正一刻	申正二刻	申正三刻	酉初初刻	酉初一刻

北極出地三十度

雨水 霜降 午前時刻	大陽高弧 度	分	秒	直表一尺 尺寸分釐	橫表一尺 尺寸分釐	雨水 霜降 午後時刻
午正初刻	四八	三〇	半	八八四	一一三〇	午正初刻
午初三刻	四八	二〇	強	八八九	一一二四	午正一刻
午初二刻	四七	五七	少	九〇一	一一〇八	午正二刻
午初一刻	四七	〇七	弱	九二八	一〇七七	午正三刻
午初初刻	四六	〇三	強	九六三	一〇三七	未初初刻
巳正三刻	四四	四四	太	一〇〇八	九九一	未初一刻
巳正二刻	四三	〇九	強	一〇六六	九三七	未初二刻
巳正一刻	四一	二四	強	一一三三	八八二	未初三刻
巳正初刻	三九	二六	弱	一二一五	八二二	未正初刻
巳初三刻	三七	一七	強	一三一三	七六一	未正一刻
巳初二刻	三五	〇〇		一四二八	七〇〇	未正二刻
巳初一刻	三二	三四		一五六五	六三八	未正三刻
巳初初刻	三〇	〇一	弱	一七三〇	五七七	申初初刻

辰正三刻	二七二一	一九三三	五一七	申初一刻
辰正二刻	二四三七太	二一八一	四五八	申初二刻
辰正一刻	二一四九	二四九八	四○○	申初三刻
辰正初刻	一八五五強	二九一六	三四三	申正初刻
辰初三刻	一五五九	三四九一	二八六	申正一刻
辰初二刻	一二五九少	四三三六	二三○	申正二刻
辰初一刻	○九五六弱	五七○七	一七五	申正三刻
辰初初刻	○六四九弱	八三五八	一一九	酉初初刻
卯正三刻	○三四一太	十五四七五	六四	酉初一刻

北極出地三十度

驚蟄 寒露 午前時刻	太陽高弧 度分秒	直表一尺 尺寸分釐	橫表一尺 尺寸分釐	驚蟄 寒露 午後時刻
午正初刻	五四〇四太	七二四	一三八〇	午正初刻
午初三刻	五三五四	七二九	一三七一	午正一刻
午初二刻	五三二二	七四三	一三四五	午正二刻
午初一刻	五二〇二強	七八〇	一二八二	午正三刻
午初初刻	五一一八弱	八〇一	一二四八	未初初刻
巳正三刻	四九四九半	八四四	一一八四	未初一刻
巳正二刻	四八〇五強	八九七	一一一四	未初二刻
巳正一刻	四六〇八少	九六一	一〇四〇	未初三刻
巳正初刻	四三五八強	一〇三六	九六五	未正初刻
巳初三刻	四一三九半	一一二四	八八九	未正一刻
巳初二刻	三九一一	一二二六	八一五	未正二刻
巳初一刻	三六三五弱	一三四七	七四二	未正三刻
巳初初刻	三三五三弱	一四八八	六七一	申初初刻

辰正三刻	三一一二	一六五一	六〇五	申初一刻
辰正二刻	二八一三	一八六三	五三六	申初二刻
辰正一刻	二五一六半	二一一八	四七二	申初三刻
辰正初刻	二二一六強	二四四一	四〇九	申正初刻
辰初三刻	一九一四	二八六六	三四八	申正一刻
辰初二刻	一六〇八強	三四五五	二八九	申正二刻
辰初一刻	一三〇一半	四三二三	二三一	申正三刻
辰初初刻	〇九五二	五七四九	一七四	酉初初刻
卯正三刻	〇七〇三	八〇八六	一二三	酉初一刻
卯正二刻	〇三二九少	十六四一五	六一	酉初二刻
卯正一刻	〇〇一八	晬九八二	五	酉初三刻

北極出地三十度

春分 秋分 午前時刻	太陽高弧 度分秒	直表一尺 尺寸分釐	橫表一尺 尺寸分釐	春分 秋分 午後時刻
午正初刻	六〇〇〇	五七七	一七三二	午正初刻
午初三刻	五九四七弱	五八二	一七一七	午正一刻
午初二刻	五九〇九太	五九七	一六七五	午正二刻
午初一刻	五八〇八強	六二一	一六〇九	午正三刻
午初初刻	五六四六半	六五五	一五二七	未初初刻
巳正三刻	五五〇五半	六九七	一四三三	未初一刻
巳正二刻	五三〇八弱	七四九	一三三四	未初二刻
巳正一刻	五〇五七強	八一一	一二三三	未初三刻
巳正初刻	四八三五半	八八二	一一三四	未正初刻
巳初三刻	四六〇三強	九六三	一〇三七	未正一刻
巳初二刻	四三二四	一〇五七	九四五	未正二刻
巳初一刻	四〇三七半	一一六五	八五八	未正三刻
巳初初刻	三七四五強	一二九一	七七四	申初初刻

辰正三刻	三四四九少	一四三八	六九五	申初一刻
辰正二刻	三一四九	一六一二	六二○	申初二刻
辰正一刻	二八四五強	一八二二	五四八	申初三刻
辰正初刻	二五三九半	二○八二	四八○	申正初刻
辰初三刻	二二三一弱	二四一一	四一四	申正一刻
辰初二刻	一九二一弱	二八四七	三五一	申正二刻
辰初一刻	一六○九太	三四五○	二八九	申正三刻
辰初初刻	一二五七少	四三四八	二三○	酉初初刻
卯正三刻	○九四三強	五八三三	一七一	酉初一刻
卯正二刻	○六二九半	八七八八	一一三	酉初二刻
卯正一刻	○三一四太	十七六二五	五六	酉初三刻

北極出地三十度

清明 白露 太陽高弧

午前時刻	度 分 秒	直表一尺 尺寸分釐	橫表一尺 尺寸分釐	清明 白露 午後時刻
午正初刻	六五五五少	四四七	二二三七	午正初刻
午初三刻	六五四〇	四五二	二二一一	午正一刻
午初二刻	六四五四半	四六八	二一三六	午正二刻
午初一刻	六三四一半	四九四	二〇二二	午正三刻
午初初刻	六二〇六強	五二九	一八八九	未初初刻
巳正三刻	六〇〇九弱	五七三	一七四三	未初一刻
巳正二刻	五七五五太	六二六	一五九六	未初二刻
巳正一刻	五五三〇	六八七	一四五五	未初三刻
巳正初刻	五二五三太	七五六	一三二二	未正初刻
巳初三刻	五〇〇九半	八三四	一一九八	未正一刻
巳初二刻	四七一八弱	九二二	一〇八四	未正二刻
巳初一刻	四四二一太	一〇二二	九七八	未正三刻
巳初初刻	四一二一少	一一三六	八八〇	申初初刻

辰正三刻	二八一六太	一二六七	七八九	申初一刻
辰正二刻	三五一〇	一四一九	七〇四	申初二刻
辰正一刻	三二〇〇太	一五九九	六二五	申初三刻
辰正初刻	二八五〇少	一八一六	五五〇	申正初刻
辰初三刻	二五三七太	二〇八四	四七九	申正一刻
辰初二刻	二二二四半	二四二五	四一二	申正二刻
辰初一刻	一九一〇半	二八七六	三四七	申正三刻
辰初初刻	一五五六	三五〇三	二八五	酉初初刻
卯正三刻	一二四一少	四四四二	二二五	酉初一刻
卯正二刻	〇九二六弱	六〇一五	一六六	酉初二刻
卯正一刻	〇六一一强	九一一三	一〇八	酉初三刻
卯正初刻	〇二五九	十九四〇五	五一	酉正初刻

高弧細草

北極出地二十度

穀雨 處暑 午前時刻	太陽高弧 度 分 秒	直表一尺 尺寸分釐	橫表一尺 尺寸分釐	穀雨 處暑 午後時刻
午正初刻	七一二九半	三三四	二九八七	午正初刻
午初三刻	七一一〇少	三四一	二九二二	午正一刻
午初二刻	七〇一三弱	三五九	二七八一	午正二刻
午初一刻	六八四四半	三八九	二五七〇	午正三刻
午初初刻	六六五〇	四二八	二三三小	未初初刻
巳正三刻	六四三五少	四七五	二一〇四	未初一刻
巳正二刻	六二〇七半	五二九	一八九〇	未初二刻
巳正一刻	五九一四少	五九一	一六九一	未初三刻
巳正初刻	五六三四弱	六六〇	一五一五	未正初刻
巳初三刻	五三三八少	七三六	一三五八	未正一刻
巳初二刻	五〇三六太	八二一	一二一八	未正二刻
巳初一刻	四七三二	九一五	一〇九二	未正三刻
巳初初刻	四四一四少	一〇二一	九七九	申初初刻

辰正三刻	四一一四少	一一四一	八七六	申初一刻
辰正二刻	三八〇二弱	一二七八	七八二	申初二刻
辰正一刻	三四四九強	一四三七	六九五	申初三刻
辰正初刻	三〇三五太	一六二五	六一五	申正初刻
辰初三刻	二八二一弱	一八五三	五三九	申正一刻
辰初二刻	二五〇六強	二一三三	四六八	申正二刻
辰初一刻	二一五二太	二四九〇	四〇一	申正三刻
辰初初刻	一八三七少	二九六八	三三七	酉初初刻
卯正三刻	一五二二強	三六三六	二七五	酉初一刻
卯正二刻	一二〇八強	四六四七	二一五	酉初二刻
卯正一刻	〇八五五弱	六三七〇	一五七	酉初三刻
卯正初刻	〇五四三弱	九九七九	一〇〇	酉正初刻
卯初三刻	〇二三一強	卅六五二	四四	酉正一刻
卯初二刻	〇〇三七半	卆六六九	一	酉正二刻

北極出地三十度

立夏 立秋 午前時刻	太陽高弧 度 分 秒	直表一尺 尺寸分釐	橫表一尺 尺寸分釐
午正初刻	七六二一太	二四二	四一二三
午初三刻	七五五六弱	二五〇	三九九二
午初二刻	七四四四	二七三	三六六四
午初一刻	七二五四弦	三〇七	三二五三
午初初刻	七〇三八強	三五一	二八四七
巳正三刻	六八〇四太	四〇二	二四八五
巳正二刻	六五一八半	四五九	二一七五
巳正一刻	六二二三弱	五二三	一九一二
巳正初刻	五九二二弱	五九二	一六八九
巳初三刻	五六一六太	六六七	一四九八
巳初二刻	五三〇八半	七四九	一三三四
巳初一刻	四九五七強	八四〇	一一九〇
巳初初刻	四六四五弱	九四〇	一〇六三

立夏 立秋 午後時刻
午正初刻
午正一刻
午正二刻
午正三刻
未初初刻
未初一刻
未初二刻
未初三刻
未正初刻
未正一刻
未正二刻
未正三刻
申初初刻

辰正三刻	辰正二刻	辰正一刻	辰正初刻	辰初三刻	辰初二刻	辰初一刻	辰初初刻	卯正三刻	卯正二刻	卯正一刻	卯正初刻	卯初三刻	卯初二刻
四三三一太	四○一七強	三七○三少	三三四八少	三○三三半	二七一八太	二四○四強	二○五一	一七三八少	一四二六弱	一一一五半	○八○六	○四五八	○一五一弱
一○五二	一一七九	一三二四	一四九三	一六九四	一九三六	二二三八	二六二五	三一四六	三八八四	五○二三	七○二六	十五○七	三十八六七
九五○	八四八	七五五	六六九	五九○	五一六	四四六	三八○	三一八	二五七	一九九	一四二	八七	三二
申初一刻	申初二刻	申初三刻	申正初刻	申正一刻	申正二刻	申正三刻	酉初初刻	酉初一刻	酉初二刻	酉初三刻	酉正初刻	酉正一刻	酉正二刻

北極出地三十度

小滿 大暑 午前時刻	太陽高弧 度	分	秒	直表一尺 尺寸分釐	橫表一尺 尺寸分釐	小滿 大暑 午後時刻
午正初刻	八〇	一一	弱	一七二	五七八三	午正初刻
午初三刻	七九	三七	少	一八三	五四五九	午正一刻
午初二刻	七八	〇四	半	二一一	四七三五	午正二刻
午初一刻	七五	五二	弱	二五一	三九七三	午正三刻
午初初刻	七三	一六	弱	三〇〇	三三三七	未初初刻
巳正三刻	七〇	二五	太	三五五	二八一三	未初一刻
巳正二刻	六七	二六	太	四一五	二四〇八	未初二刻
巳正一刻	六四	二一	強	四八〇	二〇八三	未初三刻
巳正初刻	六一	一三	少	五四九	一八二〇	未正初刻
巳初三刻	五八	〇二	少	六二四	一六〇二	未正一刻
巳初二刻	五四	四九	半	七〇四	一四一九	未正二刻
巳初一刻	五一	三五	太	七九二	一二六一	未正三刻
巳初初刻	四八	二一	弱	八八九	一一二四	申初初刻

三十度　小滿　大暑

辰正三刻	四五〇六強	九九六	一〇〇四	申初一刻
辰正二刻	四一五一太	一一一六	八九六	申初二刻
辰正一刻	三八三七	一二五二	七九八	申初三刻
辰正初刻	三五二二強	一四〇八	七一〇	申正初刻
辰初三刻	三二〇八強	一五九一	六二八	申正一刻
辰初二刻	二八五二弱	一八一三	五五一	申正二刻
辰初一刻	二五四二半	二〇七七	四八一	申正三刻
辰初初刻	二二三〇太	二四一二	四一四	酉初初刻
卯正三刻	一九二〇少	二八四九	三五一	酉初一刻
卯正二刻	一六一〇強	三四四七	二九〇	酉初二刻
卯正一刻	一三〇二強	四三一六	二三一	酉初三刻
卯正初刻	〇九五六少	五七〇八	一七五	酉正初刻
卯初三刻	〇六五一弱	八三一七	一二〇	酉正一刻
卯初二刻	〇三四七太	十五〇六七	六六	酉正二刻
卯初一刻	〇〇五一強	卆六五三二	一五	酉正三刻

北極出地三十度

芒種 小暑	太陽高弧	直表一尺	橫表一尺	芒種 小暑
午前時刻	度 分 秒	尺寸分釐	尺寸分釐	午後時刻
午正初刻	八二三八弱	一二九	七七四〇	午正初刻
午初三刻	八一五四半	一四二	七〇三四	午正一刻
午初二刻	八〇〇二少	一七五	五六九二	午正二刻
午初一刻	七七三一強	二二一	四五二一	午正三刻
午初初刻	七四四一半	二七三	三六五三	未初初刻
巳正三刻	七一四一少	三三一	三〇二一	未初一刻
巳正二刻	六八三四強	三九二	二五四九	未初二刻
巳正一刻	六五二四強	四五七	二一八五	未初三刻
巳正初刻	六二一二強	五二七	一八九七	未正初刻
巳初三刻	五九二二弱	五九二	一六八九	未正一刻
巳初二刻	五五四五	六八〇	一四六八	未正二刻
巳初一刻	五二三〇弱	七六七	一三〇三	未正三刻
巳初初刻	四九一五半	八六一	一一六一	申初初刻

辰正三刻	四六〇〇強	九六五	一〇三六	申初一刻
辰正二刻	四二四六少	一〇八一	九二五	申初二刻
辰正一刻	三九一七弱	一二二二	八一八	申初三刻
辰正初刻	三六一八弱	一三六一	七三四	申正初刻
辰初三刻	三三〇五半	一五三四	六五一	申正一刻
辰初二刻	二九五三半	一七三九	五七四	申正二刻
辰初一刻	二六四二少	一九八八	五〇三	申正三刻
辰初初刻	二三三二少	二二九五	四三五	酉初初刻
卯正三刻	二〇二三弱	二六九一	三七一	酉初一刻
卯正二刻	一七一六少	三二一七	三一〇	酉初二刻
卯正一刻	一四〇九弱	三九六五	二五二	酉初三刻
卯正初刻	一一〇五強	五〇九九	一九六	酉正初刻
卯初三刻	〇八〇三強	七〇六一	一四一	酉正一刻
卯初二刻	〇五〇三半	十一二九七	八八	酉正二刻
卯初一刻	〇二〇四半	三十七六〇〇	三六	酉正三刻

北極出地三十度

夏至 午前時刻	太陽高弧 度 分 秒	直表一尺 尺寸分釐	橫表一尺 尺寸分釐	夏至 午後時刻
午正初刻	八三 二九	一一四	八七五四	午正初刻
午初三刻	八二 四〇 半	一二八	七七七九	午正一刻
午初二刻	八〇 四〇 強	一六四	六〇九二	午正二刻
午初一刻	七八 〇二 少	二一一	四七一九	午正三刻
午初初刻	七五 〇七 弱	二六五	三七六四	未初初刻
巳正三刻	七二 〇三 強	三二三	三〇八九	未初一刻
巳正二刻	六九 〇〇 少	三八三	二六〇五	未初二刻
巳正一刻	六五 四三 太	四五〇	二二一八	未初三刻
巳正初刻	六二 三〇 太	五二〇	一九二二	未正初刻
巳初三刻	五九 一六 太	五九四	一六八三	未正一刻
巳初二刻	五六 〇二 少	六七三	一四八四	未正二刻
巳初一刻	五二 四七 弱	七五九	一三一七	未正三刻
巳初初刻	四九 三二 半	八五二	一一七二	申初初刻

辰正三刻	四六一七太	九五五	一〇四六	申初一刻
辰正二刻	四三〇三強	一〇七〇	九三四	申初二刻
辰正一刻	三九四九太	一一九九	八三四	申初三刻
辰正初刻	三六三六強	一三四六	七四三	申正初刻
辰初三刻	三三二四弱	一五一六	六五九	申正一刻
辰初二刻	三〇一二強	一七一七	五八二	申正二刻
辰初一刻	二七〇二少	一九五九	五一〇	申正三刻
辰初初刻	二三五二太	二二五八	四四二	酉初初刻
卯正三刻	二〇四四強	二六四〇	三七八	酉初一刻
卯正二刻	一七三七太	三一四七	三一七	酉初二刻
卯正一刻	一四三二強	三八五四	二五九	酉初三刻
卯正初刻	一一二九半	四九一九	二〇三	酉正初刻
卯初三刻	〇八二八少	六七一五	一四九	酉正一刻
卯初二刻	〇五二九半	一〇四〇一	九六	酉正二刻
卯初一刻	〇二三一少	三十二七二七	四四	酉正三刻

二十九度細草

北極出地二十九度

冬至 午前時刻	太陽高弧 度分秒	直表一尺 尺寸分釐	横表一尺 尺寸分釐	冬至 午後時刻
午正初刻	三七三一	一三〇三	七六八	午正初刻
午初三刻	三七二七	一三〇六	七六六	午正一刻
午初二刻	三七一二少	一三一七	七五九	午正二刻
午初一刻	三六二五	一三五六	七三八	午正三刻
午初初刻	三五三四半	一三九八	七一五	未初初刻
巳正三刻	三四三〇	一四五五	六八七	未初一刻
巳正二刻	三三一六太	一五二三	六五六	未初二刻
巳正一刻	三一四五弱	一六二六	六一九	未初三刻
巳正初刻	三〇〇六少	一七二五	五八〇	未正初刻
巳初三刻	二八一七少	一八五八	五三八	未正一刻
巳初二刻	二六一九半	二〇二一	四九五	未正二刻
巳初一刻	二四一二強	二二二四	四四九	未正三刻
巳初初刻	二一五八半	二四七八	四〇三	申初初刻

時刻				時刻
辰正三刻	一九三六	二八〇八	三五六	申初一刻
辰正二刻	一七〇弱	三二三六	三〇九	申初二刻
辰正一刻	一四二七弱	三八三三	二六一	申初三刻
辰正初刻	一二〇〇少	四七〇四	二一三	申正初刻
辰初三刻	〇九一八弱	六一〇三	一六四	申正一刻
辰初二刻	〇六三一太	八七三五	一一四	申正二刻
辰初一刻	〇三四一半	十五四九九	六五	申正三刻

北極出地二十九度

小寒 大雪 太陽高弧

小寒 大雪 午前時刻	度	分	秒	直表一尺 尺寸分釐	橫表一尺 尺寸分釐	小寒 大雪 午後時刻
午正初刻	三八	二一	強	一二六三	七九一	午正初刻
午初三刻	三八	一二	少	一二七一	七八七	午正一刻
午初二刻	三七	五三	半	一二八五	七七八	午正二刻
午初一刻	三七	一四	半	一三一五	七六〇	午正三刻
午初初刻	三六	二二	半	一三五七	七三七	未初初刻
巳正三刻	三五	一七	半	一四一三	七〇八	未初一刻
巳正二刻	三三	五八	太	一四八四	六七四	未初二刻
巳正一刻	三二	三〇		一五六九	六三七	未初三刻
巳正初刻	三〇	四九	太	一六七五	五九七	未正初刻
巳初三刻	二八	五九		一八〇五	五五四	未正一刻
巳初二刻	二六	五八	太	一九六四	五〇九	未正二刻
巳初一刻	二四	五一		二一五九	四六三	未正三刻
巳初初刻	二二	三五	太	二四〇三	四一六	申初初刻

辰正三刻	二〇二〇太	二六九六	三七一	申初一刻
辰正二刻	一七四四太	三一二五	三二〇	申初二刻
辰正一刻	一五一〇強	三六八六	二七一	申初三刻
辰正初刻	一二三二	四四九八	二二一	申正初刻
辰初三刻	〇九四八少	五七八八	一七三	申正一刻
辰初二刻	〇七一〇	八一二五	一二三	申正二刻
辰初一刻	〇四一一	十二六七二	七三	申正三刻
辰初初刻	〇一一七弱	四十四四六	二三	酉初初刻

北極出地二十九度

大寒、小雪 午前時刻	太陽高弧 度	分	秒	直表一尺 尺寸分釐	横表一尺 尺寸分釐	大寒、小雪 午後時刻
午正初刻	四〇	四八	強	一一五八	八六四	午正初刻
午初三刻	四〇	三九	太	一一六四	八五九	午正一刻
午初二刻	四〇	二四	半	一一七五	八五一	午正二刻
午初一刻	三九	三八	弱	一二〇七	八二八	午正三刻
午初初刻	三八	四四		一二四七	八〇二	未初初刻
巳正三刻	三七	三五	少	一二九九	七六九	未初一刻
巳正二刻	三六	一四		一三六五	七三三	未初二刻
巳正一刻	三四	四〇	強	一四四五	六九二	未初三刻
巳正初刻	三二	五五	太	一五五四	六四七	未正初刻
巳初三刻	三一	〇〇	半	一六六四	六〇一	未正一刻
巳初二刻	二八	五六	少	一八〇九	五五三	未正二刻
巳初一刻	二六	四四	少	一九八五	五〇四	未正三刻
巳初初刻	二四	二四	少	二二〇四	四五四	申初初刻

辰正三刻	二一五七半	二四八〇	四〇三	申初一刻
辰正二刻	一九二四太	二八三七	三五二	申初二刻
辰正一刻	一六四七	三三一六	三〇二	申初三刻
辰正初刻	一四四〇少	三九九〇	二五一	申正初刻
辰初三刻	一一二三弱	四九六四	二〇一	申正一刻
辰初二刻	〇八二六少	六七四三	一四八	申正二刻
辰初一刻	〇五三一太	十三二八	九七	申正三刻
辰初初刻	〇二三五弱	三十一一六	四五	酉初初刻

高弧細草

北極出地二十九度

立春　立冬 午前時刻	太陽高弧 度	分	秒	直表一尺 尺寸分釐	橫表一尺 尺寸分釐	立春　立冬 午後時刻
午正初刻	四四	三八	半	一〇一三	九八七	午正初刻
午初三刻	四四	二七	太	一〇一九	九八一	午正一刻
午初二刻	四四	〇七	弱	一〇三一	九七〇	午正二刻
午初一刻	四三	二一		一〇五九	九四四	午正三刻
午初初刻	四二	二二	太	一〇九六	九一三	未初初刻
巳正三刻	四一	〇八	太	一一四四	八七四	未初一刻
巳正二刻	三九	三〇	太	一二一二	八二五	未初二刻
巳正一刻	三八	〇〇	強	一二七九	七八二	未初三刻
巳正初刻	三六	一〇		一三六八	七三一	未正初刻
巳初三刻	三四	〇九	太	一四七三	六七八	未正一刻
巳初二刻	三一	五七	少	一六〇三	六二四	未正二刻
巳初一刻	二九	四〇	強	一七五五	五七〇	未正三刻
巳初初刻	二七	一〇	太	一九四七	五一四	申初初刻

二十九度　立春　立冬

辰正三刻	二四三七弱	二一八二	四五八	申初一刻
辰正二刻	二一五八太	二四七七	四〇四	申初二刻
辰正一刻	一九一四強	二八六四	三四九	申初三刻
辰正初刻	一六二六少	三三九〇	二九五	申正初刻
辰初三刻	一三三四	四一四四	二四一	申正一刻
辰初二刻	一〇三八	五三二六	一八八	申正二刻
辰初一刻	〇七三八太	七四四八	一三四	申正三刻
辰初初刻	〇四三七弱	十一三六九	八一	酉初初刻
卯正三刻	〇一三三	三六九五六	二七	酉初一刻

五

北極出地二十九度

雨水 霜降 午前時刻	太陽高弧 度 分 秒	直表一尺 尺寸分釐	橫表一尺 尺寸分釐	雨水 霜降 午後時刻
午正初刻	四九三〇半	八五四	一一七一	午正初刻
午初三刻	四九二一半	八五八	一一六五	午正一刻
午初二刻	四八五一強	八七三	一一四五	午正二刻
午初一刻	四八〇四太	八九八	一一一四	午正三刻
午初初刻	四七〇〇	九三二	一〇七二	未初初刻
巳正三刻	四五三八太	九七八	一〇二三	未初一刻
巳正二刻	四四〇二太	一〇三四	九六七	未初二刻
巳正一刻	四二一三太	一一〇二	九〇八	未初三刻
巳正初刻	四〇一二太	一一八三	八四五	未正初刻
巳初三刻	三八〇一強	一二七八	七八二	未正一刻
巳初二刻	三五四一弱	一三九二	七一八	未正二刻
巳初一刻	三三一三	一五二七	六五五	未正三刻
巳初初刻	三〇三七強	一六八九	五九二	申初初刻

辰正三刻	三七五六弱	一八八六	五三〇	申初一刻
辰正二刻	二五〇九半	二一一九	四七〇	申初二刻
辰正一刻	二二一八強	一一四三七	四一〇	申初三刻
辰正初刻	一九二三弱	一一八四一	三五二一	申正初刻
辰初三刻	一六二四半	三三九六	一九四	申正一刻
辰初二刻	一三二二強	四二〇五	二三八	申正二刻
辰初一刻	一〇一六弱	五五一八	一八一	申正三刻
辰初初刻	〇七一一半	七九二五	一二六	酉初初刻
卯正三刻	〇四〇二太	十四一三三	七〇	酉初一刻
卯正二刻	〇一一一太	四十七八五〇	二一	酉初二刻

北極出地二十九度

驚蟄 寒露 午前時刻	太陽高弧 度 分 秒	直表一尺 尺寸分釐	横表一尺 尺寸分釐	驚蟄 寒露 午後時刻
午正初刻	五五〇四太	六九八	一四三二一	午正初刻
午初三刻	五四五三弱	七〇三	一四二二一	午正一刻
午初二刻	五四一八強	七一八	一三九二一	午正二刻
午初一刻	五三二六強	七四一	一三四九	午正三刻
午初初刻	五一五六	七八三	一二七七	未初初刻
巳正三刻	五〇四一太	八一九	一二二二	未初一刻
巳正二刻	四八五四太	八七二	一一四七	未初二刻
巳正一刻	四六五四半	九三六	一〇六九	未初三刻
巳正初刻	四四四二	一〇一一	九八九	未正初刻
巳初三刻	四二一九強	一〇九八	九一一	未正一刻
巳初二刻	三九四八半	一二〇〇	八三三	未正二刻
巳初一刻	三七〇九強	一三一九	七五八	未正三刻
巳初初刻	三四二五	一四五九	六八五	申初初刻

辰正三刻	三一三四半	一六二七	六一五	申初一刻
辰正二刻	二八三九強	一八二九	五四七	申初二刻
辰正一刻	二五四〇太	二〇七九	四八一	申初三刻
辰正初刻	二二三八半	二三九七	四一七	申正初刻
辰初三刻	一九三三強	二八一四	三五五	申正一刻
辰初二刻	一六〇五弱	三四六七	一八八	申正二刻
辰初一刻	一三一六強	四三三七	二三六	申正三刻
辰初初刻	一〇〇五弱	五六二〇	一七八	酉初初刻
卯正三刻	〇六五二強	八二九〇	一二一	酉初一刻
卯正二刻	〇三三八太	十五六八八	六四	酉初二刻
卯正一刻	〇〇二三	百五六二五九	卌六	酉初三刻

北極出地二十九度

春分 秋分 午前時刻	太陽高弧 度	分	秒	直表一尺 尺寸分釐	橫表一尺 尺寸分釐	春分 秋分 午後時刻
午正初刻	六一	○○		五四四	一八○四	午正初刻
午初三刻	六○	四六	太	五五九	一七八八	午正一刻
午初二刻	六○	○七	強	五七四	一七四一	午正二刻
午初一刻	五九	○四	弱	五九九	一六六九	午正三刻
午初初刻	五七	三九	少	六三三	一五七九	未初初刻
巳正三刻	五五	五四	太	六七七	一四七八	未初一刻
巳正二刻	五三	五四	少	七二九	一三七一	未初二刻
巳正一刻	五一	四○	少	七九一	一二六五	未初三刻
巳正初刻	四九	一四	弱	八六二	一一六○	未正初刻
巳初三刻	四六	三九	少	九四四	一○五九	未正一刻
巳初二刻	四三	五六	弱	一○三八	九六四	未正二刻
巳初一刻	四一	○七		一一四六	八七三	未正三刻
巳初初刻	三八	一二	少	一二七一	七八七	申初初刻

二十九度　春分　秋分

辰正三刻	三五十三	一四一七	七〇六	申初一刻
辰正二刻	三二一〇少	一五九〇	六二九	申初二刻
辰正一刻	二九〇四弱	一七九九	五五六	申初三刻
辰正初刻	二五五六	二〇五六	四八六	申正初刻
辰初三刻	二二四五半	二三八四	四一九	申正一刻
辰初二刻	一九三三少	二八一六	三五五	申正二刻
辰初一刻	一六一九強	三四一四	二九三	申正三刻
辰初初刻	一三〇五	四三〇三	二三二	酉初初刻
卯正三刻	〇九四九半	五七七四	一七三	酉初一刻
卯正二刻	〇六三三弱	八七〇二	一一五	酉初二刻
卯正一刻	〇三一六太	十七四四六	五七	酉初三刻

高弧細草

北極出地二十九度

清明 白露 午前時刻	太陽高弧 度 分 秒	直表一尺 尺寸分釐	橫表一尺 尺寸分釐	清明 白露 午後時刻
午正初刻	六六五五少	四二六	二三四七	午正初刻
午初三刻	六六三九	四三二	二三一六	午正一刻
午初二刻	六五五一弱	四四八	二二三一	午正二刻
午初一刻	六四三五少	四七五	二一〇五	午正三刻
午初初刻	六二五四太	五一一	一九五五	未初初刻
巳正三刻	六〇五四少	五五七	一七九七	未初一刻
巳正二刻	五八三七少	六一〇	一六三九	未初一刻
巳正一刻	五六〇七半	六七一	一四八九	未初三刻
巳正初刻	五三二七弱	七四一	一二四九	未正初刻
巳初三刻	五〇三九弱	八二〇	一二二〇	未正一刻
巳初二刻	四七四四太	九〇八	一一〇一	未正二刻
巳初一刻	四四四五弱	一〇〇八	九九一	未正三刻
巳初初刻	四一四一強	一一一三	八九一	申初初刻

辰正三刻	三八三四太	一二五四	七九八	申初一刻
辰正二刻	三五二五弱	一四〇六	七一一	申初二刻
辰正一刻	三二一三太	一五八六	六三〇	申初三刻
辰正初刻	二九〇〇強	一八〇三	五五五	申正初刻
辰初三刻	二五四六少	二〇七一	四八三	申正一刻
辰初二刻	二三三〇太	二四一三	四一四	申正二刻
辰初一刻	一九一四太	二八六四	三四九	申正三刻
辰初初刻	一五五八弱	三四九四	二八六	酉初初刻
卯正三刻	一二四一半	四四四〇	二二五	酉初一刻
卯正二刻	〇九二四強	六〇三三	一六六	酉初二刻
卯正一刻	〇六〇八少	九三〇二	一〇八	酉初三刻
卯正初刻	〇二五二	一九九七〇	五〇	酉正初刻

北極出地二十九度

穀雨 處暑 午前時刻	太陽高弧 度分秒	直表一尺 尺寸分釐	橫表一尺 尺寸分釐	穀雨 處暑 午後時刻
午正初刻	七二二九半	三一五	三一七〇	午正初刻
午初三刻	七二〇八半	三二二	三一〇四	午正一刻
午初二刻	七一〇八強	三四二	二九二八	午正二刻
午初一刻	六九三五少	三七二	二六八七	午正三刻
午初初刻	六七三五弱	四一二	二四一五	未初初刻
巳正三刻	六四五〇半	四六九	二一一九	未初一刻
巳正二刻	六二四〇半	五一七	一九三五	未初二刻
巳正一刻	五九五四太	五七九	一七二六	未初三刻
巳正初刻	五七〇一	六四九	一五四一	未正初刻
巳初三刻	五四〇一少	七二六	一三七七	未正一刻
巳初二刻	五〇五六太	八一一	一二三三	未正二刻
巳初一刻	四七四五	九〇八	一一〇一	未正三刻
巳初初刻	四四三八弱	一〇一三	九八七	申初初刻

時刻				時刻
辰正三刻	四一二五	一一三四	八八二	申初一刻
辰正二刻	三八一一強	一二七一	七八七	申初二刻
辰正一刻	三四五六半	一四三一	六九九	申初三刻
辰正初刻	三一四〇強	一六二一	六一七	申正初刻
辰初三刻	二八二四少	一八四九	五四一	申正一刻
辰初二刻	二五〇七半	二一三二	四六九	申正二刻
辰初一刻	二一五〇強	二四九五	四〇一	申正三刻
辰初初刻	一八三四太	二九七五	三三六	酉初初刻
卯正三刻	一五一七強	三六五七	二七三	酉初一刻
卯正二刻	一二〇二	四六九一	二一三	酉初二刻
卯正一刻	〇八四六太	六四七四	一五四	酉初三刻
卯正初刻	〇五三二弱	十三一二	九七	酉正初刻
卯初三刻	〇二一三少	二五八〇二	三九	酉正一刻

北極出地二十九度

立夏 立秋 午前時刻	太陽高弧 度分秒	直表一尺 尺寸分釐	橫表一尺 尺寸分釐	立夏 立秋 午後時刻
午正初刻	七七二一太	二二四	四四六二	午正初刻
午初三刻	七七○二少	二三○	四三四四	午正一刻
午初二刻	七五三四半	二五七	三八八八	午正二刻
午初一刻	七三四一半	二九三	三四一八	午正三刻
午初初刻	七一一七太	三三三	二九五四	未初初刻
巳正三刻	六八三七太	三九一	二五五六	未初一刻
巳正二刻	六五四六弱	四五○	二二二二	未初二刻
巳正一刻	六二四六強	五一四	一九四四	未初三刻
巳正初刻	五九四一太	五八四	一七一一	未正初刻
巳初三刻	五六三二太	六六一	一五一四	未正一刻
巳初二刻	五三二一半	七四四	一三四四	未正二刻
巳初一刻	五○○八	八三五	一一九七	未正三刻
巳初初刻	四六五三少	九三六	一○六八	申初初刻

辰正三刻	四三三七半	一〇四九	九五三	申初一刻
辰正二刻	四〇二一	一一七七	八四九	申初二刻
辰正一刻	三七〇四弱	一三二三	七五五	申初三刻
辰正初刻	三三四八	一四九四	六六九	申正初刻
辰初三刻	三〇三一	一六九六	五八九	申正一刻
辰初二刻	二七一四半	一九四二	五一五	申正二刻
辰初一刻	二三五八弱	二二四九	四四四	申正三刻
辰初初刻	二〇四三少	二六四四	三七八	酉初初刻
卯正三刻	一七一八半	三一七六	三一五	酉初一刻
卯正二刻	一四一四太	三九三八	二五四	酉初二刻
卯正一刻	一一〇二少	五一二八	一九五	酉初三刻
卯正初刻	〇七五一弱	七二四八	一三八	酉正初刻
卯初三刻	〇四四一	十二二〇七	八二	酉正一刻
卯初二刻	〇一三三少	三六八八九	二七	酉正二刻

北極出地二十九度

小滿 大暑 午前時刻	太陽高弧 度 分 秒	直表一尺 尺寸分釐	橫表一尺 尺寸分釐	小滿 大暑 午後時刻
午正初刻	八一一一弱	一五五	六四五一	午正初刻
午初三刻	八〇三三少	一六六	六〇〇九	午正一刻
午初二刻	七八五二	一九六	五〇八一	午正二刻
午初一刻	七六三〇太	二三九	四一六九	午正三刻
午初初刻	七三四七少	二九〇	三四三八	未初初刻
巳正三刻	七〇五〇太	三四七	二八七九	未初一刻
巳正二刻	六七四五	四〇九	二四四四	未初二刻
巳正一刻	六四三七強	四七四	二一〇八	未初三刻
巳正初刻	六一二五強	五四四	一八三六	未正初刻
巳初三刻	五八〇七	六二二	一六〇七	未正一刻
巳初二刻	五四五六半	七〇三	一四二五	未正二刻
巳初一刻	五一四〇弱	七九〇	一二六五	未正三刻
巳初初刻	四八二三太	八八八	一一二六	申初初刻

辰正三刻	辰正二刻	辰正一刻	辰正初刻	辰初三刻	辰初二刻	辰初一刻	辰初初刻	卯正三刻	卯正二刻	卯正一刻	卯正初刻	卯初三刻	卯初二刻	卯初一刻
四五〇七	四一五〇弱	三八三三太	三五一七半	三三〇一太	二八四九半	二五三二半	二二一九少	一九〇六太	一五五五太	一二四六少	〇九三七太	〇六三一弱	〇三〇六半	〇〇二七強
九九六	一一一七	一二五四	一四一三	一五九八	一八一七	二〇九二	二四三六	二八八五	三五〇三	四四一二	五八九三	八七四七	十六四一五	二百四二五三
一〇〇四	八九五	七九七	七〇八	六二五	五五〇	四七八	四一〇	三四六	二八五	二二六	一六九	一一四	五四	八
申初一刻	申初二刻	申初三刻	申正初刻	申正一刻	申正二刻	申正三刻	酉初初刻	酉初一刻	酉初二刻	酉初三刻	酉正初刻	酉正一刻	酉正二刻	酉正三刻

北極出地二十九度

芒種 小暑 午前時刻	太陽高弧 度 分 秒	直表一尺 尺寸分釐	橫表一尺 尺寸分釐	芒種 小暑 午後時刻
午正初刻	八三三八弱	一一一	八九七〇	午正初刻
午初三刻	八二四八	一二六	七九一六	午正一刻
午初二刻	八〇四四	一六三	六一二九	午正二刻
午初一刻	七八〇三	二一一	四七二五	午正三刻
午初初刻	七五〇五半	二六六	三七五六	未初初刻
巳正三刻	七一五九弱	三二五	三〇七六	未初一刻
巳正二刻	六八四八強	三八七	二五七九	未初二刻
巳正一刻	六五三五弱	四五三	二二〇三	未初三刻
巳正初刻	六二二〇少	五二四	一九〇七	未正初刻
巳初三刻	五九〇四少	五九九	一六六九	未正一刻
巳初二刻	五五四七強	六七九	一四七一	未正二刻
巳初一刻	五二三一	七六七	一三〇四	未正三刻
巳初初刻	四九一四少	八六二	一一六〇	申初初刻

二十九度 芒種 小暑

辰正三刻	四五五七半	九六七	一〇三四	申初一刻
辰正二刻	四二四一弱	一〇八四	九二二	申初二刻
辰正一刻	三九二五半	一二一六	八二二	申初三刻
辰正初刻	三六一〇弱	一三六七	七三一	申正初刻
辰初三刻	三二五六	一五四四	六四七	申正一刻
辰初二刻	二九四二弱	一七五三	五七〇	申正二刻
辰初一刻	二六二九半	二〇〇六	四九八	申正三刻
辰初初刻	二三一八	二三二二	四三〇	酉初初刻
卯正三刻	二〇〇七半	二七二九	三六六	酉初一刻
卯正二刻	一六五八半	三二七六	三〇五	酉初二刻
卯正一刻	一三五一	四〇五六	二四六	酉初三刻
卯正初刻	一〇四五	五二六七	一八九	酉正初刻
卯初三刻	〇七四一少	七四〇九	一三五	酉正一刻
卯初二刻	〇四三九	十二二九四	八一	酉正二刻
卯初一刻	〇一三八少	三五〇一〇	二八	酉正三刻

北極出地二十九度

夏至太陽高弧

午前時刻	度分秒	直表一尺 尺寸分釐	橫表一尺 尺寸分釐	夏至午後時刻
午正初刻	八四二九	九六	十〇三五四	午正初刻
午初三刻	八三三二半	一一三	八八三四	午正一刻
午初二刻	八一一八弱	一五三	六五三九	午正二刻
午初一刻	七八三〇半	二〇三	四九一九	午正三刻
午初初刻	七五二八半	二五九	三八五九	未初初刻
巳正三刻	七二一九半	二一八	三一三八	未初一刻
巳正二刻	六九〇七	二八一	二六二一	未初二刻
巳正一刻	六五五〇强	四四八	二二二九	未初三刻
巳正初刻	六二三六强	五一八	一九三〇	未正初刻
巳初三刻	五九二〇少	五九三	一六八六	未正一刻
巳初二刻	五六〇三弱	六七三	一四八五	未正二刻
巳初一刻	五二四六强	七五九	一三一六	未正三刻
巳初初刻	四九三〇	八五四	一一七一	申初初刻

時刻	高弧	數	數	時刻
辰正三刻	四六一三強	九五八	一〇四四	申初一刻
辰正二刻	四二五七強	一〇七四	九三一	申初二刻
辰正一刻	三九四二半	一二〇四	八三〇	申初三刻
辰正初刻	三六二七強	一三五三	七三九	申正初刻
辰初三刻	三三一三強	一五二六	六五五	申正一刻
辰初二刻	三〇〇〇強	一七三一	五七七	申正二刻
辰初一刻	二六四八強	一九七八	五〇五	申正三刻
辰初初刻	二三三七強	二二八六	四三七	酉初初刻
卯正三刻	二〇二六太	二六八二	三七二	酉初一刻
卯正二刻	一七一九太	三二〇四	三一二	酉初二刻
卯正一刻	一四一三少	三九四六	二五三	酉初三刻
卯正初刻	一一〇八	五〇八一	一九六	酉正初刻
卯初三刻	〇八〇五	七〇四一	一四二	酉正一刻
卯初二刻	〇五〇五半	十一二二三	八九	酉正二刻
卯初一刻	〇二〇七弱	三六九五〇	三七	酉正三刻

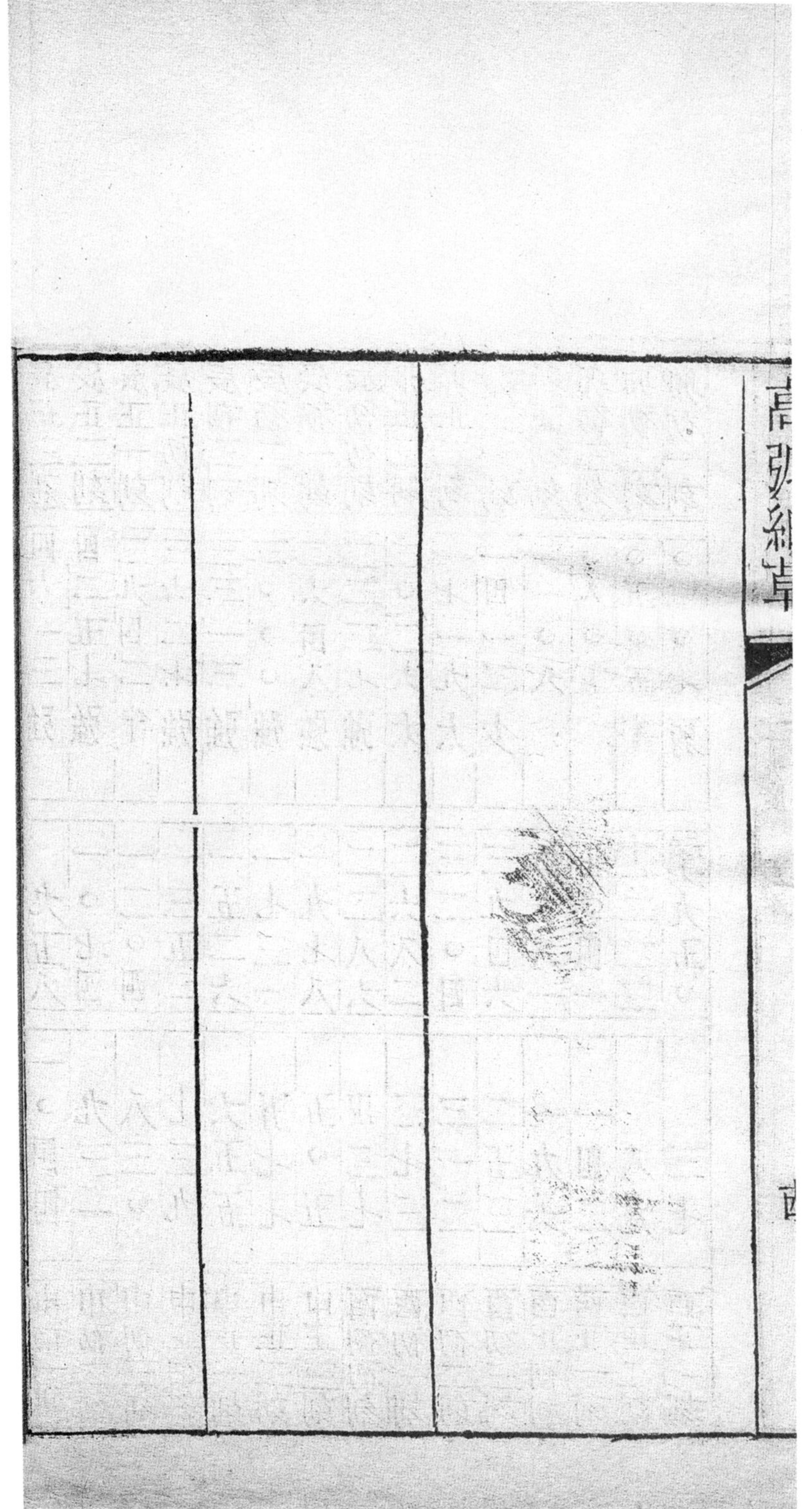

二十八度細草

高弧細草

北極出地二十八度

冬至 午前時刻	太陽高弧 度分秒	直表一尺 尺寸分釐	橫表一尺 尺寸分釐
午正初刻	三八三一	一二五六	七九六
午初三刻	三八二五強	一二六〇	七九三
午初二刻	三八〇〇弱	一二七九	七八一
午初一刻	三七二三半	一三〇九	七六三
午初初刻	三六三一少	一三五〇	七四〇
巳正三刻	三五二六弱	一四〇五	七一一
巳正二刻	三四〇七太	一四七五	六七七
巳正一刻	三二三八少	一五六一	六四〇
巳正初刻	三〇五六太	一六六七	五九九
巳初三刻	二九〇五弱	一七九七	五五六
巳初二刻	二七〇四太	一九五五	五一一
巳初一刻	二四五六半	二一五〇	四六五
巳初初刻	二二四一	二三九二	四一八

冬至 午後時刻
午正初刻
午正一刻
午正二刻
午正三刻
未初初刻
未初一刻
未初二刻
未初三刻
未正初刻
未正一刻
未正二刻
未正三刻
申初初刻

時刻				時刻
辰正三刻	二〇一七強	二七〇四	三六九	申初一刻
辰正二刻	一七四八半	三一一三	三二一	申初二刻
辰正一刻	一五一四弱	三六七一	一七二	申初三刻
辰正初刻	一二三四強	四四八二	二二二	申正初刻
辰初三刻	〇九五一	五七五九	一七三	申正一刻
辰初二刻	〇七〇二半	八〇九六	一二三	申正二刻
辰初一刻	〇四一二強	十三五八一	七三	申正三刻
辰初初刻	〇一一四太	四五九三一	二一	酉初初刻

北極出地二十八度

小寒 大雪 太陽高弧

午前時刻	度 分 秒	直表一尺 尺寸分釐	橫表一尺 尺寸分釐	午後時刻
午正初刻	三九 二一 強	一二一八	八二〇	午正初刻
午初三刻	三九 一三 太	一二二四	八一六	午正一刻
午初二刻	三八 五〇 弱	一二四二	八〇五	午正二刻
午初一刻	三八 一二 半	一二七〇	七八七	午正三刻
午初初刻	三七 二〇 少	一三一一	七六二	未初初刻
巳正三刻	三六 一三 半	一三六五	七三二	未初一刻
巳正二刻	三四 五四 弱	一四三三	六九七	未初二刻
巳正一刻	三三 二二 強	一五一七	六五八	未初三刻
巳正初刻	三一 四〇 太	一六二〇	六一七	未正初刻
巳初三刻	二九 四七 弱	一七四七	五七二	未正一刻
巳初二刻	二六 五六 太	一九六七	五〇八	未正二刻
巳初一刻	二五 三五 太	二〇八七	四七九	未正三刻
巳初初刻	二三 一七 太	二三二二	四三〇	申初初刻

辰正三刻	二〇五二弱	二六二二	三八一	申初一刻
辰正二刻	一八二二太	三〇一〇	三三二	申初二刻
辰正一刻	一五四六太	三五三八	二八二	申初三刻
辰正初刻	一三〇六弱	四二九五	二三二	申正初刻
辰初三刻	一〇二〇太	五四七七	一八二	申正一刻
辰初二刻	〇七三二	七五六二	一三二	申正二刻
辰初一刻	〇四三九少	十二二八七	八一	申正三刻
辰初初刻	〇一四三	二十三三六六	三〇	酉初初刻

北極出地二十八度

大寒 小雪 午前時刻	太陽高弧 度 分 秒	直表一尺 尺寸分釐	橫表一尺 尺寸分釐	大寒 小雪 午後時刻
午正初刻	四一四八強	一一一八	八九四	午正初刻
午初三刻	四一四〇少	一一二三	八九〇	午正一刻
午初二刻	四一一六弱	一一三九	八七七	午正二刻
午初一刻	四〇三六弱	一一六六	八五七	午正三刻
午初初刻	三九四一	一二〇五	八二九	未初初刻
巳正三刻	三八三〇強	一二五六	七九五	未初一刻
巳正二刻	三七〇七強	一三二一	七五七	未初二刻
巳正一刻	三五三二弱	一四〇〇	七一四	未初三刻
巳正初刻	三三四五少	一四九六	六六八	未正初刻
巳初三刻	三一四八弱	一六一二	六二〇	未正一刻
巳初二刻	二九四一強	一七五三	五七〇	未正二刻
巳初一刻	二七〇七弱	一九五二	五一二	未正三刻
巳初初刻	二五〇五少	二一三六	四六八	申初初刻

辰正三刻	二二三六弱	二四〇二	四一六	申初一刻
辰正二刻	二〇一〇太	二七二一	三六七	申初二刻
辰正一刻	一七二一少	三二〇〇	三一二	申初三刻
辰正初刻	一四三七弱	三七四三	二六七	申正初刻
辰初三刻	一一四八半	四七八三	二〇九	申正一刻
辰初二刻	〇八五五半	六三六八	一五七	申正二刻
辰初一刻	〇五五九少	九五三七	一〇五	申正三刻
辰初初刻	〇三〇〇半	十九〇二八	五二	酉初初刻

北極出地二十八度

立春 立冬	太陽高弧	直表一尺	横表一尺	立春 立冬
午前時刻	度 分 秒	尺寸分釐	尺寸分釐	午後時刻
午正初刻	四五 三八 半	九七八	一〇二二	午正初刻
午初三刻	四五 二九 強	九八二	一〇一七	午正一刻
午初二刻	四五 〇二 弱	九九八	一〇〇一	午正二刻
午初一刻	四四 一八 半	一〇二四	九七六	午正三刻
午初初刻	四三 一八 強	一〇六〇	九四二	未初初刻
巳正三刻	四二 〇三 半	一一〇八	九〇二	未初一刻
巳正二刻	四〇 三四 弱	一一六七	八五六	未初二刻
巳正一刻	三八 五一 強	一二四一	八〇五	未初三刻
巳正初刻	三六 五八 少	一三二八	七五二	未正初刻
巳初三刻	三四 五三 太	一四三三	六九七	未正一刻
巳初二刻	三二 四〇 少	一五五九	六四一	未正二刻
巳初一刻	三〇 一八 半	一七一〇	五八四	未正三刻
巳初初刻	二七 四九 半	一八九四	五二七	申初初刻

辰正三刻	二五一四	二一二二	四七一	申初一刻
辰正二刻	二三三二太	二四〇八	四一五	申初二刻
辰正一刻	一九四六強	二七八一	二五九	申初三刻
辰正初刻	一六五六弱	三一八三	三〇四	申正初刻
辰初三刻	一四〇一太	四〇〇一	二四九	申正一刻
辰初二刻	一一〇三太	五一一四	一九五	申正二刻
辰初一刻	〇八〇三	七〇七一	一四一	申正三刻
辰初初刻	〇四五九弱	十一四五五	八七	酉初初刻
卯正三刻	〇一五三	三十四一二	三三	酉初一刻

北極出地二十八度

雨水 霜降 午前時刻	太陽高弧 度分秒	直表一尺 尺寸分釐	横表一尺 尺寸分釐	雨水 霜降 午後時刻
午正初刻	五〇三〇半	八二二四	一二一三	午正初刻
午初三刻	五〇二二	八二二八	一二〇七	午正一刻
午初二刻	四九五一	八四三	一一八五	午正二刻
午初一刻	四九〇一太	八六八	一一五一	午正三刻
午初初刻	四七五六弱	九〇二	一一〇八	未初初刻
巳正三刻	四六三二少	九四七	一〇五五	未初一刻
巳正二刻	四四五四	一〇〇三	九九六	未初二刻
巳正一刻	四三〇二強	一〇七〇	九三四	未初三刻
巳正初刻	四〇五九少	一一五一	八六八	未正初刻
巳初三刻	三八四五少	一二四五	八〇二	未正一刻
巳初二刻	三六一六	一三六三	七三三	未正二刻
巳初一刻	三三五一少	一四九一	六七〇	未正三刻
巳初初刻	三一二五少	一六三七	六一一	申初初刻

辰正三刻	二八二九強	一八四二	五四二	申初一刻
辰正二刻	二五四〇太	二〇七九	四八〇	申初二刻
辰正一刻	二二四七弱	二三八〇	四二〇	申初三刻
辰正初刻	一九四九太	二七七三	三六〇	申正初刻
辰初三刻	一六四九少	三三〇八	三〇二	申正一刻
辰初二刻	一三四五強	四〇八三	二四五	申正二刻
辰初一刻	一〇三九強	五三一二	一八八	申正三刻
辰初初刻	〇七三一少	七五七六	一三二	酉初初刻
卯正三刻	〇四二二少	十三一三八	七六	酉初一刻
卯正二刻	〇一一四太	四五九三一	二一	酉初二刻

二十八度　雨水

北極出地二十八度

驚蟄 寒露 午前時刻	太陽高弧 度 分 秒	直表一尺 尺寸分釐	橫表一尺 尺寸分釐	驚蟄 寒露 午後時刻
午正初刻	五六〇四太	六七二	一四八七	午正初刻
午初三刻	五五五三少	六七七	一四七六	午正一刻
午初二刻	五五一九少	六九二	一四四五	午正二刻
午初一刻	五四一三弱	七一六	一三九六	午正三刻
午初初刻	五三〇七	七五〇	一三三二	未初初刻
巳正三刻	五一三三半	七九三	一二五九	未初一刻
巳正二刻	四九四七少	八四五	一一八二	未初二刻
巳正一刻	四七四〇	九一一	一〇九七	未初三刻
巳正初刻	四五二四半	九八五	一〇一四	未正初刻
巳初三刻	四二五九少	一〇七二	九三三	未正一刻
巳初二刻	四〇二五	一一七四	八五一	未正二刻
巳初一刻	三七四三弱	一二九二	七七三	未正三刻
巳初初刻	三四五六	一四三一	六九八	申初初刻

辰正三刻	辰正二刻	辰正一刻	辰正初刻	辰初三刻	辰初二刻	辰初一刻	辰初初刻	卯正三刻	卯正二刻	卯正一刻
三二〇二	二九〇五強	二六〇四弱	二二五九太	一九五二太	一六四三少	一三三一強	一〇一八弱	〇七〇五弱	〇三四七半	〇〇二九半
一五九七	一七九七	二〇四四	二三五六	二七六五	三三二九	四一五六	五〇〇二	八〇四一	十五〇八九	百六五三一
六二六	五五六	四八九	四二四	三六一	三〇〇	二四〇	一九九	一二四	六六	入
申初一刻	申初二刻	申初三刻	申正初刻	申正一刻	申正二刻	申正三刻	酉初初刻	酉初一刻	酉初二刻	酉初三刻

北極出地二十八度

春分秋分 午前時刻	太陽高弧 度分秒	直表一尺 尺寸分釐	橫表一尺 尺寸分釐	春分秋分 午後時刻
午正初刻	六二〇〇	五三一	一八八一	午正初刻
午初三刻	六一四六少	五三六	一八六三	午正一刻
午初二刻	六一〇五半	五五二	一八一一	午正二刻
午初一刻	五九五九強	五七七	一七三二	午正三刻
午初初刻	五八三一弱	六一二	一六三三	未初初刻
巳正三刻	五六四三太	六五六	一五三四	未初一刻
巳正二刻	五四三九強	七〇九	一四〇九	未初二刻
巳正一刻	五二二一太	七七一	一二九七	未初三刻
巳正初刻	四九五二半	八四二	一一八六	未正初刻
巳初三刻	四七一四少	九二四	一〇八一	未正一刻
巳初一刻	四五三二	九八一	一〇一八	未正二刻
[illegible]	四四一八	一〇一八	九八一	未正三刻
[illegible]	三一三五半	一一二六	八八七	申初初刻

時刻				時刻
辰正三刻	三八三八少	一二五一	七九九	申初一刻
辰正二刻	三五三六少	一三九六	七一六	申初二刻
辰正一刻	三二三〇太	一五六八	六三七	申初三刻
辰正初刻	二九二二強	一七七六	五六三	申正初刻
辰初三刻	二六一一太	二〇三二	四九二	申正一刻
辰初二刻	二二五九少	二三五七	四二四	申正二刻
辰初一刻	一九四四太	二七八五	三五九	申正三刻
辰初初刻	一六二九弱	三三七八	二九六	酉初初刻
卯正三刻	一三二二強	四二六〇	二三四	酉初一刻
卯正二刻	〇九五五少	五七一八	一七四	酉初二刻
卯正一刻	〇六三七少	八六一七	一一六	酉初三刻
卯正初刻	〇三一八強	十七二八四	五八	酉正初刻

北極出地二十八度

清明 白露 太陽高弧

午前時刻	度 分 秒	直表一尺 尺寸分釐	橫表一尺 尺寸分釐	清明 白露 午後時刻
午正初刻	六七五五少	四〇五	二四六五	午正初刻
午初三刻	六七三八少	四一一	二四三〇	午正一刻
午初二刻	六六四八少	四二八	二三三三	午正二刻
午初一刻	六五二八半	四五六	二一九二	午正三刻
午初初刻	六三四三太	四九三	二〇二六	未初初刻
巳正三刻	六一三八太	五三九	一八五三	未初一刻
巳正二刻	五九一七強	五九三	一六八四	未初二刻
巳正一刻	五六四三強	六五六	一五二四	未初三刻
巳正初刻	五三一五少	七四六	一三三九	未正初刻
巳初三刻	五一〇八弱	八〇五	一二四一	未正一刻
巳初二刻	四八一〇半	八九五	一一一七	未正二刻
巳初一刻	四五〇七太	九九五	一〇〇四	未正三刻
巳初初刻	四一〇一弱	一一〇九	九〇一	申初初刻

時刻				時刻
辰正三刻	三八五一太	一二四一	八〇六	申初一刻
辰正二刻	三五三七強	一三九五	七一六	申初二刻
辰正一刻	三二二六少	一五七三	六三五	申初三刻
辰正初刻	二九一〇太	一七九〇	五五八	申正初刻
辰初三刻	二五五四弱	二[illegible]五九	四八五	申正一刻
辰初二刻	二二三六太	二四〇〇	四一六	申正二刻
辰初一刻	一九一八強	二八五四	三五〇	申正三刻
辰初初刻	一五五七半	三四九七	二八六	酉初初刻
卯正三刻	一二四一強	四四三九	二二五	酉初一刻
卯正二刻	〇九二三	六〇五一	一六五	酉初二刻
卯正一刻	〇六〇四半	九三九六	一〇六	酉初三刻
卯正初刻	〇二四六半	二〇六三一	四八	酉正初刻

北極出地二十八度

穀甯 虞著

午前時刻	太陽高弧 度 分 秒	直表一尺 尺寸分釐	橫表一尺 尺寸分釐	午後時刻
午正初刻	七三二九半	二九六	三三七四	午正初刻
午初三刻	七三〇五半	三〇四	三二九〇	午正一刻
午初二刻	七二〇一強	三二四	三〇八三	午正二刻
午初一刻	七〇二三弱	三五六	二八〇六	午正三刻
午初初刻	六八一八少	三九七	二五一三	未初初刻
巳正三刻	六五五三	四四七	二二三四	未初一刻
巳正二刻	六三一三半	五〇四	一九八二	未初二刻
巳正一刻	六〇二三弱	五六八	一七六〇	未初三刻
巳正初刻	五七二五太	六三八	一五六五	未正初刻
巳初三刻	五四二一太	七一七	一三九五	未正一刻
巳初二刻	五一一四少	八〇三	一二四五	未正二刻
巳初一刻	四八〇四少	八九八	一一一三	未正三刻
巳初初刻	四四五一	一〇〇五	〇九九四	申初初刻

辰正三刻	四一三六少	二一二六	八八八	申初一刻
辰正二刻	三八一九太	一二六五	七九〇	申初二刻
辰正一刻	三五〇二半	一四二六	七〇一	申初三刻
辰正初刻	三一四四半	一六一六	六一八	申正初刻
辰初三刻	二八二六少	一八四六	五四一	申正一刻
辰初二刻	二五〇七強	二一三二	四六九	申正二刻
辰初一刻	二一四九弱	二四九七	四〇〇	申正三刻
辰初初刻	一八三〇太	二九八六	三三四	酉初初刻
卯正三刻	一五一三	三六七六	二七二	酉初一刻
卯正二刻	一一五五半	四七三五	二一一	酉初二刻
卯正一刻	〇八三九少	六五七一	一五二	酉初三刻
卯正初刻	〇五二三太	十五七九	九四	酉正初刻
卯初三刻	〇二一二弱	二十五九六五	三八	酉正一刻

北極出地二十八度

立夏 立秋 午前時刻	太陽高弧 度 分 秒	直表一尺 尺寸分釐	橫表一尺 尺寸分釐	立夏 立秋 午後時刻
午正初刻	七八二一太	二〇六	四八五七	午正初刻
午初三刻	七七五一強	二一五	四六五〇	午正一刻
午初二刻	七六二七強	二四〇	四一五三	午正二刻
午初一刻	七四三六少	二七五	三六三一	午正三刻
午初初刻	七一五四太	三二六	三〇六二	未初初刻
巳正三刻	六九〇八太	三八一	二六二五	未初一刻
巳正二刻	六六一二少	四四一	二二六七	未初二刻
巳正一刻	六三〇八少	五〇六	一九七四	未初三刻
巳正初刻	五九五九半	五七七	一七三一	未正初刻
巳初三刻	五六四七半	六五四	一五二七	未正一刻
巳初二刻	五三三三少	七三八	一三五四	未正二刻
巳初一刻	五〇一十少	八三〇	一二〇四	未正三刻
巳初初刻	四六五九太	九三二	一〇七二	申初初刻

辰正三刻	四三四一太	一〇四六	九五五	申初一刻
辰正二刻	四〇二三半	一一七五	八五〇	申初二刻
辰正一刻	三七〇四太	一三二三	七五五	申初三刻
辰正初刻	三三四六少	一四九五	六六八	申正初刻
辰初三刻	三〇二一	一七〇八	五八五	申正一刻
辰初二刻	二七〇九強	一九四九	五一三	申正二刻
辰初一刻	二三五一太	二二六〇	四四二	申正三刻
辰初初刻	二〇三四太	二六六三	三七五	酉初初刻
卯正三刻	一七三一弱	三一六七	三一五	酉初一刻
卯正二刻	一四〇三弱	三九九四	二五〇	酉初二刻
卯正一刻	一〇四八太	五二三五	一九一	酉初三刻
卯正初刻	〇七三六少	七四九二	一三三	酉正初刻
卯初三刻	〇四二四半	十二九七一	七七	酉正一刻
卯初二刻	〇一一三弱	四六八七一	二一	酉正二刻

北極出地二十八度

小滿 大暑 午前時刻	太陽高弧 度分秒	直表一尺 尺寸分釐	橫表一尺 尺寸分釐	小滿 大暑 午後時刻
午正初刻	八二一一弱	一三七	七二八九	午正初刻
午初三刻	八一二八弱	一五〇	六六六九	午正一刻
午初二刻	七九三七少	一八三	五四六二	午正二刻
午初一刻	七七〇六半	二二八	四三七〇	午正三刻
午初初刻	七四一五弱	二八二	三五四六	未初初刻
巳正三刻	七一一二太	三四〇	二九四〇	未初一刻
巳正二刻	六九三〇	三七三	二六七五	未初二刻
巳正一刻	六四一五半	四八二	二〇七四	未初三刻
巳正初刻	六一三六弱	五四〇	一八五〇	未正初刻
巳初三刻	五八一九半	六一七	一六二〇	未正一刻
巳初二刻	五五〇一強	六九九	一四二九	未正二刻
巳初一刻	五一四三強	七八九	一二六七	未正三刻
巳初初刻	四八二五	八五六	一一六七	申初初刻

辰正三刻	四五〇六弱	九九六	一〇〇三	申初一刻
辰正二刻	四一四七太	一一一八	八九四	申初二刻
辰正一刻	三九一一少	一二二六	八一五	申初三刻
辰正初刻	三五一一強	一四一八	七〇五	申正初刻
辰初三刻	三一五四弱	一六〇六	六二二	申正一刻
辰初二刻	二八三七太	一八三二	五四六	申正二刻
辰初一刻	二五二一太	二一〇九	四七四	申正三刻
辰初初刻	二二〇七	二四六〇	四〇六	酉初初刻
卯正三刻	一八五三少	二九二三	三四二	酉初一刻
卯正二刻	一五四〇半	三五六四	二八〇	酉初二刻
卯正一刻	一二二九少	四五一六	二二一	酉初三刻
卯正初刻	〇九一八強	六〇九九	一六四	酉正初刻
卯初三刻	〇六一一少	九二三〇	一〇八	酉正一刻
卯初二刻	〇三〇四太	十八五八一	五三	酉正二刻

北極出地一十八度

芒種 小暑 午前時刻	太陽高弧 度	分	秒	直表一尺 尺寸分釐	横表一尺 尺寸分釐	芒種 小暑 午後時刻
午正初刻	八四	三八	弱	○三九	十六五六	午正初刻
午初三刻	八三	三九	半	一一一	九○○○	午正一刻
午初二刻	八一	一二	強	一五四	六四六八	午正二刻
午初一刻	七八	三○	強	二○三	四九二○	午正三刻
午初初刻	七五	二六	少	二五九	三八四九	未初初刻
巳正三刻	七二	四一	太	三一一	三二一○	未初一刻
巳正二刻	六九	○○	少	三八三	二六○五	未初二刻
巳正一刻	六五	四三	半	四五一	二二一七	未初三刻
巳正初刻	六二	二五	太	五二二	一九一五	未正初刻
巳初三刻	五九	○七	半	五九七	一六七二	未正一刻
巳初二刻	五五	四八	太	六七九	一四七二	未正二刻
巳初一刻	五二	三○	弱	七六七	一三○三	未正三刻
巳初初刻	四九	一一	強	八六三	一一五八	申初初刻

辰正三刻	四五五三半	九六九	一〇三一	申初一刻
辰正二刻	四二三五強	一〇八七	九一九	申初二刻
辰正一刻	三九一八弱	一二六六	七九〇	申初三刻
辰正初刻	三六〇一半	一三七五	七二七	申正初刻
辰初三刻	三二四五強	一五五四	六四二	申正一刻
辰初二刻	二九三〇半	一七六七	五六六	申正二刻
辰初一刻	二六一六弱	二〇二六	四九三	申正三刻
辰初初刻	二三〇三弱	二三四九	四二五	酉初初刻
卯正三刻	一九五一弱	二七六九	三六一	酉初一刻
卯正二刻	一六四〇太	三三三七	二九九	酉初二刻
卯正一刻	一三三一太	四一五六	二四〇	酉初三刻
卯正初刻	一〇二四半	五四四四	一八三	酉正初刻
卯初三刻	〇七一九	七七八八	一二八	酉正一刻
卯初二刻	〇四一五太	十三四一三	七四	酉正二刻
卯初一刻	〇一一三	四七〇八五	三一	酉正三刻

北極出地二十八度

夏至 午前時刻	太陽高弧 度分秒	直表一尺 尺寸分釐	橫表一尺 尺寸分釐	夏至 午後時刻
午正初刻	八五二九	七九	十三六五九	午正初刻
午初三刻	八四二一強	九八	十一二八	午正一刻
午初二刻	八一五二弱	一四二	七〇〇二	午正二刻
午初一刻	七八五四太	一九六	五一〇三	午正三刻
午初初刻	七五四五太	二五三	三九四一	未初初刻
巳正三刻	七二三二弱	三一四	三一七九	未初一刻
巳正二刻	六九一六	三七八	二六四二	未初二刻
巳正一刻	六五五四少	四四七	二二三六	未初三刻
巳正初刻	六二四〇弱	五一六	一九三五	未正初刻
巳初三刻	五九二一太	五九二	一六八九	未正一刻
巳初二刻	五六〇三少	六七三	一四八五	未正二刻
巳初一刻	五二四四強	七六〇	一三一五	未正三刻
巳初初刻	四九二六少	八五六	一一六八	申初初刻

辰正三刻	四六〇八弱	九六[illegible]	一〇四〇	申初一刻
辰正二刻	四二五〇太	一〇七八	九二七	申初二刻
辰正一刻	三九三四	一二一〇	八二六	申初三刻
辰正初刻	三六一七太	一三六一	七二四	申正初刻
辰初三刻	三三〇二半	一五三七	六五〇	申正一刻
辰初二刻	二九四八少	一七四六	五七一	申正二刻
辰初一刻	二六三四半	一九九九	五〇〇	申正三刻
辰初初刻	二三二二少	二三一四	四三二	酉初初刻
卯正三刻	二〇一一少	二七二〇	三六七	酉初一刻
卯正二刻	一七〇〇弱	三二七〇	三〇五	酉初二刻
卯正一刻	一三五三半	四〇四三	二四七	酉初三刻
卯正初刻	一〇四七弱	五二四八	一九〇	酉正初刻
卯初三刻	〇七四九少	七二八二	一三七	酉正一刻
卯初二刻	〇四四〇	十二二五一	八一	酉正二刻
卯初一刻	〇一四〇半	二十四一九七	二九	酉正三刻

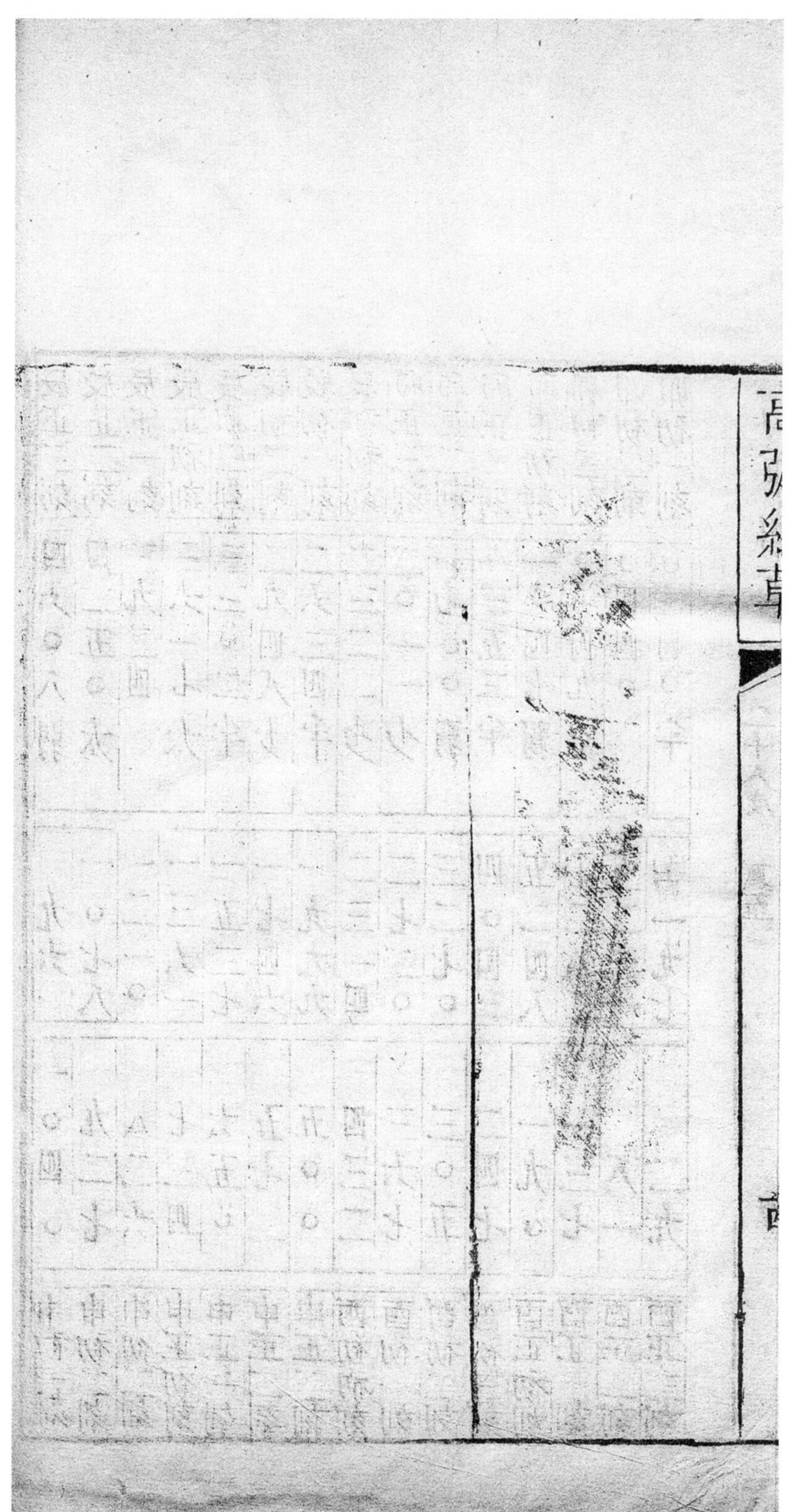

叔敖埋蛇

渾蓋通詮一卷附中星儀説（一）

（清）江臨泰 撰

清道光二十二年（1842）刻本

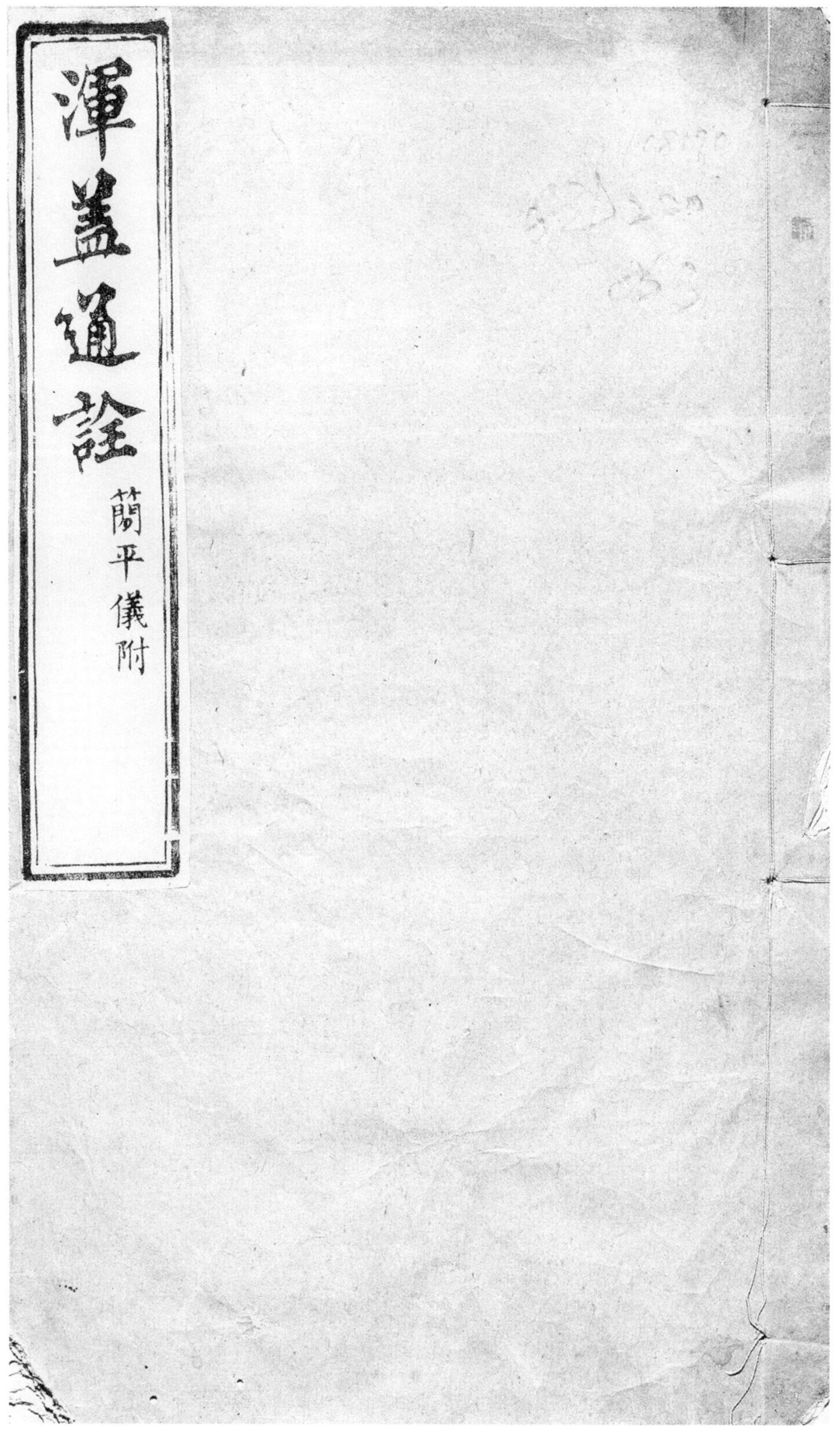
渾蓋通詮
簡平儀附

108190

道光壬寅刊

渾蓋通詮

津逮樓藏板

天學淵微近今諳此者甚尠全椒
江君雲樵先生昔與張丹邨齊
梅麓兩太守訂交最久研精覃
思擧中西之學竝綜而條貫之
著有揣籥小錄續錄弧三角舉隅中
星圖表諸書業刊以行世洵專門絕

學也予仰慕久矣今春過金造謁
尊蒙不棄口授指畫娓娓竟日弗
倦惜予賦質稚魯每每把晤未獲
恒相親炙一一叩其所藏心滋歎為
先生苦心孤詣矻矻數十年嘗有曲
希和寡之嘆臨别時以所造簡平

儀中星盤比例規諸器見贈並出示此書其中所繪諸圖悉出其手制器測天莫精于此蓋本明李振之渾蓋通憲圖說而運以心得一歸簡要者爰先爲讐校付梓以永其傳此外又有江甯通省天象志一書

卷帙較繁且竢諸異日可再

道光二十二年歲次元黓攝提格皋

月金陵甘熙石安氏拜識

渾蓋通詮

全椒江臨泰衍　　金陵甘熙校刊

渾蓋總論

渾蓋平儀一名渾蓋通憲凡七政躔離時刻方位皆可推測而得洵占天之巧製爲行測所必需也究其立法之原悉本於蓋天蓋天體渾圓惟渾儀爲能肖按而平之則成倚蓋故云渾儀如塑像平儀如繪像其理一也勿庵梅氏曰渾天之器渾圓其度勻分其理易見而造之亦易蓋天寫渾度於平面則正視與斜視殊觀仰測與旁覷異法度

有疏密形有垤坳非深思造微者不能明其理不能製其器亦不能盡其用又曰用渾儀以測天星疇人子弟多能之而用平儀以稽渾度非精於其理者不能也今爲西學者多能製小渾儀小渾象至所傳渾蓋通憲者則能製者尠以此故也泰 按原書圖例詳明反覆推衍以盡其規法之妙然委曲繁重學者多畏其艱深今爲之刪繁就簡一歸明捷可以依法成造用之不疑矣道光甲午臨泰識

渾蓋平儀凡三層下爲地盤上爲天盤加以赤道緯度尺原名定時衡尺同樞於地盤之中心蓋地盤中心爲北極十字界

之爲子午卯酉綫内具三規中爲赤道規一名晝夜平規内外二規一名晝長規一名晝短規爲二至限天盤則渾是天體按黄道以紀周天全度剖爲十二宫布二十四氣而絡於地盤内外二規之間上加緯度尺以定緯度以指時刻天盤與緯度率土皆同地盤則隨地變更各視所用地方北極高度依法加各種曲

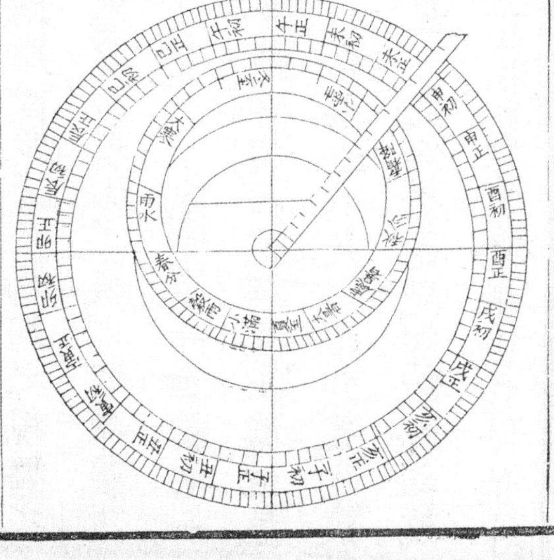

綫以資推測云

作赤道緯度尺法

用厚銅片或象牙黃楊爲之視盤之大小爲度如盤方一尺則用半徑五寸爲尺長上下廣如長十四分之一尺首半規以規心爲樞與天盤地盤共入一樞焉法以尺之半爲九十度界先畫一綫爲赤道綫卽以樞心爲心赤道綫爲界另於紙上作半圓中

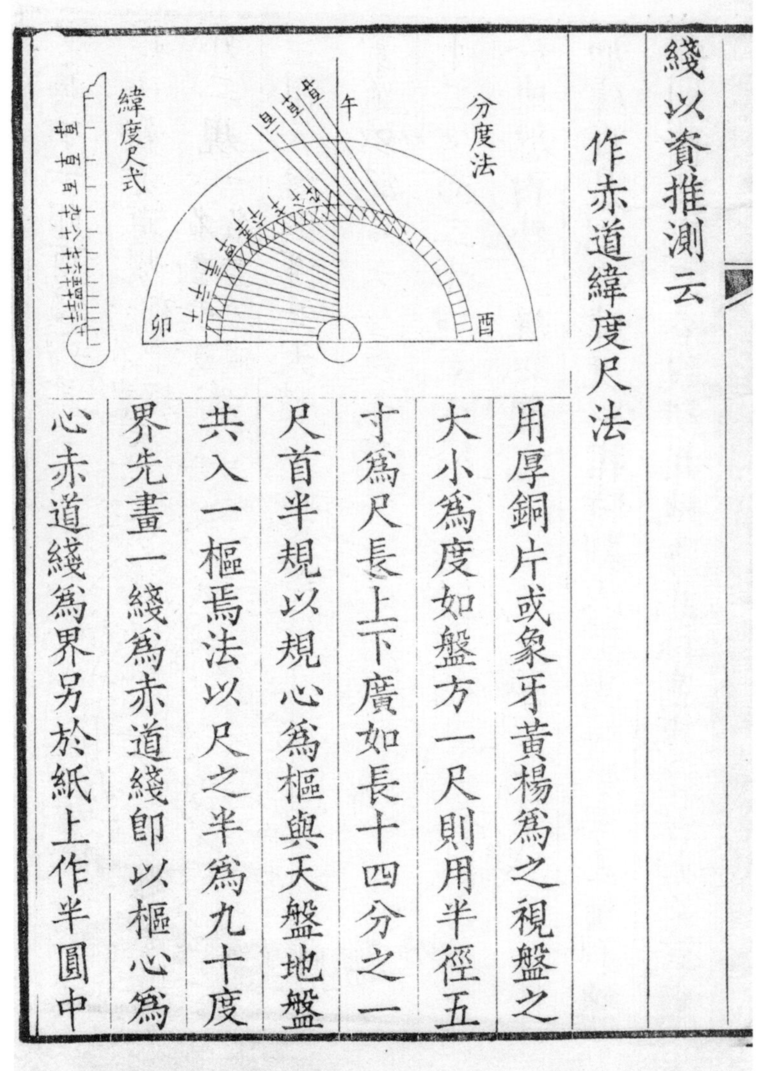

分直綫爲子午綫橫綫爲卯酉綫兩象限各勻分九十度乃從卯上一度起至午綫右一百二十二度止逐度望酉中作斜弦取其交午綫點移之尺上若尺短不能細分即二度一齗亦可外另畫一紙尺至一百六十度止以備用

又法用八綫表正切數加倍以三十分爲一度一度爲二度至九十度得一百八十度即以赤道點爲半徑一尺四十五度於分釐尺上其數畫之亦同加倍

又法以酉點爲樞作大半規包全儀於內循樞畫一直綫爲半規全徑從卯酉橫綫中分爲二限又各中分爲四限

限分九十度共爲周天全度借南北二限中之弦綫爲子午綫以近横綫左右百八十度爲周天東半度以最南最北兩限百八十度爲周天西半度製緯度尺則自半規樞按度畫輻綫取其交午綫點爲尺度比前法較易取準

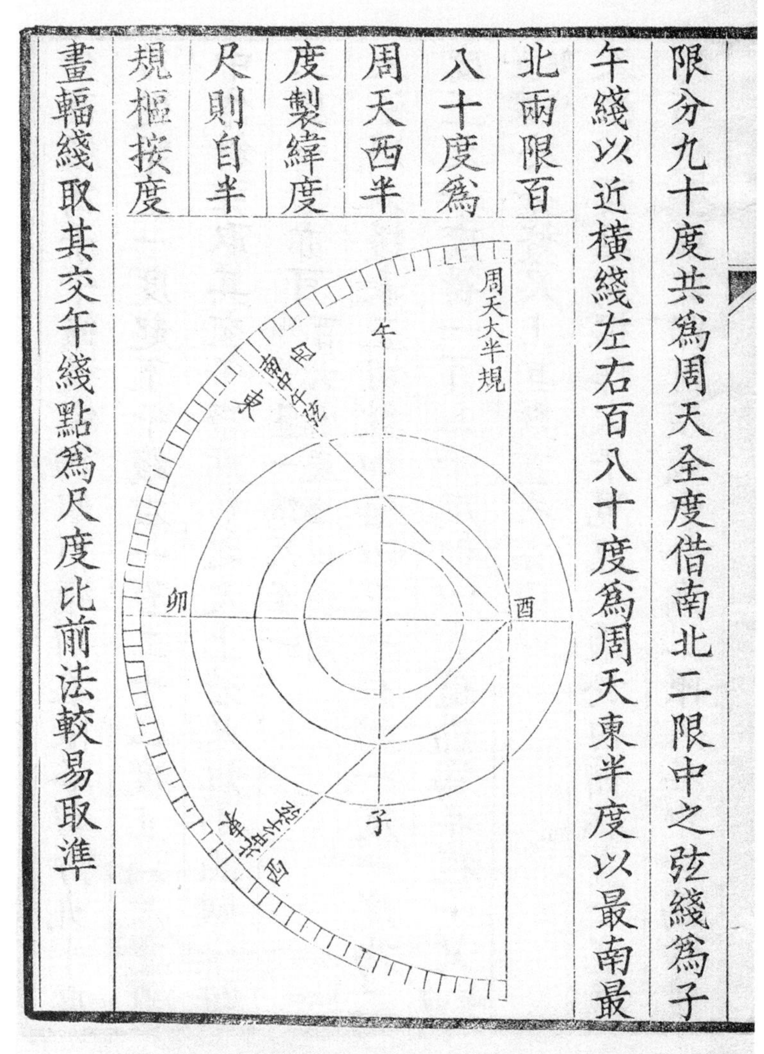

又法以尺上赤道綫度分作一横綫如甲乙於綫端作直綫如乙丙又於甲端作直綫與乙丙平行略短如甲己以甲爲心乙爲界作象限弧倍分百八十度皆自甲心出弦至乙丙綫點即尺度此最簡可先畫大象限隨尺長短爲乙點自乙點作乙丙直綫即得

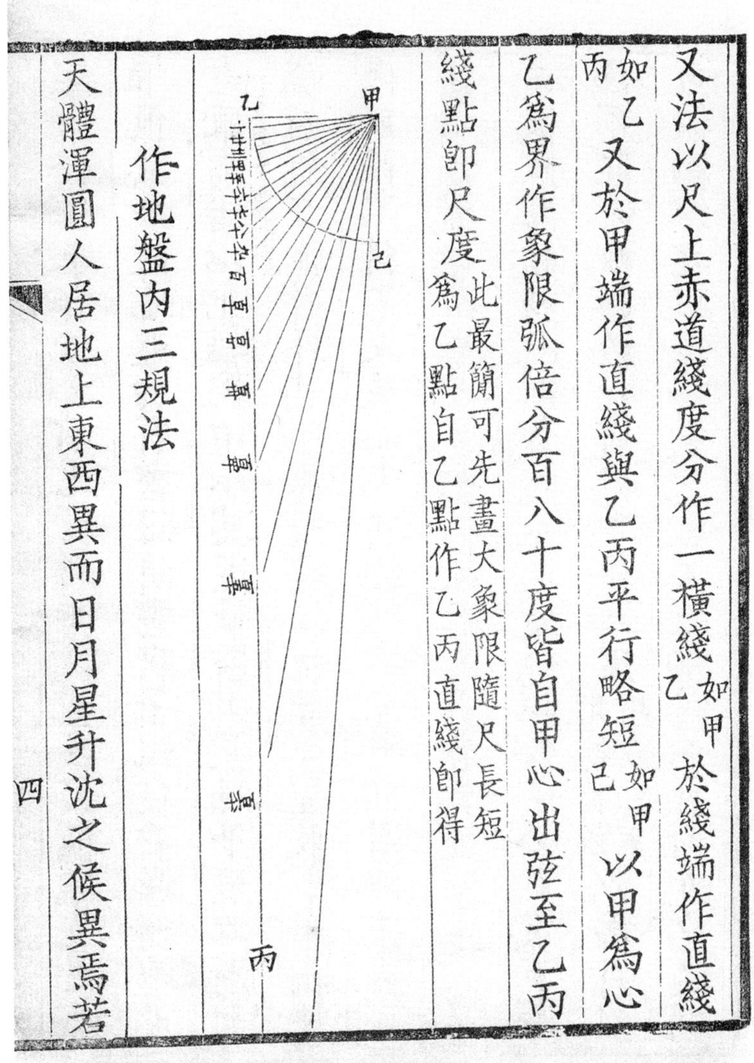

作地盤内三規法

天體渾圓人居地上東西異而日月星升沈之候異焉若

寒暑發斂未有移也南北異則晝夜長短北極赤道之高下俱異矣故地盤内有晝短規晝夜平規晝長規爲分至之限焉法以北極爲中心其度最密次長規平規以漸而疏短規在赤道外其距赤道與長規等理宜收小今爲平儀所限不得不反展而大其經緯視赤道更濶以疏蓋立法之意置身南極以望北極故近人目者其度寬遠人目者其度窄視法之理宜然至於短規以外度必更寬更濶儀不能容故僅於短規外再展八度此梅氏所增原法無以爲月與五星南緯之限餘則棄之矣蓋太陽行赤道内近北極則

晝長行赤道外遠北極則晝短相距俱二十三度半平儀卽以爲長短規之限赤道去北極九十度北極居中不動地與極漸遠則斜倚而移故渾蓋各種曲綫皆變地度以就極樞各法見後而平長短三規不易焉

分規之法取緯度尺九十度分爲界以樞爲心旋一圜是爲晝夜平規卽赤道又取六十六度半爲界從心畫一圜是爲晝長規卽夏至限又於九十度外取二十三度半計一百一十三度半爲界畫一圜是爲晝短規卽冬至限三規皆以北極爲心原法先任畫一短規圜分周天度自酉中按距度畫斜弦如前求緯度法取平長二規殊難取準不若先定準緯度尺以後各

五

法取樞定界皆準於一尺最爲簡易乃原書作定時衡尺法在第十七條此正西人藏金針之意也短規之外任畫圓數層外分三百六十周天全度視盤大小或二度三度五度一綫皆可內分二十四小時每小時分四刻每刻分十五分或三分五分一綫皆可盤小只用刻盤心作十字界綫中直綫上爲午中下爲子中橫綫左爲卯中右爲酉中而地盤成焉地盤以銅爲之用木版亦可

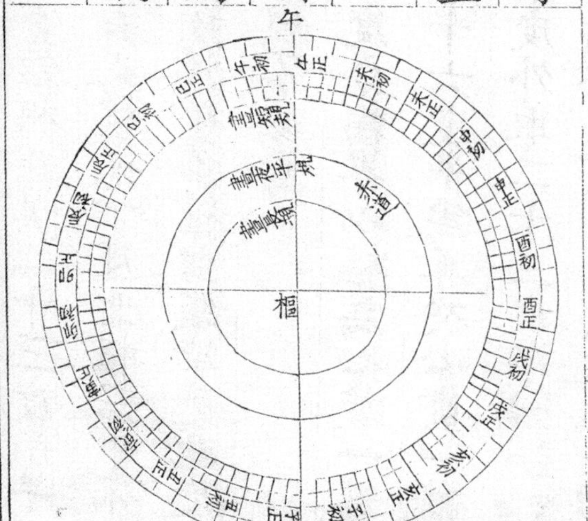

午

樞

子

作天盤黃道規法

天盤黃道規加地盤上以銅爲之邊刻黃道周天度節氣十二宮中鏤空仍留十二宮綫以貫樞心法卽以地盤長短規爲限自短規南際至長規北際爲界折半爲樞旋規此規必與平規卯酉綫三合方準其樞恰當緯度尺四十七度爲旋規之樞又取緯度尺二十三度半爲斷爲黃道極爲分宮之樞地盤赤道以中心北極爲心天盤黃道分宮畫界亦以北極爲心但細分宮度疎密與赤道逈異法用黃赤同升表將黃道度化爲赤道度按表度分一一點

六

記黃道規上乃以盤心爲心望黃道所點記者而畫界焉分十二宮二十四節氣每宮三十度每節氣十五度每五度一候極南爲冬至極北爲夏至春秋分恰當赤道而天盤成焉分宮之法自平綫以下卯中起戌宮交春分又十五度清明滿三十度交酉宮穀雨立夏申宮小滿芒種未宮夏至小暑午宮大暑立秋巳宮處暑白露辰宮秋分寒露卯宮霜降立冬寅宮小雪大雪丑宮冬至小寒子宮大寒立春亥宮雨水驚蟄凡十二宮以地盤對之則丑加午未加子戌乘東辰乘西彼此遥對蓋地上之子午卯酉靜而

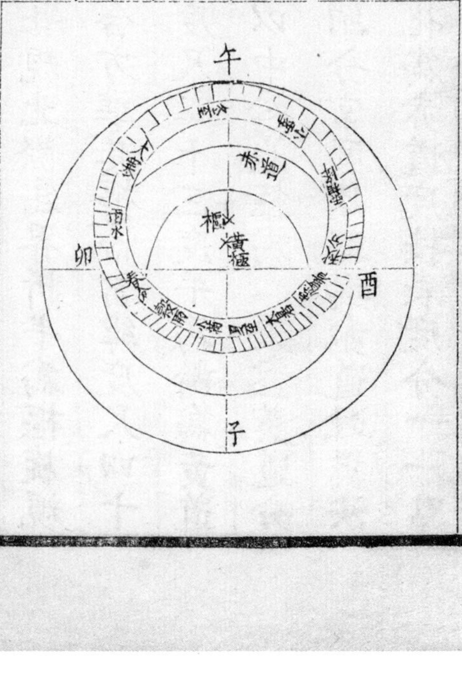

有常天行之子午卯酉動而不居平儀之制理取倒景故以遥射立法至於春分之晨秋分之夕則午南子北卯東酉西各宫自歸本位矣

又法不必檢表專用黄極先將赤道規勻分宫度以分處一一貫於黄極按尺斜出點記黄道規上於是又以盤心爲心望黄道規所點記者而畫界焉比前筭不殊而術最簡

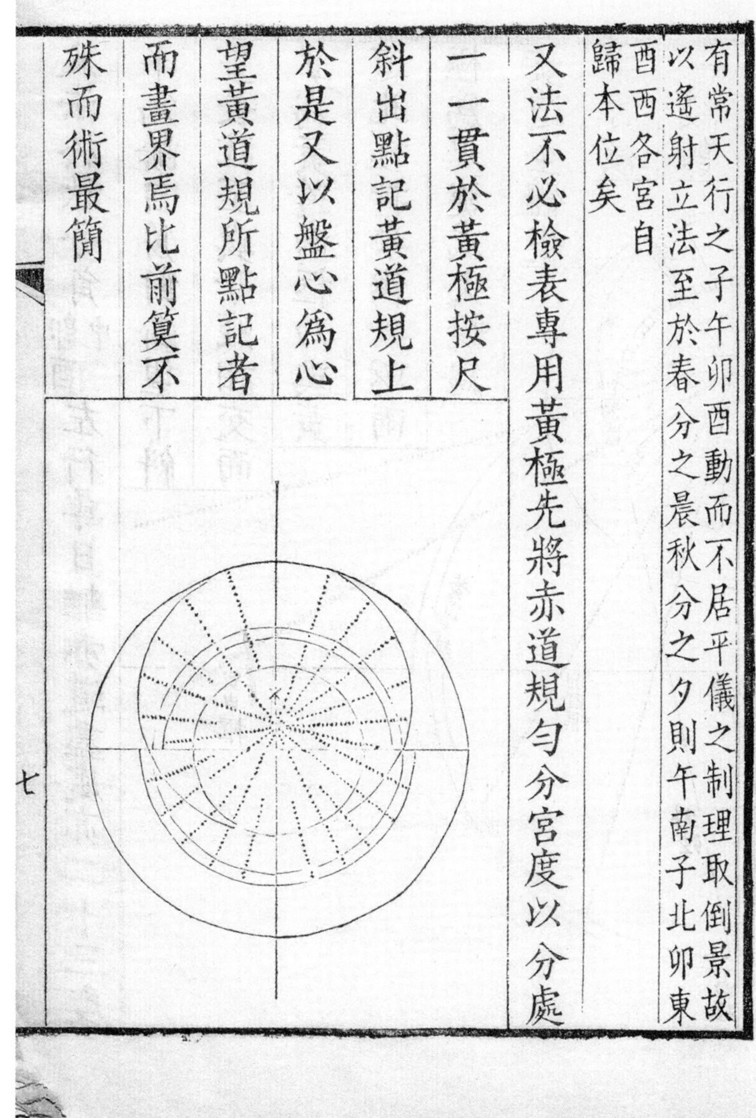

七

又法於秋分角卯酉中左行尋日離赤道盡處亦二十三度半爲斷自角對斷望下斜畫長弦至與子綫相交而止爲黃道南極乃與黃道北極折半爲心以兩極爲界旋成大規爲黃道全體規中再橫一綫卽

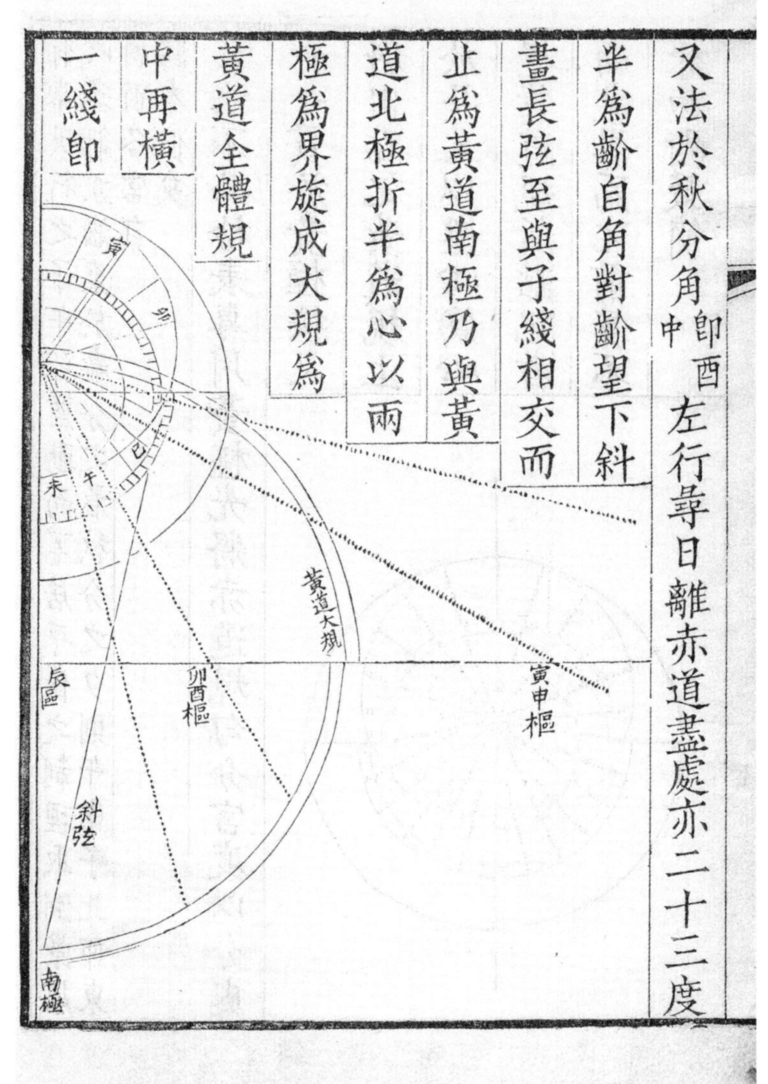

地心綫直長出規外次以此規匀分十二宫爲斷仍自黄道北極爲樞逐一對斷畫綫取交地心横綫點爲樞黄極爲界旋規以分黄道諸宫如此規南上爲子北下一段卽爲午餘倣此欲分每宫三十度亦倣此

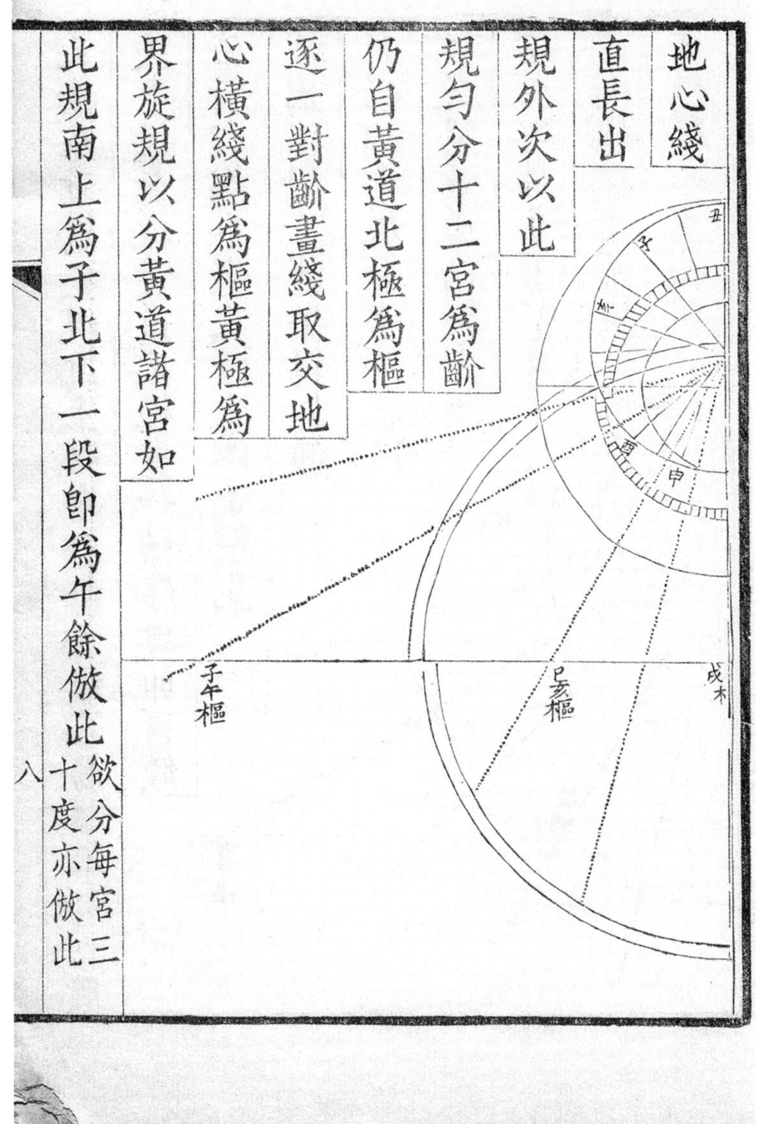

八

又法恐黃道全規近上一半分齘畫綫不易確準別立周天半規先從黃道北極畫一橫綫與卯酉綫平行以爲半規之限次以黃道北極爲樞望下旋半規如仰月形以半規分十二宮細分亦可又恐黃道南極太遠難以取準今不求黃道南極徑求黃道大規樞心法於秋

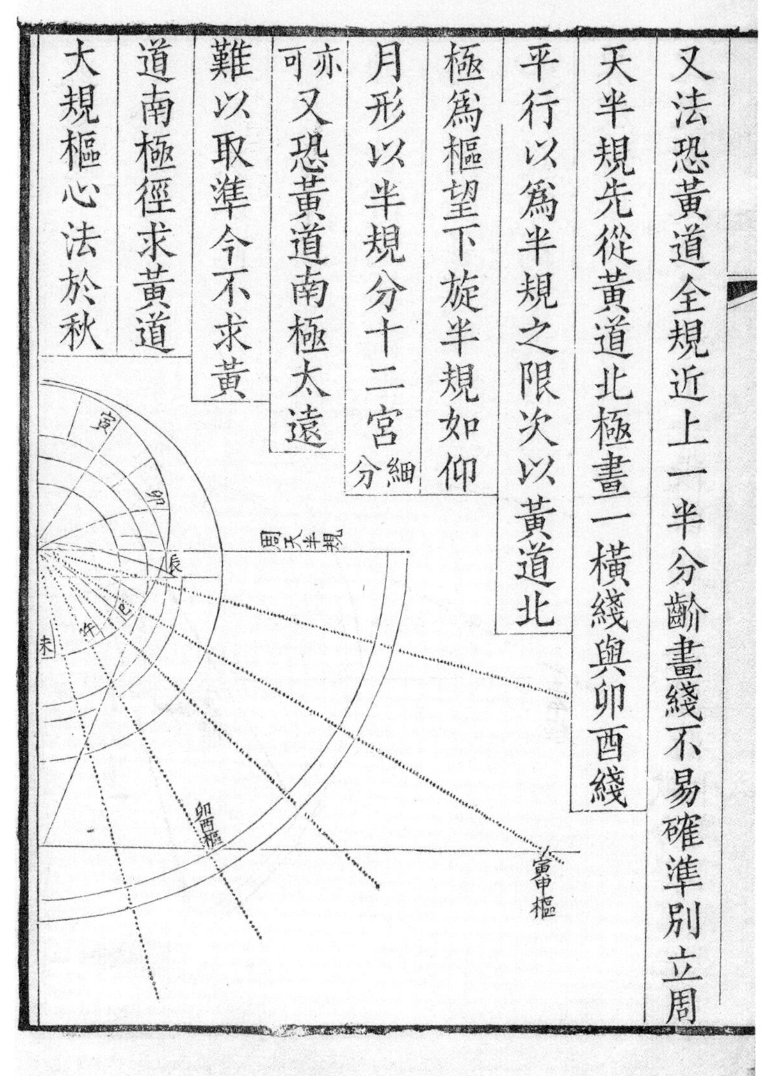

分角左行尋四十七度爲斷自角對斷望下斜畫長弦取其與子綫相交點卽黃道全規樞心橫一綫如前法求之更簡又法求黃道全規不用斜弦用三點串圓法法見後以黃道北極爲一點春秋分角爲二點共三點依法另於紙上求得圓心卽是黃道全規樞心

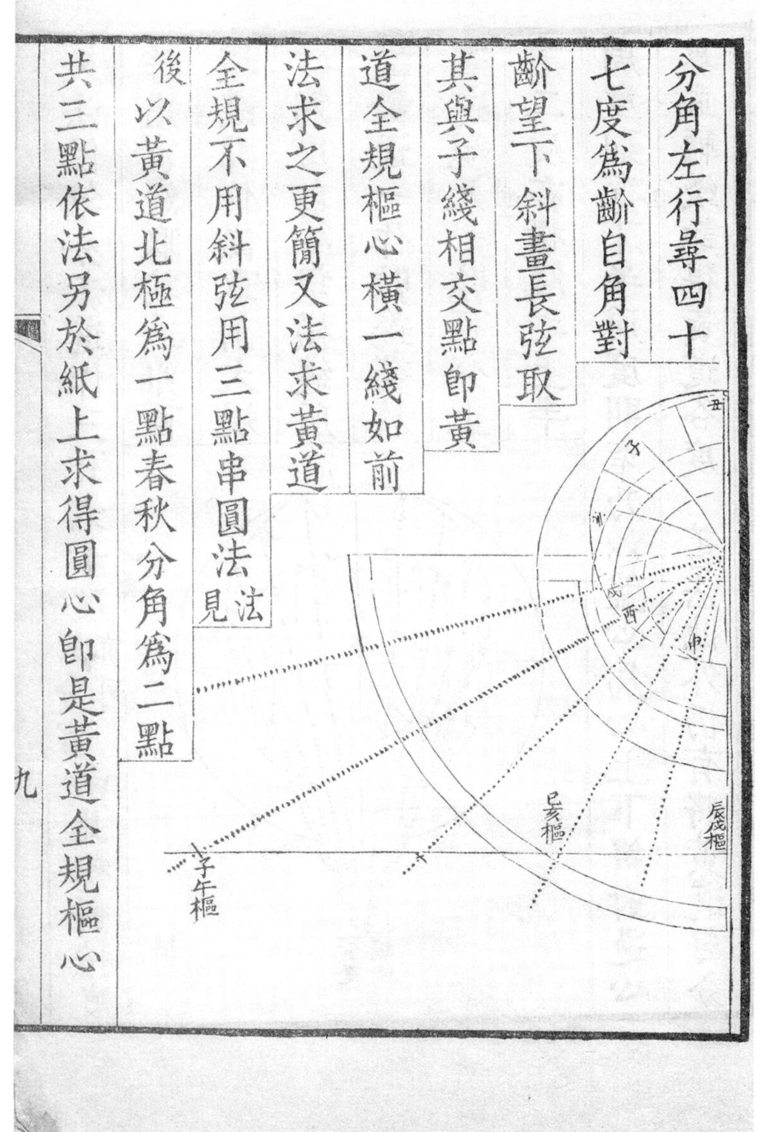

九

又法但勻分赤道作三百六十度只分宮亦可 南北相對按度作虛直綫取其過卯酉橫綫點作識取前大規心爲用自心望橫綫所識齗逐一作弦透畫於黃道規凡一弦可分上下二度在橫綫之上半

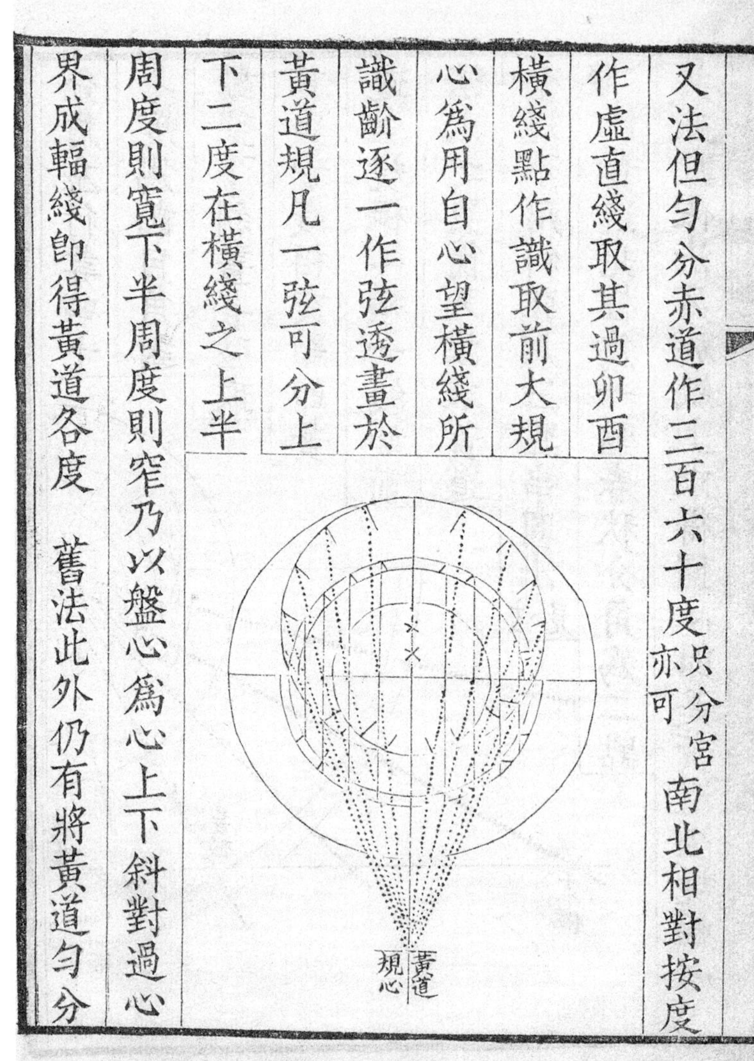

周度則寬下半周度則窄乃以盤心爲心上下斜對過心界成輻綫卽得黃道各度 舊法此外仍有將黃道勻分

全度借虛度以求實度二法與前法大同小異彼蓋以見其規法縱橫無不中度之妙今削之而附黃道規全圖每五度一綫盤大方能細分

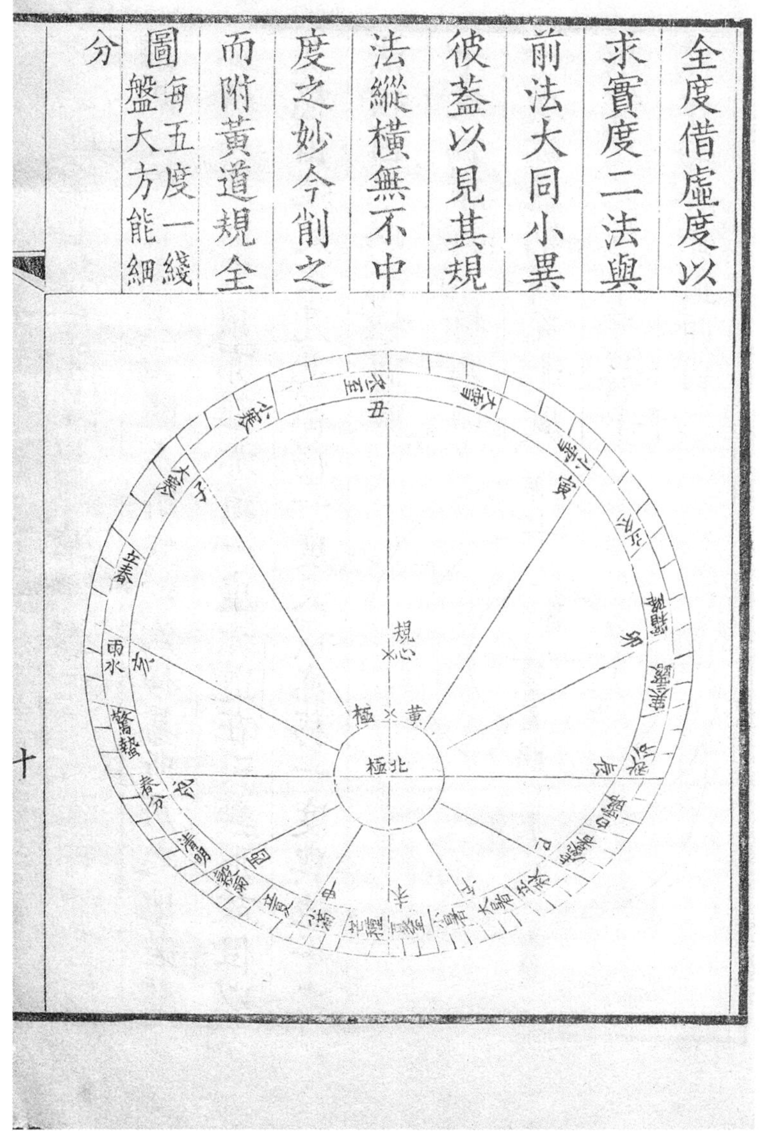

十

地盤上求天頂法 以下皆地盤

推測之法首重天頂隨人所立以爲移易所居之地若離赤道一度卽天頂亦離赤道一度赤道在天無形故但以北極出地定之凡北極移一度天頂亦移一度與地平之法相因今以北極高四十度爲率 後皆同 極高四十度赤道則高五十度取緯度尺五十度於午綫作點合赤道卯酉二

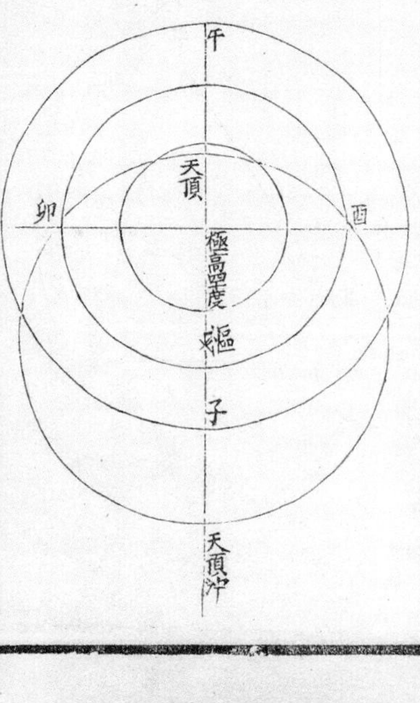

點共三點用三點串圓法求樞成規卽天頂規原法無

舊法於赤道規勻分周天度自卯綫下行數極高度立斷貫盤心畫綫北左斷爲北極南右斷爲南極名南北極軸又作十字綫爲赤道軸恰當五十度乃自此軸點望酉中畫綫取其交午綫點卽天頂若

自北點望酉中畫綫其交子綫點卽地下天頂沖折半求

樞旋規卽得或自卯酉横綫下尋赤道出地加倍度望酉中晝綫其過子綫點卽得天頂規樞

又法用前周天大半規將全度分爲四停而借南北二停中綫爲子午弦以中二停爲東半周度以最南最北二停爲西半周度子午弦東二十三度半爲晝長規限西二十三度半爲晝短規限俱自酉中上下晝綫取之今求天頂乃以半規心合於酉中自卯酉横綫上尋赤道出地度望酉中晝綫取其過午綫處爲天頂齗又自直綫左行數赤道出地度望酉中晝綫取其過子綫處爲天頂沖折半求

樞旋規亦得或於直綫左行數赤道加倍度望酉中畫綫
亦得天頂規樞二法俱不若第一法簡捷

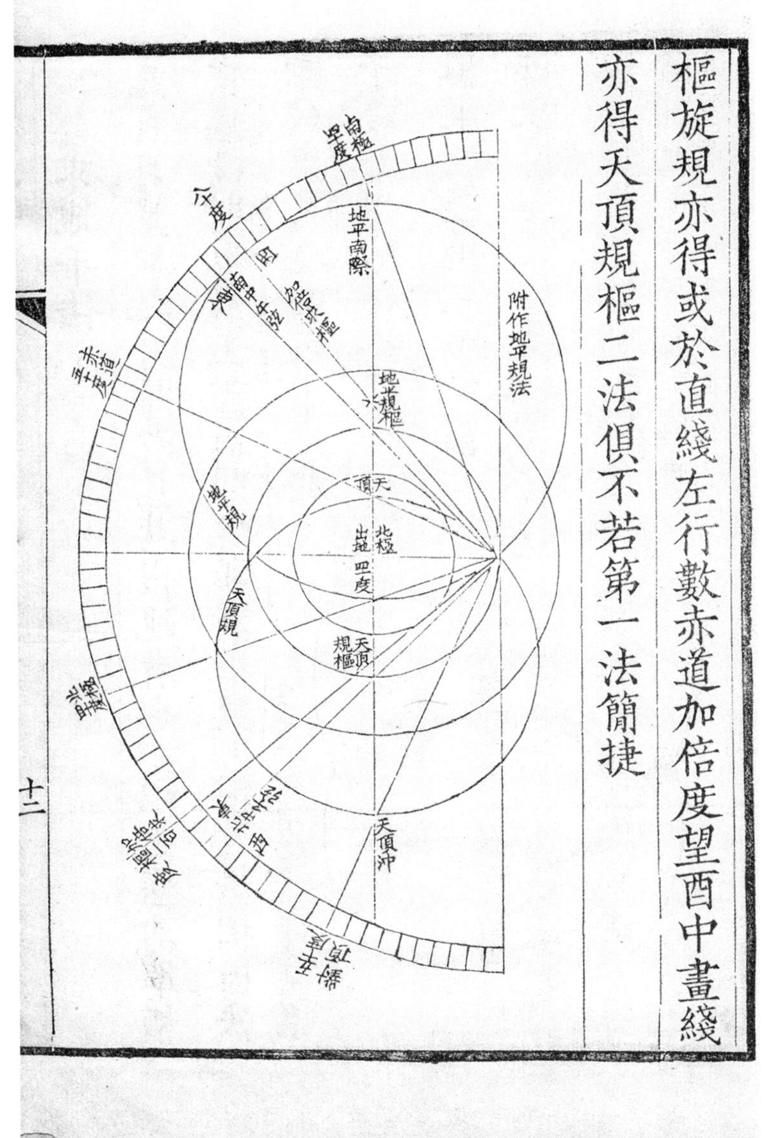

十二

求地平法

凡日月星辰之可見者見其出地者也亦以北極爲準極出地淺則規最大漸高則規亦漸小與天頂之法相因法取緯度尺極高四十度於子綫上作點合卯酉二點共三點用三點串圓法求樞旋規卽得原法無舊法與求天頂同天頂用赤道出地度地平用北極度天頂向下地平向上互易

地平南際

極

盤上自此截去不用只畱在盤中者下皆倣此

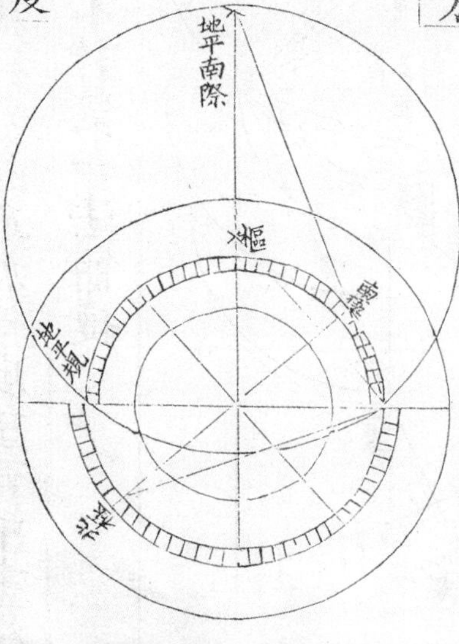

求漸升度法

自地平上躋天頂共九十度爲漸升度以測日月星出地平高度每度一規盤小或三度五度十度一規法以前求天頂南北極軸爲斷南北相去得半規即於此半規勻分百八十度兼三度則六十分五度則三十六分十度則十八分中定赤道軸綫爲天頂次自北極左行第一度望酉中畫綫

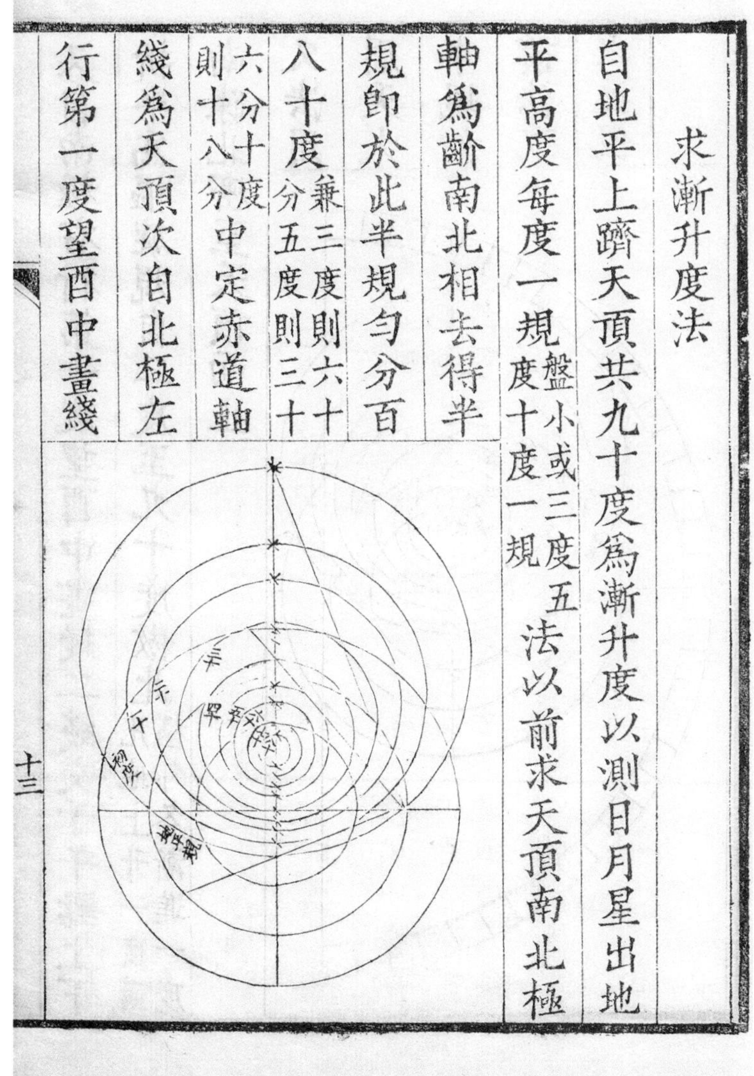

十三

又自南極右行第一度望酉中畫綫二綫交子午點上下折半爲樞旋規自二度至九十度倣此{凡地上升一度兩極外各漸進一度}南踈北密至天頂而止

又法用周天大半規如前法取之更便

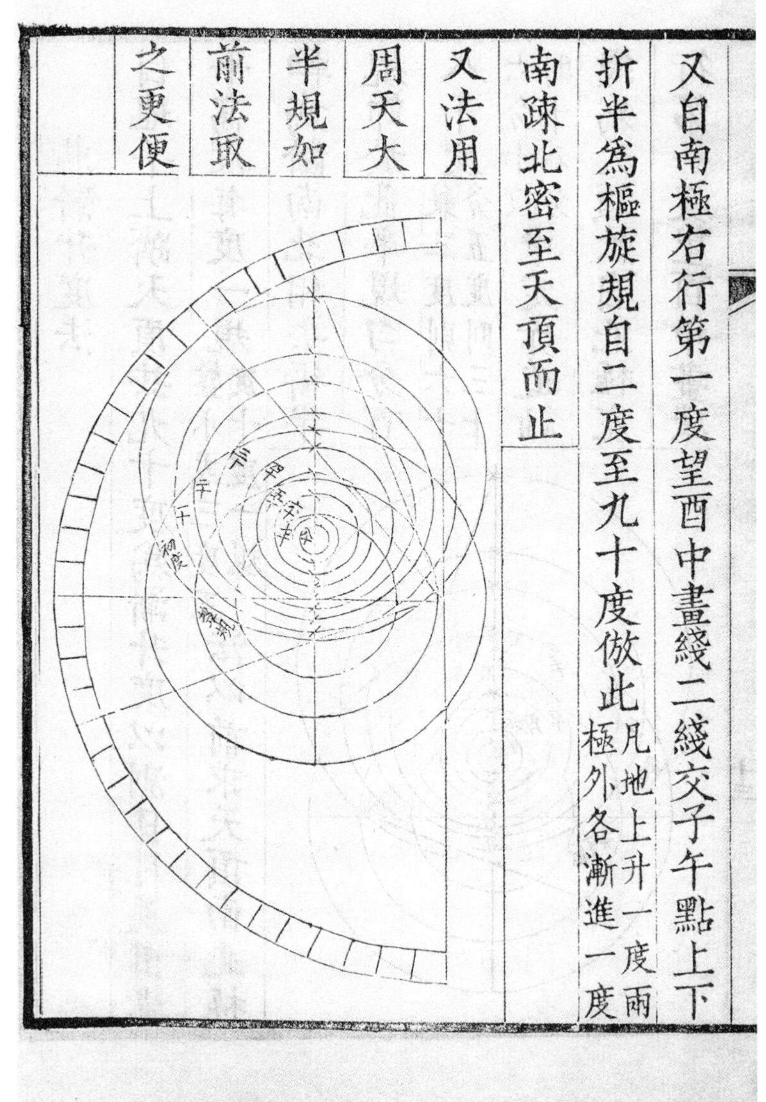

求地平方位法

此直立之十二宮也辨方正位於是乎取之推測者借以知日月星所到之位焉其位只子午二向不動餘俱隨北極高下而移今選擇家用太陽加時數至某宮而曰某曜到山照向自矜其秘不知此黃道上度黃道與地平相差有遠至三十餘度者在赤道已差一時何足取準耶故欲尋卯酉正中雖有盤中橫綫但其綫正倚北極地度遷移則不當卯酉正中之向必當直剖天頂之中方是正向故天頂規亦名卯酉規之東西絡於赤道卯酉之交故也法以天頂規爲主於此規心橫一綫與子午綫十字相交左右長出此綫橫截地中即借爲地

平綫凡各方各規之樞皆不離此法與求黄道規第三第四法同次於天頂横一綫作周天大半規規上分十二宮或二十四或四十八各望天頂爲樞向

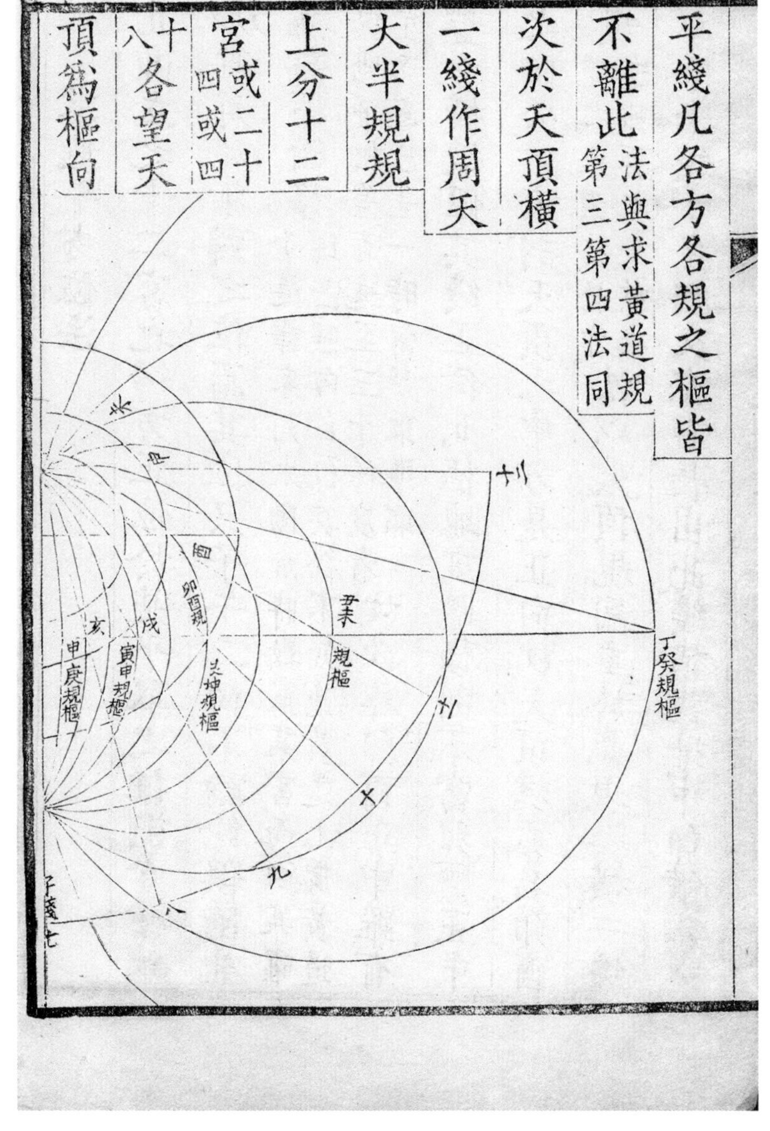

所分各斷畫綫斜出取其交横綫點爲各規樞乃循樞以天頂爲界旋規俱取過頂卯爲地平方位亦一綫分上下二宮凡近卯酉者樞近惟近子午者較遠云

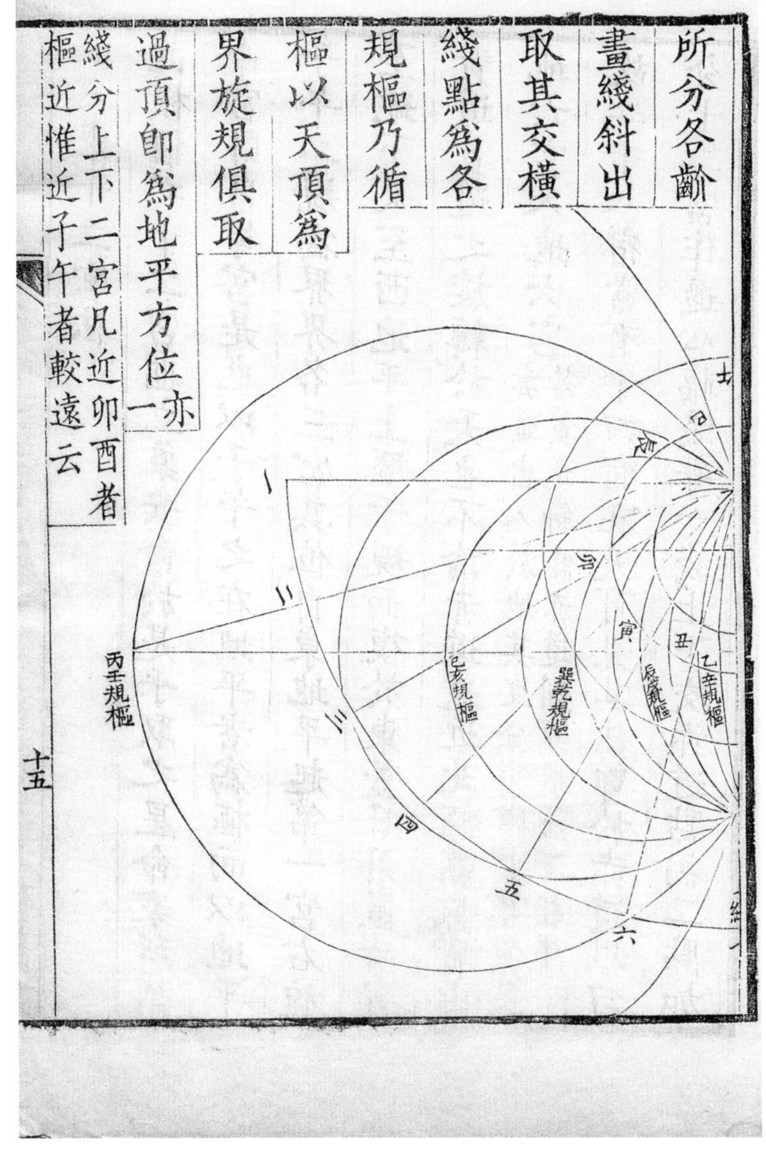

十五

求十二宮法

此橫偃之十二宮也立象安命於是乎取之星命家所謂命宮財帛等宮是也以子午之在地平者爲極而以地平子午二規爲界界各三宮其位自東地平起第一宮右旋至地下又至西地平上歷午規而復於東蓋日月星皆寄黃道黃道之旋轉於天也不論赤道遠近北極高低皆出地六宮入地六宮赤道出入於地其度分隨時互有多寡若黃道斜絡赤道則隨處上下相半故二十八宿常有十四宿在天可見其法卽於赤道規匀分十二宮作過心輻綫每一綫上下交赤道點爲二點加

以地平規曲綫遇子綫處為一點成三點用三點串圓法求樞旋規卽得亦一綫分上下二宮又法卽於地平規心橫一綫將赤道午綫左右分宮各二綫長出至橫綫所交點卽得各規樞更簡原法無

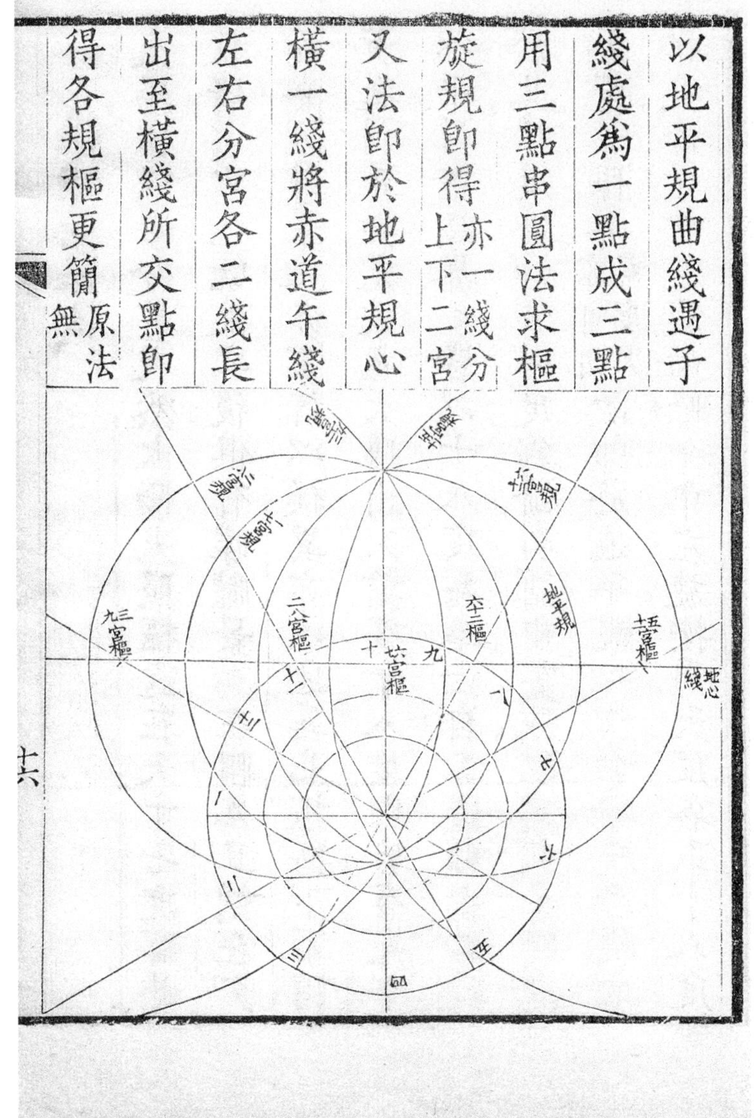

求曚景限法

太陽出没雖分晝夜然太陽光照極遠在天十七度有餘故將出之先既没之後俱有曚曨景焉在朝爲旦刻在夕爲昏刻其景之多寡既以候異亦以地異北極高下不同黃道斜正無定故也太陽出入前後十八度内皆有光今以平儀畫綫界之皆以十八度爲率法自赤道卯中右行於北極度外加十八度爲斷自酉中畫弦取其交子綫處爲曚景限界亦可用緯度尺次卽於地平規心作十字綫乃從地平北際子中右旋南際午中左旋按周天度各取十八度

爲斷上下相對作一直綫取其與橫綫交點爲準自酉中望此畫綫斜上其交午綫點卽曚景曲綫樞心循界旋規卽得　舊法於南極軸外加十八度爲斷自酉中畫弦至交午綫點爲曚景南盡界折半求樞桼邊際太遠不若前法簡

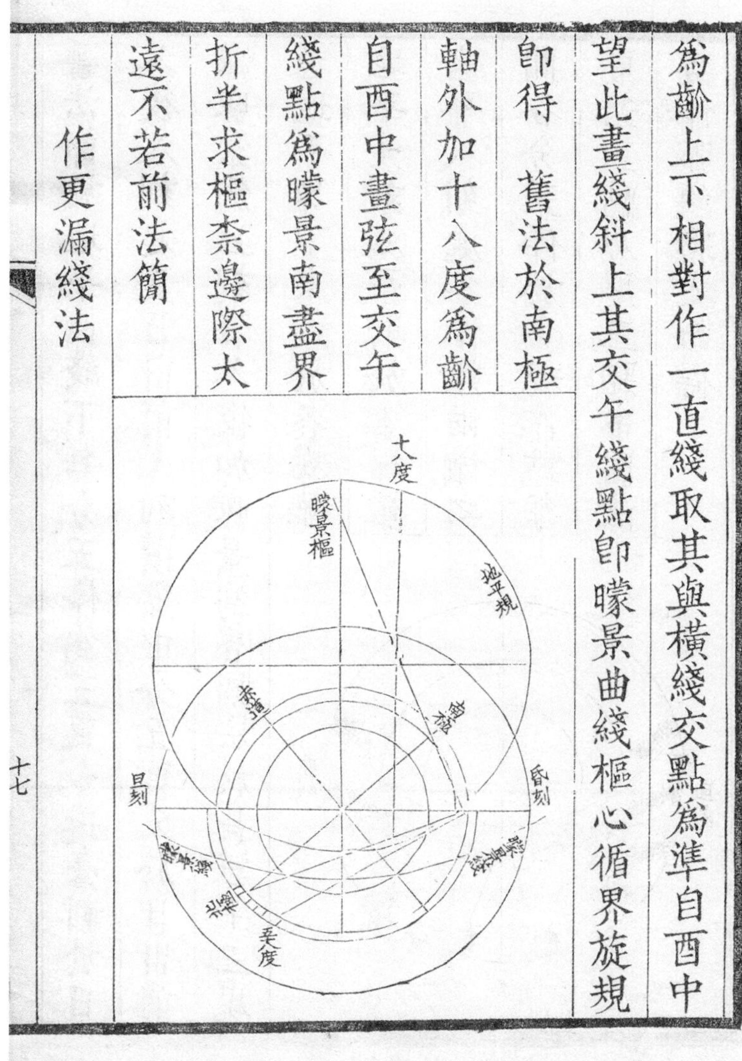

作更漏綫法

十七

舊法卽於地平曲綫下每分五停爲五更今遵臺制於日入後八刻起更日出前九刻攢點中分五更又於日出前減曚景爲旦刻日入後加曚景爲昏刻法於長短平三規各地平界下東則於各規離地平九刻處西則於各規離地平八刻處各作識兩識之閒各分五停於各規作點每更共三點乃用三點串圓法各作弧綫聯之卽得

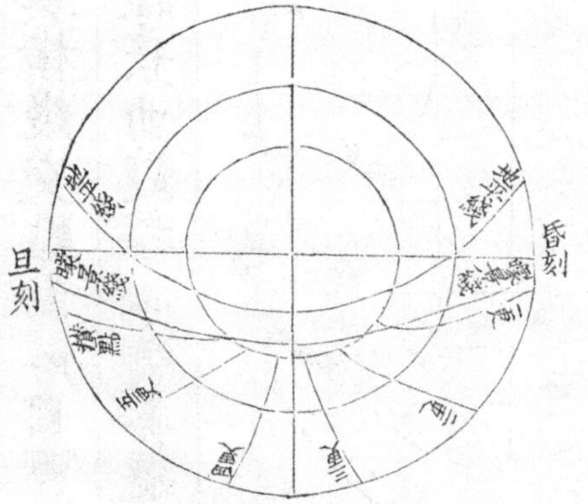

昏刻

旦刻

經星位置法

堯典月令首重中星周官司寤以星分夜星之關於推測者用至鉅也星莫燦於五緯然各有遲留伏逆未易取齊故棄緯用經經星雖有移動必七十年後方東移一度故可以定儀取之星在黃赤道各有經緯載恆星表 若求赤道星位先將赤道勻分宮度乃檢恆星表星在某宮度即以緯度尺加赤道宮度上次尋緯度以九十度為限緯南則自九十度外一度起順數緯北則自九十度內八十九度為一度逆數以針芒作識即得各星位 若求黃道星位則

檢黃道某星經緯宮度用緯度尺加黃道規上星之宮度即得經度次求緯度仍用緯度尺上度以恰當黃道經度規際爲限按南北分內外順逆數之即得

又法用黃道全體大規或大半規畫地心長綫如前分宮法乃於規上分周天度及各宮限而自黃極午中左旋數四十七度爲斷自黃極對斷畫弦取其交地心橫綫點爲樞黃極爲界規一曲綫爲黃道分天綫此

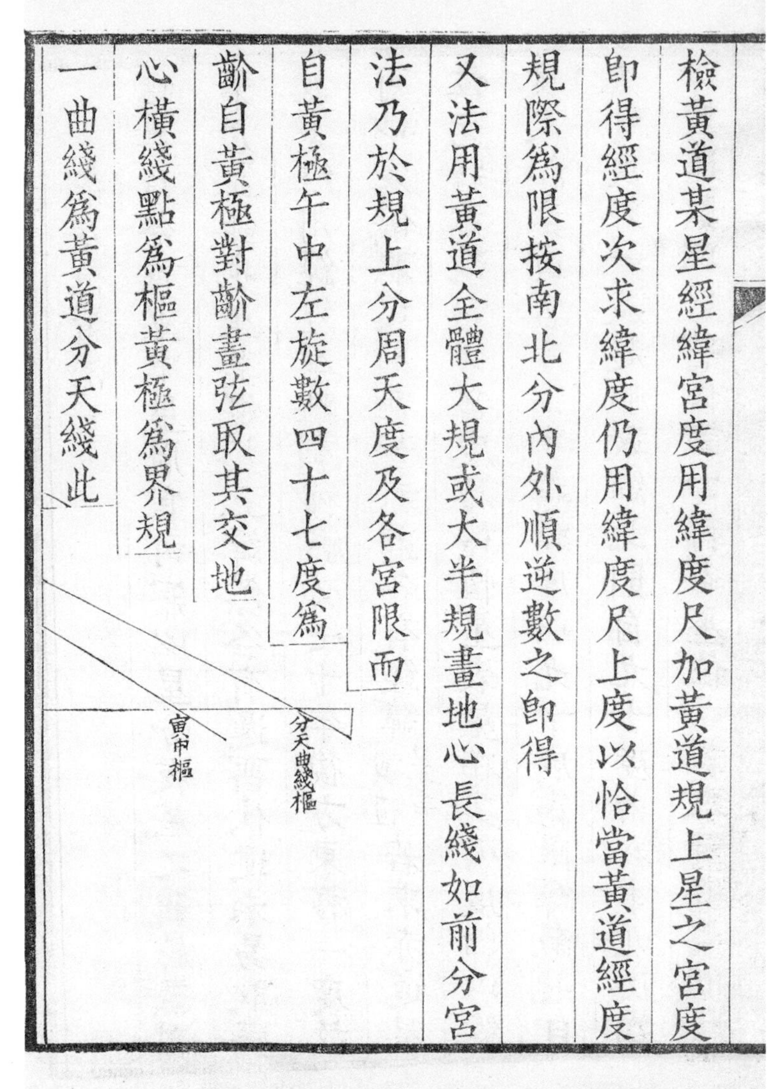

綫交赤道處右去午中左去子中俱二十三度半綫内爲南外爲北於是乃察星所在宫度依前

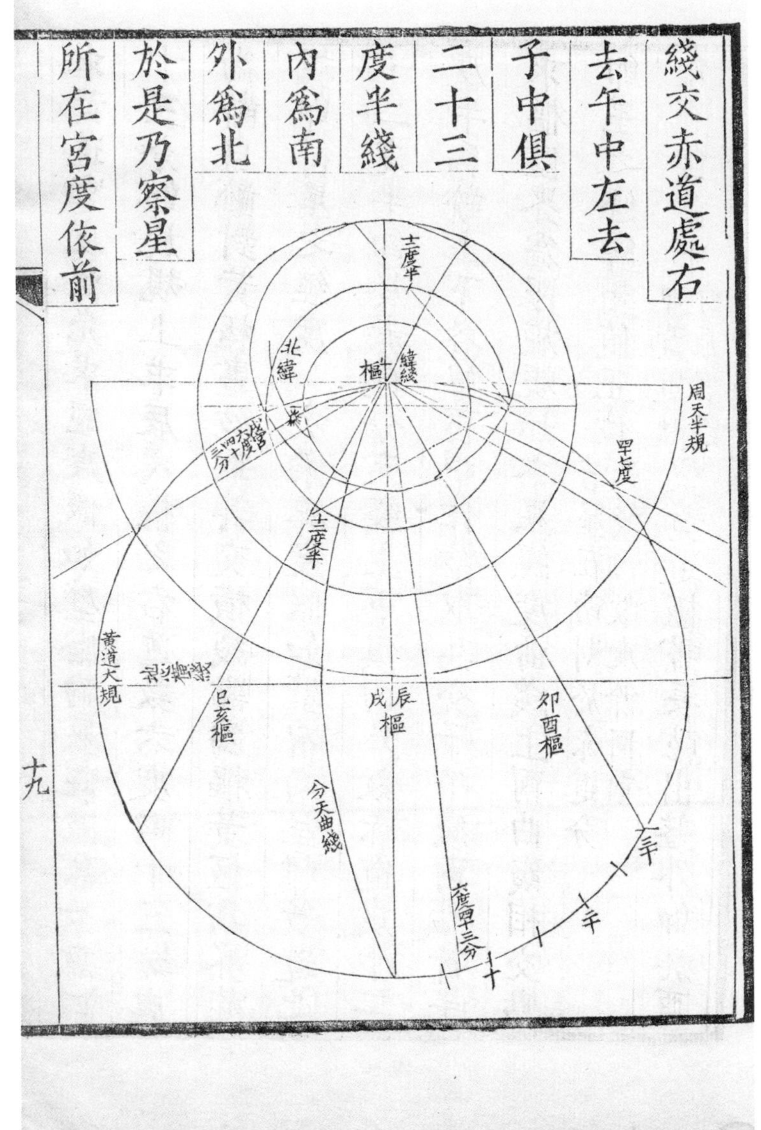

九

求黃道宮度法先求經度假如壁宿南星在戌宮六度四
十三分卽於規上求辰戌樞之右逆數六度四十三分處
爲斷自斷對黃極畫弦取其交橫綫點爲樞黃極爲界旋
規卽得星之經度　次求緯度假如壁宿南星離黃道北
十二度半卽於赤道分天綫上下俱向外數赤道度十二
度半爲斷上下各望酉中作弦取其交子午綫兩點折半
求樞儘界爲限旋規加本星經度曲綫上兩曲綫相交點
卽星之經緯相值正位若星在南則於赤道分天綫內數度餘同前
又法自酉中卽黃道秋分辰宮點望黃道極畫長弦出盤外卽於酉

點作直角長綫爲半規限此綫直下卽前取黃道南極綫以酉中爲樞作半規分周天度如前法分四限借南北二限中之弦綫爲黃道斜絡綫二綫恰當黃道規之兩盡際亦卽長短二規之限若緯南則上下皆循西數度緯北循東數度又將黃道旋規之樞橫一綫名黃道截心綫假如角宿南星離黃道南二度卽於前斜絡綫之西上下數二度皆望秋分角卽酉中畫虛弦取其上下交黃道規處相對作一直綫而取其交黃道截心綫十字點自秋分角作弦以所交午綫點爲樞以前上下兩虛弦交子午綫點爲界旋規爲黃道平

行規本星緯度只在此規之上若星在北則於斜絡綫之東上下數度餘同前

次求經度卽於黃道平行規勻分周天度分度仍以盤心爲心而取對宮對度貫黃極求之假如角宿南星在辰宮二十一度二十四分却尋對宮戍宮二十一度二十四分爲斷從此貫黃極畫弦直至對

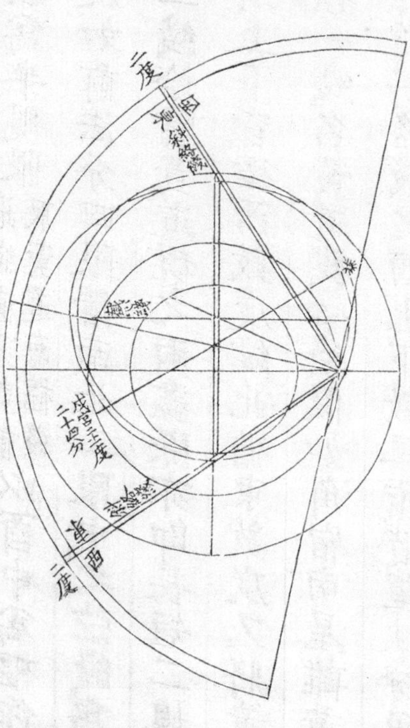

宮規上卽是星位（凡匀分度法不能每規細分另設一版或紙上細分周天度用時以規量取或紙映皆可）以上二法俱求黃道星位前法先求經度後求緯度後法先求緯度後求經度互相參驗毫髮不爽原法繁重學者易迷今擇其簡要已無遺蘊矣（各表與今法不合故不列）

舊法尚有儀背歲周對度及六時晷景勾股弦度三法今通用三百六十整度歲周度無所用之六時晷景不分晝夜永短不若簡平儀按時測景爲密若句股弦度卽句股測量之濫觴必另製矩度各儀方便行測故皆删之而增各盤用法於左

漸升度用法日出入昏旦更漏附

假如穀雨節太陽躔酉宮初度極高四十度以下各法皆四十度辰正初刻求太陽高度　法以緯度尺加天盤酉宮初度上勿令移動旋盤令尺末指地盤辰正初刻點再視黃道規際恰當漸升度三十度零卽穀雨日辰正初刻太陽高度

若測得太陽高三十度穀雨日求係何時刻　法以緯度尺加天盤同上同切漸升三十度纔再視尺末所指地盤上時刻恰當辰正初刻餘倣此　若月與五星則檢本時黃道實離度七政書俱從子正起算夜分測時將及一日五星尚可借用次日度相差甚微若太陰每

一時約行一度有餘必依法推得本時眞度方確餘與太陽同但月星緯度南北出入多至七度有餘又須於尺上以黃道規爲限內外北內南外數至緯度於緯度點切地盤上各曲綫方準

假如立秋二候日躔午宮二十五度求日出入及昏旦更漏各時刻　法以緯度尺加天盤午宮二十五度旋規與尺同切東地平曲綫視尺末指卯初一刻卽日出時刻再移至西地平曲綫視尺末指酉正三刻卽日入時刻又移切東朦景限得寅初二刻爲旦刻切西朦景限得戌正二刻爲昏刻以下五更時刻亦倣此求之

地平方位用法

假如夏至太陽躔未宮初度地平偏東二十二度三十分交丙方此初交丙方當在巳丙之間至綫則爲求太陽何丙中矣盤大須分四十八綫則不誤矣時刻到　法以緯度尺加天盤未宮初度旋規與尺同指巳丙二綫之間視尺末指午初一刻卽太陽到丙方眞時刻若有時刻求方位反是仍加緯度月星同法

地平十二宮用法

假如春分太陽戌宮初度辰正初刻求命宮眞度　法以緯度尺加天盤戌宮初度移規與尺令尺末指辰正初刻

點勿令移動再視東地平綫恰當黃道規酉宮十五度卽命宮度酉地平綫必當卯宮十五度（卽七宮度）再視各宮所當宮度卽各宮度（若辰正二刻則命宮卽入申宮一度餘倣此）若求本時刻各曜入宮天盤不動只移尺加各曜本時所在宮度上再加緯度推之如本時太陰離卯宮二十度在緯南五度卽移尺加卯宮二十度上視緯度點恰在七宮內卽太陰入七宮（若緯南二度卽入八宮矣）餘曜倣此

右法古選擇家用以造命吉事以東方一點爲命宮葬事以西方一點爲命宮薛氏天學會通宗之今術士用

以推人生命以太陽宫加時至卯即爲命宫其餘各宫
依次排之此眞約略之術耳殊不知黄道與各宫斜交
惟天頂不變餘俱有差度各曜俱躔黄道時刻又獨宗
赤道二道斜交已有差度而赤道與天頂相交之差又
生於北極之高下故各地不同况生命有時無刻每有
一刻前後命宫互易者且各曜出入黄道各有緯度大
小不一故又有經度已入某宫加以緯度即過他宫者
欲求密率必得眞正時刻分秒用弧三角形法推筭方
確否則即用此盤推衍或不大相懸遠也

附簡平儀總論

勿庵梅氏曰凡測天之器圓者必爲渾平者卽爲蓋簡平儀以平圓測渾圓是亦蓋天中之一器也又曰渾蓋之器如剖渾球而空其中乃仰置几案以通明如玻瓈之片平掩其口則圓球內面之經緯度分映浮平面一一可數而變坳爲平矣然其度必中密而外疏故用切綫此如人在天中測渾天之內面乃正視也簡平之器則如渾球嵌於立屏之內故寘北極於中心僅可見其半球而以玻瓈片懸於屏風前正切其球四面距屏風皆如球半徑而無欹側則球面之經緯度分皆可

寫記而抑突為平矣然其度必中濶而旁促故用正弦此如置身天外以測渾天之外面故以極至交圈為邊兩極皆安於外周以攷其出入地之度乃旁視也由是言之渾蓋與簡平異製而竝得為蓋天遺製審矣而一則用切綫一則用正弦非是則不能成器矣泰按以平寫渾前渾蓋諸法備矣然必一方一盤畫亦不易若簡平儀者率土可用製之非難且便初學亦行測所不可少也簡平儀說一書用法頗詳而製畫之法反略且無圖說以故製者又寡今為補詮其各盤作法竝加圖說附於渾蓋之後而摘錄其用法焉天問略用以證晝夜永短之異知西人學算者家有是儀也

作簡平儀下盤

二至綫法

如圖以十字分大圓即簡平儀下盤橫綫爲兩極直綫爲赤道圓心即地心赤道即二分綫法以地心至兩極半徑爲正弦九十度之一尺而取二

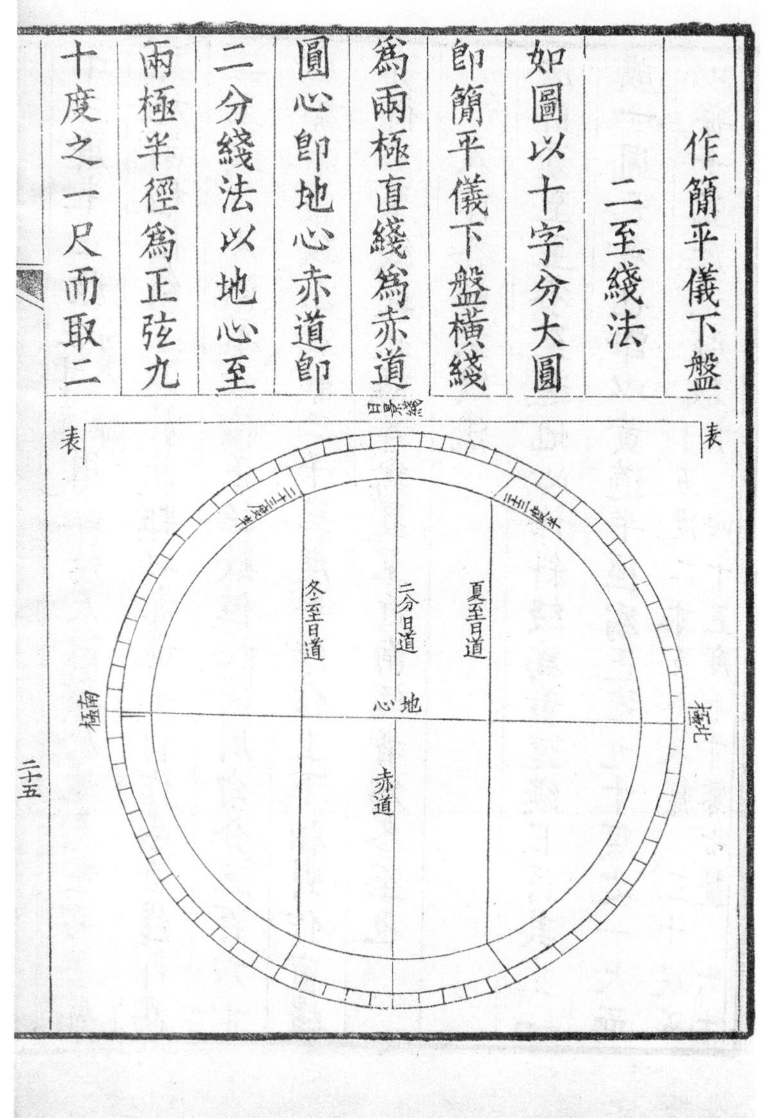

十三度半正弦三寸九分八釐用分釐尺取數於地心左右各作點於兩極橫綫上即於此點與赤道平行作兩直綫即為二至綫　又法不必檢正弦數但於圓周匀分三百六十度於赤道綫左右取二十三度半作點上下相對作直綫亦得二至綫近北極者為夏至近南極者為冬至也

又作各節氣綫法

法自夏至至冬至過地心作斜綫為黄道綫日行其上一歲一周天者也即以黄道半徑為正弦九十度之一尺而以每十五度正弦數寸十五度二寸五分八釐　三十度五寸　四十五度七寸零七釐　六十

度八寸六分六釐　七
十五度九寸六分六釐　七
自地心起數於黃道半徑上上下
作點乃於各
點與赤道平
行作直綫卽
各節氣綫其
各綫兩端抵
大圜處卽各
節氣赤道緯
度　又法於

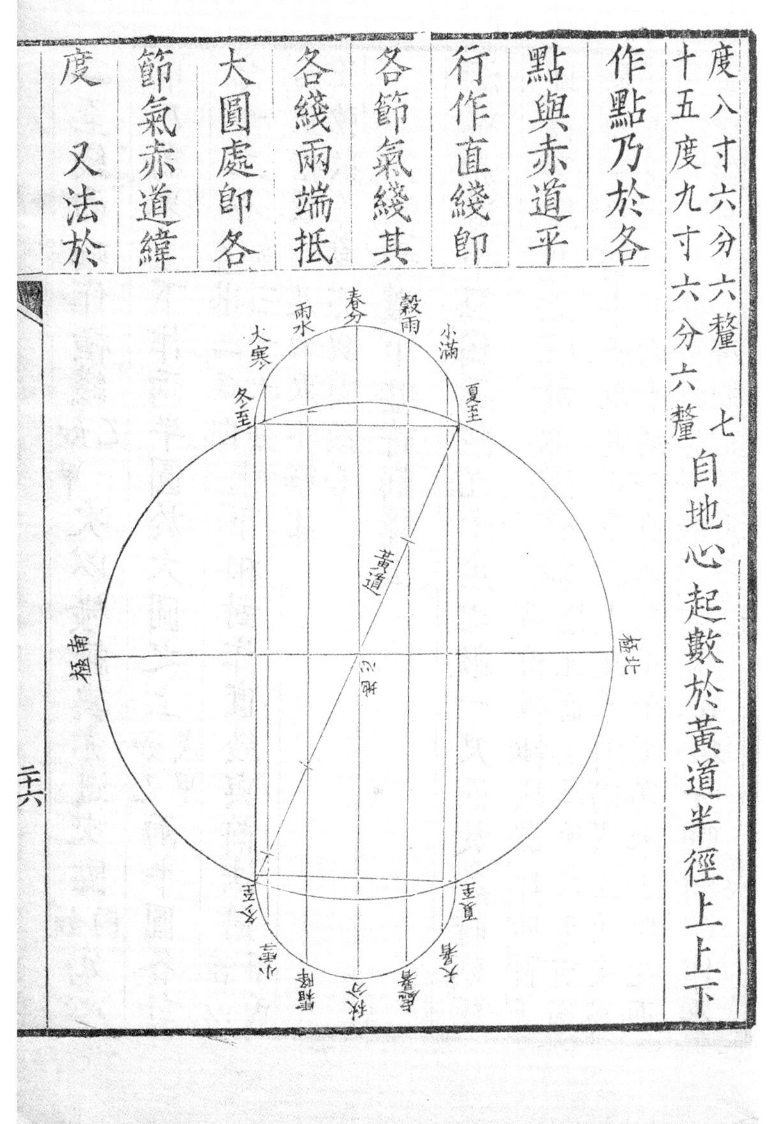

二至綫兩端作横綫如甲乙次以横綫與赤道交點如丙爲心甲乙爲界上下作兩半圓於大圓之上如乙戊甲兩半圓各匀分十二分若求三候則分三十六分上下相對作直綫與前法同若以甲丙爲正弦數一尺而取各節氣正弦數作點亦與前綫合

作簡平儀下盤時刻綫法

法以赤道半徑爲正弦九十度之數一尺而於各時刻距卯酉度取其正弦於赤道作識過兩極軸綫處即卯酉正距此而上三十度午前爲辰正午後爲申正距此而下三十度子前爲戌正子後爲寅正距此而上六十度午前爲己正午後爲未正距此而下六十度子前爲亥正子後爲丑正至圓周綫上爲午正下爲子正即春秋分時刻欲作各

時初正及刻準此求之每時分初正各加距十五度初正又分四刻每刻加距三度四十五分竝取正弦如前法又以二至綫之半徑如前法取各正弦作識即二至時刻乃與二分時刻點共成三點用三點串圓法各作弧綫聯之即得各節氣時刻

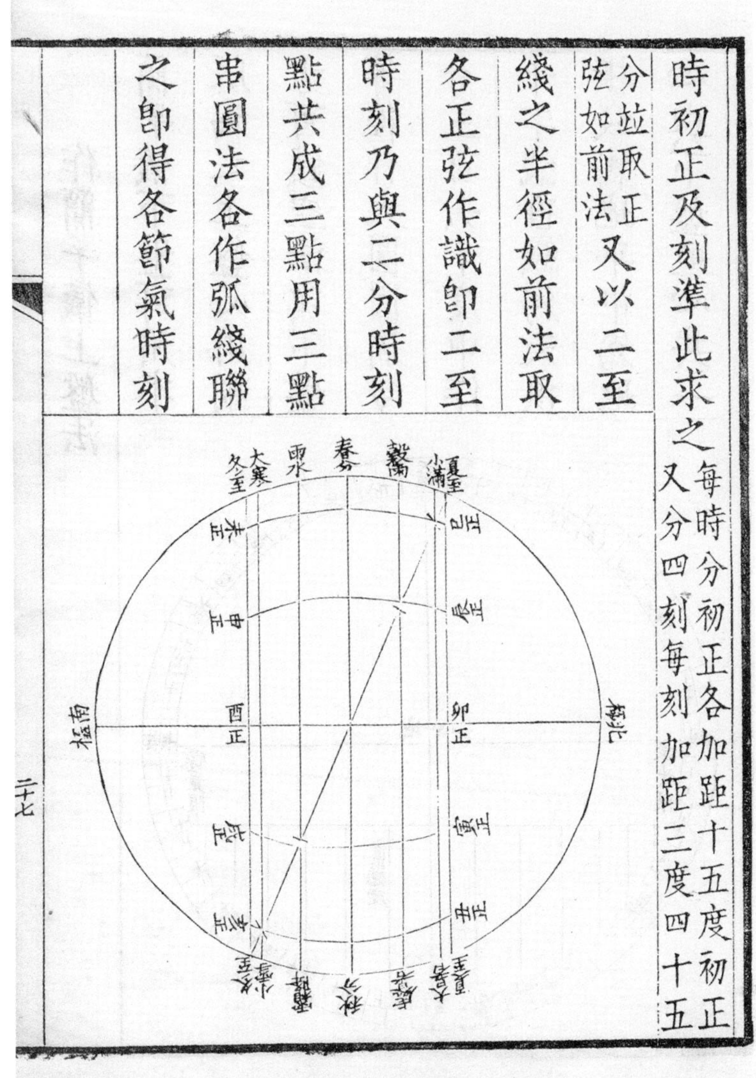

作簡平儀上盤法

簡平儀下盤可用木版爲之上盤必用銅方可鏤空法與下盤等徑作大圓圓周匀分三百六十度中作十字綫直綫爲天頂横綫爲地平中爲地心與下盤地心共一

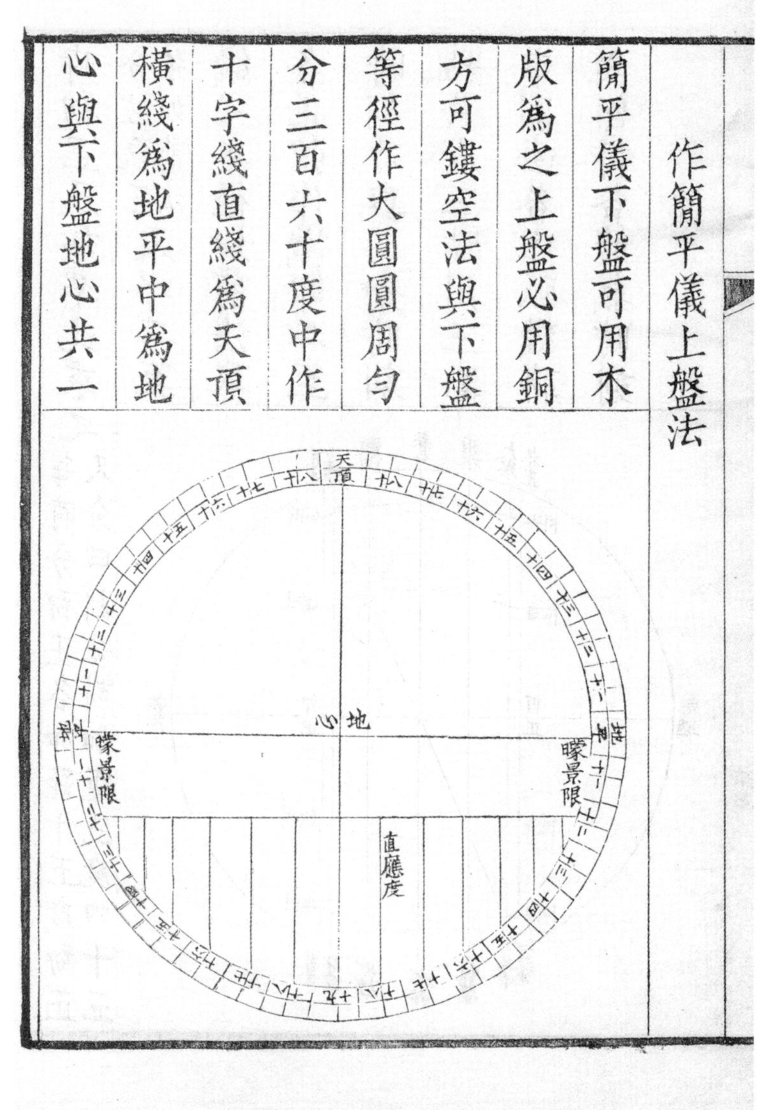

樞而加銅垂綫焉（銅垂綫與前緯度尺同式寬止二分）又於地平綫下東西數十八度相對作橫綫爲矇景限自此上皆鏤空仍畱十字綫以固樞矇景限下平面上又於天頂綫左右每度上下相對作直綫爲直應度（盤小三度五度一綫皆可）又於天頂綫左右每度相對鑽孔穿橫綫爲日晷綫而上盤成矣

又作日景綫法

法於下盤頂上空處與兩極綫平行畫一橫綫綫之兩端各立一表不論長短與盤成直角盤如股表如句以爲測景之用名日景綫

簡平儀用法共十三則

第一隨地隨時測日軌高度　以上盤地平綫加下盤兩極綫次任用下盤一表以承日令表端景加日景綫次視垂綫所加上盤圓周度分逆數即得

第二隨節氣求日躔黃道距赤道度　視本日去春秋分幾何日即循兩黄道各檢去赤道綫度爲兩界用直綫比兩界上循直綫視所當圓周度分即得

第三隨地隨日測午正初刻及日軌高度　約日將中時用第一法測日軌高度幾何少頃復依法累測日晷而止

次檢日軌最高度爲本地本日午正初刻日軌高度若立
表隨所測作綫卽得正子午綫
第四隨地測北極出地度　依第三法測得本地午正初
刻日軌高度次依第二法求本日日躔赤道距度在緯南
則以距度加高度緯北則以距度減高度得赤道至地平
高度以減象限餘卽赤道距天頂度亦卽北極出地度二
分無距度日軌高度卽赤道至地平高度
第五隨地隨節氣求晝夜時刻　以上盤地平綫加下盤
本地北極出地度視地平綫加本日節氣綫上得地平綫

以上時刻卽晝刻餘卽夜刻

第六隨地隨節氣求日出入時刻　依第五法上下盤相加視地平綫加某時刻卽得

第七論三殊域一北極下一南極下一赤道下晝夜寒暑之變　依第五法上下盤相加視地平綫以上時刻卽晝以下卽夜兩極下半年爲晝半年爲夜赤道下晝夜皆平一歲兩寒暑日行天頂皆夏日行南北皆冬

第八隨地隨節氣用極出地度求午正初刻日軌高度

依第五法上下盤相加從地平綫所加起筭歷周天度分

數至本節氣綫上卽得

第九隨地隨節氣求日出入之廣　依第五法上下盤相加視地平綫下直應度分值本日節氣綫卽得

第十隨地隨時用日晷綫求時刻　依第一法測得日軌高度次依第五法上下盤相加次依日晷綫所值日高度分平行視本日節氣綫所值時刻卽得若日晷綫不值日高度分卽別用一綫依法取之前直應度亦如之

第十一隨地隨節氣求日交天頂綫在何時刻　依第五法上下盤相加視天頂綫加某時刻卽得

第十二論地爲圓體　用地平天頂二綫加下盤周天度分展轉推論可證地圓之義

第十三論各地表景不同　用上盤地平天頂綫展轉加於下盤周天度分知立表取景隨地不同如赤道下南北極與地相平其地上有三種景若極出地初度至未及二十三度半則有四種景正當二十三度半亦有三種景二十三度半至九十度則有二種景若在九十度左右則有無窮景餘詳簡平儀說

上下盤相加圖式

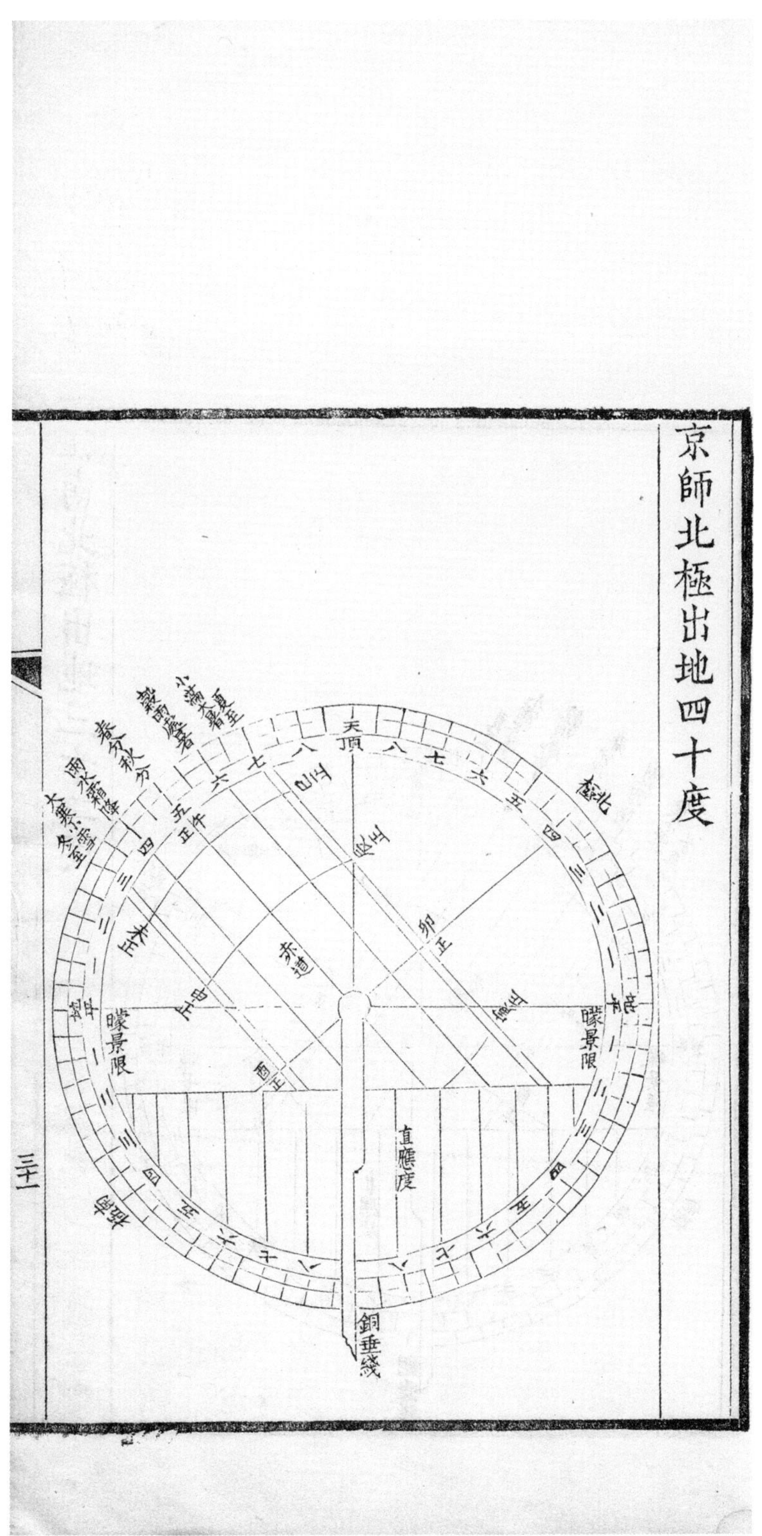
京師北極出地四十度
天頂
北極
赤道
曚景限
曚景限
直應度
銅垂線
三十一

江南北極出地三十二度

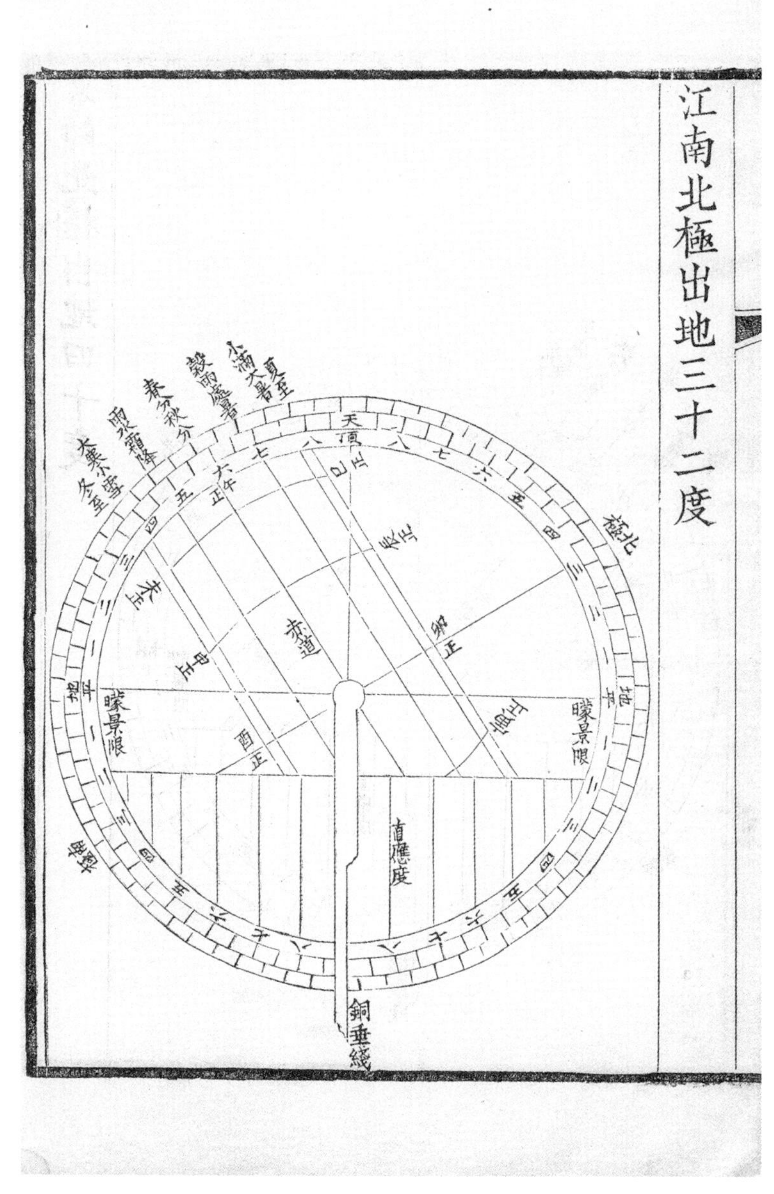

附三點串圓法

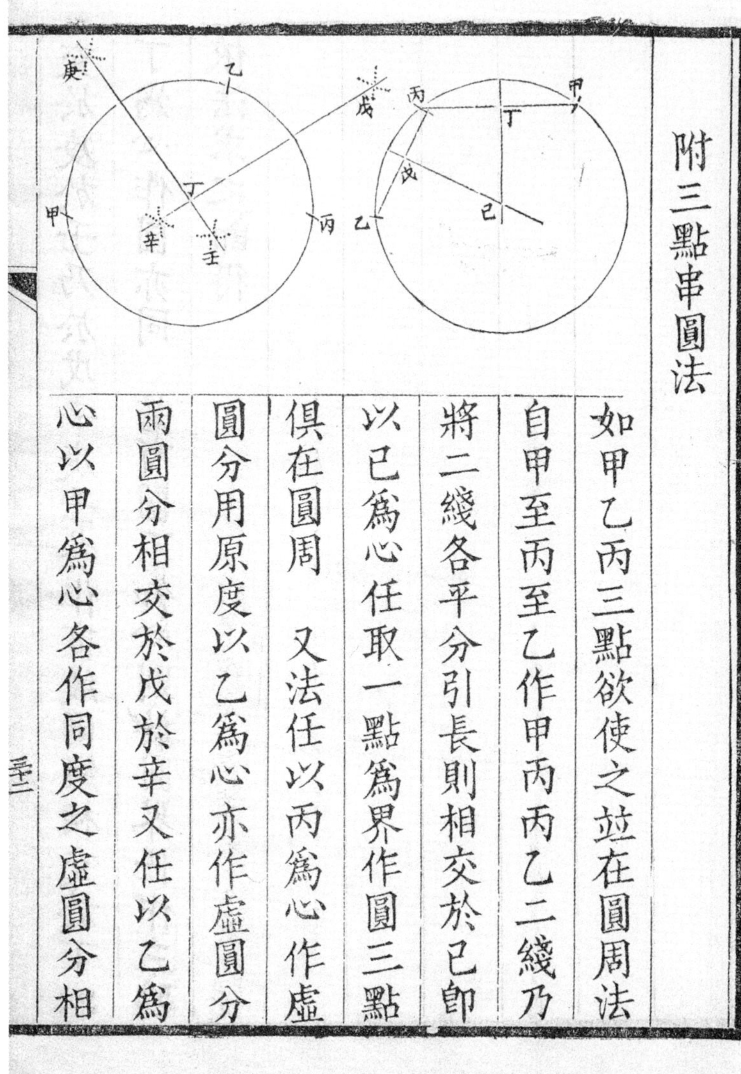

如甲乙丙三點欲使之並在圓周法自甲至丙至乙作甲丙丙乙二綫乃將二綫各平分引長則相交於已卽以已爲心任取一點爲界作圓三點俱在圓周　又法任以丙爲心作虛圓分用原度以乙爲心亦作虛圓分兩圓分相交於戊於辛又任以乙爲心以甲爲心各作同度之虛圓分相

三二

交於庚於壬乃於戊辛庚壬各作直綫兩綫相交於丁以丁為心作圜亦同　若有圜不知心則於圜界任作三點依法求之即得

全椒古代典籍叢書

江臨泰集

3

（清）江臨泰　撰

政協全椒縣委員會　編

國家圖書館出版社

（清）江臨泰 撰

渾蓋通詮一卷附中星儀說（二）

清道光二十二年（1842）刻本

中星儀說

道光癸卯夏

津逮樓校栞

中星儀說

余曩遊毘陵曾仿觀象臺天體儀製徑尺星球以贈齊梅麓彥槐張丹村作楠兩太守梅麓云斯球也若能自轉方合天行惜西人未之思及殊嗟闕略爰鳩工用驗時儀機輪令其自轉幾閱寒暑稾易再三乃能合法又以遊絲擺較準遲速每日縮一度以順日行洵足寶貴且補西人所未備余思工費不貲難以徧傳因用渾蓋通憲法以平寫渾黃道變赤道製中星儀內盤外層畫三百六十度當期之日次內圈五度一候爲七十二候又次內圈爲二十四

節氣平面繪三垣四十五大星按恒星每年東移五十一秒七十餘年東移一度衍得道光甲辰天正度卽癸卯冬至度經緯度分法動天西轉上符懸象以驗中星乃以午正線爲中線掛一垂線令與儀中心點及子正線參相直內盤一日一周外圈不動分二十四小時九十六刻每刻十五分三分爲一線令內盤節氣線切某時刻分於自鳴鐘取之視垂線所掩卽知某星中也節氣前後於外圈度取之或測得某星正中視本日節氣線切某時刻圈卽知時刻二至前後宮度微寬二分前後宮度稍狹則又在擺錘上下隨時消息之耳家有此儀

須於院落牽一指南北横線中懸垂線視垂線與横線相直晝取太陽之影合成一線卽爲正午夜視所掩星卽爲中星若指南針者本不正南各有偏向又隨地不同金陵較準偏東三度法於盤針正午偏西三度扣線較之又不可不知也儀甫成錢塘周子葵伯（向榮）用郭邢臺（守敬）仰儀銘原韻（見元史天文志）爲中星儀銘見贈其詞曰

中星驗時所關綦大鳥火虛昴虞書聿載至周漸差迄今且倍言人人殊疇塞其兌周天經緯若井有澮秝首星紀從茲起卦匝十二宮以次而再會於兩極如釜有鐓誰與

取象收之圖畫黃赤二道或內或外揆厥歲差五十秒太
虞喜以來爭者齗齗咄哉斯儀細爲差配二十八宿歸吾
掌內時盤星盤上下輪對測星測時不差纖芥名曰合璧
巧與天會順天求合智珠斯在稽古授時賓暘餞昧先天
後天以意進退補偏救弊遞相勝殺八線割圜始中要害
天體有儀寫得其概北極低昂地平爲界內自京邑外訖
邊塞某星適中仰如斗戴徵之實測如疾斯痊惜逢陰雲
未克占晦卽時知星維茲器最隨天左旋珠弧漂沛本行
右轉迷者多怪歐邏巴來獨超流輩未製星儀智有未逮

倘令見之定知寶愛
盛朝天學遠勝前代圜列九重地分五帶察政窺璇通儒
攸賴何當表進永無劫壞
道光二十有三年歲在癸卯日在昴初全椒江臨泰雲樵
氏識於煮石山房之南窗時年八十

雲樵先生殫究天學析及纖微久爲海內所共宗所製諸
儀器以我馭天尤爲超前軼後是中星儀其一也余既借
觀仿而作之先生復以是說寄示因付諸梓附於渾蓋通
詮後俾世之有識者知先生苦心之獨至耳江寧者壬甘

煦謹跋

渾蓋通詮

清江臨泰撰

清道光二十二年（壬寅）刻本

津逮樓藏板

一册

附：中星儀說

新測恒星圖表一卷

（清）張作楠 衍表　（清）江臨泰 繪圖

清光緒二十三年（1897）刻本

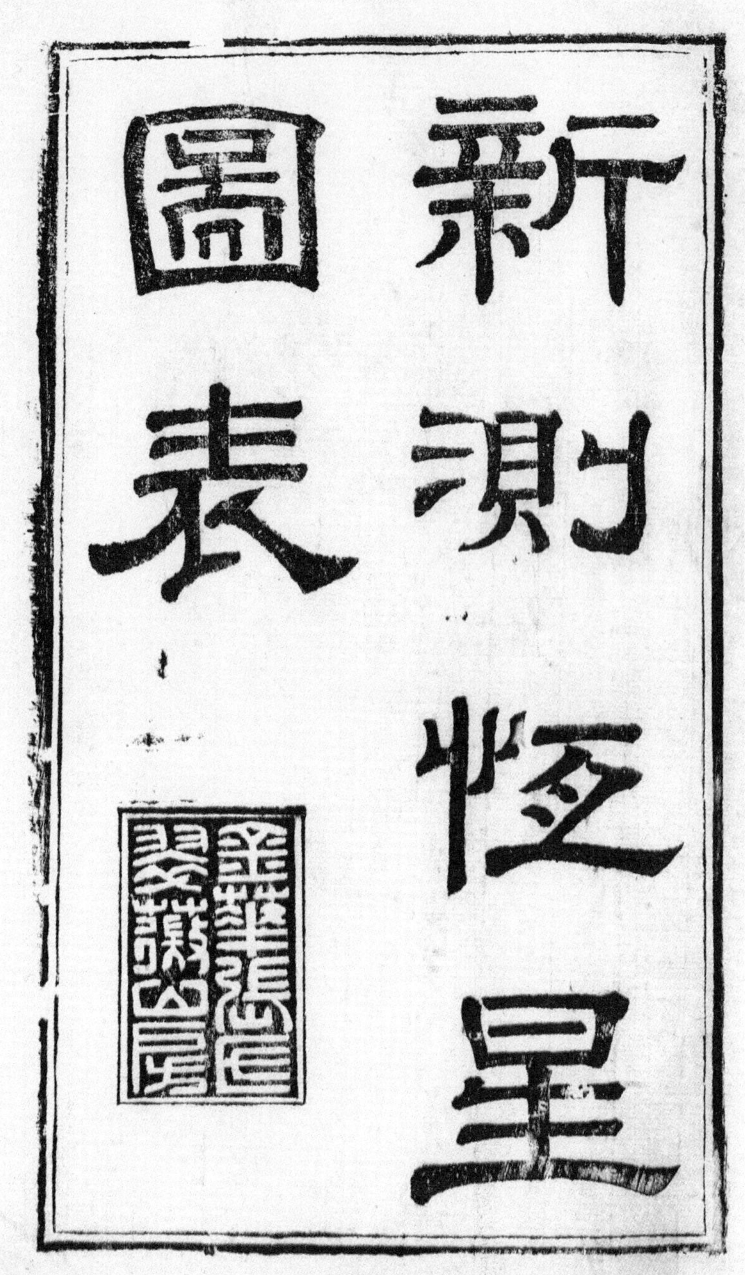

新測恒星圖表

新測恒星圖表

金華　張作楠　衍表

金椒　江臨泰　繪圖

仰測之術畫圖與製器相資舊傳星圖依步天歌爲之合南北爲一圖北既太狹南復太寬仰觀難合新法星圖雖分爲二但用西測星數與儀象志未符按星官名數古今不同自史記天官書以下漢志載經星常宿中外宮凡百一十八名積數七百八十三星而張衡則云中外之宮常明者百有二十四可名者三百二十爲星二千五百然其書不傳晉志載吳太史令陳卓始列甘石巫咸三家所著星圖凡二百八十三官一千四百六十四星隋丹元子步天歌敘三垣二十八宿其一千四百六十七星然尚未有經緯度數唐宋以

來累加考測始有各星入宿去極度數新法歷書恒星圖表共星一千三百六十六分爲六等外無名不入等者四百五十九　國朝康熙壬子監臣南懷仁修儀象志星名與古同者總二百五十九座一千一百二十九星又於有名常數外增五百九十七星又多近南極星二十三座一百五十星其數又與新法歷書不同惟

欽定儀象考成以測定之星推其度數觀其形象序其次第著之於圖星名與古同者總二百七十七座一千三百一十九星比儀象志多十八座一百九十星與步天歌爲近又於有名常數外增一千六百一十四星近某星者卽名某座增星依次分註經緯以備稽考其近南極星二十三座一百五十星中國所不見仍依西測之舊共計恒星三百座三千八十三星允爲觀象津梁第行之七十餘年歲既漸差而東經緯卽隨之移動在臺臣謹遵成法隨時消息自能密合天行而草野之士

是未履觀象臺目未睹中秘書往往執舊圖以驗今測而疑與垂象不符者有之雲樵江君依乾隆甲子新測按歲差加減推衍至道光癸未得其眞度製徑尺星球見贈楠因其宮次度分分三垣二十八舍及天漢經緯列以爲表自癸未後欲得各年恒星經緯度則依表加減之（黃道除緯度不加外經度每歲加五十一秒赤道則經緯皆有歲差）並屬雲樵分黃赤道南北繪總星圖各二又依赤道十二宮南北各爲小圖並紫微垣一圖近南極星一圖分之得圖二十有六合之則成一球冠諸卷端與表相輔俾推中星求里差步躔離驗淩犯及繪

圖製器者有所資焉金華張作楠學

新測恒星黃赤經緯度表

恒星黃赤經緯度俱從道光癸未冬至起算按三垣二十八宿首星名次黃道經度次黃道緯度次赤道經度及經度歲差次赤道緯度及緯度歲差殿以星等列爲表若求癸未後各年黃赤經緯度則以所求年距癸未若干年與黃道歲差五十一秒相乘加入黃道經度即得所求年各星黃道經度緯度則不用加又與赤道經度歲差相乘按號加減赤道經度即得所求年各星赤道經度緯度倣此表如左

星名	黃道經度				黃道緯度				赤道經度		
紫微垣	宮	度	分	秒	緯	度	分	秒	宮	度	分
帝	午	一○	四八	○八	北	七二	五八	二六	卯	一二	五三
太子	午	一九	○五	二八	北	七五	一三	○一	卯	二○	一六
庶子一	午	○五	五四	○九	北	七一	二五	二○	卯	○七	○二
后宮一	午	○○	一六	二四	北	七○	二九	三八	卯	○三	二五
北極一	未	一四	一七	二五	北	六七	○二	五一	辰	一一	五五
四輔一	未	○六	○八	一八	北	六四	五一	一五	午	二九	三九
二	未	○九	○九	二五	北	六三	五○	二五	午	二九	二六
三	未	一二	四四	五五	北	六二	五一	一五	巳	○二	○一
四	未	一三	一一	○七	北	六五	四○	○八	巳	二七	○四
句陳一	申	二六	○七	四三	北	六六	○四	一○	戌	一四	○一
二	申	二八	四二	三○	北	六九	五四	一○	丑	○七	三○
三	未	○六	四八	二五	北	七三	五三	○八	寅	一五	四七
四	未	二四	五五	二五	北	七五	○六	五五	卯	二七	四三
五	申	一九	六四	四五	北	六五	一○	一○	戌	一一	四二
六	申	一三	二○	四五	北	六七	三○	四○	亥	一三	四二
天皇大帝	申	一八	一七	一五	北	六八	○一	四一	亥	○六	一三
天柱一	申	一一	五九	二○	北	七一	三三	四六	子	一三	四五
二	酉	二七	四一	五四	北	七二	三五	二○	子	一七	一○
三	酉	二七	一六	二九	北	七六	三六	一○	子	○○	五七
四	申	○九	○○	二五	北	七九	○○	○六	丑	一六	四二
五	申	二六	三七	○五	北	七六	三一	五○	丑	○三	一一
御女一	酉	二二	三七	一○	北	八○	四○	○三	丑	一九	四一
二	申	一○	二○	○二	北	八○	二四	二五	丑	一二	四一
三	未	一○	五八	四○	北	八一	五八	三三	寅	二四	二一
四	申	一四	○九	五七	北	八三	三一	二○	丑	○五	五五
女史一	未	○一	一三	五八	北	八四	三○	一○	寅	二九	三七
柱史一	申	○八	四九	二八	北	八四	五○	四○	丑	○五	四七
尚書一	午	二三	五二	五○	北	八六	五○	四五	寅	二三	○六

度	歲差				赤道緯度				歲差			
秒	經差	分	秒	微	緯	度	分	秒	緯差	秒	微	星等
〇五	減	〇〇	〇五	一〇	北	七四	五一	四四	減	一四	五二	一
一四	減	〇〇	〇三	一四	北	七二	二六	五五	減	一二	五八	三
四三	減	〇〇	〇四	五七	北	七六	二七	四七	減	一六	一二	四
二七	減	〇〇	〇八	五六	北	七六	二一	四八	減	一六	五七	三
二三	加	〇〇	〇二	一二	北	八四	二一	一四	減	一九	五三	四
五七	加	〇四	四一	四七	北	八六	五八	四八	減	一六	四八	六
四五	加	〇三	一〇	〇六	北	八五	一九	三一	減	一七	〇〇	六
一七	加	〇二	一八	一九	北	八三	二七	一一	減	一七	三七	六
二〇	加	〇一	〇一	二九	北	八四	三三	〇一	減	二〇	一七	六
三二	加	〇二	五〇	三六	北	八八	二二	五三	加	一九	五四	二
三八	減	〇四	四一	五九	北	八六	三五	一〇	加	〇四	〇〇	三
四三	減	〇一	四〇	五二	北	八二	一七	三四	減	〇四	三三	四
一六	減	〇〇	三七	四六	北	七六	一八	一〇	減	一〇	四二	四
二三	加	〇一	二九	二九	北	八五	二〇	二二	加	一九	五九	六
〇二	減	〇〇	〇〇	五一	北	八三	二六	二九	加	一九	三一	六
二三	減	〇〇	四四	〇九	北	八五	一四	一六	加	一八	四〇	六
四一	減	〇〇	五二	一七	北	八一	五二	一四	加	一四	一五	五
一〇	減	〇〇	一三	五一	北	七七	二四	二〇	加	一四	五七	五
二五	減	〇〇	二一	三九	北	七五	五三	五七	加	一〇	三二	六
一四	減	〇〇	三二	〇四	北	七六	一四	三二	加	〇六	〇〇	六
〇五	減	〇一	〇七	三〇	北	七九	五七	四〇	加	〇一	二八	五
五四	減	〇〇	一五	二四	北	七三	〇〇	五八	加	〇六	五六	四
四七	減	〇〇	二七	五二	北	七五	一二	五〇	加	〇四	三六	四
〇三	減	〇〇	二五	二七	北	七四	一九	二六	減	〇一	五三	六
四九	減	〇〇	一七	五〇	北	七二	三九	五〇	加	〇二	一一	四
〇四	減	〇〇	一五	四九	北	七二	〇〇	四五	減	〇〇	〇四	四
三三	減	〇〇	一二	三七	北	七一	一四	一三	加	〇二	〇七	五
三四	減	〇〇	〇三	五二	北	六八	一四	〇六	減	〇二	二五	五

星名	黃道經度				黃道緯度				赤道經度		
紫微垣	宮	度	分	秒	緯	度	分	秒	宮	度	分
尚書二	巳	○二	四一	五二	北	八一	○○	○五	寅	○七	○一
三	辰	○一	三八	四八	北	八一	三七	一○	寅	○九	五三
四	午	二四	一四	○○	北	八○	三○	○○	寅	○六	三一
五	辰	○二	○○	四七	北	八三	一八	四○	寅	一三	四五
天牀一	午	二三	一二	五六	北	六九	一二	○五	卯	○一	五八
二	巳	○五	二一	一六	北	七四	○四	二七	卯	一八	○七
三	巳	二七	○二	三○	北	七五	二三	二三	卯	二六	○○
四	巳	一六	一二	四○	北	七四	五五	四○	寅	○四	二一
五	巳	○八	○三	三○	北	七二	○三	一八	卯	·三	四四
六	午	一八	一○	三三	北	七二	三一	四四	卯	一一	一七
大理一	未	二七	○○	三八	北	六四	一二	○五	辰	○○	五四
二	未	二九	○一	三八	北	六四	一二	○五	辰	○二	三八
陰德一	未	二四	○二	四七	北	五八	一一	一三	巳	○四	二四
二	未	二六	二六	二八	北	五七	一四	三○	巳	○五	三六
六甲一	未	○一	一四	四○	北	五六	一八	○三	未	○三	五三
二	未	○三	一一	四五	北	五三	四七	五○	未	○八	三二
三	未	○六	三三	二五	北	五七	○六	三三	未	二一	一○
四	未	○三	○九	二五	北	五九	二三	○七	未	一二	四八
五	申	二二	三五	五五	北	五七	五三	五○	申	○四	四九
六	申	二四	二四	四○	北	五五	五○	四○	申	一三	二○
五帝內座一	申	一三	一一	三二	北	五七	四七	二七	酉	一○	一八
二	申	○六	四二	○七	北	五八	○六	五六	戌	二七	○一
三	申	一三	五一	一○	北	六○	二四	二三	酉	○二	四七
四	申	一三	五六	三四	北	五六	○五	五三	酉	一四	○三
五	申	一九	二五	○○	北	五七	五七	四○	酉	二五	一四
華蓋一	酉	二九	一九	三○	北	五五	二四	四○	戌	二二	二七
二	酉	二九	一六	二七	北	五五	五八	五一	戌	二一	一一
三	酉	二五	三八	一七	北	五六	一○	一三	戌	一六	○三

度	歲差				赤道緯度				歲差			
秒	經差	分	秒	微	緯	度	分	秒	緯差	秒	微	星等
一五	減	〇〇	〇二	三六	北	六九	〇八	三六	減	〇七	五六	四
五二	加	〇〇	〇五	五〇	北	六四	五五	〇七	減	〇七	〇二	五
三四	加	〇〇	〇六	二〇	北	七〇	三四	〇六	減	〇八	〇九	六
一八	加	〇〇	〇三	五九	北	六五	二四	三三	減	〇五	四二	五
〇九	加	〇〇	一六	一九	北	七〇	二四	四七	減	一七	一七	五
四〇	加	〇〇	〇八	五六	北	六八	〇三	三一	減	一三	三六	六
四八	加	〇〇	一三	一六	北	六三	一二	五四	減	一一	二五	六
三五	加	〇〇	〇四	〇二	北	六六	五二	三一	減	〇八	四八	六
二八	加	〇〇	一三	五六	北	六六	四一	三六	減	一四	四六	五
一五	加	〇〇	〇三	一五	北	七二	四〇	三八	減	一五	一七	六
五七	加	〇〇	四六	二〇	北	七八	三五	五七	減	二〇	一八	五
四一	加	〇〇	四三	二一	北	七七	四七	四四	減	二〇	一九	五
四一	加	〇一	二四	五〇	北	七六	一三	一八	減	一八	〇九	五
五四	加	〇一	一九	一二	北	七四	三九	三四	減	一八	三〇	五
一六	加	〇二	三九	二六	北	七九	四六	一五	減	〇〇	三六	六
二七	加	〇二	一五	四八	北	七七	一一	一九	減	〇二	二一	五
二一	加	〇二	三八	〇六	北	八〇	〇六	四三	減	〇六	三六	六
四四	加	〇三	二四	四八	北	八二	四三	五七	減	〇三	三一	六
五八	加	〇二	三五	五二	北	八〇	四四	〇一	加	〇九	二〇	六
〇二	加	〇二	二五	〇四	北	七九	〇〇	二三	加	〇六	三〇	五
五一	加	〇一	四七	一九	北	七八	二〇	一八	加	一五	五一	六
二五	加	〇一	二二	五一	北	七六	二六	一一	加	一八	一七	五
五六	加	〇一	四八	五二	北	八〇	三五	四四	加	一七	二二	六
〇〇	加	〇一	四四	四〇	北	七六	五〇	二七	加	一四	五七	六
二七	加	〇二	一九	〇七	北	八〇	〇九	二四	加	一二	〇八	六
三七	加	〇一	〇八	五九	北	七一	四四	一一	加	一八	五五	六
〇二	加	〇一	〇八	一四	北	七二	〇八	五一	加	一九	〇五	六
三三	加	〇一	〇一	五六	北	七〇	五四	四九	加	一九	三七	五

星名	黃道經度 宮	度	分	秒	黃道緯度 緯	度	分	秒	赤道經度 宮	度	分
紫微垣											
華蓋四	酉	二一	二三	三六	北	五四	一三	四○	戌	一四	四一
五	酉	二二	三二	四○	北	五二	四九	五○	戌	一八	二四
六	酉	二四	二七	五三	北	五一	五○	一二	戌	二二	二三
七	酉	二六	四四	○八	北	五一	三八	五○	戌	二五	三八
杠一	申	一二	○九	五六	北	四九	三三	四○	酉	二二	五六
二	申	○九	五五	四八	北	五三	二九	一八	酉	一三	一六
三	申	○五	二一	一一	北	五七	一一	一○	戌	二七	一九
四	申	○三	四四	一八	北	五五	五六	四五	戌	二七	四五
五	申	○一	○八	五三	北	五四	二一	○四	戌	二七	○○
六	申	○○	五五	五三	北	五三	二四	一五	戌	二八	三三
七	酉	二九	三一	二六	北	五三	一二	○七	戌	二六	五六
八	酉	二七	○五	○四	北	五三	五二	一九	戌	二二	二四
九	酉	二五	二一	四四	北	五四	一一	二○	戌	一九	三二
右樞	巳	○四	五五	四三	北	六六	二○	五二	辰	二九	五四
少尉	午	一三	四四	四○	北	六一	四二	二二	辰	○六	二七
上輔	午	○七	五一	三○	北	五七	一三	○三	巳	二○	一五
少輔	未	二三	五四	五二	北	五一	一三	四○	午	一九	四九
上衛	未	○四	四二	三○	北	四五	五九	四六	未	○九	一七
少衛	申	一八	二七	四二	北	四三	二○	二八	申	○九	○三
上丞	申	○五	二五	一四	北	四五	一一	五六	酉	一六	○八
左樞	辰	○二	二六	○五	北	七一	○四	○四	卯	二○	一四
上宰	辰	一四	一七	一二	北	七四	二六	○○	卯	二九	四○
少宰	辰	一一	四七	○○	北	七八	二六	二○	寅	○五	二二
上弼	辰	○○	三二	○五	北	八四	四七	○○	寅	一七	○七
少弼	酉	一八	○一	○五	北	八三	一一	三○	丑	一四	○八
上衛	酉	一八	三一	○八	北	七五	一八	四五	子	○八	二九
少衛	酉	二一	○七	四六	北	六五	三三	○○	亥	一五	二九
少丞	酉	二七	○七	三○	北	五九	四一	一○	戌	○九	一六

度	歲差				赤道緯度				歲差			
秒	經差	分	秒	微	緯	度	分	秒	緯差	秒	微	星等
一三	加	○○	五八	三五	北	六七	五○	四九	加	一九	四四	六
五一	加	○一	○一	一一	北	六七	一二	五九	加	一九	二三	五
三一	加	○一	○四	一二	北	六七	○八	四八	加	一八	五五	六
一二	加	○一	○七	二一	北	六七	四九	一二	加	一八	二七	六
○一	加	○一	三二	○一	北	七○	四五	一九	加	一二	三七	五
二九	加	○一	三二	四○	北	七三	四二	四六	加	一五	○七	六
五九	加	○一	二○	一八	北	七五	一五	四二	加	一八	一三	六
二四	加	○一	一七	三三	北	七三	四四	二三	加	一八	一○	六
一二	加	○一	一三	一七	北	七一	三四	一七	加	一八	一五	四
○七	加	○一	一三	一七	北	七○	四三	二三	加	一八	○一	六
○六	加	○一	一○	五八	北	七○	○四	三四	加	一八	一六	五
○七	加	○一	○六	三九	北	六九	四三	二七	加	一八	五五	六
○四	加	○一	○三	四九	北	六九	一九	四三	加	一九	一四	六
五五	加	○○	二四	四八	北	六五	一二	四七	減	一七	四○	三
○二	加	○○	四○	四一	北	七○	四五	○八	減	二○	一三	三
三二	加	○○	五七	一八	北	七○	一七	四八	減	一九	五四	三
三○	加	○一	二五	二一	北	七○	三五	四二	減	一五	一五	四
四九	加	○一	四○	一五	北	六九	一九	四八	減	○二	四七	五
一○	加	○一	二八	四八	北	六五	五八	二八	加	○七	四○	五
五七	加	○一	一七	一九	北	六四	五七	四五	加	一四	二一	五
○六	加	○○	二○	○七	北	五九	三二	五六	減	一三	○五	三
三二	減	○○	一七	三一	北	五八	五九	五一	減	一○	一九	三
三一	加	○○	一二	○二	北	六一	五五	○二	減	○八	三二	三
一二	加	○○	○二	二○	北	六五	五五	四三	減	○四	三三	三
一五	減	○○	六○	二三	北	七一	○三	一五	加	○五	○一	四
二二	減	○○	○九	一三	北	七四	二○	二八	加	一二	四一	五
四六	加	○○	三八	二○	北	七四	二六	一三	加	一九	三八	五
五三	加	○○	五六	五九	北	七三	五二	五六	加	二○	○五	六

星名	黃道經度				黃道緯度				赤道經度		
紫微垣	宮	度	分	秒	緯	度	分	秒	宮	度	分
天乙	巳	○二	二四	○五	北	六五	二一	三八	辰	二六	三六
太乙	午	二六	四四	○○	北	六四	一三	○○	辰	二一	○三
內廚一	午	二○	二五	○二	北	六一	○四	一○	辰	一○	○三
二	午	二三	三八	○○	北	六○	五三	四五	辰	一二	○三
天棓一	巳	二七	二九	三九	北	五八	五四	四四	卯	○一	五一
二	巳	二八	三九	○○	北	五八	五一	五○	卯	○二	三二
三	辰	○○	○七	○○	北	六○	一○	○四	卯	○四	五二
元戈	辰	○四	三○	五九	北	五四	三九	二○	卯	○二	二七
天樞	午	一二	四三	○○	北	四九	四○	○五	巳	一三	一三
天璇	午	一六	五七	一二	北	四五	○六	一五	巳	一二	四八
天璣	午	二七	五九	三八	北	四七	○七	二○	巳	二六	○九
天權	午	二八	三三	五五	北	五一	三九	四○	辰	○一	四二
玉衡	巳	○六	二六	○五	北	五四	一九	三五	辰	一一	三八
開陽	巳	一三	一一	二三	北	五六	二二	四七	辰	一九	一四
搖光	巳	二四	二六	四○	北	五四	二四	三○	辰	二五	一○
輔	巳	一四	三九	五○	北	五七	四○	四○	辰	二一	五二
三公一	巳	二四	五六	○二	北	五○	五一	四一	辰	二二	一八
二	巳	二一	五四	○○	北	五二	五二	○○	辰	二一	五一
三	巳	一七	四七	○二	北	五一	五七	○六	辰	一七	四二
相	巳	○五	二一	二八	北	四八	○六	二七	辰	○三	五三
天理一	午	一五	五四	○八	北	四九	一七	○四	巳	一六	一七
二	午	二一	五二	二六	北	四七	○○	五三	巳	二○	○○
三	午	二五	四五	五七	北	四九	三八	四○	巳	二六	四四
四	午	二○	三七	三一	北	五三	一○	一七	巳	二六	一九
太陽守	巳	○一	二三	一六	北	四一	三一	五八	巳	二四	一三
太尊	午	二六	二一	五八	北	三五	三一	三○	巳	一四	五八
天牢一	午	二四	○三	四○	北	三三	○二	三六	巳	一○	五八
二	巳	○三	○八	二八	北	三二	四一	三○	巳	一九	五五

度歲差 秒	經差	分	秒	微	緯	赤道緯度歲差 度	分	秒	緯差	秒	微	星等
一八	加	○○	二六	四四	北	六五	三五	三二	減	一八	一四	五
○五	加	○○	二九	三八	北	六七	○三	五二	減	一九	[illegible]○	六
四七	加	○○	三八	二六	北	六七	四五	○三	減	二○	○三	六
三五	加	○○	三七	三一	北	六六	二三	二六	減	一九	五五	五
二三	加	○○	三二	四七	北	五二	三六	○九	減	一七	二一	四
四六	加	○○	三二	四五	北	五二	一○	三四	減	一七	一三	四
○四	加	○○	三一	四○	北	五二	四○	三七	減	一六	四六	四
三三	加	○○	二五	一一	北	四六	五三	○三	減	一七	一四	四
三一	加	○○	五八	四八	北	六二	四三	三八	減	一九	二三	一
三三	加	○○	五六	三九	北	五七	一九	一三	減	一九	二○	二
三一	加	○○	四九	○四	北	五四	四○	○七	減	二○	一六	二
五六	加	○○	四六	一○	北	五八	○一	四一	減	二○	一八	二
二○	加	○○	四○	四五	北	五六	五五	三七	減	一九	五六	二
一七	加	○○	三七	○四	北	五五	五○	五七	減	一九	一四	二
五七	加	○○	三六	三○	北	五○	一二	○○	減	一八	三八	二
三五	加	○○	三三	三四	北	五六	一四	三九	減	一八	五五	五
二五	加	○○	三八	二四	北	四七	一一	一五	減	一八	五三	五
一○	加	○○	三七	五六	北	四九	五四	五五	減	一八	五六	五
二五	加	○○	三九	二四	北	五○	三六	一五	減	一九	二五	六
三一	加	○○	四五	一五	北	五二	三一	五三	減	二○	一七	六
二五	加	○○	五六	○六	北	六一	一○	一六	減	一九	四一	六
○四	加	○○	五二	四○	北	五六	○○	○五	減	一九	五八	六
四六	加	○○	四九	○一	北	五七	三一	二八	減	二○	一六	六
一六	加	○○	四九	四四	北	六二	二○	○二	減	二○	一七	六
四四	加	○○	四九	二五	北	四八	四五	四九	減	二○	一一	四
二九	加	○○	五二	二七	北	四五	二六	三九	減	一九	三四	三
五二	加	○○	五三	三一	北	四四	○七	一四	減	一九	○七	四
○七	加	○○	五○	○二	北	四○	一八	三一	減	一九	五八	六

恆星圖表

星名	黃道經度				黃道緯度				赤道經度		
紫微垣	宮	度	分	秒	緯	度	分	秒	宮	度	分
天牢三	午	二六	三六	五五	北	三一	○二	一二	巳	一二	二三
四	巳	○一	一四	二○	北	三六	一一	四八	巳	二○	一八
五	午	二七	三一	一六	北	三○	○四	二六	巳	一二	四五
六	午	二九	三○	四四	北	三五	四六	二二	巳	一八	一八
勢一	午	二三	五九	一○	北	二三	五五	二七	巳	○九	五一
二	午	二四	四六	一○	北	二一	二三	四五	巳	○五	二七
三	午	二八	二六	四三	北	二一	○二	四七	巳	○九	○一
四	午	二八	二三	○四	北	二四	五五	三○	巳	一○	五一
文昌一	午	○一	一二	一三	北	四六	○九	二二	午	二四	三○
二	午	○三	四九	四九	北	四二	三九	○六	午	二四	三七
三	午	○六	五三	一七	北	三八	一四	一○	午	二五	○二
四	午	○四	五三	一二	北	三四	五六	二二	午	二○	二一
五	午	○○	四○	五○	北	三三	二五	五六	午	一四	○八
六	午	○○	五一	○三	北	三六	○四	二五	午	一五	五三
內階一	未	二○	三三	三二	北	四○	一二	三四	午	○三	五六
二	未	二六	四九	一八	北	四二	四八	○○	午	一五	○六
三	未	二二	三一	四九	北	四四	五五	○三	午	一○	二五
四	未	二八	二一	一○	北	四五	○七	○四	午	一九	二四
五	未	二三	二六	五二	北	四二	一九	三五	午	○九	四四
六	未	二九	三○	四○	北	三八	三五	○八	午	一五	四三
三師一	未	二一	三二	一○	北	四七	五四	四五	午	一一	四二
二	未	二七	五七	○七	北	五一	五二	一七	午	二七	一○
三	未	二二	四六	○六	北	四七	二八	五○	午	一三	一六
八穀一	申	二七	二九	二三	北	三○	四九	○二	申	二六	一八
二	申	二六	四三	二七	北	三二	三○	五○	申	二五	○三
三	申	二五	二○	二三	北	三二	三九	五七	申	二二	三六
四	申	二○	四一	四八	北	三九	二九	二九	申	一四	一九
五	申	一六	五○	五三	北	三○	五一	○六	申	一○	五○

度歲差					赤道緯度歲差							
秒	經差	分	秒	微	緯	度	分	秒	緯差	秒	微	星等
五八	加	○○	五二	二七	北	四一	二一	二九	減	一九	一九	六
三九	加	○○	五○	二三	北	四四	○八	一三	減	一九	五九	六
四四	加	○○	五二	○七	北	四○	○九	○○	減	一九	二○	六
五八	加	○○	五一	○六	北	四四	二六	三二	減	一九	五一	六
四二	加	○○	五三	○二	北	三五	五二	五四	減	一八	二七	四
三七	加	○○	五二	三三	北	二三	一六	二四	減	一八	二二	四
四二	加	○○	五一	二七	北	三一	三六	○四	減	一八	五三	四
二六	加	○○	五一	四二	北	三五	一○	○三	減	一九	○七	四
○○	加	○一	一一	三八	北	六三	五○	三八	減	一六	二○	五
○八	加	○一	○○	○五	北	五九	五二	四八	減	一四	三三	四
五四	加	○一	○三	五一	北	五四	五三	○一	減	一六	二九	五
一七	加	○一	○三	五六	北	五二	二九	二四	減	一五	二一	三
四六	加	○一	○六	○四	北	五二	一八	三六	減	一三	五五	五
三四	加	○一	○七	一六	北	五四	四四	三五	減	一四	二二	五
一五	加	○一	一八	○九	北	六一	一七	二四	減	一一	○一	四
四四	加	○一	一四	三八	北	六二	○八	二七	減	一四	○八	五
四一	加	○一	二一	一一	北	六五	一五	五六	減	一二	五二	五
一四	加	○一	一四	二八	北	六三	四八	三八	減	一五	一一	四
五五	加	○一	一七	三六	北	六二	三六	二五	減	一二	四二	五
四八	加	○一	○九	三五	北	五七	二八	一二	減	一四	一九	五
三四	加	○一	二五	五七	北	六八	一七	五四	減	一三	一二	五
○八	加	○一	一八	○四	北	六九	五一	一○	減	一六	五三	六
二三	加	○一	二三	三九	北	六七	三四	○八	減	一三	三七	五
三一	加	○一	一四	五四	北	五四	一六	一一	加	○一	四○	四
五○	加	○一	一六	二九	北	五五	五六	三五	加	○二	○八	五
五	加	○一	一六	三七	北	五六	○二	一二	加	○二	五一	五
五九	加	○一	二三	四○	北	六二	二九	三四	加	○六	五二	五
四三	加	○一	一二	二七	北	五三	二七	五○	加	○七	○○	五

星名	黃道經度				黃道緯度				赤道經		
紫微垣	宮	度	分	秒	緯	度	分	秒	宮	度	分
八穀六	申	一八	一九	五一	北	二九	二四	五〇	申	一三	一七
七	申	一九	〇三	一九	北	三五	五三	三三	申	一二	四五
八	申	二六	四七	三一	北	三六	二四	四〇	申	二四	五一
傳舍一	酉	一〇	二四	三〇	北	五九	〇〇	五三	亥	二四	四九
二	酉	一四	四〇	四七	北	五四	五九	四八	戌	〇六	〇五
三	酉	一六	四八	〇六	北	五一	三九	二〇	戌	一三	三二
四	酉	一七	三九	一二	北	五一	一三	五〇	戌	一五	〇五
五	酉	二七	一四	二四	北	四八	五三	〇六	酉	〇〇	一〇
六	申	〇[illegible]	〇三	二一	北	四二	三一	一七	酉	一〇	四一
七	申	〇四	二〇	五五	北	三九	三二	二三	酉	一八	五八
八	申	〇三	四九	五八	北	三八	二六	四三	酉	一八	五八
九	申	〇二	三五	三六	北	三五	一〇	四七	酉	一九	一二
天廚一	戌	一四	五九	〇三	北	八三	五二	五〇	丑	一九	〇三
二	戌	二九	〇二	三五	北	八〇	五五	一四	丑	二三	〇六
三	酉	〇〇	二四	四〇	北	七九	二七	四〇	丑	二七	一二
四	戌	一八	〇六	四三	北	七八	〇七	四〇	子	〇〇	三三
五	戌	〇四	〇〇	一八	北	七七	二八	一〇	丑	二九	五九
六	戌	〇一	一五	三五	北	八一	四八	三〇	丑	一九	五九
天棓一	寅	二二	二二	二〇	北	八〇	一九	四〇	寅	二七	三九
二	寅	〇七	五九	三三	北	七八	一一	一八	寅	二二	一五
三	寅	〇九	三八	四六	北	七五	一九	五五	寅	二一	四一
四	寅	二九	三五	四八	北	七四	五八	二〇	寅	二八	一〇
五	寅	一七	二四	〇一	北	六九	一八	四九	寅	二三	三七

度歲差					赤道緯度				歲差			
秒	經差	分	秒	微	緯	度	分	秒	緯差	秒	微	星等
〇四	加	〇一	一一	四〇	北	五二	一三	二二	加	〇六	一一	四
五八	加	〇一	一八	二五	北	五八	四三	二四	加	〇六	二三	五
二六	加	〇一	二一	三一	北	五九	五〇	一九	加	〇二	一二	五
〇四	加	〇〇	四二	〇三	北	六六	四九	一四	加	二〇	一四	五
二〇	加	〇〇	五〇	五八	北	六五	四七	〇〇	加	二〇	一四	六
一六	加	〇〇	五五	五六	北	六四	〇五	五八	加	一九	四九	六
三八	加	〇〇	五七	〇〇	北	六四	〇五	三五	加	一九	四一	六
五一	加	〇一	〇八	三〇	北	六五	四一	三四	加	一七	四四	六
四五	加	〇一	〇九	五七	北	六〇	五八	二〇	加	一五	三八	五
三九	加	〇一	一二	〇九	北	五九	二六	〇六	加	一三	三六	五
一六	加	〇一	一一	〇一	北	五八	一五	一三	加	一三	三六	五
〇八	加	〇一	〇八	一〇	北	五四	五〇	三六	加	一三	三二	五
一三	加	〇〇	〇〇	四三	北	六七	二一	〇一	加	〇六	二〇	三
五五	減	〇〇	〇二	四三	北	六九	二五	三〇	加	〇八	〇〇	四
二九	減	〇〇	〇二	〇一	北	六九	四九	〇三	加	〇九	一九	五
〇三	加	〇〇	〇五	〇四	北	六七	二二	三一	加	一〇	二〇	五
一一	加	〇〇	一〇	二〇	北	六四	二〇	一七	加	一〇	〇六	五
三五	加	〇〇	〇五	一七	北	六五	二二	三六	加	〇六	五六	四
三三	加	〇〇	一五	三七	北	五六	五四	二三	減	〇〇	五四	三
二三	加	〇〇	一七	四〇	北	五五	一七	五五	減	〇二	四九	四
三六	加	〇〇	二〇	三六	北	五二	二六	一〇	減	〇三	〇三	三
〇〇	加	〇〇	二一	一三	北	五一	三〇	五九	減	〇〇	四六	二
〇五	加	〇〇	二五	四五	北	四六	〇六	三二	減	〇二	二四	四

恆星圖表

星名	黃道經度				黃道緯度				赤道經		
太微垣	宮	度	分	秒	緯	度	分	秒	宮	度	分
五帝座一	巳	一九	一二	一四	北	一二	一六	五一	巳	二五	○三
二	巳	一八	三六	一六	北	一四	○三	○七	巳	二五	一四
三	巳	一七	三九	○八	北	一○	二三	四一	巳	二二	四九
四	巳	二○	一二	二七	北	一三	五三	二一	巳	二六	三九
五	巳	二○	四○	○五	北	○九	三一	○七	巳	二五	一五
太子	巳	一六	三一	五○	北	一七	一八	○九	巳	二四	四四
從官	巳	一四	二五	二一	北	一七	三八	○○	巳	二二	五五
幸臣	巳	一九	三四	一三	北	一七	四八	○四	巳	二七	四六
五諸侯一	辰	○三	五八	○七	北	二五	五五	五六	辰	一四	二七
二	辰	○三	五六	五五	北	二一	四六	五六	辰	一二	三四
三	辰	○一	二七	四九	北	一九	四八	四二	辰	○九	二九
四	巳	二八	三五	一○	北	一五	二六	○六	辰	○四	五九
五	巳	二五	○九	四四	北	一五	一三	五[illegible]	辰	○一	四七
九卿一	辰	○三	○三	三三	北	一三	三二	四九	辰	○八	一五
二	辰	○四	五九	一八	北	一一	三四	一五	辰	○九	一一
三	辰	○二	四二	四五	北	一一	○九	五二	辰	○六	五七
三公一	辰	○三	五七	○○	北	○八	四九	三○	辰	○七	○八
二	辰	○四	二九	一四	北	一○	二四	四五	辰	○八	一六
三	辰	○七	○九	○○	北	○八	○一	四○	辰	○九	四四
內屏一	巳	二○	五四	二九	北	○六	○一	三一	巳	二四	○四
二	巳	二一	四二	三九	北	○四	三五	三九	巳	二四	一三
三	巳	二五	○六	二九	北	○六	○八	五二	巳	二七	五八
四	巳	二五	一六	○六	北	○八	三一	二九	巳	二九	○五
右執法	巳	二四	三九	一四	北	○○	四○	四七	巳	二五	二一
上將	巳	一六	一五	三五	北	○一	四○	五六	巳	一八	○一
次將	巳	一五	○五	五八	北	○六	○五	一○	巳	一八	四○
次相	巳	一○	五八	三一	北	○九	三九	五○	巳	一六	一五
上相	巳	○八	五○	二一	北	一四	一九	○四	巳	一六	一○

度歲差					赤道緯度歲差							
秒	經差	分	秒	微	緯	度	分	秒	緯差	秒	微	星等
○四	加	○○	四七	一九	北	一五	三二	四七	減	二○	一四	二
五七	加	○○	四七	二四	北	一七	二四	○六	減	二○	一四	六
一七	加	○○	四七	二八	北	一四	二六	一○	減	二○	○八	六
四八	加	○○	四七	一三	北	一六	三六	五八	減	二○	一六	六
一九	加	○○	四七	一三	北	一二	二六	一九	減	二○	一五	六
三一	加	○○	四七	三六	北	二一	一一	一一	減	二○	一三	四
一五	加	○○	四七	五六	北	二二	一九	二二	減	二○	○七	六
五七	加	○○	四七	○九	北	二○	二五	五二	減	二○	一七	六
三五	加	○○	四四	四六	北	二二	○六	一二	減	一九	四五	五
○三	加	○○	四五	二一	北	一八	二一	○九	減	一九	五三	五
○○	加	○○	四五	四七	北	一七	三二	○五	減	二○	○四	五
四六	加	○○	四六	二[illegible]	北	一四	四一	二二	減	二○	一六	六
二七	加	○○	四六	三九	北	一五	五一	五九	減	二○	一九	五
三四	加	○○	四六	一二	北	一一	一一	四五	減	二○	○九	五
三七	加	○○	四六	一八	北	○八	三七	四○	減	二○	○七	六
五九	加	○○	四六	二五	北	○九	○九	一四	減	二○	一一	六
四○	加	○○	四六	二九	北	○六	三一	一八	減	二○	一三	六
二四	加	○○	四六	二一	北	○七	四五	五二	減	二○	○八	六
三六	加	○○	四六	三○	北	○四	三一	四六	減	二○	○四	六
一二	加	○○	四七	一一	北	○九	一三	二五	減	二○	一○	五
○一	加	○○	四七	○六	北	○七	三○	四四	減	二○	一一	五
一七	加	○○	四六	五四	北	○七	三五	○八	減	二○	一九	五
○三	加	○○	四六	五三	北	○九	四一	五五	減	二○	一九	五
五二	加	○○	四六	五二	北	○二	四五	○五	減	二○	一五	三
○六	加	○○	四七	二一	北	○六	五八	五○	減	一九	五○	四
○九	加	○○	四七	四○	北	一一	二九	一○	減	一九	五三	四
四五	加	○○	四八	一七	北	一六	二二	五一	減	一九	四一	三
五四	加	○○	四八	四八	北	二一	三八	五三	減	一九	四一	三

星名	黃道經度				黃道緯度				赤道經		
太微垣	宮	度	分	秒	緯	度	分	秒	宮	度	分
左執法	辰	〇二	二三	五二	北	〇一	二二	〇一	辰	〇二	四四
上相	辰	〇七	四五	一〇	北	〇二	四八	五三	辰	〇八	一三
次相	辰	〇八	〇二	五四	北	〇八	三八	二七	辰	一一	四二
次將	辰	〇七	三〇	四〇	北	一六	一二	五四	辰	一三	二二
上將	辰	〇六	三一	三五	北	二二	五九	一二	辰	一五	二二
郎位一	巳	二一	二五	二四	北	二八	二四	〇二	辰	〇四	三二
二	巳	二二	三四	三二	北	二七	三六	三六	辰	〇五	一〇
三	巳	二一	四八	四〇	北	二七	二六	五四	辰	〇四	二四
四	巳	二二	〇九	五五	北	二七	〇六	五〇	辰	〇四	三三
五	巳	二三	〇三	二九	北	二六	二九	一一	辰	〇五	〇二
六	巳	二一	五五	二三	北	二六	一一	四七	辰	〇三	五二
七	巳	二一	三八	二九	北	二五	四七	三二	辰	〇三	二五
八	巳	二四	一一	一五	北	二五	二九	一〇	辰	〇五	三四
九	巳	二四	〇二	四四	北	二四	五四	五〇	辰	〇五	一〇
十	巳	二一	一一	一九	北	二三	二八	三三	辰	〇一	五三
十一	巳	二六	〇〇	〇一	北	二四	〇七	〇九	辰	〇六	三二
十二	巳	二七	四一	三八	北	二三	〇八	一〇	辰	〇七	三六
十三	巳	二五	三六	二六	北	二二	〇二	三八	辰	〇五	一三
十四	巳	二一	四九	〇六	北	一九	五九	一七	辰	〇〇	五〇
十五	巳	一九	三七	〇九	北	二〇	〇二	五一	巳	二八	五〇
郎將	巳	二七	二三	二四	北	三〇	一二	二四	辰	一〇	四六
常陳一	巳	二二	〇六	二二	北	四〇	〇七	一八	辰	一一	五七
二	巳	一九	〇四	三三	北	三九	五一	三〇	辰	〇九	一一
三	巳	一六	三七	四八	北	四〇	三七	三〇	辰	〇七	三五
四	巳	一五	一九	〇〇	北	四〇	二二	〇二	辰	〇六	一四
五	巳	一六	〇六	〇四	北	三七	四五	五八	辰	〇五	一二
六	巳	一一	五九	五八	北	三八	一四	五〇	辰	〇一	五〇
七	巳	〇七	三六	三六	北	三八	五八	一四	巳	二八	一九

太微垣

赤道經度 秒	經度歲差 經差	分	秒	微	緯	赤道緯度 度	分	秒	緯度歲差 緯差	秒	微	星等
三七	加	○○	四六	四六	北	○○	一七	五五	減	二○	一九	三
四九	加	○○	四六	四七	南	○○	二九	四六	加	二○	○九	三
五七	加	○○	四六	二八	北	○四	二○	五七	減	一九	五七	三
三八	加	○○	四五	四八	北	一一	五三	三七	減	一九	四九	三
四七	加	○○	四五	○一	北	一八	二六	五九	減	一九	三九	四
四七	加	○○	四五	五九	北	二九	一四	三四	減	二○	一七	五
五○	加	○○	四五	五五	北	二八	○四	四六	減	二○	一五	六
三九	加	○○	四六	○三	北	二八	一四	一八	減	二○	一六	五
三八	加	○○	四六	○三	北	二七	四七	五五	減	二○	一六	五
五九	加	○○	四五	五九	北	二六	五二	五五	減	二○	一六	五
五五	加	○○	四六	一○	北	二七	○四	二二	減	二○	一八	五
三八	加	○○	四六	一七	北	二六	四九	二○	減	二○	一八	五
二二	加	○○	四五	五六	北	二五	三二	一○	減	二○	一五	五
○三	加	○○	四六	○一	北	二五	○四	四二	減	二○	一五	五
一九	加	○○	四六	三六	北	二四	五五	一三	減	二○	一九	五
四○	加	○○	四五	五一	北	二三	三五	一七	減	二○	一三	四
○九	加	○○	四五	四六	北	二二	○一	五四	減	二○	一○	五
一七	加	○○	四六	○八	北	二一	五二	一六	減	二○	一六	六
○○	加	○○	四六	四四	北	二一	三○	五九	減	二○	一九	六
三八	加	○○	四七	○三	北	二二	二六	五六	減	二○	一九	六
五二	加	○○	四四	四九	北	二八	二九	五三	減	二○	○四	四
四四	加	○○	四三	二九	北	三九	一五	四七	減	一九	五六	二
三二	加	○○	四四	一二	北	四○	一三	二七	減	二○	○五	六
五二	加	○○	四四	三三	北	四一	五○	四二	減	二○	○九	六
四三	加	○○	四四	五三	北	四二	一八	○七	減	二○	一三	五
一六	加	○○	四五	二六	北	三九	三五	四九	減	二○	一五	五
五四	加	○○	四六	二三	北	四一	三八	三五	減	二○	二○	五
四○	加	○○	四七	三六	北	四四	○○	五二	減	二○	一八	六

九

星名	黃道經度				黃道緯度				赤道經		
太微垣	宮	度	分	秒	緯	度	分	秒	宮	度	分
少微一	巳	〇五	一一	二〇	北	一八	一四	二六	巳	一四	二三
二	巳	〇三	〇三	二一	北	一六	二八	四〇	巳	一一	三一
三	巳	〇一	〇二	一五	北	一三	五六	四六	巳	〇八	二八
四	巳	〇三	二三	一四	北	一〇	一四	五二	巳	〇九	一四
虎賁	巳	〇八	〇一	一三	北	一六	四六	〇二	巳	一六	二七
上台一	午	〇〇	二三	四九	北	二九	三四	三二	午	一一	五一
二	午	〇一	二九	五八	北	二八	五七	一〇	午	一二	五六
中台一	午	一七	〇六	四二	北	二九	五二	二二	巳	〇一	三九
二	午	一八	四七	四七	北	二八	五八	一〇	巳	〇二	五九
下台一	巳	〇四	一一	四〇	北	二六	〇八	一二	巳	一七	一四
二	巳	〇四	五三	三六	北	二四	四六	〇〇	巳	一七	一三
長垣一	巳	〇二	〇〇	五八	北	〇四	三三	二七	巳	〇五	五二
二	巳	〇五	一二	二一	北	〇五	五四	四八	巳	〇九	一六
三	巳	〇七	一四	一九	北	〇二	四七	四〇	巳	一〇	〇〇
四	巳	〇五	一七	〇五	南	〇一	五二	二七	巳	〇六	二五
靈臺一	巳	一二	〇五	〇九	北	〇一	二〇	二一	巳	一四	〇〇
二	巳	一一	三三	三三	南	〇〇	一三	一六	巳	一二	五四
三	巳	一二	二八	三四	南	〇二	三一	五一	巳	一二	五二
明堂一	巳	一九	〇四	〇二	南	〇〇	三四	〇四	巳	一九	四三
二	巳	二二	三五	五二	南	〇三	〇三	三五	巳	二一	五九
三	巳	二一	五六	一三	南	〇五	四二	二二	巳	二〇	二〇
謁者	辰	〇〇	五五	一七	北	〇五	〇四	二二	辰	〇二	五二

度		歲	差		赤道緯度歲差							
秒	經差	分	秒	微	緯	度	分	秒	緯差	秒	微	星等
三九	加	○○	四九	三九	北	二六	二八	五一	減	一九	三○	五
五八	加	○○	五○	○二	北	二五	四○	三九	減	一九	一一	四
一四	加	○○	五○	一五	北	二四	○五	五九	減	一八	四九	五
四四	加	○○	四九	二九	北	一九	四八	二一	減	一八	五五	六
五九	加	○○	四九	○二	北	二四	○二	二九	減	一九	四二	五
○○	加	○一	○四	二三	北	四八	四三	五三	減	一三	二○	四
一二	加	○一	○三	三三	北	四七	五○	四八	減	一三	二六	四
○八	加	○○	五六	三○	北	四三	四七	一八	減	一七	四四	三
一七	加	○○	五九	三○	北	四二	一二	○三	減	一八	○○	三
五九	加	○○	五○	○一	北	三四	○二	二○	減	一九	四七	四
三三	加	○○	四九	五一	北	三二	三一	五二	減	一九	四六	四
二六	加	○○	四九	○七	北	一五	○一	三六	減	一八	二六	六
五八	加	○○	四八	四九	北	一五	○六	四六	減	一八	五五	六
四五	加	○○	四八	一五	北	一一	二七	四一	減	一九	○一	六
○八	加	○○	四七	五八	北	○七	五○	五一	減	一八	三一	六
一○	加	○○	四七	四○	北	○八	一六	四一	減	一九	二八	四
三六	加	○○	四七	三四	北	○七	○二	一四	減	一九	二二	五
三八	加	○○	四七	一七	北	○四	三三	○九	減	一九	二一	六
五○	加	○○	四七	○四	北	○三	四八	四四	減	一九	五七	四
四一	加	○○	四六	四七	北	○○	○八	一六	減	二○	○六	四
二八	加	○○	四六	四○	南	○二	○二	一九	加	一九	五九	四
一二	加	○○	四六	四四	北	○四	一七	○五	減	二○	一九	四

恒星圖表

太微垣

十

星名	黃道經度 宮	度	分	秒	黃道緯度 緯	度	分	秒	赤道經度 宮	度	分
天市垣											
帝座	寅	一三	四三	○三	北	三七	一九	一五	寅	一六	四○
侯	寅	一九	五八	三二	北	三五	五三	一六	寅	二一	四一
宦者一	寅	一○	○五	二一	北	三六	四二	○○	寅	一三	三七
二	寅	一○	三一	○八	北	三六	一五	二○	寅	一三	五五
三	寅	一一	○八	五○	北	三五	二六	五○	寅	一四	一九
四	寅	一三	二九	二一	北	三三	二九	三七	寅	一六	○二
斗一	卯	二九	○八	○二	北	三五	一二	四三	寅	○四	二一
二	卯	二五	二七	○七	北	三四	○四	四一	寅	○一	○二
三	卯	二六	四四	三○	北	三二	一二	○九	寅	○一	四一
四	寅	○一	四四	三七	北	三三	○一	四六	寅	○六	○四
五	寅	○三	四七	五五	北	二八	五三	○五	寅	○六	○二
斛一	寅	○八	一○	五一	北	三二	三二	一六	寅	一一	二五
二	寅	○九	二三	一二	北	三一	五二	二○	寅	一一	二○
三	寅	○七	三四	○八	北	二九	三一	四五	寅	一○	二五
四	寅	○六	○五	○四	北	三○	四一	二○	寅	○九	二○
列肆一	寅	○○	五八	五四	北	二二	一六	○二	寅	○三	一八
二	寅	○三	○八	三八	北	二三	三五	三八	寅	○五	三一
車肆一	寅	○二	五一	三○	北	一三	○○	一八	寅	○三	一九
二	寅	○九	五六	○五	北	一一	三八	○○	寅	一○	○一
市樓一	寅	二二	○七	三七	北	一五	一五	五一	寅	二二	一九
二	寅	二三	○○	○九	北	一○	三三	五一	寅	二二	五六
三	寅	二八	二○	二三	北	一五	一七	二一	寅	二八	二二
四	寅	一七	五○	三九	北	一○	一八	一一	寅	一七	四四
五	寅	一七	二一	四○	北	一○	四四	五二	寅	一九	一七
六	寅	二三	一五	二七	北	一五	○一	一一	寅	二三	一五
宗正一	寅	二二	五五	四四	北	二七	五八	○○	寅	二三	四二
二	寅	二四	一一	三二	北	二六	○九	二○	寅	二四	四六
宗人一	寅	二七	三七	三三	北	二七	五一	○三	寅	二七	五三

度	歲差				赤道緯度				歲差			
秒	經差	分	秒	微	緯	度	分	秒	緯差	秒	微	星等
四六	加	○○	四一	三七	北	一四	三五	一六	減	○四	五二	三
一八	加	○○	四二	一四	北	一二	四一	三四	減	○三	○八	二
四八	加	○○	四一	四六	北	一四	二○	三二	減	○五	五六	六
一○	加	○○	四一	五六	北	一三	五一	一五	減	○五	五一	六
三六	加	○○	四二	一五	北	一二	五九	○六	減	○五	四一	六
一六	加	○○	四三	○一	北	一○	四八	二八	減	○五	○六	六
○八	加	○○	四二	○三	北	一四	二六	二五	減	○八	五九	六
四四	加	○○	四二	一九	北	一四	○○	二七	減	一○	○一	六
○七	加	○○	四二	五八	北	一一	五六	○二	減	○九	五○	五
二一	加	○○	四二	五一	北	一一	五二	○○	減	○八	二六	四
一二	加	○○	四四	一七	北	○七	二八	一三	減	○八	○八	六
一三	加	○○	四三	一二	北	一○	二七	○九	減	○六	四一	四
四七	加	○○	四三	一九	北	○九	三八	四二	減	○六	二二	四
五六	加	○○	四四	一二	北	○七	三三	三一	減	○七	○一	五
一二	加	○○	四三	四六	北	○八	五四	二七	減	○七	二二	五
五九	加	○○	四六	一六	北	○一	二六	○八	減	○九	二○	五
二○	加	○○	四五	五九	北	○二	二二	○二	減	○八	三七	四
三七	加	○○	四九	一七	南	○七	五九	四八	加	○九	二○	五
○三	加	○○	五○	一五	南	一○	二七	五二	加	○七	一○	六
五二	加	○○	四九	三五	南	○八	○○	三八	加	○二	五七	四
四八	加	○○	五一	一八	南	一二	四四	五五	加	○二	四四	五
五五	加	○○	四九	四一	南	○八	一一	○○	加	○○	五○	五
二五	加	○○	五一	一三	南	一二	三九	五三	加	○四	三四	四
五九	加	○○	五一	○七	南	一二	二○	二九	加	○四	○一	六
一一	加	○○	四九	四九	南	○八	一八	三七	加	○二	三四	四
二八	加	○○	四五	○七	北	○四	四四	四六	減	○二	二六	三
五四	加	○○	四五	四五	北	○二	四六	三六	減	○二	○四	三
四一	加	○○	四五	一二	北	○四	二五	三六	減	○○	五八	四

恆星圖表

星名	黃道經度 宮	度	分	秒	黃道緯度 緯	度	分	秒	赤道經度 宮	度	分
天市垣											
宗人二	寅	二七	四四	一九	北	二六	二四	三一	寅	二七	五八
三	寅	二八	○一	一七	北	二四	四七	○七	寅	二八	六三
四	寅	二九	○二	一六	北	二六	○二	五四	寅	二九	○八
宗星一	丑	一二	二○	三七	北	四三	二七	五四	丑	○九	三二
二	丑	一二	二三	四八	北	四一	○三	二三	丑	○九	四八
帛度一	寅	二七	五八	三六	北	四五	○四	三○	寅	二八	二七
二	丑	○○	二一	三六	北	四四	一八	○六	丑	○○	一六
屠肆一	丑	○五	二○	四九	北	四五	○六	五五	丑	○四	○三
二	寅	二九	二八	二四	北	四五	四一	二四	寅	二九	三六
河中	卯	二八	三七	四六	北	四二	四二	四一	寅	○五	三三
河間	卯	二六	四四	三三	北	四○	○二	○六	寅	○三	三一
晉	卯	二三	一四	二六	北	三七	一四	五七	寅	○○	○一
鄭	卯	二○	一七	○四	北	三五	一九	三二	卯	二七	○五
周	卯	一七	三○	○三	北	三四	二一	三○	卯	二四	二二
秦	卯	一五	五三	三四	北	二八	五四	二三	卯	二一	三六
蜀	卯	一九	三七	二二	北	二五	三一	五六	卯	二三	五四
巴	卯	二一	五二	二二	北	二四	○二	○五	卯	二五	三一
梁	卯	二九	五一	一五	北	一七	一七	五	寅	○一	一七
楚	寅	○一	○三	四五	北	一六	二八	二○	寅	○二	一六
韓	寅	○六	四六	五五	北	一一	二五	二七	寅	○六	五二
魏	寅	二二	一六	二○	北	四七	四三	四五	寅	一六	五六
趙	寅	一七	二五	二八	北	四九	二○	一六	寅	二○	五三
九河	寅	一二	四七	二六	北	五一	一一	三八	寅	二四	四○
中山	丑	○○	一四	一三	北	五二	一二	三五	丑	○○	○九
齊	丑	一四	三六	四四	北	四四	○八	○八	丑	一一	一一
吳越	丑	一七	二一	三四	北	三六	一三	四八	丑	一四	二○
徐	丑	一三	一九	一五	北	二六	五四	四	丑	一一	五三
東海	丑	三	二四	○三	北	二○	三一	五六	丑	○三	一○

度歲差					赤道緯度歲差							
秒	經差	分	秒	微	緯	度	分	秒	緯差	秒	微	星等
二○	加	○○	四五	四四	北	○二	五六	二六	減	○○	五六	四
○六	加	○○	四六	一九	北	○一	一八	四七	減	○○	五二	四
○五	加	○○	四五	五二	北	○二	三五	○二	減	○○	三一	四
四一	加	○○	三九	二○	北	二○	二三	二○	加	○三	一○	五
○○	加	○○	四○	一七	北	一七	五九	三七	加	○三	一六	四
四七	加	○○	三八	四三	北	二一	三六	○三	減	○○	四三	四
三二	加	○○	三九	○三	北	二○	四八	二○	加	○○	○六	四
三一	加	○○	三八	四二	北	二一	四二	二三	加	○一	一四	四
○八	加	○○	三八	二八	北	二三	一二	二五	減	○○	一九	五
○七	加	○○	三四	二○	北	二一	五○	四六	減	○八	三四	三
一六	加	○○	四○	一八	北	一九	三三	四五	減	○九	一四	三
四六	加	○○	四一	一三	北	一七	三一	○六	減	一○	二○	四
三二	加	○○	四一	四七	北	一六	一六	五八	減	一一	一四	三
三五	加	○○	四二	○一	北	一五	五七	五九	減	一一	五八	三
五二	加	○○	四三	三七	北	一一	○七	○九	減	一二	四八	三
二一	加	○○	四四	四五	北	○六	五八	三四	減	一二	一○	二
三二	加	○○	四五	一七	北	○五	○○	二一	減	一一	四一	三
四六	加	○○	四七	四五	南	○三	一四	一六	加	○九	五七	三
一六	加	○○	四八	○四	南	○四	一五	五三	加	○九	三九	三
五二	加	○○	五○	○六	南	一○	一二	四六	加	○八	一二	三
○九	加	○○	三七	三一	北	二五	○二	五一	減	○四	四六	四
一○	加	○○	三六	五二	北	二六	一五	○七	減	○三	二三	四
三五	加	○○	二六	○五	北	二七	五一	一五	減	○一	五九	四
五七	加	○○	三五	三九	北	二八	四四	五一	加	○○	○七	四
五八	加	○○	三九	○二	北	二一	一三	○八	加	○三	四六	四
一四	加	○○	四二	○一	北	一三	三六	二五	加	○四	四九	三
○六	加	○○	四五	二五	北	○三	五八	三三	加	○三	五八	三
[illegible]	加	○○	四六	四八	南	○二	五四	五二	減	○○	五四	三

星名	黃道經度				黃道緯度				赤道經		
天市垣	宮	度	分	秒	緯	度	分	秒	宮	度	分
燕	寅	二七	一八	一六	北	一三	四二	四五	寅	二七	二○
南海	寅	二二	○六	二二	北	○七	五九	○五	寅	二一	五三
宋	寅	一五	三一	四六	北	○七	一三	五三	寅	一五	○五
天紀一	卯	二二	四七	一○	北	五一	二七	○○	寅	○三	四九
二	卯	二九	○一	四九	北	五三	○七	一五	寅	○八	三九
三	寅	○五	四九	五六	北	五三	一九	一二	寅	一三	一一
四	寅	○五	三○	三三	北	五五	五六	○八	寅	一三	四六
五	寅	○六	二○	○五	北	五七	五四	三五	寅	一四	四六
六	寅	一一	一七	二二	北	五五	五九	二四	寅	一七	四一
七	寅	一八	四八	○八	北	五四	二一	○○	寅	二一	一三
八	寅	二三	一八	一五	北	五七	○二	○三	寅	二五	三七
九	寅	二五	五八	五○	北	六○	四三	四○	寅	二七	三一
女牀一	寅	○九	三四	一二	北	五九	三五	三○	寅	一七	一三
二	寅	一○	二八	三○	北	六○	○八	三五	寅	一七	五二
三	寅	一二	四五	○二	北	六○	一○	四○	寅	一九	二四
貫索一	卯	○九	四三	四一	北	五○	三○	○三	卯	二四	一六
二	卯	○六	五八	二○	北	四八	三四	五○	卯	二一	二八
三	卯	○六	三八	五三	北	四六	○四	四○	卯	二○	○八
四	卯	○九	四八	五六	北	四四	二一	一七	卯	二一	四九
五	卯	一二	二四	五○	北	四四	三一	一八	卯	二三	五一
六	卯	一四	三一	一四	北	四四	五三	○五	卯	二五	三三
七	卯	一六	三九	一五	北	四六	○六	二七	卯	二七	三五
八	卯	一六	三二	三八	北	四九	一一	二一	卯	二八	三六
九	卯	一四	四一	二四	北	五二	三○	四二	卯	二八	三五
七公一	卯	一六	五五	四九	北	六九	三四	○五	寅	○八	二四
二	卯	一一	五七	一一	北	六五	五三	○○	寅	○三	四○
三	卯	○九	一一	二六	北	六二	四九	三六	寅	○○	五一
四	卯	○五	四二	○七	北	六○	一五	五○	卯	二六	三七

度歲差					赤道緯度歲差							
秒	經差	分	秒	微	緯	度	分	秒	緯差	秒	微	星等
五三	加	○○	○五	八一	南	九○	四四	九四	加	一○	一一	四
二四	加	○○	二五	五一	南	五一	六一	八三	加	二○	七○	四
二三	加	○○	二五	○一	南	五一	○三	二二	加	五○	九三	三
三三	加	○○	五三	二四	北	一三	七一	九五	減	九○	七○	五
九五	加	○○	四三	九五	北	一三	四五	八三	減	七○	三二	三
六五	加	○○	四三	八五	北	一三	三一	五二	減	五○	九五	三
八○	加	○○	三三	一四	北	三三	九四	二二	減	五○	八五	六
五五	加	○○	二三	一四	北	五三	○四	八一	減	五○	九二	六
三四	加	○○	二三	三四	北	三二	七一	四四	減	四○	○三	五
七一	加	○○	四三	五三	北	一三	九○	一四	減	二○	二五	五
四四	加	○○	二二	七一	北	一三	九三	六○	減	一○	三四	五
四五	加	○○	一三	○二	北	七三	六一	三四	減	一○	一○	四
○○	加	○○	一二	○五	北	七三	○○	五四	減	四○	九三	三
二五	加	○○	一二	二二	北	七三	八二	二四	減	四○	四二	四
二五	加	○○	一三	二二	北	七三	九二	六一	減	三○	三五	四
九五	加	○○	六二	二○	北	二三	四○	五二	減	二一	一○	五
○二	加	○○	六三	一五	北	一三	七五	○二	減	二一	七四	四
七五	加	○○	七二	二五	北	九二	二四	九三	減	三一	九○	四
一二	加	○○	八三	一三	北	七二	八一	二二	減	二一	二四	二
三一	加	○○	八三	八二	北	六二	一五	三二	減	二一	八○	四
六五	加	○○	八三	○二	北	六二	一四	六四	減	一一	九三	四
五二	加	○○	七三	二五	北	七二	二二	一二	減	一一	四○	四
七三	加	○○	六二	七二	北	○二	○二	二一	減	○一	四四	五
○五	加	○○	六二	八○	北	二二	一五	三四	減	○一	四四	六
六○	加	○○	四二	七四	北	九四	六一	九二	減	七○	二二	六
九二	加	○○	七二	四二	北	六四	四四	八二	減	九○	八○	四
四四	加	○○	八二	五四	北	五四	四二	九○	減	○一	二○	六
八三	加	○○	○三	九五	北	二四	五五	四三	減	一一	八一	六

星名	黄道經度				黄道緯度				赤道經度		
天市垣	宮	度	分	秒	緯	度	分	秒	宮	度	分
七公五	卯	○○	○二	二五	北	五七	○五	五四	卯	二一	○九
六	卯	○○	四四	三	北	五三	二六	五六	卯	一九	二九
七	卯	○○	四一	○二	北	四九	○○	一○	卯	一六	五四

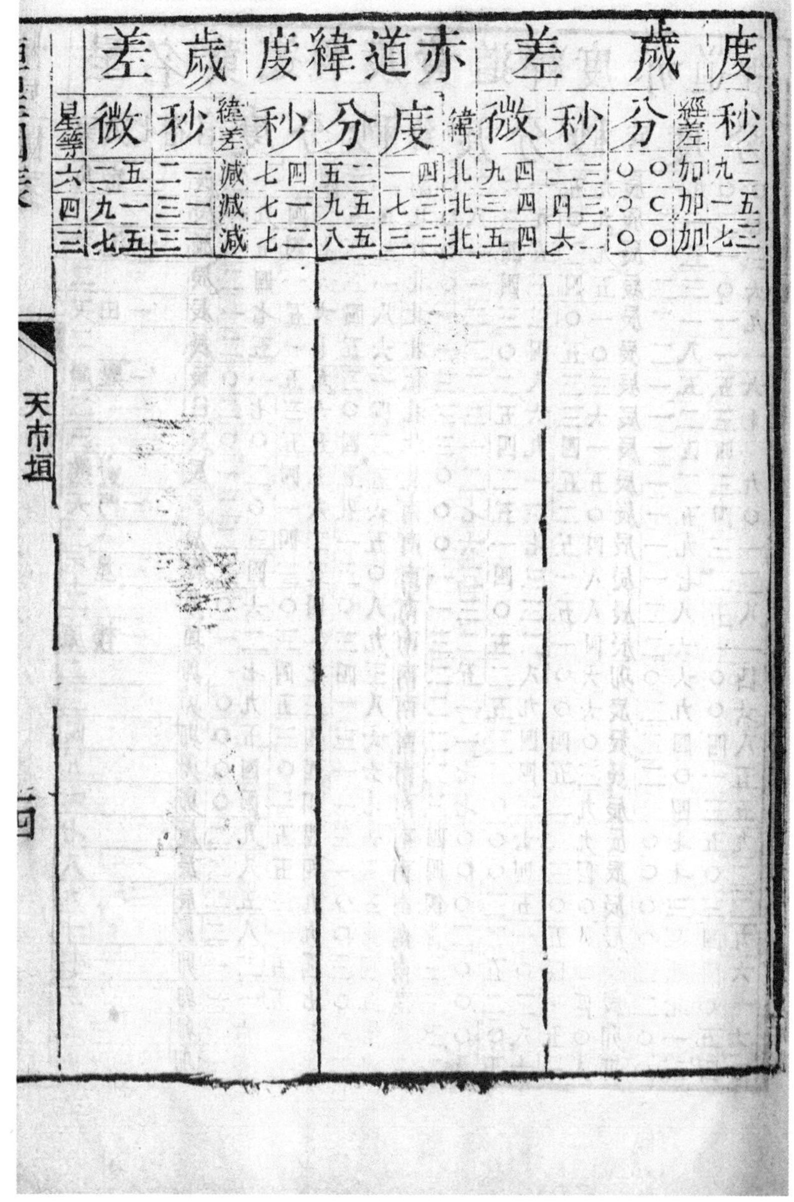

度	歲差				赤道緯度				歲差			
秒	經差	分	秒	微	緯	度	分	秒	緯差	秒	微	星等
二九	加	○○	三二	四九	北	四一	二五	四七	減	一二	五二	六
五一	加	○○	三四	四三	北	三七	五九	一七	減	一三	一九	四
三七	加	○○	二六	四五	北	三三	五八	二七	減	一三	五七	三

天市垣

星名	黃道經度 宮	度	分	秒	黃道緯度 緯	度	分	秒	赤道經 宮	度	分
東方七宿 角宿一	辰	二一	二四	二一	南	○二	○一	五九	辰	一九	○○
二	辰	一九	四二	五○	北	○八	三九	○九	辰	二一	二七
平道一	辰	一五	四七	二三	北	○一	四五	二九	辰	一五	一三
二	辰	二四	一六	三一	北	○一	四三	四五	辰	二三	○六
天田一	辰	一七	五六	四八	北	一二	三三	○一	辰	二一	一九
二	辰	二五	一七	五六	北	一二	○四	五○	辰	二八	一一
周鼎一	辰	○一	五九	三一	北	三二	二八	三三	辰	一五	五六
二	巳	二七	三六	○四	北	三三	五六	三六	辰	一二	五七
三	辰	○○	五五	四二	北	三一	四九	四一	辰	一四	四一
進賢	辰	一二	四五	五五	北	○二	二一	五五	辰	一二	三九
天門一	辰	二○	一八	五六	南	○七	五三	二○	辰	一五	四○
二	辰	二三	四二	一五	南	○六	一七	五四	辰	一九	三一
平星一	辰	二四	三五	三○	南	一三	四三	一八	辰	一七	二二
二	卯	○六	○四	○八	南	一三	○三	五八	辰	二八	五八
庫樓一	卯	一二	三一	三九	南	三二	五二	一四	辰	二六	一一
二	卯	一七	四七	四三	南	二五	二八	○六	卯	○六	○四
三	卯	○九	五三	一八	南	二一	五九	○六	辰	二九	○六
四	卯	○五	三四	三六	南	二一	三四	四○	辰	二四	四八
五	卯	○四	○四	一六	南	二七	三四	五三	辰	二○	一五
六	卯	○四	二四	一七	南	三七	○三	二九	辰	一四	三五
七	辰	二九	五四	三六	南	四○	○六	二九	辰	○七	五九
八	辰	二八	五四	一五	南	四○	○四	三四	辰	○七	○二
九	辰	二五	三九	○三	南	四○	三五	○○	辰	○三	三二
十	辰	二八	一九	○七	南	四二	二一	五八	辰	○四	四九
柱一	卯	一二	五四	三四	南	三○	五○	四○	辰	二七	四六
二	卯	一一	五七	○五	南	三○	二三	一四	辰	二七	○一
三	卯	一六	二二	一七	南	三○	○八	五○	卯	○一	五六
四	卯	一七	一二	二九	南	二八	五六	一八	卯	○三	四○

星等	微	秒	緯差	秒	分	度	緯	微	秒	分	經差	秒
	赤道緯度歲差							歲差				度
一	七一	九一	加	八四	四一	○一	南	四五	七四	○○	加	三○
三	○○	九一	減	九二	七一	○○	北	二四	六四	○○	加	七二
四	○四	九一	加	九○	六三	四○	南	○一	七四	○○	加	一一
六	七四	八一	加	六一	九四	七○	南	九四	七四	○○	加	二五
六	一○	九一	減	四二	三三	四○	北	○一	六四	○○	加	六一
五	一○	八一	減	四二	三一	二○	北	○二	六四	○○	加	七一
五	五三	九一	減	二一	四四	八二	北	八四	三四	○○	加	八三
四	二五	九一	減	八五	三四	一三	北	三○	四四	○○	加	四一
四	三四	九一	減	六○	四三	八二	北	三○	四四	○○	加	○四
六	二五	九一	加	七二	二五	二○	南	八五	六四	○○	加	九二
四	八三	九一	加	九三	四一	五一	南	一一	八四	○○	加	一四
五	四一	九一	加	一四	三○	五一	南	一三	八四	○○	加	八三
三	八二	九一	加	二○	五○	二二	南	八○	九四	○○	加	○○
四	四五	七一	加	二三	○五	五二	南	三二	一五	○○	加	二一
三	一二	八一	加	六一	三二	六四	南	一五	五五	○○	加	七一
三	五三	六一	加	七○	二二	一四	南	三○	七五	○○	加	四五
二	三五	七一	加	五二	八二	五三	南	五三	三五	○○	加	四四
四	三三	八一	加	八五	三三	二二	南	四一	二五	○○	加	九三
四	九○	九一	加	五○	○三	八三	南	七○	二五	○○	加	一一
四	三四	九一	加	三二	一○	七四	南	六五	一五	○○	加	三○
二	○一	○二	加	八二	八五	七四	南	七三	九四	○○	加	五二
四	二一	○二	加	九五	二三	七四	南	三一	九四	○○	加	四○
六	九一	○二	加	二三	一四	六四	南	○五	七四	○○	加	三○
五	六一	○二	加	八四	五一	九四	南	三二	八四	○○	加	七○
五	七○	八一	加	七三	四四	四四	南	一五	五五	○○	加	八四
五	三一	八一	加	七三	五五	三四	南	二二	五五	○○	加	○五
五	二二	七一	加	一二	四一	五四	南	○二	一五	○○	加	四三
五	四○	七一	加	二一	四二	四四	南	○三	七五	○○	加	五四

星名	黃道經度				黃道緯度				赤道經度		
東方七宿	宮	度	分	秒	緯	度	分	秒	宮	度	分
杜　五	卯	一四	二四	○四	南	二三	四七	○三	卯	○三	○七
六	卯	一三	一七	三七	南	二二	二七	○八	卯	○二	三一
七	卯	○五	二○	五五	南	一八	五七	○○	辰	二五	四六
八　一	卯	○五	二九	○○	南	二○	○二	五○	辰	二五	二五
九　一	卯	○四	一五	四三	南	二○	三三	三四	辰	二三	五六
十　一	辰	二九	二七	五一	南	二四	三五	二○	辰	一七	○九
十一　一	卯	○○	四四	一四	南	二五	二六	五六	辰	一七	四三
衡　一	卯	○八	四○	一四	南	二八	一二	五九	辰	二四	四二
二　一	卯	○九	○六	三八	南	二八	五五	五九	辰	二四	四七
三	卯	一○	三五	三八	南	二七	五八	三三	辰	二六	五三
四	卯	一一	四○	二四	南	二六	三五	一○	辰	二七	四七
庫樓內氣	卯	○七	一四	五○	南	三五	○一	五九	卯	一九	○○
南門　一	卯	一三	○五	一九	南	三九	三○	一六	辰	二二	一一
二　一	卯	二七	二八	○七	南	四二	二六	五八	卯	○七	一四
亢宿　一	卯	○二	○三	四○	北	○二	五五	四○	卯	○○	五四
二	卯	○一	二○	三六	北	○七	一五	四○	卯	○一	四三
三	卯	○三	○一	五四	北	一一	四七	二五	卯	○四	四八
四　一	卯	○四	三一	一三	北	○○	三一	○四	卯	○二	二五
大角	辰	二一	四七	五二	北	三○	五七	○○	卯	○一	五七
右攝提一	辰	一六	五一	三二	北	二八	○七	三五	辰	二六	三五
二	辰	一五	三○	三○	北	二六	三二	○八	辰	二四	四五
三	辰	一六	四四	五七	北	二五	一二	四七	辰	二五	一五
左攝提一	卯	○○	二○	四五	北	三一	一七	○七	卯	○九	一六
二	辰	二九	二三	○六	北	三○	二三	一八	卯	○八	○七
三	卯	○○	三三	一一	北	二七	五三	四二	卯	○八	一○
折威　一	卯	○八	三七	四四	南	一二	四五	三三	卯	○一	四一
二	卯	一一	四八	五五	南	一○	○二	二六	卯	○五	五九
三	卯	一二	四五	四六	南	○九	○二	二二	卯	○七	一八

度	歲差				赤道緯度				歲差			
秒	經差	分	秒	微	緯	度	分	秒	緯差	秒	微	星等
○八	加	○○	五五	二五	南	三八	四一	○三	加	一七	一○	四
五四	加	○○	五四	四七	南	三七	○四	二三	加	一七	一七	四
一六	加	○○	五一	五三	南	三一	○三	二八	加	一八	二五	四
○五	加	○○	五二	○三	南	三二	○七	一三	加	一八	二八	四
一二	加	○○	五一	四五	南	三二	○九	○三	加	一八	四一	四
二○	加	○○	五○	三七	南	三四	○二	五○	加	一九	二九	五
五六	加	○○	五一	○一	南	三五	四五	五五	加	一九	二六	三
三四	加	○○	五三	五○	南	四○	四六	一八	加	一八	三四	四
○五	加	○○	五四	○三	南	四一	三五	○三	加	一八	三四	四
三五	加	○○	五四	三三	南	四一	一四	三三	加	一八	一五	四
○二	加	○○	五四	四九	南	四○	二○	四七	加	一七	五五	五
三二	加	○○	五三	二六	南	四六	三○	五六	加	一九	一九	氣
五○	加	○○	五六	二二	南	五二	三○	四六	加	一八	五五	二
一三	加	○一	○七	三一	南	六○	○六	二○	加	一六	二三	一
○五	加	○○	四八	二六	南	○九	二七	三三	加	一七	三三	四
○五	加	○○	四七	四一	南	○五	○八	四七	加	一七	二五	四
三七	加	○○	四七	○一	南	○一	二六	三二	加	一六	四九	四
二五	加	○○	四九	○七	南	一二	三三	四九	加	一七	一六	四
二六	加	○○	四二	五一	北	二○	一○	二八	減	一七	二一	一
二○	加	○○	四三	三八	北	一九	一七	四四	減	一八	一七	三
○○	加	○○	四三	五九	北	一八	一九	三二	減	一八	三三	四
五六	加	○○	四四	一二	北	一六	四○	○○	減	一八	二八	四
○○	加	○○	四二	四○	北	一七	四二	四二	減	一五	五三	四
三	加	○○	四二	五四	北	一七	一○	三○	減	一六	○六	三
五六	加	○○	四三	三二	北	一四	二八	五○	減	一六	○七	三
二八	加	○○	五一	五五	南	二六	二六	○七	加	一七	二五	五
二○	加	○○	五二	五五	南	二四	五六	一五	加	一六	五三	五
二八	加	○○	五二	一一	南	二四	一六	一六	加	一六	一九	六

星名	黃道經度 宮	度	分	秒	黃道緯度 緯	度	分	秒	赤道經度 宮	度	分
東方七宿											
折威四	卯	一三	三六	一七	南	〇八	四三	〇九	卯	〇八	一六
五	卯	一三	三八	二九	南	〇八	四二	一一	卯	〇八	一九
六	卯	一五	五五	四七	南	〇七	三七	三三	卯	一一	〇二
七	卯	一八	一五	三一	南	〇七	三五	五六	卯	一三	二八
頓頑一	卯	二五	〇三	一八	南	一七	〇六	四七	卯	一七	四〇
二	卯	二二	一四	〇〇	南	一二	五八	二一	卯	一五	五七
陽門一	卯	一七	三〇	五〇	南	二〇	五五	〇九	卯	〇七	四八
二	卯	一六	五六	二七	南	一八	一九	五八	卯	〇八	一四
氐宿一	卯	一二	三九	四〇	北	〇〇	二二	五一	卯	一〇	一九
二	卯	一八	三四	四三	南	〇一	四八	二三	卯	一五	三四
三	卯	二二	四一	五三	北	〇四	二五	二七	卯	二一	二六
四	卯	一六	五六	四〇	北	〇八	三二	〇三	卯	一六	五四
亢池一	辰	二三	〇四	一一	北	二八	二七	〇〇	卯	〇二	〇一
二	辰	二二	一一	二三	北	二六	二九	三一	卯	〇〇	二八
三	辰	二四	〇一	四二	北	二四	五一	〇〇	卯	〇一	二五
四	辰	二五	一六	五二	北	二五	一〇	五	卯	〇二	三七
帝席一	辰	一七	三六	〇四	北	三五	四一	〇三	卯	〇〇	三五
二	辰	一四	〇六	〇五	北	三六	五三	一六	辰	二八	一八
三	辰	一二	五三	三八	北	三六	三三	一〇	辰	二七	〇九
梗河一	辰	二五	三七	三五	北	四〇	三八	二一	卯	〇九	一九
二	辰	二一	二四	三三	北	四二	〇八	二四	卯	〇六	四五
三	辰	二〇	一八	五〇	北	四二	二七	五七	卯	〇六	〇四
招搖	辰	一五	一一	一八	北	四九	三三	〇〇	卯	〇六	一五
天乳	卯	二三	三〇	〇八	北	一六	一六	一一	卯	二五	〇七
天輻一	卯	二六	一〇	二八	南	〇八	二八	〇九	卯	二一	三六
二	卯	二六	五四	一七	南	〇九	五八	五〇	卯	二一	五八
陣車一	卯	一六	〇一	五八	南	一一	〇三	〇九	卯	〇九	五九
二	卯	一八	三六	一九	南	一〇	二三	五二	卯	一二	五五

度歲差					赤道緯度歲差							
秒	經差	分	秒	微	緯	度	分	秒	緯差	秒	微	星等
四三	加	○○	五二	一八	南	二四	一七	五四	加	一六	○六	六
一九	加	○○	五二	一九	南	二四	一四	四一	加	一六	○六	六
四七	加	○○	五二	三三	南	二三	五五	二一	加	一五	三○	六
四○	加	○○	五三	○一	南	二四	三四	五九	加	一四	五五	三
五七	加	○○	五七	一九	南	三五	三五	四五	加	一三	五一	五
一九	加	○○	五五	一八	南	三○	五一	一九	加	一四	二○	五
二三	加	○○	五五	五五	南	三七	○○	四二	加	一六	一四	四
二九	加	○○	五五	一○	南	三四	二三	三六	加	一六	○八	四
二七	加	○○	五○	一七	南	一五	一八	○五	加	一五	三九	二
五六	加	○○	五一	四二	南	一九	○七	二○	加	一四	二四	四
四五	加	○○	五○	四二	南	一四	一一	五七	加	一二	五一	四
五六	加	○○	四八	五八	南	○八	四四	○三	加	一四	○三	二
○六	加	○○	四三	一五	北	一七	二六	○九	減	一七	二○	五
五一	加	○○	四三	五○	北	一五	五五	四○	減	一七	三七	六
一三	加	○○	四四	一一	北	一三	四六	四八	減	一七	二七	六
四九	加	○○	四四	○六	北	一三	三九	一六	減	一七	一四	六
二八	加	○○	四一	四六	北	二九	五五	一三	減	一七	三七	五
五○	加	○○	四一	四○	北	二八	一三	一八	減	一七	五八	六
三三	加	○○	四一	四九	北	二八	二○	四六	減	一八	一一	五
三八	加	○○	四○	○○	北	二七	四八	四一	減	一五	五○	三
二二	加	○○	三九	三九	北	三○	二九	五三	減	一六	二四	五
一五	加	○○	三九	三五	北	三一	○八	三五	減	一六	三二	四
○九	加	○○	三七	○四	北	三九	○三	五六	減	一六	二九	三
五○	加	○○	四七	三四	南	○二	五三	五三	加	一一	四八	四
三五	加	○○	五四	五七	南	二七	三二	五九	加	一二	五○	四
二六	加	○○	五五	二三	南	二九	一一	三六	加	一二	四四	四
一三	加	○○	五三	一九	南	二七	一二	五三	加	一五	四四	五
一三	加	○○	五三	四六	南	二七	二一	三三	加	一五	○四	六

星名	黃道經度				黃道緯度				赤道經度		
東方七宿	宮	度	分	秒	緯	度	分	秒	宮	度	分
陣車三	卯	二二	三二	二四	南	一一	二八	一二	卯	一六	四六
騎官一	卯	二九	○○	五三	南	二一	一一	一六	卯	二○	四九
二	卯	二六	一二	二九	南	二一	二一	○五	卯	一七	二八
三	卯	二二	二一	○四	南	二四	○○	○四	卯	一一	五六
四	卯	二二	三四	三三	南	二四	五九	二○	卯	一一	四五
五	卯	二五	一六	四八	南	二六	二七	四七	卯	一四	一六
六	卯	二七	四○	一五	南	二五	一一	一四	卯	一七	四一
七	卯	二七	五六	三六	南	二八	二六	三八	卯	一六	三六
八	卯	二五	一四	○八	南	二八	二○	二三	卯	一三	二一
九	卯	二一	二三	○○	南	二五	四九	四○	卯	一○	○○
十	卯	二一	○三	二三	南	二九	五七	四二	卯	○七	三四
車騎一	卯	二八	一五	二九	南	三二	四五	五六	卯	一四	五一
二	卯	二一	一三	三八	南	三二	○四	四九	卯	○六	三六
三	卯	二○	四四	三六	南	三三	二一	五○	卯	○五	一六
騎陣將軍	卯	二七	○二	二八	南	二九	三五	五六	卯	一四	五七
房宿一	寅	○○	三○	二五	南	○五	二五	四六	卯	二七	○四
二	寅	○○	四一	五二	南	○八	三三	二五	卯	二六	三○
三	寅	○○	○八	五○	南	○一	五六	三一	卯	二七	三一
四	寅	○○	四五	五六	北	○一	○三	○九	卯	二八	五○
鉤鈐一	寅	○一	一四	三五	北	○○	一六	○五	卯	二九	○九
二	寅	○一	二五	○九	北	○○	○五	五六	卯	二九	一八
鍵閉	寅	○二	一三	一一	北	○一	四○	五○	寅	○○	二八
罰一	寅	○一	○二	二三	北	一二	四六	三九	寅	○一	三一
二	卯	二九	五四	一一	北	○八	○四	四○	卯	二九	二七
三	卯	二八	五七	五三	北	○四	○四	二○	卯	二七	三九
西咸一	卯	二八	五一	四三	北	○九	一六	二九	卯	二八	四一
二	卯	二七	五七	○四	北	○六	○七	四八	卯	二七	○五
三	卯	二七	二六	○四	北	○三	二○	○四	卯	二五	五八

恒星圖表 東方七宿

度					赤道緯度歲差							
秒	經差	分	秒	微	緯	度	分	秒	經差	秒	微	星等
三九	加	○○	五四	五九	南	二九	二九	五一	加	一四	○六	五
三四	加	○一	○○	○二	南	四○	三一	三七	加	一三	○三	四
三○	加	○○	五九	○四	南	三九	五八	一○	加	一三	五七	四
○八	加	○○	五八	二八	南	四一	二三	五七	加	一五	一八	四
四四	加	○○	五八	五○	南	四二	二三	五九	加	一五	二一	三
五九	加	○一	○○	二七	南	四四	三四	五八	加	一四	四六	五
三五	加	○一	○一	○一	南	四四	○一	五○	加	一三	五四	四
三四	加	○一	○二	二三	南	四七	一二	二六	加	一四	一一	五
四七	加	○一	○一	○四	南	四六	二○	四二	加	一四	五八	五
○八	加	○○	五八	三五	南	四二	四九	五二	加	一五	四五	五
三○	加	○○	五九	三三	南	四六	三六	○○	加	一六	一七	三
二八	加	○一	○四	一八	南	五一	二三	○四	加	一四	三八	五
二六	加	○一	○○	一○	南	四八	三七	一八	加	一六	二九	五
五九	加	○一	○○	一一	南	四九	三九	○四	加	一六	四六	五
一七	加	○一	○二	二四	南	四八	○三	○六	加	一四	三六	五
四八	加	○○	五四	四九	南	二五	三六	○○	加	一一	一六	三
五四	加	○○	五五	五五	南	二八	四一	三四	加	一一	二六	四
一一	加	○○	五三	三七	南	二二	○七	○三	加	一一	○八	三
二二	加	○○	五二	四八	南	一九	一九	一一	加	一○	四四	二
五三	加	○○	五三	○五	南	二○	一一	○七	加	一○	三八	五
四一	加	○○	五三	一○	南	二○	二三	一三	加	一○	三六	五
四九	加	○○	五二	四六	南	一八	五九	五○	加	一○	一五	四
四三	加	○○	四九	一二	南	○七	五三	○七	加	○九	五四	四
四七	加	○○	五○	三一	南	一三	一六	○三	加	一○	三二	六
三○	加	○○	五一	三五	南	一五	五九	二三	加	一一	○六	六
一八	加	○○	五○	○二	南	一○	五二	五九	加	一○	四六	五
五二	加	○○	五○	五一	南	一三	四五	四五	加	一一	一五	四
四○	加	○○	五一	三五	南	一六	一二	四六	加	一一	三四	四

大

星名	黃道經度				黃道緯度				赤道經		
東方七宿	宮	度	分	秒	緯	度	分	秒	宮	度	分
西咸四	卯	二四	五五	三八	北	〇四	〇二	五二	卯	二三	三四
東咸一	寅	〇六	一四	二六	北	〇五	一四	四一	寅	〇五	一八
二	寅	〇五	三三	二五	北	〇三	一六	三二	寅	〇四	一四
三	寅	〇五	〇七	一八	北	〇一	三六	〇九	寅	〇三	二九
四	寅	〇七	一二	五三	北	〇〇	二八	四〇	寅	〇五	二八
日	卯	二二	二〇	〇〇	北	〇〇	〇一	五四	卯	二二	五九
從官一	卯	二八	五五	二八	南	一四	三四	〇六	卯	二二	五二
二	寅	〇〇	二二	四〇	南	一三	〇七	四八	卯	二四	五六
心宿一	寅	〇五	二二	二四	南	〇三	五九	〇四	寅	〇二	三九
二	寅	〇七	一九	〇四	南	〇四	三一	二六	寅	〇四	四〇
三	寅	〇九	〇〇	五六	南	〇六	〇四	二三	寅	〇六	一五
積卒一	寅	〇三	三七	〇〇	南	一五	三〇	〇〇	卯	二八	三四
二	寅	〇三	〇六	〇〇	南	一六	二一	〇〇	卯	二六	五二
尾宿一	寅	一三	三七	二四	南	一五	二四	五九	寅	〇九	五三
二	寅	一二	五六	三二	南	一一	三九	四九	寅	〇九	四四
三	寅	一四	四二	二二	南	一九	三七	七	寅	一〇	二六
四	寅	一八	一五	一四	南	二〇	〇八	五三	寅	一四	五四
五	寅	二三	〇七	〇七	南	一九	三七	三六	寅	二一	〇八
六	寅	二五	〇二	二九	南	一六	四	四一	寅	二三	四六
七	寅	二三	五九	三九	南	一五	三六	三八	寅	二二	三三
八	寅	二二	〇八	一〇	南	一三	四四	二〇	寅	二〇	二五
九	寅	二一	四四	一六	南	一三	五七	〇四	寅	一九	四三
神宮	寅	一四	二〇	五〇	南	一九	〇三	〇五	寅	一〇	一八
天江一	寅	一七	二一	一五	南	〇三	五三	四七	寅	一五	五〇
二	寅	一七	三五	一四	南	〇三	二四	〇九	寅	一六	〇九
三	寅	一八	五六	一一	南	〇一	四七	四〇	寅	一七	四八
四	寅	一九	五二	五四	南	〇〇	五四	〇三	寅	一八	四四
傅說	寅	二五	二九	四〇	南	二三	三七	一五	寅	二四	三〇

度	歲差				赤道緯度歲差							
秒	經差	分	秒	微	緯	度	分	秒	緯差	秒	微	星等
四九	加	○○	五一	○七	南	一五	○六	一七	加	一二	一六	四
○五	加	○○	五二	○五	南	一六	一三	二○	加	○八	四四	四
五○	加	○○	五二	四○	南	一八	○二	四七	加	○九	○四	五
○三	加	○○	五三	一○	南	一九	三七	○一	加	○九	一八	五
三七	加	○○	五三	四八	南	二一	○五	○三	加	○八	四○	五
二五	加	○○	五二	一七	南	一九	○六	○七	加	一二	二六	四
四二	加	○○	五七	三四	南	三四	○七	四○	加	一二	二九	五
二四	加	○○	五七	二六	南	三三	○四	二三	加	一一	五五	五
三七	加	○○	五五	○八	南	二五	○九	二七	加	○九	三四	四
一四	加	○○	五五	三九	南	二六	○一	五六	加	○八	五六	一
○五	加	○○	五六	二九	南	二七	五○	二八	加	○八	二七	四
五三	加	○○	五九	一八	南	三六	一一	五六	加	一○	五○	五
三七	加	○○	五九	四七	南	三七	四七	一二	加	一一	二二	五
二四	加	○一	○一	二五	南	三七	四五	四六	加	○七	一七	三
一二	加	○○	五九	三○	南	三三	五七	一四	加	○七	一九	三
四三	加	○一	○三	五五	南	四二	○四	一八	加	○七	○六	四
五一	加	○一	○四	五七	南	四三	○○	五八	加	○五	三八	四
一六	加	○一	○五	二二	南	四二	五三	五九	加	○三	二七	二
二○	加	○一	○三	四四	南	四○	○四	二一	加	○二	三一	三
三一	加	○一	○三	○○	南	三八	五六	二四	加	○二	五六	四
二九	加	○一	○一	四六	南	三六	五七	四三	加	○三	四○	三
一五	加	○一	○一	五一	南	三七	○八	○七	加	○三	五六	四
二三	加	○一	○三	三三	南	四一	三○	五三	加	○七	○九	氣
二七	加	○○	五六	三九	南	二六	四五	三七	加	○五	一四	六
○九	加	○○	五六	二七	南	二六	一七	二九	加	○五	○八	五
○一	加	○○	五五	五三	南	二四	四八	四六	加	○四	三四	三
五一	加	○○	五五	三七	南	二三	五九	四七	加	○四	一一	四
四六	加	○一	○一	五九	南	三七	○一	一一	加	○二	一五	四

星名 東方七宿	黃道經度 宮	度	分	秒	黃道緯度 緯	度	分	秒	赤道經度 宮	度	分
魚	寅	二六	一七	三四	南	一一	二四	三四	寅	二五	三四
龜一	寅	一七	○九	三一	南	三○	一三	三四	寅	一二	二六
二	寅	二一	四九	四二	南	三三	○二	四四	寅	一七	三八
三	寅	二三	○六	四○	南	三七	一七	二四	寅	一八	四九
四	寅	一六	二八	二七	南	三六	一三	一二	寅	○八	四一
五	寅	一七	二四	三一	南	二三	○一	四六	寅	一一	○四
箕宿一	寅	二八	四八	四七	南	○六	五五	五一	寅	二八	三七
二	丑	○二	○七	○三	南	○六	二五	二一	丑	○二	二五
三	丑	○二	三八	三三	南	一○	五九	五四	丑	○三	○八
四	丑	○一	一五	四八	南	一三	一七	四五	丑	○一	二九
糠	寅	二○	二四	一六	南	○六	三四	一二	寅	一九	○○
杵一	寅	二二	五八	○二	南	二三	○五	二六	寅	二○	三六
二	寅	二二	二八	○六	南	二六	二九	三○	寅	一九	三二
三	寅	二一	四四	五三	南	三二	一一	四三	寅	一七	四○

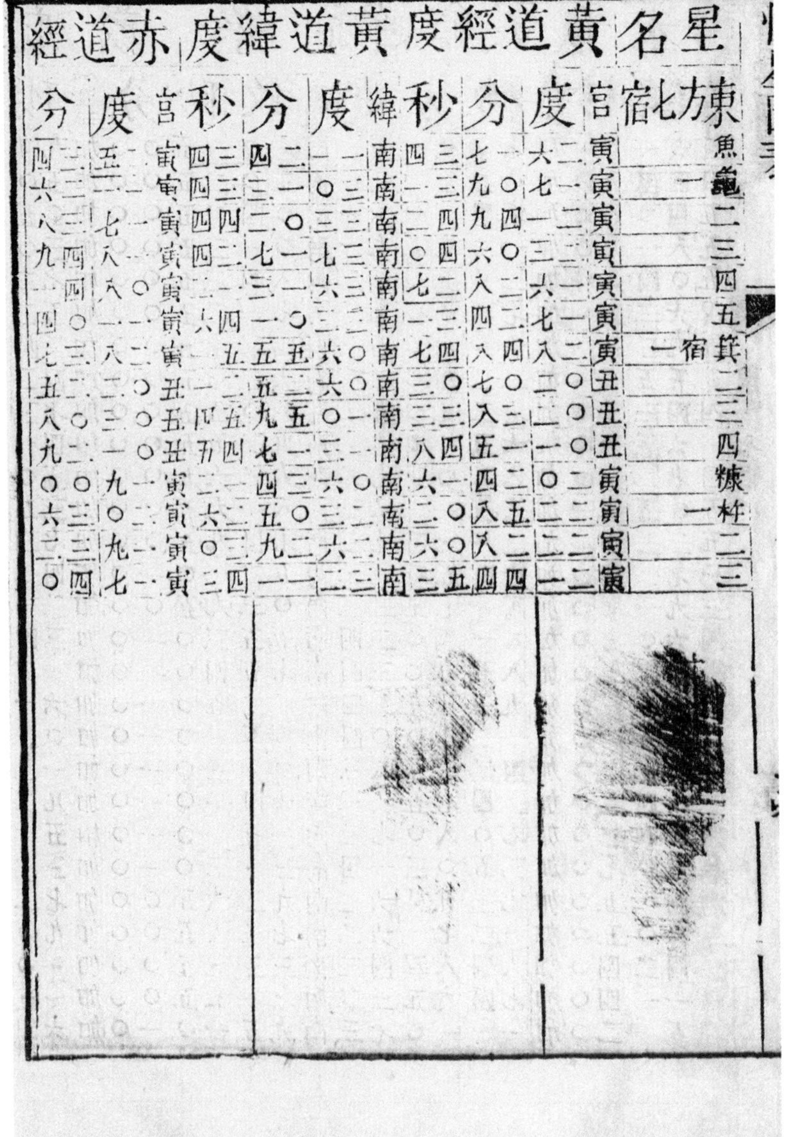

度	歲差				赤道緯度				歲差			
秒	經差	分	秒	微	緯	度	分	秒	緯差	秒	微	星等
一六	加	○一	○○	五一	南	三四	五○	一七	加	○一	五五	四
三三	加	○一	一二	○一	南	五二	五三	○八	加	○六	四九	三
二○	加	○一	一六	一二	南	五六	一○	四七	加	○四	四三	四
二三	加	○一	二一	四七	南	六○	三○	二六	加	○四	一九	四
五四	加	○一	一七	三四	南	五八	四二	三六	加	○七	四五	四
五○	加	○一	一四	四一	南	五五	四一	二○	加	○六	五六	四
三一	加	○○	五八	四一	南	三○	二四	三六	加	○○	四七	三
四八	加	○○	五八	二七	南	二九	五三	二○	減	○○	三五	三
四六	加	○一	○○	四三	南	三四	二七	一五	減	○○	四九	三
四○	加	○一	○一	五八	南	三六	四六	二七	減	○○	一三	三
三九	加	○○	五八	○六	南	二九	四一	一九	加	○四	○九	五
三五	加	○一	○七	四二	南	四六	二○	四五	加	○三	三八	五
五七	加	○一	一○	一三	南	四九	四二	一二	加	○四	○二	四
二○	加	○一	一五	一八	南	五五	一九	三八	加	○四	四二	四

東方七宿

星名	黃道經度				黃道緯度				赤道經		
北方七宿	宮	度	分	秒	緯	度	分	秒	宮	度	分
斗宿一	丑	〇七	四三	四二	南	〇三	五四	三五	丑	〇八	四〇
二	丑	〇三	五二	五五	南	〇二	〇四	〇一	丑	〇四	一七
三	丑	〇〇	四七	一〇	北	〇二	二二	五四	丑	〇〇	五〇
四	丑	〇九	五六	一二	南	〇三	二三	三二	丑	一一	〇五
五	丑	一二	二三	一〇	南	〇五	〇一	一二	丑	一三	五九
六	丑	一一	一〇	二二	南	〇七	〇七	五五	丑	一二	五〇
天籥一	寅	二六	二四	三〇	南	〇一	二四	一八	寅	二六	〇二
二	寅	二四	二八	〇九	北	〇一	三六	〇一	寅	二四	〇二
三	寅	二三	四一	四四	北	〇一	四四	四五	寅	二三	一三
四	寅	二二	三九	二三	北	〇一	三〇	二四	寅	二二	〇五
五	寅	二一	五〇	三八	北	〇一	一九	五九	寅	二一	一二
六	寅	二一	〇二	一五	南	〇〇	三八	二三	寅	二〇	一一
七	寅	二一	一六	一〇	南	〇二	三九	五二	寅	二〇	一八
八	寅	二四	四八	〇一	南	〇四	二二	四二	寅	二四	〇八
天弁一	丑	〇六	三三	五八	北	一四	五九	〇七	丑	〇六	二四
二	丑	〇八	一九	一四	北	一四	〇二	三〇	丑	〇八	一〇
三	丑	〇八	四五	三二	北	一四	四六	五七	丑	〇八	二四
四	丑	〇九	五七	四〇	北	一八	一三	二七	丑	一〇	〇五
五	丑	一二	二三	三五	北	一六	五四	一一	丑	一一	五四
六	丑	一三	三七	四二	北	一六	五二	三三	丑	一三	〇六
七	丑	一四	五五	一五	北	一七	三九	三六	丑	一四	一五
八	丑	一四	三九	五九	北	一八	二九	二六	丑	一三	五六
九	丑	一四	一〇	〇五	北	一八	五二	四〇	丑	一三	二五
建一	丑	一一	〇一	五二	北	〇一	四二	一二	丑	一一	五〇
二	丑	一二	三三	四六	北	〇〇	五四	三八	丑	一三	三三
三	丑	一三	四九	四四	北	〇一	二八	五九	丑	一四	五一
四	丑	一五	五五	二二	北	〇三	一七	五九	丑	一六	五一
五	丑	一七	一〇	二〇	北	〇四	一五	四三	丑	一七	五三

北方七宿

度	歲差				赤道緯度				歲差			
秒	經差	分	秒	微	緯	度	分	秒	緯差	秒	微	星等
二二	加	○○	五七	○七	南	二七	○九	四二	減	○二	四七	五
五五	加	○○	五六	二七	南	二五	一四	五六	減	○一	一五	四
三○	加	○○	五四	三六	南	二一	○六	○二	減	○○	○二	四
四九	加	○○	五六	四六	南	二六	二九	三八	減	○三	三九	三
三二	加	○○	五七	一七	南	二七	五四	一四	減	○四	三八	四
三六	加	○○	五八	二一	南	三○	○七	○八	減	○四	一四	三
三四	加	○○	五六	○八	南	二四	五○	一四	加	○一	四○	五
四二	加	○○	五四	四九	南	二一	四六	一二	加	○二	二三	六
一五	加	○○	五四	四四	南	二一	三五	二六	加	○二	四一	五
二九	加	○○	五四	四七	南	二一	四六	三四	加	○三	○四	六
二四	加	○○	五四	四九	南	二一	五四	○八	加	○三	二一	六
五四	加	○○	五五	三四	南	二三	四九	一○	加	○三	四四	五
○○	加	○○	五六	二七	南	二五	五一	一八	加	○三	四二	六
二一	加	○○	五七	二三	南	二七	四五	二五	加	○二	二一	六
三六	加	○○	四九	四五	南	○八	二一	一一	減	○二	○一	四
三五	加	○○	五○	○三	南	○九	一二	二三	減	○二	三九	五
四三	加	○○	四九	四七	南	○八	二六	四四	減	○二	四六	五
三三	加	○○	四八	三二	南	○四	五五	五六	減	○三	○六	四
六三	加	○○	四八	五五	南	○六	○四	一○	減	○三	五七	四
○九	加	○○	四八	五三	南	○六	一○	○二	減	○四	二二	四
三五	加	○○	四八	三二	南	○五	○五	一六	減	○四	四六	三
○一	加	○○	四八	一七	南	○四	一七	一○	減	○四	四○	六
四三	加	○○	四八	一○	南	○三	五六	四九	減	○四	三○	六
五四	加	○○	五四	三五	南	二一	一九	四○	減	○三	五五	五
五二	加	○○	五四	四九	南	二一	五九	○○	減	○四	三○	五
三四	加	○○	五四	二九	南	二一	一七	二三	減	○四	五七	四
五五	加	○○	五三	三八	南	一九	一五	二一	減	○五	三八	六
三八	加	○○	五三	一一	南	一八	一○	一○	減	○五	五九	五

星名	黃道經度				黃道緯度				赤道經		
北方七宿	宮	度	分	秒	緯	度	分	秒	宮	度	分
建六	丑	一七	一四	四九	北	○六	○八	四二	丑	一七	五三
天雞一	丑	二二	一三	二九	北	○五	一一	二六	丑	二三	○八
二	丑	二二	二九	四一	北	○一	二七	○二	丑	二四	○二
狗一	丑	一九	二四	一五	南	○三	一三	○一	丑	二一	三一
二	丑	一六	五三	一九	南	○二	二六	一七	丑	一八	三九
狗國一	丑	二三	二二	四六	南	○五	二二	五五	丑	二六	一五
二	丑	二四	○六	一六	南	○五	二四	四四	丑	二七	○三
三	丑	二四	三六	三○	南	○七	○三	四八	丑	二七	五七
四	丑	二三	二九	一五	南	○六	一六	三四	丑	二六	三二
天淵一	丑	一三	一九	二六	南	二二	二六	五○	丑	一七	三四
二	丑	一三	一六	四四	南	二二	○五	四八	丑	一七	二六
三	丑	一四	○六	四六	南	一八	一九	五一	丑	一七	五○
農丈人	丑	○六	三九	三四	南	一二	二八	一八	丑	○八	○一
鼈一	丑	○二	四○	二三	南	二二	三六	二三	丑	○三	三三
二	丑	○六	五三	四七	南	二○	三四	四○	丑	○八	五七
三	丑	○九	四九	五九	南	一九	一六	一二	丑	一二	三五
四	丑	一一	○三	四一	南	一七	四八	○八	丑	一三	五七
五	丑	[illegible]一	三二	二六	南	一六	四二	一二	丑	一四	二四
六	丑	一一	三六	二四	南	一五	一五	五七	丑	一四	一七
七	丑	一一	○五	○九	南	一四	二○	○八	丑	一三	三二
八	丑	○九	三一	二八	南	一四	一三	○八	丑	一一	三八
九	丑	○九	○三	四八	南	一四	二四	一六	丑	一一	○五
十	丑	○四	一三	一二	南	一五	二三	一五	丑	○五	一五
十一	丑	○四	○一	五六	南	一八	五九	五○	丑	○五	○九
牛宿一	子	○一	三六	五七	北	○四	三七	二七	子	○二	四八
二	子	○一	二○	一九	北	○七	○一	三一	子	○二	○五
三	子	○○	○二	二八	北	○七	一三	一八	子	○○	四○
四	子	○二	一六	五五	北	○○	五六	○六	子	○四	二○

恒星圖表　北方七宿

度	歲差				赤道緯度				歲差			
秒	經差	分	秒	微	緯	度	分	秒	緯差	秒	微	星等
○一	加	○○	五二	二八	南	一六	一六	二三	減	○六	○○	五
一○	加	○○	五二	二三	南	一六	三一	二四	減	○七	四四	五
四七	加	○○	五三	四一	南	二○	一○	二一	減	○八	○二	六
○三	加	○○	五五	四八	南	二五	一五	四○	減	○七	一一	六
○八	加	○○	五五	四五	南	二四	五○	○○	減	○六	一五	五
三七	加	○○	五六	○五	南	二六	四五	二三	減	○八	四四	五
三九	加	○○	五五	五八	南	一六	三九	二三	減	○九	○一	五
三六	加	○○	五六	三[illegible]	南	二八	一一	一○	減	○九	一八	五
二三	加	○○	五六	八四	南	二七	三七	一一	減	○八	五○	五
一○	加	○一	○六	一二	南	四五	○七	一七	減	○五	四九	四
四八	加	○一	○六	○八	南	四四	四六	四四	減	○五	四七	四
三七	加	○一	○三	四○	南	四○	五六	三九	減	○五	五四	四
二一	加	○一	○一	二○	南	三五	四六	一四	減	○二	三二	六
二五	加	○一	○七	五一	南	四六	○三	二九	減	○○	五六	四
六四	加	○一	○六	○八	南	四三	五○	五二	減	○二	五一	六
四一	加	○一	○四	五七	南	四二	一九	三○	減	○四	○七	六
一四	加	○一	○三	五二	南	四○	四五	○五	減	○四	三六	六
一○	加	○一	○三	一○	南	三九	三六	四二	減	○四	四六	五
三九	加	○一	○三	二一	南	三八	一○	三四	減	○四	四四	五
三八	加	○一	○一	五九	南	三七	一七	五八	減	○四	二八	五
三三	加	○一	○二	○一	南	三七	一八	二六	減	○三	四九	六
三八	加	○一	○二	○○	南	三七	三二	二五	減	○三	三六	六
二三	加	○一	○三	○五	南	三八	四七	四四	減	○一	三三	六
五九	加	○一	○五	一八	南	四二	二四	三二	減	○一	三一	六
一九	加	○○	五一	二二	南	一五	一九	三四	減	一○	四七	三
三○	加	○○	五○	五一	南	一三	○四	四○	減	一○	三五	三
三八	加	○○	五○	五六	南	一三	三三	五二	減	一○	○九	六
○九	加	○○	五二	三五	南	一八	四六	三八	減	一一	一六	氣

星名	黃道經度 宮	度	分	秒	黃道緯度 緯	度	分	秒	赤道經度 宮	度	分
北方七宿											
牛宿五	子	○二	四七	一○	北	○○	二六	○九	子	○四	五八
六	子	○二	四四	○九	北	○一	一四	一七	子	○四	四三
牛西氣	子	○○	一四	四四	北	○○	二九	二九	子	○二	二○
天桴一	子	○二	二八	三○	北	一八	四五	三五	子	○○	三四
二	子	○○	四三	一七	北	一九	一六	○一	丑	二八	五○
三	丑	二八	二五	二八	北	二○	四三	四三	丑	二六	二六
四	丑	二七	五九	五四	北	二一	三三	三三	丑	二五	五三
河鼓一	丑	二九	五九	四四	北	三六	四四	二○	丑	二六	四○
二	丑	二九	一六	二四	北	二九	一九	一一	丑	二五	三二
三	丑	二八	三○	○八	北	三一	一六	五二	丑	二四	二八
右旗一	丑	二四	二○	五八	北	二八	四二	三○	丑	二一	二二
二	丑	二五	二一	五六	北	二六	三○	四四	丑	二二	三七
三	丑	二一	一○	二一	北	二四	五○	五四	丑	一九	○九
四	丑	二○	五九	四○	北	二二	一四	一七	丑	一九	二三
五	丑	二三	二三	四七	北	二○	○二	五九	丑	二一	五四
六	丑	二三	○三	四八	北	一八	二五	二一	丑	二一	五一
七	丑	二三	○二	四六	北	一六	四二	○○	丑	二二	○六
八	丑	二二	二四	四八	北	一四	二三	○三	丑	二一	五一
九	丑	二六	二六	○二	北	一二	○五	一	丑	二六	○九
左旗一	丑	二八	三八	一六	北	三八	四九	五二	丑	二三	○三
二	丑	二八	四六	二三	北	三八	一五	一七	丑	二三	一七
三	子	○○	五七	四○	北	三八	五六	五二	丑	二四	五三
四	子	○一	三六	四七	北	三九	二七	○五	丑	二五	一七
五	子	○四	三五	五八	北	三九	一三	三九	丑	二七	四三
六	子	○四	二一	○六	北	三七	一四	○三	丑	二八	○一
七	子	○三	二七	五三	北	三六	三九	四二	丑	二七	二六
八	子	○四	五三	二四	北	三五	三五	○六	丑	二八	五二
九	子	○七	四○	三三	北	三四	○六	一二	子	○一	三[illegible]

度 秒	經差	歲差 分	歲差 秒	歲差 微	赤道緯度歲差 緯	度	分	秒	緯差	秒	微	星等
二七	加	○○	五二	三九	南	一九	○八	五八	減	一一	二六	氣
四七	加	○○	五二	二六	南	一八	二二	四七	減	一一	二二	氣
○四	加	○○	五三	○一	南	一九	三九	四一	減	一○	四○	氣
○二	加	○○	四七	一四	南	○一	四六	八一	減	一○	○八	三
二一	加	○○	四七	一二	南	○一	一一	二○	減	○九	三六	六
○九	加	○○	四六	五三	南	○○	一○	四九	減	○八	五一	六
二二	加	○○	四六	三九	北	○○	三三	二九	加	○八	四一	三
三○	加	○○	四四	五四	北	○五	五九	四○	加	○八	五四	三
四三	加	○○	四四	○五	北	○八	二三	五一	加	○八	三四	一
四六	加	○○	四三	三九	北	一○	一一	三○	加	○八	一四	三
○四	加	○○	四四	二九	北	○七	○○	五六	加	○七	一二	四
五五	加	○○	四五	一○	北	○五	○○	○九	加	○七	三七	五
一七	加	○○	四五	五二	北	○二	四五	四八	加	○六	二七	三
三○	加	○○	四六	四八	南	○○	○○	二九	減	○六	三二	五
四三	加	○○	四七	二一	南	○一	四○	一○	減	○七	二一	三
二七	加	○○	四七	五四	南	○三	一九	三二	減	○七	二○	六
四一	加	○○	四八	二八	南	○五	○一	四六	減	○七	二六	六
五八	加	○○	四九	一六	南	○七	二四	四三	減	○七	二一	三
○八	加	○○	四九	四四	南	○九	○一	三四	減	○八	四四	五
四一	加	○○	四○	五一	北	一七	三六	五七	加	○七	四六	五
二八	加	○○	四一	○二	北	一七	○四	二二	加	○七	五二	五
四○	加	○○	四○	四六	北	一八	○六	二四	加	○八	二三	四
五四	加	○○	四○	三四	北	一八	四二	二九	加	○八	三一	六
四二	加	○○	四○	三六	北	一九	○一	一六	加	○九	一六	四
三六	加	○○	四一	一七	北	一七	○二	一九	加	○九	二二	六
四四	加	○○	四一	三一	北	一六	一九	○四	加	○九	一一	六
一四	加	○○	四一	五○	北	一五	三二	一七	加	○九	三七	六
三○	加	○○	四二	一六	北	一四	三九	三六	加	○○	二七	五

星名	黃道經度				黃道緯度				赤道經度		
北方七宿	宮	度	分	秒	緯	度	分	秒	宮	度	分
織女一	丑	一二	五○	一八	北	六一	四五	三一	丑	○七	四四
二	丑	一六	一○	四二	北	六二	二六	○五	丑	○九	三七
三	丑	一五	三九	五五	北	六○	二三	一三	丑	○九	四○
漸臺一	丑	一九	一四	三九	北	五九	二一	五四	丑	一二	○六
二	丑	一六	二八	三○	北	五六	○一	四八	丑	一○	五二
三	丑	一九	三○	○○	北	五五	○三	二八	丑	一三	○五
四	丑	二三	四七	○八	北	五八	○三	五四	丑	一五	一五
輦道一	丑	二二	四七	四六	北	六六	一三	○六	丑	一二	二九
二	丑	二六	二六	一一	北	六一	○○	一三	丑	一六	○七
三	丑	二八	○七	一一	北	五九	三六	二○	丑	一七	三四
四	子	○○	四四	二○	北	五七	二○	四四	丑	一九	五五
五	子	○六	二九	三七	北	五三	四二	三三	丑	二四	五四
左旗北氣	子	○四	三四	四○	北	四七	二八	○三	丑	二五	三○
羅堰一	子	○五	五一	四四	北	○三	二三	二六	子	○七	二二
二	子	○五	一三	五三	北	○○	一五	四六	子	○七	三一
三	子	○五	四三	五九	南	○三	二二	三四	子	○九	○○
天田一	子	○九	四九	二八	南	一○	五五	四○	子	一五	三五
二	子	○五	三○	○五	南	○八	五五	○五	子	一○	一九
三	子	○九	二三	四六	南	○八	○三	三八	子	一四	一二
四	子	○四	四三	一一	南	○六	五八	二三	子	○八	五五
九坎一	子	○八	一九	○○	南	二一	三○	○○	子	一七	四六
二	子	○五	三九	○○	南	二二	三○	○○	子	一四	五六
三	子	○二	一九	○○	南	二二	四○	○○	子	一一	一七
四	子	○六	一九	○○	南	二一	一○	○○	子	一五	二二
女宿一	子	○九	一七	○六	北	○八	○六	四一	子	○九	三二
二	子	一○	三七	一三	北	○八	一六	一○	子	一○	四八
三	子	一一	一五	二八	北	一一	三四	五一	子	一○	三二
四	子	一○	三一	四六	北	一二	二四	四二	子	○九	三七

度歲差　赤道緯度歲差

秒	經差	分	秒	微	緯	度	分	秒	緯差	秒	微	星等
○二	加	○○	三○	四一	北	三八	三七	一○	加	○二	三五	一
○六	加	○○	三○	一七	北	三九	二九	二七	加	○三	一五	五
二二	加	○○	三一	二七	北	三七	二五	四四	加	○三	一六	五
三三	加	○○	三一	五八	北	三六	四一	一六	加	○四	○六	四
四六	加	○○	三三	四四	北	三三	一○	一○	加	○三	四一	三
四六	加	○○	三四	一一	北	三二	二七	三○	加	○四	二六	三
二七	加	○○	三二	三八	北	三五	五○	一一	加	○五	一一	五
○八	加	○○	三七	四九	北	四三	四三	一七	加	○四	一六	六
一九	加	○○	三○	五九	北	三八	九九	三七	加	○五	三○	六
二一	加	○○	三一	四四	北	二七	四九	四二	加	○五	五九	六
二七	加	○○	三二	五五	北	三五	五八	二○	加	○六	四六	六
五七	加	○○	三四	三九	北	三三	二○	三四	加	○八	二四	五
二一	加	○○	三七	二六	北	二七	○○	一四	加	○八	三四	氣
三四	加	○○	五一	三一	南	一五	三三	一六	減	一二	○七	五
三三	加	○○	五二	二○	南	一八	四四	三○	減	一二	一○	五
二九	加	○○	五三	二○	南	二二	○八	三九	減	一二	三四	六
三三	加	○○	五四	三六	南	二八	一九	○六	減	一四	二○	六
三四	加	○○	五五	○一	南	二七	三三	四六	減	一二	五七	六
五一	加	○○	五三	五五	南	一五	四一	二六	減	一三	五九	六
四八	加	○○	五四	三五	南	二五	五二	四五	減	一二	三三	五
四一	加	○○	五八	○二	南	三八	四九	五八	減	一四	五一	三
一一	加	○○	五九	二三	南	四○	三六	○二	減	一四	○八	三
三五	加	○一	○○	三七	南	四一	三七	一九	減	一三	一一	三
○四	加	○○	五八	三八	南	三九	○五	四二	減	一四	一五	五
一五	加	○○	四九	三九	南	一○	○八	○二	減	一二	四四	四
二一	加	○○	四九	二八	南	○九	三八	一五	減	一三	○六	四
○九	加	○○	四八	三二	南	○六	五四	二○	減	一三	○一	六
三二	加	○○	四八	二四	南	○五	三九	四六	減	一二	四七	五

星名	黄道經度 宮	度	分	秒	黄道緯度 緯	度	分	秒	赤道經度 宮	度	分
北方七宿											
離珠一	子	〇八	二八	一四	北	一五	三一	四九	子	〇六	五三
二	子	〇九	一七	〇三	北	一六	四八	五六	子	〇七	一九
三	子	〇九	五九	五八	北	一八	一六	三六	子	〇七	三六
四	子	〇六	三六	四四	北	一五	三九	三九	子	〇五	〇七
敗瓜一	子	一一	三七	二七	北	二九	〇六	二一	子	〇六	一二
二	子	一二	二三	〇六	北	三〇	四二	〇六	子	〇六	二四
三	子	一三	四七	〇五	北	三〇	三八	一四	子	〇七	三六
四	子	一二	五三	一八	北	二八	五一	〇三	子	〇七	二一
五	子	一二	四七	〇六	北	二七	三一	四〇	子	〇七	三八
瓠瓜一	子	一四	五六	二四	北	三三	〇二	五八	子	〇七	五一
二	子	一六	五六	四一	北	三二	四四	三二	子	〇九	三七
三	子	一五	四一	〇七	北	三一	五八	一二	子	〇八	四八
四	子	一三	五四	一四	北	三一	五六	五二	子	〇七	一九
五	子	一三	二〇	〇四	北	三二	一〇	二七	子	〇六	四七
天津一	子	二二	二五	五一	北	五七	〇九	二〇	子	〇三	五八
二	子	一三	五〇	〇七	北	六四	二七	一四	丑	二四	五一
三	子	二五	三九	一九	北	六三	四三	二九	子	〇一	五六
四	亥	〇二	五四	三二	北	五九	五六	三七	子	〇八	四八
五	亥	〇三	四四	二一	北	五四	五六	二五	子	一二	三八
六	亥	〇六	〇九	三八	北	五〇	三二	四〇	子	一六	五六
七	亥	〇四	五〇	二九	北	四七	二九	一〇	子	一七	三九
八	亥	〇〇	三七	三六	北	四三	四三	一三	子	一六	二一
九	子	二五	一五	五二	北	四九	二六	二一	子	〇九	四四
奚仲一	子	一二	三一	一八	北	七三	五〇	一一	丑	一八	一四
二	子	一五	三五	四二	北	七一	二八	三八	丑	二一	一八
三	子	一六	一五	四一	北	六九	三七	五六	丑	三二	五六
四	子	一八	五四	〇八	北	六九	三〇	五〇	丑	二四	一七
扶筐一	丑	二七	三六	三六	北	七七	四五	〇〇	丑	〇九	五〇

度	歲差				赤道緯度				歲差			
秒	經差	分	秒	微	緯	度	分	秒	緯差	秒	微	星等
三一	加	○○	四七	四三	南	○三	○九	一八	減	一二	○○	五
三八	加	○○	四七	一九	南	○一	四二	五三	減	一二	○八	四
五五	加	○○	四六	五一	南	○○	○七	五六	減	一二	一三	六
一七	加	○○	四七	五一	南	○三	二七	四九	減	一一	二九	五
一三	加	○○	四三	四一	北	一○	四二	四二	加	一一	五○	三
四四	加	○○	四三	二三	北	一二	二五	三四	加	一一	五二	六
三九	加	○○	四三	一○	北	一二	四二	○二	加	一二	一四	六
二八	加	○○	四三	四四	北	一○	四六	○六	加	一二	一○	六
一八	加	○○	四四	○七	北	○九	二八	一四	加	一二	一三	六
五七	加	○○	四二	二五	北	一五	一七	三五	加	一二	一九	三
三九	加	○○	四二	二七	北	一五	二九	五九	加	一二	四九	三
五三	加	○○	四二	四二	北	一四	二六	四二	加	一二	三四	四
四四	加	○○	四二	四六	北	一三	五九	一○	加	一二	○九	三
○九	加	○○	四二	四三	北	一四	○三	五九	加	一二	○○	五
○八	加	○○	三二	四八	北	三九	四二	○三	加	一一	一三	三
○九	加	○○	二八	三二	北	四四	四二	四五	加	○八	二五	三
一二	加	○○	二八	四五	北	四六	一七	三六	加	一○	三九	四
二八	加	○○	三一	○七	北	四四	三九	五○	加	一二	三七	二
五○	加	○○	三四	○一	北	四○	三○	一六	加	一三	三八	四
一○	加	○○	三六	一二	北	三七	一七	一四	加	一四	四三	四
三四	加	○○	三七	○八	北	三四	○九	五四	加	一四	五四	五
四七	加	○○	三八	五○	北	二九	三○	四八	加	一四	三四	三
五四	加	○○	三六	三一	北	三二	一八	二九	加	一二	五○	三
二五	加	○○	二一	○九	北	五二	○二	五九	加	○六	一六	四
四八	加	○○	二三	○八	北	五一	二一	三四	加	○七	一六	六
○八	加	○○	二四	三九	北	四九	四八	四七	加	○七	四九	四
三九	加	○○	二四	三八	北	五○	○七	四五	加	○八	一五	六
○三	加	○○	一七	四九	北	五五	二一	五一	加	○三	二四	五

北方七宿

星名	黄道經度 宫	度	分	秒	黄道緯度 緯	度	分	秒	赤道經度 宫	度	分
北方七宿											
扶筐二	丑	二四	一七	五六	北	七九	四四	四四	丑	○七	四二
三	丑	一九	五四	四四	北	八一	四八	四○	丑	○五	二一
四	子	一二	三六	三○	北	八○	五○	○○	丑	一二	○九
五	子	一一	一九	一五	北	七九	○七	○○	丑	一三	二六
六	子	○八	三二	三○	北	七六	五七	四○	丑	一四	二○
七	子	○六	二一	○○	北	七四	四一	○○	丑	一五	○六
周一	子	一○	一八	五五	南	○二	五七	四三	子	一三	三七
二	子	一○	一○	五二	南	○○	二九	三七	子	一二	四五
秦一	子	一一	二四	四○	南	○○	三三	○○	子	一四	○二
二	子	一三	五五	三一	南	○二	○七	二三	子	一七	○二
代一	子	一五	一四	五○	南	○一	二○	一三	子	一八	○八
二	子	一七	○一	三七	南	○五	三一	一九	子	二一	一六
趙一	子	一一	一七	五七	南	○三	三六	四六	子	一四	四九
二	子	一一	一五	○七	南	○三	五八	○九	子	一四	五三
越	子	○八	四○	二四	南	○○	二八	○九	子	一一	一四
齊	子	一○	五○	五二	南	○四	三一	○八	子	一四	三八
楚一	子	一二	三五	四四	南	○四	二九	五○	子	一六	二五
鄭一	子	○九	二七	二四	南	○一	五一	一○	子	一二	二五
魏	子	一四	二六	三五	南	○五	一七	二五	子	一八	三四
韓	子	一五	○一	○八	南	○五	二○	二七	子	一九	一○
晉	子	一五	○八	二○	南	○六	三一	四五	子	一九	四一
燕一	子	一四	二九	四九	南	○六	五七	三六	子	一九	一○
虛宿一	子	二○	五七	二二	北	○八	三八	四三	子	二○	三五
二	子	二○	四○	四八	北	二○	○九	○九	子	一六	四五
司命一	子	二四	四三	五七	北	一三	一二	二八	子	二二	三九
二	子	二五	四九	三○	北	一四	一三	五六	子	二三	一九
司祿一	子	二七	三二	三九	北	一五	○七	一四	子	二四	三五
二	子	二五	三○	五六	北	一五	二一	四○	子	二二	三九

度	歲	差			赤道緯度				歲差			
秒	經差	分	秒	微	緯	度	分	秒	緯差	秒	微	星等
四五	加	〇〇	一五	五四	北	五六	五四	五六	加	〇二	三八	五
三〇	加	〇〇	一三	三二	北	五八	四二	〇〇	加	〇一	五〇	五
〇二	加	〇〇	一三	三四	北	五九	一〇	三〇	加	〇四	一二	四
五〇	加	〇〇	一五	四三	北	五七	三四	五九	加	〇四	三九	六
三二	加	〇〇	一八	一六	北	五五	二四	三二	加	〇四	五七	六
三三	加	〇〇	二〇	三九	北	五三	〇七	四一	加	〇五	一三	五
四六	加	〇〇	五二	二五	南	二〇	三二	二〇	減	一三	五〇	五
五二	加	〇〇	五一	四八	南	一八	一二	二七	減	一三	三六	六
二〇	加	〇〇	五一	三七	南	一七	五五	〇五	減	一三	五七	五
五五	加	〇〇	五一	三六	南	一八	四二	四〇	減	一四	四二	六
〇二	加	〇〇	五一	一一	南	一七	三四	一六	減	一四	五八	五
三八	加	〇〇	五一	四八	南	一一	〇一	〇〇	減	一五	四一	六
五四	加	〇〇	五二	二四	南	二〇	五三	二九	減	一四	〇九	六
二八	加	〇〇	五二	三一	南	二一	一四	四五	減	一四	〇九	六
二四	加	〇〇	五二	〇一	南	一八	三四	四六	減	一三	一二	六
二八	加	〇〇	五二	四三	南	一一	五三	一一	減	一四	〇六	五
五三	加	〇〇	五二	二四	南	二一	一二	〇八	減	一四	三二	六
四三	加	〇〇	五二	一五	南	一九	四二	一九	減	一三	三一	六
二二	加	〇〇	五二	一四	南	二一	三五	〇二	減	一五	〇四	六
三七	加	〇〇	五二	〇九	南	二一	一七	三三	減	一五	一二	六
二二	加	〇〇	五二	一三	南	二二	三三	一六	減	一五	二〇	六
二三	加	〇〇	五二	三六	南	二三	〇九	三四	減	一五	一三	五
〇三	加	〇〇	四八	八	南	〇六	一九	五八	減	一五	三三	三
四九	加	〇〇	四五	四三	北	〇四	三一	三八	加	一四	三九	四
〇三	加	〇〇	四七	〇一	南	〇〇	四九	四一	減	一六	〇〇	六
〇五	加	〇〇	四六	四三	北	〇〇	二九	一五	加	一六	一〇	六
二六	加	〇〇	四六	二六	北	〇一	五二	四六	加	一六	二六	六
三〇	加	〇〇	四六	三〇	北	〇一	二七	二〇	加	一六	〇二	六

星名	黄道經度				黄道緯度				赤道經		
北方七宿	宫	度	分	秒	緯	度	分	秒	宫	度	分
司危一	子	二三	○○	○二	北	二一	○三	○六	子	一八	三三
二	子	二二	四四	○五	北	二一	四二	五三	子	一八	○六
司非一	子	二○	五九	二四	北	二五	一三	一二	子	一五	二六
二	子	二二	○○	○五	北	二四	四七	五七	子	一六	二八
哭一	子	二三	二二	一二	南	○○	三九	一○	子	二五	五五
二	子	二八	○二	五八	南	○○	一五	二七	亥	○○	一九
泣一	亥	○一	三五	○七	北	○二	二三	三○	亥	○二	四四
二	亥	○○	四八	四四	北	○二	四三	四七	亥	○一	五三
敗臼一	子	一四	五八	○八	南	二二	五八	五二	子	二五	四九
二	子	一六	二七	四六	南	二五	五四	四六	子	二八	五一
三	子	二八	五一	二六	南	二三	三六	一○	亥	一○	四○
四	子	二八	一五	五○	南	一九	三○	五○	亥	○八	○八
離瑜一	子	○八	○九	○○	南	一七	二○	○○	子	一五	五九
二	子	○九	二八	二○	南	一五	三六	○七	子	一六	四八
三	子	一一	四九	○○	南	一五	二二	三六	子	一九	一六
天壘城一	子	二一	四○	一六	北	○五	五九	一四	子	二二	○六
二	子	二二	五八	三一	北	○四	一三	五一	子	二三	五五
三	子	二三	一二	三一	北	○三	五六	三八	子	二四	一四
四	子	二三	三四	○四	北	○一	五七	二四	子	二四	一六
五	子	二二	二九	五八	北	○一	五八	二四	子	二四	一二
六	子	一六	五四	一六	北	○二	一七	○三	子	一八	三九
七	子	一四	○三	三九	北	○○	四三	四○	子	一六	一九
八	子	一一	二一	一一	北	○三	一九	三○	子	一二	五二
九	子	一一	一二	二○	北	○三	五一	五二	子	一二	四四
十	子	一三	五七	一三	北	○四	四七	四八	子	一五	○○
十一	子	一六	一一	三○	北	○六	二一	四三	子	一六	四三
十二	子	一七	四三	三三	北	○五	四五	四一	子	一八	二三
十三	子	一八	○七	三七	北	○五	一一	三三	子	一八	五七

北方七宿

度 秒	經差	歲差 分	歲差 秒	歲差 微	緯	赤道緯度 度	赤道緯度 分	赤道緯度 秒	緯差	歲差 秒	歲差 微	星等
〇一	加	〇〇	四五	二四	北	〇六	〇三	五〇	加	一五	〇四	四
〇二	加	〇〇	四五	一三	北	〇六	三六	四九	加	一五	〇〇	六
五〇	加	〇〇	四四	二六	北	〇九	二五	五四	加	一四	三九	四
二七	加	〇〇	四四	三〇	北	〇九	一九	三二	加	一四	三四	四
五六	加	〇〇	四九	四八	南	一四	二二	一五	減	一六	四二	五
二一	加	〇〇	四九	〇五	南	一二	二六	〇六	減	一七	三二	六
三四	加	〇〇	四八	一七	南	〇八	四一	四四	減	一七	五八	五
三七	加	〇〇	四八	一八	南	〇八	三九	〇九	減	一七	四九	四
一九	加	〇〇	五五	五八	南	三八	〇八	四〇	減	一六	三九	三
〇二	加	〇〇	五五	五八	南	四〇	一一	〇七	減	一七	一六	五
一八	加	〇〇	五一	三〇	南	三三	四七	〇七	減	一九	〇五	五
二一	加	〇〇	五一	二二	南	三〇	五五	四〇	減	一八	四六	五
〇〇	加	〇〇	五六	五一	南	三四	五五	〇三	減	一四	二六	四
四四	加	〇〇	五五	五八	南	三二	五三	〇七	減	一四	三七	四
三九	加	〇〇	五五	一五	南	三一	三八	三四	減	一五	一三	六
一五	加	〇〇	四八	四五	南	〇八	三八	〇三	減	一五	五三	五
一二	加	〇〇	四八	五六	南	〇九	五三	〇一	減	一六	一六	六
一七	加	〇〇	四八	五八	南	一〇	〇四	四六	減	一六	二一	六
三七	加	〇〇	四九	三六	南	一二	一〇	〇一	減	一六	三一	五
二〇	加	〇〇	四九	二七	南	一二	一〇	二三	減	一六	二一	六
一九	加	〇〇	五〇	〇七	南	一三	三七	一四	減	一五	〇五	六
〇六	加	〇〇	五〇	五三	南	一五	五六	三八	減	一四	三〇	六
三〇	加	〇〇	五〇	三九	南	一四	一二	二七	減	一三	三九	五
四二	加	〇〇	五〇	三二	南	一三	四三	四二	減	一三	三四	六
五五	加	〇〇	四九	五七	南	一二	〇四	二八	減	一四	一二	五
三〇	加	〇〇	四九	一八	南	〇九	五六	〇五	減	一四	三九	六
二六	加	〇〇	四九	一五	南	一〇	〇三	二七	減	一五	〇二	六
〇六	加	〇〇	四九	二一	南	一〇	二八	四九	減	一五	〇九	六

星名	黃道經度				黃道緯度				赤道經度		
北方七宿	宫	度	分	秒	緯	度	分	秒	宫	度	分
危宿一	亥	○○	五五	一六	北	一○	四○	三八	子	二九	二二
二	亥	○四	二一	四六	北	一六	二一	四八	亥	○○	一九
三	子	二九	二六	三二	北	二二	○七	一六	子	二三	五三
墳墓一	亥	○六	二七	三一	北	○八	五一	三六	亥	○四	五七
二	亥	○四	一六	一○	北	○八	一四	四九	亥	○三	○九
三	亥	○七	五七	五三	北	○八	○九	四二	亥	○六	三六
四	亥	○六	○九	五一	北	一○	二九	一八	亥	○四	○五
蓋屋一	子	二九	四○	一九	北	○九	一○	五八	子	二八	三四
二	亥	○○	二八	四○	北	一○	一三	一四	子	二八	五七
虛梁一	亥	○一	四四	五五	北	○四	五六	三○	亥	○一	五九
二	亥	○三	三四	四八	北	○四	四九	一○	亥	○三	四四
三	亥	○六	五九	一三	北	○四	○七	四七	亥	○七	一○
四	亥	一一	三五	三○	北	○一	四一	二九	亥	一二	二二
天錢一	子	二○	○一	一○	南	一六	五一	四五	子	一八	一九
二	子	一六	一二	三○	南	一六	二一	一八	子	一四	二○
三	子	一四	四七	二八	南	一八	一七	一五	子	一三	三六
四	子	一九	三八	五六	南	二○	○二	○○	子	二九	三一
五	子	二○	○九	三六	南	一九	四五	二○	子	二九	五六
人一	亥	○一	四二	五七	北	三六	○九	三○	子	二○	三○
二	子	二七	五二	三九	北	三三	一八	三九	子	一八	二八
三	亥	○五	二七	一七	北	三四	○五	一○	子	二四	二五
四	亥	○二	三四	○四	北	二九	○二	四九	子	二四	○二
杵一	亥	二一	三五	○七	北	四四	二四	三○	亥	○二	○三
二	亥	一七	○八	一三	北	四○	五九	五二	亥	○○	二二
三	亥	一三	三二	五七	北	三七	四○	三四	子	二九	二三
臼一	亥	○八	○一	○○	北	三九	三二	一六	子	二四	五三
二	亥	○六	三○	一○	北	三六	三九	○五	子	二四	一○
三	亥	一二	三六	○九	北	三四	一六	四八	子	二九	四○

恒星圖表 北方七宿

度歲差		歲差			赤道緯度				歲差			
秒	經差	分	秒	微	緯	度	分	秒	緯差	秒	微	星等
一七	加	〇〇	四七	〇三	南	〇一	一〇	〇九	減	一七	二〇	三
〇九	加	〇〇	四五	五二	北	〇五	二〇	〇一	加	一七	三二	四
〇六	加	〇〇	四四	五二	北	〇九	〇四	二一	加	一六	一六	三
〇八	加	〇〇	四六	五九	南	〇〇	五五	〇一	減	一八	一九	四
二一	加	〇〇	四七	一一	南	〇二	一六	二三	減	一八	〇一	三
五七	加	〇〇	四六	五七	南	〇一	〇一	〇七	減	一八	三五	四
二七	加	〇〇	四六	四四	北	〇〇	二九	二六	加	一八	一一	五
〇四	加	〇〇	四七	二五	南	〇二	五九	四九	減	一七	一二	五
一六	加	〇〇	四七	〇九	南	〇一	四四	五三	減	一七	一八	六
二〇	加	〇〇	四七	五三	南	〇六	一五	一〇	減	一七	五〇	六
五一	加	〇〇	四七	四四	南	〇五	四三	〇二	減	一八	〇八	六
〇四	加	〇〇	四七	三八	南	〇五	〇七	三一	減	一八	三九	五
四〇	加	〇〇	四七	一七	南	〇五	三九	五五	減	一九	一七	六
一五	加	〇〇	五三	一六	南	三〇	四四	一二	減	一七	一一	六
五九	加	〇〇	五四	一五	南	三一	三一	三三	減	一六	二二	四
四四	加	〇〇	五五	〇五	南	三三	四八	〇六	減	一六	二一	四
一六	加	〇〇	五三	五三	南	三三	四九	一六	減	一七	三二	四
一〇	加	〇〇	五三	四二	南	三三	二三	一一	減	一七	二八	五
一六	加	〇〇	四一	一八	北	二二	五二	二三	加	一五	三三	四
三五	加	〇〇	四二	〇八	北	一九	〇三	二九	加	一五	〇四	四
二七	加	〇〇	四一	五八	北	二二	〇八	三四	加	一六	一四	六
三二	加	〇〇	四三	一四	北	一六	三二	五一	加	一六	一九	四
五二	加	〇〇	二九	三四	北	三六	五二	四九	加	一七	五一	五
四三	加	〇〇	四〇	二四	北	三二	一九	三四	加	一七	三六	四
一七	加	〇〇	四一	一三	北	二八	〇六	五五	加	一七	二二	六
一二	加	〇〇	四〇	二五	北	二七	五七	二七	加	一六	二〇	三
〇八	加	〇〇	四一	一六	北	二四	五〇	一二	加	一六	二一	四
四四	加	〇〇	四二	〇五	北	二四	二九	一一	加	一七	二五	四

星名			黃道經度				黃道緯度				赤道經度		
號	方七宿		宮	度	分	秒	緯	度	分	秒	宮	度	分
臼	四		亥	一七	〇三	五六	北	三五	三四	〇三	亥	〇三	一七
車	府	一	戌	〇三	五八	〇九	北	四五	三三	三八	亥	一一	〇一
二			戌	〇二	一二	五二	北	四七	三〇	五九	亥	〇八	一一
三			亥	二九	五一	三六	北	五一	一八	二二	亥	〇三	一六
四		一	亥	一七	四六	一八	北	五五	一二	二一	子	一一	五〇
五		一	亥	一〇	四二	〇九	北	六〇	〇六	一九	子	一三	二七
六		一	亥	〇八	二五	〇三	北	五六	三六	〇五	子	一四	三八
七		一	亥	一三	五四	二三	北	五〇	三二	〇二	子	一一	五三
天	鉤	一	戌	一六	四八	五五	北	七四	〇七	〇三	子	一〇	〇八
二		一	戌	〇六	三九	〇八	北	七六	一六	五四	子	〇三	〇三
三		一	戌	〇二	三〇	四〇	北	七三	五七	三〇	子	〇六	三五
四		一	戌	〇二	〇五	五八	北	七一	四六	二二	子	一〇	二〇
五		一	戌	一〇	二三	三三	北	六八	五六	二〇	子	二八	三一
六		一	戌	二一	四七	三九	北	六五	四六	〇五	子	二九	三五
七		一	戌	二五	五八	三五	北	六三	五七	一〇	亥	〇五	一七
八			酉	〇〇	五一	三〇	北	六二	三六	五〇	亥	一〇	四八
九			酉	〇七	三四	五五	北	六一	二三	四六	亥	一七	四七
造	父	一	戌	一五	一二	〇五	北	五九	三三	二五	亥	〇五	三六
二		一	戌	一一	三二	四五	北	六一	〇九	四一	亥	〇一	〇八
三		一	戌	一三	三三	四六	北	六一	五四	五〇	亥	〇一	一九
四		一	戌	〇八	一	一一	北	六四	〇二	五三	子	二五	一一
五			戌	一一	五八	〇八	北	六五	二九	〇三	子	二五	〇三
室	宿	一	亥	二一	〇二	一三	北	一九	二四	三七	亥	一三	五九
二		一	亥	二六	五五	一三	北	三一	〇八	〇六	亥	一三	四八
離	宮	一	亥	二〇	三六	四八	北	二八	四八	一二	亥	〇九	三〇
二			亥	二一	五六	二〇	北	二九	二三	三一	亥	一〇	一二
三			亥	二二	二八	四三	北	三四	二五	四三	亥	〇八	一三
四			亥	二三	一七	一二	北	三五	〇七	〇一	亥	〇八	二二

度	歲差				赤道緯度歲差							
秒	經差	分	秒	微	緯	度	分	秒	緯差	秒	微	星等
五一	加	○○	四二	○○	北	二七	二六	四八	加	一八	○三	六
五五	加	○○	四○	三八	北	四二	二三	二一	加	一九	○九	五
五七	加	○○	三九	三二	北	四三	二一	三五	加	一八	四八	五
四七	加	○○	三七	二三	北	四五	三九	四六	加	一八	○五	五
五○	加	○○	三四	一二	北	四四	四九	五二	加	一五	五二	四
○九	加	○○	三一	○二	北	四六	五○	三九	加	一三	五一	五
一四	加	○○	三三	○九	北	四三	一四	一四	加	一四	一○	四
五三	加	○○	三六	二九	北	三九	三七	五二	加	一六	○○	六
二五	加	○○	一二	○二	北	六六	○一	二一	加	一三	○二	六
五一	加	○○	一一	二四	北	六四	二四	五六	加	一一	○二	六
二八	加	○○	一五	四二	北	六二	二四	三六	加	一二	○三	五
四七	加	○○	一八	四七	北	六一	○七	四九	加	一三	○五	四
四五	加	○○	二一	四二	北	六一	五一	○八	加	一五	○九	三
五一	加	○○	二五	九四	北	六二	四六	三八	加	一七	二七	五
四○	加	○○	二九	○五	北	六四	一四	四二	加	一八	二五	六
三五	加	○○	三二	○九	北	六五	一七	○七	加	一九	○九	四
四八	加	○○	三六	一七	北	六七	○九	三四	加	一九	四九	五
三六	加	○○	三三	二九	北	五七	三一	四六	加	一八	二六	四
○一	加	○○	三一	二四	北	五七	二○	二七	加	一七	四三	四
三四	加	○○	三○	四七	北	五八	三三	二六	加	一七	四五	六
三九	加	○○	一八	[illegible]四	北	五八	○九	三三	加	一六	三七	六
三三	加	○○	二六	二一	北	六○	一九	○一	加	一六	三五	五
四九	加	○○	四五	二○	北	一四	一五	一九	加	一九	二八	二
二二	加	○○	四三	四九	北	二七	○七	二三	加	一九	二七	二
三四	加	○○	四三	四五	北	二二	三八	二五	加	一八	五八	四
二五	加	○○	四三	四四	北	二三	四○	○七	加	一九	○四	四
五七	加	○○	四二	三九	北	二八	二三	三八	加	一八	五○	五
一五	加	○○	四二	三四	北	二九	一八	二六	加	一八	五一	三

恒星圖表

星名	黄道經度				黄道緯度				赤道經度		
杭七宿	宮	度	分	秒	緯	度	分	秒	宮	度	分
離宮五	亥	二八	三七	○八	北	二五	三三	五七	亥	一七	五九
六	亥	二九	三一	一五	北	二四	四七	五二	亥	一九	○八
騰蛇一	戌	○五	四五	一二	北	五三	一七	二六	亥	○三	○一
二	戌	○三	三○	三三	北	五三	一九	○九	亥	○四	二二
三	亥	二五	一○	一八	北	五七	一二	○六	子	二五	○四
四	亥	二五	五四	四五	北	五八	五二	三七	子	二三	五八
五	亥	二一	四三	二○	北	六○	四一	一五	子	一九	三六
六	亥	二二	二二	二五	北	六二	四九	二二	子	一七	四九
七	戌	○四	二八	一一	北	六三	四五	○○	子	二三	三二
八	戌	○五	一五	五五	北	六一	一四	○○	子	二七	一六
九	戌	一○	三三	五○	北	五九	五九	○五	亥	○二	○二
十	戌	○六	一六	五六	北	五五	三四	一○	亥	○四	一○
十一	戌	二七	四三	四一	北	四九	二四	五○	亥	二七	三一
十二	戌	二八	三九	二四	北	五一	○九	一七	亥	二六	二四
十三	戌	二八	三九	三一	北	五二	三九	五○	亥	二四	三七
十四	戌	二四	五八	○五	北	五四	三八	三二	亥	一九	○六
十五	戌	○八	二○	二八	北	五三	四一	四四	亥	○七	三一
十六	戌	一二	一四	一六	北	四九	五三	二六	亥	一四	○四
十七	戌	一三	一九	四五	北	四八	三四	一一	亥	一六	○八
十八	戌	一四	○一	二九	北	四七	四五	一七	亥	一七	二五
十九	戌	一五	五三	四三	北	四三	四八	三四	亥	二二	一四
二十	戌	一七	三三	一三	北	四二	五六	二九	亥	二四	二二
二十一	戌	一四	五三	一六	北	四一	四三	○六	亥	二二	五六
二十二	戌	一三	四○	二五	北	四一	○一	二六	亥	二二	二三
雷電一	亥	一三	四二	○六	北	一七	四二	○三	亥	○八	○九
二	亥	一五	三○	一九	北	一八	二七	一八	亥	○九	二八
三	亥	一五	五○	○一	北	一五	四三	三四	亥	一○	五一
四	亥	一九	○七	一六	北	一三	五三	五二	亥	一四	三二

度歲差					赤道緯度歲差							
秒	經差	分	秒	微	緯	度	分	秒	緯差	秒	微	星等
一二	加	○○	四四	五六	北	二一	五○	三六	加	一九	五○	六
三六	加	○○	四五	○八	北	二一	二六	○九	加	一九	五五	六
一九	加	○○	三六	五六	北	四九	二三	二三	加	一八	三○	四
一四	加	○○	三六	四三	北	四八	三六	○三	加	一八	一五	五
五八	加	○○	三三	二五	北	四八	四九	五七	加	一六	三四	五
三一	加	○○	三二	一八	北	五○	二三	四七	加	一六	二一	四
五二	加	○○	三○	四七	北	五○	三○	○九	加	一五	二三	五
四二	加	○○	二九	○六	北	五二	二一	○○	加	一四	五八	五
三六	加	○○	二八	二三	北	五六	四五	一三	加	一六	一六	六
○八	加	○○	三三	五一	北	五五	一四	三五	加	一七	○○	六
五五	加	○○	三二	二九	北	五六	一三	三五	加	二○	一九	四
○七	加	○○	三五	三六	北	五一	二一	五六	加	一八	一三	五
五五	加	○○	四五	一四	北	五四	四七	一六	加	二○	一八	六
五一	加	○○	四四	三三	北	五六	三一	五九	加	三○	一六	六
三一	加	○○	四三	二七	北	五七	四一	一四	加	三○	一三	五
二四	加	○○	四○	一七	北	五七	四二	三一	加	一九	五五	六
二八	加	○○	三七	二一	北	五○	三九	二三	加	一八	四二	六
五八	加	○○	四○	一二	北	四九	○六	一○	加	一九	二九	六
二九	加	○○	四一	○八	北	四八	二七	三三	加	一九	四○	六
一○	加	○○	四一	四○	北	四八	○三	四八	加	一九	四八	六
二二	加	○○	四三	四八	北	四五	三二	○七	加	三○	○六	四
二二	加	○○	四四	三三	北	四五	二七	四九	加	三○	一三	四
三七	加	○○	四四	一五	北	四三	一二	三○	加	三○	○八	四
○九	加	○○	四四	○八	北	四二	一八	一七	加	二○	○七	四
五五	加	○○	四五	二八	北	○九	五五	二○	加	一八	四五	三
一六	加	○○	四五	二[illegible]	北	一一	一七	一四	加	一八	五七	五
○四	加	○○	四五	四三	北	○八	五三	五九	加	一九	○七	六
○五	加	○○	四五	五八	北	○八	二八	一二	加	一九	三一	五

星名	黃道經度 宮	度	分	秒	黃道緯度 緯	度	分	秒	赤道經 宮	度	分
北方七宿											
雷電五	亥	二四	○三	二三	北	一四	五七	一五	亥	一八	三三
六	亥	二五	三八	○六	北	一四	四五	二五	亥	二○	○三
土公吏一	亥	○九	三○	五二	北	一○	五一	四二	亥	○三	一三
二	亥	一○	○四	五七	北	一七	一八	五一	亥	○五	○五
壘壁陣一	子	一九	一二	○五	南	○四	四八	三六	子	二二	一二
二	子	一七	四五	五二	南	○四	五六	五六	子	二一	四九
三	子	一九	二○	四二	南	○二	三一	○八	子	二二	三六
四	子	二一	○六	一四	南	○二	三二	一九	子	二四	二一
五	子	二六	一七	○一	南	○二	○三	○五	子	二九	一五
六	亥	○二	五六	五四	南	○一	一二	三三	亥	○五	一○
七	亥	○九	○七	四一	南	○○	二三	○○	亥	一○	五二
八	亥	一四	四一	五七	南	○一	○一	二五	亥	一六	一八
九	亥	二五	五○	三四	南	○三	○七	四九	亥	二七	二六
十	亥	二六	四六	○四	南	○二	五七	四五	亥	二八	一二
十一	亥	二六	二九	三八	南	○五	四六	五五	亥	二九	○五
十二	亥	二五	三五	三六	南	○五	四三	三三	亥	二八	一四
羽林軍一	子	二四	一七	五七	南	○四	三七	二九	子	二八	一三
二	子	二五	一二	五一	南	○六	三七	四七	子	二九	五一
三	子	二五	二七	二二	南	○九	二七	四五	亥	○一	○九
四	子	二六	五二	三八	南	一○	三三	四五	亥	○二	五九
五	子	二六	○四	五四	南	一三	三九	一一	亥	○三	二六
六	子	二二	五六	一○	南	一五	四○	四○	亥	○一	○四
七	子	二五	二九	○○	南	一五	三○	○○	亥	○三	三五
八	子	二八	五一	四○	南	一七	一四	一五	亥	○七	四六
九	亥	○○	○六	一六	南	二○	二六	三六	亥	一○	二四
十	亥	○○	三八	五○	南	一六	○○	一○	亥	○八	五七
十一	亥	○○	○四	四二	南	一○	五一	四二	亥	○六	一六
十二	亥	○三	二二	五四	南	一一	○○	四○	亥	○九	三二

北方七宿

度歲差					赤道緯度歲差							
秒	經差	分	秒	微	緯	度	分	秒	緯差	秒	微	星等
○六	加	○○	四五	五七	北	一一	二一	○九	加	一九	五二	六
二九	加	○○	四六	○一	北	一一	四七	一八	加	二○	○○	五
○一	加	○○	四四	五七	北	一一	一九	一三	加	一八	○二	六
一五	加	○○	四五	三三	北	○八	一四	三二	加	一八	二一	六
四一	加	○○	五一	一五	南	一九	三九	二一	減	一六	○八	五
五○	加	○○	五一	二三	南	二○	一四	三二	減	一五	四九	四
○八	加	○○	五○	四六	南	一七	二六	三○	減	一五	五九	四
○○	加	○○	五○	三○	南	一六	五三	三八	減	一六	二一	三
一一	加	○○	四九	三七	南	一四	四二	三七	減	一七	二一	四
五五	加	○○	四八	三五	南	一一	三四	○九	減	一八	二二	五
一四	加	○○	四七	五一	南	○八	三一	○四	減	一九	○六	四
四五	加	○○	四七	二五	南	○六	五八	四九	減	一九	四一	五
○二	加	○○	四六	五二	南	○四	三一	三七	減	二○	一八	五
五九	加	○○	四六	五○	南	○四	○○	一八	減	二○	一八	五
四八	加	○○	四六	五一	南	○六	四一	五五	減	二○	一九	四
二九	加	○○	四六	五二	南	○六	五九	二六	減	二○	一八	五
三七	加	○○	五○	一九	南	一七	四八	○九	減	一七	○九	六
二二	加	○○	五○	三○	南	一九	二二	二三	減	一七	七	六
二二	加	○○	五○	五一	南	二一	五六	三二	減	一七	四一	六
三三	加	○○	五○	四三	南	三二	二八	○九	減	一八	○○	五
五二	加	○○	五一	一八	南	三五	三七	五二	減	一八	○三	五
四四	加	○○	五二	一八	南	二八	三七	二九	減	一七	四○	四
二五	加	○○	五一	四○	南	二七	三三	四○	減	一八	○六	五
○五	加	○○	五三	○三	南	二七	五六	四○	減	一八	四三	三
一一	加	○○	五○	五八	南	三○	二五	四二	減	一九	○四	六
三四	加	○○	五○	三一	南	二六	○八	三五	減	一八	五三	六
○五	加	○○	五○	○八	南	二一	三五	四三	減	一八	二○	五
四八	加	○○	四八	四五	南	二○	三○	一四	減	二○	四八	六

丰

星名	黃道經度				黃道緯度				赤道經		
北方七宿	宮	度	分	秒	緯	度	分	秒	宮	度	分
羽林軍十三	亥	○二	四七	五五	南	○九	五六	二四	亥	○八	三三
十四	亥	○一	三六	一五	南	○七	五八	三一	亥	○六	三六
十五	子	二九	四六	二三	南	○六	二八	三六	亥	○四	一五
十六	亥	○一	一五	四一	南	○四	四八	二二	亥	○五	一四
十七	亥	○○	二○	○五	南	○三	一七	四二	亥	○三	四六
十八	子	二九	二○	四六	南	○二	三六	○五	亥	○二	二四
十九	亥	○三	○六	一○	南	○一	三○	四○	亥	○五	三六
二十	亥	○四	五五	三三	南	○一	一八	一○	亥	○七	一五
廿一	亥	○六	○○	二○	南	○一	四八	五○	亥	○八	一九
廿二	亥	○七	○三	四六	南	○二	四四	三六	亥	○九	四九
廿三	亥	○七	四七	二三	南	○四	○一	○八	亥	一一	○四
廿四	亥	○六	○九	五二	南	○五	三八	四二	亥	一○	○九
廿五	亥	○五	三三	二四	南	○五	五五	○四	亥	○九	三七
廿六	亥	○六	二六	四九	南	○八	一一	一七	亥	一一	一一
廿七	亥	○六	一八	一一	南	○八	三七	○一	亥	一一	一三
廿八	亥	○七	三三	五三	南	一四	二九	○七	亥	一五	○二
廿九	亥	○七	○七	五三	南	一五	四一	五五	亥	一五	○八
三十	亥	○五	五二	四四	南	一六	三四	三四	亥	一四	一九
卅一	亥	一二	五七	一九	南	一六	三○	二一	亥	二一	○二
卅二	亥	一二	二三	五五	南	一六	四五	四八	亥	二○	三七
卅三	亥	一[illegible]	二八	一二	南	一五	三四	一六	亥	一九	一三
卅四	亥	一一	○一	四二	南	一四	四六	二六	亥	一八	二七
卅五	亥	一三	○一	○二	南	一○	○七	五七	亥	一八	二二
卅六	亥	一二	五一	○四	南	○四	一八	○二	亥	一七	二八
卅七	亥	一四	[illegible]	一六	南	○九	四五	三九	亥	一七	二七
卅八	亥	一四	一七	一七	南	○四	一五	四五	亥	一七	一二
卅九	亥	一三	五○	二八	南	○三	五八	○三	亥	一六	四○
四十	亥	一二	三○	三○	南	○一	五二	三四	亥	一四	三六

度	歲差				赤道緯度				歲差			
秒	經差	分	秒	微	緯	度	分	秒	緯差	秒	微	星等
○八	加	○○	四九	三五	南	一九	四四	二三	減	一八	四九	六
○六	加	○○	四九	二四	南	一八	二一	二三	減	一八	三四	六
五四	加	○○	四九	四二	南	一七	三七	三一	減	一八	一二	六
一一	加	○○	四九	一四	南	一五	二八	一八	減	一八	二○	六
四五	加	○○	四九	一一	南	一四	一三	四五	減	一八	○七	六
四二	加	○○	四九	一五	南	一四	○九	二八	減	一七	五四	六
二七	加	○○	四八	三六	南	一一	四七	四一	減	一八	二四	六
三八	加	○○	四八	一三	南	一○	五六	○五	減	一八	三九	六
二五	加	○○	四八	一九	南	一一	○○	四一	減	一八	四八	六
三八	加	○○	四八	一七	南	一一	二八	四七	減	一九	○○	六
○八	加	○○	四八	一九	南	一三	三二	三五	減	一九	○九	六
一五	加	○○	四八	四○	南	一四	三○	二一	減	一九	○一	五
一○	加	○○	四八	四五	南	一四	五九	○九	減	一八	五八	五
四六	加	○○	四八	四九	南	一六	四五	○九	減	一九	一一	三
四八	加	○○	四八	五二	南	一七	一二	一三	減	一九	一一	六
○四	加	○○	四九	○二	南	二二	○七	三六	減	一九	三五	四
二四	加	○○	四九	○九	南	二三	二四	二三	減	一九	三五	五
一三	加	○○	四九	一七	南	二四	四一	三二	減	一九	三○	六
一二	加	○○	四八	○九	南	二一	五二	二八	減	二○	○三	五
四三	加	○○	四八	一五	南	二二	一九	四○	減	二○	○二	五
三三	加	○○	四八	一二	南	二二	三六	一六	減	一九	五五	五
三八	加	○○	四八	一七	南	二一	○二	五四	減	一九	五一	五
四七	加	○○	四八	○二	南	一六	○一	○四	減	一九	五一	六
一七	加	○○	四八	○○	南	一四	二三	五七	減	一九	四七	六
四二	加	○○	四七	四○	南	一○	三三	二七	減	一九	四七	五
○八	加	○○	四七	二九	南	一○	○七	一八	減	一九	四五	五
○六	加	○○	四七	四○	南	一○	○一	三五	減	一九	四三	五
一九	加	○○	四七	三九	南	○八	三六	四二	減	一九	三二	六

星名	黃道經度 宮	度	分	秒	黃道緯度 緯	度	分	秒	赤道經 宮	度	分
北方七宿											
羽林軍四二	亥	一二	○一	四一	南	○一	五七	四五	亥	一四	一○
四三	亥	一一	五七	一○	南	○一	四○	一四	亥	一四	○○
四四	亥	一四	三六	五六	南	○二	四九	五一	亥	一六	五六
四五	亥	一七	一三	三○	南	一一	○一	四六	亥	二二	四一
四六	亥	一七	四五	一七	南	一一	三六	一二	亥	二三	二五
天綱	子	二九	四三	一五	南	二三	三六	○七	亥	一一	三○
北落師門	亥	○一	二一	五九	南	二一	○四	五四	亥	一一	五七
鈇鉞一	亥	一六	○二	四二	南	一四	四○	五六	亥	二三	○八
二	亥	一六	四一	二四	南	一五	一○	一七	亥	二三	五七
三	亥	一七	五一	一八	南	一六	二六	五九	亥	二五	三五
八魁一	亥	二二	五○	一二	南	一五	一六	○三	戌	○○	三五
二	亥	二一	一八	三七	南	一六	一四	二二	亥	二八	四一
三	亥	二○	三○	○九	南	一四	一四	二五	亥	二七	○五
四	亥	二四	二一	四○	南	一○	○五	○○	亥	二八	五三
五	亥	二七	四九	二二	南	一三	二七	一五	戌	○三	二七
六	亥	二三	○五	一二	南	一八	四五	五四	戌	○一	二六
壁宿一	戌	○六	四二	五○	北	一二	三五	一二	戌	○一	○三
二	戌	一一	五一	五三	北	二五	四一	○一	亥	二九	四九
天廄一	戌	一八	四四	四四	北	三三	二二	五三	戌	○一	五六
二	戌	一九	五九	五○	北	三二	二三	一一	戌	○二	五五
三	戌	一七	五六	五三	北	三一	三五	五六	戌	○二	一五
土公一	戌	○一	三一	四一	北	○七	三一	四三	亥	二八	二三
二	戌	○六	二九	五五	北	○四	三○	四二	戌	○四	二二
霹靂一	亥	一六	○八	五六	北	○九	○三	一九	亥	一三	四四
二	亥	一八	五六	四四	北	○七	一六	四三	亥	一六	五九
三	亥	二二	四五	二七	北	○九	○一	五八	亥	一九	四六
四	亥	二五	一一	三八	北	○七	一二	一二	亥	二二	四三
五	戌	○○	○七	五五	北	○六	二二	一五	亥	二七	三四

度歲差					赤道緯度歲差							
秒	經差	分	秒	微	緯	度	分	秒	緯差	秒	微	星等
○六	加	○○	四六	四二	南	○八	五二	三三	減	一九	二九	六
二五	加	○○	四七	四二	南	○八	三八	○六	減	一九	二八	六
三三	加	○○	四七	三一	南	○八	四○	四二	減	一九	四四	五
一八	加	○○	四七	三四	南	一五	一一	一一	減	二○	○七	五
二一	加	○○	四七	三○	南	一五	三○	一六	減	二○	○九	五
五四	加	○○	五一	一五	南	三三	二七	三三	減	一九	一一	五
二九	加	○○	五○	四○	南	二○	三二	一一	減	一九	一五	一
二○	加	○○	四七	四二	南	一八	五九	二九	減	二○	○九	五
一○	加	○○	四七	二七	南	一九	一○	五六	減	二○	一一	五
四五	加	○○	四七	六	南	一九	五三	○四	加	二○	一五	六
三八	加	○○	四六	四七	南	一六	二五	三七	減	二○	一九	五
四七	加	○○	四七	○一	南	一八	一九	○五	減	二○	一九	四
一一	加	○○	四七	一一	南	一六	四九	○七	減	二○	一八	六
二九	加	○○	四六	五四	南	一一	二九	一○	減	二○	一八	六
五一	加	○○	四六	三三	南	一三	一一	一一	減	二○	一八	六
三一	加	○○	四六	四○	南	一九	五四	一八	減	二○	一九	五
一○	加	○○	四六	四九	北	一四	一二	○七	加	二○	二○	二
一二	加	○○	四六	三七	北	二八	○七	一六	加	二○	一九	二
四五	加	○○	四七	○八	北	三七	四二	一一	加	二○	一八	四
四二	加	○○	四七	二三	北	三六	五九	二七	加	二○	一八	五
二二	加	○○	四七	一一	北	一五	四八	五一	加	二○	一九	五
○二	加	○○	四六	四一	北	○七	三○	三七	加	二○	一九	五
三二	加	○○	四六	二二	北	○六	四三	三三	加	二○	一○	六
四四	加	○○	四六	三一	北	○二	五二	二七	加	一九	二七	五
二六	加	○○	四六	三七	北	○二	一八	五七	加	一九	四五	四
二三	加	○○	四六	二六	北	○五	二四	五六	加	一九	五七	五
三○	加	○○	四六	三三	北	○四	四一	四七	加	二○	○七	六
三三	加	○○	四六	四○	北	○五	五三	三七	加	二○	一六	五

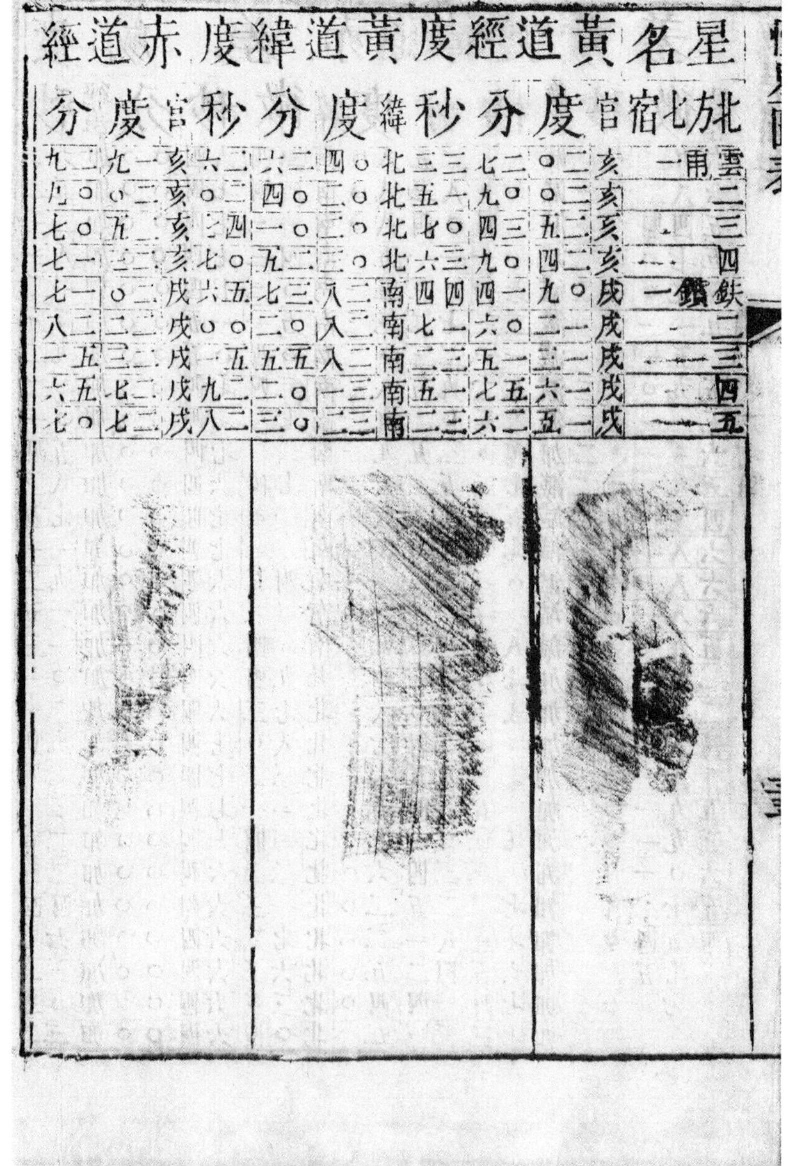

星名	黃道經度				黃道緯度				赤道經		
北方七宿	宮	度	分	秒	緯	度	分	秒	宮	度	分
雲雨一	亥	二○	二七	三三	北	○四	二六	二六	亥	一九	二九
二	亥	二○	○九	一五	北	○二	○四	二○	亥	二○	○九
三	亥	二五	三四	○七	北	○二	○一	四二	亥	二五	○七
四	亥	二四	○九	三六	北	○三	二九	○七	亥	二三	一七
鈇鑕一	戌	○九	一四	四四	南	二八	三七	五六	戌	二○	一七
二	戌	一二	○六	一七	南	二八	○二	○○	戌	二二	二八
三	戌	一三	一五	三二	南	二八	五五	五一	戌	二三	五一
四	戌	一六	五七	一五	南	三一	○二	二九	戌	二七	五六
五	戌	一五	二六	三二	南	三二	○三	二八	戌	二七	○七

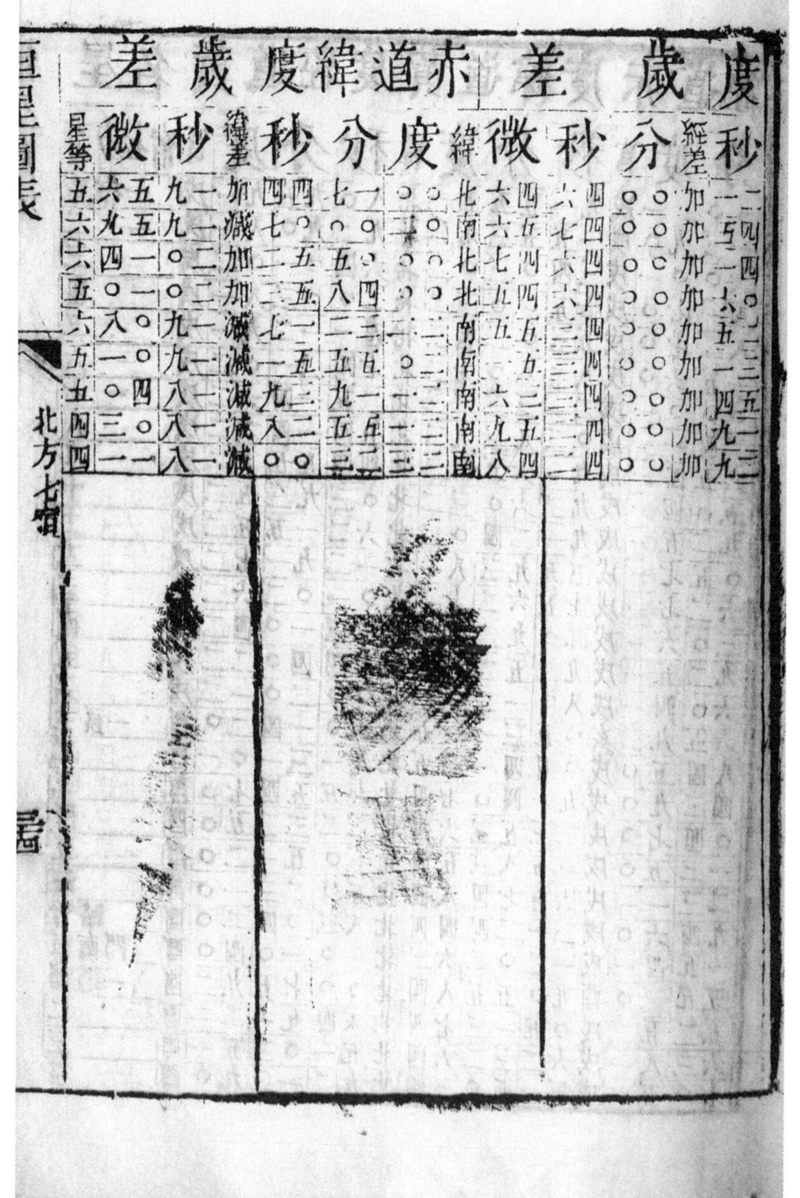

度歲差					赤道緯度歲差							
秒	經差	分	秒	微	緯	度	分	秒	緯差	秒	微	星等
二一	加	○○	四六	四六	北	○○	一七	四四	加	一九	五六	五
四五	加	○○	四七	五六	南	○二	○○	○七	減	一九	五九	六
四一	加	○○	四六	四七	北	○○	○五	五二	加	二○	一四	六
○六	加	○○	四六	四五	北	○○	四八	五二	加	二○	一○	五
二五	加	○○	四二	五五	南	一一	三二	一七	減	一九	○八	六
三一	加	○○	四三	五一	南	二○	五五	五一	減	一九	○一	五
五四	加	○○	四二	三六	南	二一	一九	三九	減	一八	四○	五
一九	加	○○	四一	五九	南	二一	五五	二八	減	一八	○三	四
三九	加	○○	四二	四八	南	三三	二三	○○	減	一八	一一	四

北方七宿

星名	黃道經度				黃道緯度				赤道經度		
西方七宿	宮	度	分	秒	緯	度	分	秒	宮	度	分
奎宿一	戌	一九	五九	○八	北	一五	九五	一九	戌	一二	○○
二	戌	一八	○九	二九	北	一七	三五	五一	戌	○九	三二
三	戌	二○	一○	四六	北	二○	三○	四三	戌	一○	○六
四	戌	一八	三○	○三	北	二三	○○	五六	戌	○七	二八
五	戌	一九	二一	一四	北	二四	一○	三五	戌	○七	二八
六	戌	二○	一二	四七	北	二七	○八	二八	戌	○六	五一
七	戌	二六	四一	五二	北	三二	三三	一二	戌	一○	○○
八	戌	二六	四一	四五	北	二九	二九	二○	戌	一一	四二
九	戌	二七	五五	四四	北	二五	五八	一九	戌	一四	五六
十	戌	二五	三九	三○	北	二三	○六	二九	戌	一四	○五
十一	戌	二五	五一	三六	北	二○	四二	一九	戌	一五	二九
十二	戌	二七	一九	二一	北	一八	三九	五三	戌	一七	五○
十三	戌	二六	二○	一○	北	一七	二六	一七	戌	一七	二六
十四	戌	二四	○一	三一	北	一五	二九	○二	戌	一六	○三
十五	戌	二一	○四	四三	北	一一	二五	二九	戌	一五	二九
十六	戌	二一	○二	○○	北	一三	一一	○八	戌	一四	○六
王良一	酉	○二	四一	○六	北	五一	一三	五○	亥	二九	五六
二	酉	一○	一三	一九	北	五二	一四	四○	戌	○五	四八
三	酉	○七	四五	五六	北	四七	○四	一九	戌	○九	三四
四	酉	○五	二三	二二	北	四六	三五	三二	戌	○七	四○
五	酉	○二	一五	○二	北	四五	三八	五○	戌	○五	三一
策	酉	○一	三二	○五	北	四八	四七	五六	戌	一一	三二
附路	酉	○二	四○	三八	北	四四	四二	一三	戌	○六	四九
軍南門	酉	○四	○一	○一	北	二六	二○	二一	戌	一四	五一
閣道一	酉	二九	五七	○○	北	四八	五五	○九	酉	○三	五五
二	酉	三二	一九	四八	北	四七	三一	五○	戌	二五	二五
三	酉	一五	三○	一五	北	四六	二三	二六	戌	一八	三六
四	酉	○九	二一	二九	北	四二	○五	一五	戌	一五	○七

度歲差 秒	經差	分	秒	微	緯	赤道緯度 度	分	秒	緯差	歲差 秒	微	星等
○七	加	○○	四八	二四	北	二二	二九	三六	加	一一	五五	四
二九	加	○○	四八	○七	北	二三	一八	二七	加	二○	○五	四
一三	加	○○	四八	二七	北	二六	四五	一一	加	二○	○六	六
五六	加	○○	四八	○一	北	二八	二一	二九	加	二○	一一	四
○一	加	○○	四八	○八	北	二九	五三	三五	加	二○	一一	三
五三	加	○○	四九	○九	北	三二	四四	四八	加	二○	一二	四
三一	加	○○	四九	三一	北	四○	○七	三三	加	二○	○四	四
三○	加	○○	四九	四四	北	三七	三二	四○	加	一九	五六	四
一二	加	○○	五○	一二	北	三四	四○	五六	加	一九	四二	二
四九	加	○○	四七	三七	北	三一	一四	三三	加	一九	四五	五
一二	加	○○	四九	三八	北	二九	○八	○一	加	一九	三九	五
五七	加	○○	四九	五五	北	二七	四九	一六	加	一九	二五	六
四三	加	○○	四九	三九	北	二六	二○	一九	加	一九	二七	五
五三	加	○○	四九	○六	北	二三	三九	一四	加	一九	三六	五
五一	加	○○	四八	三八	北	二○	○五	五○	加	一九	三九	五
三○	加	○○	四八	三一	北	二○	三二	五七	加	一九	四六	五
二四	加	○○	四六	二三	北	五八	一一	四一	加	二○	一九	二
三六	加	○○	五○	○八	北	六一	五八	一三	加	二○	一四	四
一三	加	○○	五一	三二	北	五六	五五	○九	加	二○	○四	四
一二	加	○○	五○	一○	北	五五	三四	五八	加	二○	一○	三
五二	加	○○	四九	○四	北	五三	三三	四三	加	二○	一四	五
五三	加	○○	五三	一四	北	五九	四七	○二	加	一九	五八	三
四一	加	○○	四九	三八	北	五二	五六	五四	加	二○	一三	四
四二	加	○○	五一	五六	北	四六	一八	二八	加	一九	四二	五
一一	加	○一	一二	○三	北	六六	三八	一五	加	一七	○四	五
五九	加	○一	○三	○二	北	六二	四八	四六	加	一八	三一	三
○四	加	○○	五七	○九	北	五九	一九	五七	加	一九	二一	三
○四	加	○○	五三	四二	北	五四	一二	一○	加	一九	四一	四

星名	黃道經度 宮	度	分	秒	黃道緯度 緯	度	分	秒	赤道經 宮	度	分
西方七宿											
閣道五	酉	○二	三四	五○	北	四一	一六	○五	戌	○九	四二
六	酉	○○	○三	○五	北	三九	一七	四五	戌	○八	四五
奎北氣	戌	二五	二四	四○	北	二三	二○	四四	戌	○八	一六
外屏一	戌	一一	四二	一七	北	○二	○九	四四	戌	○九	五四
二	戌	一五	○五	一一	北	○一	○四	○七	戌	一三	二八
三	戌	一七	二五	一三	南	○○	一三	二五	戌	一六	○八
四	戌	二○	三九	四○	南	○三	○四	二五	戌	二○	一四
五	戌	二三	○三	三七	南	○四	四三	一二	戌	二二	○五
六	戌	二五	○四	一八	南	○七	五四	四五	戌	二六	○七
七	戌	二六	五五	二三	南	○九	○五	一○	戌	二八	一四
天溷一	戌	○六	三○	四六	南	一三	二四	○八	戌	一一	二二
二	戌	○五	五五	三二	南	一五	五三	五○	戌	一一	四九
三	戌	○二	四七	三○	南	一六	一八	二九	戌	○九	一○
四	戌	○三	二六	三一	南	一四	○七	四五	戌	○八	五○
土司空	戌	○○	○六	○二	南	二○	四六	五二	戌	○八	四一
婁宿一	酉	○一	三○	五九	北	○八	二八	一六	戌	二六	一三
二	酉	○○	四四	○○	北	○七	○八	五八	戌	二五	一八
三	酉	○五	一二	一八	北	○九	五七	一二	戌	二九	一八
天大將軍一	酉	一一	四八	四四	北	二七	四六	○七	戌	二八	一九
二	酉	一二	一一	一三	北	三六	四九	一三	戌	二三	一二
三	酉	二○	○一	三六	北	三五	一三	四五	戌	二一	四九
五	酉	○七	四二	二七	北	三四	三○	五五	戌	一九	五六
五	酉	○八	○四	二六	北	三一	二七	四三	戌	二二	一三
六	酉	○六	○九	二七	北	二八	五八	一一	戌	二一	三九
七	酉	○六	二九	○一	北	二七	五四	○六	戌	二二	三四
八	酉	二八	○六	○五	北	二三	三九	一三	戌	二六	二六
九	酉	三九	五二	四四	北	二○	三四	一七	戌	二九	四四
七	酉	一一	○三	二一	北	一八	五六	○七	酉	○一	四一

度	歲差				赤道緯度					歲差		
秒	經差	分	秒	微	緯	度	分	秒	緯差	秒	微	星等
三六	加	○○	五○	三三	北	五○	○一	○三	加	二○	○五	五
○八	加	○○	四九	五○	北	四七	二○	○五	加	二○	○七	六
一九	加	○○	四九	○一	北	四○	一八	五八	加	二○	○八	氣
三四	加	○○	四七	○八	北	○六	三七	三三	加	二○	○三	四
一四	加	○○	四七	一八	北	○六	五六	一九	加	一九	四九	四
二六	加	○○	四七	二二	北	○六	三八	四三	加	一九	三五	四
三三	加	○○	四七	二一	北	○五	一四	○六	加	一九	一一	五
○三	加	○○	四七	二二	北	○四	三五	四八	加	一八	四七	五
○六	加	○○	四七	○五	北	○一	二○	○三	加	一八	二一	五
四八	加	○○	四七	○三	北	○一	五四	三七	加	一八	○一	三
一二	加	○○	四六	○七	南	○九	四一	一七	減	一九	五九	六
一六	加	○○	四五	五四	南	一二	一三	一○	減	一九	五七	五
二○	加	○○	四六	○○	南	一三	四九	三○	減	二○	○六	六
五○	加	○○	四六	一○	南	一一	三四	三八	減	二○	○七	五
二三	加	○○	四五	四八	南	一八	五七	○二	減	二○	○八	三
五九	加	○○	四九	五四	北	一九	五六	四九	加	一八	二○	三
二一	加	○○	四九	三五	北	一八	二六	○二	加	一八	二二	四
五五	加	○○	五○	四七	北	一二	三七	五五	加	一七	五一	二
○六	加	○○	五四	五九	北	四一	二八	五八	加	一八	○二	二
○二	加	○○	五五	五二	北	四九	四八	三二	加	一八	四七	四
四○	加	○○	五四	四四	北	四七	四四	四三	加	一八	五七	五
○三	加	○○	五三	三九	北	四六	○五	二二	加	一九	一二	五
五二	加	○○	五三	四七	北	四三	二九	四九	加	一八	五五	六
○○	加	○○	五二	五五	北	四○	三一	二○	加	一九	○○	五
四二	加	○○	五三	○○	北	三九	四二	一四	加	一八	五二	三
四○	加	○○	五三	一四	北	三六	二三	一四	加	一八	一九	六
三七	加	○○	五三	二四	北	三四	○九	二九	加	一七	四六	四
五○	加	○○	五三	三一	北	三三	○二	一六	加	一七	二六	四

星名	黃道經度				黃道緯度				赤道經		
西方七宿	宮	度	分	秒	緯	度	分	秒	宮	度	分
天大將軍士	酉	一一	○二	四三	北	一九	二一	三二	酉	○一	三○
氣一	酉	○九	○二	四○	北	二七	四	○八	戌	二五	四二
右更一	戌	二四	三八	一二	北	○九	二二	○三	戌	一九	一二
二	戌	二四	二二	二○	北	○五	二一	○七	戌	二○	三一
三	戌	二四	二八	一八	北	○一	五二	○五	戌	二一	五七
四	戌	二五	一七	四○	南	○一	三八	五八	戌	二四	○二
五	戌	二五	四三	○六	北	○三	四○	三二	戌	二二	二七
左更一	酉	一一	四一	三五	北	○六	○七	五六	酉	○七	一三
二	酉	一一	五二	五五	北	○四	○一	五六	酉	○八	○七
三	酉	一○	五六	四三	南	○○	三六	二四	酉	○八	四二
四	酉	一二	二八	四六	南	○一	一九	三七	酉	一○	二六
五	酉	一二	四○	五二	北	○一	○六	一三	酉	○九	五二
天倉一	亥	二八	二八	○○	南	一○	○一	三○	戌	○二	三七
二	戌	○九	一八	一八	南	一六	○七	一六	戌	一四	五六
三	戌	一三	四六	五三	南	一五	四六	三○	戌	一八	四九
四	戌	一九	二九	四七	南	二○	二一	一九	戌	二五	四六
五	戌	一五	二八	四八	南	二四	五七	三二	戌	二四	三九
六	戌	一七	○一	三二	南	三○	四七	五二	戌	二七	五三
天庾一	戌	一五	二四	五一	南	三八	五二	一九	酉	○○	二二
二	戌	二二	一七	○八	南	三九	四一	一五	酉	○六	一五
三	戌	二二	一九	四二	南	四四	五二	二三	酉	○八	五一
胃宿一	酉	一四	二八	四五	北	一一	一七	一三	酉	○八	一六
二	酉	一五	五三	五五	北	一二	二八	○五	酉	○九	二○
三	酉	一五	四四	四五	北	一○	二五	三七	酉	○九	五四
大陵一	酉	二一	三七	四三	北	三八	五七	四一	酉	○二	三五
二	酉	二五	二八	三○	北	三四	二○	一二	酉	一○	二七
三	酉	二六	四○	一一	北	三○	五六	二九	酉	一三	四九
四	酉	二五	一四	一二	北	二六	○四	二一	酉	一四	二四

度	歲差				赤道緯度				歲差			
秒	經差	分	秒	微	緯	度	分	秒	緯差	秒	微	星等
一五	加	〇〇	五三	三四	北	三三	二五	四七	加	一七	二九	五
〇六	加	〇〇	五三	五二	北	三九	五一	三三	加	一八	二五	氣
一二	加	〇〇	四八	五三	北	一八	一五	〇六	加	一九	一七	五
五五	加	〇〇	四八	三一	北	一四	二六	〇〇	加	一九	〇六	四
二四	加	〇〇	四八	一三	北	一一	一四	一七	加	一八	五六	五
三四	加	〇〇	四七	五五	北	〇八	一六	〇三	加	一八	三九	五
二七	加	〇〇	四八	三二	北	一三	二二	四〇	加	一八	五三	六
一六	加	〇〇	五一	二四	北	二一	一一	三七	加	一六	二一	六
一三	加	〇〇	五一	〇二	北	一九	一五	四〇	加	一六	〇九	六
二一	加	〇〇	四九	五九	北	一四	三三	四三	加	一六	〇一	六
三一	加	〇〇	五〇	〇二	北	一四	二〇	五三	加	一五	三八	六
二四	加	〇〇	五〇	三五	北	一六	四三	二七	加	一五	四五	六
四五	加	〇〇	四六	三九	南	〇九	四七	四〇	減	二〇	一九	三
五四	加	〇〇	四五	四五	南	一一	〇六	五二	減	一九	四一	三
二〇	加	〇〇	四五	四三	南	〇九	〇五	二五	減	一九	一八	三
四五	加	〇〇	四五	〇二	南	一一	一二	二二	減	一八	二四	三
三三	加	〇〇	四四	一七	南	一六	五三	三六	減	一八	三九	三
二六	加	〇〇	四三	〇〇	南	二一	四〇	三六	減	一八	〇五	五
一六	加	〇〇	四一	〇〇	南	二九	三二	五〇	減	一七	三七	六
〇五	加	〇〇	四〇	二五	南	二七	五九	四八	減	一六	三一	六
一五	加	〇〇	三八	三八	南	三三	二二	四五	減	一五	五六	五
四八	加	〇〇	五三	〇一	北	一六	五七	二五	加	一六	〇七	四
三八	加	〇〇	五三	三六	北	二八	三一	〇七	加	一五	五三	四
一八	加	〇〇	五三	〇八	北	二六	三一	五七	加	一五	四五	三
二三	加	〇一	〇一	五五	北	五五	〇二	五八	加	一七	一七	六
四三	加	〇一	〇三	一五	北	五二	〇七	四二	加	一九	三九	五
三六	加	〇一	〇二	四三	北	四九	一二	四七	加	一四	五二	四
[illegible]	加	〇一	〇〇	二九	北	四四	一三	〇〇	加	一四	四四	五

西方七宿

星名	黃道經度				黃道緯度				赤道經		
西方七宿	宮	度	分	秒	緯	度	分	秒	宮	度	分
大陵五	酉	二三	四三	四二	北	二二	二三	四七	酉	一四	二一
六	酉	二二	二七	三二	北	二○	三三	一三	酉	一三	二八
七	酉	一九	二二	一三	北	二○	五五	三二	酉	○九	五一
八	酉	一八	二四	五三	北	二二	一三	○六	酉	○八	一四
積尸	酉	二一	二七	三五	北	二一	四二	一五	酉	一一	五三
積水	申	○七	一九	二二	北	二八	五○	五九	酉	二八	二四
天舩一	酉	二六	一八	二四	北	三七	二六	五○	酉	○九	三二
二	酉	二七	三五	○七	北	三四	三○	○五	酉	一三	○一
三	酉	二九	三九	○四	北	三○	○五	二○	酉	一七	五八
四	申	○一	一八	五六	北	二七	五五	一八	酉	[illegible]	○一
五	申	○二	二二	○六	北	二七	一五	二一	酉	一一	三七
六	申	○七	○三	五三	北	二六	一二	○七	酉	二八	五九
七	申	○八	二二	○○	北	二六	四○	○九	申	○○	三一
八	申	○九	一八	四九	北	二八	○八	五一	申	○一	一七
九	申	○九	四六	四六	北	三一	二六	○○	申	○○	四四
天廩一	酉	二一	○八	一八	南	○五	五七	一三	酉	一○	一七
二	酉	二○	三七	五八	南	○七	二八	二九	酉	一○	一二
三	酉	一九	二六	四二	南	○八	四九	四八	酉	一九	二四
四	酉	一八	四二	三六	南	○九	二一	四七	酉	一八	五○
天囷一	酉	一一	五二	一五	南	一二	三六	五九	酉	一三	一七
二	酉	一六	二三	二五	南	一四	一八	二五	酉	一七	五九
三	酉	一二	三八	○六	南	○七	四九	一二	酉	一二	三四
四	酉	○九	二七	五○	南	○五	三五	三三	酉	○八	五一
五	酉	○一	三五	三六	南	○四	一七	一五	酉	○○	五五
六	酉	○五	○○	三五	南	○五	五三	○七	酉	○四	四二
七	酉	○五	五六	○九	南	○九	一三	二六	酉	○六	四○
八	酉	○七	○○	○三	南	一一	○一	二六	酉	○八	三四
九	酉	○五	○七	二六	南	一四	三九	五七	酉	○七	三八

度					赤道緯度				歲差			
秒	經差	分	秒	微	緯	度	分	秒	緯差	秒	微	星等
四一	加	○○	五八	三二	北	四○	一六	四○	加	一四	四五	二
四三	加	○○	五七	二八	北	三八	一○	四六	加	一五	四八	四
三五	加	○○	五六	二三	北	三七	三五	三七	加	一五	四六	四
四七	加	○○	五六	三二	北	三八	三一	○一	加	一六	○七	六
○七	加	○○	五七	二九	北	三八	五七	三七	加	一五	一九	四
○五	加	○一	○七	○○	北	四九	五二	二○	加	一○	五六	四
○九	加	○一	○四	五一	北	五五	一○	三○	加	一五	五三	四
三八	加	○一	○四	三七	北	五二	四九	一六	加	一五	○五	三
一三	加	○一	○三	五五	北	四九	一三	五九	加	一三	五一	三
五五	加	○一	○三	四五	北	四七	三五	三七	加	一三	○二	五
四六	加	○一	○三	五五	北	四七	一二	四九	加	一二	三六	三
五七	加	○一	○五	一九	北	四七	一四	三九	加	一○	四五	五
四五	加	○一	○六	○七	北	四七	五七	三九	加	一○	一七	四
○四	加	○○	○七	二五	北	四九	三五	一三	加	一○	○四	五
四三	加	[illegible]	○九	五[illegible]	北	五二	五二	五○	加	一○	一四	六
五五	加	○○	五○	○七	北	一二	一九	三七	加	一三	一○	五
○五	加	○○	四九	三九	北	一○	四三	四一	加	一三	一二	六
二三	加	○○	四九	一○	北	○九	○六	五○	加	一三	二五	四
二五	加	○○	四八	五七	北	○八	二四	二九	加	一三	三三	四
○六	加	○○	四七	三二	北	○三	二三	四四	加	一四	五七	二
一五	加	○○	四六	三一	北	○二	二五	二二	加	一三	四六	四
三七	加	○○	四八	四一	北	○八	一一	五七	加	一五	○八	四
三三	加	○○	四八	五八	北	○九	二一	四八	加	一五	五八	四
四一	加	○○	四八	一一	北	○八	○三	○一	加	一七	三三	四
二二	加	○○	四八	一六	北	○八	三九	五三	加	一六	五○	四
一三	加	○○	四七	四四	北	○四	四九	二八	加	一六	二七	四
一一	加	○○	四七	一六	北	○二	二九	三六	加	一六	○二	三
一○	加	○○	四六	三九	南	○○	二六	一八	加	一六	一五	三

星名 西方七宿	黄道經度 宮	度	分	秒	黄道緯度 緯	度	分	秒	赤道經度 宮	度	分
天囷十	酉	〇二	五二	一九	南	一五	一二	一五	酉	〇五	四八
十一	酉	〇〇	二九	〇四	南	一四	一四	〇一	酉	〇三	一八
十二	戌	二七	二一	一六	南	一四	〇八	〇八	酉	〇〇	二七
十三	戌	二七	三八	二〇	南	一四	五〇	〇五	酉	〇〇	五六
昴宿一	酉	二六	五八	二一	北	〇四	〇九	〇五	酉	二三	三七
二	酉	二七	〇七	四二	北	〇四	二九	〇二	酉	二三	四二
三	酉	二七	一八	一六	北	〇四	三一	三三	酉	二三	五二
四	酉	二七	一四	三一	北	〇四	二一	二九	酉	二三	五一
五	酉	二七	一五	三〇	北	〇三	五四	四七	酉	三三	五九
六	酉	二七	三三	〇八	北	〇四	〇〇	三七	酉	二四	一六
七	酉	二七	四四	五二	北	〇三	五二	三七	酉	二四	四一
天阿	酉	二二	四九	五四	北	〇八	四五	二五	酉	一七	五六
月	申	〇一	〇〇	一九	北	〇一	一三	二〇	酉	一八	三五
卷舌一	申	〇一	二三	二〇	北	二二	〇七	〇二	酉	二三	一九
二	申	〇三	一四	二五	北	一九	〇四	五三	酉	二六	三一
三	申	〇二	三二	一五	北	一四	五四	〇五	酉	二六	五四
四	申	〇〇	四〇	四四	北	一一	一七	五三	酉	二五	四六
五	酉	二八	一五	五四	北	一二	二一	三二	酉	二二	四七
六	酉	二八	四一	五〇	北	一三	五二	〇〇	酉	二二	四九
天讒	申	〇〇	〇〇	四一	北	一二	五三	一八	酉	二四	三五
礪石一	申	〇二	五〇	二五	北	〇七	五四	三八	酉	二九	〇一
二	申	〇三	一二	三二	北	〇五	一六	四一	申	〇〇	〇二
三	申	〇五	三九	五六	北	〇三	五八	四[illegible]	申	〇二	五八
四	申	〇五	二五	五九	北	〇五	四六	一二	申	〇二	二一
天陰一	酉	一三	三九	五〇	南	〇〇	〇五	二〇	酉	二一	七
二	酉	一九	二九	三四	北	〇二	五一	一九	酉	一六	一二
三	酉	二一	一一	四九	北	〇二	〇四	五七	酉	一八	一〇
四	酉	一八	二三	一八	北	〇一	四七	三四	酉	一五	二三

西方七宿 昴

度	歲		差		赤道緯度歲差							
秒	經差	分	秒	微	緯	度	分	秒	緯差	秒	微	星等
五八	加	〇〇	四六	二二	南	〇一	四九	二三	減	一六	三六	五
四九	加	〇〇	四六	二四	南	〇一	四一	三七	減	一七	〇七	六
一八	加	〇〇	四六	一六	南	〇一	三九	三四	減	一七	三九	六
二〇	加	〇〇	四六	〇九	南	〇三	一三	〇二	減	一七	三三	六
四一	加	〇〇	五三	四八	北	二三	三三	一七	加	一二	一六	三
二五	加	〇〇	五三	五五	北	二三	五四	五三	加	一二	一四	五
五八	加	〇〇	五三	五八	北	二三	五九	四七	加	一二	一〇	六
三六	加	〇〇	五三	五四	北	二三	四九	〇四	加	一二	一一	五
三八	加	〇〇	五三	四六	北	二三	二三	二六	加	一二	一〇	五
三八	加	〇〇	五三	五〇	北	二三	三三	一二	加	一二	〇四	三
三九	加	〇〇	五三	五二	北	二三	三〇	二八	加	一一	五八	五
〇八	加	〇〇	五四	一八	北	二六	五八	〇二	加	一三	四八	六
一四	加	〇〇	五三	三三	北	二一	三五	四一	加	一〇	五〇	五
五九	加	〇一	〇一	一四	北	四二	〇一	一八	加	一二	二二	四
五六	加	〇一	〇〇	三三	北	三九	三〇	〇八	加	一一	二八	三
四五	加	〇〇	五八	三九	北	三五	一六	四六	加	一一	二一	五
四九	加	〇〇	五六	五一	北	三一	二一	三三	加	一一	三九	三
三四	加	〇〇	五六	三八	北	三一	四九	四一	加	一二	三一	五
五三	加	〇〇	五七	一六	北	三三	三三	三六	加	一二	三一	六
四一	加	〇〇	五七	一六	北	三二	四五	一四	加	一二	〇〇	六
五五	加	〇〇	五六	〇七	北	二八	三一	〇一	加	一〇	四二	五
一七	加	〇〇	五五	一六	北	二六	〇〇	四八	加	一〇	二二	六
四三	加	〇〇	五五	一二	北	二五	一二	一五	加	〇九	二八	五
三〇	加	〇〇	五五	四七	北	二六	五五	二四	加	〇九	四〇	五
四一	加	〇〇	五二	〇二	北	一八	三八	一七	加	一二	五四	六
一九	加	〇〇	五二	〇六	北	二〇	二三	〇〇	加	一四	一五	五
三一	加	〇〇	五二	一二	北	三〇	〇六	〇四	加	一三	四五	六
三五	加	〇〇	五一	三九	北	一九	〇三	二一	加	一四	二六	四

星名	黃道經度 宮	度	分	秒	黃道緯度 緯	度	分	秒	赤道經度 宮	度	分
西方七宿											
天陰五	酉	二三	二五	二八	北	○二	五九	五七	酉	二○	一三
芻藁一	戌	二七	一五	一○	南	二五	一五	五○	酉	○四	二一
二	酉	○一	○六	五八	南	二一	五○	三六	酉	○六	三○
三	戌	二七	一三	一三	南	一八	五八	五一	酉	○二	○二
四	酉	○○	三○	三六	南	一六	一五	一二	酉	○四	○一
五	戌	二七	○二	三四	南	二二	一六	二八	酉	○三	○四
六	酉	○○	五三	一五	南	二六	○○	二五	酉	○七	四六
氣	戌	二九	○四	一五	南	一五	五六	三八	酉	○二	三六
天苑一	酉	三一	二四	三四	南	三三	一三	三五	酉	二七	二八
二	酉	一八	三○	二八	南	三一	○九	一五	酉	二四	二八
三	酉	一八	二三	五六	南	三八	四六	一六	酉	三三	四三
四	酉	一五	四八	二四	南	二七	四六	一○	酉	一一	一二
五	酉	一一	二二	二五	南	二五	五七	一二	酉	一六	五○
六	酉	○六	一七	五○	南	二四	三三	三八	酉	一一	五八
七	酉	○一	一七	五三	南	二八	一六	一二	酉	○八	五七
八	戌	二九	三六	五○	南	三二	四六	○三	酉	○九	一三
九	酉	○○	一○	四一	南	三五	三二	四四	酉	一○	四七
十	酉	○二	一八	○○	南	三九	○○	○一	酉	一三	五三
十一	酉	○七	三八	○三	南	三八	三二	一七	酉	一七	五五
十二	酉	一一	四四	三二	南	三九	二八	一四	酉	一一	三一
十三	酉	一四	五七	一五	南	四一	五三	○九	酉	一四	五一
十四	酉	一四	五三	五二	南	四二	三四	三二	酉	一五	○二
十五	酉	一六	二四	二○	南	四三	四○	五○	酉	一六	三四
十六	酉	一八	四一	三七	南	四三	三○	四四	酉	二八	○八
畢宿一	申	○六	○一	一一	南	○二	五三	五八	申	○四	三五
二	申	○五	○四	四二	南	○三	四三	二七	申	○三	五○
三	申	○四	二四	二七	南	○四	○○	三四	申	○三	一一
四	申	○三	二○	三四	南	○五	四六	三二	申	○三	二七

度	歲差					赤道緯度歲差						
秒	經差	分	秒	微	緯	度	分	秒	緯差	秒	微	星等
○七	加	○○	五二	四九	北	二一	三三	五八	加	一三	一二	六
一五	加	○○	四四	○六	南	一三	○五	○九	減	一六	五四	四
三一	加	○○	四四	五五	南	○八	三七	五九	減	一六	二七	四
三三	加	○○	四五	二三	南	○七	一四	○七	減	一七	二○	六
五四	加	○○	四六	○二	南	○三	三四	五五	減	一六	五八	六
五六	加	○○	四四	四四	南	一○	二二	○八	減	一七	○九	六
五七	加	○○	四三	五九	南	一二	三六	三九	減	一六	一一	三
二七	加	○○	四六	○一	南	○三	四六	一四	減	一七	一四	氣
○七	加	○○	四二	二九	南	一四	○○	一九	減	一一	○六	二
二三	加	○○	四三	○一	南	一二	三九	一二	減	一一	五八	四
二八	加	○○	四三	四五	南	一○	二三	○二	減	一二	一一	三
五三	加	○○	四三	五七	南	一○	○三	二○	減	一二	五五	三
三○	加	○○	四四	一七	南	○九	二八	二八	減	一四	○三	三
三○	加	○○	四四	二七	南	○九	三五	三九	減	一五	一五	三
一五	加	○○	四三	二七	南	一五	一八	四九	減	一五	五六	三
三四	加	○○	四二	一六	南	一九	一八	○七	減	一五	五二	四
○三	加	○○	四一	三○	南	二一	四三	四一	減	一五	三二	四
三九	加	○○	四○	二五	南	二四	一八	四五	減	一四	四七	三
五七	加	○○	四○	三三	南	二二	二四	○六	減	一三	四六	四
二○	加	○○	四○	一七	南	二二	一三	二五	減	一二	四八	四
三二	加	○○	三九	二七	南	二三	四四	五八	減	一一	五一	四
五六	加	○○	三九	一二	南	二四	二五	○五	減	一一	四九	五
三二	加	○○	三八	四九	南	二五	○七	五六	減	一一	二二	四
一三	加	○○	三八	五三	南	二四	三○	五六	減	一○	五四	四
一四	加	○○	五二	五六	北	一八	四七	二一	加	○八	五七	三
○八	加	○○	五二	二八	北	一七	三一	一六	加	○九	一一	五
五六	加	○○	五二	一七	北	一七	○七	一六	加	○九	二三	四
○三	加	○○	五一	二六	北	一五	一一	三八	加	○九	三八	三

西方七宿

星名	黃道經度				黃道緯度				赤道經		
西方七宿	宮	度	分	秒	緯	度	分	秒	宮	度	分
畢宿五	申	○七	二○	○○	南	○五	二九	四九	申	○六	二七
六	申	○五	二九	二五	南	○五	四七	一六	申	○四	四七
七	申	○四	五五	一○	南	○六	○二	四四	申	○四	○五
八	酉	二八	一○	三一	南	○七	五九	五七	酉	二七	四四
附耳	申	○八	○二	五二	南	○六	二二	三五	申	○七	一八
天街一	申	○五	四四	三七	北	○○	二九	四六	申	○三	四四
二	申	○三	三六	四○	南	○○	四七	二六	申	○一	三一
天高一	申	一四	二○	三六	南	○一	一四	三四	申	一三	○九
二	申	一一	一七	五八	南	○三	四○	三五	申	一○	一六
三	申	一五	三一	五二	南	○三	○五	三四	申	一四	三八
四	申	一八	○七	五八	南	○一	○三	○三	申	一七	一一
諸王一	申	二六	○三	三七	北	○四	一八	一五	申	二五	三三
二	申	二二	五九	○七	北	○二	二九	二三	申	二二	一二
三	申	二○	三五	五二	北	○一	五一	一四	申	一九	三七
四	申	一五	三四	二九	北	○一	四二	四二	申	一四	○七
五	申	一三	二八	二四	北	○○	五○	二九	申	一一	五七
六	申	○九	四二	二○	北	○○	四○	二三	申	○七	五五
五車一	申	一四	一二	三三	北	一○	二四	五三	申	一一	二四
二	申	一九	二四	四一	北	二二	五一	四八	申	一五	五六
三	申	二七	二八	三一	北	二一	二八	二一	申	一六	四○
四	申	二七	二九	四五	北	一三	四四	一九	申	一六	五六
五	申	二○	○六	五六	北	○五	二一	三四	申	一六	四七
柱一	申	一六	二四	一○	北	二○	五四	二四	申	一三	二一
二	申	一六	一一	五八	北	一八	一○	一○	申	一三	三四
三	申	一六	五九	五二	北	一八	一五	一四	申	一三	三三
四	申	二五	四三	三八	北	一三	五○	三二	申	二四	四七
五	申	二五	五○	三五	北	一五	四一	○七	申	二四	五○
六	申	二五	二三	二四	北	一五	四三	四一	申	二四	一六

度	歲差				赤道緯度				歲差			
秒	經差	分	秒	微	緯	度	分	秒	緯差	秒	微	星等
四二	加	○○	五二	○六	北	一六	○九	○四	加	○八	二一	一
五三	加	○○	五一	四八	北	一五	三三	三七	加	○八	五六	五
五二	加	○○	五一	四○	北	一五	一二	二八	加	○九	○五	六
○七	加	○○	五○	二一	北	一一	五九	○七	加	一一	○三	四
二九	加	○○	五一	五六	北	一五	三三	三一	加	○八	○四	五
二九	加	○○	五三	五九	北	二一	四七	三三	加	○九	一二	五
三七	加	○○	四三	二九	北	二○	○八	一八	加	○九	五一	六
五六	加	○○	五四	一八	北	二一	一九	四七	加	○六	○八	四
三七	加	○○	五三	○六	北	一八	三二	○五	加	○七	○七	六
二六	加	○○	五三	四三	北	一九	三七	二○	加	○五	三八	六
四六	加	○○	五四	四一	北	二一	五四	二四	加	○四	四六	六
三八	加	○○	五七	二三	北	二七	四三	四○	加	○一	五○	五
四四	加	○○	五六	二七	北	二五	四七	○五	加	○三	○二	四
一九	加	○○	五六	○二	北	二四	五九	五八	加	○三	五五	六
五二	加	○○	五五	三五	北	二四	二四	一三	加	○五	四九	六
三八	加	○○	五五	○三	北	二三	一七	四二	加	○六	三三	六
五四	加	○○	五四	三二	北	二二	三六	四九	加	○七	五三	五
五二	加	○○	五九	○七	北	三二	五三	○四	加	○六	四五	四
一○	加	○一	○六	五七	北	四五	四九	五三	加	○五	一五	一
五一	加	○一	○六	五九	北	四四	五五	○五	加	○一	三○	二
四四	加	○一	○二	○九	北	三七	一一	四九	加	○一	二四	四
二八	加	○○	五七	三一	北	二八	二七	三三	加	○四	一三	二
二八	加	○一	○五	○三	北	四三	三三	三八	加	○六	二八	四
二○	加	○一	○三	二四	北	四○	四九	一七	加	○六	二三	四
一六	加	○一	○三	三六	北	四○	五九	五二	加	○六	○四	四
○七	加	○一	○二	○六	北	三七	一四	五九	加	○二	○九	六
二六	加	○一	○三	一○	北	三九	○五	四四	加	○二	○八	五
二五	加	○一	○三	一一	北	三九	○七	一三	加	○二	一○	五

星名	黃道經度				黃道緯度				赤道經度		
西方七宿	宮	度	分	秒	緯	度	分	秒	宮	度	分
柱七	申	二一	四三	二○	北	○八	五○	四三	申	二○	二○
八	申	二三	五五	四六	北	○七	○五	二四	申	二一	五一
九	申	二三	二九	○○	北	○八	四二	二五	申	二一	二六
咸池一	申	二○	○三	五八	北	一八	三四	二三	申	一七	二一
二	申	二二	○七	二三	北	一六	二○	○三	申	二○	一○
三	申	一九	二一	五四	北	一八	五八	三九	申	一六	四一
天潢一	申	一九	○八	二三	北	一○	四六	○二	申	一七	○八
二	申	二○	四六	四○	北	一一	[illegible]○	五○	申	一九	○一
三	申	一八	○三	五三	北	○九	三四	○六	申	一六	○○
四	申	二○	四九	四八	北	一四	○七	三一	申	一八	一一
五	申	一八	○八	一六	北	一五	一三	一八	申	一五	一七
天關	申	二二	二○	[illegible]八	南	○三	一四	二一	申	二一	四七
天節一	申	○四	四九	五七	南	○六	五六	五三	申	○四	一○
二	申	○六	三五	○七	南	○七	○五	○六	申	○五	五八
三	申	○三	○六	三一	南	○七	二○	三二	申	○二	三○
四	申	○五	○五	三一	南	○八	四○	三[illegible]	申	○四	四四
五	申	○七	一七	三○	南	○九	三二	三二	申	○七	○四
六	申	○七	四二	五八	南	○九	五九	一四	申	○七	三三
七	申	○六	二○	一○	南	一一	四六	四五	申	○六	三○
八	申	○三	一七	五七	南	[illegible]二	○一	二一	申	○三	三四
九州殊口一	酉	二六	五三	五○	南	三○	五七	二八	申	○一	三[illegible]
二	酉	一六	五八	五一	南	二七	三○	○○	申	○○	五○
三	申	○○	五二	四七	南	[illegible]五	○一	○二	申	○三	四五
四	申	○四	三二	一五	南	[illegible]五	○八	三九	申	○六	五三
五	申	○五	三八	五八	南	三○	二八	二一	申	○八	五五
六	申	○五	三六	一○	南	三○	四九	一八	申	○八	四八
參旗一	申	一一	○[illegible]	一五	南	○八	一六	○七	申	一○	三八
二	申	一一	五三	三四	南	○九	○六	三一	申	一一	三七

度歲差					赤道緯度歲差							
秒	經差	分	秒	微	緯	度	分	秒	緯差	秒	微	星等
一三	加	○○	五九	一五	北	三二	○三	○八	加	○三	四二	五
三七	加	○○	五八	三一	北	三○	二二	二九	加	○三	一○	六
三七	加	○○	五八	二三	北	三○	○一	○九	加	○二	五九	六
五一	加	○○	○四	一八	北	四一	三七	二○	加	○四	四五	六
四六	加	○一	○三	一四	北	三九	三三	○○	加	○三	四六	五
○二	加	○一	○三	一四	北	三九	五八	一六	加	○四	五九	五
○五	加	○○	五九	五七	北	三三	四六	○一	加	○四	四八	六
一三	加	○一	○○	二○	北	三四	一八	四三	加	○四	○四	五
四	加	○○	五九	一五	北	三二	二八	二七	加	○五	一二	六
四九	加	○一	○一	四八	北	三七	一二	五○	加	○四	二七	五
三八	加	○一	○二	一○	北	三八	一六	一九	加	○五	二六	五
四九	加	○○	五四	二八	北	二一	○一	三九	加	○三	一一	三
三三	加	○○	五一	二二	北	一四	一八	一六	加	○九	○五	五
○一	加	○○	五一	二九	北	一四	二七	四九	加	○八	三一	五
四五	加	○○	五一	○四	北	一三	三六	三○	加	○九	三六	六
三一	加	○○	五○	五一	北	一二	三八	五一	加	○八	五四	五
五二	加	○○	五○	四四	北	一二	○九	○二	加	○八	○九	五
五○	加	○○	五○	二九	北	一一	五○	三○	加	○七	五八	六
○五	加	○○	四九	五七	北	○九	四七	三一	加	○八	一九	五
三四	加	○○	四九	三七	北	○九	○二	三○	加	○九	一六	五
○五	加	○○	四三	一二	南	一○	五一	三一	減	○九	五三	五
一○	加	○○	四四	二八	南	七	一八	一一	減	一○	一六	三
三三	加	○○	四五	一六	南	○五	○九	○四	減	○九	一一	三
五一	加	○○	四五	三二	南	○三	四一	四六	減	○八	一○	四
三七	加	○○	四三	五○	南	○八	四五	二○	減	○七	三○	六
○九	加	○○	四三	四二	南	○九	○七	五○	減	○七	三二	六
五九	加	○○	五一	二九	北	一三	五六	五六	加	○七	五九	四
二九	加	○○	五一	一六	北	一三	一三	三四	加	○六	三九	四

西方七宿

星名	黃道經度				黃道緯度				赤道經		
西方七宿	宮	度	分	秒	緯	度	分	秒	宮	度	分
參旗三	申	一一	一五	一一	南	一一	○九	一七	申	一一	一五
四	申	一一	○七	五五	南	一二	二四	○二	申	一一	一八
五	申	○九	五三	五三	南	一三	三一	一○	申	一○	一四
六	申	○九	二五	三九	南	一五	二五	三○	申	一○	○三
七	申	○九	三九	○○	南	一六	四八	五五	申	一○	二八
八	申	一○	○二	四○	南	二○	○二	四二	申	一一	二七
九	申	一一	○四	四二	南	二○	五三	五一	申	一二	二二
九游一	申	○五	二八	三五	南	二○	五四	二六	申	○七	一一
二	申	○六	五三	五三	南	二四	二四	一三	申	○九	○二
三	申	○八	三六	○三	南	二七	五○	四○	申	一一	○四
四	申	○九	五二	五一	南	三二	四九	一三	申	一二	五四
五	申	○九	三四	○○	南	三五	○四	五二	申	一二	五七
六	申	○六	○○	四六	南	三八	二四	二○	申	一○	三五
七	申	○五	○四	二五	南	三九	○一	四九	申	○九	五六
八	申	○二	一六	四一	南	四一	二五	○三	申	○八	一二
九	申	○八	三七	○二	南	四五	二○	一七	申	一三	四九
天園一	亥	二一	○○	四一	南	五二	三四	二二	戌	二○	五四
二	亥	二三	三一	一三	南	五六	五八	一七	戌	二七	○八
三	亥	二八	二三	一三	南	五八	五六	四八	酉	○二	二七
四	戌	○五	一九	五五	南	五六	五七	五二	酉	○五	○一
五	戌	一三	二一	三三	南	五四	一三	一三	酉	○八	一○
六	戌	二○	三一	二七	南	五三	四四	五二	酉	一二	五一
七	酉	○六	二七	○八	南	五四	五○	一○	酉	[illegible]四	○五
八	酉	○八	○四	四五	南	五五	三三	二一	酉	二五	三一
九	酉	○九	一八	二九	南	五四	一九	○[illegible]	酉	二五	四四
十	酉	二○	○○	○○	南	五二	五八	五四	申	○二	五○
十一	酉	二一	五九	三○	南	五四	三三	一五	申	○四	二一
十二	酉	二七	二五	二一	南	五一	五一	○一	申	○七	一一

西方七宿

度	歲差				赤道緯度				歲差			
秒	經差	分	秒	微	緯	度	分	秒	緯差	秒	微	星等
二○	加	○○	五○	三一	北	一一	○六	五七	加	○六	四六	六
○六	加	○○	五○	○五	北	○九	五一	五五	加	○六	四五	六
五○	加	○○	四九	三七	北	○八	三五	三一	加	○七	○六	四
三七	加	○○	四八	五七	北	○六	三八	三九	加	○七	一○	四
○八	加	○○	四八	三○	北	○五	一七	五二	加	○七	○二	四
○九	加	○○	四七	二八	北	○二	○九	○○	加	○六	四四	四
三五	加	○○	四七	一四	北	○一	二六	○一	加	○六	二三	四
○○	加	○○	四六	五七	北	○○	三九	二八	加	○八	○六	五
三二	加	○○	四五	五三	南	○二	三五	一四	減	○七	三○	四
四六	加	○○	四四	四九	南	○五	四五	二六	減	○六	四九	五
○五	加	○○	四三	○九	南	一○	三一	三○	減	○六	一○	六
四九	加	○○	四二	二○	南	一二	四八	○○	減	○六	○八	六
二八	加	○○	四一	○四	南	一六	二一	三五	減	○六	五八	六
五九	加	○○	四○	五○	南	一七	一六	○六	減	○七	一○	五
二四	加	○○	三九	五三	南	二○	○○	四三	減	○七	四三	三
四一	加	○○	三八	二八	南	二三	○二	五七	減	○五	五○	六
三九	加	○○	三八	一四	南	五○	○○	四五	減	一九	○四	三
二八	加	○○	三四	四六	南	五三	三○	三五	減	一八	一○	四
五六	加	○○	三二	四二	南	五二	一九	三八	減	一七	一四	四
五七	加	○○	三三	四○	南	四八	二八	四三	減	一六	四四	四
一六	加	○○	三四	四九	南	四三	三八	五六	減	一六	○六	四
四一	加	○○	三五	四六	南	四一	○一	二三	減	一五	○二	三
○九	加	○○	三四	○○	南	三七	五○	一八	減	一二	○四	四
五三	加	○○	三三	三七	南	三八	○七	二六	減	一一	三九	四
二五	加	○○	三四	一五	南	三六	四二	二四	減	一一	三五	四
三八	加	○○	三四	二九	南	三四	一三	○○	減	○九	二七	三
○六	加	○○	三四	一四	南	三四	二四	三三	減	○八	五六	五
一八	加	○○	三五	三三	南	三○	五五	一○	減	○八	○三	三

恒星圖表

星名	黄道經度 宫	度	分	秒	黄道緯度 緯	度	分	秒	赤道經度 宫	度	分
西方七宿											
天闗 圭	酉	二七	○一	二○	南	五○	五六	四三	申	○六	三八
觜宿一	申	二一	一五	一八	南	一三	二五	○二	申	二一	三二
二	申	二一	○八	五一	南	一三	五一	一九	申	二一	一七
三	申	二一	三九	二八	南	一四	○二	五八	申	二一	四八
司怪一	申	二七	○五	二八	北	○二	二八	○五	申	二六	四六
二	申	二八	三○	二四	南	○○	一二	一九	申	二八	二二
三	申	二九	一一	二五	南	○三	二一	三三	申	二九	○八
四	申	二六	一五	二三	南	○三	一一	四四	申	二六	○○
座旗一	未	○六	一一	五七	北	二五	四○	○○	未	○八	三三
二	未	○八	三○	二二	北	二二	○九	一四	未	一一	一三
三	未	○五	四八	○○	北	二一	二一	二二	未	○七	三六
四	未	○六	二二	一四	北	二○	二六	二二	未	○八	一六
五	未	○五	二三	二三	北	一九	二六	三四	未	○六	四二
六	未	○七	三一	三四	北	一八	四五	○八	未	○九	三六
七	未	○五	一九	二五	北	一六	四○	四四	未	○六	四○
八	未	○五	一九	四六	北	一六	一○	三五	未	○六	三八
九	未	○八	一四	五六	北	一五	五二	四七	未	一○	一四
參宿一	申	二二	一四	四五	南	二五	二○	一七	申	二一	五七
二	申	二一	○○	四四	南	二四	三三	二三	申	二一	四九
三	申	一九	五四	三八	南	一三	三六	○七	申	二○	四五
四	申	二六	一八	○○	南	一六	○四	二六	申	一六	二四
五	申	一八	三○	三三	南	一六	五一	三○	申	二八	五六
六	申	二三	五六	四一	南	三三	○七	○六	申	一四	五一
七	申	一四	二三	○○	南	三一	一○	一一	申	一六	三二
伐一	申	二○	三五	一一	南	三八	一○	一七	申	二一	四○
二	申	二○	三二	五○	南	二八	四四	二三	申	三一	四○
三	申	二○	三二	一七	南	二九	一四	三七	申	二一	四二
玉井一	申	二二	四五	五五	南	三二	三四	一○	申	一五	一一

度	歲差				赤道緯度				歲差			
秒	經差	分	秒	微	緯	度	分	秒	緯差	秒	微	星等
四一	加	○○	三五	五七	南	三○	○六	二二	減	○八	一三	四
○七	加	○○	五○	一四	北	○九	四八	一八	加	○三	一七	四
二五	加	○○	五○	○四	北	○九	二一	四二	加	○三	二○	五
一○	加	○○	五○	○一	北	○九	一一	五一	加	○三	○九	五
○六	加	○○	五六	三七	北	二五	五五	一一	加	○一	二五	五
二七	加	○○	五五	三○	北	二三	一六	一五	加	○○	五一	四
二二	加	○○	五四	二四	北	二○	○七	二二	加	○○	三四	五
五七	加	○○	五四	一四	北	二○	一四	一四	加	○一	四一	五
一六	加	○一	一一	二四	北	四八	五八	○七	減	○二	四二	六
五六	加	○一	○七	○一	北	四五	一八	二五	減	○三	三八	六
二六	加	○一	○六	四六	北	四四	四一	一六	減	○二	二一	五
二九	加	○一	○六	○六	北	四三	四四	三八	減	○二	三六	六
三一	加	○一	○五	二六	北	四二	三八	二一	減	○二	○三	五
一九	加	○一	○四	五三	北	四一	五九	一○	減	○三	○四	四
○○	加	○一	○三	四七	北	四○	○二	二五	減	○二	○二	五
三三	加	○二	○三	二九	北	三九	三二	一七	減	○二	○二	五
一九	加	○一	○三	○四	北	三九	○四	一七	減	○三	一八	六
二九	加	○○	四六	○三	南	○二	○二	三三	減	○二	四三	二
四三	加	○○	四六	一七	南	○一	一九	三八	減	○三	○七	二
四三	加	○○	四六	三七	南	○○	二六	三八	減	○三	二九	二
五五	加	○○	四九	二三	北	○七	二一	五二	加	○一	三一	一
三八	加	○○	四八	五四	北	○六	一一	○八	加	○四	○八	二
二四	加	○○	四三	一七	南	○九	四四	三二	減	○二	○三	三
○八	加	○○	四三	五一	南	○八	二四	三○	減	○四	五六	一
四二	加	○○	四五	○○	南	○四	五七	三三	減	○三	一○	五
五四	加	○○	四四	五○	南	○五	三一	四一	減	○三	一一	四
二五	加	○○	四四	三七	南	○六	○一	五四	減	○三	一○	三
三五	加	○○	四三	四○	南	○八	五八	○六	減	○五	二五	四

星名	黄道經度				黄道緯度				赤道經度		
西方七宿	宮	度	分	秒	緯	度	分	秒	宮	度	分
玉井二	申	一〇	四六	〇二	南	二九	四八	三〇	申	一三	一四
三	申	一二	五〇	二〇	南	二七	五三	四八	申	一四	四九
四	申	一四	二三	二六	南	二九	九二	五二	申	一六	二四
軍井一	申	一三	二〇	二〇	南	三四	四五	三九	申	一六	〇三
二	申	一三	二八	四三	南	三五	五〇	二五	申	一六	一八
三	申	一五	二〇	四七	南	三六	一三	五九	申	一七	五三
四	申	一五	二三	三一	南	三五	二三	一〇	申	一七	五八
屏一	申	一二	五七	三五	南	三九	〇五	二八	申	一六	一二
二	申	〇九	三八	〇六	南	四五	〇〇	一八	申	一四	三三
廁一	申	一八	五七	四七	南	四一	〇六	二八	申	二一	一六
二	申	一七	一五	二五	南	四三	五七	二四	申	二〇	一一
三	申	二二	二九	二〇	南	四五	四九	五八	申	二四	三〇
四	申	二四	四四	〇九	南	四四	一七	一九	申	二五	五八
屎一	申	二二	一八	二六	南	五五	四二	二六	申	二四	五二

西方七宿

黃道經度		歲差			赤道緯度					歲差		
秒	經差	分	秒	微	緯	度	分	秒	緯差	秒	微	星等
四八	加	○○	四四	一三	南	○七	二五	二九	減	○六	○四	五
○三	加	○○	四四	五七	南	○五	一八	五○	減	○五	三三	三
○三	加	○○	四四	一七	南	○七	○七	五五	減	○五	○○	四
四二	加	○○	四二	三三	南	一二	○四	五○	減	○五	○七	五
二三	加	○○	四二	○九	南	一三	○八	二二	減	○五	○一	五
三六	加	○○	四二	○三	南	一三	二一	五○	減	○四	二七	四
四八	加	○○	四二	一一	南	一一	三○	一二	減	○四	二六	五
○二	加	○○	四○	五七	南	一六	二五	三九	減	○五	○一	四
二九	加	○○	三八	三六	南	二二	二六	三六	減	○五	三六	四
四一	加	○○	四○	一五	南	一七	五七	二七	減	○三	一七	三
四八	加	○○	三九	○七	南	二○	五四	一九	減	○三	三八	三
三三	加	○○	三八	二四	南	二一	二九	四七	減	○二	一一	三
○九	加	○○	三九	○二	南	二○	五二	四二	減	○一	三七	三
三八	加	○○	三三	五六	南	三二	二一	三七	減	○一	五八	六

星名 南方七宿	黃道經度 宮	度	分	秒	黃道緯度 緯	度	分	秒	赤道經 宮	度	分
井宿一	未	○二	五一	一○	南	○○	五一	二二	未	○三	○五
二	未	○四	二一	二○	南	○三	○六	○三	未	○四	三八
三	未	○六	三九	一八	南	○六	四七	一九	未	○六	五三
四	未	○八	四五	五三	南	一○	○七	五七	未	○八	五一
五	未	○七	二九	三七	北	○二	○一	三○	未	○八	一七
六	未	○九	四○	三九	南	○一	一一	一五	未	一○	一五
七	未	一二	三二	三一	南	○二	○五	二七	未	一三	二五
八	未	一六	二○	○四	南	○五	四○	三七	未	一七	○○
鉞	未	○○	五九	三三	南	○○	五六	○○	未	○一	○四
水府一	申	二九	二四	一七	南	○八	四二	一六	申	二九	二三
二	未	○○	二七	○一	南	○九	一四	四九	未	○○	二七
三	未	○一	一七	○九	南	○七	一七	三一	未	○一	一九
四	未	○○	二七	一四	南	○七	一九	三○	未	○○	二八
天罇一	未	一六	二四	五五	北	○二	五五	四一	未	一八	一一
二	未	一六	○四	三六	南	○○	一三	○七	未	一七	二四
三	未	一一	四五	二○	北	○一	三○	一四	未	一二	五五
五諸侯一	未	○八	四○	三二	北	一○	五九	二五	未	一○	二七
二	未	一三	○二	○四	北	○七	四三	○七	未	一五	○二
三	未	一六	三一	一○	北	○五	四三	三五	未	一八	四二
四	未	一八	五四	三四	北	○五	一一	○一	未	二一	一七
五	未	二二	四八	一二	北	○五	四四	三八	未	二五	四一
北河一	未	一六	三七	五五	北	○九	四五	一○	未	一九	二七
二	未	一七	四八	二○	北	一○	○三	四八	未	二○	五一
三	未	二○	四九	○九	北	○六	三九	一七	未	二三	四○
積水	未	一四	一三	○二	北	一四	二八	一一	未	一七	三三
積薪	未	二一	一三	一八	北	○三	○二	二三	未	二三	二八
水位一	未	一九	四九	三一	南	○九	四五	一八	未	二○	○○
二	未	二三	四九	二二	南	一○	二○	一五	未	二三	五三

度	歲差				赤道緯度				歲差			
秒	經差	分	秒	微	緯	度	分	秒	緯差	秒	微	星等
二四	加	○○	五五	一四	北	二二	三五	五一	減	○○	五○	三
一七	加	○○	五四	一七	北	二○	一八	四八	減	○一	二三	四
四一	加	○○	五二	四七	北	一六	三一	五八	減	○二	二一	二
三三	加	○○	五一	二九	北	一三	○四	五七	減	○二	五二	四
一八	加	○○	五六	一九	北	二五	一七	三八	減	○二	四○	三
三六	加	○○	五四	五二	北	二一	五七	二九	減	○三	二二	六
二五	加	○○	五四	一九	北	二○	四八	三六	減	○四	二八	三
二一	加	○○	五二	四四	北	一六	五○	四七	減	○五	四二	四
二八	加	○○	五五	一三	北	二二	三二	五一	減	○○	○七	四
二九	加	○○	五二	○八	北	一四	四六	四三	加	○○	二八	四
三一	加	○○	五一	五六	北	一四	一三	五七	減	○○	○六	四
四○	加	○○	五二	三九	北	一六	一一	一二	減	○○	一三	六
○七	加	○○	五二	三八	北	一六	○九	一六	減	○○	○六	六
一○	加	○○	五六	○一	北	二五	二二	四五	減	○六	○六	五
五七	加	○○	五四	四七	北	二二	一七	五○	減	○五	五○	三
四六	加	○○	五五	五○	北	二四	二七	四○	減	○四	一八	六
二一	加	○一	○○	二四	北	三四	○九	五一	減	○三	二二	四
一六	加	○○	五八	二六	北	三○	三一	二七	減	○四	五九	五
五三	加	○○	五七	一○	北	二八	○八	三二	減	○六	一五	四
三三	加	○○	五六	三七	北	二七	一六	四四	減	○七	○七	五
五二	加	○○	五六	一八	北	二七	一二	四八	減	○八	三四	五
一七	加	○○	五八	五五	北	三二	○七	○七	減	○六	三一	五
三三	加	○○	五八	五三	北	三二	一五	五六	減	○六	五七	二
一九	加	○○	五六	五九	北	二八	二六	四○	減	○七	五三	三
五四	加	○一	○一	三二	北	二七	○四	五○	減	○五	五一	五
○二	加	○○	五五	三○	北	二四	四八	三一	減	○七	五一	四
三七	加	○○	五一	○二	北	一二	二一	三八	減	○六	四三	六
四○	加	○○	五○	三○	北	一一	一一	二二	減	○八	○○	六

星名	黃道經度				黃道緯度				赤道經		
南方七宿	宫	度	分	秒	緯	度	分	秒	宫	度	分
水位三	未	二八	一一	三四	南	○七	○五	三○	未	二八	五一
四	未	二八	五三	二二	南	○二	一七	五二	午	○○	三二
南河一	未	一九	一二	五八	南	一二	三六	四二	未	一九	○○
二	未	一九	四四	五二	南	一三	三一	三○	未	一九	二四
三	未	二三	二三	三一	南	一五	五七	五五	未	二二	三三
四瀆一	未	一二	一七	一二	南	一一	四九	○三	未	一二	一五
二	未	○九	四二	四○	南	一四	五六	四四	未	○九	二八
三	未	○六	○三	三三	南	一五	五四	一九	未	○五	五二
四	未	○三	四九	四九	南	一八	四五	四四	未	○三	三八
闕邱一	未	一○	二○	五六	南	二○	三二	二八	未	○九	四一
二	未	一六	五七	○九	南	二二	三五	二三	未	一五	三七
軍市一	未	○四	四五	五八	南	四一	一七	四七	未	○三	四五
二	未	○九	三四	五七	南	四一	一九	二四	未	○七	三三
三	未	一四	四八	○四	南	四二	五五	三三	未	一一	二九
四	未	一五	○九	四九	南	四三	○三	三四	未	一一	五一
五	未	一五	四三	三四	南	四六	四八	五二	未	一一	四二
六	未	○八	一三	五四	南	四六	三六	一七	未	○六	○八
野雞	未	○九	一八	四一	南	四二	三一	二五	未	○七	一六
天狼	未	一一	四二	○一	南	三九	三二	○八	未	○九	二三
丈人一	申	一九	四三	四四	南	五七	二三	四一	申	二三	二○
二	申	一六	一六	三七	南	五八	三八	三四	申	二一	一六
子一	申	二四	五五	三三	南	五七	一六	○六	申	二六	四一
二	申	二三	五七	五六	南	五九	一五	三一	申	二六	一一
孫一	未	○四	○一	五六	南	五八	○三	二九	未	○二	三四
二	未	○○	三六	四九	南	六○	四一	四二	申	二九	五○
老人	未	一二	三八	五九	南	七五	五○	一九	未	○五	○二
弧矢一	未	二○	五六	三○	南	四八	二九	三七	未	一五	一七
二	未	二七	○五	一六	南	五○	三八	五六	未	一九	一六

度歲差					赤道緯度歲差							
秒	經差	分	秒	微	緯	度	分	秒	緯差	秒	微	星等
四五	加	○○	五一	○一	北	一三	三六	三四	減	○九	三六	五
○八	加	○○	五二	三七	北	一八	一○	一六	減	一○	○六	五
四四	加	○○	五○	○五	北	○九	三六	四○	減	○六	二四	六
二六	加	○○	四九	四四	北	○八	三八	一二	減	○六	三一	三
三六	加	○○	四八	四一	北	○五	四二	○九	減	○七	三五	一
○五	加	○○	五○	二八	北	一一	○七	三八	減	○四	五二	四
四○	加	○○	四九	四一	北	○八	一三	一○	減	○三	○六	五
一五	加	○○	四八	二六	北	○七	二七	一九	減	○一	五○	四
一九	加	○○	四八	二六	北	○四	四○	二六	減	○一	○二	四
四一	加	○○	四七	四二	北	○二	三五	五二	減	○三	一一	四
一○	加	○○	四六	五三	南	○○	○一	一四	加	○五	一五	五
三九	加	○○	四○	一五	南	一七	五二	二九	加	○一	○八	二
二七	加	○○	四○	一二	南	一八	○五	二四	加	○二	二六	五
○四	加	○○	三九	三一	南	二○	○一	五一	加	○三	五一	六
五八	加	○○	三九	二八	南	二○	一二	○九	加	○四	○○	六
四四	加	○○	三七	五六	南	[illegible]三	五八	○八	加	○三	五七	五
五四	加	○○	三八	○五	南	[illegible]三	一七	五○	加	○二	○九	五
一○	加	○○	三九	四七	南	[illegible]九	○六	二六	加	○二	二○	五
○五	加	○○	四○	五三	南	[illegible]六	二五	五六	加	○三	○六	一
○一	加	○○	三三	○九	南	[illegible]四	○八	五五	減	○二	三一	二
一二	加	○○	三二	二四	南	三五	三四	二九	減	○三	一四	四
五六	加	○○	三三	一○	南	三三	五○	三四	減	○一	一九	四
五四	加	○○	三二	○七	南	三五	五一	一五	減	○一	三一	三
一七	加	○○	三二	三二	南	二五	○四	三○	加	○○	四五	五
○九	加	○○	○六	五九	南	二七	一二	四三	減	○○	○一	五
三○	加	○○	二○	二○	南	五二	三四	三九	加	○一	四一	一
二五	加	○○	三七	一二	南	二六	○七	○三	加	○五	一一	二
○九	加	○○	三六	一○	南	二八	五七	五二	加	○六	三二	二

南方七宿

星名	黄道經度				黄道緯度				赤道經		
南方七宿	宫	度	分	秒	緯	度	分	秒	宫	度	分
弧矢 三	午	〇八	二八	三四	南	五七	四四	〇五	未	二四	四五
四 一	午	〇八	三〇	五〇	南	五九	四〇	四七	未	二七	四〇
五 一	午	〇三	三九	一三	南	四六	〇三	〇八	未	二五	一二
六 一	午	〇一	〇二	五八	南	四七	二四	五三	未	二二	五五
七 一	未	一八	一七	四六	南	五一	二三	五七	未	一二	五四
八 一	未	一五	五八	二六	南	五五	一二	〇五	未	一〇	四二
九 一	未	二七	五五	一九	南	五八	三一	五五	未	一七	四五
鬼猶 一	午	〇三	一七	四四	南	〇〇	四七	四六	午	〇五	二四
二	午	〇二	五八	二九	北	〇一	三二	三三	午	〇五	三九
三	午	〇五	〇六	〇〇	北	〇三	〇九	四一	午	〇八	一七
四	午	〇六	一六	四〇	北	〇〇	〇三	四六	午	〇八	四一
積尸氣 一	午	〇四	四六	一〇	北	〇一	三一	一八	午	〇七	三〇
二 一	午	〇四	四六	五三	北	〇一	三四	一〇	午	〇七	三二
三	午	〇四	五八	〇九	北	〇一	一八	三七	午	〇七	三九
四 一	午	〇四	五八	二五	北	〇一	一六	一二	午	〇七	三七
爟 一	未	二六	四七	四九	北	〇五	一八	四四	未	一九	五八
二	未	二九	二二	三三	北	〇四	二〇	三三	午	〇二	三二
三	未	二九	四五	二八	北	〇八	二五	四二	午	〇三	五七
四 一	未	二六	二八	二七	北	〇九	二七	二二	午	〇〇	三四
外廚 一	午	〇七	三九	〇九	南	一二	三〇	一〇	午	〇四	二五
二 一	午	一三	〇六	五三	南	二四	二八	一〇	午	〇八	四五
三	午	一三	二四	〇八	南	二〇	二六	一四	午	一〇	〇八
四 一	午	一三	一八	一九	南	一七	四五	〇〇	午	一〇	四七
五 一	午	一〇	三九	一七	南	一六	四八	一五	午	〇八	三五
六 一	午	〇八	三八	〇四	南	一七	四三	〇八	午	〇六	三〇
天記	巳	〇八	四四	〇一	南	五五	五二	〇三	午	一五	二一
天狗 一	午	二九	三八	三四	南	五八	一四	四五	午	〇七	五五
二 一	巳	〇一	一六	一六	南	五七	二一	三〇	午	〇九	三一

度	歲差				赤道緯度				歲差			
秒	經差	分	秒	微	緯	度	分	秒	緯差	秒	微	星等
二六	加	○○	三二	三八	南	三七	三一	○三	加	○八	二二	四
四○	加	○○	三六	二七	南	二九	五○	一四	加	○九	一八	六
五五	加	○○	三八	○一	南	二五	二八	三三	加	○八	二九	四
四二	加	○○	三七	三○	南	二六	二二	三五	加	○七	四五	三
一三	加	○○	三五	五五	南	二八	四三	五八	加	○四	三三	三
四一	加	○○	三四	○九	南	三二	一八	三九	加	○三	三七	五
五八	加	○○	三二	二○	南	三六	四五	四○	加	○六	○三	三
四○	加	○○	五三	二九	北	一八	四○	五三	減	一一	三五	五
一三	加	○○	五三	一○	北	二一	○一	五二	減	一一	三八	五
二二	加	○○	五三	二三	北	二二	○五	三六	減	一二	二三	四
○九	加	○○	五二	一七	北	一八	四七	五九	減	一二	三○	四
三八	加	○○	五三	五七	北	二○	三五	四五	減	一二	一○	氣
○七	加	○○	五二	五六	北	二○	三八	三一	減	一二	一一	氣
五五	加	○○	五二	五三	北	二○	二○	四八	減	一二	○三	氣
○○	加	○○	五二	四二	北	二○	○九	○○	減	一二	一二	氣
三四	加	○○	五五	三○	北	二六	○二	四六	減	○九	五五	四
○三	加	○○	五四	四三	北	二四	三四	五一	減	一○	四二	六
○九	加	○○	五六	○四	北	二八	二八	○一	減	一一	○七	六
二三	加	○○	五七	○五	北	三○	一○	○八	減	一○	○五	五
四○	加	○○	四五	四九	南	○三	二四	四九	加	一一	一八	四
四一	加	○○	四四	五九	南	○六	三六	二七	加	一二	三二	三
二○	加	○○	四六	○四	南	○二	四八	二二	加	一二	五六	五
一○	加	○○	四六	四五	南	○○	一一	四七	加	一三	○六	六
五六	加	○○	四七	一三	北	○一	二三	五一	減	一二	二九	六
○○	加	○○	四七	○六	北	○○	五九	四五	減	一一	五四	六
○八	加	○○	三三	三四	南	四二	四一	三八	加	一四	二○	二
三六	加	○○	三二	○九	南	四二	二二	○六	加	一二	二二	五
二八	加	○○	三二	四○	南	四一	五九	二五	加	一二	五○	五

南方七宿

星名	黃道經度				黃道緯度				赤道經		
南方七宿	宮	度	分	秒	緯	度	分	秒	宮	度	分
天狗三	午	二九	三九	○○	南	五二	二九	五○	午	一一	一七
四	午	二四	二○	三八	南	五一	二九	五三	午	○八	一六
五	午	二四	○四	一五	南	四八	五五	一六	午	○九	○七
六	午	二三	○二	三七	南	四三	一八	二二	午	一○	四五
七	午	二四	二二	四九	南	四二	五二	○九	午	一一	五七
天社一	午	二四	五六	一七	南	六四	二六	五一	午	○一	○二
二	巳	○四	○七	四八	南	六一	○八	一七	午	○八	四一
三	巳	一六	二八	三六	南	六七	一○	三六	午	○九	五六
四	巳	二○	○五	○五	南	六五	四八	一七	午	一三	一八
五	巳	二六	二五	三三	南	六三	四二	○三	午	一九	○八
六	辰	○一	四五	五九	南	六四	一三	五三	午	二一	二五
柳宿一	午	○七	五二	○三	南	一二	二五	三七	午	○七	○五
二	午	○八	四六	一四	南	一四	三八	○五	午	○七	二三
三	午	○九	五二	一二	南	一四	一七	一○	午	○八	三一
四	午	一○	二八	○四	南	一一	三五	○○	午	○九	四七
五	午	○九	五四	五二	南	一二	○七	五九	午	○九	二二
六	午	一二	○八	一八	南	一一	○○	○三	午	一一	三一
七	午	一四	五七	○五	南	一一	○三	四五	午	一四	一○
八	午	一七	五○	○四	南	一三	○二	四七	午	一六	一八
酒旗一	午	二一	○三	○四	南	○○	一九	○三	午	二三	三三
二	午	一九	一三	四四	南	○三	一一	二二	午	二○	三七
三	午	一九	○五	五七	南	○五	三五	二七	午	一九	四五
星宿一	午	二四	五○	五九	南	一二	四一	三二	午	一九	四四
二	午	二三	○八	四二	南	一六	四四	一○	午	二○	○三
三	午	二三	一八	四一	南	一五	○○	○三	午	二○	四六
四	午	二五	一二	一九	南	一四	一八	一七	午	二二	四三
五	午	二三	二二	五六	南	二三	○五	四九	午	一七	五八
六	午	二五	○七	○七	南	二四	三八	二七	午	一九	一三

南方七宿

度	歲差				赤道緯度				歲差			
秒	經差	分	秒	微	緯	度	分	秒	緯差	秒	微	星等
一七	加	○○	三五	一○	南	三七	一三	五一	加	一三	一六	四
四四	加	○○	三五	四五	南	三四	三九	五一	加	一二	二六	四
四九	加	○○	三六	四三	南	三二	三一	四三	加	一二	四一	四
四三	加	○○	三八	五五	南	二七	○二	五三	加	一三	○七	四
四○	加	○○	三九	○五	南	二九	五九	三四	加	一三	二六	五
○八	加	○○	二八	一六	南	四六	四六	四五	加	一○	二一	二
五五	加	○○	三○	二二	南	四五	五九	五三	加	一二	三五	五
一○	加	○○	二五	二一	南	五四	○一	一○	加	一二	五七	二
五四	加	○○	二六	三一	南	五三	五六	五二	加	一三	五一	二
○五	加	○○	二八	一九	南	五四	一三	○○	加	一五	一八	二
三三	加	○○	二七	五○	南	五六	一三	五九	加	一五	四八	四
三五	加	○○	四八	三八	北	○六	一八	二四	減	一二	○三	四
四九	加	○○	四七	五七	北	○三	五七	○○	減	一二	○九	五
○四	加	○○	四七	五七	北	○四	○一	○三	減	一二	二九	四
○一	加	○○	四八	三六	北	○六	二八	四三	減	一二	四九	五
二五	加	○○	四八	四七	北	○七	○三	一四	減	一二	四三	四
四五	加	○○	四八	三七	北	○六	三六	二四	減	一三	一七	四
五二	加	○○	四八	一九	北	○五	四七	○五	減	一四	○○	六
四五	加	○○	四七	三五	北	○三	○四	一二	減	一四	三二	四
一三	加	○○	五○	○四	北	一四	四八	三○	減	一六	一二	六
三二	加	○○	四九	三七	北	一二	○三	二四	減	一五	三三	四
五○	加	○○	四九	○四	北	○九	四八	二四	減	一五	二一	五
三六	加	○○	四九	五九	南	○七	五四	一九	加	一五	二一	二
四六	加	○○	四六	二二	南	○三	○○	五八	加	一五	二六	五
○五	加	○○	四六	四四	南	○○	二五	三○	加	一五	三五	五
三九	加	○○	四六	五○	南	○○	二一	三三	加	一六	○二	四
四六	加	○○	四四	四[illegible]	南	○八	四九	二八	加	一四	五八	六
五六	加	○○	四四	二六	南	一○	○五	三六	加	一五	一五	六

星名 南方七宿	黃道經度 宮	黃道經度 度	黃道經度 分	黃道經度 秒	黃道緯度 緯	黃道緯度 度	黃道緯度 分	黃道緯度 秒	赤道經度 宮	赤道經度 度	赤道經度 分
星宿七	午	二六	〇九	〇三	南	二三	一五	五八	午	二〇	三五
天相一	巳	〇五	一二	二四	南	一八	二五	三六	巳	〇〇	一九
二	巳	〇五	〇八	〇七	南	一六	〇一	一八	巳	〇一	〇八
三	巳	〇六	五六	〇一	南	一七	二四	一〇	巳	〇三	一四
內平一	午	二一	三九	五六	北	一九	一一	二二	巳	〇一	一五
二	午	一八	三二	三〇	北	二三	〇四	〇〇	午	二九	一五
三	午	一三	三七	二七	北	三〇	〇六	二五	午	二三	〇五
四	午	一七	二六	四二	北	一八	三四	四八	午	二六	三四
軒轅一	午	〇二	五一	二三	北	二三	四一	四七	午	一二	一九
二	午	〇五	〇四	一五	北	二〇	五〇	五三	午	一三	四八
三	午	〇八	〇六	一〇	北	二〇	〇四	二〇	午	一六	五七
四	午	〇九	二四	一〇	北	一七	五六	〇〇	午	一七	三五
五	午	一四	〇二	〇〇	北	一七	五二	〇七	午	二二	三七
六	午	一五	三五	三二	北	一五	二一	〇三	午	二三	一八
七	午	一二	五〇	二八	北	一〇	二三	五一	午	一八	三六
八	午	一五	二五	一三	北	〇七	五一	二七	午	二〇	二五
九	午	一八	一五	一六	北	〇九	四二	四〇	午	二三	五八
十	午	一八	五九	二六	北	一二	一九	二九	午	二五	四二
十一	午	二五	〇六	四一	北	一一	五〇	一三	巳	〇一	四三
十二	午	二七	〇八	〇五	北	〇八	四七	二七	巳	〇三	三三
十三	午	二五	二七	二四	北	〇四	五〇	二〇	午	二九	二六
十四	午	二七	二四	二〇	北	〇〇	二六	三八	午	二九	四六
十五	午	二一	四九	〇八	南	〇三	四六	五〇	午	二三	五七
十六	巳	〇三	五六	五〇	北	〇〇	〇七	四八	巳	〇五	五三
十七	午	二七	五八	三六	南	〇一	二六	一五	午	二九	三九
張宿一	巳	〇三	一六	三三	南	二六	〇五	一四	午	二五	四六
二	巳	〇六	五七	一〇	南	二三	〇一	一二	巳	〇〇	三一
三	巳	一二	三七	五〇	南	二四	四〇	一〇	巳	〇四	二五

度歲差					赤道緯度				歲差			
秒	經差	分	秒	微	緯	度	分	秒	緯差	秒	微	星等
五八	加	○○	四四	四五	南	○九	○六	四三	加	一五	三三	六
一七	加	○○	四五	二九	南	○七	三二	五五	加	一七	三二	六
一七	加	○○	四五	五五	南	○五	一七	○○	加	一七	四○	四
二八	加	○○	四五	三六	南	○七	一二	○○	加	一七	五三	六
三二	加	○○	五三	一○	北	三二	二○	一四	減	一七	四二	六
三八	加	○○	五四	三五	北	三六	○五	二九	減	一七	二○	五
五七	加	○○	五五	五○	北	三五	五三	一二	減	一六	○五	六
○二	加	○○	五四	一九	北	三三	一二	三三	減	一六	四八	六
五九	加	○一	○○	四八	北	四二	二七	五三	減	一三	二七	四
五一	加	○○	五八	五七	北	三九	○八	二二	減	一三	五二	四
五九	加	○○	五七	四○	北	三七	三二	二四	減	一四	三九	四
四二	加	○○	五六	三八	北	三五	○七	三二	減	一四	四九	四
五一	加	○○	五五	二二	北	三三	三八	五六	減	一五	五八	六
一六	加	○○	五四	一一	北	三○	四六	三九	減	一六	○九	六
一五	加	○○	五三	四五	北	二六	五五	五三	減	一五	○五	四
二三	加	○○	五二	三七	北	一二	四三	五七	減	一五	三○	四
二八	加	○○	五二	二四	北	二四	三四	五三	減	一六	一七	三
○○	加	○○	五二	四四	北	二六	四九	二三	減	一六	三八	三
五三	加	○○	五一	一五	北	二四	一八	一五	減	一六	四六	三
四五	加	○○	五○	二七	北	二○	四三	三○	減	一七	五五	二
三二	加	○○	五○	一一	北	一七	三六	三四	減	一七	二二	三
○五	加	○○	四九	一二	北	一二	四八	四五	減	一七	二七	一
二五	加	○○	四九	一一	北	一○	四○	四九	減	一六	○四	四
五二	加	○○	四八	二一	北	一○	一二	○四	減	一八	二六	四
一六	加	○○	四八	五○	北	一○	五一	○○	減	一七	二五	六
三四	加	○○	四三	五六	南	一四	○一	三四	加	一六	四○	五
二三	加	○○	四四	五五	南	一一	二九	二四	加	一七	三四	四
一七	加	○○	四四	一五	南	一五	五六	四○	加	一八	一四	四

南方七宿

五一

恒星圖表

星名	黃道經度 宮	度	分	秒	黃道緯度 緯	度	分	秒	赤道經 宮	度	分
南方七宿											
張宿四	巳	〇八	〇六	〇七	南	二七	二九	〇四	午	二九	二二
五	巳	〇〇	一二	四三	南	二六	三七	二一	午	二二	五六
六	巳	一五	三八	五六	南	二三	二九	五〇	巳	〇七	三二
翼宿一	巳	二一	一九	四三	南	二二	四二	〇〇	巳	一二	五一
二	巳	二六	四九	一六	南	一九	三九	二二	巳	一九	〇二
三	辰	〇一	三八	五〇	南	一八	一七	二九	巳	二三	五八
四	巳	二六	五九	四三	南	二〇	四九	三一	巳	一八	四一
五	巳	一七	五六	三九	南	二一	四九	二八	巳	一〇	一四
六	辰	〇三	四〇	四四	南	一六	〇四	四六	巳	二六	四七
七	巳	二四	一六	五〇	南	一七	三五	二〇	巳	一七	三九
八	巳	二八	〇一	五二	南	一四	一三	一二	巳	二二	二六
九	巳	二五	〇二	二〇	南	一四	三五	一六	巳	一九	三五
十	巳	二三	四八	五九	南	一三	二八	二八	巳	一八	五七
十一	巳	二〇	三七	三一	南	一五	五九	〇一	巳	一五	〇二
十二	巳	一八	一七	〇八	南	一四	五一	〇〇	巳	一三	二四
十三	巳	二六	〇九	二六	南	一一	一八	三三	巳	二一	五六
十四	巳	二九	一二	〇七	南	一〇	一四	四四	巳	二五	〇九
十五	巳	二八	三八	一四	南	二一	二五	〇八	巳	一九	五三
十六	巳	二六	〇八	三五	南	二五	三七	三三	巳	一五	四六
十七	巳	二九	三七	一五	南	二三	〇一	一七	巳	二〇	〇三
十八	辰	〇〇	四八	〇八	南	二七	〇一	一三	巳	一九	一三
十九	巳	二九	二九	〇七	南	二七	〇〇	〇四	巳	一七	三五
二十	巳	二六	五四	四〇	南	三〇	一六	三一	巳	一四	一三
二十一	辰	〇四	〇九	五四	南	二四	二四	一五	巳	二三	二八
二十二	辰	〇五	四九	一八	南	二二	一七	二六	巳	二五	五七
軫宿一	辰	〇八	一八	五八	南	一四	二九	〇〇	辰	〇一	四三
二	辰	〇九	一四	五八	南	一九	三九	四一	辰	〇〇	一七
三	辰	一一	〇二	一三	南	一二	〇九	四七	辰	〇五	一三

度歲差					赤道緯度歲差							
秒	經差	分	秒	微	緯	度	分	秒	緯差	秒	微	星等
五一	加	○○	三四	七三	南	六一	六五	八三	加	七一	三二	六
八二	加	○○	三四	○五	南	三一	二三	一○	加	六一	六○	四
○一	加	○○	四四	三三	南	五一	八五	四○	加	八一	二四	五
○二	加	○○	四四	三五	南	七一	二二	六○	加	九一	一二	四
七五	加	○○	五四	五三	南	六一	三四	三一	加	九一	四五	四
九五	加	○○	六四	三○	南	七一	二二	三五	加	○二	一一	四
九三	加	○○	五四	七二	南	七一	一五	五○	加	九一	三五	五
四五	加	○○	四四	二五	南	五一	七一	四二	加	九一	四○	四
四一	加	○○	六四	三二	南	六一	○一	五三	加	○二	六一	四
七二	加	○○	五四	一四	南	三一	○五	二四	加	九一	八四	四
九四	加	○○	六四	九○	南	二一	四一	七三	加	○二	七○	五
四二	加	○○	六四	○○	南	一一	三二	八五	加	九一	六五	五
六三	加	○○	六四	五○	南	九○	四五	八○	加	九一	四五	四
二四	加	○○	五四	五四	南	○一	七五	一四	加	九一	四三	六
六○	加	○○	五四	二五	南	九○	一○	八二	加	九一	五二	六
○五	加	○○	六四	八一	南	八○	○五	一二	加	○二	四○	四
七○	加	○○	六四	八二	南	九○	四○	一二	加	○二	四一	六
九三	加	○○	五四	九二	南	九一	一○	九五	加	九一	八五	六
七四	加	○○	四四	三四	南	一二	二五	二一	加	九一	九三	三
五○	加	○○	五四	二二	南	○二	二五	四一	加	九一	九五	六
二一	加	○○	四四	七五	南	四二	六五	○二	加	九一	六五	六
六○	加	○○	四四	八三	南	五二	八一	九一	加	九一	八四	六
七三	加	○○	三四	八五	南	六二	一二	九二	加	九一	○三	五
八○	加	○○	五四	一四	南	三二	四五	七三	加	○二	○一	六
八二	加	○○	六四	六○	南	二二	九三	一四	加	○二	五一	六
四二	加	○○	六四	四五	南	六一	四三	一一	加	○二	八一	三
五三	加	○○	六四	四四	南	一二	八三	三五	加	○二	九一	四
五三	加	○○	七四	三一	南	五一	二三	六○	加	○二	六一	三

星名	黃道經度				黃道緯度				赤道經		
南方七宿	宮	度	分	秒	緯	度	分	秒	宮	度	分
軫宿四	辰	一四	五六	二五	南	一八	○一	四○	辰	○六	一八
右轄	辰	○九	四八	三五	南	二一	四四	二六	巳	二九	五○
左轄	辰	一一	二四	○七	南	一一	三九	五五	辰	○五	四六
長沙	辰	一一	二二	五八	南	一八	一六	四○	辰	○二	五三
青邱一	辰	一○	五七	四七	南	三一	二八	一六	巳	二五	五七
二	辰	○八	四六	○三	南	二六	二一	三○	巳	二六	三九
三	辰	○三	五九	五六	南	二九	二二	一四	巳	二○	五二
四	辰	○五	○四	二五	南	三○	五五	五九	巳	二一	○○
五	辰	○五	三○	四七	南	三一	三五	五九	巳	二一	○二
六	辰	○六	二七	五一	南	三二	二一	二	巳	二一	二七
七	辰	○八	四○	二六	南	三三	三六	三九	巳	二二	四八

度	歲差				赤道緯度				歲差			
秒	經差	分	秒	微	緯	度	分	秒	緯差	秒	微	星等
二○	加	○○	四七	三六	南	二二	二五	四五	加	二○	一三	三
四六	加	○○	四六	三八	南	二三	四五	一○	加	二○	二○	四
○九	加	○○	四七	一五	南	一五	一一	二七	加	二○	一四	五
○五	加	○○	四七	○五	南	二一	一四	三五	加	二○	一八	五
○二	加	○○	四五	四二	南	三二	五五	一一	加	二○	一六	四
四三	加	○○	四六	○四	南	二七	二九	三三	加	二○	一六	六
一四	加	○○	四四	五六	南	二八	一七	五二	加	二○	○二	六
一四	加	○○	四四	五○	南	三○	○六	四二	加	二○	○二	六
○五	加	○○	四四	四五	南	三○	五二	三二	加	二○	○二	四
三六	加	○○	四四	四六	南	三一	五五	一六	加	二○	○五	六
○二	加	○○	四四	五七	南	三三	四五	一三	加	二○	○八	五

星名	黄道經度				黄道緯度				赤道經		
近南極星	宮	度	分	秒	緯	度	分	秒	宮	度	分
海山一	辰	一五	一二	二六	南	五九	五二	〇四	巳	〇五	一六
二	辰	一九	三九	三六	南	五八	五四	四三	巳	〇九	二九
三	辰	二〇	三四	一五	南	五六	五一	〇七	巳	一三	〇九
四	辰	二九	〇一	〇九	南	五五	一六	三八	巳	二一	三二
五	卯	〇二	〇一	五四	南	五六	四六	四七	巳	二一	四八
六	卯	〇八	二九	〇八	南	五八	二九	三七	巳	二四	一二
十字架一	卯	〇四	一八	四八	南	四七	四四	四九	辰	〇五	二五
二	卯	〇九	二七	三三	南	五[illegible]	四九	二四	辰	〇四	一六
三	卯	〇九	一三	四一	南	四八	三四	〇一	辰	〇九	二五
四	卯	〇三	一六	二六	南	五〇	二一	一三	辰	〇一	三二
馬尾一	辰	二八	五四	四六	南	四三	三〇	〇四	辰	〇四	一五
二	辰	二六	五八	〇三	南	四五	三一	〇六	辰	〇〇	三九
三	辰	二四	〇三	三三	南	四四	二七	二一	巳	二九	五〇
馬腹一	卯	二一	二一	二七	南	四四	〇三	四七	辰	二七	五四
二	卯	一一	三一	三五	南	四二	一九	二四	辰	一八	一〇
三	卯	〇九	二〇	二七	南	四三	四九	五七	辰	一四	二五
蜜蜂一	卯	一七	四二	五一	南	五五	一一	一〇	辰	〇八	五四
二	卯	二三	四四	二五	南	五八	四七	四三	辰	〇七	五二
三	卯	一七	五八	三九	南	五六	二九	五〇	辰	〇六	四五
四	卯	二一	三六	二八	南	五六	四〇	二七	辰	一〇	一七
三角形一	寅	〇六	五七	一三	南	四八	〇一	三二	卯	一五	四一
二	寅	〇九	二六	三六	南	四[illegible]	五〇	一〇	卯	二五	〇一
三	寅	一八	二二	五九	南	四六	〇四	五一	寅	〇七	二七
異雀一	寅	一二	二八	四八	南	四四	三一	五五	寅	[illegible]五	四七
二	寅	二二	四六	五九	南	四六	五一	一二	寅	[illegible]五	二七
三	寅	二〇	二四	一三	南	五四	三一	〇七	寅	〇四	一三
四	寅	[illegible]〇	〇五	四二	南	五六	〇〇	二二	寅	〇一	〇九
五	寅	一五	五〇	二四	南	六四	〇四	四五	辰	二九	一七

度歲差　赤道緯度歲差

星等	微		秒		緯差	秒		分		度		緯	微		秒		分		經差	秒	
五	三	二	八	一	加	〇	一	九	四	七	五	南	〇	一	三	三	〇	〇	加	八	五
四	九	五	八	一	加	四	二	三	四	八	五	南	四	五	四	三	〇	〇	加	五	一
四	三	二	九	一	加	七	三	四	四	七	五	南	五	一	七	三	〇	〇	加	一	一
四	四	〇	〇	二	加	六	四	五	四	九	五	南	一	二	一	四	〇	〇	加	八	一
四	六	〇	〇	二	加	五	五	〇	〇	二	六	南	〇	〇	一	四	〇	〇	加	〇	三
五	二	一	〇	二	加	九	一	三	四	五	六	南	〇	五	一	四	〇	〇	加	二	四
二	四	一	〇	二	加	六	二	五	〇	六	五	南	五	一	九	四	〇	〇	加	九	〇
二	七	一	〇	二	加	七	三	五	〇	二	六	南	八	〇	九	四	〇	〇	加	〇	四
二	六	〇	〇	二	加	六	三	一	四	八	五	南	六	四	一	五	〇	〇	加	六	一
三	〇	二	〇	二	加	六	五	四	四	七	五	南	一	五	七	四	〇	〇	加	五	二
六	七	一	〇	二	加	一	一	七	二	〇	五	南	八	一	八	四	〇	〇	加	七	四
五	九	一	〇	二	加	七	〇	一	二	一	五	南	七	四	六	四	〇	〇	加	九	〇
三	八	一	〇	二	加	九	四	二	四	九	四	南	七	二	六	四	〇	〇	加	四	二
二	六	〇	八	一	加	八	〇	九	二	九	五	南	八	一	二	〇	一	〇	加	〇	一
五	三	二	九	一	加	五	二	三	二	四	五	南	一	一	五	五	〇	〇	加	一	〇
五	五	四	九	一	加	九	三	九	四	四	五	南	二	三	三	五	〇	〇	加	六	〇
四	八	〇	〇	二	加	〇	一	七	〇	七	六	南	〇	三	三	五	〇	〇	加	三	二
五	〇	一	〇	二	加	一	五	八	五	一	七	南	二	五	四	五	〇	〇	加	〇	二
四	三	一	〇	二	加	九	一	九	〇	八	六	南	一	〇	二	五	〇	〇	加	一	三
五	三	〇	〇	二	加	五	三	二	四	九	六	南	四	四	五	五	〇	〇	加	四	三
三	九	二	四	一	加	〇	二	九	五	七	六	南	二	四	一	二	一	〇	加	七	〇
三	七	五	一	一	加	三	三	〇	五	二	六	南	五	三	八	一	一	〇	加	〇	四
二	三	一	八	〇	加	六	四	九	三	八	六	南	五	〇	四	三	一	〇	加	五	二
五	七	二	五	〇	加	七	四	九	三	七	六	南	四	一	四	三	一	〇	加	六	三
六	五	三	五	〇	加	七	二	九	五	九	六	南	三	一	〇	四	一	〇	加	九	三
四	三	二	九	〇	加	四	三	八	〇	七	七	南	六	五	四	〇	二	〇	加	六	一
四	二	二	〇	一	加	三	四	九	二	八	七	南	五	三	一	一	二	〇	加	五	五
四	九	五	七	一	加	一	一	七	二	二	八	南	〇	五	五	五	一	〇	加	七	四

恒星[illegible]表

星名	黃道經度				黃道緯度				赤道經		
近南極星	宮	度	分	秒	緯	度	分	秒	宮	度	分
異雀六	寅	一八	五三	一二	南	五五	五六	○六	卯	二八	一○
七一	寅	一二	一○	三九	南	六○	三二	一○	辰	二六	○三
八一	寅	一一	一二	四五	南	五八	一三	○八	卯	○六	○九
九一	寅	一一	一五	三六	南	五九	四五	○二	辰	二九	五七
孔雀一	寅	二五	二九	五四	南	四一	二八	○二	寅	二二	○三
二	寅	二八	四五	○四	南	四○	○九	二八	寅	二七	五○
三	丑	○二	一一	四四	南	三八	五四	一四	丑	○三	四一
四	丑	○五	一七	三二	南	三九	○三	二三	丑	○八	五三
五	丑	○五	一五	三四	南	四四	○六	一三	丑	○九	五二
六	丑	一五	○四	三八	南	四四	二九	○八	丑	二七	四五
七	丑	二○	○三	四八	南	四五	五二	三四	子	○七	一七
八	丑	○二	四四	二一	南	四八	○六	○三	丑	○五	四六
九	丑	一一	○五	一七	南	五○	四九	○七	丑	二五	○四
十	丑	二六	○四	○一	南	四六	五六	二一	子	一七	五二
十一	丑	二一	一二	一三	南	三六	一一	一八	子	○二	五六
波斯一	丑	一六	四五	○○	南	三二	二五	○○	丑	二四	四四
二	丑	二六	二五	○○	南	二七	五五	○○	子	○六	○五
三	子	○○	四五	○○	南	三二	二○	○○	子	一三	四四
四	子	○二	五八	○○	南	三六	五五	○○	子	一九	一○
五	子	○六	一五	○○	南	三七	○○	○○	子	二三	二三
六	子	○八	一三	○○	南	三八	三五	○○	子	二六	五六
七	子	○七	三○	○○	南	四○	○○	○○	子	二七	○八
八	丑	二六	四三	○○	南	三六	○○	○○	子	一○	一九
九	丑	二五	三三	○○	南	三三	四○	○○	子	○七	三○
十	丑	二六	○五	○○	南	三三	四五	○○	子	○八	一五
十一	丑	二六	四五	○○	南	三三	五三	○○	子	○九	一三
蛇尾一	丑	二八	一三	五八	南	六四	三一	二七	戌	○三	二五
二	丑	二一	○三	○○	南	六○	○○	○○	亥	○五	一四

三

度	歲差				赤道緯度				歲差			
秒	經差	分	秒	微	緯	度	分	秒	緯差	秒	微	星等
一〇	加	〇二	〇六	三八	南	七八	一一	一〇	加	一一	一六	五
〇四	加	〇一	三九	〇〇	南	八〇	〇六	五四	加	一八	〇四	五
三五	加	〇一	四一	二三	南	七八	一五	〇六	加	一六	四二	四
一二	加	〇一	三六	四六	南	七九	一四	〇一	加	一七	五一	六
〇六	加	〇一	二九	二三	南	六四	四九	四一	加	〇三	一五	四
二六	加	〇一	二七	一四	南	六三	三八	〇一	加	〇一	一一	五
〇六	加	〇一	二五	三五	南	六二	二一	三九	減	〇〇	五三	五
一四	加	〇一	二五	二〇	南	六二	二二	四二	減	〇二	四三	四
〇〇	加	〇一	三五	一一	南	六七	二四	三二	減	〇三	〇一	五
四五	加	〇一	二八	五三	南	六六	三〇	一五	減	〇九	〇五	三
〇二	加	〇一	二五	二一	南	六六	四六	四一	減	一二	〇〇	三
五七	加	〇一	四七	三二	南	七一	三一	五四	減	〇一	三〇	四
二六	加	〇一	四九	二九	南	七三	二〇	一七	減	〇八	〇七	四
二六	加	〇一	一八	三三	南	六六	〇八	一七	減	一四	四九	三
〇〇	加	〇一	一三	四六	南	五七	一五	〇三	減	一〇	四四	二
五七	加	〇一	一二	五六	南	五四	二八	一〇	減	〇八	一〇	五
三八	加	〇一	〇五	二五	南	四八	〇八	二一	減	一一	四二	三
二六	加	〇一	〇五	三五	南	五一	二四	三八	減	一三	四九	六
三五	加	〇一	〇六	一一	南	五四	五四	二一	減	一五	一〇	六
一七	加	〇一	〇三	五六	南	五三	五七	四一	減	一六	〇八	六
二七	加	〇一	〇二	五八	南	五四	四五	三六	減	一六	五二	六
二九	加	〇一	〇三	五〇	南	五六	一六	三七	減	一六	五四	六
二一	加	〇一	一〇	〇四	南	五五	四八	〇〇	減	一二	五三	五
一〇	加	〇一	〇九	七	南	五三	五二	〇九	減	一二	〇五	六
四六	加	〇一	〇九	〇一	南	五三	四九	〇七	減	一二	一九	六
三一	加	〇一	〇八	四二	南	五三	四六	四六	減	一二	三五	六
三一	加	〇〇	四一	四八	南	七八	一四	一八	減	二〇	一八	三
一五	加	〇一	三一	五九	南	七八	三五	三四	減	一八	一六	五

星名	黃道經度				黃道緯度				赤道經		
近南極星	宮	度	分	秒	緯	度	分	秒	宮	度	分
蛇尾三	丑	一七	二三	○○	南	五八	一○	○○	子	三二	○○
四	丑	一五	三三	○○	南	五六	○○	○○	子	一二	二九
蛇腹一	亥	○二	一三	○四	南	七一	三三	一八	酉	一○	五五
二	子	二九	二四	二○	南	七一	一四	四九	酉	○九	二三
三	子	二六	三九	一三	南	六九	五○	四六	酉	○四	五○
四	子	二六	二八	四六	南	六七	○八	三六	戌	二七	四五
蛇首一	亥	○九	二六	四四	南	六四	一○	二○	戌	二八	○九
二	亥	一八	五五	○六	南	七六	○五	二二	酉	二五	三五
鳥喙一	子	○七	○一	○五	南	四五	二七	五三	亥	○一	二一
二	子	○四	三八	四四	南	四九	五○	四四	亥	○三	三六
三	子	一九	一三	二七	南	五四	三二	一一	亥	二七	○○
四	子	二四	○五	四二	南	五七	一五	三八	戌	○五	四八
五	子	二一	三六	二九	南	五九	四六	五三	戌	○八	一九
六	子	一九	三○	五五	南	五七	三六	○四	戌	○二	二六
七	子	一六	一二	二五	南	五六	三五	二二	亥	二七	三四
鶴一	子	一三	二四	一九	南	三二	五○	三五	子	二九	一四
二	子	一九	四五	四八	南	三五	二二	四○	亥	○七	五五
三	子	一八	一二	○八	南	三九	四三	○九	亥	○九	二四
四	子	一六	一六	四一	南	四一	二四	○六	亥	○八	三八
五	子	一七	五五	○五	南	四七	四八	四五	亥	一六	四三
六	子	一九	二四	一七	南	四一	五五	四	亥	一二	三一
七	子	二五	五九	五一	南	三六	一一	三四	亥	一五	○三
八	子	二六	二○	四三	南	三四	二三	五四	亥	一四	一二
九	子	二一	二三	二三	南	三○	一一	一八	亥	○六	二七
十	子	二○	二三	四一	南	二六	四八	一七	亥	○三	三二
十一	子	一九	○三	二七	南	三一	三三	五○	亥	○四	四五
十二	子	一七	三○	一四	南	二八	一七	○九	亥	○一	一二
火鳥一	亥	○四	四五	五○	南	三一	三九	五五	亥	二○	五二

度	歲差				赤道緯度				歲差			
秒	經差	分	秒	微	緯	度	分	秒	緯差	秒	微	星等
四六	加	○一	五一	二五	南	七八	二七	五七	減	一五	四○	五
○八	加	○一	五五	一九	南	七七	一○	三一	減	一三	一七	五
五一	加	○○	一三	○八	南	六八	一五	○八	減	一五	二四	五
三○	加	○○	一二	五三	南	六九	○一	○一	減	一五	四五	四
四三	加	○○	一五	三四	南	六九	二八	○九	減	一六	四三	四
四○	加	○○	二二	三九	南	六八	三二	○一	減	一八	○二	五
四四	加	○○	二八	二六	南	六二	二六	一五	減	一七	五九	三
二○	加	○○	一○	一三	南	六五	一九	二九	減	一一	三二	五
三二	加	○一	○五	一二	南	六一	一六	二八	減	一七	四二	三
○四	加	○一	○七	五一	南	六五	五○	二六	減	一八	○二	四
三二	加	○○	四九	三○	南	六三	五三	五七	減	二○	一六	五
三○	加	○○	四三	○○	南	六三	五二	三八	減	二○	一五	三
○○	加	○○	四○	二三	南	六六	三○	一八	減	二○	○八	五
四五	加	○○	四五	一九	南	六五	五五	三八	減	二○	一九	三
一二	加	○○	四九	一八	南	六六	三三	二七	減	二○	一七	四
○○	加	○○	五八	三七	南	四七	四七	一五	減	一七	一九	二
五八	加	○○	五五	三三	南	四七	四八	二六	減	一八	四三	二
○○	加	○○	五六	二七	南	五二	一三	二○	減	一八	五五	四
四四	加	○○	五七	三四	南	五四	二四	一八	減	一八	四九	五
五九	加	○○	五五	○八	南	五九	一一	四九	減	一九	四二	三
四四	加	○○	五五	三一	南	五三	四○	四二	減	一九	一八	四
○九	加	○○	五二	三三	南	四六	一○	二四	減	一九	三五	五
二四	加	○○	五二	三○	南	四四	二七	二七	減	一九	二八	五
一七	加	○○	五四	三一	南	四二	三二	三五	減	一八	三一	五
○九	加	○○	五四	二九	南	三九	五二	三七	減	一八	○二	五
一一	加	○○	五五	三九	南	四四	三八	○八	減	一八	一六	五
四四	加	○○	五五	五八	南	四二	一一	四四	減	一七	四○	五
四一	加	○○	四九	三五	南	三八	四五	四一	減	二○	○二	五

星名 近南極星		黃道經度 宮	度	分	秒	黃道緯度 緯	度	分	秒	赤道經 宮	度	分
火鳥	二	亥	○二	二五	四五	南	三六	○五	○三	亥	二一	二三
三		亥	○一	○七	○○	南	三八	四七	○○	亥	二二	○○
四		亥	○七	○八	二○	南	四一	五四	三八	戌	○○	○五
五		亥	一二	○○	三六	南	四一	一五	四一	戌	○三	五九
六		亥	一二	五七	四二	南	四○	三三	四六	戌	○四	一九
七		亥	一三	一六	二四	南	四五	一四	○五	戌	○八	一一
八		亥	○九	○三	三三	南	四六	三一	○五	戌	○五	三九
九		亥	一七	四四	三八	南	四八	一四	二七	戌	一四	二六
十		亥	二五	三六	二七	南	四七	三三	一七	戌	二○	○七
水委	一	亥	一二	四一	五六	南	五九	一九	○六	戌	二二	四○
二		亥	○九	四九	四八	南	五五	○五	二三	戌	一五	一一
三		亥	○二	四六	一○	南	五四	二四	一八	戌	○八	四五
附白	一	子	○七	五六	五八	南	七六	四五	三五	酉	二七	三七
二		子	○七	四五	三二	南	七二	五六	五三	酉	一三	○七
夾白	一	亥	一四	三四	○七	南	八五	二五	二九	申	一八	三二
二	一	戌	○四	五九	四五	南	七八	○五	二○	申	○三	○九
金魚	一	酉	○四	○六	三八	南	七○	一二	二八	申	○二	五七
二	二	酉	○五	二七	四一	南	七四	三八	一一	申	○七	三九
三		酉	一九	五四	一九	南	八五	○四	二二	申	二三	○六
四		戌	二四	一二	一七	南	八八	一四	二○	申	二六	○五
五		寅	○八	五八	三七	南	八七	三三	四八	未	○二	二四
海石	一	巳	二○	四二	五六	南	七二	三八	五九	午	○四	四四
二		辰	○二	五四	一二	南	六七	○四	五四	午	一八	○六
三		辰	○六	一六	四六	南	六五	二一	三○	午	二二	一七
四		辰	一四	三六	○○	南	六六	一七	一六	午	二五	○三
五		辰	二○	二五	三一	南	六七	二八	三三	午	二五	三八
飛魚	一	辰	一八	○八	二四	南	七二	一一	○五	午	一四	五二
二		卯	○七	二三	四九	南	八二	三五	二七	未	一七	三四

近南極星

巽

度	歲差				赤道緯度				歲差			
秒	經差	分	秒	微	緯	度	分	秒	緯差	秒	微	星等
五六	加	○○	四九	五六	南	四三	三四	一四	減	二○	○三	四
五七	加	○○	五○	○一	南	四六	二五	五○	減	二○	○六	四
○六	加	○○	四七	○○	南	四六	四二	二四	減	二○	二○	三
二四	加	○○	四五	三七	南	四四	一三	○三	減	二○	一七	四
四一	加	○○	四五	三二	南	四三	一四	四一	減	二○	一八	二
一八	加	○○	四三	五一	南	四七	○三	○二	減	二○	○九	四
○○	加	○○	四四	四○	南	四九	四六	二四	減	二○	一四	四
三四	加	○○	四一	一二	南	四七	四六	二七	減	一九	四四	三
四五	加	○○	四○	○六	南	四四	一三	○七	減	一九	○八	三
二四	加	○○	三四	一八	南	五八	○七	五○	減	一八	四九	一
○五	加	○○	三九	○三	南	五六	一○	三七	減	一九	三九	四
四○	加	○○	四二	○二	南	五八	三五	一八	減	二○	○八	三
五二	減	○○	一七	○○	南	七四	四四	四三	減	一○	四九	四
五一	減	○○	○八	五五	南	七六	四五	○六	減	一四	四八	六
二三	加	○○	○一	○二	南	六七	一九	三四	減	○四	○二	六
四五	加	○○	一一	一一	南	六二	五四	二三	減	○九	一四	三
一○	加	○○	二三	三八	南	五一	五六	一○	減	○九	二○	四
四七	加	○○	一九	二七	南	五五	二四	○二	減	○七	五○	三
○七	加	○○	○七	五○	南	六二	三四	二四	減	○二	二九	四
一五	加	○○	○一	四六	南	六五	四四	四○	減	○一	二三	五
五三	減	○○	○五	二八	南	六八	四六	二八	加	○○	五四	六
○八	加	○○	一九	一二	南	五八	五四	○○	加	一一	二九	二
○六	加	○○	二四	四○	南	五八	二九	五七	加	一五	○三	二
四四	加	○○	二六	三四	南	五八	二四	三七	加	一六	○○	五
四三	加	○○	二五	一四	南	六一	三九	三○	加	一六	三四	五
一○	加	○○	二三	○三	南	六四	一三	一七	加	一六	四三	四
三五	加	○○	一五	○六	南	六五	三九	五四	加	一四	一七	五
五九	減	○○	○六	三八	南	七○	一○	二八	加	○六	一一	五

星名			黃道經度 宮	度	分	秒	黃道緯度 緯	度	分	秒	赤道經度 宮	度	分
近	南極	星											
飛	魚	三	辰	一二	四一	五五	南	七五	三三	一二	午	○五	五六
四		二	卯	○四	五三	二一	南	七六	四五	○○	午	○五	○五
五		二	辰	一七	○○	三八	南	八二	二七	二六	未	一九	一三
六		二	卯	一三	一三	四八	南	七九	二一	四六	未	二六	○○
南	船	一	辰	一七	三五	五八	南	六三	三五	一三	巳	○二	四四
二		一	辰	二○	三三	五四	南	六一	二五	三八	巳	○六	二二
三		一	辰	二六	四○	四○	南	六二	○七	三四	巳	○九	○四
四		一	卯	○四	五四	二五	南	六七	二一	一八	巳	○二	一八
五			辰	二九	二九	三六	南	七二	一三	○八	午	一七	四四
小	斗	一	寅	○二	五三	五三	南	六三	三五	四一	辰	○一	四四
二			卯	二九	四八	四七	南	六三	五六	三八	巳	二七	二八
三			卯	二七	五二	二六	南	六八	○四	二九	巳	○八	○九
四			寅	○三	○五	五四	南	六七	四七	一七	巳	一○	四五
五			寅	○五	○一	五九	南	七○	三七	○七	午	二四	二九
六		一	寅	○四	五五	五九	南	七一	○一	○五	午	二二	一七
七		一	寅	○三	○一	○○	南	七三	○○	二五	午	一三	○○
八			卯	二八	二七	○三	南	七五	○一	五二	午	○六	二六
九		一	寅	○一	三八	五二	南	七七	二五	五六	未	二五	三七

近南極星

度	歲差				赤道緯度				歲差			
秒	經差	分	秒	微	緯	度	分	秒	緯差	秒	微	星等
四四	加	○○	一○	五二	南	六五	三○	三六	加	一一	五三	五
一二	減	○○	○○	四九	南	七○	五四	三二	加	一一	四○	六
五九	加	○○	○○	二六	南	六七	三五	五八	加	○六	四一	五
三一	減	○○	○九	二六	南	七二	○八	一五	加	○八	五六	五
五六	加	○○	三○	一九	南	六○	二五	○八	加	一八	○一	四
三二	加	○○	三二	一○	南	六○	四四	二七	加	一八	三三	四
二九	加	○○	三二	○七	南	六二	二五	五七	加	一八	五六	三
四四	加	○○	二二	○五	南	六九	○六	三四	加	一七	五六	四
一八	加	○○	一一	二三	南	六八	五七	○三	加	一五	○一	二
三一	加	○○	四八	二七	南	七八	一八	二五	加	二○	一九	五
一一	加	○○	四一	五九	南	七七	一三	四○	加	二○	一九	五
○二	加	○○	一二	四四	南	七七	三八	四八	加	一八	五○	五
三三	加	○○	一一	○三	南	七九	三三	四三	加	一九	一○	五
三六	減	○○	一八	四五	南	八○	○五	二七	加	一六	三六	五
三○	減	○○	二一	二四	南	七九	五八	○二	加	一六	○八	五
一八	減	○○	二六	二六	南	七八	四八	三六	加	一三	五六	六
二七	減	○○	二一	五九	南	七六	五○	五○	加	一二	一○	五
四九	減	○○	三七	一三	南	七六	三○	四六	加	一九	○一	五

卷

天漢黃赤經緯度表

言天漢者皆云起東方尾箕間至七星南而沒自泰西逵徠始知實帶天一周（詳見明史及靈臺儀象志）茲謹遵欽定儀象考成分黃赤南北各按宮次度分以列表黃道經度按歲差加至道光癸未冬至其赤道經緯皆有歲差又逐度不同難立定數製球但用黃道經度則赤道自隨之而定若作赤道星圖先依所列度分繪圖再查黃赤同升表按黃道變赤道度分加入赤道圖上即得現在赤道天漢度分故仍用乾隆甲子測定數也表如左

黃道北經度 宮	度	分	北界 度	分
寅	一三	四○	○四	○○
寅	一三	四○	○四	四○
寅	一三	四○	○八	○○
寅	一四	二○	○二	○○
寅	一四	二○	○六	○○
寅	一四	二○	一○	四○
寅	一四	二○	一二	四○
寅	一五	○○	○○	○○
寅	一五	○○	○三	○○
寅	一五	○○	○九	三○
寅	一五	○○	一一	四○
寅	一五	○○	一三	三○
寅	一六	○○	一四	○○
寅	一六	○○	一七	○○
寅	一六	○○	一八	○○
寅	一六	四○	一九	二○
寅	一七	二○	一五	二○
寅	一八	○○	二○	○○
寅	一八	三○	二三	五○
寅	一八	三○	二四	五○
寅	一九	○○	二二	○○
寅	一九	○○	二五	五○
寅	二○	三○	二七	○○
寅	二二	○○	二九	二○
寅	二三	○○	三一	○○
寅	二四	三○	三一	五○
寅	二四	三○	三三	○○
寅	二五	○○	三四	○○
寅	二六	○○	三四	二○
寅	二七	○○	三五	三○
寅	二八	○○	三五	三○
丑	○○	四○	三四	○○
丑	○三	○○	三五	○○
丑	○四	三○	三六	四○
丑	○六	○○	三六	三○
丑	○七	三○	三五	三○
丑	一○	○○	三六	三○
丑	一二	○○	三八	四○
丑	一五	○○	四○	○○
丑	一六	○○	四二	三○
丑	一七	三○	四三	三○
丑	一七	三○	四五	○○
丑	二○	○○	四五	○○
丑	二一	○○	四六	○○
丑	二三	○○	四六	二○
丑	二四	三○	四九	○○
丑	二六	○○	五○	三○
丑	二八	三○	五一	○○
丑	二九	○○	五三	○○
子	○一	三○	五三	三○
子	○一	三○	五五	○○
子	○二	○○	六○	○○
子	○四	○○	五七	○○
子	○六	○○	六一	○○
子	○六	○○	六三	○○
子	一○	三○	六三	四○
子	一六	○○	六四	○○
子	二○	二○	六四	三○
子	二三	○○	六六	○○
子	二六	○○	六六	○○

黃道北經度北界				
宮	度	分	度	分
子	二八	三〇	六七	〇〇
亥	〇三	〇〇	六六	三〇
亥	〇七	〇〇	六六	二〇
亥	一一	〇〇	六八	〇〇
亥	一六	〇〇	六七	四〇
亥	一八	〇〇	六九	〇〇
亥	二三	〇〇	六七	四〇
亥	二八	〇〇	六八	〇〇
戌	〇一	〇〇	六八	四〇
戌	〇六	〇〇	六八	四〇
戌	一一	〇〇	六八	四〇
戌	一一	〇〇	六七	二〇
戌	一六	〇〇	六七	二〇
戌	一六	〇〇	六六	一〇
戌	一八	三〇	六五	〇〇
戌	一八	三〇	六六	〇〇
戌	二一	〇〇	六五	〇〇
戌	二三	三〇	六二	二〇
戌	二六	〇〇	六二	〇〇
戌	二六	〇〇	五八	四〇
酉	〇〇	〇〇	六一	〇〇
酉	〇一	〇〇	五八	二〇
酉	〇三	三〇	五八	三〇
酉	〇五	〇〇	五六	四〇
酉	〇八	〇〇	五五	四〇
酉	一〇	〇〇	五四	三〇
酉	一〇	〇〇	五二	四〇
酉	一一	三〇	五〇	二〇
酉	一三	〇〇	〇〇	〇〇
酉	一四	〇〇	五〇	〇〇

黃道北經度北界				
宮	度	分	度	分
酉	一四	〇〇	四八	三〇
酉	一六	〇〇	四八	三〇
酉	一六	〇〇	四七	〇〇
酉	一八	〇〇	四七	〇〇
酉	一八	〇〇	四六	〇〇
酉	二〇	三〇	四五	四〇
酉	二三	三〇	四六	二〇
酉	二六	〇〇	四六	〇〇
酉	二八	〇〇	四五	〇〇
酉	二八	〇〇	四四	〇〇
申	〇〇	〇〇	四三	四〇
申	〇一	〇〇	四二	二〇
申	〇三	三〇	四一	〇〇
申	〇三	三〇	三九	〇〇
申	〇三	三〇	三六	〇〇
申	〇五	〇〇	三七	四〇
申	〇五	〇〇	三五	〇〇
申	〇六	〇〇	三五	〇〇
申	〇七	三〇	三二	二〇
申	〇九	〇〇	三〇	〇〇
申	一〇	三〇	二九	三〇
申	一〇	三〇	二七	三〇
申	一二	三〇	二七	二〇
申	一三	三〇	二八	〇〇
申	一三	三〇	二四	四〇
申	一六	〇〇	二四	三〇
申	一六	〇〇	二三	四〇
申	一七	三〇	二三	二〇
申	一七	三〇	二〇	〇〇
申	一八	三〇	二〇	〇〇

黃道北經度 宮	度	分	北界 度	分
申	二○	○○	一九	○○
申	二一	○○	一八	四○
申	二一	三○	一七	○○
申	二一	三○	一四	三○
申	二三	二○	一五	四○
申	二三	二○	一四	○○
申	二四	四○	一二	四○
申	二五	四○	一三	○○
申	二五	四○	一二	○○
申	二六	四○	一一	四○
申	二六	四○	一○	二○
申	二八	○○	○九	二○
申	二八	○○	○八	○○
申	二九	○○	○七	三○
申	二九	○○	○六	○○
未	○○	○○	○五	○○
未	○○	○○	○三	三○
未	○○	三○	○一	三○

黃道北經度 宮	度	分	北之南 度	分
寅	二○	三○	○二	○○
寅	二○	三○	○四	三○
寅	二一	○○	○○	○○
寅	二一	三○	○三	二○
寅	二一	三○	○五	三○
寅	二二	○○	○○	○○
寅	二二	四○	○六	四○
寅	二二	四○	○八	三○
寅	二三	四○	一一	○○
寅	二四	三○	○九	三○
寅	二四	三○	一二	二○
寅	二四	三○	一四	○○
寅	二五	三○	一六	三○
寅	二五	三○	一八	四○
寅	二五	三○	二一	二○
寅	二六	○○	一五	○○
寅	二六	○○	二○	○○
寅	二六	○○	二二	○○
寅	二六	三○	二四	○○
寅	二七	○○	一七	三○
寅	二九	○○	二四	五○
丑	○一	三○	二六	○○
丑	○三	二○	二六	二○
丑	○三	三○	二七	三○
丑	○五	○○	二八	三○
丑	○八	○○	二九	二○
丑	○九	○○	三○	○○
丑	一一	○○	三○	○○
丑	一二	三○	三二	○○
丑	一五	○○	三三	○○

黃道北經度			北之南	
宮	度	分	度	分
丑	一六	○○	三五	○○
丑	二○	○○	三七	○○
丑	二三	○○	三七	○○
丑	二五	○○	三八	四○
丑	二五	○○	四○	二○
丑	二六	○○	四二	○○
丑	二九	○○	四二	三○
丑	二九	○○	四三	五○
子	○一	三○	四四	四○
子	○四	○○	四五	○○
子	○四	○○	四六	三○
子	○五	○○	四七	三○
子	○五	○○	四九	○○
子	○七	○○	五○	○○
子	○七	○○	五一	三○
子	一○	三○	五一	三○
子	一○	三○	五三	二○
子	一三	○○	五四	○○
子	一六	○○	五四	○○
子	一九	○○	五四	二○
子	二一	○○	五六	○○
子	二四	○○	五六	○○
子	二六	○○	五七	四○
子	二八	三○	五七	四○
亥	○一	○○	五八	四○
亥	○三	○○	五七	四○
亥	○五	○○	五八	○○

黃道北經度			南之北	
宮	度	分	度	分
寅	二七	○○	○三	二○
寅	二七	三○	○一	○○
寅	二七	三○	○二	三○
寅	二八	○○	○二	○○
寅	二八	三○	○四	○○
寅	二八	三○	○五	○○
寅	二九	○○	○五	○○
丑	○○	○○	○七	○○
丑	○○	四○	○九	○○
丑	○○	四○	一一	○○
丑	○一	三○	○六	○○
丑	○一	三○	一三	○○
丑	○三	○○	○七	二○
丑	○三	○○	○八	四○
丑	○三	二○	一五	○○
丑	○五	○○	一九	三○
丑	○五	○○	二○	三○
丑	○六	○○	一九	○○
丑	○七	三○	二二	○○
丑	○九	○○	二三	○○
丑	一○	○○	二四	三○
丑	一二	○○	二五	二○
丑	一四	○○	二七	○○
丑	一五	○○	二九	○○
丑	一七	○○	三○	○○
丑	一八	○○	二九	三○
丑	一八	○○	三○	二○
丑	一九	三○	二九	○○
丑	一九	三○	三一	三○
丑	二○	○○	三○	○○

恒星圖表　黃道北天漢

黃道北經度			南之北	
宮	度	分	度	分
丑	二○	○○	三二	四○
丑	二一	○○	三四	二○
丑	二三	○○	三五	四○
丑	二五	○○	三六	○○
丑	二五	○○	三七	○○
丑	二八	三○	三八	○○
丑	一八	三○	四○	○○
子	○○	○○	四○	三○
子	○三	○○	四一	○○
子	○三	○○	四二	四○
子	○六	○○	四三	二○
子	○七	○○	四五	○○
子	○九	○○	四五	○○
子	一三	○○	四六	○○
子	一五	○○	四七	二○
子	一八	○○	四九	○○
子	二○	二○	四九	三○
子	二三	○○	五一	○○
子	二六	○○	五三	○○
子	二八	三○	五四	二○
亥	○一	○○	五四	二○
亥	○三	○○	五六	○○
亥	○五	○○	五六	○○

黃道北經度			南界	
宮	度	分	度	分
丑	一○	○○	○二	○○
丑	一○	○○	○四	○○
丑	一一	○○	○五	○○
丑	一一	○○	○六	○○
丑	一二	○○	○七	○○
丑	一二	○○	○九	○○
丑	一二	三○	○七	四○
丑	一四	○○	一○	四○
丑	一四	○○	一二	二○
丑	一五	○○	一一	○○
丑	一五	○○	一三	二○
丑	一五	○○	一四	三○
丑	一七	○○	一五	三○
丑	一七	○○	一七	○○
丑	一八	○○	一七	四○
丑	一九	三○	一七	三○
丑	一九	三○	一九	○○
丑	二○	○○	二○	○○
丑	二○	○○	○○	○○
丑	二○	三○	一八	○○
丑	二○	三○	二○	○○
丑	二二	○○	二一	○○
丑	二三	三○	二一	二○
丑	二四	三○	二二	四○
丑	二五	○○	二四	○○
丑	二六	○○	二四	○○
丑	二六	○○	二五	四○
丑	二七	三○	二七	○○
子	○○	○○	二七	○○
子	○○	○○	二九	○○

黃	道	北	經	度	南		界	
宮	度		分		度		分	
子	○	二	○	○	二	九	○	○
子	○	三	○	○	二	九	○	○
子	○	四	○	○	三	○	三	○
子	○	五	○	○	三	○	二	○
子	○	七	○	○	三	○	○	○
子	○	八	○	○	三	一	○	○
子	一	○	三	○	三	二	三	○
子	一	○	三	○	三	四	二	○
子	一	二	○	○	三	五	○	○
子	一	二	○	○	三	七	○	○
子	一	五	○	○	三	八	○	○
子	一	五	○	○	四	○	○	○
子	一	八	○	○	四	一	○	○
子	一	八	○	○	四	二	○	○
子	二	○	二	○	四	三	○	○
子	二	二	○	○	四	四	○	○
子	二	五	○	○	四	五	○	○
子	二	六	○	○	四	七	三	○
子	二	八	三	○	四	八	○	○
子	二	八	三	○	四	九	二	○
亥	○	一	○	○	四	九	三	○
亥	○	三	○	○	五	二	○	○
亥	○	七	○	○	五	三	三	○
亥	一	一	○	○	五	二	二	○
亥	一	六	○	○	五	三	○	○
亥	一	六	○	○	五	一	○	○
亥	一	八	○	○	五	一	二	○
亥	二	一	○	○	五	二	二	○
亥	二	三	○	○	五	一	○	○
亥	二	五	○	○	五	一	二	○

黃	道	北	經	度	南		界	
宮	度		分		度		分	
亥	二	六	○	○	五	○	○	○
亥	二	八	○	○	五	二	二	○
戌	○	一	○	○	五	三	○	○
戌	○	四	○	○	五	三	○	○
戌	○	六	○	○	五	二	三	○
戌	○	九	○	○	五	三	○	○
戌	一	三	○	○	五	三	○	○
戌	一	三	○	○	五	二	○	○
戌	一	六	○	○	五	二	三	○
戌	一	八	三	○	五	○	三	○
戌	二	一	○	○	五	一	○	○
戌	二	三	三	○	四	九	○	○
戌	二	六	○	○	五	○	○	○
戌	二	六	○	○	四	七	三	○
酉	○	○	○	○	四	六	三	○
酉	○	一	○	○	四	五	○	○
酉	○	三	三	○	四	四	三	○
酉	○	五	○	○	四	二	三	○
酉	○	八	○	○	四	二	二	○
酉	一	○	○	○	四	○	四	○
酉	一	三	○	○	四	○	三	○
酉	一	四	○	○	三	八	○	○
酉	一	四	○	○	三	五	○	○
酉	一	八	○	○	三	六	二	○
酉	一	八	○	○	二	八	四	○
酉	二	○	三	○	三	四	○	○
酉	二	○	三	○	三	一	二	○
酉	二	○	三	○	二	八	四	○
酉	二	三	三	○	二	七	三	○
酉	二	五	○	○	二	七	四	○

黃道北經度南界				
宮	度	分	度	分
酉	二六	〇〇	二六	四〇
酉	二八	〇〇	二六	二〇
酉	二八	〇〇	二五	〇〇
申	〇〇	〇〇	二四	三〇
申	〇一	〇〇	二二	四〇
申	〇二	三〇	二三	二〇
申	〇三	三〇	二一	〇〇
申	〇五	〇〇	二一	三〇
申	〇六	〇〇	二〇	三〇
申	〇七	三〇	二一	三〇
申	〇九	〇〇	二〇	三〇
申	一〇	三〇	二〇	四〇
申	一〇	三〇	一五	三〇
申	一二	三〇	一九	四〇
申	一二	三〇	一七	〇〇
申	一二	三〇	一四	四〇
申	一二	三〇	一三	三〇
申	一三	三〇	一三	三〇
申	一五	〇〇	一一	〇〇
申	一五	〇〇	〇九	三〇
申	一六	〇〇	〇九	〇〇
申	一六	〇〇	〇八	〇〇
申	一七	三〇	〇七	三〇
申	一七	三〇	〇六	二〇
申	一八	三〇	〇五	四〇
申	二〇	〇〇	〇六	二〇
申	二一	〇〇	〇五	四〇
申	二一	〇〇	〇三	四〇
申	二一	三〇	〇二	〇〇

黃道南經度北界				
宮	度	分	度	分
未	〇一	四〇	〇一	二〇
未	〇二	四〇	〇二	〇〇
未	〇一	四〇	〇二	〇〇
未	〇三	四〇	〇三	三〇
未	〇四	三〇	〇四	三〇
未	〇四	三〇	〇五	三〇
未	〇五	二〇	〇六	〇〇
未	〇六	〇〇	〇七	三〇
未	〇七	〇〇	〇七	二〇
未	〇八	〇〇	〇七	四〇
未	〇九	〇〇	〇八	〇〇
未	一〇	〇〇	〇九	三〇
未	一一	〇〇	一〇	〇〇
未	一二	二〇	一一	二〇
未	一三	四〇	一三	三〇
未	一四	二〇	一二	〇〇
未	一五	〇〇	一二	三〇
未	一六	〇〇	一三	四〇
未	一六	三〇	一七	〇〇
未	一七	〇〇	一三	三〇
未	一七	〇〇	一八	三〇
未	一七	三〇	一六	三〇
未	一八	〇〇	一五	〇〇
未	一八	〇〇	一四	〇〇
未	一八	三〇	一六	三〇
未	一九	〇〇	一九	〇〇
未	一九	〇〇	二〇	二〇
未	二〇	〇〇	二一	〇〇
未	二〇	〇〇	二三	二〇
未	二二	〇〇	二四	二〇

黄	道	南	經	度	北		界	
宫	度		分		度		分	
未	二	二	○	○	二	七	四	○
未	二	三	○	○	二	六	○	○
未	二	三	○	○	二	七	三	○
未	二	三	○	○	二	九	○	○
未	二	三	○	○	三	○	○	○
未	二	五	○	○	三	一	○	○
未	二	五	○	○	三	二	○	○
未	二	六	○	○	三	二	二	○
未	二	七	○	○	三	四	○	○
未	二	九	○	○	三	四	○	○
午	○	○	○	○	三	五	四	○
午	○	二	○	○	三	五	四	○
午	○	三	○	○	三	七	○	○
午	○	三	三	○	三	七	四	○
午	○	四	○	○	三	八	四	○
午	○	五	○	○	三	七	三	○
午	○	六	○	○	三	九	○	○
午	○	七	三	○	四	一	三	○
午	○	九	○	○	四	四	三	○
午	一	一	○	○	四	七	○	○
午	一	三	○	○	四	七	三	○
午	一	六	○	○	四	八	三	○
午	一	七	○	○	五	一	○	○
午	二	○	○	○	五	一	○	○
午	二	三	○	○	五	三	○	○
午	二	六	○	○	五	三	四	○
午	二	八	○	○	五	四	四	○
巳	○	二	○	○	五	五	二	○
巳	○	六	○	○	五	六	三	○
巳	一	○	○	○	五	六	三	○

黄	道	南	經	度	北		界	
宫	度		分		度		分	
巳	一	五	○	○	五	五	四	○
巳	一	七	○	○	五	七	○	○
巳	二	○	○	○	五	六	四	○
巳	二	三	○	○	五	七	二	○
巳	二	六	○	○	五	七	○	○
巳	二	九	○	○	五	七	三	○
辰	○	二	○	○	五	六	○	○
辰	○	四	○	○	五	六	○	○
辰	○	六	○	○	五	六	○	○
辰	○	六	○	○	五	五	○	○
辰	○	六	○	○	五	四	○	○
辰	○	九	三	○	五	四	三	○
辰	一	○	○	○	五	五	○	○
辰	一	四	○	○	五	四	○	○
辰	一	七	○	○	五	五	○	○
辰	二	○	○	○	五	五	○	○
辰	二	二	○	○	五	四	○	○
辰	二	四	○	○	五	三	四	○
辰	二	四	○	○	五	二	○	○
辰	二	八	三	○	五	二	○	○
卯	○	一	○	○	五	○	○	○
卯	○	五	○	○	四	八	三	○
卯	○	八	○	○	四	七	三	○
卯	一	○	○	○	四	六	○	○
卯	一	三	○	○	四	五	○	○
卯	一	五	○	○	四	六	○	○
卯	一	八	○	○	四	七	三	○
卯	二	○	○	○	四	七	四	○
卯	二	二	○	○	四	七	二	○
卯	二	四	○	○	四	七	○	○

宮	黃道經度 度	黃道經度 分	南北界 度	南北界 分
卯	二四	○○	四五	○○
卯	二六	○○	四二	三○
卯	二八	○○	三九	三○
寅	○○	○○	三九	三○
寅	○二	○○	三七	三○
寅	○三	三○	三六	二○
寅	○三	三○	三四	○○
寅	○四	三○	三二	四○
寅	○五	○○	三六	○○
寅	○五	○○	三五	○○
寅	○五	○○	三四	二○
寅	○五	○○	三一	三○
寅	○七	○○	三○	○○
寅	○七	○○	二八	三○
寅	○八	二○	二六	○○
寅	○八	二○	二四	○○
寅	○九	○○	二○	二○
寅	○九	○○	一九	○○
寅	○九	○○	一四	○○
寅	○九	○○	一二	四○
寅	○九	○○	一一	○○
寅	○九	○○	一○	○○
寅	○九	○○	○九	○○
寅	一○	○○	二二	三○
寅	一○	○○	二一	○○
寅	一○	○○	一二	○○
寅	一○	○○	一六	○○
寅	一○	○○	一○	四○
寅	一○	○○	○八	三○
寅	一○	○○	○七	二○

宮	黃道經度 度	黃道經度 分	南北界 度	南北界 分
寅	一二	○○	○七	○○
寅	一三	○○	○五	四○
寅	一三	○○	○四	四○
寅	一三	○○	○三	○○
寅	一三	三○	○四	○○
寅	一四	三○	○一	[illegible]○

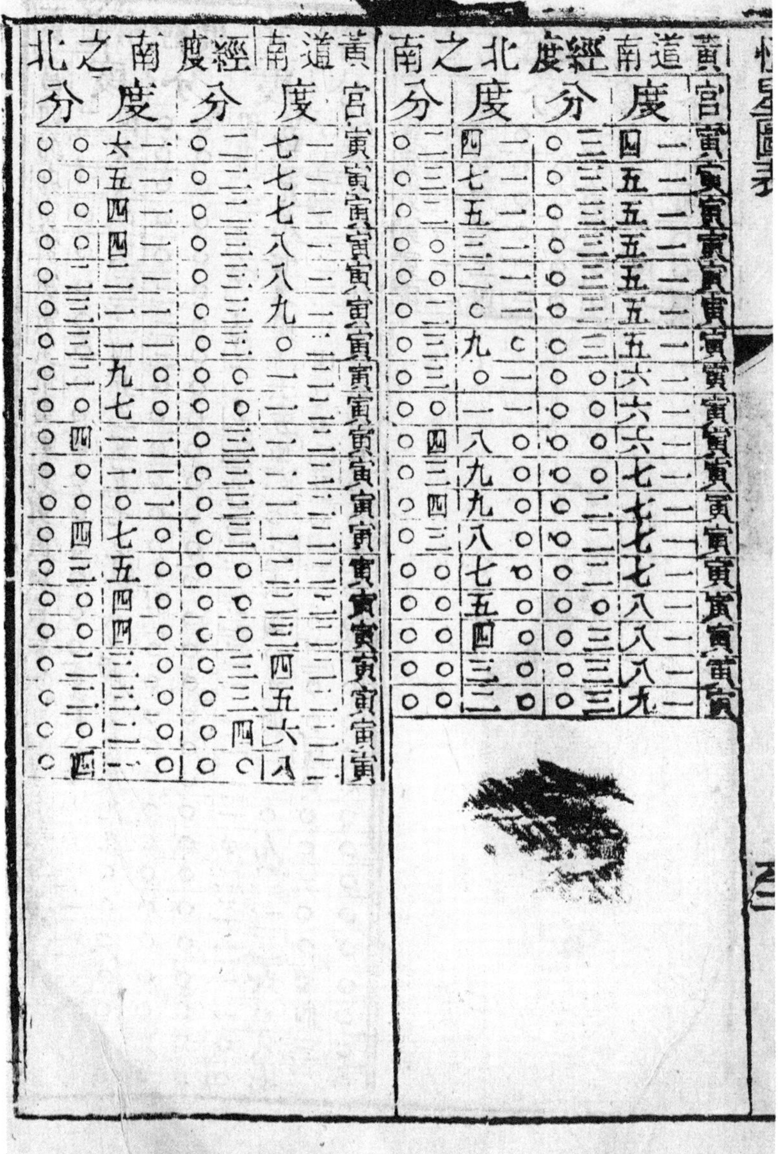

黃道南經度北之南

宮	度	分	度	分
寅	一四	三○	一四	二○
寅	一五	三○	一七	三○
寅	一五	三○	一五	二○
寅	一五	三○	一三	○○
寅	一五	三○	一二	○○
寅	一五	三○	一○	二○
寅	一五	三○	○九	三○
寅	一六	○○	一○	三○
寅	一六	○○	一一	○○
寅	一六	○○	○八	四○
寅	一七	○○	○九	三○
寅	一七	二○	○九	四○
寅	一七	二○	○八	三○
寅	一七	二○	○七	○○
寅	一八	○○	○五	○○
寅	一八	三○	○四	○○
寅	一八	三○	○三	○○
寅	一九	三○	○二	○○

黃道南經度南之北

宮	度	分	度	分
寅	一七	二○	一六	○○
寅	一七	三○	一五	○○
寅	一七	二○	一四	○○
寅	一八	三○	一四	○○
寅	一八	三○	一二	二○
寅	一九	三○	一一	三○
寅	二○	三○	一一	三○
寅	二一	○○	○九	二○
寅	二一	○○	○七	○○
寅	二一	三○	一一	四○
寅	二一	三○	一一	○○
寅	二一	三○	一○	○○
寅	二一	三○	○七	四○
寅	二二	○○	○五	三○
寅	二三	○○	○四	○○
寅	二三	○○	○四	○○
寅	二四	三○	○三	二○
寅	二五	三○	○三	二○
寅	二六	四○	○二	○○
寅	二八	○○	○一	四○

黃道南經度			南界	
宮	度	分	度	分
申	二〇	四〇	〇二	〇〇
申	二一	三〇	〇〇	〇〇
申	二一	三〇	〇一	四〇
申	二一	三〇	〇三	二〇
申	二一	三〇	〇四	二〇
申	二一	三〇	〇七	三〇
申	二一	三〇	〇九	〇〇
申	二二	〇〇	〇五	二〇
申	二二	〇〇	〇六	四〇
申	二二	〇〇	〇九	〇〇
申	二三	〇〇	一〇	〇〇
申	二四	三〇	一〇	二〇
申	二五	〇〇	一二	〇〇
申	二五	四〇	一三	二〇
申	二七	〇〇	一三	二〇
申	二七	〇〇	一四	四〇
申	二八	二〇	一六	〇〇
申	二八	二〇	一七	三〇
申	二九	〇〇	一九	〇〇
未	〇〇	三〇	一九	四〇
未	〇一	四〇	一九	〇〇
未	〇二	四〇	二〇	四〇
未	〇二	四〇	二三	四〇
未	〇三	四〇	二三	〇〇
未	〇四	三〇	二五	〇〇
未	〇五	二〇	二七	〇〇
未	〇六	〇〇	二九	四〇
未	〇八	〇〇	二九	〇〇
未	〇九	〇〇	三〇	〇〇
未	〇九	〇〇	二九	〇〇

黃道南經度			南界	
宮	度	分	度	分
未	一〇	〇〇	二八	〇〇
未	一一	〇〇	二九	〇〇
未	一一	〇〇	三〇	四〇
未	一二	二〇	三二	〇〇
未	一二	二〇	三四	〇〇
未	一五	〇〇	三五	〇〇
未	一六	〇〇	三七	二〇
未	一八	〇〇	四〇	〇〇
未	一八	三〇	四二	二〇
未	二〇	〇〇	四五	〇〇
未	二三	〇〇	四五	〇〇
未	二五	〇〇	四八	〇〇
未	二七	〇〇	五〇	三〇
未	二九	〇〇	五三	〇〇
午	〇二	〇〇	五三	二〇
午	〇三	〇〇	五六	〇〇
午	〇五	〇〇	五六	四〇
午	〇六	〇〇	五八	四〇
午	〇八	〇〇	六〇	〇〇
午	〇八	〇〇	六二	〇〇
午	一三	〇〇	六二	三〇
午	一六	〇〇	六五	〇〇
午	二三	〇〇	六七	〇〇
午	二六	〇〇	六九	三〇
巳	〇二	〇〇	七〇	〇〇
巳	〇六	〇〇	七二	〇〇
巳	一五	〇〇	七一	〇〇
巳	二三	〇〇	七一	〇〇
辰	〇二	〇〇	七一	〇〇
辰	一〇	〇〇	七〇	〇〇

黃道南經度 宮	度	分	南界 度	分
辰	二○	○○	七○	○○
辰	二六	○○	六九	○○
卯	○一	○○	六七	○○
卯	○五	○○	六五	○○
卯	一○	○○	六二	○○
卯	一○	○○	六五	○○
卯	一一	○○	六○	三○
卯	一一	○○	六四	○○
卯	一三	○○	六二	三○
卯	一三	○○	六○	○○
卯	一八	○○	六○	○○
卯	二二	○○	五七	○○
卯	二八	○○	五五	○○
寅	○二	○○	五四	二○
寅	○五	○○	五○	三○
寅	○五	○○	五三	○○
寅	○六	○○	五一	○○
寅	○七	○○	五二	○○
寅	○七	○○	五○	二○
寅	○八	二○	五○	○○
寅	一○	○○	四八	○○
寅	一二	○○	四七	三○
寅	一三	○○	四五	○○
寅	一五	○○	四○	四○
寅	一六	○○	四二	四○
寅	一七	二○	四○	○○
寅	一九	三○	三九	三○
寅	一九	三○	三七	二○
寅	二一	○○	三六	二○
寅	二二	○○	三五	○○

黃道南經度 宮	度	分	南界 度	分
寅	二三	○○	三五	○○
寅	二三	○○	三一	三○
寅	二四	三○	三四	○○
寅	二四	三○	三一	○○
寅	二四	三○	二九	○○
寅	二六	四○	二○	○○
寅	二六	四○	一八	三○
寅	二七	○○	一九	○○
寅	二七	○○	二七	○○
寅	二八	○○	二五	○○
寅	二八	○○	二四	○○
寅	二八	○○	一九	三○
寅	二八	○○	一七	三○
寅	二九	○○	二二	○○
寅	二九	○○	二○	○○
寅	二九	三○	一五	○○
丑	○○	三○	一三	三○
丑	○一	○○	一一	三○
丑	○二	○○	○九	二○
丑	○三	○○	○八	三○
丑	○四	三○	○七	○○
丑	○五	○○	○五	○○
丑	○六	○○	○四	三○
丑	○六	二○	○三	○○
丑	○八	二○	○三	二○
丑	○九	○○	○一	○○

赤	道北	緯度	北	界
宮	度	分	度	分
寅	一八	三五	○○	五一
寅	一八	四○	○○	○○
寅	一八	四○	○一	五一
寅	一九	一二	○二	四八
寅	二○	三八	○三	五一
寅	二二	○七	○六	○六
寅	二三	○五	○七	四三
寅	二四	二五	○八	二九
寅	二四	二九	○九	三九
寅	二四	五七	一○	三七
寅	二五	四八	一○	五五
寅	二六	四○	一二	○四
寅	二七	三○	一二	○三
寅	二八	一一	一一	○○
寅	二九	四三	一○	三一
丑	○○	二七	一一	三○
丑	○一	四○	一一	三一
丑	○二	一五	一二	○○
丑	○三	五三	一三	一一
丑	○三	三二	一三	四○
丑	○四	八○	一三	○五
丑	○五	二五	一二	○八
丑	○六	八○	一三	○○
丑	○七	二五	一三	一五
丑	○八	○○	一四	五○
丑	○八	五四	一五	三二
丑	○九	五五	一五	四○
丑	一一	一一	一七	○四
丑	一一	四一	一九	三八
丑	一一	三二	二二	一四
丑	一二	四四	二○	四五
丑	一三	五六	二二	四○
丑	一四	二八	二二	二八
丑	一五	○一	二三	三三
丑	一六	二○	二四	一六
丑	一七	○四	二六	五四
丑	一七	四九	二八	三三
丑	一九	一四	三八	三四
丑	一九	二○	三一	二三
丑	一九	四○	二九	二二
丑	一九	五○	三七	○○
丑	二○	二九	三三	四○
丑	二○	三一	四一	五九
丑	二○	五四	三二	一三
丑	二一	二○	四○	○五
丑	二一	三○	三五	五八
丑	二三	四六	四三	一七
丑	二五	四五	四四	三○
丑	二七	五四	四五	四四
丑	二八	二九	四七	三四
丑	二九	五八	四八	○九
子	○○	三四	四九	三一
子	○三	二九	五○	○三
子	○五	二八	五○	四八
子	○五	五二	五三	○四
子	○八	○四	五五	三○
子	○八	五○	四五	○一
子	一二	○三	五五	四九
子	一三	五九	五七	二五
子	一四	二六	五八	四一

赤	道北	經度	北	界
宮	度	分	度	分
子	一六	三七	六○	○七
子	一八	五八	六一	三一
子	二一	○五	六○	四九
子	二三	二六	六二	二三
子	二五	二八	六一	四三
子	二七	○○	六二	二七
子	二八	四五	六一	五二
亥	○○	○五	六二	四四
亥	○四	一八	六三	○○
亥	○六	○七	六二	○一
亥	○八	一四	六二	四四
亥	一二	三六	六三	三七
亥	一五	○二	六一	二○
亥	一七	四七	六二	一七
亥	一九	二五	六三	二二
亥	二二	三六	六二	四三
亥	二七	四五	六三	一二
戌	○一	二二	六三	二○
戌	○四	○二	六一	四八
戌	○六	三七	六○	三六
戌	一○	○六	六○	三○
戌	一一	三八	六一	一九
戌	一三	三八	六○	○七
戌	一五	三九	六○	五三
戌	一七	三二	五九	三九
戌	一九	三九	六○	二四
戌	二○	四四	五九	二四
戌	二四	○二	六○	二二
戌	二七	○○	六一	五一
酉	○○	三四	六二	二六

赤	道北	經度	北	界
宮	度	分	度	分
酉	○四	一五	六二	一四
酉	○五	一三	六一	三一
酉	○八	一四	六一	四一
酉	一○	四七	六○	四七
酉	一五	二○	六○	一七
酉	一六	四五	五八	二五
酉	一八	三七	五五	三六
酉	一九	四二	五七	三四
酉	二一	一二	五五	○二
酉	二二	三四	五五	一七
酉	二三	三四	五四	○○
酉	二五	五四	五三	○四
酉	二八	五二	五一	○八
酉	二九	四九	五○	五七
申	○一	四五	四八	五九
申	○四	二七	四九	二二
申	○四	四五	四八	二二
申	○六	○九	四八	○三
申	○六	三○	四六	四四
申	○九	四九	四六	五六
申	一○	○○	四六	○七
申	一二	一四	四四	五九
申	一二	三九	四二	四○
申	一三	五五	四二	四七
申	一五	五八	四一	五七
申	一七	一六	四一	四三
申	一九	二○	四○	一○
申	一九	三五	三七	四一
申	二○	三○	三八	五四
申	二○	三九	三七	一四

赤道北經度			北界	
宫	度	分	度	分
申	二二	二一	三五	五九
申	二三	三三	三六	二一
申	二三	三六	三五	二二
申	二四	四九	三五	〇四
申	二四	五一	三二	四五
申	二六	二九	三二	四七
申	二六	三一	三一	二七
申	二七	四一	三〇	五八
申	二七	四三	二九	二八
申	二八	五三	二六	五九
申	二八	五三	二八	二九
申	二九	二七	二四	五九
申	二九	二七	二三	二九
未	〇〇	四三	二三	二九
未	〇〇	四三	二二	〇九
未	〇一	四七	二一	二九
未	〇一	四七	二〇	二八
未	〇二	四一	一九	五八
未	〇三	四〇	一七	五六
未	〇三	四一	一八	五六
未	〇四	三一	一七	二五
未	〇五	〇九	一五	五四
未	〇六	一二	一六	〇一
未	〇七	一二	一五	三八
未	〇八	一三	一五	一五
未	〇九	〇八	一三	四二
未	一〇	〇七	一三	〇八
未	一一	二一	一一	四二
未	一二	三四	一〇	二六
未	一三	一七	一〇	五二

赤道北經度			北界	
宫	度	分	度	分
未	一三	五四	一〇	一九
未	一四	四五	〇九	〇三
未	一四	五三	〇五	四一
未	一五	一二	〇四	〇九
未	一五	四五	〇九	〇七
未	一五	五四	〇六	〇五
未	一六	三三	〇七	三一
未	一六	四〇	〇八	三〇
未	一六	五一	〇五	五八
未	一六	五一	〇二	〇六
未	一七	〇一	〇三	二六
未	一七	二〇	〇〇	〇〇
未	一七	四二	〇一	一九

赤道北經度			北之南	
宮	度	分	度	分
寅	二五	四八	○○	○○
寅	二五	五三	○○	三五
寅	二六	四○	○一	二○
寅	二八	一一	○一	一二
寅	二九	四三	○二	三○
丑	○○	二七	○二	三○
丑	○二	一三	○四	○二
丑	○二	一五	○二	五三
丑	○三	三二	○五	○四
丑	○四	○八	○六	○○
丑	○六	○八	○六	○○
丑	○六	五八	○六	四三
丑	○八	四三	○六	四九
丑	○九	五五	○八	五五
丑	一一	一一	一○	○○
丑	一一	五四	一○	○六
丑	一三	三二	一二	一○
丑	一三	五六	一四	○○
丑	一五	四五	一四	四六
丑	一七	○四	一四	二○
丑	一八	一○	一四	五三
丑	一九	一四	一八	二六
丑	一九	二○	一六	四七
丑	一九	三三	二○	一二
丑	二○	二九	二一	○○
丑	二一	二○	二二	二五
丑	二一	五○	二一	○七
丑	二三	一二	二三	三七
丑	二四	三七	二五	四八
丑	二四	三九	二八	二三

赤道北經度			北之南	
宮	度	分	度	分
丑	二五	○○	二四	二一
丑	二五	○四	二六	五六
丑	二五	二○	三一	○八
丑	二五	四五	三九	四二
丑	二七	○五	三三	三一
丑	二七	五四	三一	四六
丑	二八	二九	三四	三六
子	○○	三四	三五	一二
子	○二	二七	三六	○八
子	○二	五九	三八	○七
子	○四	五七	三八	四七
子	○五	二八	四○	四五
子	○六	五六	四一	二○
子	○七	五○	四二	五○
子	○九	四七	四二	二七
子	一○	五一	四三	一五

赤道北天漢

赤	道	北經	度南	之北
宮	度	分	度	分
丑	○八	○○	○○	○○
丑	○八	一一	○一	一六
丑	○九	五五	○二	一四
丑	一一	一一	○三	○○
丑	一一	四一	○四	○二
丑	一二	一七	○六	○七
丑	一三	五六	○七	一七
丑	一四	四五	○七	四三
丑	一四	五一	○六	五三
丑	一五	四五	○八	五二
丑	一六	二○	一○	一五
丑	一六	三○	○六	三三
丑	一六	三二	○七	三六
丑	一六	四七	一二	○一
丑	一七	四九	一三	○○
丑	一八	二○	一三	三四
丑	一九	二○	一四	○○
丑	一九	四○	一五	○九
丑	一九	五○	一四	一○
丑	二○	三九	一六	○○
丑	二一	五○	一八	三六
丑	二一	五五	一六	三九
丑	二二	一二	一九	一九
丑	二四	三七	一九	三○
丑	二四	三九	二一	五五
丑	二五	一○	二○	一七
丑	二五	四五	二二	二○
丑	二七	○五	二三	○五
丑	二七	二六	二四	五二
丑	二九	一○	二五	一二

赤	道	北經	度南	之北
宮	度	分	度	分
子	○○	三四	二五	三○
子	○一	三○	二七	○○
子	○二	二七	二八	四二
子	○四	○二	三○	五六
子	○五	二八	三一	五五
子	○六	五六	三三	五七
子	○七	五○	三六	三一
子	○八	五○	三八	二○
子	一○	三○	三八	五八
子	一○	五一	四○	五九
子	一二	○三	四一	三○

赤道北經度南界 宮	度	分	度	分
丑	二一	二〇	〇〇	〇〇
丑	二一	三〇	〇〇	五六
丑	二一	五〇	〇二	一九
丑	二二	二六	〇四	一一
丑	二二	四六	〇二	二八
丑	二三	一一	〇五	四〇
丑	二四	三七	〇六	〇〇
丑	二五	二〇	〇八	〇二
丑	二五	四五	〇六	〇五
丑	二七	〇五	〇八	二三
丑	二七	五四	〇八	三五
丑	二八	二九	一〇	一四
丑	二九	一〇	一〇	一五
子	〇〇	三四	〇九	三〇
子	〇一	二〇	一〇	二〇
子	〇一	五六	一二	三五
子	〇二	五九	一五	一六
子	〇三	二九	一三	三〇
子	〇三	三九	一八	一〇
子	〇四	〇二	一六	一五
子	〇四	五七	二一	四三
子	〇五	二八	二九	四八
子	〇六	二六	二四	四七
子	〇六	五六	二四	[illegible]
子	〇八	〇四	二五	四九
子	〇八	五〇	二七	一一
子	一〇	三〇	三一	二七
子	一〇	五一	二八	五三
子	一一	二四	三三	四八
子	一二	〇三	三一	三四

赤道北經度南界 宮	度	分	度	分
子	一三	〇七	三四	三七
子	一三	一一	三七	二五
子	一五	〇四	三九	五一
子	一八	三三	四〇	〇〇
子	二一	三五	四二	〇六
子	二二	五六	四〇	二三
子	二四	〇九	四一	一八
子	二五	二八	四三	〇八
子	二七	五八	四二	四一
子	二八	四五	四三	三九
亥	〇〇	〇五	四五	三〇
亥	〇〇	五三	四二	五二
亥	〇一	〇八	四七	〇六
亥	〇四	一八	四八	一〇
亥	〇六	〇七	四八	三〇
亥	〇八	一四	四九	五九
亥	一〇	五六	五一	二九
亥	一一	五五	五〇	四二
亥	一三	四三	五二	一四
亥	一七	四七	五一	三七
亥	一九	二五	五三	〇〇
亥	二二	二六	五二	二四
亥	二四	三〇	五四	一一
亥	二八	四九	五二	五九
戌	〇一	二二	五二	五八
戌	〇四	〇三	五二	〇八
戌	〇六	三七	五二	四三
戌	一〇	〇六	五二	二七
戌	一三	二八	五二	三九
戌	一六	四九	五一	五九

赤	道北	經度	南	界
宮	度	分	度	分
戌	一九	三九	五二	五九
戌	二三	一五	五一	○九
戌	三五	二一	四八	二九
戌	一七	○○	五一	○○
酉	○○	三四	五○	○○
酉	○三	二六	四九	五○
酉	○三	三五	四四	○五
酉	○五	一三	四七	二二
酉	○六	三七	四四	五四
酉	○八	一四	四四	三○
酉	一○	四七	四四	四五
酉	一二	一三	四五	一一
酉	一三	五二	四四	四二
酉	一六	二四	四四	五六
酉	一六	四五	四三	二九
酉	二九	四二	四三	四三
酉	二一	一三	四二	一三
酉	二三	二四	四一	一五
酉	二五	○三	四一	一二
酉	二六	四二	四二	○一
酉	二八	一四	四一	一六
酉	二九	四九	四二	二三
申	○一	四五	四一	四二
申	○三	四二	四一	一八
申	○四	四五	三七	一三
申	○六	三○	四一	三九
申	○七	○○	三九	○一
申	○七	二九	三六	四三
申	○七	四三	三五	二四
申	○九	○四	三四	四三

赤	道北	經度	南	界
宮	度	分	度	分
申	一一	○五	二三	二七
申	一一	一九	三一	五七
申	一二	三二	三一	三五
申	一二	三九	三○	三五
申	一四	二八	三○	一五
申	一四	五六	二九	○六
申	一五	五八	二八	三二
申	一七	一六	二九	二○
申	一八	三八	二八	四五
申	一八	四九	二六	四六
申	一八	五八	二○	三五
申	一九	二五	二五	○八
申	一九	四○	二三	○九
申	一九	四七	二一	二九
申	一九	五五	一九	四九
申	一九	五九	一八	四九
申	二○	一三	一五	四○
申	二○	一九	一四	一○
申	二○	三○	一七	五一
申	二○	三九	一六	三二
申	二○	五○	一四	一二
申	二二	二一	一三	一六
申	二三	三三	一三	○○
申	二四	○一	一一	二二
申	二四	四九	一○	○三
申	二六	○三	一○	○六
申	二六	○五	○八	四六
申	二七	二五	○七	二八
申	二七	四一	○五	五八
申	二八	○六	○四	二八

赤	道北	經度	南	界
宮	度	分	度	分
申	二九	二七	○三	四九
未	○○	四三	○四	二九
未	○一	四七	○二	四八
未	○一	四七	○○	○○
未	○二	四一	○一	二八

赤	道南	經度	北	界
宮	度	分	度	分
未	一七	二○	○○	○○
未	一七	二四	○一	○○
未	一八	三六	○五	三二
未	一九	○四	○二	一四
未	一九	○七	○七	五八
未	一九	一六	○六	五九
未	一九	三○	○五	三○
未	一九	四四	○四	○一
未	二○	三一	一○	一三
未	二○	四一	○九	一四
未	二一	一九	一○	四一
未	二一	五一	一二	二八
未	二三	三一	一二	四七
未	二四	○一	一四	三五
未	二五	四○	一四	五五
未	二六	一○	一六	二三
未	二六	三六	一七	○七
未	二六	三六	一八	一一
未	二七	四一	一七	一四
未	二八	○六	一八	五三
未	二八	三八	二一	三五
未	二八	五五	二四	四六
未	二九	一九	二八	○○
未	二九	三八	二七	三三
午	○○	五六	二八	二六
午	○二	三○	三一	三五
午	○二	四六	三○	○一
午	○四	三六	三三	一五
午	○五	四七	三五	四八
午	○七	三○	三七	○七

宮	赤道南經度 度	赤道南經度 分	北界 度	北界 分
午	○八	一九	三八	三一
午	一○	三五	四○	○八
午	一二	二九	四二	一一
午	一五	○五	四三	一九
午	一六	○四	四四	四○
午	一八	五九	四四	○四
午	一九	五四	四五	四七
午	二一	三○	四六	二六
午	二二	四五	四八	○三
午	二五	○九	四八	三七
午	二六	四一	四九	五九
巳	○○	○八	四九	四九
巳	○一	二九	五○	三二
巳	○二	五一	五一	一五
巳	○三	五一	五○	二八
巳	○四	四八	四九	四一
巳	○六	四一	五一	五五
巳	○六	五○	五一	二一
巳	一○	三九	五二	三八
巳	一一	四八	五四	三一
巳	一四	○二	五五	四○
巳	一六	四五	五五	四一
巳	一八	四四	五六	一三
巳	二○	三九	五四	五七
巳	二一	二九	五六	○○
巳	二四	一六	五六	四三
巳	二八	五五	五六	一○
辰	○四	一九	五六	三四
辰	○八	二一	五六	五七
辰	一一	五七	五六	三○

宮	赤道南經度 度	赤道南經度 分	北界 度	北界 分
辰	一五	二九	五七	二三
辰	一七	二○	五八	二六
辰	一九	○五	六○	四九
辰	二一	一三	六一	四三
辰	二四	○一	六二	一○
辰	二六	五三	六三	三六
辰	二九	○二	六○	五三
卯	○三	五七	五九	二一
卯	○七	五三	五九	○○
卯	○八	五九	五七	一六
卯	一一	三八	五七	五三
卯	一五	四一	五六	三六
卯	一八	二五	五五	五五
卯	一九	四三	五三	四二
卯	二○	四○	五五	五九
卯	二一	一二	五五	○二
卯	二一	三三	五四	二四
卯	二一	四三	五二	四一
卯	二二	五六	五一	四一
卯	二六	一三	五○	四二
卯	二六	四八	四九	一五
卯	二九	二五	四七	○六
寅	○○	○三	四五	○○
寅	○一	五六	四一	四二
寅	○二	一七	四○	二三
寅	○二	三六	四四	○○
寅	○三	○○	四二	三二
寅	○三	二九	三五	二九
寅	○三	四七	三四	一○
寅	○四	○九	三二	三二

赤道宮	南經度		分		北度		界分	
宮	度		分		度		分	
寅	○	四	一	三	三	七	三	七
寅	○	四	二	一	三	一	三	三
寅	○	四	三	三	三	○	三	三
寅	○	五	○	五	三	三	四	一
寅	○	五	二	一	三	二	一	一
寅	○	五	四	七	三	○	一	四
寅	○	六	○	○	二	九	○	五
寅	○	八	一	八	二	九	○	四
寅	○	九	三	九	二	七	五	三
寅	○	九	四	八	二	六	五	四
寅	一	○	○	三	二	五	一	五
寅	一	○	二	七	二	六	一	八
寅	一	一	四	五	一	八	二	三
寅	一	一	五	○	一	七	四	四
寅	一	一	五	三	二	四	○	七
寅	一	二	一	一	二	○	二	七
寅	一	二	一	六	一	四	二	五
寅	一	二	三	五	二	二	三	二
寅	一	二	四	二	二	六	三	九
寅	一	三	○	二	一	九	三	三
寅	一	三	一	六	一	一	五	一
寅	一	三	三	○	○	九	五	二
寅	一	三	四	○	一	三	○	五
寅	一	四	○	三	一	○	五	六
寅	一	四	一	五	○	九	○	七
寅	一	五	一	七	○	八	四	三
寅	一	五	三	六	○	五	四	四
寅	一	五	四	二	○	四	四	五
寅	一	六	二	八	○	三	二	九
寅	一	六	四	三	○	七	三	一

赤道宮	南經度		分		北度		界分	
宮	度		分		度		分	
寅	一	七	四	七	○	二	五	六
寅	一	八	三	九	○	○	○	○
寅	一	八	五	三	○	一	○	一

赤道南經度 宫	度	分	北之南 度	分
寅	○九	四八	三六	四○
寅	一○	三五	三九	五七
寅	一○	五八	三七	四八
寅	一一	二一	三五	二九
寅	一一	三一	三四	三○
寅	一一	四五	三二	五○
寅	一一	五三	三二	○一
寅	一二	一六	三三	三四
寅	一二	一九	三三	○四
寅	一二	三五	三一	一五
寅	一三	三○	三二	一一
寅	一三	四八	三三	二四
寅	一四	○三	三一	一四
寅	一四	一五	二九	四五
寅	一五	一七	二七	四九
寅	一六	○○	二六	五三
寅	一六	二八	二五	五三
寅	一七	一八	二四	五九
寅	一八	一七	二三	○○
寅	一八	四五	二二	○四
寅	一八	五三	一八	三五
寅	一九	○七	二○	一一
寅	一九	五五	一九	四九
寅	二○	○四	一七	三九
寅	二一	二二	一六	三四
寅	二一	二九	一四	四四
寅	二二	三八	一二	一八
寅	二三	三二	一一	○○
寅	二三	三四	一三	五○
寅	二三	三七	○九	二○

赤道南經度 宫	度	分	北之南 度	分
寅	二四	四一	○六	五三
寅	二四	四六	○四	四三
寅	二四	五三	○二	○三
寅	二五	○七	○八	二四
寅	二五	一八	○三	二四
寅	二五	二二	○一	四四
寅	二五	四五	○○	○○
寅	二六	一○	○五	五六

赤	道南	經度	南	之北
宮	度	分	度	分
寅	一三	〇一	三八	四一
寅	一三	一六	三七	四二
寅	一三	三〇	三六	四二
寅	一四	四八	三六	五〇
寅	一五	〇一	三五	一〇
寅	一六	二八	三四	二六
寅	一七	一八	三四	三二
寅	一八	一七	三二	二五
寅	一八	三一	三〇	〇五
寅	一八	三九	三四	四七
寅	一八	四五	三四	〇七
寅	一八	四九	三三	〇七
寅	一九	〇七	三〇	四七
寅	一九	四七	二八	四〇
寅	一九	五五	二七	三〇
寅	二一	二二	二七	一四
寅	二二	三八	二六	三九
寅	二三	三七	二六	四二
寅	二五	〇七	二五	二五
寅	二五	四五	二〇	〇六
寅	二六	一〇	二二	一六
寅	二六	一五	二〇	五六
寅	二六	四一	二五	〇七
寅	二六	四四	二三	二七
寅	二六	四七	二一	二七
寅	二七	二一	一九	二八
寅	二七	二三	一八	二八
寅	二七	五四	一八	二八
寅	二八	五八	一六	二八
寅	二九	四〇	一四	二九

赤	道南	經度	南	之北
宮	度	分	度	分
寅	二九	四〇	一二	二九
丑	〇〇	三〇	一〇	二九
丑	〇〇	三一	一七	二九
丑	〇一	一一	一四	三〇
丑	〇一	一一	〇九	〇〇
丑	〇二	〇三	一四	四八
丑	〇二	〇四	一六	〇八
丑	〇二	二七	〇八	二八
丑	〇三	二二	〇六	二七
丑	〇二	四五	〇二	五六
丑	〇三	四七	〇三	五六
丑	〇四	四五	〇四	二四
丑	〇六	〇二	〇一	三一
丑	〇七	二二	〇〇	一七
丑	〇八	〇八	〇〇	〇〇

赤道	赤道南經度		赤道南界		赤道	赤道南經度		赤道南界	
宮	度	分	度	分	宮	度	分	度	分
未	○一	三二	○○	一二	未	二七	一四	五一	一○
未	○一	四○	○○	○○	未	二七	四一	四八	二七
未	○三	一○	○一	三三	未	二八	○六	四八	三○
未	○三	五二	○三	三五	未	二九	一九	五五	○七
未	○四	二二	○六	一六	未	二九	三八	五二	四四
未	○六	○九	○五	四○	午	○三	四○	五六	三七
未	○六	五九	○七	四二	午	○七	三○	五八	○六
未	○七	二八	○五	四四	午	一一	一四	六○	二四
未	○七	五八	○四	四六	午	一五	○五	六四	○○
未	○八	四○	○七	二九	午	一六	○四	六二	○二
未	○八	四七	○五	四九	午	一九	五四	六四	五九
未	○九	三三	·○	五四	午	二四	二○	六六	二六
未	○九	四三	○八	五四	巳	○一	○○	六七	一四
未	一一	四二	一二	○五	巳	○三	五一	六八	○○
未	一二	一六	一四	二九	巳	○七	三六	六七	四四
未	一三	三四	一七	一九	巳	一○	三九	六九	三四
未	一三	三九	一九	四一	巳	一三	二八	六九	三○
未	一四	二六	二二	二八	巳	一七	三○	六八	○三
未	一六	四二	二二	四七	巳	一八	四四	六九	三○
未	一七	二四	二五	五九	巳	二一	二九	六七	三五
未	一八	三六	二八	四一	巳	二四	二六	六八	○四
未	一九	一六	三一	二三	巳	二八	五五	七○	○三
未	二一	一○	三四	五○	辰	○四	一九	六九	○○
未	二一	一九	三二	○七	辰	○八	二一	六九	四二
未	二一	五一	四一	二○	辰	一一	五七	六九	○○
未	二二	一二	三七	五一	辰	一五	二九	七○	三○
未	二二	一五	三五	四七	辰	二○	一○	七○	三四
未	二二	五六	三九	二六	辰	二七	○○	七一	三○
未	二四	四九	四二	三六	卯	○三	五七	七一	二七
未	二五	一二	四五	二五	卯	○七	五三	六九	一九

赤	道南	經度	南	界
宮	度	分	度	分
卯	○八	一六	七○	二一
卯	○八	五九	七・	一四
卯	一一	三八	六九	四七
卯	一三	五七	六九	五一
卯	一九	○六	六八	三一
卯	二二	五六	六八	三三
卯	二六	四八	六六	二五
寅	○○	○三	六六	二五
寅	○三	○○	六二	三九
寅	○三	二九	六四	四六
寅	○六	二八	六二	二一
寅	一○	三五	六二	一三
寅	一一	三一	六○	○五
寅	一四	○三	五九	一六
寅	一六	四三	五七	○○
寅	一七	一八	五八	四八
寅	一七	四七	五五	三九
寅	二○	○四	五七	一六
寅	二○	二六	五四	一六
寅	二○	四一	五二	一六
寅	二一	二九	五五	四○
寅	二四	一六	五二	二四
寅	二四	二四	四三	二四
寅	二四	二四	五○	二四
寅	二四	四一	四一	五四
寅	二五	四五	四八	二六
寅	二五	五七	四七	二六
寅	二六	一○	四二	五七
寅	二六	一五	四○	五七
寅	二七	二一	四五	二八
寅	二七	二三	四三	二八
寅	二八	○九	三八	三九
寅	二九	二四	三六	五九
丑	○一	一一	三四	五九
丑	○一	一一	三二	四九
丑	○二	二七	三一	二八
丑	○四	○二	三○	二六
丑	○四	四五	二八	二五
丑	○五	五七	二六	二三
丑	○六	○二	二七	五二
丑	○八	○八	二五	三七
丑	○八	四七	一四	一四
丑	○九	三一	一九	一一
丑	○九	三九	一一	一一
丑	○九	四八	一三	一一
丑	一○	二五	一七	○八
丑	一○	二九	一八	○七
丑	一一	一二	一四	○三
丑	一一	二二	一六	○三
丑	一一	五○	一五	二二
丑	一二	五五	一○	三四
丑	一三	○四	一二	一四
丑	一三	四一	○八	一九
丑	一三	四九	○九	二八
丑	一四	○三	一	四八
丑	一五	二二	○五	三八
丑	一五	二二	○七	○八
丑	一六	一四	○四	五二
丑	一七	二九	○三	二二
丑	一七	四一	○四	五一

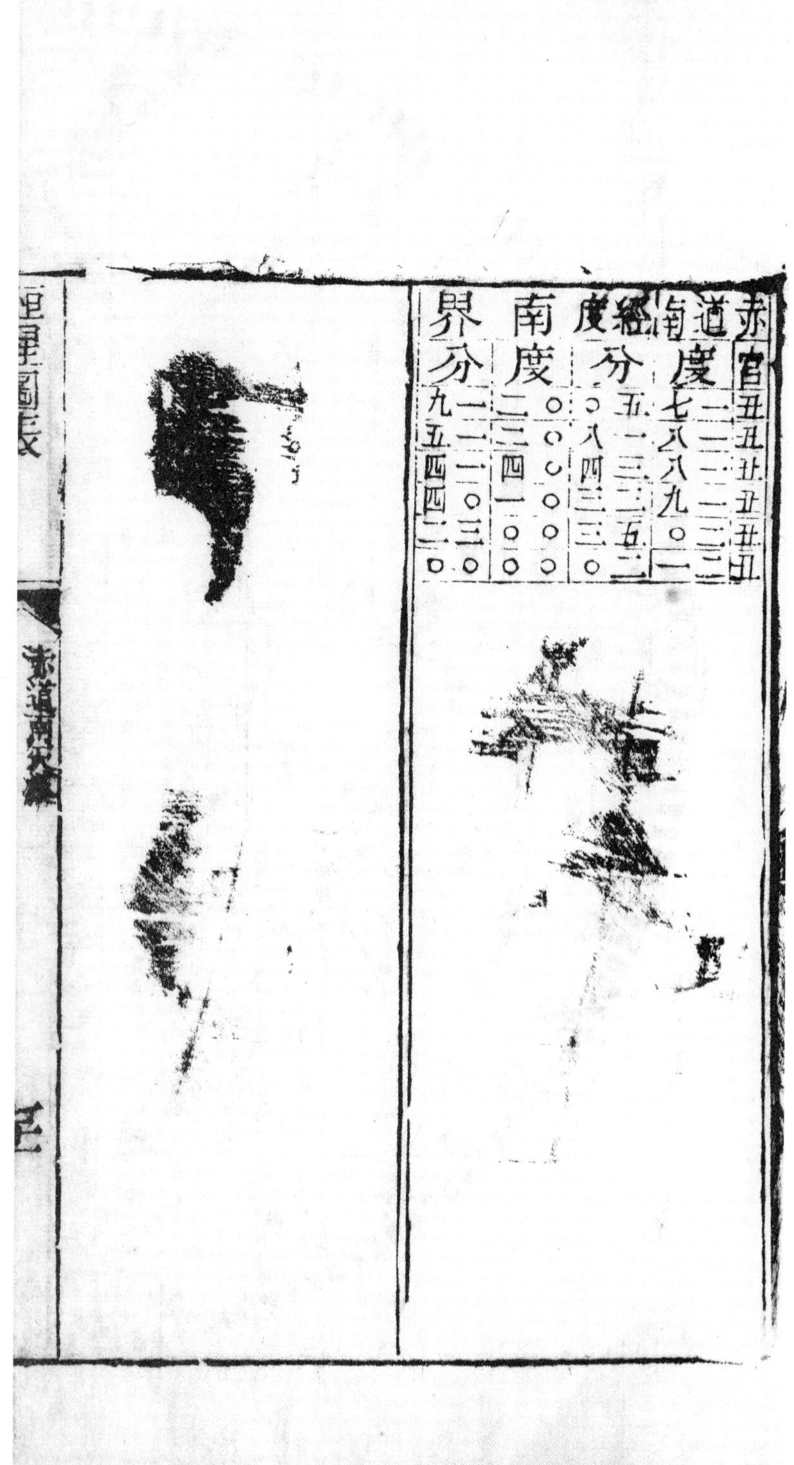

赤宮	道緯度	經度分	南度	界分
丑	一七	五○	○二	一九
丑	一八	一八	○二	一五
丑	一八	三四	○四	一四
丑	一九	二三	○一	○四
丑	二○	五三	○○	三二
丑	二一	二○	○○	○○

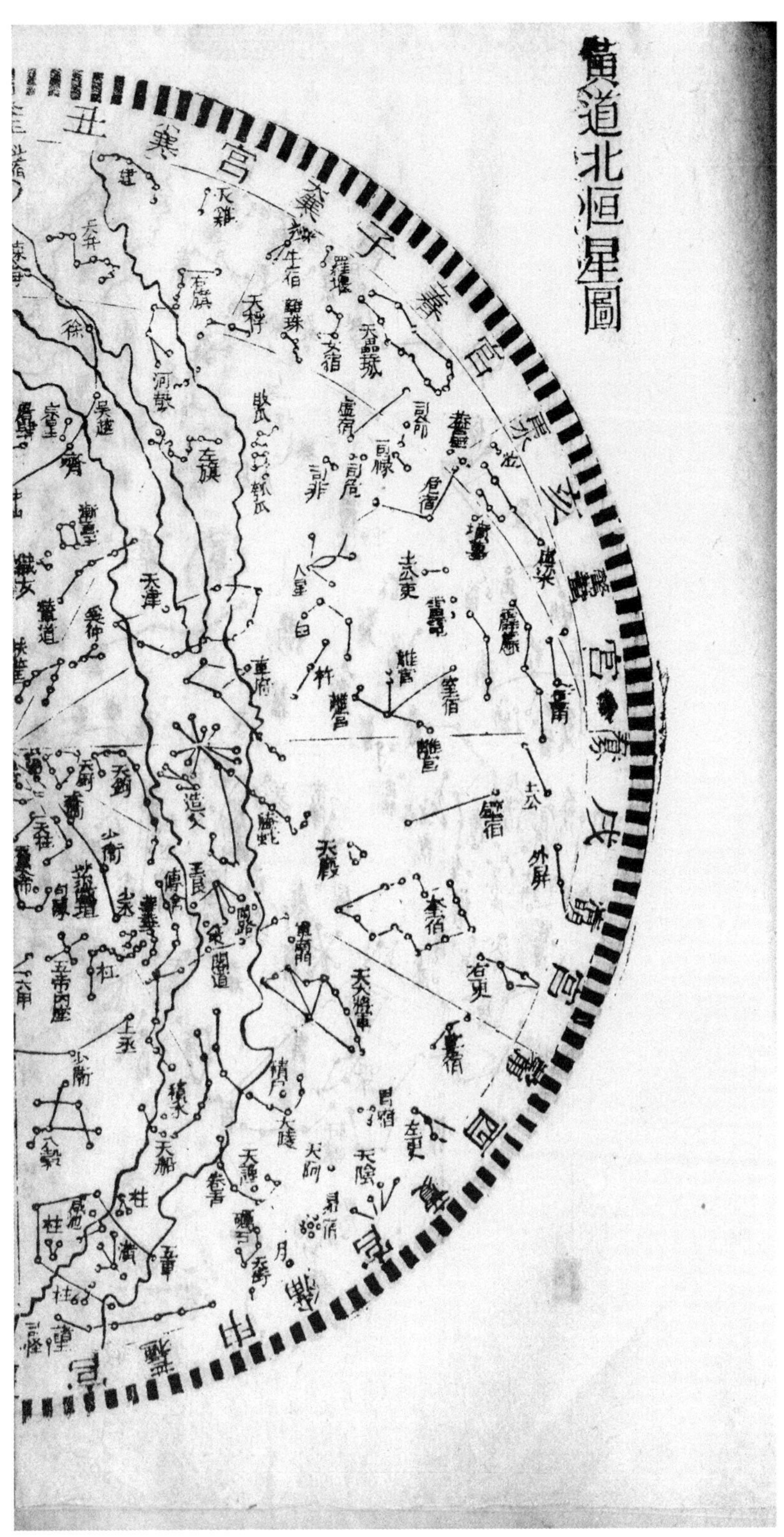
黄道北恒星圖

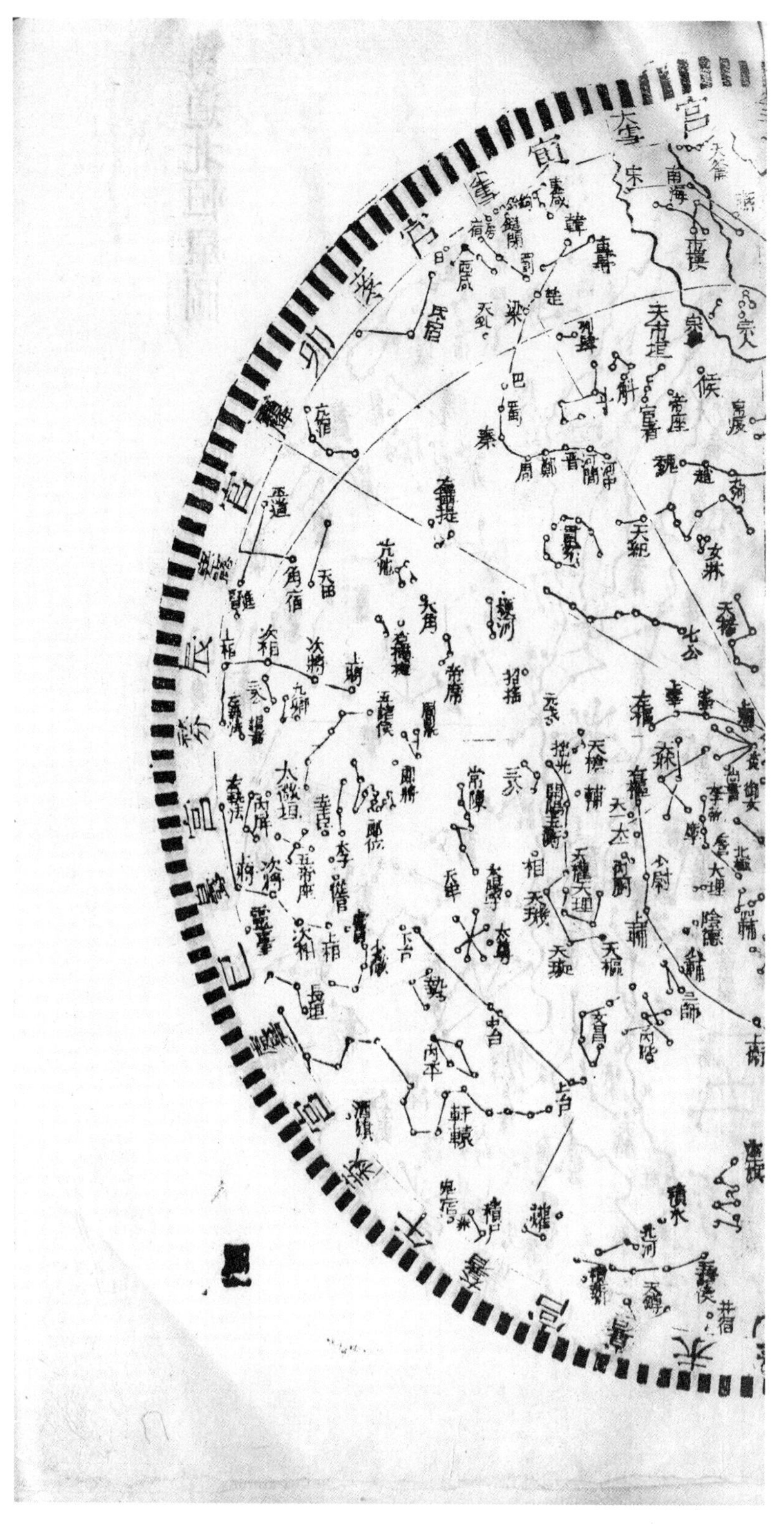
角宿
天田
七公
太微垣
天市垣
軒轅
巴
蜀
秦
周
鄭
晉
河間
魏
趙
宋
南海
女牀
大理
陰德
內平
常陳
郎位
酒旗
積水
井宿

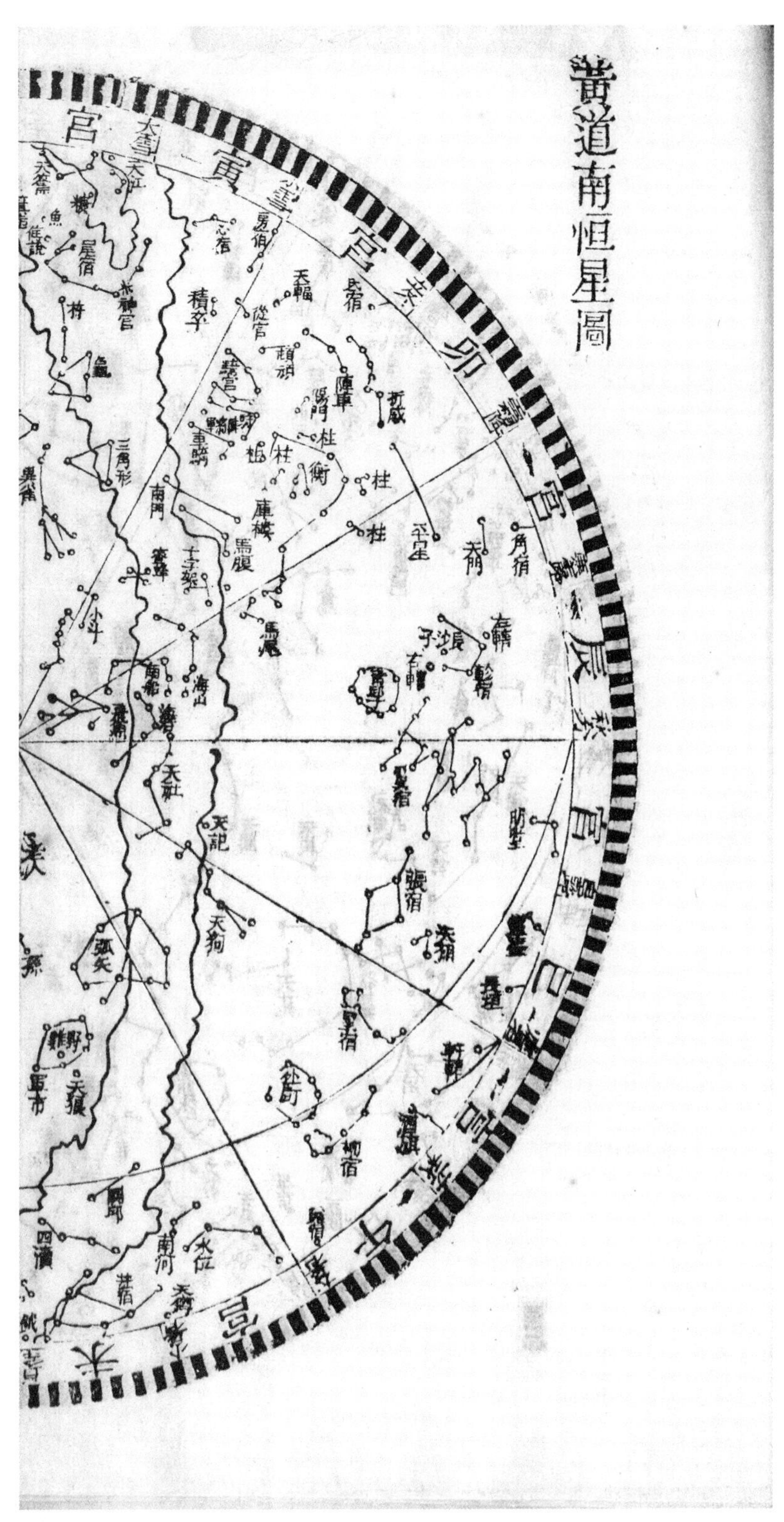
黄道南恒星圖

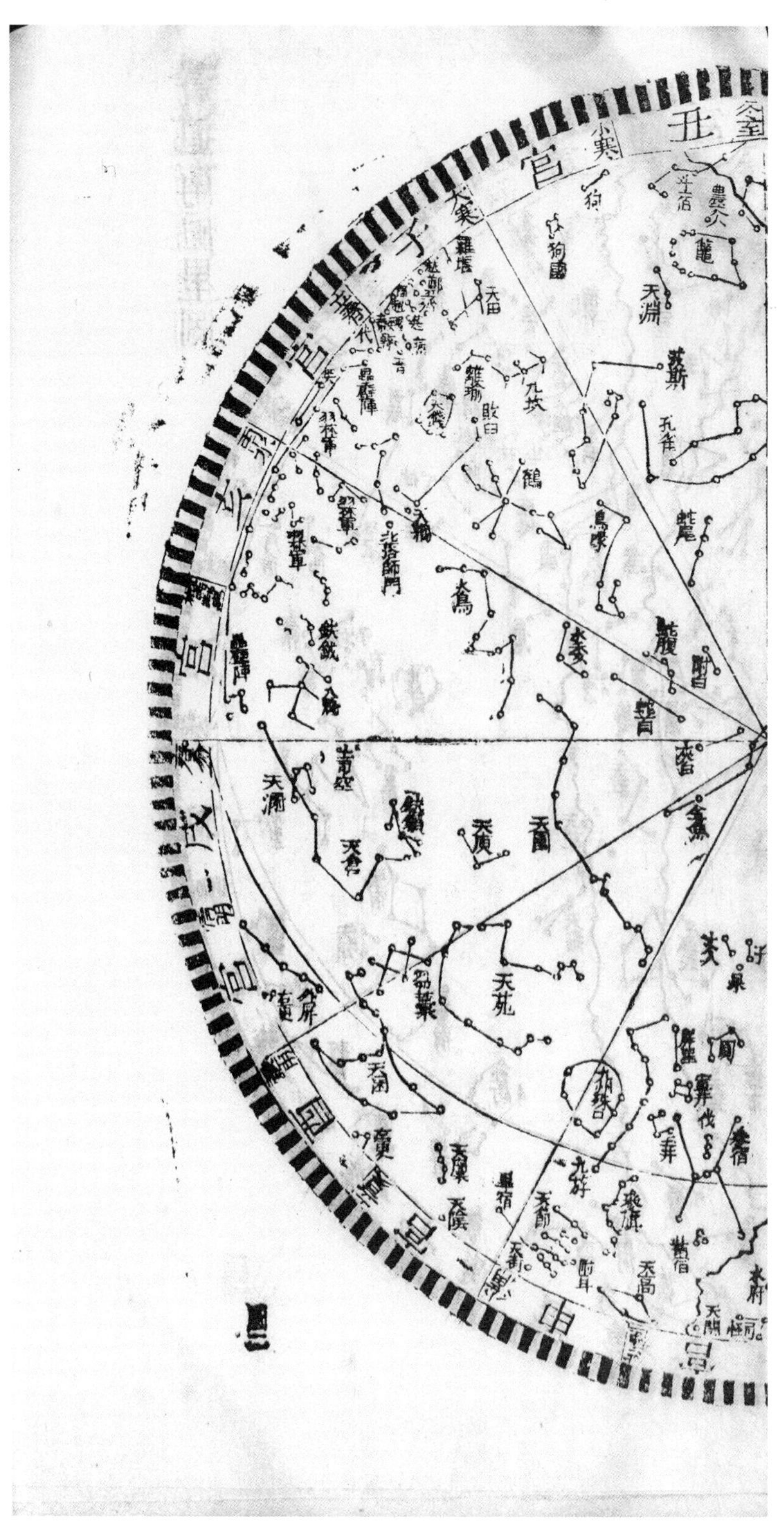
丑
小寒
宫
大寒
狗
狗國
天淵
孔雀
鶴
天園
天苑
九斿
天高
申

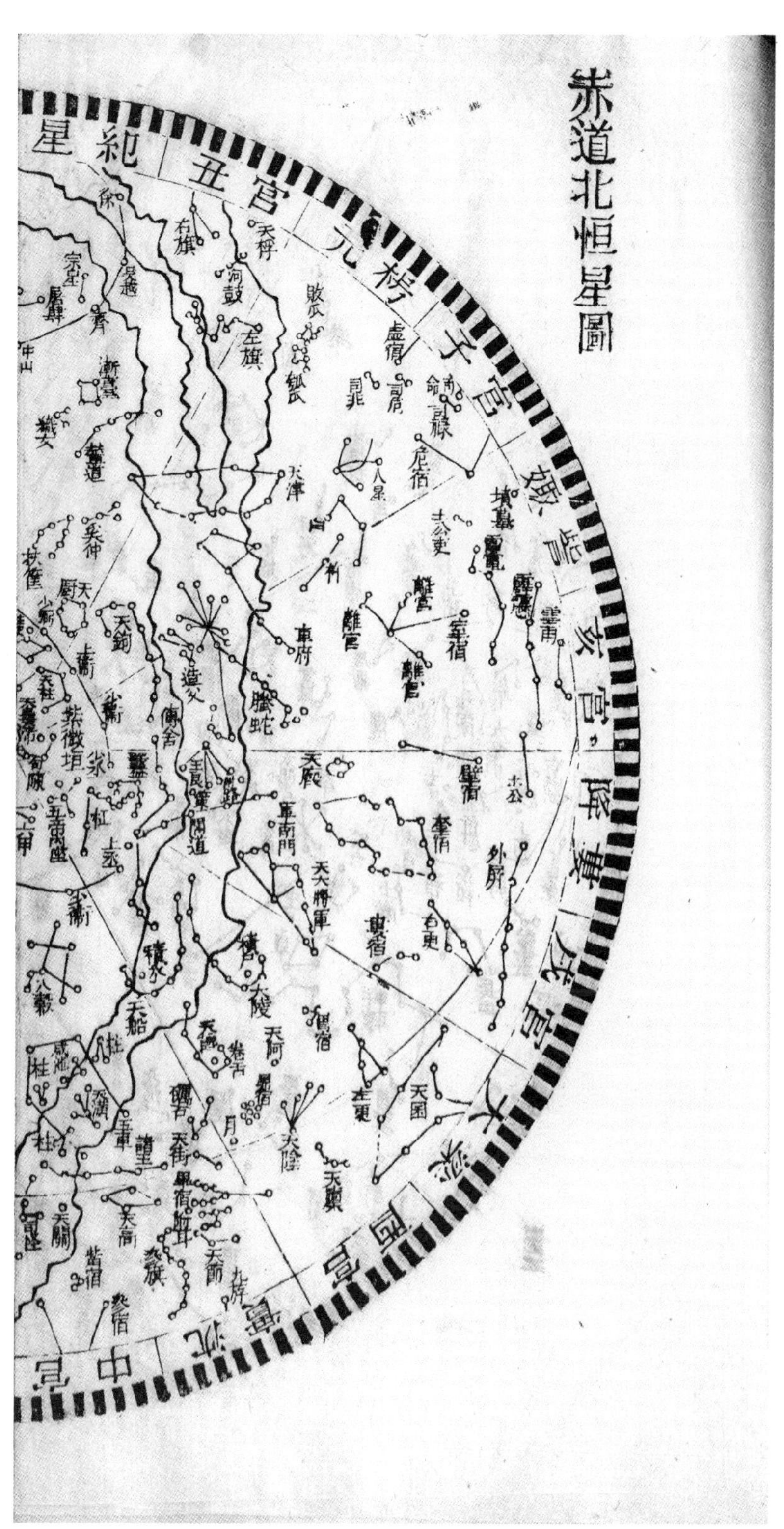

赤道北恒星圖

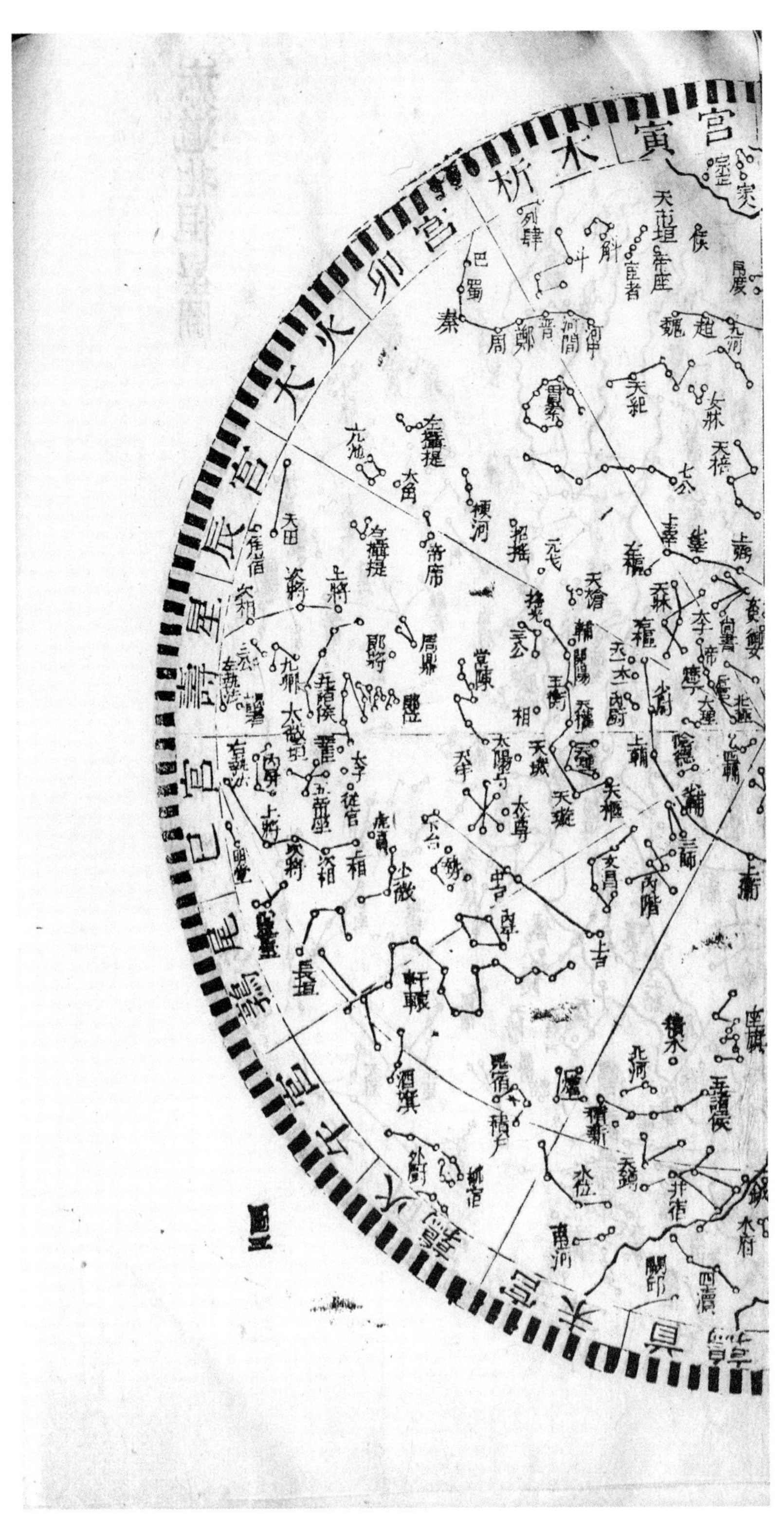

寅宫
析木
天市垣
帝座
宦者
列肆
巴
蜀
秦
周
郑
晋
河间
河中
魏
赵
贯索
天纪
七公

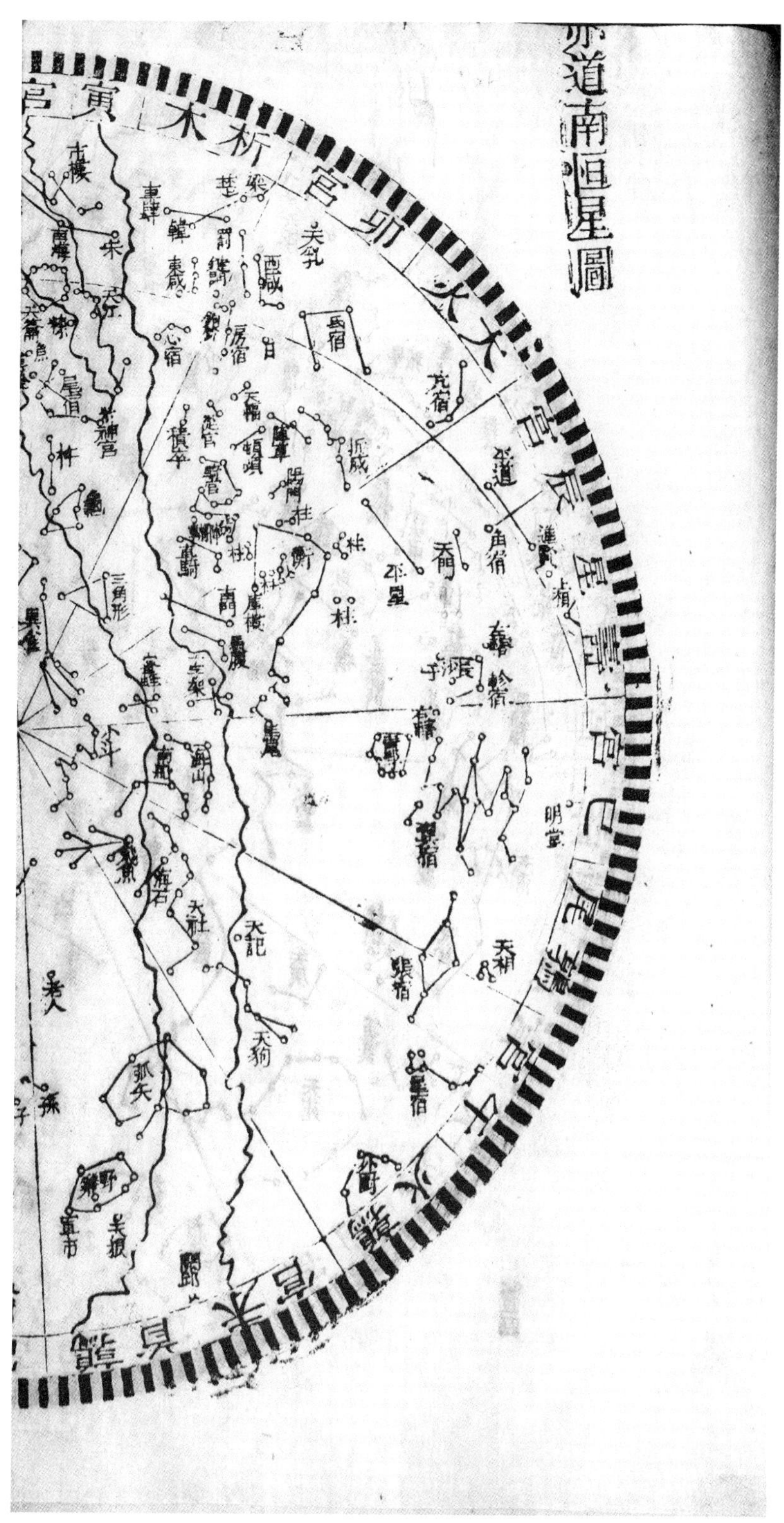

赤道南恒星圖
亢宿
角宿
氐宿
房宿
心宿
張宿
明堂
平道
三角形
老人
弧矢
天狗
天社

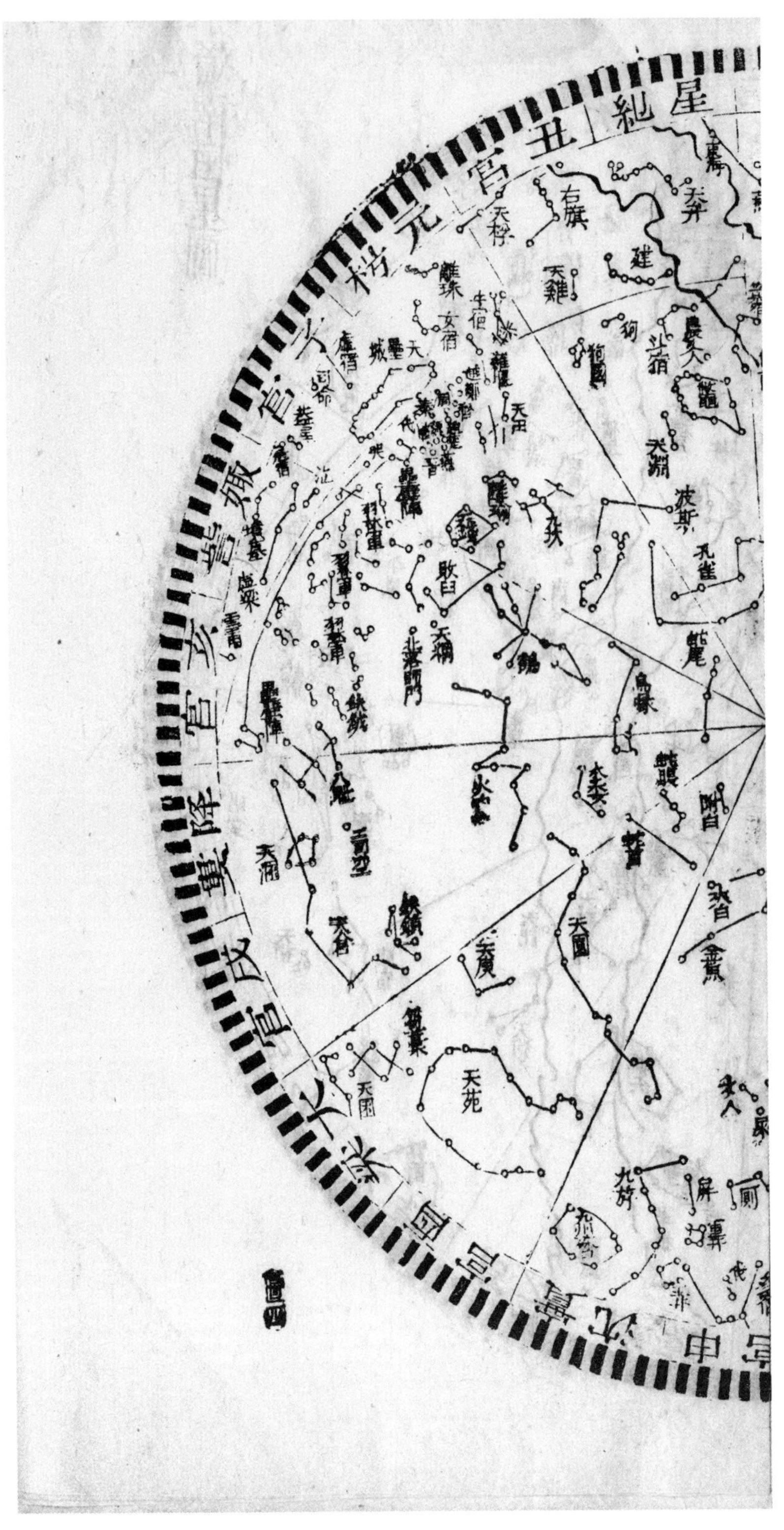

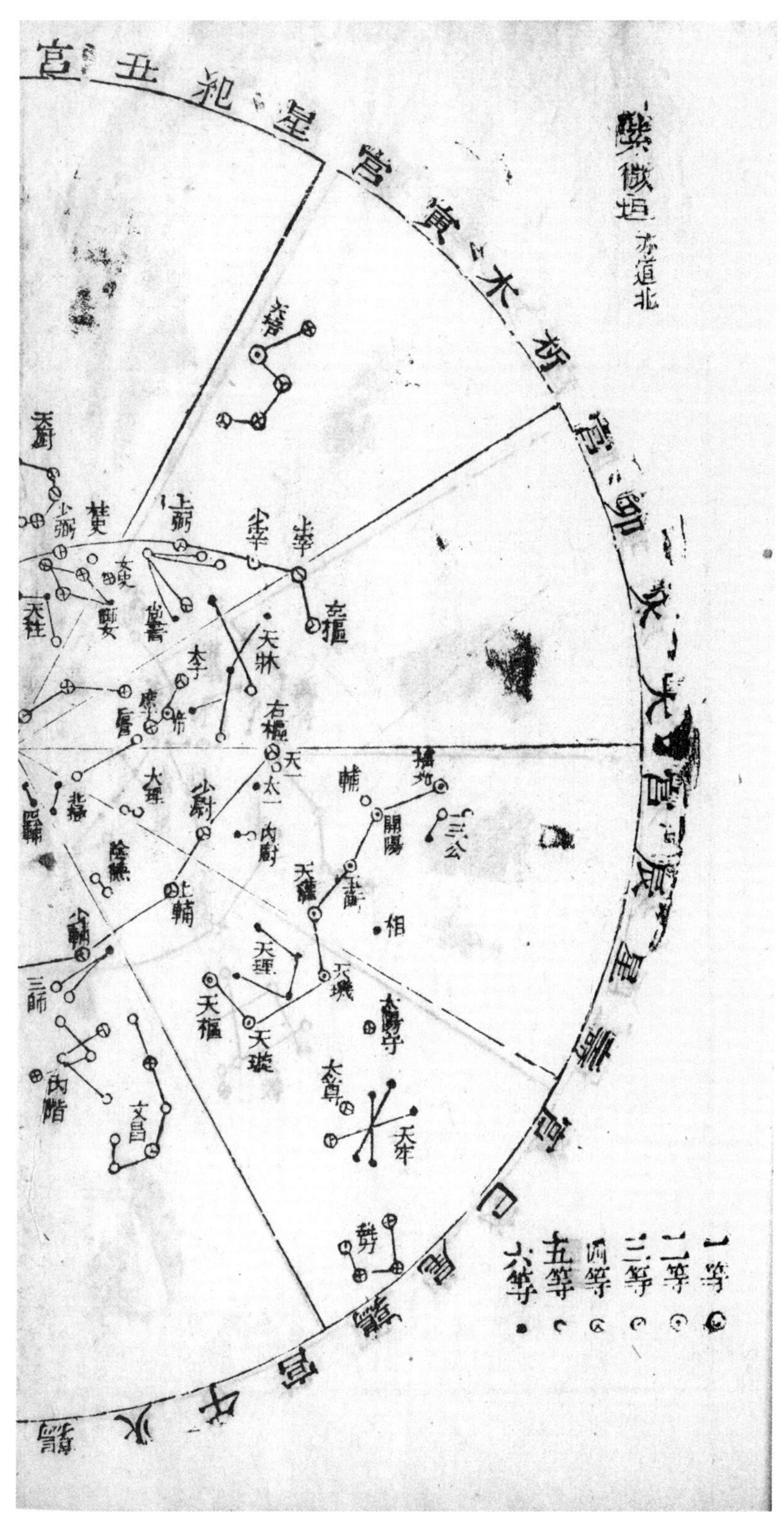
紫微垣
赤道北
一等
二等
三等
四等
五等
六等

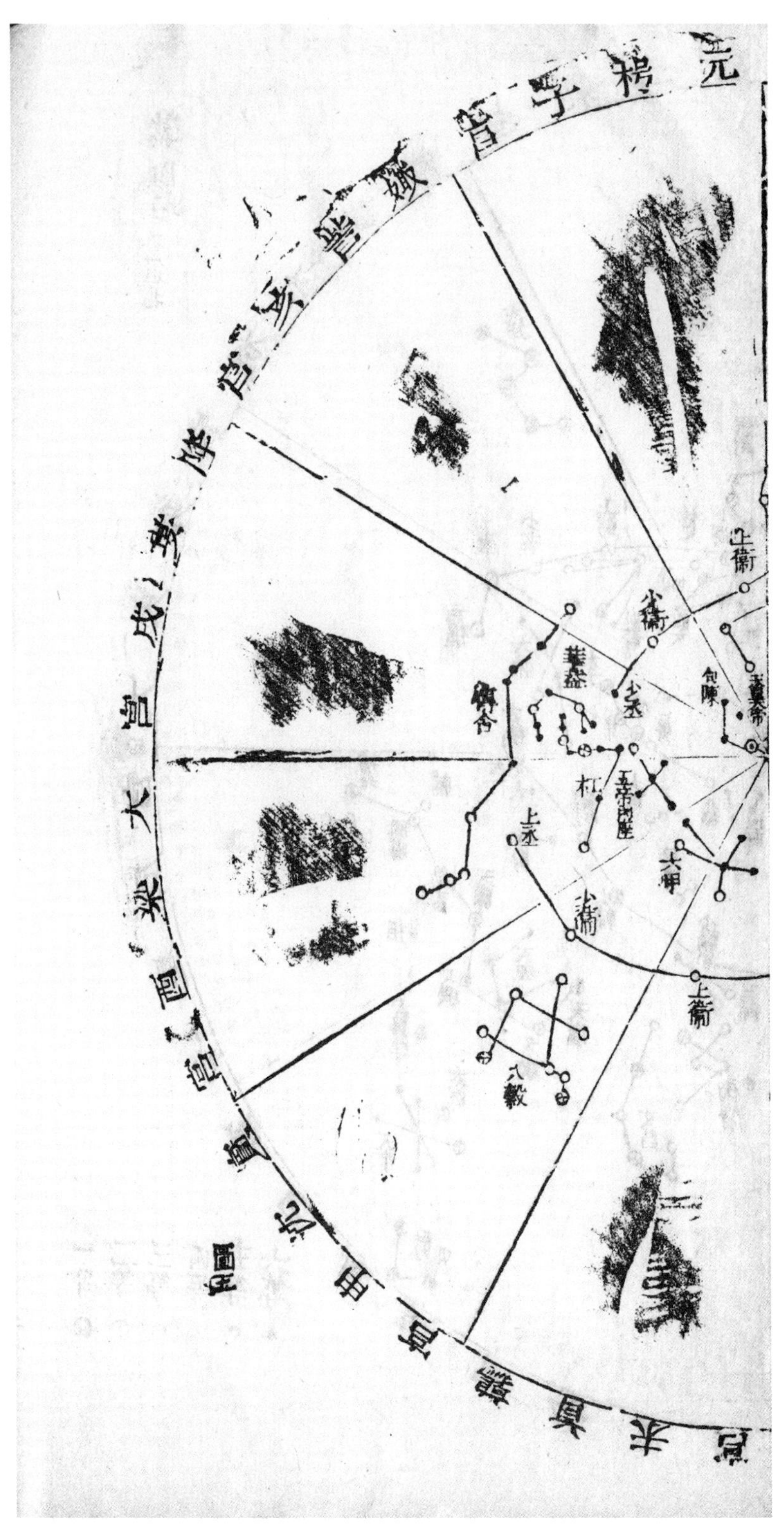

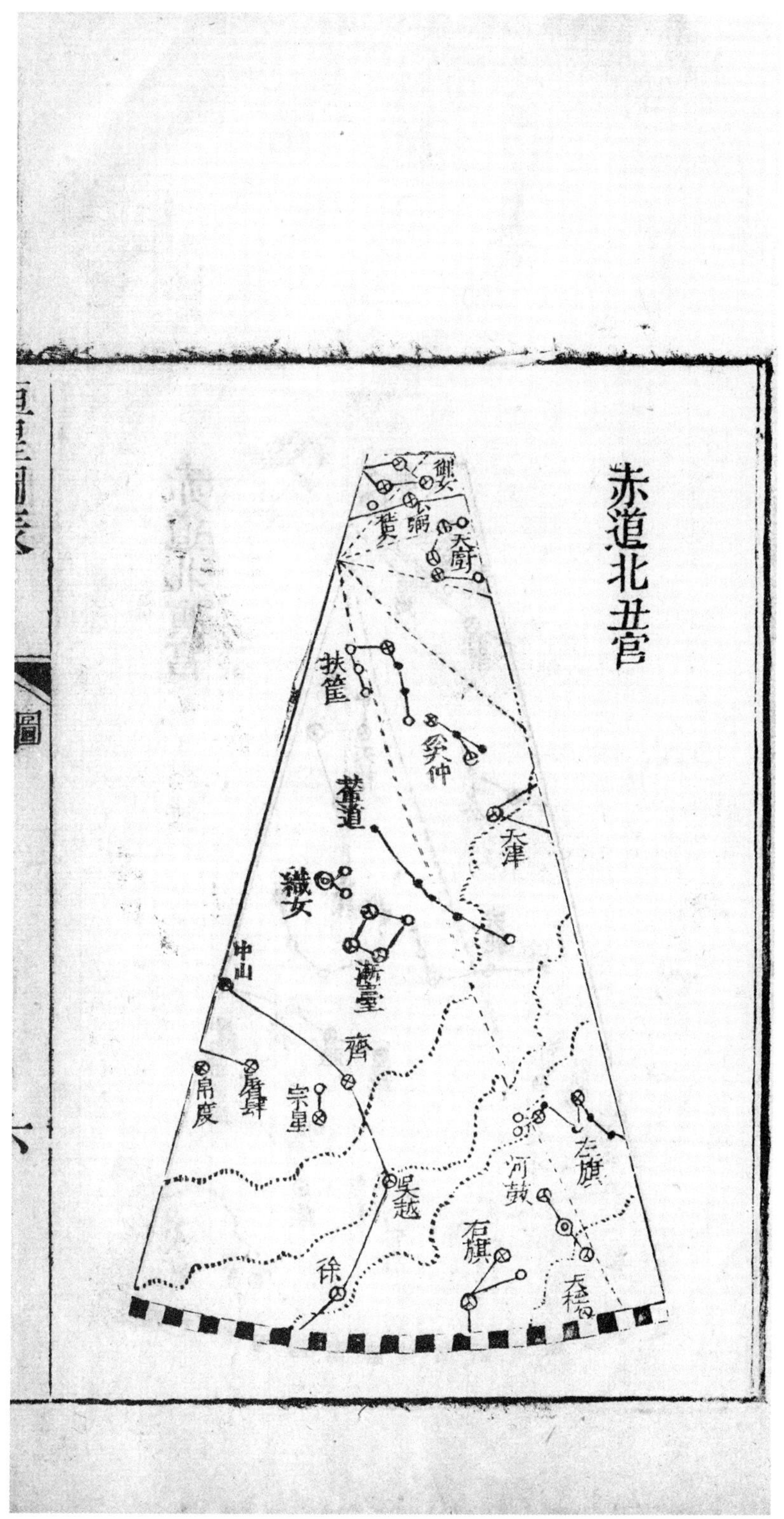
赤道北丑宫
天廚
扶筐
奚仲
天津
輦道
織女
漸臺
中山
齊
帛度
屠肆
宗星
左旗
河鼓
吳越
右旗
徐
天桴

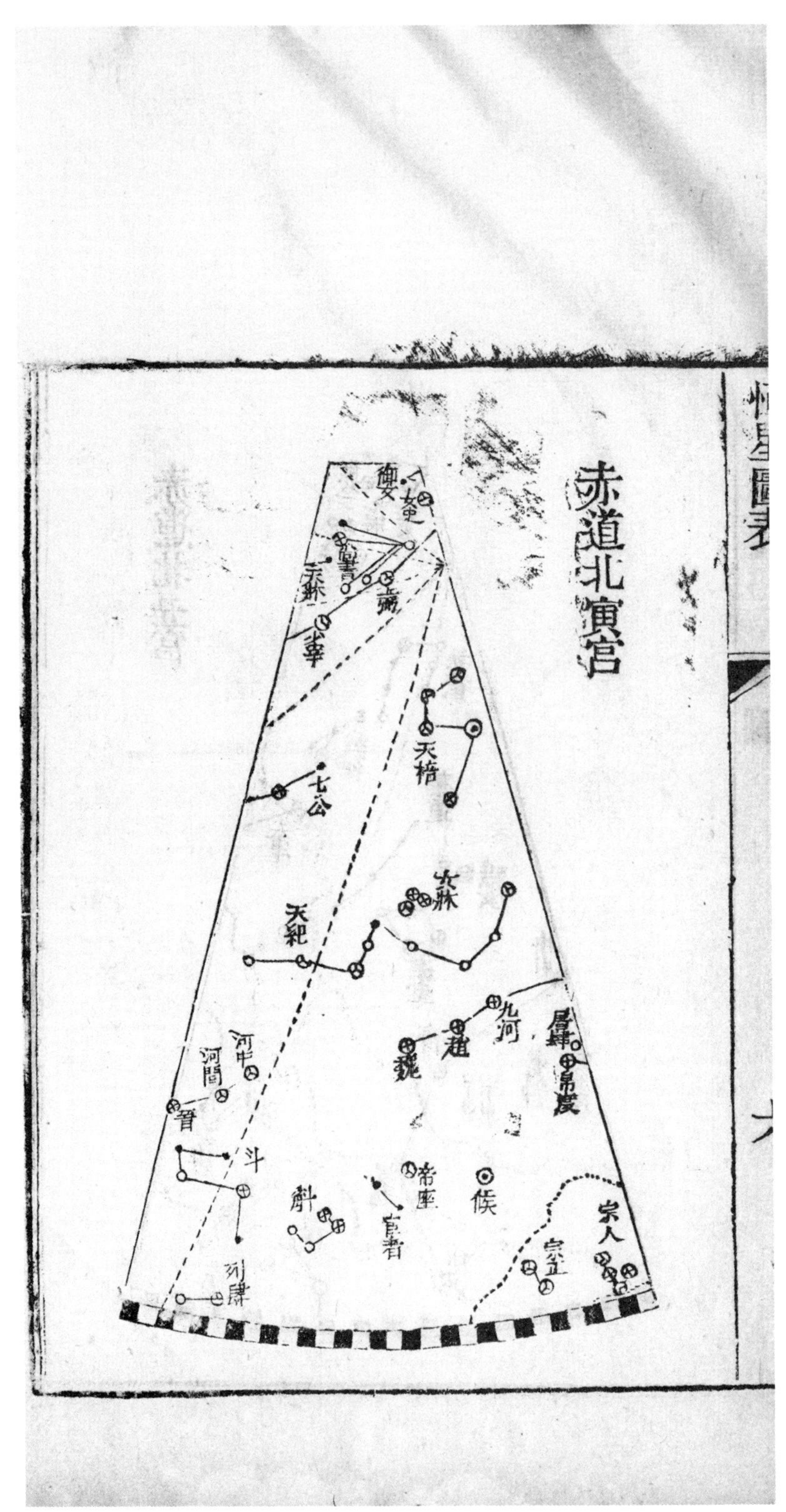
恒星圖表
赤道北寅宮
天棓
七公
天紀
女牀
九河
趙
魏
河中
河間
晉
斗
帝座
侯
宗人
宗正
宦者
斛
列肆
帛度
屠肆

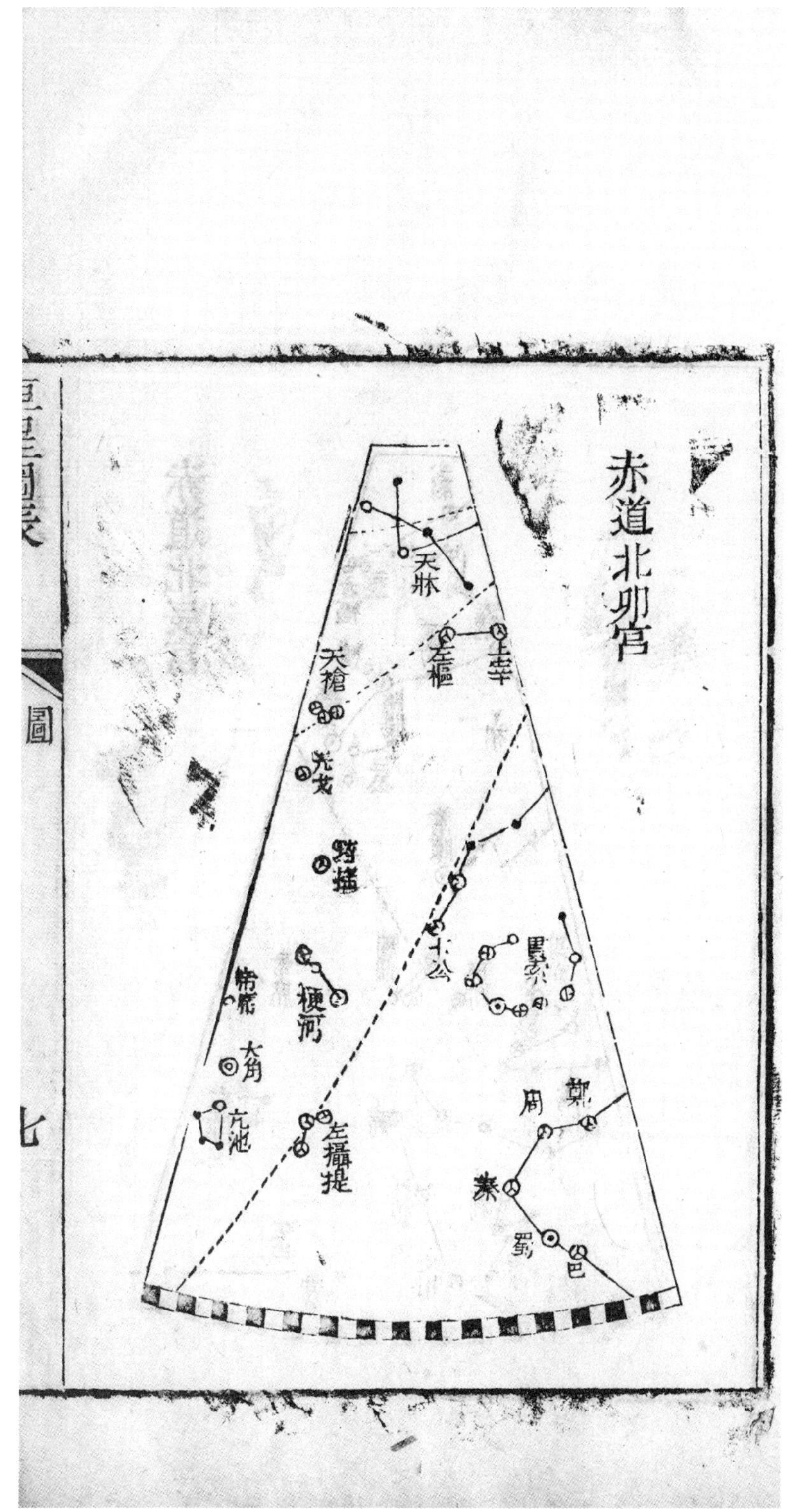
赤道北卯宮
天牀
上宰
左樞
天槍
元戈
招搖
七公
貫索
梗河
帝席
大角
亢池
左攝提
鄭
周
秦
蜀
巴
圖
七

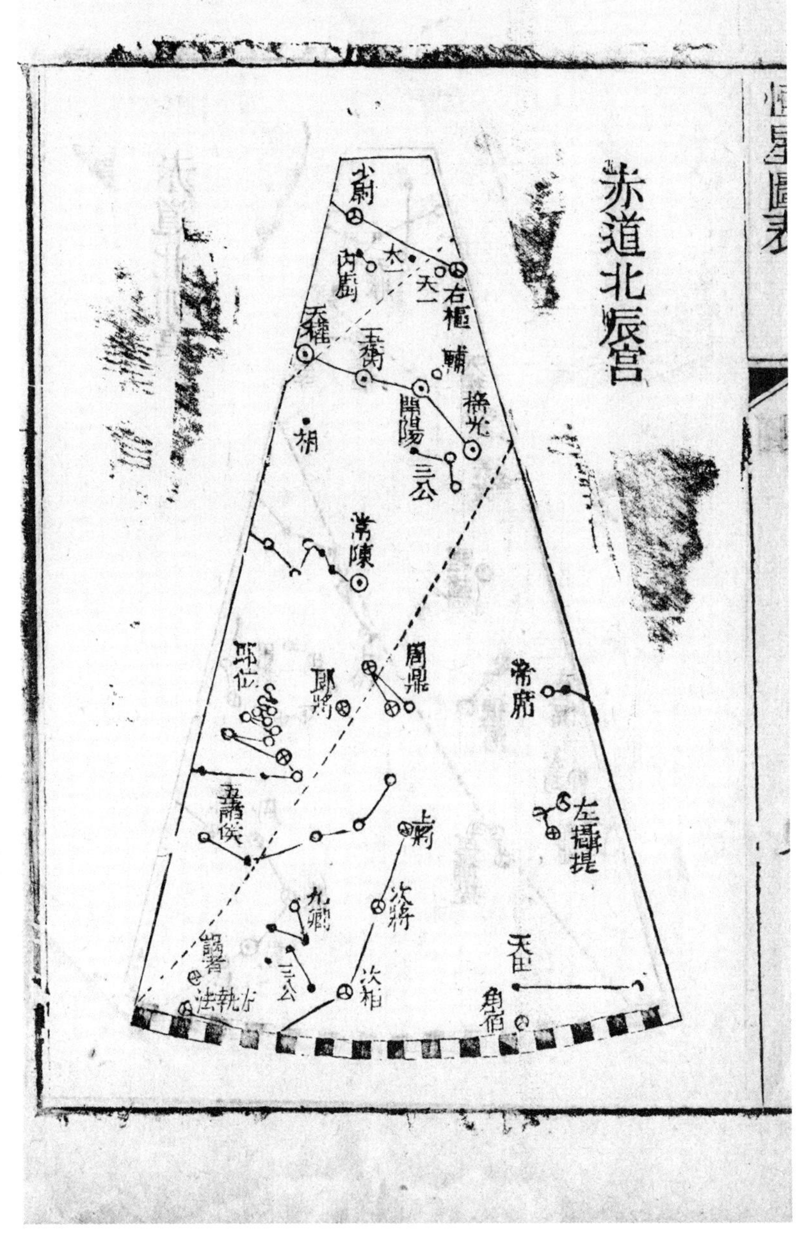
赤道北辰宮
少尉
太一
天一
右樞
內廚
天槍
玉衡
輔
開陽
搖光
相
三公
常陳
周鼎
郎位
郎將
五諸侯
上將
左攝提
九卿
次將
謁者
三公
次相
執法
天田
角宿

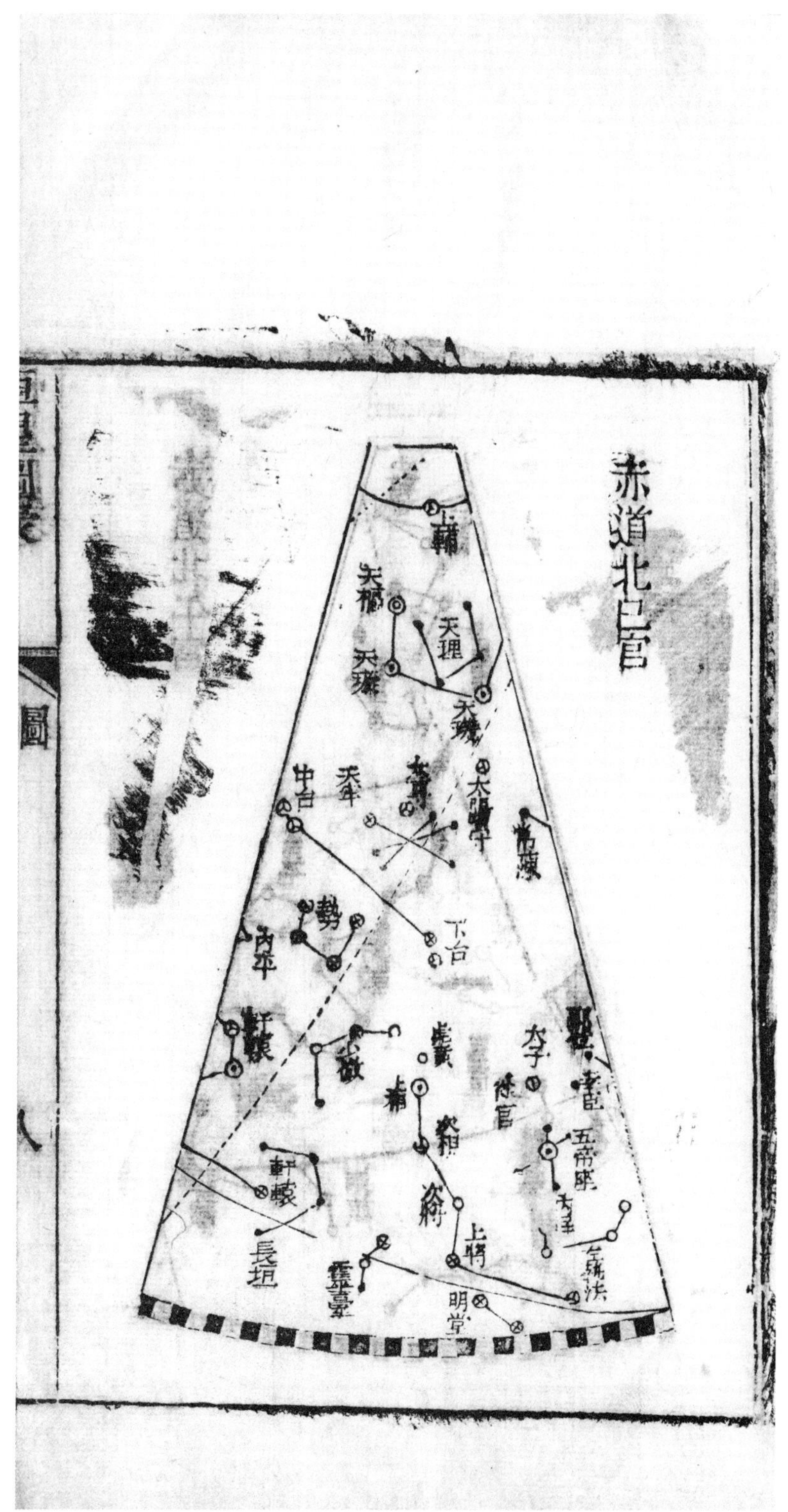
赤道北宫

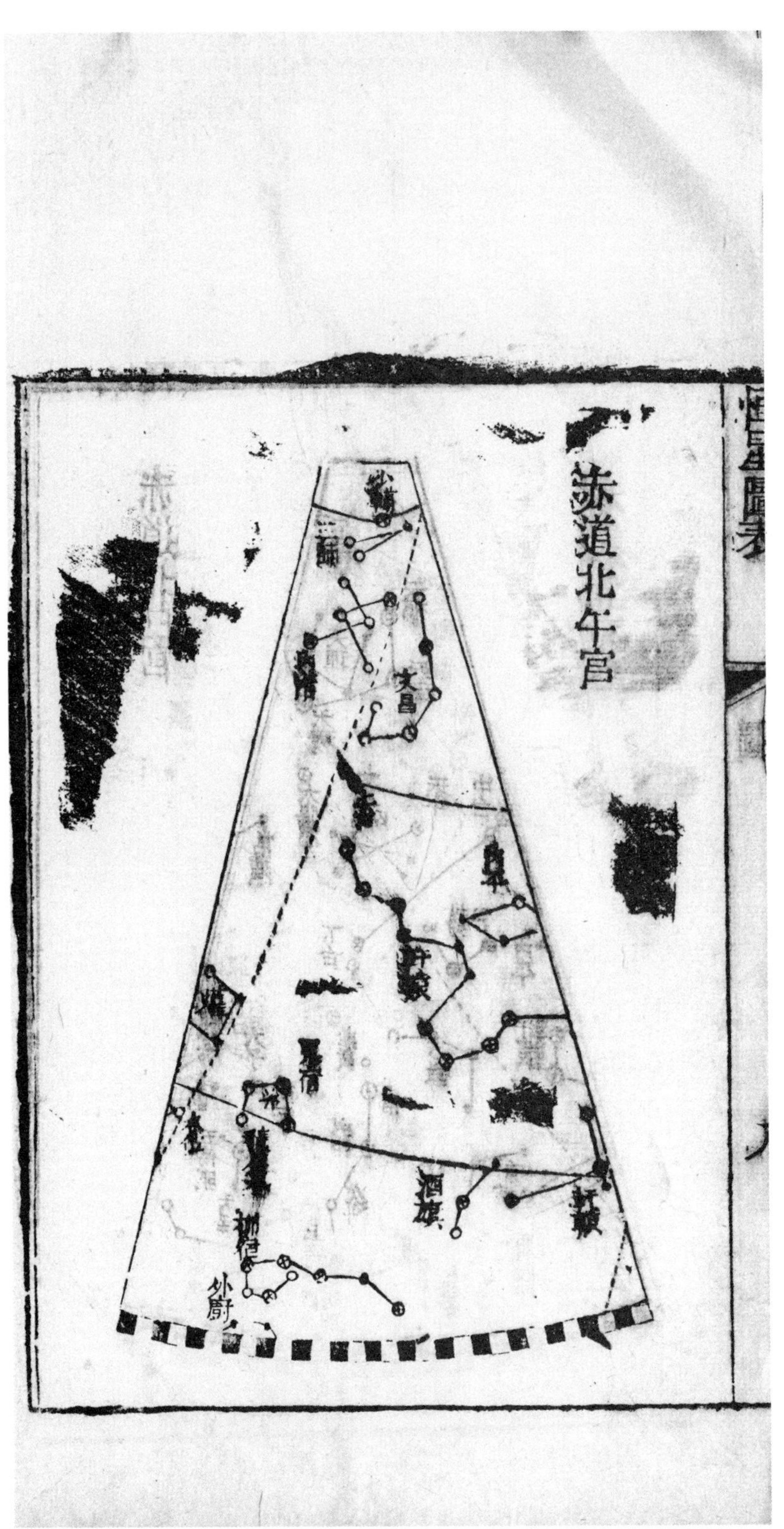
赤道北午宫
文昌
酒旗
軒轅
外廚

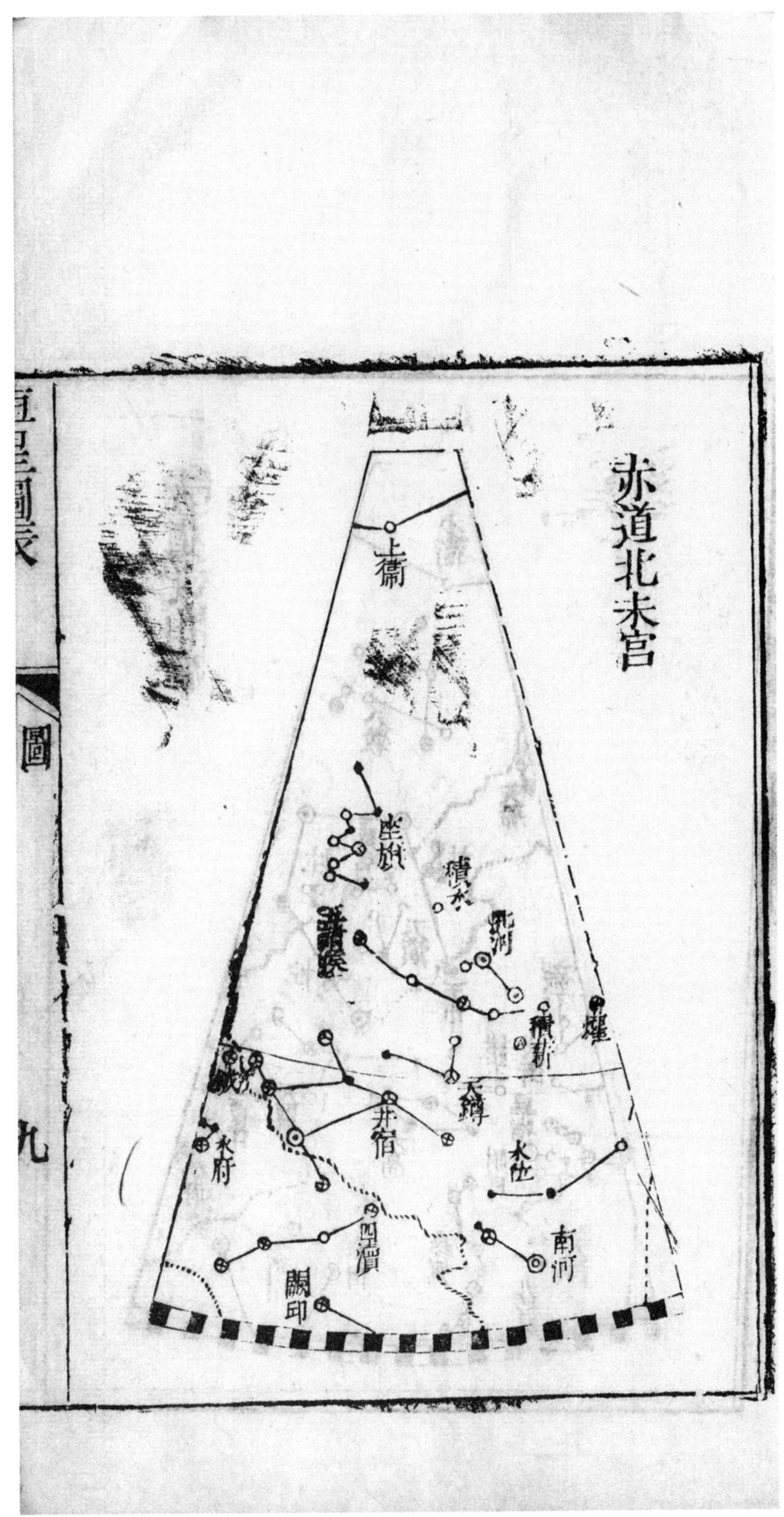
赤道北未宮
恒星圖表
圖
九
上衛
座旗
積水
北河
積薪
爟
天鐏
井宿
水府
水位
四瀆
南河
闕邱

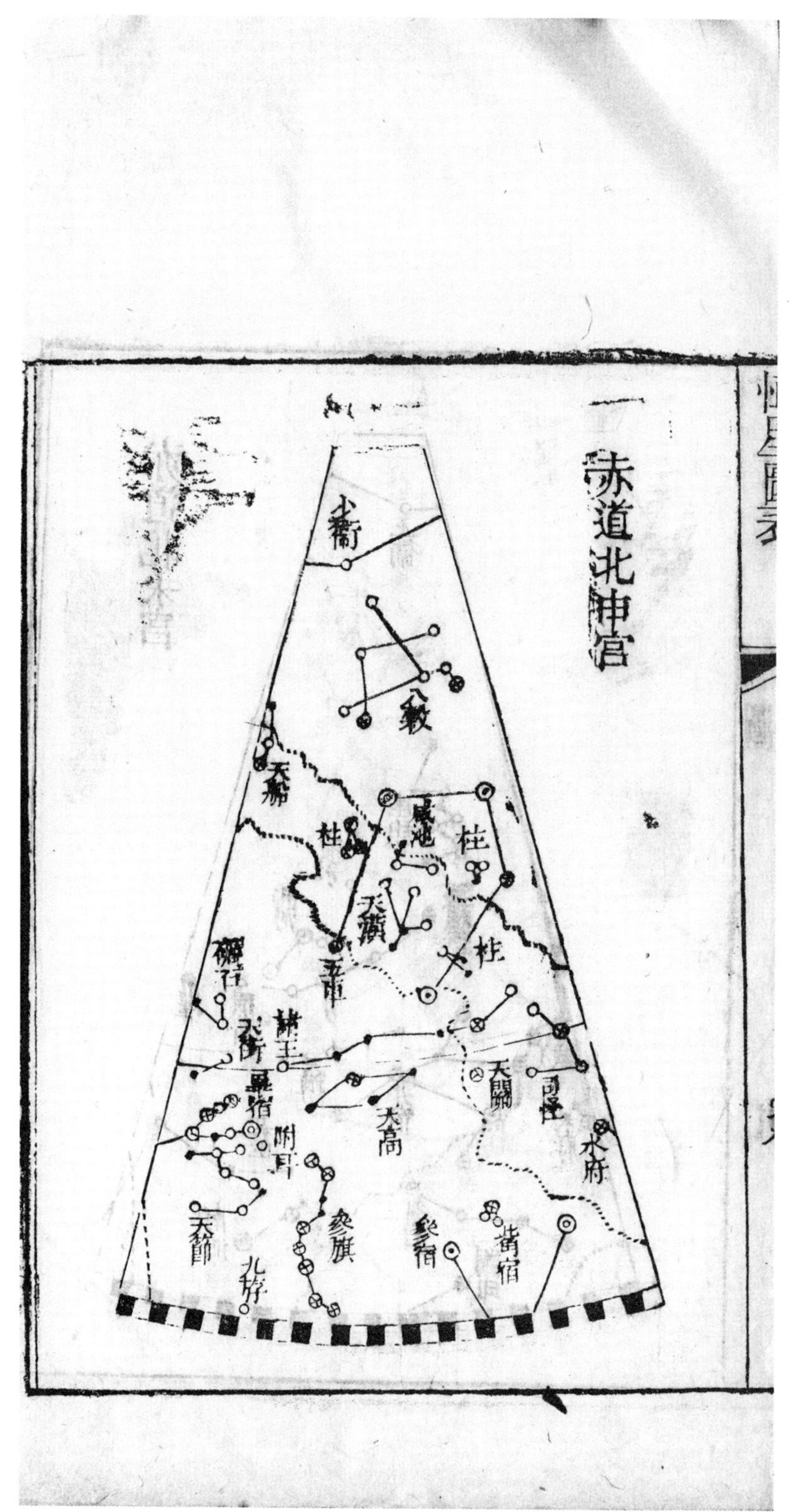
赤道北申宫
八穀
天船
柱
咸池
柱
天潢
五車
柱
礪石
天街
諸王
畢宿
天關
司怪
天高
附耳
水府
天節
參旗
參宿
觜宿
九斿

赤道北酉宮

杠
閣道
上丞
傳舍
天船
積水
積尸
大陵
天廩
天大將軍
天溪
卷舌
礪石
月
胃宿
天阿
昴宿
天陰
左更
天廩
卒宿
天囷

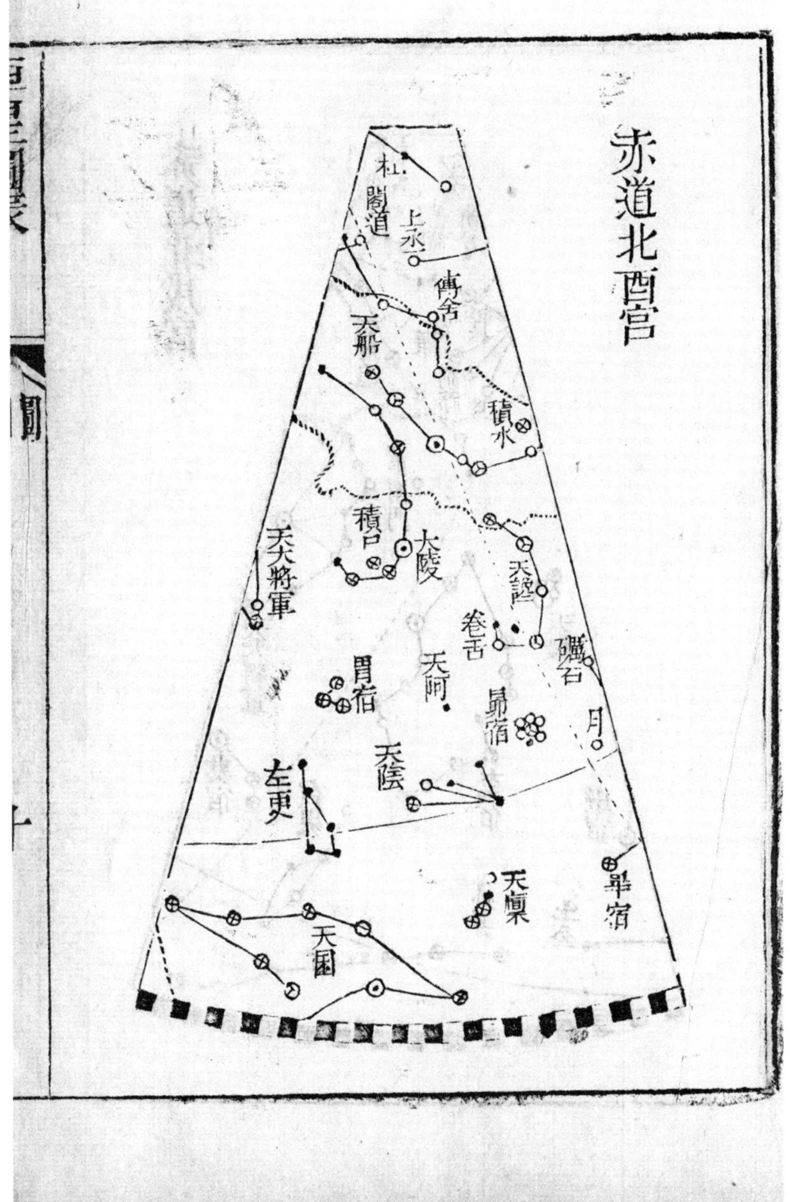

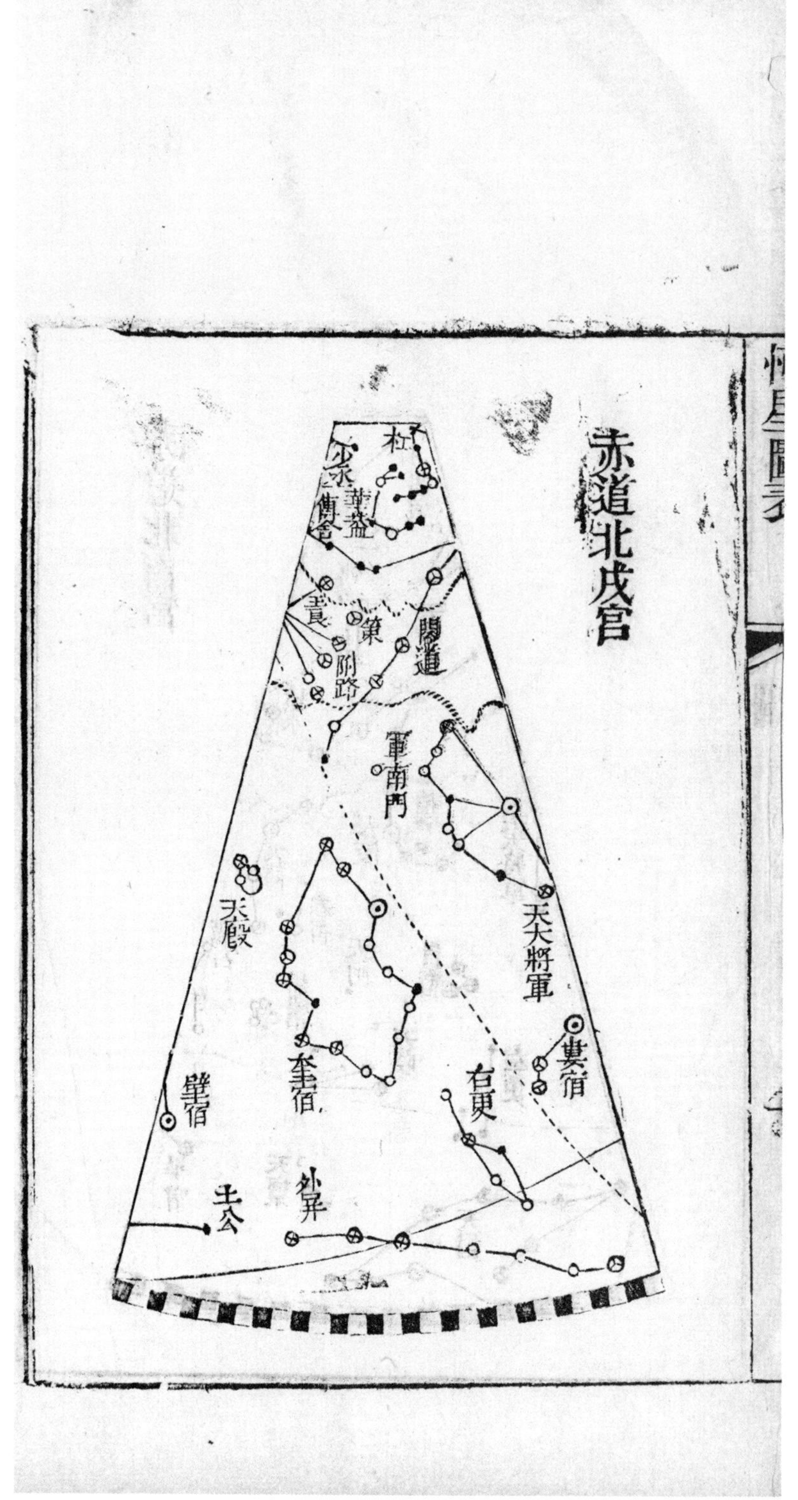
赤道北戌宫
杠
傳舍
華蓋
策
閣道
附路
軍南門
天大將軍
天廄
婁宿
奎宿
右更
壁宿
外屏
土公

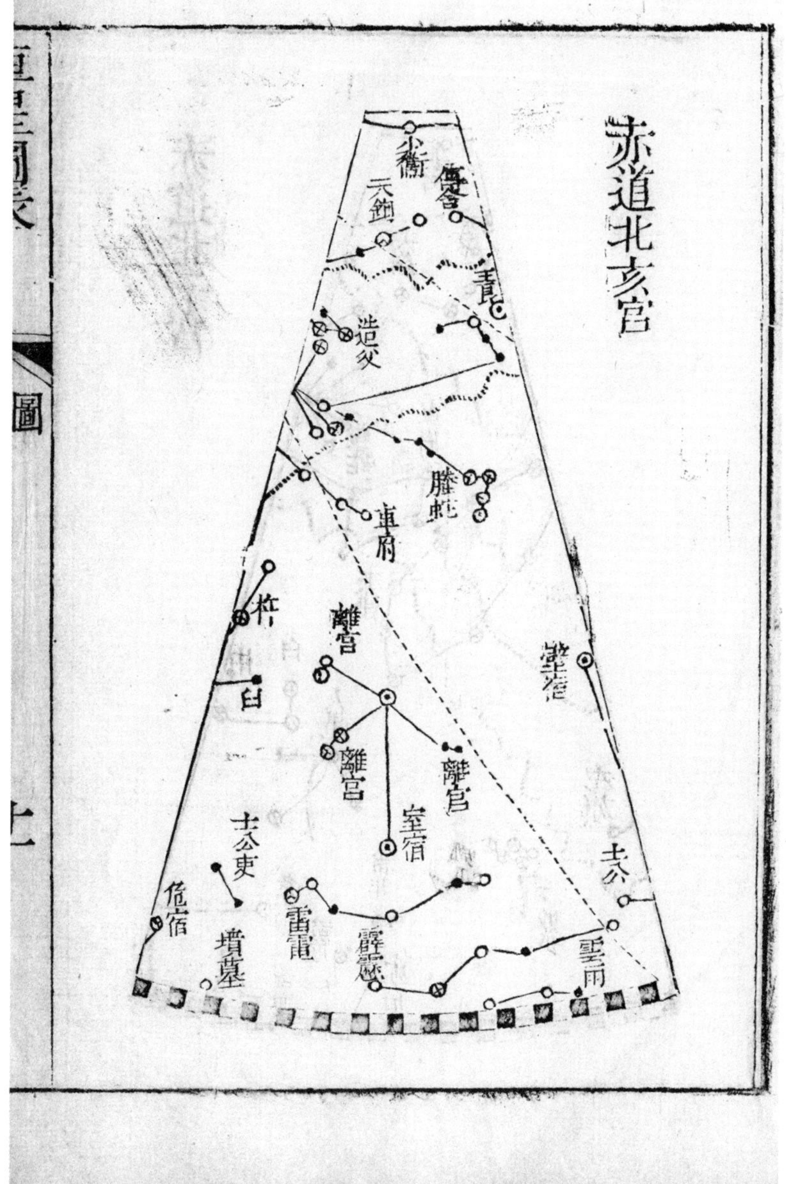
赤道北亥宫
少衛
傳舍
天鈎
造父
螣蛇
車府
離宫
室宿
壁宿
土公
土公吏
雷電
霹靂
雲雨
危宿
墳墓
圖

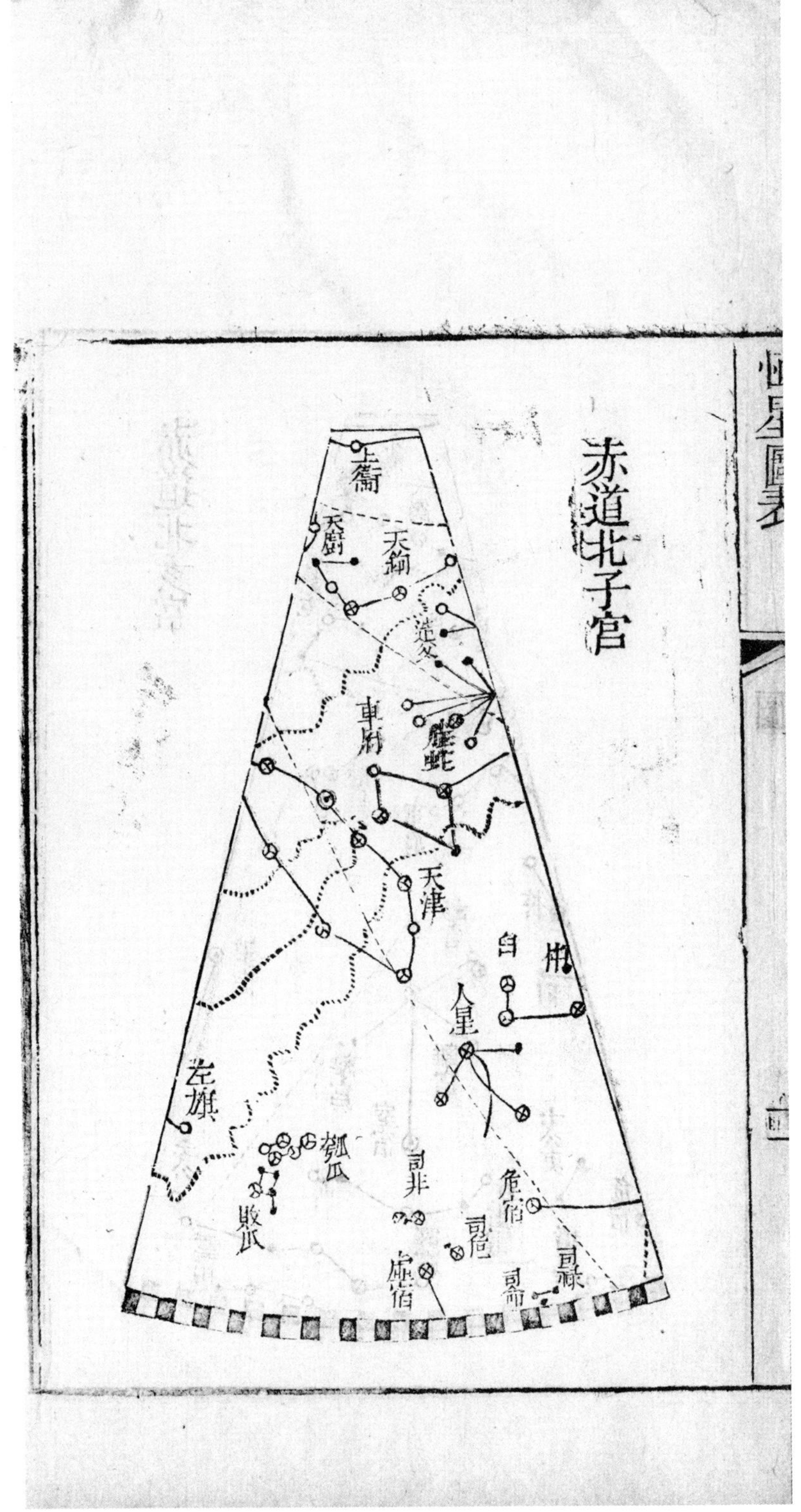
恆星圖表
赤道北子宮
上衛
天廚
天鉤
造父
車府
螣蛇
天津
人星
臼
杵
左旗
瓠瓜
敗瓜
司非
危宿
司危
虛宿
司祿
司命

赤道南丑宮
孔雀
波斯
天淵
狗國
斗宿
狗
天雞
建
天弁
天桴
東海

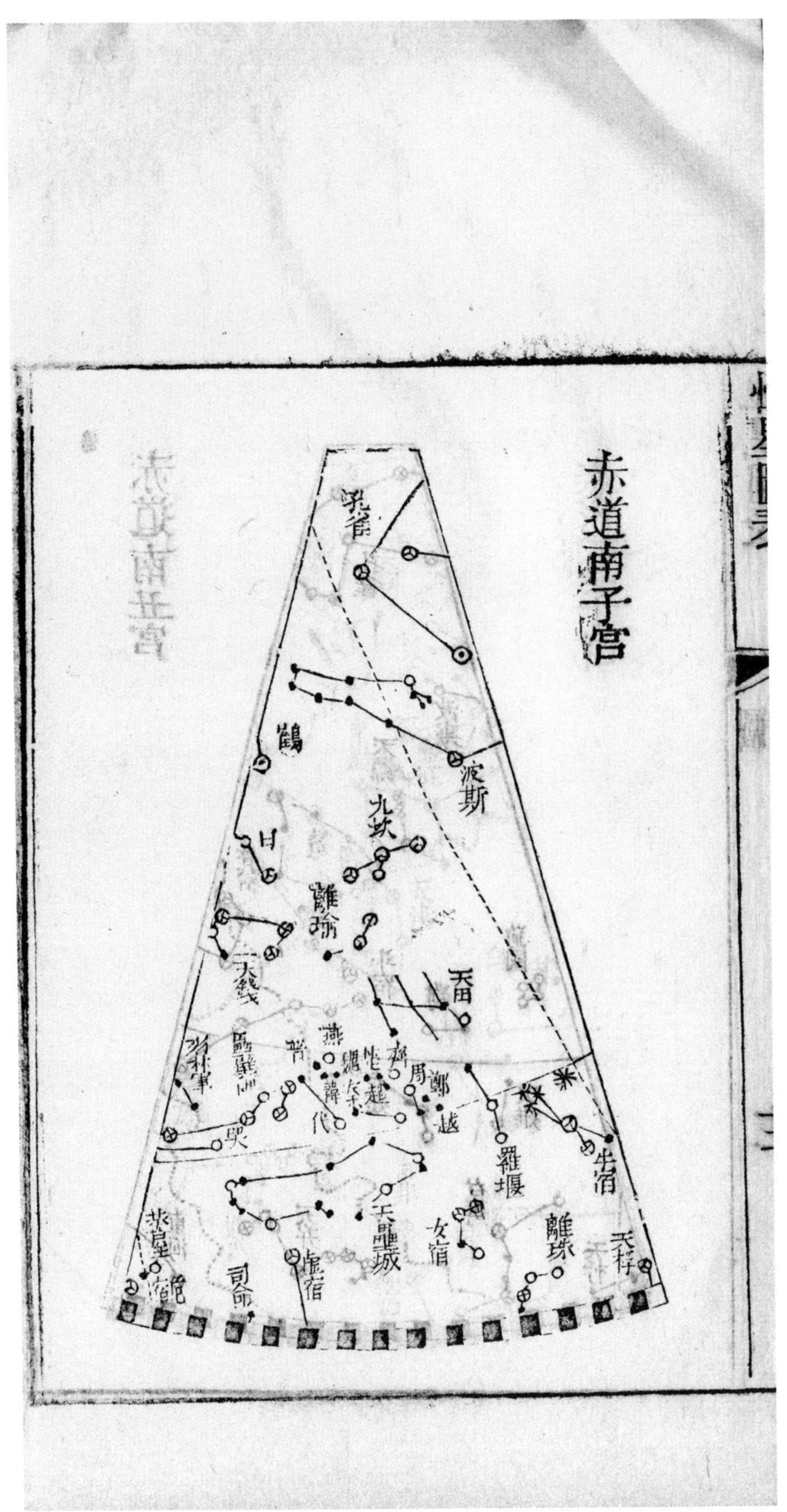

赤道南子宫
赤道南丑宫

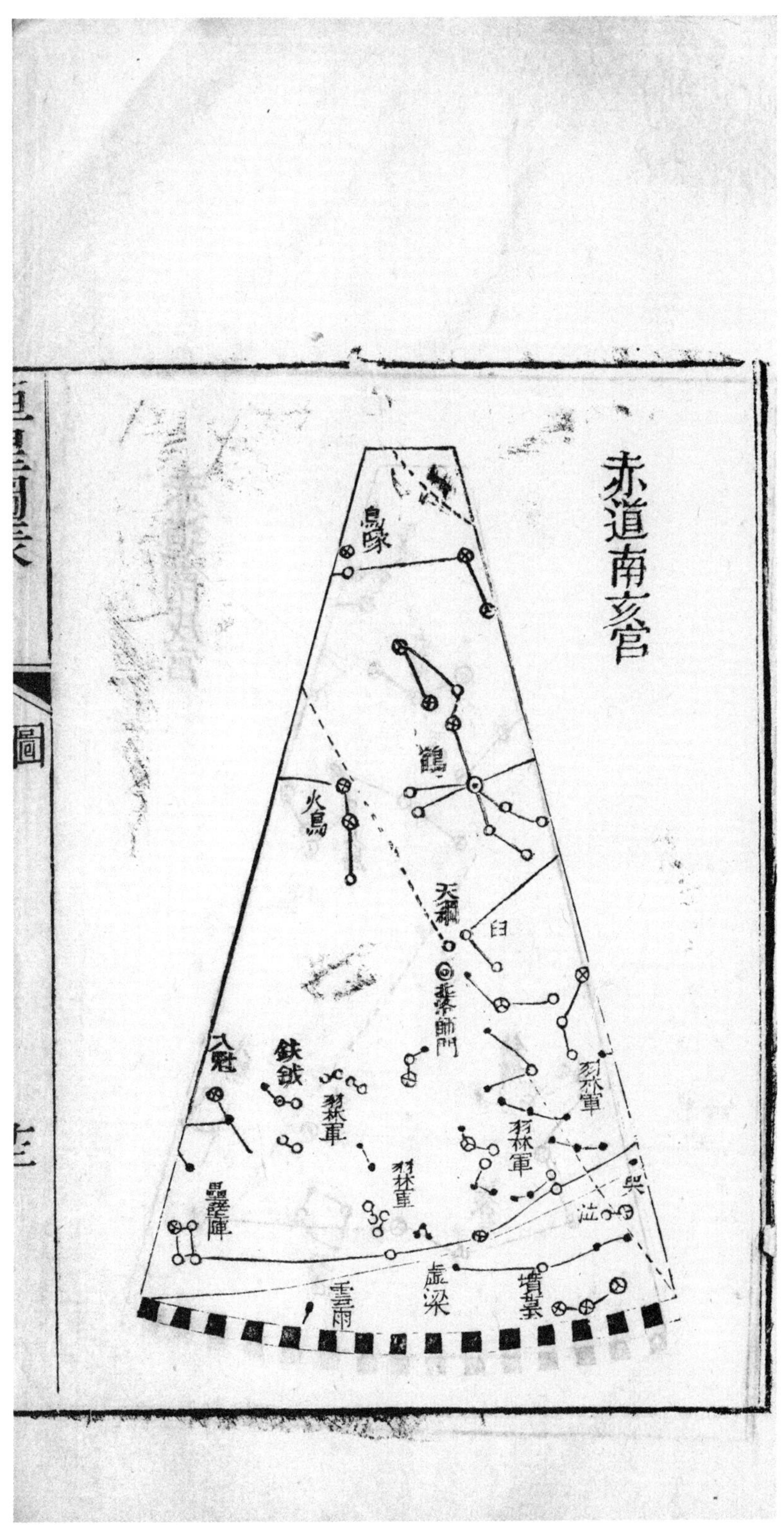
赤道南亥宫
鹤
火鸟
天纲
北落师门
八魁
鈇钺
羽林军
垒壁阵
虚梁
坟墓
云雨
图

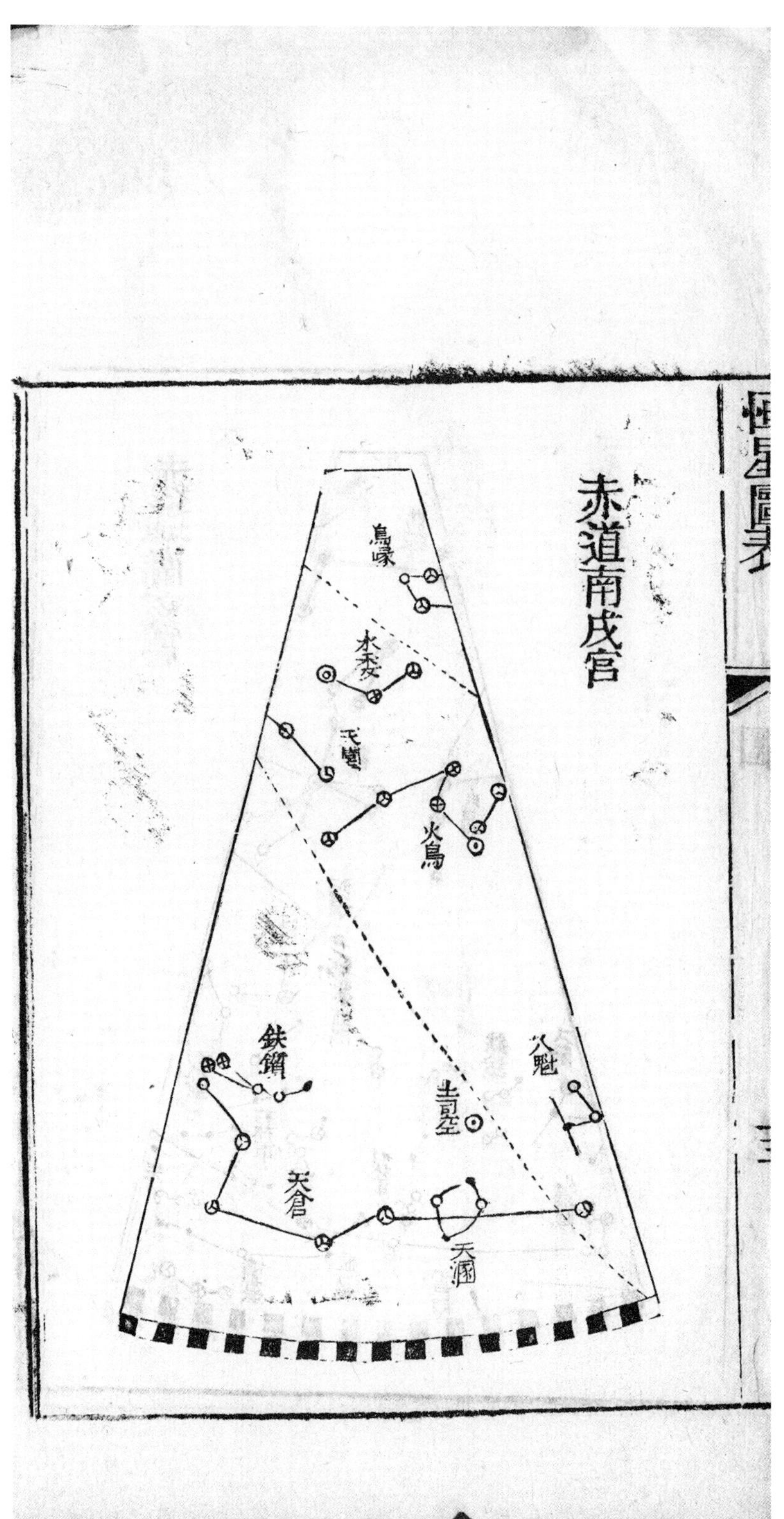
恒星圖表
赤道南戌宫
鳥喙
水委
火鳥
鉄鑕
八魁
土司空
天倉
天溷

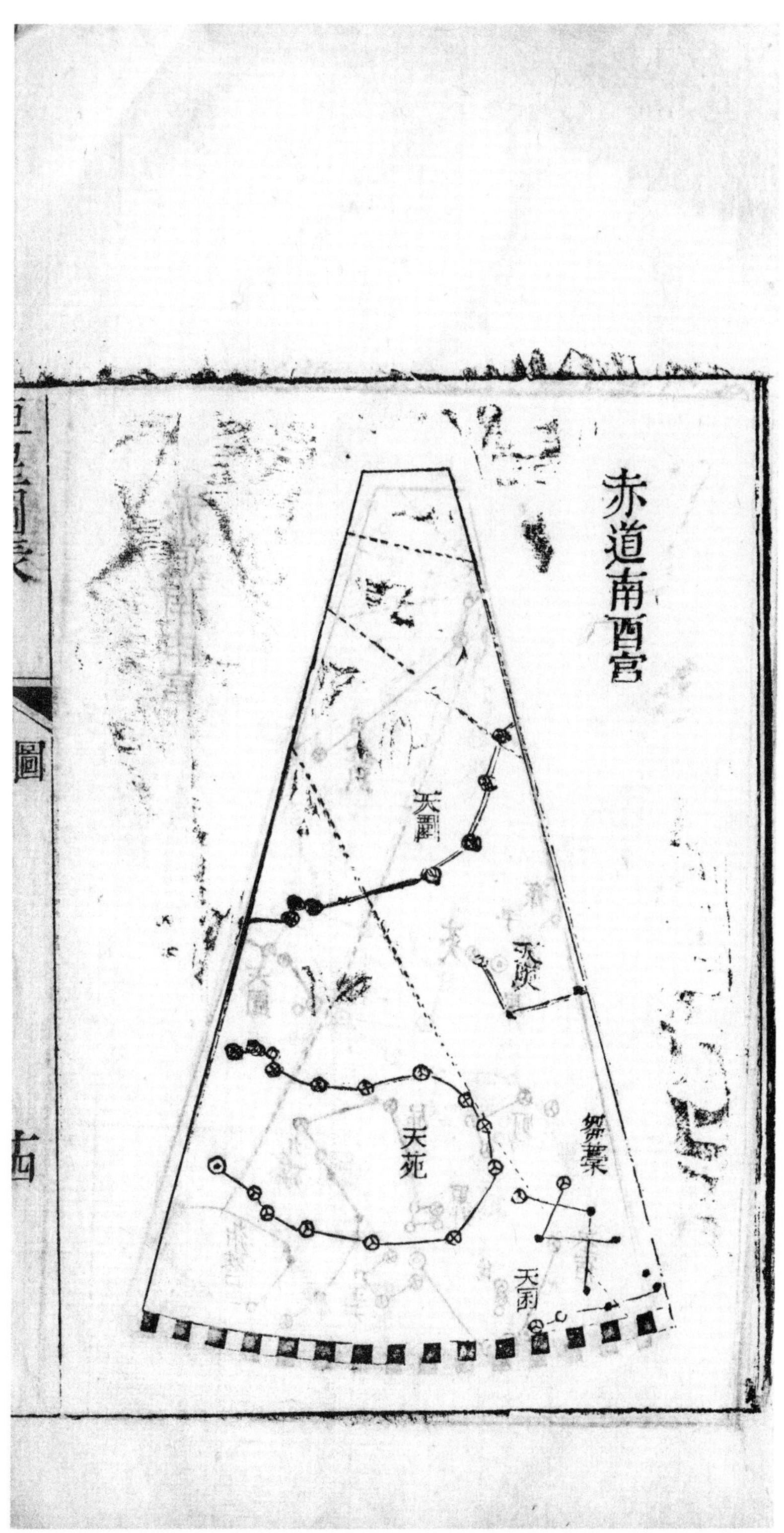
赤道南酉宮
天囷
天苑
芻藁

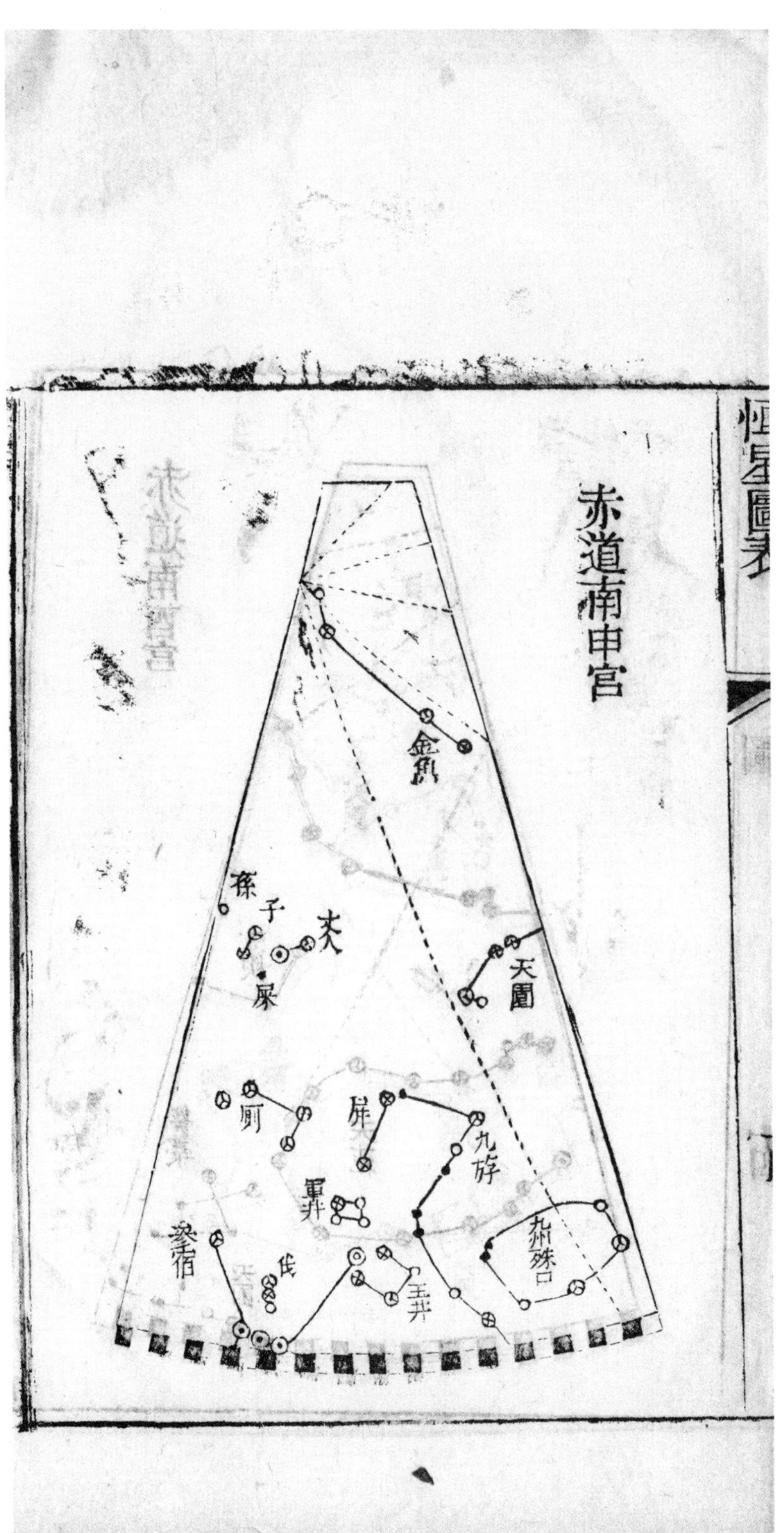
恒星圖表
赤道南申宮
金魚
孫子
丈人
天園
屎
廁
屏
九斿
軍井
九州殊口
參宿
伐
玉井

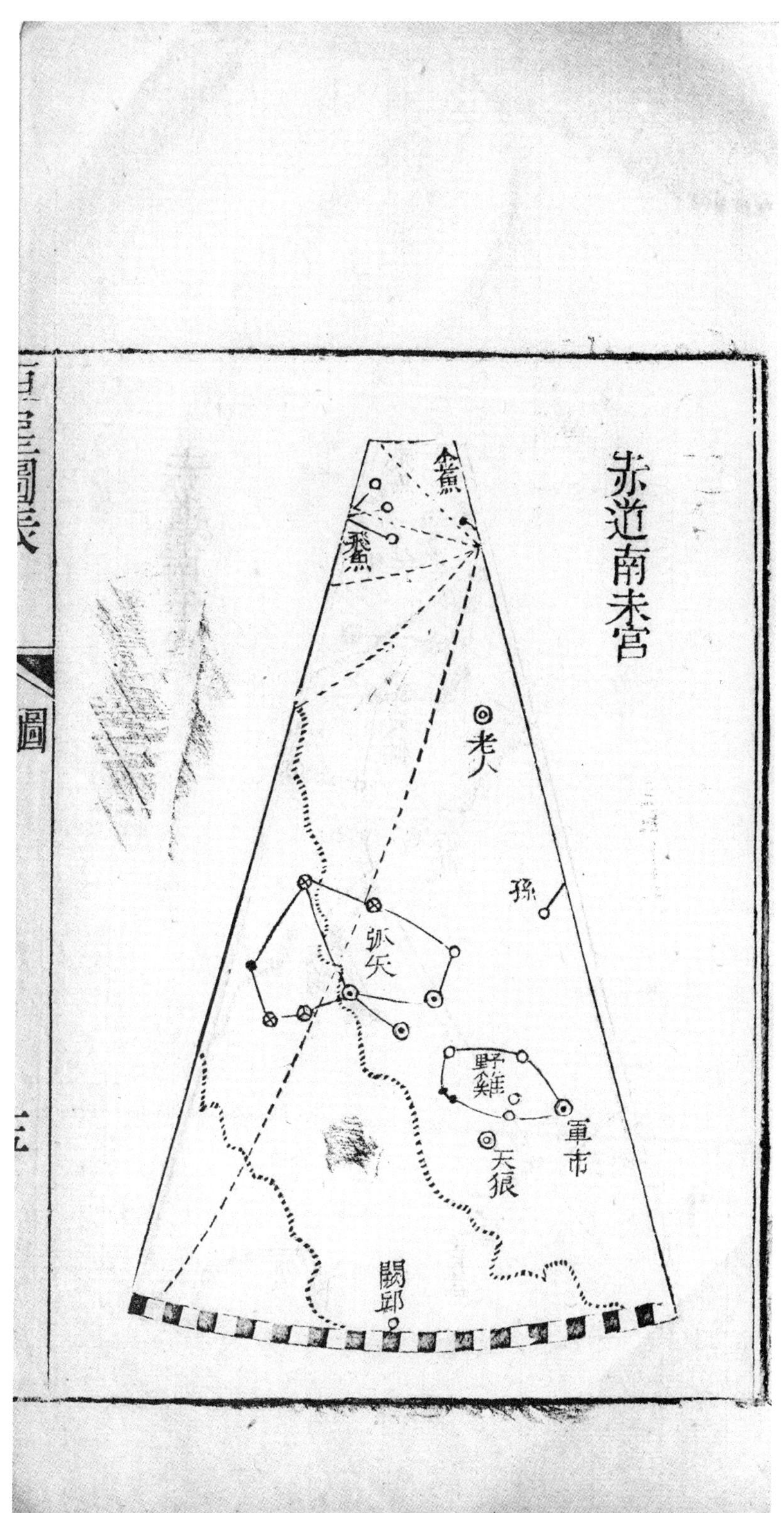

赤道南未宮
老人
孫
弧矢
野雞
軍市
天狼
闕邱

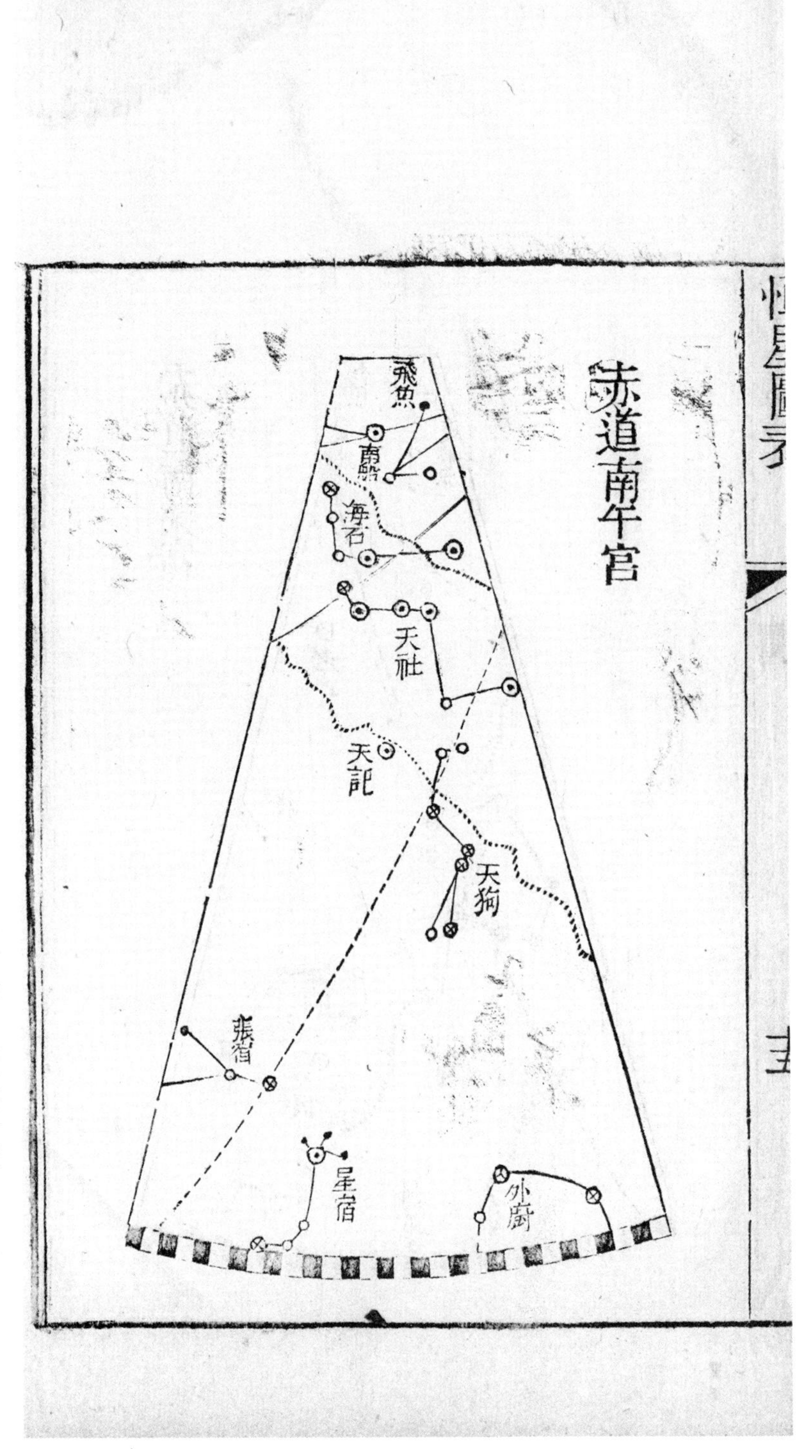
恆星圖表
赤道南午宮
飛魚
南船
海石
天社
天記
天狗
張宿
星宿
外廚

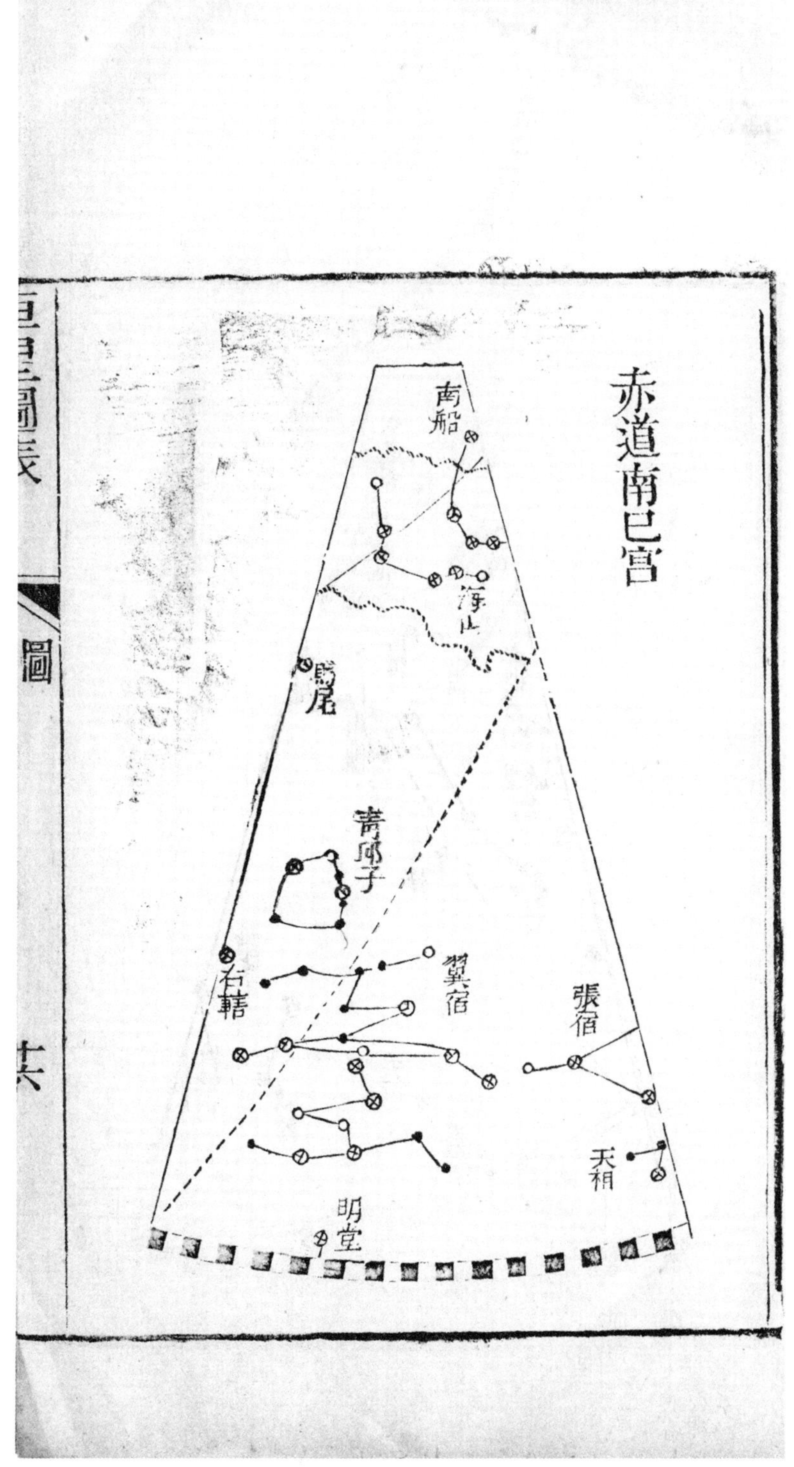
赤道南巳宫
南船
海山
馬尾
青邱子
右轄
翼宿
張宿
天相
明堂
恒星圖表
圖
十六

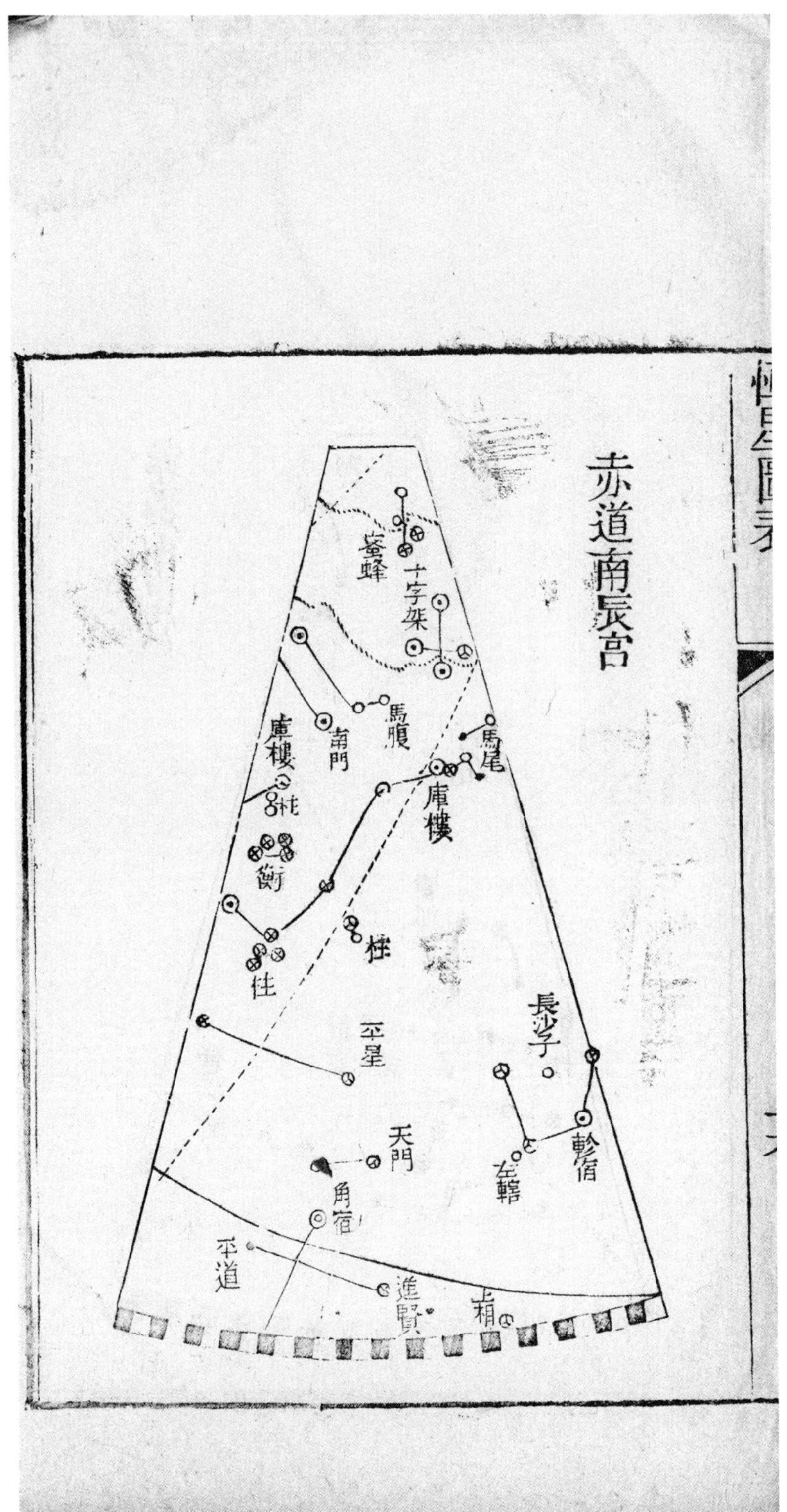
赤道南辰宮
蜜蜂
十字架
馬腹
南門
庫樓
馬尾
柱
衡
長沙子
平星
天門
軫宿
左轄
角宿
平道
進賢

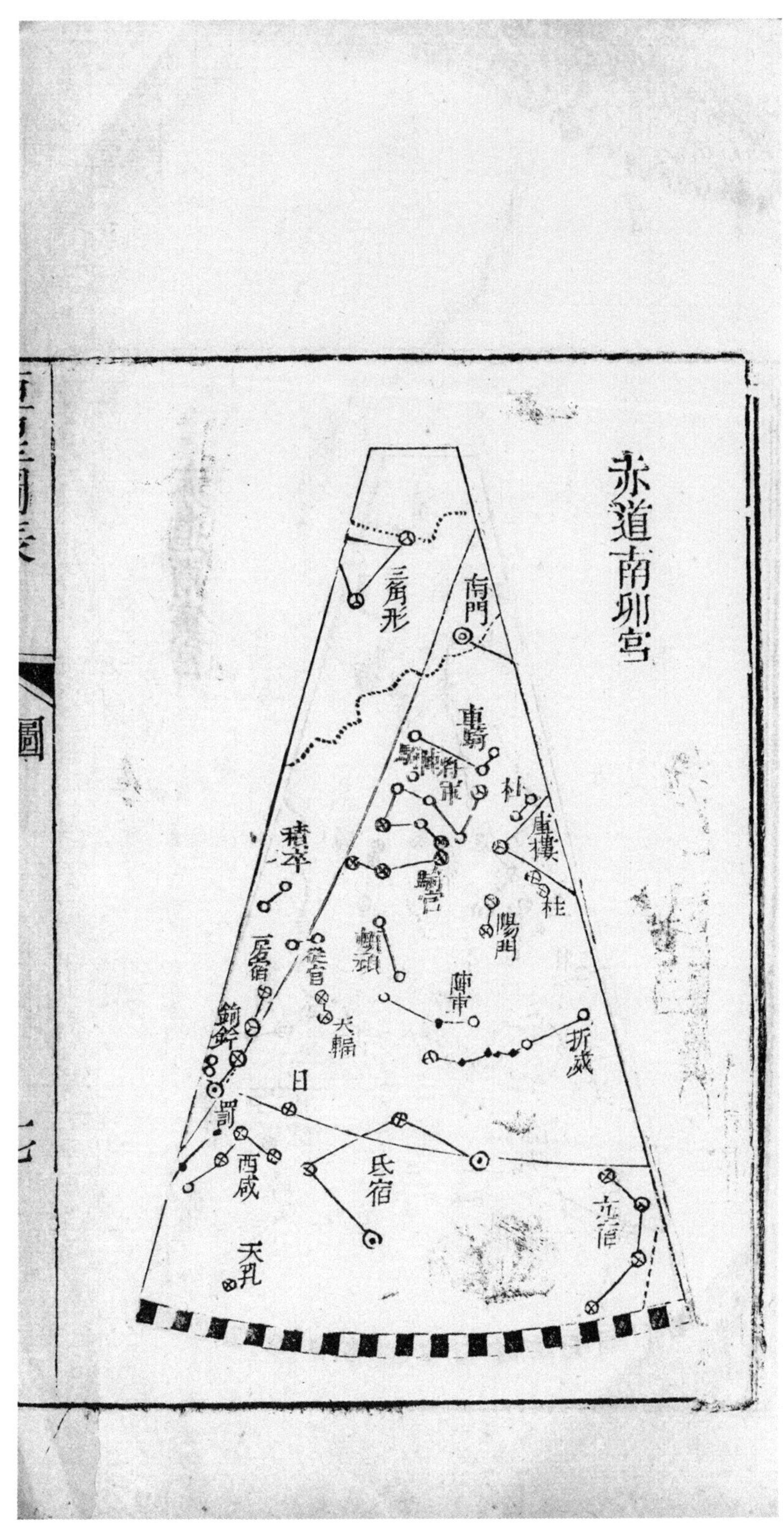

赤道南卯宫
南門
三角形
車騎
騎陣將軍
杵
庫樓
柱
積卒
騎官
陽門
頓頑
房宿
從官
陣車
鈎鈐
天輻
折威
日
罰
西咸
氐宿
亢宿
天乳
圖

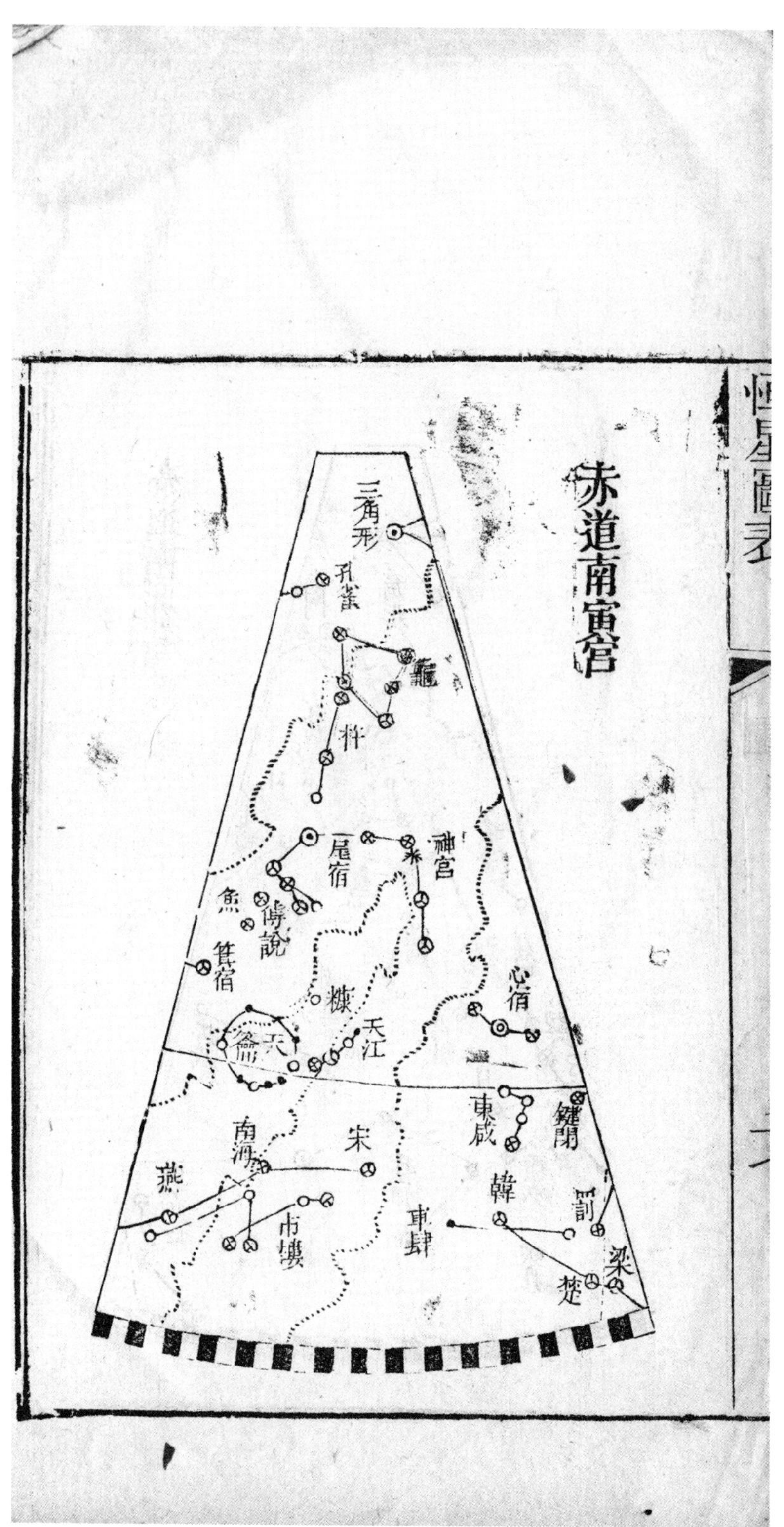

恒星圖表
赤道南寅宮
三角形
孔雀
龜
杵
尾宿
神宮
魚
傅說
箕宿
糠
天江
天籥
心宿
東咸
鍵閉
南海
宋
燕
罰
韓
車肆
市樓
梁
楚

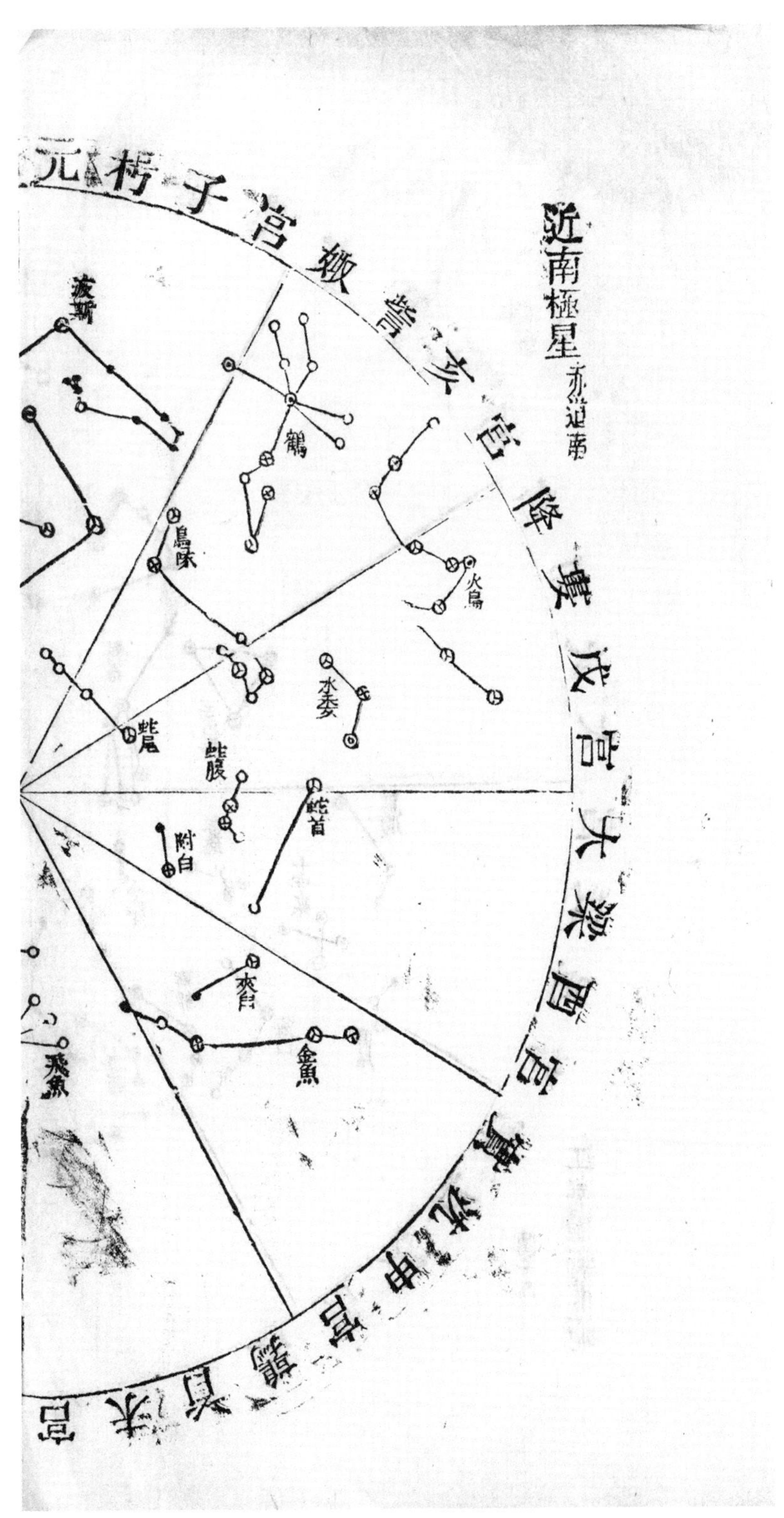
近南極星赤道南
娵訾亥宮
降婁戌宮
大梁酉宮
實沈申宮
鶴
鳥喙
火鳥
水委
蛇尾
蛇腹
蛇首
附白
夾白
金魚
飛魚
波斯

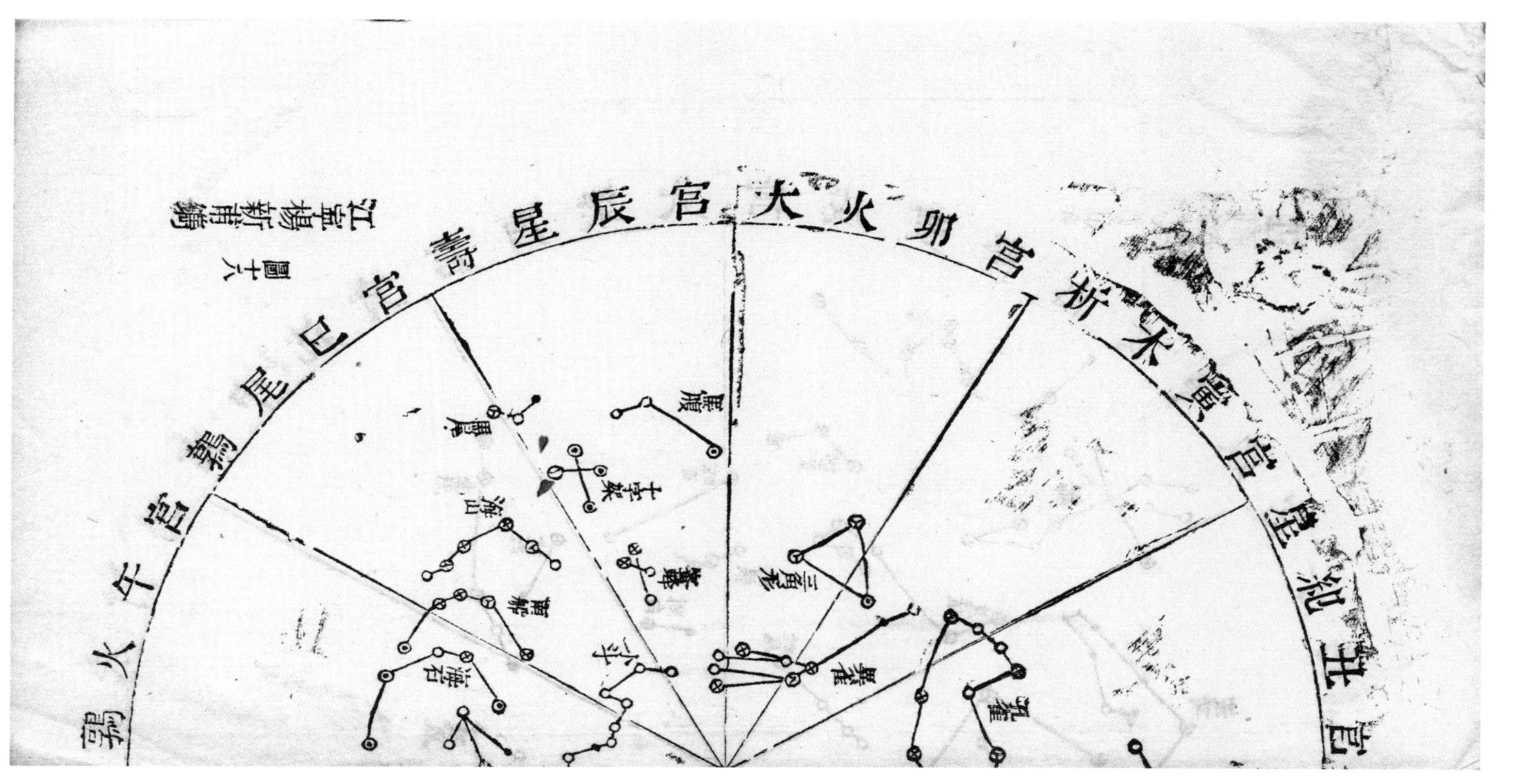

鶉火午宮
鶉尾巳宮
壽星辰宮
大火卯宮
析木寅宮
星紀丑宮
馬腹
十字架
海山
蜜蜂
三角形
南船
海石
異雀
孔雀
江寧楊新甫鐫

圖十八

揣龠續録三卷

（清）張作楠　江臨泰　撰

清光緒二十三年（1897）刻本

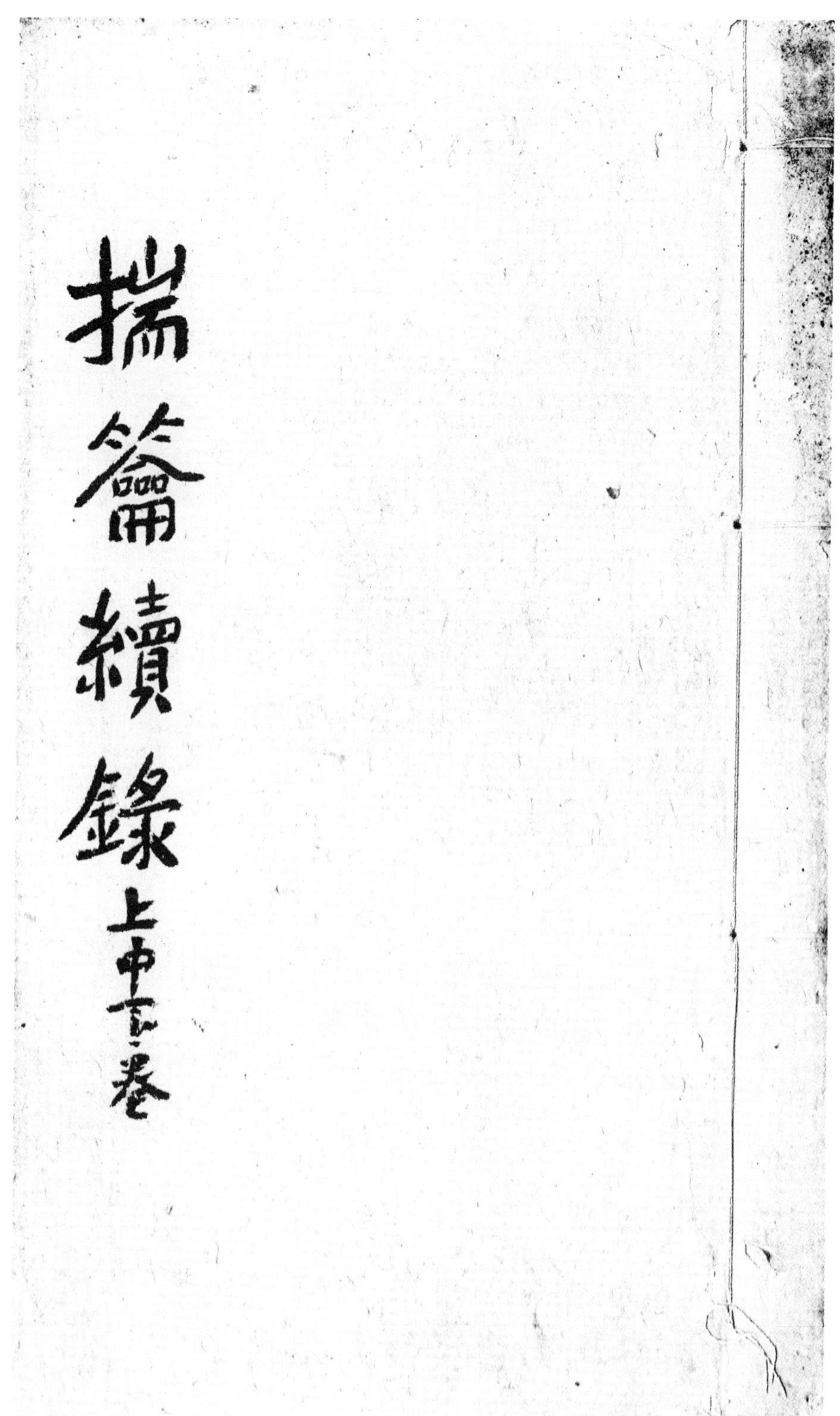

揣籥續錄

上中下卷

揣籥續錄卷上

金華張作楠學

全椒江臨泰校

余旣撰揣籥小錄以備測時之用復因梅氏諸方日軌以弧三角法逐節氣求太陽距地平高度係用新法黃赤距緯二十三度三十一分推算叉列表自北極高二十度至四十二度止而二十度以前如廣東之瓊海五十度以外如黑龍江烏喇等處現隸版圖者皆未之及謹依欽定歴象考成後編實測黃赤大距二十三度二十九分

推算按古法推日在赤道內外最大之數約二十四度而新法算書載亞里大各於周顯王二十五年測得黃赤大距二十三度五十一分二十秒變從中法度分得二十四度三十五分奇較古法爲強自後屢測屢改漸有減分除依巴谷於漢景帝中元元年所測與亞里大各同外如亞爾罷德於唐僖宗廣明元年庚子測定黃赤大距二十三度三十五分授時歷則減爲二十三度三十三分三十二秒新法算書又減爲二十三度三十一分三十秒至我 朝考成上編始測定爲二十三度二十九分三十秒後編又減三十秒西人言黃赤大距古大今小此其證與

自極高十八度至五十五度逐節氣加時太陽距地高度以列表並屬江雲樵推得橫直二表日景長短爲表影立成以補前錄所未備云丹邨張作楠

算例各方各節氣時刻太陽高弧俱倣此推之

設如浙江省城北極出地三十度夏至太陽距赤道北二十三度二十九分巳正初刻求太陽距地平高弧幾何

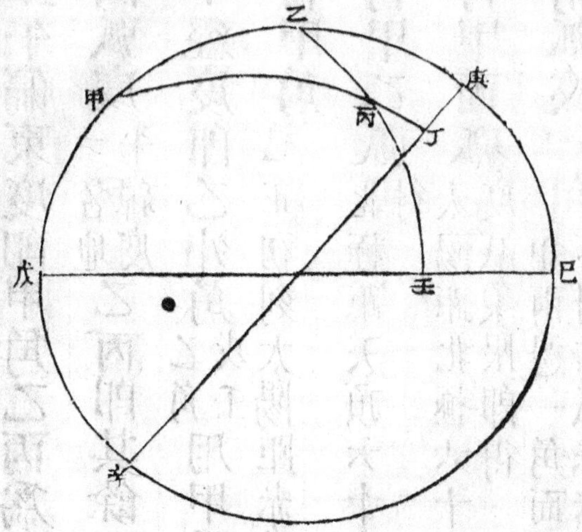

如圖甲爲北極乙爲天頂丙爲太陽戊巳爲地平庚辛爲赤道甲戊爲北極出地度甲乙爲極距天頂度丙丁爲太陽距赤道北緯度甲丙爲太陽距極度丁爲巳正初刻丁庚爲太陽

距午偏東度即甲角乙丙為太陽距天頂度丙壬為太陽高弧度（一名地平緯度）乙丙即其餘弧巳壬為太陽正南偏東地平經度即乙外角（乙角戊壬）。用甲乙丙斜弧三角形求乙丙弧

有甲角（巳正初刻太陽距赤道午正東三十度）

有甲乙弧（北極距天頂六十度以北極出地度減象限即得）

有甲丙弧（太陽距北極六十六度三十一分以赤道緯北度減象限即得）

兩弧夾一角（知兩邊一角而角在兩邊之間用總較法亦可用垂弧法然不若總較之簡今用以布算）

法以半徑為一率甲角（三十度）正矢（〇一三三九七四六）為二率兩弧相加得（一百二十六度三十一分）為總弧其餘弦（〇五九五〇五六六）兩弧相減

餘六度三十一分為較弧其餘弦〇九九三五三八八兩餘弦相加一過象限一不過象限故相加得一五八八五九五四折半得〇七九四二九七七為中數為三率求得四率〇一〇六四一五七為矢較與較弧六度三十一分之正矢〇〇〇六四六一二相加得〇一一二八七六九與半徑相減餘〇八八七一二三一為乙丙弧之餘弦檢表得二十七度二十九分一十秒以減象限餘六十二度三十分五十秒為丙壬太陽高弧

若用對數亦用總較法二率三率相加一率減之即得四率

一率　兩弧相加折半六十三度一十五分三十秒　餘弦〇九六五三一八二

二率　兩弧相減折半三度一十五分三十秒　餘弦〇九九九九二九七

三率　甲角折半十五度　餘切一〇五七一九四八

四率　兩角半較　正切一〇九一八〇六三

檢表得八十三度〇六分五十秒

一率　兩弧相加折半仝上　正弦〇九九五〇八七三

二率　兩弧相減折半仝上　正弦〇八七五四六三九

三率　甲角折半仝上　餘切一〇五七一九四八

四率　兩角半較　正切〇九三七五七一四

檢表得一十三度三十一分四十秒

二數相加得九十六度三十八分三十秒爲乙角減半周

餘八十三度三十一分三十秒卽乙外角巳壬地平經度二數相減餘六十九度四十五分一十秒卽丙角度卽黃赤過極經圈交角旣得乙外角乃以對弧對角之法求之

一率　乙外角八十三度三十一分三十秒　正弦〇九九九七二二一

二率　甲丙弧六十六度三十一分　正弦〇九九六二四五三

三率　甲角三十度　正弦〇九六九八九七〇

四率　乙丙弧●　正弦〇九六六四二〇三

檢表得二十七度二十九分一十秒減象限餘六十二度三十分五十秒卽巳正初刻太陽距地平高弧

北極高度

北極高度	節氣	卯正／酉正 度	卯正／酉正 分	辰初／酉初 度	辰初／酉初 分	辰正／申正 度	辰正／申正 分
十八度	冬至			○五	五四	一八	一四
	小寒			○六	一三	一八	三九
	大寒			○六	五六	一九	五二
	立春			○八	三四	二一	四○
	雨水			一○	三六	二三	五八
	驚蟄			一二	一八	二六	一一
	春分			一四	一五	二八	二四
	清明	○一	五○	一六	○四	三○	一九
	穀雨	○四	○九	一七	四四	三一	五二
	立夏	○四	五三	一八	五二	三二	五五
	小滿	○六	○七	一九	四四	三三	三四
	芒種	○六	五○	二○	一五	三三	五四
	夏至	○七	○五	二○	二五	三四	○一
十九度	冬至			○五	二六	一七	四二
	小寒			○五	四六	一八	○七
	大寒			○六	四四	一九	二一
	立春			○八	一三	二一	一二
	雨水			一○	○四	二三	二九
	驚蟄			一二	○七	二五	五三
	春分			一四	一○	二八	一三
	清明	○一	五六	一六	○五	三○	一九
	穀雨	○三	四三	一七	四四	三一	五三
	立夏	○五	一六	一九	○三	三三	○三
	小滿	○六	二七	二○	○○	三三	四七
	芒種	○七	一二	二○	三四	三四	一○
	夏至	○七	三七	二○	四五	三四	一七

十八度

節氣	巳度	初分	巳度	正分	午度	初分	午度	正分
冬至	二九	三五	三九	一三	四六	〇一	四八	三一
大雪	三〇	〇七	三九	五三	四六	四八	四九	二二
小雪	三一	三八	四一	四七	四九	〇五	五一	四九
立冬	三三	五六	四四	四一	五二	三六	五五	三八
霜降	三六	四五	四八	一五	五六	五七	六〇	三一
寒露	三九	三四	五一	五六	六一	五二	六六	〇五
秋分	四二	一六	五五	三七	六六	四四	七二	〇〇
白露	四四	二九	五八	二〇	七一	〇一	七七	五五
處暑	四六	〇五	六〇	一四	七四	五三	八三	三〇
立秋	四七	〇五	六一	一九	七七	一一	八八	二二
大暑	四七	三三	六一	三六	七七	一五	八七	四九
小暑	四七	四二	六一	三二	七五	一二	八五	二三
夏至	四八	四五	六一	二八	七四	五七	八四	三一

十九度

節氣	申	初	未	正	未	初	午	正
冬至	二八	五五	三八	二五	四五	〇四	四七	三一
大雪	二九	二七	三九	〇五	四五	五一	四八	二二
小雪	三一	〇〇	四一	〇〇	四八	〇九	五〇	四九
立冬	三三	二一	四三	五六	五一	四〇	五四	三八
霜降	三六	一一	四七	三一	五六	〇七	五九	三一
寒露	三九	〇九	五一	二〇	六一	〇二	六五	〇五
秋分	四一	五八	五四	五八	六五	五八	七一	〇〇
白露	四四	一九	五八	〇〇	七〇	二四	七六	五五
處暑	四六	〇四	六〇	〇九	七三	四三	八二	三〇
立秋	四七	一〇	六一	二〇	七五	二九	八七	二一
大暑	四七	四三	六一	四五	七五	五〇	八八	四九
小暑	四七	五六	六一	四六	七五	三一	八六	二二
夏至	四七	五九	六一	四四	七五	二〇	八五	三一

北極高度

北極高度	節氣	卯正度	卯正分	辰初度	辰初分	辰正度	辰正分
二十度	冬至			○四	五九	一七	○八
	小寒			○五	二○	一七	三四
	大寒			○五	三六	一八	二八
	立春			○七	五四	二○	四四
	雨水			○九	四九	二三	○六
	驚蟄			一一	五五	二五	三五
	春分			一四	○四	二八	○一
	清明	○二	○一	一六	○六	三○	一一
	穀雨	○三	五四	一七	五一	三一	五四
	立夏	○五	三二	一九	一五	三三	一○
	小滿	○六	四七	二○	一一	三三	五八
	芒種	○七	三四	二○	五二	三四	二六
	夏至	○七	五○	二一	○四	三四	三三
二十一度	冬至			○四	三一	一六	三四
	小寒			○四	五二	一七	○二
	大寒			○五	五四	一八	二○
	立春			○七	三一	二○	一八
	雨水			○九	三○	二二	四二
	驚蟄			一一	四四	二五	一八
	春分			一三	五九	二七	四九
	清明	○二	○七	一六	○六	三○	○五
	穀雨	○四	○五	一七	○○	三一	五六
	立夏	○五	四八	一九	二六	三三	一七
	小滿	○七	○六	二○	三一	三四	一一
	芒種	○七	三六	二一	一○	三四	四○
	夏至	○八	一三	二一	二二	三四	四九
		酉正		酉初		申正	

節氣	巳初度	巳初分	巳正度	巳正分	午初度	午初分	午正度	午正分
冬至	二八	一五	三七	三六	四四	○七	四六	三一
大雪	二八	四八	三八	一六	四四	五五	四七	二二
小雪	三○	○四	三九	五三	四六	五○	四九	四九
立冬	三二	四六	四三	二四	五○	四六	五三	三八
霜降	三五	四○	四六	四九	五五	一三	五八	三一
寒露	三八	四四	五○	四四	六○	一○	六四	○五
秋分	四一	三八	五四	二八	六五	一一	七○	○○
白露	四四	○七	五七	三八	六九	四四	七五	五五
處暑	四六	○○	五九	五七	七三	一五	八一	二九
立秋	四七	一三	六一	一八	七五	一八	八六	二二
大暑	四七	五二	六一	五二	七五	五五	八九	四九
小暑	四八	○九	六一	五八	七六	○八	八七	二二
夏至	四八	一三	六一	五七	七五	三八	八六	三一

節氣	申初度	申初分	未正度	未正分	未初度	未初分	午正度	午正分
冬至	二七	三四	三六	四七	四三	一一	四五	三一
大雪	二八	○七	三七	二八	四三	五八	四六	二二
小雪	二九	四三	三九	二六	四六	一六	四八	四九
立冬	三二	一○	四二	二六	四九	五一	五二	三八
霜降	三五	○八	四六	○八	五四	二○	五七	三一
寒露	三八	一七	五○	○六	五九	一九	六三	○五
秋分	四一	一八	五三	五七	六四	二二	六九	○○
白露	四三	五五	五七	一五	六九	○三	七四	五五
處暑	四五	五五	五九	四四	七二	四五	八九	二九
立秋	四七	一五	六一	一五	七五	○四	八五	二二
大暑	四八	○一	六一	五七	七五	五六	八九	一一
小暑	四八	二一	六二	○九	七五	五九	八八	二二
夏至	四八	二七	六二	一○	七五	五四	八七	三一

北極高度

二十二度

節氣	卯正/酉正 度	卯正/酉正 分	辰初/酉初 度	辰初/酉初 分	辰正/申正 度	辰正/申正 分
冬至			○四	○四	一六	○二
小寒			○四	二四	一六	二九
大寒			○五	三一	一七	五○
立春			○七	○九	一九	五○
雨水			○九	一四	二二	一八
驚蟄			一一	三三	二五	○○
春分			一三	五三	二三	三七
清明	○二	一三	一六	○六	二九	五九
穀雨	○四	一六	一八	○三	三一	五六
立夏	○六	○三	一九	三七	三三	二三
小滿	○七	二六	二○	四六	三四	二一
芒種	○八	一七	二一	二六	三四	五三
夏至	○八	三六	二一	四一	三五	○四

二十三度

節氣	卯正/酉正 度	卯正/酉正 分	辰初/酉初 度	辰初/酉初 分	辰正/申正 度	辰正/申正 分
冬至			○三	三七	一五	二七
小寒			○三	五七	一五	五七
大寒			○五	○七	一七	一七
立春			○六	四八	一九	二二
雨水			○八	五五	二一	五五
驚蟄			一一	二○	二四	四一
春分			一三	四七	二七	二四
清明	○二	一九	一六	○六	二九	五二
穀雨	○四	二八	一八	○六	三一	五六
立夏	○六	一九	一九	四八	三三	二九
小滿	○七	四四	二一	○一	三四	三二
芒種	○八	三九	二一	四四	三五	○四
夏至	○八	五七	二一	五九	三五	一八

節氣	巳度	初分	巳度	正分	午度	初分	午度	正分
冬至	二六	五一	三五	五六	四二	一三	四四	三一
大雪	二七	二六	三六	三九	四三	○三	四五	二二
小雪	二九	○五	三八	三九	四五	二○	四七	四九
立冬	三一	三四	四一	四一	四八	五五	五一	三八
霜降	三四	三六	四五	二五	五三	二五	五六	三一
寒露	三七	五一	四九	二八	五八	二七	六二	○五
秋分	四○	五八	五三	二五	六三	三五	六八	○○
白露	四三	四一	五六	五一	六八	二一	七三	五五
處暑	四五	四九	五九	二九	七二	二三	七九	二九
立秋	四七	一六	六一	○九	七四	四六	八四	二二
大暑	四八	○七	六二	○○	七五	五四	八八	一一
小暑	四八	三一	六二	一七	七六	○七	八九	二二
夏至	四八	三八	六二	二○	七六	○六	八八	三一

節氣	申	初	未	正	未	初	午	正
冬至	二六	一一	三五	○七	四一	一六	四三	三一
大雪	二六	四五	三五	四九	四二	○五	四四	二二
小雪	二八	二六	三七	五○	四四	二五	四六	四九
立冬	三○	五八	四○	五四	四八	○○	五○	三八
霜降	三四	○三	四四	四三	五二	三○	五五	三一
寒露	三七	二三	四八	四九	五七	三五	六一	○五
秋分	四○	三六	五二	五二	六二	四六	六七	○○
白露	四三	二七	五六	二六	六七	三七	七二	五五
處暑	四五	四二	五九	一三	七一	三九	七八	二九
立秋	四七	一七	六一	○三	七四	二五	八三	二二
大暑	四八	一四	六二	○一	七五	四七	八七	一一
小暑	四八	四一	六二	二三	七六	一○	八九	三六
夏至	四八	四九	六二	二九	七六	一三	八九	三一

北極高度

二十四度

節氣	卯正度	卯正分	辰初度	辰初分	辰正度	辰正分
冬至			○三	一○	一四	五四
小寒			○三	三四	一五	二三
大寒			○四	四○	一六	四五
立春			○六	二七	一八	五四
雨水			○八	三八	二一	三○
驚蟄			一一	○九	二四	二二
春分			一三	四○	二七	一○
清明	○二	二四	一六	○五	二九	四五
穀雨	○四	三九	一八	一三	三一	五五
立夏	○六	三五	一九	五八	三三	三四
小滿	○八	○四	二一	一四	三四	四一
芒種	○九	○○	二二	○○	三五	一九
夏至	○九	一○	二二	一六	三五	三二

二十五度

節氣	卯正度	卯正分	辰初度	辰初分	辰正度	辰正分
冬至			○二	四○	一四	一七
小寒			○三	○四	一四	四八
大寒			○四	一六	一六	一三
立春			○六	○五	一八	二四
雨水			○八	二一	二一	○五
驚蟄			一○	五七	二四	○二
春分			一三	三四	二六	五六
清明	○二	三○	一六	○四	二九	三七
穀雨	○四	五○	一八	一八	三一	五三
立夏	○六	五○	二○	○七	三三	三八
小滿	○八	二三	二一	二八	三四	五○
芒種	○九	二一	二二	一七	三五	三○
夏至	○九	四二	二二	三三	三五	四四
	酉正		酉初		申正	

三十四度

節氣	巳初度	巳初分	巳正度	巳正分	午初度	午初分	午正度	午正分
冬至	二五	三〇	三四	一八	四〇	二〇	四二	三一
大雪 小寒	二六	〇五	三四	五九	四一	〇九	四三	三二
小雪 大寒	二七	四六	三七	〇一	四三	二七	四五	四九
立冬	三〇	二一	四〇	〇八	四七	〇五	四九	三八
霜降	三三	三〇	四三	五八	五一	三六	五四	三一
寒露	三六	五五	四八	一〇	五六	四二	六〇	〇五
秋分	四〇	一四	五二	二七	六一	五六	六六	〇〇
白露	四三	一二	五五	五九	六六	五三	七一	五五
處暑	四五	三四	五八	五五	七一	〇四	七七	二九
立秋	四七	一六	六〇	五三	七四	〇〇	八二	二二
大暑	四八	一八	六二	〇〇	七五	三六	八六	一一
小暑	四八	四九	六二	二八	七六	一〇	八八	三八
夏至	四八	五九	六二	三五	七六	一六	八九	二九

三十五度

節氣	申初度	申初分	未正度	未正分	未初度	未初分	午正度	午正分
冬至	二四	四七	三三	二八	二九	二二	四一	三一
大雪 小寒	二五	二三	三四	一〇	四〇	一〇	四二	二二
小雪 大寒	二七	〇六	三六	一六	四二	三一	四四	四九
立冬	二九	四三	三九	二〇	四六	〇八	四八	三八
霜降	三二	五六	四三	一五	五〇	四一	五三	三一
寒露	三六	二六	四七	二九	五五	四九	五九	〇五
秋分	三九	五一	五一	四二	六一	〇六	六五	〇〇
白露	四二	五六	五五	三一	六六	〇六	七〇	五五
處暑	四五	二五	五八	三五	七〇	二四	七六	二九
立秋	四七	一三	六〇	四二	七三	三二	八一	二二
大暑	四八	二二	六一	五七	七五	二一	八五	一一
小暑	四八	五七	六二	三一	七六	〇五	八七	三八
夏至	四九	〇八	六二	三九	七六	一五	八八	二九

北極高度

二十六度

節氣	卯度	正分	辰度	初分	辰度	正分
冬至			○二	一四	一三	四四
小寒			○二	三八	一四	一四
大寒			○三	五一	一五	四一
立春			○五	四二	一七	五五
雨水			○八	○五	二○	四○
驚蟄			一○	四三	二三	四一
春分			一三	二七	二六	四二
清明	○二	三六	一六	○三	二九	二九
穀雨	○五	○一	一八	二三	三一	五一
立夏	○七	○六	二○	一七	三三	四一
小滿	○八	四二	二一	四一	三四	五八
芒種	○九	四三	二二	三三	三五	四二
夏至	一○	○四	二二	五○	三五	五六

二十七度

節氣	卯度	正分	辰度	初分	辰度	正分
冬至			○一	四五	一三	一○
小寒			○二	○八	一三	四一
大寒			○三	二七	一五	一○
立春			○五	二一	一七	二六
雨水			[illegible]七	四七	二○	一五
驚蟄			一○	三一	二三	二一
春分			一三	二○	二六	二七
清明	○二	四一	一六	○二	二九	二○
穀雨	○五	一一	一八	二七	三一	四八
立夏	○七	二一	二○	二六	三三	四四
小滿	○九	○○	二一	五四	三五	○五
芒種	一○	○四	二二	四八	三五	五二
夏至	一○	二五	二三	○七	三六	○七
	酉	正	酉	初	申	正

二十六度

	巳初度	巳初分	巳正度	巳正分	午初度	午初分	午正度	午正分
冬至	二四	○五	三二	三八	三八	二六	四○	三一
大雪	二四	四二	三三	三○	三九	一五	四一	二二
小雪	二六	二六	三五	二四	四一	三四	四三	四九
立冬	二九	○六	三八	三三	四五	一一	四七	三八
霜降	三一	二三	四二	三○	四九	四七	五二	三一
寒露	三五	五六	四六	四八	五四	五五	五八	○五
秋分	三九	二八	五一	○七	六○	一五	六四	○○
白露	四二	三八	五五	○二	六五	二○	六九	五五
處暑	四五	一五	五八	一三	六九	三四	七五	二九
立秋	四七	一○	六○	三○	七三	○二	八○	二二
大暑	四八	二四	六一	五二	七五	○二	八四	一一
小暑	四九	○三	六二	三一	七五	五六	八六	三八
夏至	四九	一五	六二	四一	七六	○九	八七	二九

二十七度

	巳初度	巳初分	巳正度	巳正分	午初度	午初分	午正度	午正分
冬至	二三	二二	三一	四七	三七	二八	三九	三一
大雪	二四	○○	三二	三○	三八	一七	四○	二二
小雪	二五	四七	三四	三四	四○	三七	四二	四九
立冬	二八	二八	三七	四六	四四	一五	四六	三八
霜降	三一	四八	四一	四四	四八	五一	五一	三一
寒露	三五	二六	四六	○七	五四	○一	五七	○五
秋分	三九	○三	五○	三○	五九	二三	六三	○○
白露	四二	二○	五四	三一	六四	三二	六八	五五
處暑	四五	○四	五七	五一	六九	○二	七四	二九
立秋	四七	○五	六○	一六	七二	三○	七九	二二
大暑	四八	二五	六一	四五	七四	四○	八三	一一
小暑	四九	○八	六二	二九	七五	四三	八九	三八
夏至	四九	二一	六二	四二	七五	五九	八六	二九
	申初		未正		未初		午正	

九

北極高度

二十八度

節氣	卯正度	卯正分	辰初度	辰初分	辰正度	辰正分
冬至			○一	一六	一二	三五
小寒			○一	四五	一三	○六
大寒			○二	五六	一四	三七
立春			○五	○○	一六	五六
雨水			○七	二九	一九	四九
驚蟄			一○	一九	二三	○○
春分			一三	一三	二六	一二
清明	○二	四七	一六	○○	二九	一一
穀雨	○五	二二	一八	二九	三一	四四
立夏	○七	三六	二○	三五	三三	四六
小滿	○九	一九	二二	○七	三五	一一
芒種	一○	二五	二三	○三	三六	○一
夏至	一○	四七	二三	二二	三六	一八

二十九度

節氣	卯正度	卯正分	辰初度	辰初分	辰正度	辰正分
冬至			○○	五○	一二	○○
小寒			○一	一七	一二	三二
大寒			○二	三七	一四	○五
立春			○四	三六	一六	二六
雨水			○七	一一	一九	二四
驚蟄			一○	○五	二二	三九
春分			一三	○五	二五	五六
清明	○二	五二	一五	五八	二九	○一
穀雨	○五	三二	一八	三四	三一	四○
立夏	○七	五一	二○	四三	三三	四八
小滿	○九	三八	二二	一九	三五	一七
芒種	一○	四五	二三	一八	三六	一○
夏至	一一	○八	二三	三八	三六	二八
	酉正		酉初		申正	

二十八度

節氣	巳	初	巳	正	午	初	午	正
	度	分	度	分	度	分	度	分
冬至	二二	三九	三○	五七	三六	三一	三八	三一
大雪	二三	一八	三一	四○	三七	二○	三九	二二
小雪	二五	○五	三三	四五	三九	四一	四一	四九
立冬	二七	四八	三六	五八	四三	一九	四五	三八
霜降	三一	一三	四○	五九	四七	五五	五○	三一
寒露	三四	五六	四五	二四	五三	○七	五六	○五
秋分	三八	三八	四九	五二	五八	三一	六二	○○
白露	四二	○一	五四	○○	六三	四四	六七	五五
處暑	四四	五一	五七	二六	六八	一九	七三	二九
立秋	四七	○○	五九	五九	七一	五五	七八	二二
大暑	四八	二五	六一	三六	七四	一五	八三	一一
小暑	四九	一一	六二	二五	七五	二六	八四	三八
夏至	四九	二六	六二	四○	七五	四六	八五	二九

二十九度

節氣	申初度	申初分	未正度	未正分	未初度	未初分	午正度	午正分
冬至	二一	五八	三○	○六	三五	三四	三七	三一
大雪	二二	三五	三○	四九	三六	二三	三八	二二
小雪	二四	二四	三二	五六	三八	四四	四○	四九
立冬	二七	[illegible]一	三六	一○	四二	二二	四四	三八
霜降	三○	三八	四○	一三	四七	○○	四九	三一
寒露	三四	二五	四四	四二	五二	一四	五五	○五
秋分	三八	一二	四九	一四	五七	三九	六一	○○
白露	四一	四一	五三	二七	六二	五五	六六	五五
處暑	四四	三八	五七	○一	六七	三五	七二	二九
立秋	四六	五三	五九	四二	七一	一八	七七	二二
大暑	四八	二四	六一	二六	七三	四七	八一	一一
小暑	四九	一四	六二	三○	七五	○五	八三	三八
夏至	四九	二九	六二	三八	七五	二六	八四	二九

申初　未正　未初　午正

北極高度

三十度

	卯正度	卯正分	辰初度	辰初分	辰正度	辰正分
冬至			○○	二二	一一	二三
小寒			○○	四九	一一	五六
大寒			○二	○九	一三	三一
立春			○四	一五	一五	五六
雨水			○六	五一	一八	五五
驚蟄			○九	五二	二二	一六
春分			一二	五七	二五	三九
清明	○二	五七	一五	五六	二八	五○
穀雨	○五	四三	一八	三七	三一	三六
立夏	○八	○六	二○	五一	三三	四八
小滿	○九	五六	二二	三一	三五	二三
芒種	一一	○六	二三	三二	三六	一八
夏至	一一	三○	二三	五二	三六	三七
	酉正度	酉正分	酉初度	酉初分	申正度	申正分

三十一度

	卯正度	卯正分	辰初度	辰初分	辰正度	辰正分
冬至			○○	○○	一○	四九
小寒			○○	二四	一一	二二
大寒			○一	四七	一二	五七
立春			○三	五三	一五	二六
雨水			○六	三五	一八	二九
驚蟄			○九	三八	二一	五四
春分			一二	四九	二五	二二
清明	○三	○三	一五	五三	二八	三九
穀雨	○五	五三	一八	四○	三一	三○
立夏	○八	二一	二○	五九	三三	四八
小滿	一○	一四	二二	四二	三五	二七
芒種	一一	二六	二三	四六	三六	一六
夏至	一一	五一	二四	○七	三六	四五
	酉正度	酉正分	酉初度	酉初分	申正度	申正分

	巳初度	巳初分	巳正度	巳正分	午初度	午初分	午正度	午正分
冬至	二一	一五	二九	一五	三四	三六	三六	三一
大雪	二一	五三	二九	五九	三五	二四	三七	二二
小雪	二三	四三	三二	〇五	三七	四六	三九	四九
立冬	二六	三二	三五	二二	四一	二六	四三	三八
霜降	三〇	〇一	三九	二六	四六	〇四	四八	三一
寒露	三三	三五	四三	五九	五一	一八	五四	〇五
秋分	三七	四五	四八	三五	五六	四六	六〇	〇〇
白露	四一	二一	五二	五四	六二	〇五	六五	五五
處暑	四四	二五	五六	三六	六六	五二	七一	二九
立秋	四六	五二	五九	二二	七〇	三九	七六	二二
大暑	四八	二二	六一	一三	七三	一六	八〇	一一
小暑	四九	一五	六二	一三	七四	四一	八二	三八
夏至	四九	三三	六二	三一	七五	〇八	八三	二九

	申初度	申初分	未正度	未正分	未初度	未初分	午正度	午正分
冬至	二〇	三一	二八	二三	三三	三八	三五	三一
大雪	二一	一〇	二九	〇八	三四	二八	三六	二二
小雪	二三	〇二	三一	一六	三六	四九	三八	四九
立冬	二五	五二	三四	三三	四〇	二八	四二	三八
霜降	二九	二五	三八	四一	四五	〇七	四七	三一
寒露	三三	二一	四三	一六	五〇	二四	五三	〇五
秋分	三七	一八	四七	五六	五五	五三	五九	〇〇
白露	四一	〇〇	五二	一九	六一	一四	六四	五五
處暑	四四	〇四	五五	五〇	六六	〇三	七〇	二九
立秋	四六	三六	五九	〇二	六九	五八	七五	二二
大暑	四八	一八	六〇	五九	七二	四三	七九	一一
小暑	四九	一五	六二	〇三	七四	一四	八一	三八
夏至	四九	三四	六二	二三	七四	四三	八二	二九

北極高度

三十二度

	卯正度	卯正分	辰初度	辰初分	辰正度	辰正分
冬至					一○	一四
小寒			○○	一三	一○	四七
大寒			○一	一五	一二	二五
立春			○三	三一	一四	五四
雨水			○六	一八	一八	○三
驚蟄			○九	二五	二一	三三
春分			一二	四○	二五	○五
清明	○三	○八	一五	五○	二八	二七
穀雨	○六	○三	一八	四二	三一	三四
立夏	○八	三五	二一	○六	三三	四七
小滿	一○	三二	二二	五三	三五	二九
芒種	一一	四六	二三	五九	三六	三三
夏至	一二	一一	二四	四○	三六	五三

三十三度

	酉正度	酉正分	酉初度	酉初分	申正度	申正分
冬至					○九	四○
小寒					一○	三六
大寒			○一	○三	一一	五一
立春			○三	○七	一四	二五
雨水			○五	五八	一七	三六
驚蟄			○九	一一	二一	一○
春分			一二	三二	二四	四七
清明	○三	一三	一五	四七	二八	一四
穀雨	○六	一四	一八	四四	三一	一七
立夏	○八	四九	二一	一二	三三	四六
小滿	一○	五○	二三	○三	三五	三四
芒種	一二	○六	二四	一二	三六	三八
夏至	一二	三三	二四	三五	三六	五九

三十二度

節氣	巳初度	初分	巳正度	正分	午初度	初分	午正度	正分
冬至	一九	四七	二七	三〇	三二	四一	三四	三一
大雪	二〇	二七	二八	一六	三三	三一	三五	二二
小雪	二二	二〇	三〇	二六	三五	五三	三七	四九
立冬	二五	一三	三三	四五	三九	二八	四一	三八
霜降	二八	五〇	三七	五四	四四	一二	四六	三一
寒露	三二	四八	四二	三二	四九	二二	五二	〇二
秋分	三六	五〇	四七	一五	五五	〇〇	五八	〇〇
白露	四〇	三七	五一	四四	六〇	二三	六三	五五
處暑	四三	五三	五五	三七	六五	一六	六九	二九
立秋	四六	二七	五八	三九	六九	一六	七四	二二
大暑	四八	一三	六〇	四三	七二	〇七	七八	一一
小暑	四九	一四	六一	五二	七三	四四	八〇	三八
夏至	四九	三四	六二	一三	七四	一五	八一	二九

三十三度

節氣	申初度	初分	未正度	正分	未初度	初分	午正度	正分
冬至	一八	五九	二六	四二	三一	三三	三三	三一
大雪	一九	四五	二七	二四	三二	三二	三四	二二
小雪	二一	三八	二九	三六	三四	五五	三六	四九
立冬	二四	三三	三二	五四	三八	三六	四〇	三八
霜降	二八	一二	三七	〇五	四三	一六	四五	三一
寒露	三二	一六	四一	四七	四八	三四	五一	〇五
秋分	三六	三二	四六	三四	五四	〇六	五七	〇〇
白露	四〇	一四	五一	〇八	五九	三二	六二	五五
處暑	四三	三六	五五	〇六	六四	二八	六八	二九
立秋	四六	一五	五八	一五	六八	三三	七三	二二
大暑	四八	〇七	六〇	二五	七一	三〇	七七	一一
小暑	四九	一二	六一	三八	七三	一二	七九	三八
夏至	四九	三三	六二	〇二	七三	四五	八〇	二九

北極高度

	卯度	正分	辰度	初分	辰度	正分
三十四度						
冬至					〇九	〇〇
小寒					〇九	三八
大寒			〇〇	二九	一一	一七
立春			〇三	四六	一三	五四
雨水			〇五	四〇	一七	〇九
驚蟄			〇五	五七	二〇	四六
春分			一二	二三	二四	二九
清明	〇三	一八	一五	四四	二八	〇三
穀雨	〇六	二四	一八	四六	三一	一一
立夏	〇九	〇四	二一	一九	三三	四四
小滿	一一	〇八	二三	一四	三五	三六
芒種	一二	二八	二四	二五	三六	四三
夏至	一二	五工	三四	四九	三七	〇五
三十五度						
冬至					〇八	二六
小寒					〇九	〇二
大寒					一〇	四八
立春			〇二	二四	一三	二一
雨水			〇五	二二	一六	四一
驚蟄			〇八	四四	二〇	二三
春分			一二	一四	二四	一一
清明	〇三	二三	一五	四〇	二七	四八
穀雨	〇六	三三	一八	四七	三一	〇二
立夏	〇九	一八	二一	二五	三三	四一
小滿	一一	二五	二三	四三	三五	三七
芒種	一二	四五	二四	三七	三六	四七
夏至	一三	一三	二五	〇一	三七	一〇
	酉	正	酉	初	申	正

三十四度

節氣	巳度	初分	巳度	正分	午度	初分	午度	正分
冬至	一八	二一	二五	五〇	三〇	四五	三二	三一
大雪	一九	〇〇	二六	三四	三一	三四	三三	二二
小雪	二〇	五六	二八	四三	三三	五八	三五	四九
立冬	二三	五三	三二	〇五	三七	三八	三九	三八
霜降	二七	三五	三六	一九	四二	一九	四四	三一
寒露	三一	四一	四一	〇一	四七	三七	五〇	〇五
秋分	三五	五三	四五	五三	五三	一二	五六	〇〇
白露	三九	五二	五〇	三三	五八	四三	六一	五五
處暑	四三	一八	五四	三五	六三	三九	六七	二九
立秋	四六	〇三	五七	五〇	六七	四八	七二	二二
大暑	四八	〇〇	六〇	〇五	七〇	五〇	七六	一一
小暑	四九	〇八	六一	二三	七二	三七	七八	三八
夏至	四九	三〇	六一	四八	七三	一二	七九	二九

三十五度

節氣	申	初	未	正	未	初	午	正
冬至	一七	三六	二四	五七	二九	四八	三一	三一
大雪	一八	一六	二五	四一	三〇	三七	三二	二二
小雪	二〇	一四	二七	五三	三二	五九	三四	四九
立冬	二三	一一	三一	一六	三六	四一	三八	三八
霜降	二六	五八	三五	三二	四一	二三	四三	三一
寒露	三一	〇八	四〇	一七	四六	四三	四九	〇五
秋分	三五	二四	四五	一一	五二	一八	五五	〇〇
白露	三九	二七	四九	五三	五七	四八	六〇	五五
處暑	四二	五九	五四	〇二	六二	四八	六六	二九
立秋	四五	五〇	五七	二三	六七	〇三	七一	二二
大暑	四七	五二	五九	四五	七〇	〇九	七五	一一
小暑	四九	〇三	六一	〇六	七一	五一	七七	三八
夏至	四九	二七	六一	三三	七二	三六	七八	二九

北極高度

三十六度

	卯度	正分	辰度	初分	辰度	正分
冬至					〇七	四七
小寒					〇八	二四
大寒					一〇	一〇
立春			〇二	〇三	一二	五二
雨水			〇五	〇二	一六	一三
驚蟄			〇八	二九	一九	五八
春分			一二	〇五	二三	五一
清明	〇三	二九	一五	三六	二七	三五
穀雨	〇六	四三	一八	四八	三〇	五四
立夏	〇九	三二	二一	三一	三三	三八
小滿	一一	四二	二三	三一	三五	三八
芒種	一三	〇四	二四	四八	三六	五〇
夏至	一三	三三	二五	一四	三七	一五

三十七度

	卯度	正分	辰度	初分	辰度	正分
冬至					〇七	一五
小寒					〇七	五四
大寒			〇〇	四九	〇九	三四
立春			〇一	四〇	一二	一九
雨水			〇四	四三	一五	四四
驚蟄			〇八	一四	一九	三四
春分			一一	五五	二三	三二
清明	〇三	三三	一五	三二	二七	二〇
穀雨	〇六	五三	一八	四九	三〇	四五
立夏	〇九	四六	二一	三五	三三	三二
小滿	一二	〇〇	二三	四一	三五	三七
芒種	一三	二四	二四	五九	三六	五三
夏至	一三	五二	二五	二六	三七	一八
	酉	正	酉	初	申	正

三十六度

節氣	巳初度	初分	巳正度	正分	午初度	初分	午正度	正分
冬至	一六	五三	二四	○四	二八	四八	三○	三一
大雪	一七	三四	二四	五○	二九	四二	三一	二二
小雪	一九	三二	二七	○○	三二	○一	三三	四九
立冬	二二	三一	三○	二七	三五	四五	三七	三八
霜降	二六	二○	三四	四四	四○	二六	四二	三一
寒露	三○	三三	三九	三一	四五	四六	四八	○五
秋分	三四	五三	四四	二八	五一	二三	五四	○○
白露	三九	○二	四九	一五	五六	五六	五九	五五
處暑	四二	三九	五三	二九	六一	五九	六五	二九
立秋	四五	三六	五六	五五	六六	一六	七○	二二
大暑	四七	四二	五九	二二	六九	二六	七四	一一
小暑	四八	五七	六○	四八	七一	三○	七六	三八
夏至	四九	二二	六一	一六	七一	五九	七七	二九

三十七度

節氣	申初度	初分	未正度	正分	未初度	初分	午正度	正分
冬至	一六	○八	二三	一七	二七	四八	二九	三一
大雪	一六	五○	二四	○二	二八	四一	三○	二二
小雪	一八	四六	二六	○八	三一	○七	三二	四九
立冬	二一	五一	二九	三五	三四	四三	三六	三六
霜降	二五	四二	三三	五四	三九	二九	四一	三一
寒露	二九	五八	三八	四四	四四	五一	四七	○五
秋分	三四	二三	四三	四五	五○	二九	五三	○○
白露	三八	三八	四八	三六	五六	○一	五八	五五
處暑	四二	二○	五二	五五	六一	○八	六四	二九
立秋	四五	二一	五六	二五	六五	二八	六九	二二
大暑	四七	三二	五八	五七	六八	四二	七三	一一
小暑	四八	五○	六○	二七	七○	四○	七五	三八
夏至	四九	一六	六○	五六	七一	一九	七六	二九

北極高度

三十八度

節氣	卯正度	卯正分	辰初度	辰初分	辰正度	辰正分
冬至					○六	三九
小寒					○七	一五
大寒					○九	○○
立春			○一	一七	一一	四七
雨水			○四	三七	一五	一七
驚蟄			○八	○○	一九	一○
春分			一一	四六	二三	一二
清明	○三	三八	一五	二七	二七	○五
穀雨	○七	○三	一八	四九	三○	三五
立夏	一○	○○	二一	三八	三三	二八
小滿	一二	一六	二三	五四	三五	三七
芒種	一三	四三	二五	一○	三六	五五
夏至	一四	一二	二五	三七	三七	二一

三十九度

節氣	酉正度	酉正分	酉初度	酉初分	申正度	申正分
冬至					○六	○二
小寒					○六	四二
大寒					○八	二九
立春			○○	五○	一一	一六
雨水			○四	○五	一四	四八
驚蟄			○七	四五	一八	四五
春分			一一	三六	二二	五二
清明	○三	四三	一五	二二	二六	五○
穀雨	○七	一二	一八	四九	三○	二四
立夏	一○	一三	二一	四四	三三	二二
小滿	一二	三二	二三	五七	三五	三五
芒種	一四	○一	二五	二○	三六	五六
夏至	一四	三一	二五	四八	三七	二三

三十八度

節氣	巳初度	巳初分	巳正度	巳正分	午初度	午初分	午正度	午正分
冬至	一五	二六	二一	二三	二六	五二	二八	三一
大雪	一六	○五	二三	○七	二七	四一	二九	二二
小雪	一八	○六	二五	二一	三○	○七	三一	四九
立冬	二一	○九	二八	四六	三三	四六	三五	三八
霜降	二五	○三	三三	○七	三八	三二	四○	三一
寒露	二九	二三	三七	五九	四三	五四	四六	○五
秋分	三三	五二	四三	○一	四九	三四	五二	○○
白露	三八	○九	四七	五五	五五	○九	五七	五五
處暑	四一	五八	五二	一九	六○	一八	六三	二九
立秋	四五	○五	五五	五五	六四	四○	六八	二二
大暑	四七	二一	五八	三二	六七	五七	七二	一一
小暑	四八	四二	六○	○六	六九	五八	七四	三八
夏至	四九	○九	六○	三六	七○	三八	七五	二九

三十九度

節氣	申初度	申初分	未正度	未正分	未初度	未初分	午正度	午正分
冬至	一四	四○	二一	二八	二五	五七	二七	三一
大雪	一五	二二	二三	一五	二六	四五	二八	二二
小雪	一七	二一	二四	二九	二九	○九	三○	四九
立冬	二○	二八	二七	五五	三二	五三	三四	三八
霜降	二四	二五	三二	一七	三七	三七	三九	三一
寒露	二八	四七	三七	一二	四二	五八	四五	○五
秋分	三三	二○	四二	一八	四八	三九	五一	○○
白露	三七	四二	四七	一五	五四	一五	五六	五五
處暑	四一	三五	五一	四二	五九	二六	六二	二九
立秋	四四	四八	五五	三四	六三	五○	六七	二二
大暑	四七	○八	五八	○五	六七	一一	七一	一一
小暑	四八	三二	五九	四二	六九	一四	七三	三八
夏至	四九	○○	六○	一四	六九	五六	七四	二九

北極高度

北極高度	節氣	卯度	正分	辰度	初分	辰度	正分
四十度	冬至					○五	二八
	小寒					○六	○六
	大寒					○七	五五
	立春			○○	三二	一○	四五
	雨水			○三	四七	一四	一九
	驚蟄			○七	三一	一八	二一
	春分			一一	三六	二二	三一
	清明	○三	四八	一五	一六	二六	三四
	穀雨	○七	二一	一八	四八	三○	一三
	立夏	一○	三六	二一	四八	三三	三六
	小滿	一二	四九	二四	○五	三五	三三
	芒種	一四	三○	二五	三九	三六	五六
	夏至	一四	五○	二五	五八	三七	三三
四十一度	冬至					○四	四六
	小寒					○五	二九
	大寒					○七	二一
	立春					一○	一七
	雨水			○三	二九	一三	五○
	驚蟄			○七	一七	一七	九五
	春分			一一	一六	一二	○一
	清明	○三	五三	一五	一一	二六	一七
	穀雨	○七	三○	一八	四七	三○	○二
	立夏	一○	三九	二一	五一	三三	○九
	小滿	一三	○五	二四	一一	三五	二九
	芒種	一四	三八	二五	三九	三六	五六
	夏至	一五	○九	二六	○八	三七	六七
		酉	正	酉	初	申	正

四十度

節氣	巳初度	巳初分	巳正度	巳正分	午初度	午初分	午正度	午正分
冬至	一三	五五	二○	三七	二四	五九	二六	三一
大雪 小寒	一四	三八	二一	二五	二五	五一	二七	二二
小雪 大寒	一六	三九	二三	三九	二八	一二	二九	四九
立冬 立春	一九	四九	二七	○七	三一	五六	三三	三八
霜降 雨水	二三	四五	三一	二八	三六	四○	三八	三一
寒露 驚蟄	二八	一二	三六	二五	四二	○三	四四	○九
秋分 春分	三二	四八	四一	三三	四七	四四	五○	○○
白露 清明	三七	一四	四六	三四	五三	二一	五五	五五
處暑 穀雨	四一	一三	五一	○六	五八	三三	六一	二九
立秋 立夏	四四	三○	五四	五一	六三	○○	六六	二二
大暑 小滿	四六	五四	五七	三七	六六	二四	七○	一一
小暑 芒種	四八	二一	五九	一七	六八	二九	七二	三八
夏至	四八	五一	五九	五○	六九	一二	七三	二九

四十一度

節氣	申初度	申初分	未正度	未正分	未初度	未初分	午正度	午正分
冬至	一三	一一	二九	四五	二四	○三	二五	三一
大雪 小寒	一三	五三	二○	三二	二四	五二	二六	三二
小雪 大寒	一五	五七	二二	四四	二七	一五	二八	四九
立冬 立春	一九	○五	二六	一四	三○	五七	三二	三八
霜降 雨水	二三	○六	三○	三九	三五	四二	三七	三一
寒露 驚蟄	二七	三五	三五	三七	四一	○六	四三	○九
秋分 春分	三二	一五	四○	四九	四六	四八	四九	○○
白露 清明	三六	四六	四五	五二	五二	二五	五四	五五
處暑 穀雨	四○	四八	五○	二七	五七	四○	六○	二九
立秋 立夏	四四	一○	五四	一七	六二	一○	六五	二二
大暑 小滿	四六	四○	五七	○七	六五	三五	六九	一一
小暑 芒種	四八	一○	五八	五一	六七	四三	七一	三八
夏至	四八	四○	五九	二五	六八	二七	七二	二九

北極高度

四十二度

節氣	卯正 度	卯正 分	辰初 度	辰初 分	辰正 度	辰正 分
冬至					○四	一七
小寒					○四	四八
大寒					○六	四五
立春					○九	四○
雨水			○三	○八	一三	二○
驚蟄			○七	○一	一七	三○
春分			一一	○五	二一	四八
清明	○三	五七	一五	○五	二六	○○
穀雨	○七	四一	一八	四五	二九	四九
立夏	一○	五二	二一	五四	三三	○二
小滿	一三	二一	二四	一八	三五	二六
芒種	一四	五五	二五	四七	三六	五五
夏至	一五	二八	二六	一八	三七	二四

四十三度

節氣	酉正 度	酉正 分	酉初 度	酉初 分	申正 度	申正 分
冬至					○三	三九
小寒					○四	一九
大寒					○六	一○
立春					○九	○八
雨水			○二	五○	一二	五一
驚蟄			○六	四六	一七	○四
春分			一○	五五	二一	二七
清明	○四	○二	一四	五九	二五	四四
穀雨	○七	四八	一八	四六	二九	三七
立夏	一一	○五	二一	五七	三三	○二
小滿	一三	三七	二四	二四	三五	二一
芒種	一五	一三	二五	五六	三六	五三
夏至	一五	四四	二六	二七	三七	二三

四十二度

節氣	巳初度	巳初分	巳正度	巳正分	午初度	午初分	午正度	午正分
冬至	一二	二九	一八	五二	二三	〇三	二四	三一
大雪	一三	〇九	一九	三六	二三	五二	二五	二二
小雪	一五	二二	二一	五四	二六	一六	二七	四九
立冬	一八	二四	二五	二五	三〇	一三	三一	三八
霜降	二二	二六	二九	五〇	三四	四六	三六	二一
寒露	二六	五九	三四	四九	四〇	〇九	四二	〇五
秋分	三一	四二	四〇	〇三	四五	五二	四八	〇〇
白露	三六	一七	四五	一〇	五一	三二	五三	五五
處暑	四〇	二四	四九	四九	五六	四八	五九	二九
立秋	四三	五一	五三	四二	六一	一九	六四	二二
大暑	四六	二四	五六	三七	六四	四六	六八	一一
小暑	四七	五七	五八	二三	六六	五六	七〇	三八
夏至	四八	二七	五八	五八	六七	四〇	七一	二九

四十三度

節氣	申初度	申初分	未正度	未正分	未初度	未初分	午正度	午正分
冬至	一一	四一	一八	二五	二二	〇六	二三	三一
大雪	一二	二四	一八	四七	二四	三九	二四	二二
小雪	一四	二八	二一	〇三	二五	一九	二六	四九
立冬	一七	四二	二四	三三	二九	〇四	三〇	三八
霜降	二一	四六	二九	〇〇	三三	四八	三五	三〇
寒露	二六	二二	三四	〇二	三九	一四	四一	〇五
秋分	三一	〇八	三九	一八	四四	五七	四七	〇〇
白露	三五	四七	四四	二七	五〇	三五	五二	五五
處暑	三九	五九	四九	一〇	五五	五四	五八	三〇
立秋	四三	三〇	五三	〇七	六〇	二七	六三	二二
大暑	四六	〇七	五六	〇五	六四	〇四	六七	一一
小暑	四七	四三	五七	四五	六六	〇八	六九	三八
夏至	四八	一五	五八	〇三	六六	五三	七〇	二九

北極高度

四十四度

	卯正度	卯正分	辰初度	辰初分	辰正度	辰正分
冬至					○三	○四
小寒					○三	四二
大寒					○五	三六
立春					○八	三五
雨水			○二	三二	一二	二一
驚蟄			○六	三一	一六	三七
春分			一○	四四	二一	○五
清明	○四	○六	一四	五三	二五	二六
穀雨	○七	五七	一八	四三	二九	三四
立夏	一○	一三	二一	五九	三二	四四
小滿	一三	五二	二四	二九	三五	一六
芒種	一五	三○	二六	○三	三六	四九
夏至	一六	○二	二六	三五	三七	二一
	酉正		酉初		申正	

四十五度

	卯正度	卯正分	辰初度	辰初分	辰正度	辰正分
冬至					○二	二五
小寒					○三	○八
大寒					○五	○二
立春					○八	○三
雨水			○二	一二	一一	三八
驚蟄			○六	一二	一六	○八
春分			一○	三三	二○	四二
清明	○四	一○	一四	四七	二五	○三
穀雨	○六	○六	一八	四一	二九	一○
立夏	一一	三○	二二	○一	三二	三五
小滿	一四	○七	二三	二○	三五	○九
芒種	一五	四八	二六	一○	三六	四六
夏至	一六	二二	二六	五三	三七	一八
	酉正		酉初		申正	

四十四度

節氣	巳初度	巳初分	巳正度	巳正分	午初度	午初分	午正度	午正分
冬至	一○	五六	一七	○七	二一	○八	二二	三一
大雪	一一	四○	一七	四五	二一	五七	二三	二二
小雪	一三	四五	二○	一三	二四	二一	二五	四九
立冬	一六	五九	二三	四二	二七	三九	二九	三八
霜降	二一	○六	二八	一○	三二	五一	三四	三○
寒露	二五	四四	三三	一四	三八	一七	四○	○五
秋分	三○	三四	三八	三二	四四	○一	四六	○○
白露	三五	一七	四三	四四	四九	四三	五一	五五
處暑	三九	三四	四八	三○	五五	○一	五七	三○
立秋	四三	○八	五二	三一	五九	三五	六二	二二
大暑	四五	四九	五五	三二	六三	○六	六六	一一
小暑	四七	二八	五七	二四	六五	一九	六八	三八
夏至	四八	○五	五八	○一	六六	○四	六九	二九

四十五度

節氣	申初度	申初分	未正度	未正分	未初度	未初分	午正度	午正分
冬至	一○	一八	一六	一五	二○	○九	二一	三一
大雪	一○	五六	一七	○三	二○	五八	二二	二二
小雪	一三	二四	一九	一九	二三	二三	二四	四九
立冬	一六	二七	二二	五一	二七	○九	二八	三八
霜降	二○	三九	二七	二一	三一	五四	三三	三○
寒露	二五	○三	三二	二一	三七	一六	三九	○五
秋分	三○	○○	三七	四六	四三	○五	四五	○○
白露	三四	四七	四三	○一	四八	四八	五○	五五
處暑	三九	○七	四七	四九	五四	○七	五六	三○
立秋	四二	四六	五一	五三	五八	四三	六一	二二
大暑	四五	○三	五四	五八	六二	三六	六五	一一
小暑	四七	一二	五六	五二	六四	二九	六七	三八
夏至	四七	四六	五七	三○	六五	一六	六八	二九

北極高度

四十六度

節氣	卯正度	卯正分	辰初度	辰初分	辰正度	辰正分
冬至					○一	四六
小寒					○二	三○
大寒					○四	二八
立春					○七	三○
雨水			○一	五二	一一	二一
驚蟄			○六	○○	一五	四四
春分			一○	二二	二○	一九
清明	○四	一五	一四	三九	二四	四九
穀雨	○八	一四	一八	四○	二八	五六
立夏	一一	四四	二二	○二	三二	二五
小滿	一四	二二	二四	三九	三五	○三
芒種	一六	○四	二六	一七	三六	四一
夏至	一六	四○	二六	五一	三七	一五

四十七度

節氣	酉正度	酉正分	酉初度	酉初分	申正度	申正分
冬至					○一	一七
小寒					○一	五○
大寒					○三	五四
立春					○六	五七
雨水			○一	三四	一○	五二
驚蟄			○五	四五	一五	一八
春分			一○	一○	一九	五六
清明	○四	二○	一四	三二	二四	三○
穀雨	○八	二三	一八	三五	二八	四一
立夏	一一	五三	二二	○三	三二	一四
小滿	一四	三七	二四	四三	三四	五五
芒種	一六	二一	二六	二三	三六	三六
夏至	一六	五七	二六	五七	三七	一○

四十六度

節氣	巳初度	巳初分	巳正度	巳正分	午初度	午初分	午正度	午正分
冬至	○九	五七	一五	二二	一九	○三	二○	三一
大雪	一○	○九	一六	一○	二○	○一	二一	二二
小雪	一二	一六	一八	二七	二二	二六	二三	四九
立冬	一五	三五	二二	○○	二六	一一	二七	三八
霜降	一九	四六	二六	三○	三○	五七	三二	三○
寒露	二四	二九	三一	三七	三六	二三	三八	○五
秋分	二九	二五	三六	五九	四二	○九	四四	○○
白露	三四	一五	四二	一六	四七	五二	四九	五五
處暑	三八	四○	四七	四一	五三	一三	五五	三○
立秋	四二	二二	五一	一五	五七	五○	六○	二二
大暑	四五	一○	五四	二二	六一	二四	六四	一一
小暑	四六	五四	五六	一九	六三	四○	六六	三八
夏至	四七	二九	五六	五八	六四	二六	六七	二九

四十七度

節氣	申初度	申初分	未正度	未正分	未初度	未初分	午正度	午正分
冬至	○八	四一	一四	三○	一八	一三	一九	三一
大雪	○九	二五	一五	一七	一九	○五	二○	二二
小雪	一一	三二	一七	三四	二一	二六	二二	四九
立冬	一四	五二	二一	○九	二五	一四	二六	三八
霜降	一九	○四	二五	四○	二九	五八	三一	三○
寒露	二三	五一	三○	四八	三五	一六	三七	○五
秋分	二八	五○	三六	一二	四一	一二	四三	○○
白露	三三	四三	四一	三一	四六	五六	四八	五五
處暑	三八	一二	四六	二六	五二	一七	五四	三○
立秋	四一	五九	五○	三六	五六	五六	五九	二二
大暑	四四	五○	五三	四七	六○	三二	六三	一一
小暑	四六	三八	五五	四五	六二	四九	六五	三八
夏至	四七	一二	五六	二五	六三	三五	六六	二九

北極高度

四十八度

節氣	卯度	正分	辰度	初分	辰度	正分
冬至					〇〇	四一
小寒					〇一	一九
大寒					〇三	二一
立春					〇六	二四
雨水			〇一	一五	一〇	二一
驚蟄			〇五	二九	一四	五一
春分			〇九	五八	一九	三三
清明	〇四	三四	一四	二五	二四	一〇
穀雨	〇八	三一	一八	三二	二八	五四
立夏	一二	〇五	二二	〇四	三二	〇九
小滿	一四	三九	二四	四六	三四	四七
芒種	一六	三七	二六	二九	三六	三〇
夏至	一七	一三	二七	〇四	三七	〇五

四十九度

節氣	卯度	正分	辰度	初分	辰度	正分
冬至						
小寒					〇〇	一三
大寒					〇二	四一
立春					〇五	五二
雨水			〇〇	五四	〇九	五一
驚蟄			〇五	一三	一四	二三
春分			〇九	四七	一九	〇九
清明	〇四	二八	一四	二四	二三	五〇
穀雨	〇八	三九	一八	二八	二八	〇九
立夏	一〇	〇九	二二	〇四	三一	五〇
小滿	一五	〇六	二四	四九	三四	三八
芒種	一六	五三	二六	三四	三六	二三
夏至	一七	三〇	二七	一〇	三六	五九
	酉	正	酉	初	申	正

四十八度

節氣	巳初度	巳初分	巳正度	巳正分	午初度	午初分	午正度	午正分
冬至	○七	五五	一三	三七	一七	一四	一八	三一
大雪	○八	二四	一四	二五	一八	○四	一九	二二
小雪	一○	四九	一六	四三	二○	二八	二一	四九
立冬	一四	○九	二○	一七	二四	一五	二五	三八
霜降	一八	二三	二四	四九	二九	○二	三○	三○
寒露	二三	一二	二九	五九	三四	三○	三六	○五
秋分	二八	一四	三五	二五	四○	一六	四二	○○
白露	三三	○一	四○	四六	四三	五九	四七	五五
處暑	三七	四三	四五	四三	五一	二三	五三	三○
立秋	四一	三四	四九	三六	五六	○三	五八	二二
大暑	四四	二八	五三	一○	五九	四○	六二	一一
小暑	四六	一七	五五	一○	六一	五七	六四	三八
夏至	四六	五四	五五	五一	六二	四四	六五	二九

四十九度

節氣	申初度	申初分	未正度	未正分	未初度	未初分	午正度	午正分
冬至	○七	一○	一二	四三	一六	一六	一七	三一
大雪	○七	五五	一三	三三	一七	○七	一八	二二
小雪	一○	○四	一五	五一	一九	三二	二○	四九
立冬	一三	二六	一九	二五	二三	一八	二四	三八
霜降	一七	四一	二三	五八	二八	○五	二九	三○
寒露	二二	三四	二九	二○	三三	三二	三五	○五
秋分	二七	三九	三四	三七	三九	一九	四一	○○
白露	三二	三八	四○	○一	四五	○五	四六	五五
處暑	三七	一四	四五	○○	五○	二九	五二	三○
立秋	四一	○八	四九	一六	五五	○九	五七	二二
大暑	四四	○六	五二	三二	五八	三六	六一	一一
小暑	四五	五七	五四	三五	六一	○六	六三	三八
夏至	四六	三四	五五	一六	六二	五三	六四	二九

北極高度

五十度

節氣	卯正度	卯正分	辰初度	辰初分	辰正度	辰正分
冬至						
小寒					○○	一○
大寒					○二	○八
立春					○五	一八
雨水			○○	三七	○九	三一
驚蟄			○四	五八	一三	五六
春分			○九	三五	一八	四五
清明	○四	三二	一四	○九	二三	三○
穀雨	○八	四七	一八	二四	二七	五三
立夏	一二	二八	二二	○三	三一	三七
小滿	一五	二○	二四	五二	三四	三○
芒種	一七	○九	二六	三九	三六	一六
夏至	一七	四六	二七	一五	三六	五二

五十一度

節氣	酉正度	酉正分	酉初度	酉初分	申正度	申正分
冬至						
小寒						
大寒					○一	三四
立春					○四	四五
雨水			○○	二四	○九	三九
驚蟄			○四	四一	一三	二八
春分			○九	二二	一八	二○
清明	○四	三六	一四	○一	二三	○九
穀雨	○八	五五	一八	二○	二七	三五
立夏	一二	三九	二二	○三	三一	二四
小滿	一五	三三	二四	五四	三四	一八
芒種	一七	二四	二六	四三	三六	○七
夏至	一八	○九	二七	二○	三六	四五

	巳度	初分	巳度	正分	午度	初分	午度	正分
冬至	○六	二四	一一	五一	一五	二○	一六	三一
大雪	○七	○九	一二	三八	一六	○九	一七	二二
小雪	○九	二○	一四	五七	一八	三三	一九	四九
立冬	一二	四三	一八	三三	二二	二○	二三	三八
霜降	一七	○二	二三	○八	二七	○七	二八	三○
寒露	二一	五四	二九	四五	三二	三五	三四	○五
秋分	二七	○二	三三	五○	三八	二三	四○	○○
白露	三二	○四	三九	一五	四四	○九	四五	五五
處暑	三六	四四	四四	一七	四九	三四	五一	三○
立秋	四○	四一	四八	四九	五四	一五	五六	二二
大暑	四三	四二	五一	五四	五七	五四	六○	一一
小暑	四五	三六	五三	五八	六○	三三	六二	三八
夏至	四六	一四	五四	四○	六一	○一	六三	二九

	申	初	未	正	未	初	午	正
冬至	○五	四○	一○	五八	一四	三六	[illegible]五	三一
大雪	○六	二四	一一	四六	一五	○九	[illegible]六	二二
小雪	○八	三五	一四	○五	一七	三七	[illegible]八	四九
立冬	一一	○○	一七	四二	二一	二三	[illegible]	三八
霜降	一六	[illegible]○	二二	一七	二六	一○	[illegible]七	三○
寒露	二一	一五	二七	一一	三一	三八	[illegible]三	○五
秋分	二六	二五	三三	○三	三七	二六	[illegible]九	○○
白露	三一	三一	三八	二九	四三	一四	四四	五五
處暑	三六	一三	四三	五二	四八	三八	五○	三○
立秋	四○	一四	四七	五四	五三	二一	五五	二二
大暑	四三	一八	五一	一四	五七	○一	五九	一一
小暑	四五	一六	五三	五○	五八	三九	六二	三八
夏至	四五	五二	五四	○三	六○	○八	六三	二九

北極高度

五十二度

節氣	卯正（酉正）度	卯正（酉正）分	辰初（酉初）度	辰初（酉初）分	辰正（申正）度	辰正（申正）分
冬至						
小寒						
大寒					○○	五六
立春					○四	一二
雨水					○八	一九
驚蟄			○四	二六	一三	○○
春分			○九	一○	一七	四六
清明	○四	四○	一三	五二	二二	四八
穀雨	○九	○二	一八	一五	二七	一八
立夏	一三	五○	二二	○一	三一	一○
小滿	一五	四七	二四	五六	三四	○七
芒種	一七	三九	二六	四六	三五	五九
夏至	一八	一八	二七	四四	三六	三六

五十三度

節氣	卯正（酉正）度	卯正（酉正）分	辰初（酉初）度	辰初（酉初）分	辰正（申正）度	辰正（申正）分
冬至						
小寒						
大寒					○○	二五
立春					○三	四三
雨水					○八	○五
驚蟄			○四	○九	一二	三二
春分			○八	五八	一七	三一
清明	○四	四四	一三	四四	二二	二六
穀雨	○九	○九	一八	一○	二七	○○
立夏	一三	○○	二二	○○	三○	五五
小滿	一六	○○	二四	五七	三三	五五
芒種	一七	五四	二六	四九	三五	四九
夏至	一八	三二	二七	二七	三六	二八

揣籥續錄 上 五十四度 五十三度

節氣	巳初度	巳初分	巳正度	巳正分	午初度	午初分	午正度	午正分
冬至	○四	五六	一○	○五	一三	二五	一四	三一
大雪	○五	三八	一○	五二	一四	一三	一五	二二
小雪	○七	四五	一三	一二	一六	四二	一七	四九
立冬	一一	一七	一六	四九	二○	三五	二一	三八
霜降	一五	三八	二一	二七	二五	一二	二六	三○
寒露	二○	三六	三六	四一	三○	四一	三二	○五
秋分	二五	四八	三二	一三	三六	二九	三八	○○
白露	三○	五六	三七	四二	四五	一六	四三	五五
處暑	三五	四二	四二	四八	四七	四三	四九	三○
立秋	三九	四六	四七	一一	五二	二六	五四	二二
大暑	四二	五三	五○	三四	五六	○七	五八	一一
小暑	四四	五○	五二	四二	五八	二七	六○	三八
夏至	四五	三○	五三	二五	六○	二○	六一	二九

節氣	申初度	申初分	未正度	未正分	未初度	未初分	午正度	午正分
冬至	○三	五三	○九	○五	一二	一八	一三	三一
大雪	○四	五三	○九	五九	一三	一四	一四	二二
小雪	○五	三六	一二	一九	一五	三八	一六	四九
立冬	一○	三四	一五	五八	一九	二七	二○	三八
霜降	一四	五七	二○	三五	二四	一四	二五	三○
寒露	一九	五六	二六	○三	二九	三八	三一	○五
秋分	二五	一一	三一	二五	三五	三一	三七	○○
白露	三○	二三	三六	五六	四一	二一	四二	五五
處暑	三五	一一	四二	○三	四六	四七	四八	三○
立秋	三九	一八	四六	二九	五一	三一	五三	二二
大暑	四二	三八	四九	五三	五四	五八	五七	一一
小暑	四四	一一	五二	○三	五七	三四	五九	三八
夏至	四五	○八	五二	四九	五八	二五	六○	二九

二十三

北極高度

五十四度

	卯正度	卯正分	辰初度	辰初分	辰正度	辰正分
冬至						
小寒						
大寒						
立春					○三	○五
雨水					○七	一八
驚蟄			○三	五三	一二	○一
春分			○八	四五	一七	○五
清明	○四	四七	一三	三七	二二	○三
穀雨	○九	一七	一八	○四	二六	四一
立夏	一三	一一	二一	五七	三○	四○
小滿	一六	一三	二四	五八	三三	四三
芒種	一八	○九	二六	五○	三五	三八
夏至	一八	四八	二七	三○	三六	一八

五十五度

	卯正度	卯正分	辰初度	辰初分	辰正度	辰正分
冬至						
小寒						
大寒						
立春					○二	三一
雨水					○六	四六
驚蟄			○三	三七	一一	三七
春分			○八	三二	一六	四○
清明	○四	五○	一三	三○	二一	四三
穀雨	○九	二四	一七	五九	二六	二二
立夏	一三	二一	二一	九五	三○	二四
小滿	一六	二五	二四	五八	三三	三四
芒種	一八	二三	二六	五三	三五	二七
夏至	一九	○三	二七	三三	三六	○六
	酉正		酉初		申正	

節氣	巳初度	巳初分	巳正度	巳正分	午初度	午初分	午正度	午正分
冬至	○三	二三	○八	一九	一一	二七	一二	三一
大雪	○四	○九	○九	○七	一二	一六	一三	二二
小雪	○六	二三	一一	二七	一四	四○	一五	四九
立冬	○九	五○	一五	○六	一八	二八	一九	三八
霜降	一四	一三	一九	四四	二三	一七	二四	三○
寒露	一九	二六	二五	○一	二八	四七	三○	○五
秋分	二四	三四	三○	三六	三四	三六	三六	○○
白露	二九	四七	三六	○八	四○	二四	四一	五五
處暑	三四	三九	四一	一八	四五	五一	四七	三○
立秋	三八	四九	四五	四五	五○	四一	五二	二二
大暑	四二	○一	四九	一二	五四	一八	五六	一一
小暑	四四	○一	五一	三二	五六	四○	五八	三八
夏至	四四	四三	五二	○七	五七	二八	五九	二九

節氣	申初度	申初分	未正度	未正分	未初度	未初分	午正度	午正分
冬至	○二	三八	○七	二四	一○	二八	一一	三一
大雪	○三	一八	○八	一五	一一	一九	一二	二二
小雪	○五	三六	一○	三四	一三	四三	一四	四九
立冬	○九	○七	一四	一三	一七	二九	一八	三八
霜降	一三	三二	一八	五三	二二	一八	二三	三○
寒露	一八	三七	二四	一一	二七	四九	二九	○五
秋分	二三	五六	二九	四七	三三	三九	三五	○○
白露	二九	一二	三五	二一	三九	二八	四○	五五
處暑	三四	○六	四○	三二	四四	五五	四六	三○
立秋	三八	一九	四五	○一	四九	四一	五一	二二
大暑	四一	三三	四八	三○	五三	二三	五五	一一
小暑	四三	三六	五○	四二	五五	四五	五七	三八
夏至	四四	一八	五一	二七	五六	三四	五八	二九

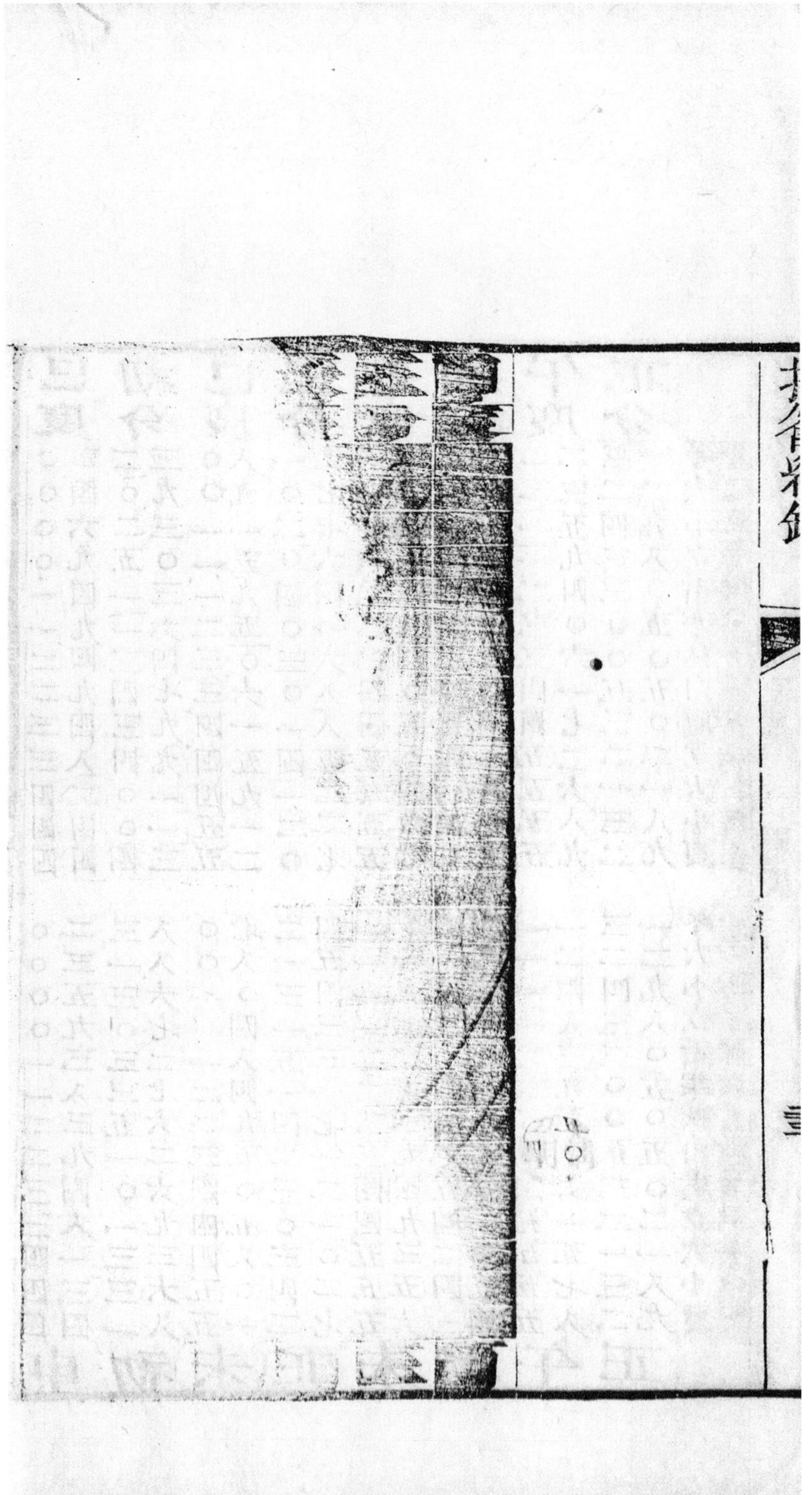

揣籥續錄卷中

全椒江臨泰衍

金華張作楠訂

表影立成上 直表

法用直表取平地之影立表須直稍偏則影變須用垂線準之所謂入線附臬也取影之地須極平若微有高下則影不與表應當以水準之量影即用量表之尺須用分釐尺今以立表一尺爲例如用表一丈則以尺爲丈寸爲尺分爲寸釐爲分若表八尺則用八乘餘倣此按各方各節氣加時太陽直影長短定爲立成如左極高二十三度以前太陽在天頂北則影在表南不可不知

直表一尺

十八度

節氣	卯正 尺	卯正 寸	卯正 分	卯正 釐	辰初 尺	辰初 寸	辰初 分	辰初 釐	辰正 尺	辰正 寸	辰正 分	辰正 釐
冬至					九	二	八	○	二	九	九	一
小寒					八	八	二	二	二	九	二	○
大寒					七	九	三	四	二	七	三	二
立春					六	四	四	七	二	四	八	五
雨水					五	二	一	七	二	二	二	三
驚蟄					四	四	九	二	二	○	一	一
春分					三	八	六	六	一	八	三	○
清明	廿七	四	八	九	三	四	一	六	一	六	九	三
穀雨	十二	九	九	六	三	○	八	一	一	五	九	三
立夏	十一	一	三	二	二	八	八	五	一	五	三	○
小滿	八	九	六	二	二	七	四	九	一	四	九	二
芒種	八	○	四	七	二	六	七	四	一	四	七	四
夏至	七	七	七	○	二	六	五	一	一	四	六	八

十九度

節氣	酉正 尺	酉正 寸	酉正 分	酉正 釐	酉初 尺	酉初 寸	酉初 分	酉初 釐	申正 尺	申正 寸	申正 分	申正 釐
冬至					十	○	四	八	三	○	八	六
小寒					九	四	八	七	三	○	一	一
大寒					八	一	六	三	二	八	○	八
立春					六	七	一	七	二	五	四	五
雨水					五	四	九	三	二	二	七	四
驚蟄					四	五	六	一	二	○	三	八
春分					三	八	九	○	一	八	四	四
清明	廿六	二	二	九	三	四	一	二	一	六	九	七
穀雨	十四	四	二	一	三	○	八	○	一	五	九	二
立夏	十	三	五	三	二	八	五	五	一	五	二	二
小滿	八	五	一	二	二	七	一	一	一	四	八	○
芒種	七	六	四	七	二	六	三	○	一	四	五	九
夏至	七	三	九	六	二	六	○	五	一	四	五	三

十八度

	巳初				巳正				午初				午正			
	尺	寸	分	釐	尺	寸	分	釐	尺	寸	分	釐	尺	寸	分	釐
冬至	一	七	四	三	一	二	一	四	〇	九	五	六	〇	八	七	六
大雪 小寒	一	七	〇	六	一	一	八	六	〇	九	三	〇	〇	八	五	〇
小雪 大寒	一	六	〇	七	一	一	〇	九	〇	八	五	九	〇	七	七	九
立冬 立春	一	四	七	二	一	〇	〇	二	〇	七	五	七	〇	六	七	七
霜降 雨水	一	三	二	七	〇	八	八	四	〇	六	二	〇	〇	五	五	九
寒露 驚蟄	一	一	九	九	〇	七	七	六	〇	五	二	九	〇	四	三	八
秋分 春分	一	〇	九	〇	〇	六	八	二	〇	四	二	五	〇	三	二	〇
白露 清明	一	〇	〇	九	〇	六	一	一	〇	三	三	九	〇	二	〇	九
處暑 穀雨	〇	九	五	三	〇	五	六	六	〇	二	六	五	〇	一	〇	九
立秋 立夏	〇	九	二	一	〇	五	四	一	〇	二	三	三	〇	〇	二	四
大暑 小滿	〇	九	〇	六	〇	五	三	五	〇	二	二	一	〇	〇	三	四
小暑 芒種	〇	九	〇	二	〇	五	三	六	〇	二	五	九	〇	〇	七	六
夏至	〇	八	六	九	〇	五	三	八	〇	二	六	四	〇	〇	九	二

十九度

	申初				未正				未初				午正			
	尺	寸	分	釐	尺	寸	分	釐	尺	寸	分	釐	尺	寸	分	釐
冬至	一	七	九	一	一	二	四	九	〇	九	八	九	〇	九	〇	八
大雪	一	七	五	三	一	二	二	〇	〇	九	六	二	〇	八	八	一
小雪	一	六	四	八	一	一	四	〇	〇	八	八	八	〇	八	〇	八
立冬	一	五	〇	五	一	〇	二	九	〇	七	八	三	〇	七	〇	三
霜降	一	三	五	四	〇	九	〇	八	〇	六	六	五	〇	五	八	三
寒露	一	二	一	七	〇	七	九	三	〇	五	四	七	〇	四	五	九
秋分	一	一	〇	二	〇	六	九	四	〇	四	四	〇	〇	三	三	九
白露	一	〇	一	五	〇	六	一	九	〇	三	五	一	〇	二	二	七
處暑	〇	九	五	五	〇	五	六	八	〇	二	八	七	〇	一	二	七
立秋	〇	九	一	九	〇	五	四	一	〇	二	五	四	〇	〇	四	二
大暑	〇	九	〇	一	〇	五	三	二	〇	二	四	七	〇	〇	一	六
小暑	〇	八	九	四	〇	五	三	一	〇	二	五	三	〇	〇	五	九
夏至	〇	八	九	三	〇	五	三	二	〇	二	五	七	〇	〇	七	四

直表一尺

二十度

節氣	卯正 尺	寸	分	釐	辰初 尺	寸	分	釐	辰正 尺	寸	分	釐
冬至					十	九	一	八	三	一	九	四
小寒					十	二	二	九	三	一	一	二
大寒					九	七	六	〇	二	九	五	二
立春					六	九	八	三	二	六	〇	七
雨水					五	六	三	三	二	三	一	六
驚蟄					四	六	三	八	二	〇	六	六
春分					三	九	一	八	一	八	五	九
清明	廿五	二	六	四	三	四	〇	九	一	七	〇	二
穀雨	十三	七	八	二	三	〇	五	九	一	五	九	一
立夏	九	八	七	三	二	八	二	三	一	五	一	六
小滿	八	一	〇	五	二	六	八	四	一	四	七	一
芒種	七	二	八	四	二	五	八	九	一	四	四	五
夏至	七	〇	四	一	二	五	六	三	一	四	三	九

二十一度

節氣	酉正 尺	寸	分	釐	酉初 尺	寸	分	釐	申正 尺	寸	分	釐
冬至					十一	九	二	九	三	三	〇	九
小寒					十	一	六	八	三	二	一	四
大寒					九	二	八	一	二	九	七	四
立春					七	三	三	二	二	六	六	八
雨水					五	八	一	九	二	三	六	二
驚蟄					四	七	一	一	二	〇	九	二
春分					三	九	四	二	一	八	七	二
清明	廿四	一	九	六	三	四	〇	九	一	七	〇	九
穀雨	十三	一	四	六	三	〇	四	二	一	五	八	九
立夏	九	四	三	五	二	七	九	五	一	五	〇	九
小滿	七	七	五	三	二	六	三	七	一	五	四	九
芒種	六	九	五	四	二	五	四	九	一	四	三	二
夏至	六	七	一	八	二	五	二	四	一	四	二	五

二十度

	巳初 尺	寸	分	釐	巳正 尺	寸	分	釐	午初 尺	寸	分	釐	午正 尺	寸	分	釐
冬至	一	八	四	二	一	二	八	七	一	○	二	二	○	九	四	○
大雪	一	八	○	○	一	二	五	六	○	九	九	四	○	九	一	二
小雪	一	七	一	○	一	一	八	六	○	九	二	九	○	八	三	七
立冬	一	五	三	九	一	○	四	八	○	八	○	九	○	七	三	○
霜降	一	三	八	一	○	九	三	○	○	六	八	八	○	六	○	六
寒露	一	二	三	六	○	八	一	○	○	五	六	八	○	四	八	一
秋分	一	一	一	五	○	七	○	八	○	四	五	七	○	三	五	九
白露	一	○	二	二	○	六	一	八	○	三	六	四	○	二	四	六
處暑	○	九	五	七	○	五	七	三	○	二	九	六	○	一	四	五
立秋	○	九	一	七	○	五	四	二	○	二	五	八	○	○	五	九
大暑	○	八	九	七	○	五	二	九	○	二	四	六	○	○	○	○
小暑	○	八	八	八	○	五	二	七	○	二	四	二	○	○	二	四
夏至	○	八	八	六	○	五	二	七	○	二	五	一	○	○	五	六

二十二度

	申初 尺	寸	分	釐	未正 尺	寸	分	釐	未初 尺	寸	分	釐	午正 尺	寸	分	釐
冬至	一	八	九	五	一	三	二	五	一	○	五	六	○	九	七	三
大雪	一	八	五	二	一	二	九	三	一	○	二	八	○	九	四	五
小雪	一	七	三	四	一	二	○	五	○	九	四	八	○	八	六	七
立冬	一	五	七	五	一	○	八	四	○	八	三	六	○	七	五	七
霜降	一	四	○	八	○	九	五	三	○	七	一	一	○	六	三	一
寒露	一	二	五	六	○	八	二	九	○	五	八	七	○	五	○	二
秋分	一	一	二	八	○	七	二	一	○	四	七	四	○	三	七	九
白露	一	○	二	九	○	六	三	七	○	三	七	八	○	二	六	五
處暑	○	九	六	○	○	五	七	八	○	三	○	六	○	一	六	三
立秋	○	九	一	六	○	五	四	三	○	二	六	二	○	○	七	七
大暑	○	八	九	二	○	五	二	七	○	二	四	六	○	○	一	○
小暑	○	八	八	二	○	五	二	三	○	二	四	五	○	○	二	四
夏至	○	八	七	九	○	五	二	二	○	二	四	七	○	○	三	九

直表一尺

二十二度

節氣	卯正 尺	卯正 寸	卯正 分	卯正 釐	辰初 尺	辰初 寸	辰初 分	辰初 釐	辰正 尺	辰正 寸	辰正 分	辰正 釐
冬至					十三	二	四	八	三	四	二	三
小寒					十二	二	九	五	三	三	二	六
大寒					九	九	○	二	三	○	六	三
立春					七	七	○	○	二	七	三	五
雨水					五	九	八	六	二	四	○	八
驚蟄					四	七	八	六	二	一	二	○
春分					三	九	七	一	一	八	九	一
清明	廿三	二	一	四	三	四	○	九	一	七	一	六
穀雨	十二	六	五	九	三	○	三	四	一	五	八	九
立夏	九	○	五	八	二	七	六	七	一	五	○	三
小滿	七	四	一	二	二	六	○	三	一	四	五	○
芒種	六	六	六	五	二	五	一	五	一	四	二	一
夏至	六	四	二	三	二	四	八	三	一	四	一	二

二十三度

節氣	酉正 尺	酉正 寸	酉正 分	酉正 釐	酉初 尺	酉初 寸	酉初 分	酉初 釐	申正 尺	申正 寸	申正 分	申正 釐
冬至					十四	七	九	五	三	五	五	七
小寒					十二	六	一	七	三	四	四	二
大寒					十	六	四	五	三	一	六	五
立春					八	○	八	六	二	八	○	六
雨水					六	一	九	七	二	四	五	五
驚蟄					四	八	七	九	二	一	五	一
春分					四	○	○	一	一	九	○	九
清明	廿二	三	○	八	三	四	○	九	一	七	二	四
穀雨	十二	一	二	○	三	○	一	五	一	五	八	九
立夏	八	六	八	七	二	七	四	○	一	四	九	八
小滿	七	一	三	○	二	五	六	九	一	四	四	○
芒種	六	三	八	六	二	四	七	七	一	四	一	一
夏至	六	一	七	四	二	四	四	六	一	三	九	九

節氣	巳初 尺	寸	分	釐	巳正 尺	寸	分	釐	午初 尺	寸	分	釐	午正 尺	寸	分	釐
冬至	一	九	五	四	一	三	六	七	一	○	九	三	一	○	○	八
大雪	一	九	○	六	一	三	三	二	一	○	六	一	○	九	七	九
小雪	一	七	八	○	一	二	三	九	○	九	八	○	○	八	九	八
立冬	一	六	一	二	一	一	一	三	○	八	六	四	○	七	八	五
霜降	一	四	三	六	○	九	七	七	○	七	三	五	○	六	五	五
寒露	一	二	七	五	○	八	四	八	○	六	○	八	○	五	二	四
秋分	一	一	四	二	○	七	三	五	○	四	九	一	○	三	九	九
白露	一	○	三	八	○	六	四	七	○	三	九	二	○	二	八	四
處暑	○	九	六	三	○	五	八	四	○	三	一	六	○	一	八	一
立秋	○	九	一	六	○	五	四	五	○	二	六	七	○	○	九	四
大暑	○	八	八	九	○	五	二	六	○	二	四	七	○	○	二	七
小暑	○	八	七	六	○	五	二	○	○	二	四	三	○	○	○	七
夏至	○	八	七	三	○	五	一	九	○	二	四	三	○	○	二	二

節氣	申初 尺	寸	分	釐	未正 尺	寸	分	釐	未初 尺	寸	分	釐	午正 尺	寸	分	釐
冬至	二	○	一	二	一	四	○	九	一	一	三	○	一	○	四	四
大雪	一	九	六	三	一	三	七	三	一	○	九	八	一	○	一	三
小雪	一	八	二	八	一	二	七	六	一	○	一	二	○	九	三	○
立冬	一	六	五	○	一	一	四	四	○	八	九	三	○	八	一	三
霜降	一	四	六	六	一	○	○	一	○	七	六	○	○	六	八	○
寒露	一	二	九	七	○	八	六	七	○	六	二	九	○	五	四	七
秋分	一	一	五	六	○	七	五	○	○	五	○	九	○	四	一	九
白露	一	○	四	六	○	六	五	七	○	四	○	七	○	三	○	三
處暑	○	九	六	七	○	五	九	○	○	三	二	七	○	一	九	九
立秋	○	九	一	五	○	五	四	七	○	二	七	四	○	一	一	二
大暑	○	八	八	五	○	五	二	六	○	二	四	九	○	○	四	四
小暑	○	八	七	一	○	五	一	七	○	二	四	三	○	○	○	二
夏至	○	八	六	七	○	五	一	五	○	二	四	一	○	○	○	四

直表一尺

二十四度

節氣	卯正 尺	卯正 寸	卯正 分	卯正 釐	辰初 尺	辰初 寸	辰初 分	辰初 釐	辰正 尺	辰正 寸	辰正 分	辰正 釐
冬至					十六	七	五	○	三	六	九	三
小寒					十四	九	九	○	三	五	七	四
大寒					十一	六	二	五	三	二	七	一
立春					八	五	一	三	二	八	八	○
雨水					六	三	九	八	二	五	○	七
驚蟄					四	九	五	九	二	一	八	三
春分					四	○	三	六	一	九	二	八
清明	廿一	六	○	六	三	四	一	二	一	七	三	二
穀雨	十一	六	六	四	二	九	九	四	一	五	九	○
立夏	八	三	四	五	二	七	一	五	一	四	九	三
小滿	六	八	四	一	二	五	四	一	一	四	二	二
芒種	六	一	四	○	二	四	四	四	一	三	九	九
夏至	五	九	三	三	二	四	一	二	一	三	八	七

二十五度

節氣	酉正 尺	酉正 寸	酉正 分	酉正 釐	酉初 尺	酉初 寸	酉初 分	酉初 釐	申正 尺	申正 寸	申正 分	申正 釐
冬至					十九	六	二	七	三	八	五	八
小寒					十七	二	五	六	三	七	一	九
大寒					十二	六	五	九	三	三	八	三
立春					九	○	一	○	二	九	六	三
雨水					六	六	一	二	二	五	六	○
驚蟄					五	○	五	○	二	二	一	六
春分					四	○	六	六	一	九	四	七
清明	廿	五	六	九	三	四	一	六	一	七	四	一
穀雨	十一	二	四	二	二	九	八	○	一	五	九	二
立夏	八	○	四	八	二	六	九	四	一	四	八	九
小滿	六	五	八	六	二	五	一	一	一	四	二	四
芒種	五	九	一	二	二	四	一	○	一	三	八	九
夏至	五	七	○	○	二	三	七	九	一	三	七	七

二十四度

節氣	巳初 尺	寸	分	釐	巳正 尺	寸	分	釐	午初 尺	寸	分	釐	午正 尺	寸	分	釐
冬至	二	〇	七	三	一	四	五	二	一	一	六	七	一	〇	八	一
大雪	二	〇	二	〇	一	四	一	六	一	一	三	四	一	〇	四	九
小雪	一	九	六	一	一	三	一	四	一	〇	四	六	〇	九	六	三
立冬	一	六	九	一	一	一	七	六	〇	九	二	二	〇	八	四	三
霜降	一	四	九	七	一	〇	二	八	〇	七	八	六	〇	七	〇	六
寒露	一	三	一	九	〇	八	八	七	〇	六	五	一	〇	五	七	〇
秋分	一	一	七	二	〇	七	六	二	〇	五	二	八	〇	四	四	〇
白露	一	〇	五	六	〇	六	六	九	〇	四	二	二	〇	三	二	二
處暑	〇	九	七	二	〇	五	九	七	〇	三	三	八	〇	二	一	七
立秋	〇	九	一	六	〇	五	五	一	〇	二	八	二	〇	一	三	〇
大暑	〇	八	八	三	〇	五	二	六	〇	二	五	二	〇	〇	六	二
小暑	〇	八	六	七	〇	五	一	六	〇	二	四	二	〇	〇	一	九
夏至	〇	八	六	二	〇	五	一	三	〇	二	三	九	〇	〇	〇	五

二十五度

節氣	申初 尺	寸	分	釐	未正 尺	寸	分	釐	未初 尺	寸	分	釐	午正 尺	寸	分	釐
冬至	二	一	四	一	一	四	九	九	一	二	〇	八	一	一	二	〇
大雪	二	〇	八	四	一	四	六	〇	一	一	七	四	一	〇	八	七
小雪	一	九	三	三	一	三	五	三	一	〇	八	一	〇	九	九	八
立冬	一	七	三	四	一	二	一	〇	〇	九	五	三	〇	八	七	三
霜降	一	五	二	九	一	〇	五	四	〇	八	一	一	〇	七	三	三
寒露	一	三	四	二	〇	九	〇	九	〇	六	七	三	〇	五	九	三
秋分	一	一	八	八	〇	七	八	三	〇	五	四	六	〇	四	六	一
白露	一	〇	六	六	〇	六	八	〇	〇	四	三	八	〇	三	四	一
處暑	〇	九	七	七	〇	六	〇	五	〇	三	五	一	〇	二	三	六
立秋	〇	九	一	七	〇	五	五	五	〇	二	九	一	〇	一	四	七
大暑	〇	八	八	一	〇	五	二	七	〇	二	五	六	〇	〇	七	九
小暑	〇	八	六	三	〇	五	一	五	〇	二	四	三	〇	〇	三	七
夏至	〇	八	五	八	〇	五	一	二	〇	二	四	〇	〇	〇	二	二

直表一尺

三十六度

節氣	卯正尺	卯正寸	卯正分	卯正釐	辰初尺	辰初寸	辰初分	辰初釐	辰正尺	辰正寸	辰正分	辰正釐
冬至					廿三	○	五	八	四	○	一	六
小寒					十九	八	五	五	三	八	七	一
大寒					十二	九	五	一	三	五	○	三
立春					九	五	九	五	三	○	四	七
雨水					六	八	二	七	二	六	一	六
驚蟄					五	一	六	一	二	二	五	三
春分					四	一	○	二	一	九	六	七
清明	廿	○	八	七	三	四	二	○	一	七	五	一
穀雨	十	八	四	八	二	九	六	六	一	五	九	四
立夏	七	七	五	三	二	六	七	○	一	四	八	六
小滿	六	三	五	○	二	四	八	三	一	四	一	七
芒種	五	六	九	一	二	三	七	九	一	三	七	九
夏至	五	四	九	四	二	三	四	六	一	三	六	七

三十七度

節氣	酉正尺	酉正寸	酉正分	酉正釐	酉初尺	酉初寸	酉初分	酉初釐	申正尺	申正寸	申正分	申正釐
冬至					廿八	六	三	六	四	一	九	二
小寒					廿四	○	二	六	四	○	三	一
大寒					十五	四	六	四	三	六	二	六
立春					十	一	九	九	三	一	三	六
雨水					七	○	八	五	二	六	七	五
驚蟄					五	二	五	九	二	二	八	九
春分					四	一	三	九	一	九	八	八
清明	廿九	五	一	六	三	四	二	三	一	七	六	二
穀雨	十	五	一	四	二	九	五	四	一	五	九	七
立夏	七	四	九	五	二	六	四	九	一	四	八	三
小滿	六	一	四	○	二	四	五	七	一	四	一	二
芒種	五	四	九	四	二	三	五	○	一	三	七	一
夏至	五	三	○	九	二	三	一	五	一	三	五	八

	巳初				巳正				午初				午正			
	尺	寸	分	釐	尺	寸	分	釐	尺	寸	分	釐	尺	寸	分	釐
冬至	二	二	一	一	一	五	四	七	一	二	四	九	一	一	六	○
大雪	二	一	四	九	一	五	○	五	一	二	一	三	一	一	二	六
小雪	一	九	九	○	一	三	四	四	一	一	一	八	一	○	三	三
立冬	一	七	七	八	一	二	四	四	○	九	八	五	○	九	○	四
霜降	一	五	六	三	一	○	八	二	○	八	三	八	○	七	八	八
寒露	一	三	六	七	○	九	三	一	○	六	九	六	○	六	一	七
秋分	一	二	○	四	○	七	九	九	○	五	六	六	○	四	八	二
白露	一	○	七	七	○	六	九	三	○	四	五	四	○	三	六	一
處暑	○	九	八	三	○	六	一	四	○	三	六	八	○	二	五	四
立秋	○	九	一	九	○	五	六	○	○	三	○	○	○	一	六	五
大暑	○	八	八	○	○	五	二	九	○	二	六	三	○	○	九	七
小暑	○	八	六	○	○	五	一	五	○	二	四	六	○	○	五	四
夏至	○	八	五	四	○	五	一	一	○	二	四	二	○	○	四	○

	申初				未正				未初				午正			
冬至	二	二	八	七	一	五	九	八	一	二	九	三	一	二	○	二
大雪	二	二	二	○	一	五	五	五	一	二	五	六	一	一	六	六
小雪	二	○	四	七	一	四	三	八	一	一	五	六	一	○	七	○
立冬	一	八	二	五	一	二	七	九	一	○	一	八	○	九	三	六
霜降	一	六	○	○	一	一	一	一	○	八	六	六	○	七	八	八
寒露	一	三	九	二	○	九	五	三	○	七	一	九	○	六	四	一
秋分	一	二	二	二	○	八	一	七	○	五	八	六	○	五	○	四
白露	一	○	八	八	○	七	○	六	○	四	七	一	○	三	八	一
處暑	○	九	八	九	○	六	二	二	○	三	七	八	○	二	七	三
立秋	○	九	二	二	○	五	六	五	○	三	一	一	○	一	八	三
大暑	○	八	八	○	○	五	三	二	○	二	七	○	○	一	一	五
小暑	○	八	五	八	○	五	一	五	○	二	五	○	○	○	七	二
夏至	○	八	五	一	○	五	一	一	○	二	四	五	○	○	五	七

直表一尺

三十八度

節氣	卯正/酉正 尺	寸	分	釐	辰初/酉初 尺	寸	分	釐	辰正/申正 尺	寸	分	釐
冬至					卌七	七	六	九	四	三	九	九
小寒					卄八	六	三	六	四	二	一	四
大寒					十七	九	八	〇	三	七	六	七
立春					七	八	八	三	三	二	三	四
雨水					七	三	六	四	二	七	三	八
驚蟄					五	三	六	一	二	三	二	八
春分					四	一	八	一	二	〇	一	〇
清明	十八	八	七	一	三	四	二	一	一	七	七	二
穀雨	十	一	六	八	二	九	四	九	一	六	〇	一
立夏	七	二	五	三	二	六	二	八	一	四	八	二
小滿	五	九	三	三	二	四	三	〇	一	四	〇	五
芒種	五	三	〇	九	二	三	二	二	一	三	六	三
夏至	五	一	二	九	二	二	八	七	一	三	四	九

三十九度

節氣	卯正/酉正 尺	寸	分	釐	辰初/酉初 尺	寸	分	釐	辰正/申正 尺	寸	分	釐
冬至					五十	八	八	八	四	六	〇	六
小寒					卌七	三	五	八	四	四	〇	七
大寒					廿	〇	八	七	三	九	一	四
立春					十一	八	七	五	三	三	三	七
雨水					七	六	六	五	二	八	〇	一
驚蟄					五	四	八	五	二	三	六	七
春分					四	二	一	九	二	〇	三	四
清明	十八	五	六	六	三	四	三	八	一	七	八	四
穀雨	九	八	七	三	二	九	三	四	一	六	〇	六
立夏	七	〇	二	六	二	六	一	〇	一	四	八	〇
小滿	五	七	四	〇	二	四	〇	六	一	四	〇	一
芒種	五	一	四	五	二	二	九	四	一	三	五	六
夏至	四	九	六	七	二	二	五	八	一	三	四	一

二十八度

節氣	巳初尺	巳初寸	巳初分	巳初釐	巳正尺	巳正寸	巳正分	巳正釐	午初尺	午初寸	午初分	午初釐	午正尺	午正寸	午正分	午正釐
冬至	二	三	六	七	一	六	五	一	一	三	三	八	一	二	四	五
大雪	二	二	九	四	一	六	〇	六	一	二	九	九	一	二	〇	八
小雪	一	一	一	二	一	四	八	三	一	一	九	五	一	一	〇	八
立冬	一	八	七	七	一	三	一	七	一	〇	五	一	〇	九	七	〇
霜降	一	六	三	四	一	一	四	一	〇	八	九	五	〇	八	一	七
寒露	一	四	一	八	〇	九	七	八	〇	七	四	四	〇	六	六	六
秋分	一	二	四	〇	〇	八	三	六	〇	六	〇	六	〇	五	二	六
白露	一	一	〇	〇	〇	七	二	〇	〇	四	八	八	〇	四	〇	一
處暑	〇	九	九	七	〇	六	三	三	〇	三	九	三	〇	二	九	二
立秋	〇	九	二	四	〇	五	七	二	〇	三	二	二	〇	二	〇	一
大暑	〇	八	八	〇	〇	五	三	五	〇	二	七	七	〇	一	三	三
小暑	〇	八	五	六	〇	五	一	七	〇	二	五	五	〇	〇	九	〇
夏至	〇	八	四	九	〇	五	一	一	〇	二	四	九	〇	〇	七	五

二十九度

節氣	申初尺	申初寸	申初分	申初釐	未正尺	未正寸	未正分	未正釐	未初尺	未初寸	未初分	未初釐	午正尺	午正寸	午正分	午正釐
冬至	二	四	四	八	一	七	〇	八	一	三	八	六	一	二	九	一
大雪	二	三	七	五	一	六	六	〇	一	三	四	五	一	二	五	二
小雪	二	一	七	九	一	五	二	九	一	二	三	六	一	一	四	八
立冬	一	九	二	六	一	三	五	六	一	〇	八	七	一	〇	〇	四
霜降	一	六	七	二	一	一	七	二	〇	九	二	四	〇	八	四	六
寒露	一	四	四	六	一	〇	〇	二	〇	七	六	八	〇	六	九	二
秋分	一	二	五	九	〇	八	五	五	〇	六	二	七	〇	五	四	九
白露	一	一	一	三	〇	七	三	五	〇	五	〇	六	〇	四	二	一
處暑	一	〇	〇	四	〇	六	四	三	〇	四	〇	七	〇	二	一	一
立秋	〇	九	二	八	〇	五	七	九	〇	三	三	四	〇	二	二	〇
大暑	〇	八	八	〇	〇	五	三	九	〇	二	八	六	〇	一	五	一
小暑	〇	八	五	五	〇	五	一	九	〇	二	六	二	〇	一	〇	七
夏至	〇	八	四	七	〇	五	一	二	〇	二	五	五	〇	〇	九	二

直表一尺

三十度

節氣	卯正 尺	卯正 寸	卯正 分	卯正 釐	辰初 尺	辰初 寸	辰初 分	辰初 釐	辰正 尺	辰正 寸	辰正 分	辰正 釐
冬至									四	八	五	七
小寒					卅五	七	○	九	四	六	三	二
大寒					廿三	八	五	九	四	○	八	二
立春					十二	七	○	六	三	四	四	六
雨水					八	○	二	八	二	八	七	七
驚蟄					五	六	○	五	二	四	一	二
春分					四	二	六	四	二	○	五	九
清明	十七	八	八	六	三	四	四	六	一	七	九	八
穀雨	九	五	六	八	二	九	二	六	一	六	一	○
立夏	六	八	一	三	二	五	九	二	一	四	八	○
小滿	五	五	六	七	二	三	八	三	一	三	九	五
芒種	四	九	八	二	二	二	六	九	一	三	四	九
夏至	四	八	○	八	二	二	三	三	一	三	三	三

三十一度

節氣	酉正 尺	酉正 寸	酉正 分	酉正 釐	酉初 尺	酉初 寸	酉初 分	酉初 釐	申正 尺	申正 寸	申正 分	申正 釐
冬至									五	一	一	三
小寒									四	八	六	四
大寒					廿八	一	六	六	四	二	六	四
立春					十三	八	三	八	三	五	六	二
雨水					八	三	四	五	二	九	四	九
驚蟄					五	七	四	○	二	四	五	七
春分					四	三	○	九	二	○	八	六
清明	十七	三	四	三	三	四	五	七	一	八	一	一
穀雨	九	三	○	六	二	九	一	八	一	六	一	六
立夏	六	六	一	二	二	五	七	四	一	四	八	○
小滿	五	四	○	四	二	三	六	二	一	三	九	二
芒種	四	八	三	六	二	二	四	六	一	三	四	四
夏至	四	六	六	五	二	二	○	八	一	三	二	七

三十度

節氣	巳初 尺	巳初 寸	巳初 分	巳初 釐	巳正 尺	巳正 寸	巳正 分	巳正 釐	午初 尺	午初 寸	午初 分	午初 釐	午正 尺	午正 寸	午正 分	午正 釐
冬至	二	五	三	九	一	七	六	七	一	四	三	六	一	三	三	八
大雪	二	四	五	九	一	七	一	六	一	三	九	四	一	二	九	八
小雪	二	二	四	九	一	五	八	○	一	二	七	九	一	一	八	九
立冬	一	九	八	一	一	三	九	六	一	一	二	三	一	○	四	○
霜降	一	七	一	四	一	二	○	五	○	九	五	五	○	八	七	六
寒露	一	四	七	六	一	○	二	七	○	七	九	四	○	七	一	八
秋分	一	二	八	○	○	八	七	四	○	六	四	九	○	五	七	二
白露	一	一	二	六	○	七	四	九	○	五	二	四	○	四	四	二
處暑	一	○	一	二	○	六	五	三	○	四	二	二	○	三	三	○
立秋	○	九	二	九	○	五	八	六	○	三	四	六	○	二	三	八
大暑	○	八	八	一	○	五	七	○	○	二	九	六	○	一	六	九
小暑	○	八	五	四	○	五	二	一	○	二	六	九	○	一	二	五
夏至	○	八	四	五	○	五	一	五	○	二	六	一	○	一	一	○

三十一度

節氣	申初 尺	申初 寸	申初 分	申初 釐	未正 尺	未正 寸	未正 分	未正 釐	未初 尺	未初 寸	未初 分	未初 釐	午正 尺	午正 寸	午正 分	午正 釐
冬至	二	六	三	七	一	八	三	二	一	四	八	九	一	三	八	八
大雪	二	五	五	○	一	七	七	六	一	四	四	四	一	三	四	六
小雪	二	三	二	四	一	六	三	一	一	三	二	四	一	二	三	一
立冬	二	○	四	○	一	四	三	九	一	一	六	二	一	○	七	七
霜降	一	七	五	六	一	二	三	八	○	九	八	七	○	九	○	八
寒露	一	五	○	五	一	○	五	三	○	八	二	○	○	七	四	四
秋分	一	三	○	一	○	八	九	五	○	六	七	一	○	五	九	五
白露	一	一	三	八	○	七	六	五	○	五	四	三	○	四	六	三
處暑	一	○	二	四	○	六	六	六	○	四	三	九	○	三	五	○
立秋	○	九	三	七	○	五	九	四	○	三	六	○	○	二	五	六
大暑	○	八	八	三	○	五	四	九	○	三	○	六	○	一	八	七
小暑	○	八	五	四	○	五	二	五	○	二	七	八	○	一	四	三
夏至	○	八	四	五	○	五	一	八	○	二	六	九	○	一	二	八

直表一尺

三十二度

	卯正 尺	卯正 寸	卯正 分	卯正 釐	辰初 尺	辰初 寸	辰初 分	辰初 釐	辰正 尺	辰正 寸	辰正 分	辰正 釐
冬至									五	四	○	四
小寒									五	一	二	九
大寒					卅八	一	八	九	四	四	五	○
立春					十五	一	八	九	三	六	九	三
雨水					八	七	一	○	三	○	二	四
驚蟄					五	八	七	一	二	五	○	二
春分					四	三	六	○	二	一	一	二
清明	十六	九	一	五	三	四	六	八	一	八	二	六
穀雨	九	○	五	八	二	九	一	二	一	六	二	二
立夏	六	四	三	五	二	五	五	八	一	四	八	一
小滿	五	二	五	○	二	三	四	一	一	三	九	○
芒種	四	六	九	八	二	二	二	二	一	三	三	八
夏至	四	五	四	○	二	一	五	三	一	三	二	一

三十三度

	酉正 尺	酉正 寸	酉正 分	酉正 釐	酉初 尺	酉初 寸	酉初 分	酉初 釐	申正 尺	申正 寸	申正 分	申正 釐
冬至									五	七	二	○
小寒									五	三	○	○
大寒					四十四	○	六	六	四	六	六	五
立春					十六	九	九	九	三	八	二	一
雨水					九	一	八	○	三	一	○	五
驚蟄					六	○	一	九	二	五	四	九
春分					四	四	○	七	二	一	四	一
清明	十六	五	○	七	三	四	八	○	一	八	四	三
穀雨	八	八	一	○	二	九	○	七	一	六	三	○
立夏	六	二	六	七	二	五	四	五	一	四	八	二
小滿	五	一	○	五	二	三	二	二	一	三	八	六
芒種	四	五	六	七	二	一	九	九	一	三	三	三
夏至	四	四	○	七	二	一	六	一	一	三	一	六

三十二度

節氣	巳初 尺	寸	分	釐	巳正 尺	寸	分	釐	午初 尺	寸	分	釐	午正 尺	寸	分	釐
冬至	二	七	四	三	一	九	○	一	一	五	四	四	一	四	四	一
大雪	二	六	四	六	一	八	四	○	一	四	九	六	一	三	九	六
小雪	二	四	○	四	一	六	八	五	一	三	七	○	一	二	七	七
立冬	二	一	○	○	一	五	四	○	一	二	○	四	一	一	一	五
霜降	一	七	九	八	一	二	七	三	一	○	一	九	○	九	四	○
寒露	一	五	三	七	一	一	一	九	○	八	五	一	○	七	七	二
秋分	一	三	二	三	○	九	一	六	○	六	九	四	○	六	一	九
白露	一	一	五	七	○	七	八	二	○	五	六	三	○	四	八	四
處暑	一	○	三	一	○	六	七	八	○	四	五	五	○	三	六	九
立秋	○	九	四	二	○	六	○	三	○	三	七	四	○	二	七	五
大暑	○	八	八	六	○	五	五	五	○	三	一	八	○	二	○	五
小暑	○	八	五	五	○	五	二	九	○	二	八	七	○	一	六	○
夏至	○	八	四	五	○	五	二	一	○	二	七	七	○	一	四	五

三十三度

節氣	申初 尺	寸	分	釐	未正 尺	寸	分	釐	未初 尺	寸	分	釐	午正 尺	寸	分	釐
冬至	二	八	六	六	一	九	六	七	一	六	○	二	一	四	九	六
大雪	二	七	四	七	一	九	○	九	一	五	五	三	一	四	四	九
小雪	二	四	九	○	一	七	四	三	一	四	一	九	一	三	二	四
立冬	二	一	六	四	一	五	三	一	一	二	四	二	一	一	五	五
霜降	一	八	四	六	一	三	一	一	一	○	五	三	○	九	七	四
寒露	一	五	六	九	一	一	○	九	○	八	七	五	○	八	○	○
秋分	一	三	四	六	○	九	三	九	○	七	一	七	○	六	四	三
白露	一	一	七	二	○	七	九	九	○	五	八	二	○	五	○	六
處暑	一	○	四	一	○	六	九	一	○	四	七	二	○	三	八	九
立秋	○	九	四	九	○	六	一	三	○	三	八	八	○	二	九	四
大暑	○	八	八	九	○	五	六	二	○	三	三	○	○	二	二	三
小暑	○	八	五	六	○	五	三	四	○	三	○	○	○	一	七	八
夏至	○	八	四	五	○	五	二	五	○	二	八	七	○	一	二	三

直表一尺

度	節氣	卯正 尺	寸	分	釐	辰初 尺	寸	分	釐	辰正 尺	寸	分	釐
三十四度	冬至									六	一	四	〇
	小寒									五	七	四	〇
	大寒									四	九	〇	一
	立春					廿八	九	七	六	三	九	六	七
	雨水					九	六	四	九	三	一	九	一
	驚蟄					六	一	七	四	二	六	〇	三
	春分					四	四	六	二	二	一	七	一
	清明	廿六	一	一	九	三	四	九	一	一	八	五	七
	穀雨	八	五	七	七	二	九	〇	一	一	六	三	六
	立夏	六	〇	九	一	二	五	三	〇	一	四	八	三
	小滿	四	九	六	七	二	三	〇	二	一	三	八	四
	芒種	四	四	四	三	二	一	七	七	一	三	二	九
	夏至	四	二	九	二	二	一	三	八	一	三	一	一
三十五度	冬至									六	五	四	八
	小寒									六	一	一	八
	大寒									五	一	二	一
	立春					丗	六	〇	六	四	一	三	四
	雨水					十	一	六	八	三	三	八	五
	驚蟄					六	三	二	六	二	六	五	八
	春分					四	五	一	七	二	二	〇	一
	清明	廿五	七	四	八	三	五	〇	七	一	八	七	七
	穀雨	八	三	八	六	二	八	九	九	一	六	四	六
	立夏	五	九	四	四	二	五	一	七	一	四	八	六
	小滿	四	八	四	三	二	二	八	五	一	三	八	三
	芒種	四	三	三	一	二	一	五	八	一	三	二	五
	夏至	四	一	七	六	二	一	一	九	一	三	〇	七
		酉正				酉初				申正			

三十四度

節氣	巳初 尺	巳初 寸	巳初 分	巳初 釐	巳正 尺	巳正 寸	巳正 分	巳正 釐	午初 尺	午初 寸	午初 分	午初 釐	午正 尺	午正 寸	午正 分	午正 釐
冬至	二	九	七	一	二	〇	四	三	一	六	六	四	一	五	五	四
大雪	二	八	六	四	一	九	七	八	一	六	一	二	一	五	〇	四
小雪	二	五	八	〇	一	八	〇	七	一	四	七	一	一	三	七	三
立冬	二	二	三	二	一	五	八	〇	一	二	八	五	一	一	九	七
霜降	一	八	九	四	一	三	四	八	一	〇	八	九	一	〇	〇	八
寒露	一	六	〇	四	一	一	四	〇	〇	九	〇	五	〇	八	二	九
秋分	一	三	七	〇	〇	九	六	一	〇	七	四	六	〇	六	六	八
白露	一	一	八	七	〇	八	一	六	〇	六	〇	二	〇	五	二	八
處暑	一	〇	五	二	〇	七	〇	五	〇	四	九	〇	〇	四	〇	九
立秋	〇	九	五	六	〇	六	二	三	〇	四	〇	三	〇	三	一	三
大暑	〇	八	九	三	〇	五	七	〇	〇	三	〇	三	〇	二	四	一
小暑	〇	八	五	八	〇	五	四	〇	〇	三	〇	八	〇	一	九	六
夏至	〇	八	四	七	〇	五	三	一	〇	二	九	七	〇	一	八	一

三十五度

節氣	申初 尺	申初 寸	申初 分	申初 釐	未正 尺	未正 寸	未正 分	未正 釐	未初 尺	未初 寸	未初 分	未初 釐	午正 尺	午正 寸	午正 分	午正 釐
冬至	三	一	〇	五	二	一	二	五	一	七	二	九	一	六	一	五
大雪	二	九	八	六	二	〇	五	六	一	六	七	三	一	五	六	三
小雪	二	六	七	七	一	八	七	〇	一	五	二	六	一	四	二	五
立冬	二	三	〇	七	一	六	三	一	一	三	三	〇	一	二	四	〇
霜降	一	九	四	四	一	三	八	七	一	一	二	五	一	〇	四	四
寒露	一	六	三	九	一	一	六	九	〇	九	三	四	〇	八	五	九
秋分	一	三	九	四	〇	九	八	五	〇	七	六	六	〇	六	九	四
白露	一	二	〇	五	〇	八	三	五	〇	六	二	四	〇	五	五	一
處暑	一	〇	六	四	〇	七	一	九	〇	五	〇	八	〇	四	三	〇
立秋	〇	九	六	三	〇	六	三	四	〇	四	一	八	〇	三	三	二
大暑	〇	八	九	七	〇	五	七	七	〇	三	五	六	〇	二	六	〇
小暑	〇	八	六	〇	〇	五	四	六	〇	三	二	〇	〇	二	一	五
夏至	〇	八	四	八	〇	五	三	六	〇	三	〇	九	〇	一	九	九

直表一尺

三十六度

節氣	卯正 尺	寸	分	釐	辰初 尺	寸	分	釐	辰正 尺	寸	分	釐
冬至									七	〇	八	五
小寒									六	五	七	三
大寒									五	四	四	〇
立春					廿四	八	九	八	四	二	九	二
雨水					十	八	一	四	三	三	八	三
驚蟄					六	五	一	〇	二	七	一	五
春分					四	五	七	四	二	二	三	六
清明	十五	三	二	五	三	五	二	二	一	八	九	四
穀雨	八	一	八	四	二	八	九	六	一	六	五	四
立夏	五	七	九	九	二	五	〇	四	一	四	八	九
小滿	四	七	二	五	二	二	七	一	一	三	八	二
芒種	四	二	二	五	二	一	四	〇	一	三	二	三
夏至	四	〇	七	一	二	〇	九	八	一	三	〇	三

三十七度

節氣	酉正 尺	寸	分	釐	酉初 尺	寸	分	釐	申正 尺	寸	分	釐
冬至									七	五	九	六
小寒									六	九	八	三
大寒									五	七	七	九
立春					廿九	八	八	二	四	四	八	六
雨水					十	五	〇	七	三	四	九	一
驚蟄					六	七	〇	四	二	七	七	五
春分					四	六	三	八	二	二	六	九
清明	十五	〇	五	六	三	五	三	八	一	九	一	四
穀雨	七	九	九	一	二	八	九	三	一	六	六	四
立夏	五	六	六	二	二	四	九	六	一	四	九	四
小滿	四	六	〇	五	二	二	五	三	一	三	八	三
芒種	四	一	一	八	二	一	二	二	一	三	二	一
夏至	三	九	七	六	二	〇	七	九	一	二	〇	一

三十六度

節氣	巳初 尺	巳初 寸	巳初 分	巳初 釐	巳正 尺	巳正 寸	巳正 分	巳正 釐	午初 尺	午初 寸	午初 分	午初 釐	午正 尺	午正 寸	午正 分	午正 釐
冬至	三	二	四	四	二	二	一	三	一	八	〇	〇	一	六	八	〇
大雪	三	一	一	二	二	一	三	六	一	七	三	六	一	六	二	四
小雪	二	七	八	〇	一	九	四	二	一	五	八	四	一	四	七	九
立冬	二	三	八	一	一	六	八	四	一	三	七	六	一	二	八	五
霜降	一	九	九	八	一	四	二	九	一	一	六	三	一	〇	八	〇
寒露	一	六	七	八	一	二	〇	二	〇	九	六	四	〇	八	九	〇
秋分	一	四	二	一	一	〇	一	〇	〇	七	九	二	〇	七	二	〇
白露	一	二	二	三	〇	八	五	四	〇	六	四	五	〇	五	七	三
處暑	一	〇	七	六	〇	七	三	四	〇	五	二	六	〇	五	四	一
立秋	〇	九	七	一	〇	六	四	五	〇	四	三	四	〇	三	九	三
大暑	〇	九	〇	三	〇	五	八	六	〇	三	七	〇	〇	二	七	八
小暑	〇	八	六	三	〇	五	五	三	〇	三	三	三	〇	二	二	三
夏至	〇	八	五	一	〇	五	四	三	〇	三	二	〇	〇	二	一	七

三十七度

節氣	巳初 尺	巳初 寸	巳初 分	巳初 釐	巳正 尺	巳正 寸	巳正 分	巳正 釐	午初 尺	午初 寸	午初 分	午初 釐	午正 尺	午正 寸	午正 分	午正 釐
冬至	三	四	〇	一	二	二	九	六	一	八	七	七	一	七	四	八
大雪	三	二	五	四	二	二	一	六	一	八	〇	九	一	六	九	〇
小雪	二	九	〇	一	二	〇	一	六	一	六	四	〇	一	五	三	六
立冬	二	四	六	三	一	七	四	二	一	四	三	〇	一	三	三	四
霜降	二	〇	五	五	一	四	七	四	一	二	〇	三	一	一	二	〇
寒露	一	七	一	七	一	二	三	六	〇	九	九	七	〇	九	二	二
秋分	一	四	四	八	一	〇	三	六	〇	八	一	八	〇	七	四	七
白露	一	二	四	〇	〇	八	七	四	〇	六	六	八	〇	五	九	七
處暑	一	〇	八	八	〇	七	四	九	〇	五	四	六	〇	四	七	二
立秋	〇	九	七	九	〇	六	五	八	〇	四	九	四	〇	三	七	二
大暑	〇	九	〇	七	〇	五	九	六	〇	三	八	五	〇	二	九	七
小暑	〇	八	六	七	〇	五	六	一	〇	三	四	六	〇	二	五	一
夏至	〇	八	五	四	〇	五	五	〇	〇	三	三	三	〇	二	三	六
	申初				未正				未初				午正			

直表一尺

三十八度

節氣	卯正 尺	寸	分	釐	辰初 尺	寸	分	釐	辰正 尺	寸	分	釐
冬至									八	二	六	四
小寒									七	五	九	六
大寒									六	一	四	〇
立春					卌七	三	五	八	四	六	九	一
雨水					十二	一	六	三	三	五	九	八
驚蟄					六	八	九	七	二	八	三	七
春分					四	六	九	八	二	三	〇	五
清明	十四	七	三	二	三	五	五	七	一	九	三	五
穀雨	七	八	〇	六	二	八	九	三	一	六	七	五
立夏	五	五	三	〇	二	四	九	〇	一	四	九	八
小滿	四	五	〇	五	二	二	三	〇	一	三	八	三
芒種	四	〇	二	一	二	一	〇	四	一	三	一	九
夏至	三	八	八	一	二	〇	六	二	一	二	九	九

三十九度

節氣	酉正 尺	寸	分	釐	酉初 尺	寸	分	釐	申正 尺	寸	分	釐
冬至									九	〇	八	二
小寒									八	二	〇	四
大寒									六	五	一	〇
立春					五十	八	八	二	四	九	〇	八
雨水					十三	一	九	七	三	七	一	九
驚蟄					七	一	一	五	二	九	〇	四
春分					四	七	六	六	二	三	四	三
清明	十四	四	二	一	三	五	七	八	一	九	五	六
穀雨	七	六	四	七	二	八	九	三	一	六	八	八
立夏	五	四	一	三	二	四	七	七	一	五	〇	四
小滿	四	四	〇	七	二	二	二	五	一	三	八	五
芒種	三	九	三	三	二	〇	八	九	一	三	一	八
夏至	三	七	九	四	二	〇	四	六	一	二	九	七

三十八度

節氣	巳初 尺	寸	分	釐	巳正 尺	寸	分	釐	午初 尺	寸	分	釐	午正 尺	寸	分	釐
冬至	三	五	六	二	二	三	九	八	一	九	五	三	一	八	二	二
大雪	三	四	一	二	二	三	一	五	一	八	八	六	一	七	五	九
小雪	三	〇	一	五	二	〇	八	七	一	七	〇	七	一	五	九	六
立冬	二	五	五	二	一	八	〇	三	一	四	八	二	一	三	八	二
霜降	二	一	一	六	一	五	一	九	一	二	四	四	一	一	六	〇
寒露	一	七	五	八	一	二	六	九	一	〇	三	二	〇	九	五	五
秋分	一	四	七	六	一	〇	六	二	〇	八	四	五	〇	七	七	四
白露	一	二	六	二	〇	八	九	五	〇	六	九	〇	〇	六	二	一
處暑	一	一	〇	三	〇	七	六	五	〇	五	六	五	〇	四	九	四
立秋	〇	九	八	八	〇	六	七	〇	〇	四	六	八	〇	三	九	二
大暑	〇	九	一	三	〇	六	〇	六	〇	四	〇	〇	〇	三	一	七
小暑	〇	八	七	一	〇	五	六	九	〇	三	六	〇	〇	二	七	〇
夏至	〇	八	五	七	〇	五	五	八	〇	三	四	七	〇	二	五	四

三十九度

節氣	申初 尺	寸	分	釐	未正 尺	寸	分	釐	未初 尺	寸	分	釐	午正 尺	寸	分	釐
冬至	三	七	五	四	二	五	一	一	二	〇	三	二	一	八	九	九
大雪	三	五	七	八	二	四	一	四	一	九	六	三	一	八	三	三
小雪	三	一	五	二	二	一	七	一	一	七	七	五	一	六	六	〇
立冬	二	六	四	四	一	八	六	八	一	五	三	二	一	四	三	四
霜降	二	一	七	七	一	五	六	八	一	二	八	六	一	二	〇	二
寒露	一	八	〇	二	一	三	〇	六	一	〇	六	四	〇	九	八	八
秋分	一	五	〇	六	一	〇	八	九	〇	八	七	二	〇	八	〇	三
白露	一	二	八	二	〇	九	一	六	〇	七	一	三	〇	六	四	五
處暑	一	一	一	七	〇	七	八	三	〇	五	八	五	〇	五	一	五
立秋	〇	九	九	八	〇	六	八	三	〇	四	八	六	〇	四	一	二
大暑	〇	九	二	〇	〇	六	一	七	〇	四	一	六	〇	三	三	五
小暑	〇	八	七	六	〇	五	七	九	〇	三	七	四	〇	二	八	九
夏至	〇	八	六	二	〇	五	六	六	〇	三	六	〇	〇	二	七	三

直表一尺

四十度

節氣	卯正 尺	寸	分	釐	辰初 尺	寸	分	釐	辰正 尺	寸	分	釐
冬至									九	九	八	九
小寒									八	九	八	六
大寒									六	九	六	八
立春					三十七	一	三	九	五	一	四	五
雨水					四十	一	八	二	三	八	四	八
驚蟄					七	三	三	二	二	九	七	三
春分					四	八	三	六	二	三	八	三
清明	四十	一	二	三	三	六	○	二	一	九	七	八
穀雨	七	四	九	五	二	八	九	六	一	七	○	○
立夏	五	三	四	一	二	四	六	九	一	五	一	○
小滿	四	三	○	九	二	二	一	一	一	三	八	七
芒種	三	八	四	四	二	○	七	五	一	三	一	八
夏至	三	七	一	○	二	○	三	一	一	二	九	七

四十一度

節氣	酉正 尺	寸	分	釐	酉初 尺	寸	分	釐	申正 尺	寸	分	釐
冬至									十	三	九	二
小寒									九	九	六	○
大寒									七	四	九	五
立春									五	三	七	八
雨水					五十	三	二	五	三	九	八	六
驚蟄					七	五	六	二	三	○	四	七
春分					四	九	○	八	二	四	四	二
清明	三十	八	三	八	三	六	三	二	二	○	○	三
穀雨	七	三	四	八	二	八	九	九	一	七	一	二
立夏	五	一	九	三	二	四	六	三	一	五	一	七
小滿	四	二	一	九	二	二	○	一	一	三	九	○
芒種	三	七	六	三	二	○	五	九	一	三	一	八
夏至	三	六	三	○	二	○	一	六	一	二	九	五

四十度

節氣	巳初 尺	寸	分	釐	巳正 尺	寸	分	釐	午初 尺	寸	分	釐	午正 尺	寸	分	釐
冬至	三	九	六	二	二	六	一	三	二	一	二	二	一	九	八	三
大雪	三	七	六	三	二	五	一	七	二	○	四	一	一	九	一	一
小雪	三	二	九	一	二	二	五	七	一	八	四	六	一	七	二	七
立冬	二	七	三	八	一	九	三	二	一	五	八	九	一	四	八	九
霜降	二	二	四	六	一	六	一	八	一	三	三	一	一	二	四	五
寒露	一	八	四	六	一	三	四	三	一	○	九	九	一	○	二	四
秋分	一	五	三	七	一	一	一	八	○	九	○	一	○	八	三	二
白露	一	三	○	四	○	九	三	九	○	七	三	七	○	六	七	○
處暑	一	一	三	二	○	八	○	○	○	六	○	六	○	五	三	八
立秋	一	○	○	九	○	六	九	八	○	五	○	四	○	四	三	二
大暑	○	九	二	八	○	六	二	八	○	四	三	二	○	三	五	五
小暑	○	八	八	二	○	六	三	六	○	三	八	九	○	三	○	八
夏至	○	八	六	六	○	五	七	五	○	三	七	五	○	三	九	二

四十一度

節氣	申初 尺	寸	分	釐	未正 尺	寸	分	釐	未初 尺	寸	分	釐	午正 尺	寸	分	釐
冬至	四	一	八	六	二	七	四	七	二	二	一	五	二	○	七	二
大雪	三	九	七	一	二	六	三	五	二	一	三	三	一	九	九	六
小雪	三	四	四	二	二	三	五	八	一	九	二	一	一	七	九	九
立冬	二	八	五	○	二	○	○	七	一	六	五	一	一	五	四	七
霜降	二	三	一	六	一	六	七	一	一	三	七	九	一	二	九	一
寒露	一	八	九	四	一	三	八	三	一	一	三	六	一	○	六	○
秋分	一	五	七	○	一	一	四	八	○	九	三	一	○	八	六	二
白露	一	三	二	六	○	九	六	二	○	七	六	三	○	六	九	六
處暑	一	一	四	八	○	八	一	八	○	六	二	七	○	五	六	○
立秋	一	○	二	一	○	七	○	二	○	五	二	二	○	四	五	三
大暑	○	九	三	五	○	六	四	○	○	四	四	九	○	三	七	五
小暑	○	八	八	七	○	五	九	五	○	四	○	五	○	三	二	七
夏至	○	八	七	二	○	五	八	五	○	三	九	○	○	三	一	一

直表一尺

四十二度

節氣	卯正 尺	寸	分	釐	辰初 尺	寸	分	釐	辰正 尺	寸	分	釐
冬至									二十	六	一	二
小寒									一十	三	一	六
大寒									八	一	二	五
立春									五	七	二	〇
雨水					六十	九	一	五	四	一	三	九
驚蟄					七	八	四	二	三	一	二	四
春分					四	九	八	九	二	四	六	九
清明	三十	六	一	七	三	六	四	七	二	〇	二	八
穀雨	七	一	九	一	二	九	〇	四	一	七	二	七
立夏	五	〇	八	九	二	四	五	七	一	五	二	三
小滿	四	一	三	四	二	一	八	九	一	三	九	三
芒種	三	六	八	九	二	〇	四	七	一	三	一	九
夏至	三	五	五	四	二	〇	〇	一	一	二	九	六

四十三度

節氣	卯正 尺	寸	分	釐	辰初 尺	寸	分	釐	辰正 尺	寸	分	釐
冬至									一十	七	〇	四
小寒									二十	五	六	六
大寒									八	八	九	二
立春									六	〇	五	一
雨水					八十	五	六	四	四	二	九	九
驚蟄					八	一	二	五	三	二	〇	七
春分					五	〇	六	六	二	五	一	二
清明	三十	三	五	二	三	六	七	二	二	〇	五	二
穀雨	七	〇	七	〇	二	九	〇	一	一	七	四	一
立夏	四	九	八	九	二	四	五	〇	一	五	二	三
小滿	四	〇	五	一	二	一	七	九	一	三	九	六
芒種	三	六	一	四	二	〇	三	四	一	三	二	一
夏至	三	四	九	一	一	九	八	八	一	二	九	七
	酉正				酉初				申正			

三

端籥續錄 中

四十二度

	巳初				巳正				午初				午正			
	尺	寸	分	釐	尺	寸	分	釐	尺	寸	分	釐	尺	寸	分	釐
冬至	四	四	二	五	二	八	八	五	二	三	二	二	二	一	六	八
大雪	四	一	九	八	二	七	七	〇	二	二	三	四	二	〇	八	六
小雪	三	六	一	八	二	四	五	七	二	〇	〇	四	一	八	七	五
立冬	二	九	六	三	二	〇	八	一	一	七	一	四	一	六	〇	八
霜降	二	三	九	三	一	七	二	六	一	四	二	七	一	三	三	八
寒露	一	九	四	三	一	四	二	五	一	一	七	五	一	〇	九	八
秋分	一	六	〇	三	一	一	七	九	〇	九	六	二	〇	八	九	三
白露	一	三	五	〇	〇	九	八	六	〇	七	八	七	〇	七	二	二
處暑	一	一	六	五	〇	八	三	七	〇	六	四	八	〇	五	八	四
立秋	一	〇	三	二	〇	七	二	八	〇	五	四	一	〇	四	七	四
大暑	〇	九	四	四	〇	六	五	三	〇	四	六	六	〇	三	九	五
小暑	〇	八	九	四	〇	六	一	〇	〇	四	二	一	〇	三	四	七
夏至	〇	八	七	九	〇	五	九	六	〇	四	〇	六	〇	三	三	〇

四十三度

冬至	四	七	三	二	二	九	六	〇	二	四	三	二	二	二	七	一
大雪	四	四	五	五	二	八	九	八	二	一	五	四	二	一	八	二
小雪	三	八	〇	七	二	五	六	四	二	〇	九	〇	一	九	五	七
立冬	三	〇	八	七	二	一	六	四	一	七	八	一	一	六	七	二
霜降	二	四	七	三	一	七	八	五	一	四	七	九	一	三	八	九
寒露	一	九	九	五	一	四	六	七	一	二	一	四	一	一	三	七
秋分	一	六	三	九	一	二	一	一	〇	九	九	三	〇	九	二	四
白露	一	三	七	五	一	〇	一	〇	〇	八	一	四	〇	七	四	九
處暑	一	一	八	二	〇	八	五	六	〇	六	七	一	〇	六	〇	七
立秋	一	〇	四	四	〇	七	四	三	〇	五	六	一	〇	四	九	六
大暑	〇	九	五	三	〇	六	六	六	〇	四	八	一	〇	四	一	六
小暑	〇	九	〇	一	〇	六	二	一	〇	四	三	七	〇	三	六	六
夏至	〇	八	八	四	〇	六	〇	七	〇	四	二	一	〇	三	四	九
	申初				未正				未初				午正			

百

直表一尺

四十四度

節氣	卯正 尺	卯正 寸	卯正 分	卯正 釐	辰初 尺	辰初 寸	辰初 分	辰初 釐	辰正 尺	辰正 寸	辰正 分	辰正 釐
冬至									一七	二	五	六
小寒									一四	四	八	二
大寒									九	七	六	○
立春									六	四	三	五
雨水					卄○	五	六	九	四	四	七	四
驚蟄					八	四	二	八	三	二	九	八
春分					五	一	五	二	二	五	六	○
清明	十三	一	四	六	三	六	九	七	二	○	七	九
穀雨	六	九	三	九	二	九	○	九	一	七	五	六
立夏	五	四	一	三	二	四	四	六	一	五	四	一
小滿	三	九	七	六	二	一	七	一	一	四	○	一
芒種	三	五	四	六	二	○	二	三	一	三	二	四
夏至	三	三	五	八	一	九	七	七	一	三	九	八

四十五度

節氣	酉正 尺	酉正 寸	酉正 分	酉正 釐	酉初 尺	酉初 寸	酉初 分	酉初 釐	申正 尺	申正 寸	申正 分	申正 釐
冬至									卄一	四	七	○
小寒									十六	九	一	五
大寒									十○	八	一	三
立春									六	八	五	四
雨水					卄三	三	七	一	四	七	五	二
驚蟄					八	八	四	五	三	四	○	一
春分					五	二	四	二	二	六	一	二
清明	十二	九	四	六	三	七	二	三	二	一	一	七
穀雨	六	八	一	三	二	九	一	五	一	七	七	三
立夏	四	八	○	七	二	四	四	二	一	五	四	九
小滿	三	九	○	四	二	三	○	九	一	四	○	七
芒種	三	四	七	六	二	○	一	三	一	三	二	六
夏至	三	三	五	一	一	九	五	一	一	三	○	一

四十四度

	巳初 尺	巳初 寸	巳初 分	巳初 釐	巳正 尺	巳正 寸	巳正 分	巳正 釐	午初 尺	午初 寸	午初 分	午初 釐	午正 尺	午正 寸	午正 分	午正 釐
冬至	五	〇	五	八	三	一	九	七	二	五	五	四	二	三	八	二
大雪	四	七	三	八	三	〇	七	七	二	四	五	〇	二	二	八	七
小雪	四	〇	一	一	二	六	七	九	二	一	八	四	二	〇	四	四
立冬	三	二	二	四	二	二	五	一	二	八	八	八	一	七	四	〇
霜降	二	五	五	八	一	八	四	八	二	五	三	四	一	四	四	一
寒露	二	〇	五	二	一	五	一	一	一	二	五	五	一	一	七	七
秋分	一	六	七	六	一	二	四	四	一	〇	二	六	〇	九	五	七
白露	一	四	〇	〇	一	〇	三	六	〇	八	四	〇	〇	七	七	六
處暑	一	一	九	九	〇	八	七	七	〇	六	九	三	〇	六	三	一
立秋	一	〇	五	八	〇	七	六	〇	〇	五	八	一	〇	五	一	八
大暑	〇	九	六	三	〇	六	八	〇	〇	五	〇	二	〇	四	三	九
小暑	〇	九	〇	九	〇	六	三	三	〇	四	五	四	〇	三	八	六
夏至	〇	八	〇	〇	〇	六	一	八	〇	四	三	八	〇	三	六	九

四十五度

	申初 尺	申初 寸	申初 分	申初 釐	未正 尺	未正 寸	未正 分	未正 釐	未初 尺	未初 寸	未初 分	未初 釐	午正 尺	午正 寸	午正 分	午正 釐
冬至	五	三	六	九	三	三	七	六	二	六	八	九	二	五	〇	四
大雪	五	〇	五	八	三	二	一	〇	二	五	七	六	二	四	〇	〇
小雪	四	一	一	七	二	八	一	三	二	二	八	五	二	一	三	八
立冬	三	三	六	八	二	三	四	四	二	九	二	九	一	八	一	三
霜降	二	六	一	八	一	九	一	三	一	五	九	一	一	四	九	六
寒露	二	一	一	五	一	五	六	三	一	三	〇	二	一	二	二	〇
秋分	一	七	一	四	一	二	七	九	一	〇	六	〇	〇	九	九	一
白露	一	四	二	六	一	〇	六	二	〇	八	六	七	〇	八	〇	五
處暑	一	二	一	九	〇	八	九	八	〇	七	一	七	〇	六	五	五
立秋	一	〇	七	一	〇	七	七	七	〇	六	〇	一	〇	五	四	〇
大暑	〇	九	七	四	〇	六	九	四	〇	五	一	三	〇	四	五	七
小暑	〇	九	一	八	〇	六	四	六	〇	四	七	一	〇	四	〇	六
夏至	〇	八	九	九	〇	六	三	一	〇	四	五	五	〇	三	八	九

直表一尺

四十六度

節氣	卯正尺	卯正寸	卯正分	卯正釐	辰初尺	辰初寸	辰初分	辰初釐	辰正尺	辰正寸	辰正分	辰正釐
冬至									廿八	三	九	九
小寒									廿○	八	一	八
大寒									十二	一	二	○
立春									七	三	四	八
雨水					廿七	○	五	六	四	八	七	一
驚蟄					九	一	三	一	三	四	九	一
春分					五	三	三	五	二	六	六	五
清明	十三	七	○	六	三	七	五	八	二	一	三	八
穀雨	六	七	○	四	二	九	一	八	一	七	九	○
立夏	四	七	一	一	二	四	四	○	一	五	五	九
小滿	三	八	三	四	二	一	五	四	一	四	一	二
芒種	三	四	一	六	二	○	○	三	一	三	三	○
夏至	三	二	八	八	一	九	五	四	一	三	○	三

四十七度

節氣	酉正尺	酉正寸	酉正分	酉正釐	酉初尺	酉初寸	酉初分	酉初釐	申正尺	申正寸	申正分	申正釐
冬至									卅	三	五	八
小寒									廿七	四	八	九
大寒									十二	七	八	二
立春									七	九	一	五
雨水					卅	一	二	八	五	○	八	九
驚蟄					九	五	一	四	三	五	九	四
春分					五	四	三	九	二	七	二	○
清明	十二	四	七	四	三	七	八	九	二	一	六	八
穀雨	六	五	八	六	二	九	三	二	一	八	○	九
立夏	四	六	五	一	二	四	三	八	一	五	七	○
小滿	三	七	六	七	二	一	四	七	一	四	一	九
芒種	三	三	五	四	一	九	九	四	一	三	三	四
夏至	三	二	三	○	一	九	四	五	一	三	○	七

四十六度

節氣	巳初 尺	巳初 寸	巳初 分	巳初 釐	巳正 尺	巳正 寸	巳正 分	巳正 釐	午初 尺	午初 寸	午初 分	午初 釐	午正 尺	午正 寸	午正 分	午正 釐
冬至	五	五	五	七	三	五	七	七	二	八	五	五	二	六	三	七
大雪	五	四	四	八	三	三	九	四	二	七	〇	八	二	五	二	二
小雪	四	五	〇	四	二	九	五	四	二	三	九	二	二	二	三	九
立冬	三	五	二	六	二	四	四	四	二	〇	一	一	一	八	九	〇
霜降	二	七	四	五	一	九	八	四	一	六	五	一	一	五	五	四
寒露	二	一	七	一	一	六	〇	八	一	三	四	五	一	二	六	四
秋分	一	七	五	五	一	三	一	六	一	〇	九	五	一	〇	二	六
白露	一	四	五	五	一	〇	九	〇	〇	八	九	六	〇	八	三	四
處暑	一	二	三	八	〇	九	〇	二	〇	七	四	一	〇	六	八	一
立秋	一	〇	八	〇	〇	七	九	五	〇	六	二	三	〇	五	六	三
大暑	〇	九	八	五	〇	七	一	〇	〇	五	三	九	〇	四	七	八
小暑	〇	九	二	七	〇	六	六	〇	〇	四	八	九	〇	四	二	七
夏至	〇	九	〇	八	〇	六	四	四	〇	四	七	三	〇	四	〇	九

四十七度

節氣	申初 尺	申初 寸	申初 分	申初 釐	未正 尺	未正 寸	未正 分	未正 釐	未初 尺	未初 寸	未初 分	未初 釐	午正 尺	午正 寸	午正 分	午正 釐
冬至	六	三	六	一	三	七	九	八	二	九	九	四	二	七	八	二
大雪	五	八	七	一	三	五	九	七	二	八	五	〇	二	六	五	八
小雪	四	七	九	三	三	一	一	一	二	五	一	五	二	三	四	八
立冬	三	七	〇	二	二	五	五	一	二	〇	九	八	一	九	七	二
霜降	二	八	五	三	二	〇	五	八	一	七	一	七	一	六	一	六
寒露	二	二	三	五	一	六	六	一	一	三	九	二	一	三	一	一
秋分	一	七	九	八	一	三	五	四	一	一	三	二	一	〇	六	三
白露	一	四	八	四	一	一	一	九	〇	九	二	六	〇	八	六	四
處暑	一	二	五	九	〇	九	四	三	〇	七	六	六	〇	七	〇	六
立秋	一	一	〇	一	〇	八	一	四	〇	六	四	五	〇	五	八	六
大暑	〇	九	九	七	〇	七	二	五	〇	五	五	九	〇	五	〇	〇
小暑	〇	九	三	六	〇	六	七	四	〇	五	〇	八	〇	四	四	七
夏至	〇	九	一	八	〇	六	五	七	〇	四	九	一	〇	四	三	〇

直表一尺

四十八度

節氣	卯正 尺	卯正 寸	卯正 分	卯正 釐	辰初 尺	辰初 寸	辰初 分	辰初 釐	辰正 尺	辰正 寸	辰正 分	辰正 釐
冬至												
小寒									卌六	五	五	六
大寒									廿五	八	二	一
立春									八	五	七	七
雨水					卌八	一	八	八	五	三	三	四
驚蟄					九	九	六	○	三	七	○	六
春分					五	五	四	八	二	七	七	七
清明	廿	二	九	四	三	八	二	○	二	三	○	三
穀雨	六	四	八	四	二	九	四	○	一	七	九	三
立夏	四	五	七	三	二	四	三	六	一	五	七	五
小滿	三	七	五	八	二	一	四	三	一	四	二	六
芒種	三	二	九	八	一	九	八	五	一	三	三	九
夏至	三	一	七	八	一	九	三	六	一	三	[illegible]	一

四十九度

節氣	酉正 尺	酉正 寸	酉正 分	酉正 釐	酉初 尺	酉初 寸	酉初 分	酉初 釐	申正 尺	申正 寸	申正 分	申正 釐
冬至												
小寒												
大寒									廿九	五	一	五
立春									九	三	三	一
雨水					卌九	八	一	五	五	六	一	四
驚蟄					十	四	四	九	三	八	三	○
春分					五	六	五	二	二	八	三	九
清明	二十	一	三	○	三	八	二	五	二	二	三	七
穀雨	六	三	八	五	二	九	九	四	一	八	四	九
立夏	五	四	四	八	二	四	三	六	一	五	九	五
小滿	三	六	四	三	二	一	三	八	一	四	三	四
芒種	三	二	四	四	一	九	七	八	一	三	四	五
夏至	三	一	二	四	一	九	二	八	一	三	一	六

四十八度

節氣	巳初				巳正				午初				午正			
	尺	寸	分	釐	尺	寸	分	釐	尺	寸	分	釐	尺	寸	分	釐
冬至	六	九	六	八	四	〇	五	一	三	一	七	四	二	九	四	二
大雪	六	五	七	三	三	八	二	一	三	〇	二	〇	二	八	〇	五
小雪	五	二	一	二	三	二	七	七	二	六	四	四	二	四	六	六
立冬	三	八	九	四	二	六	六	九	二	一	九	四	二	〇	六	一
霜降	二	九	六	五	二	一	三	八	一	七	八	三	一	六	八	〇
寒露	一	三	〇	五	一	七	一	五	一	四	四	一	一	三	五	九
秋分	一	八	四	三	一	三	九	三	一	一	七	〇	一	一	〇	一
白露	一	五	一	七	一	一	四	九	一	〇	二	七	〇	八	九	五
處暑	一	二	八	一	〇	九	六	六	〇	七	九	一	〇	七	三	三
立秋	一	一	一	七	〇	八	四	三	〇	六	六	六	〇	六	一	〇
大暑	一	〇	一	〇	〇	七	四	二	〇	五	七	九	〇	五	二	二
小暑	〇	九	四	八	〇	六	八	九	〇	五	二	七	〇	四	六	八
夏至	〇	九	二	七	〇	六	七	一	〇	五	〇	九	〇	四	五	〇

四十九度

節氣	申初				未正				未初				午正			
冬至	七	六	八	二	四	三	四	三	三	三	七	二	三	一	二	〇
大雪	六	九	六	八	四	〇	七	一	三	一	九	七	二	九	六	八
小雪	五	四	九	三	三	四	六	四	二	七	八	〇	二	五	九	六
立冬	四	一	〇	七	二	七	九	八	二	二	九	四	二	一	五	六
霜降	三	〇	九	〇	二	二	二	三	一	八	五	四	一	四	七	九
寒露	二	三	七	七	一	七	七	三	一	四	九	四	一	四	〇	二
秋分	一	八	八	八	一	四	三	五	一	二	一	〇	一	一	四	〇
白露	一	五	四	六	一	一	八	〇	〇	九	八	八	〇	九	二	六
處暑	一	三	〇	四	〇	九	九	一	〇	八	一	七	〇	七	六	〇
立秋	一	一	三	五	〇	八	五	三	〇	六	八	九	〇	六	三	六
大暑	一	〇	二	三	〇	七	五	九	〇	六	〇	八	〇	五	四	四
小暑	〇	九	五	八	〇	七	〇	四	〇	五	四	六	〇	四	九	〇
夏至	〇	九	四	四	〇	六	八	六	〇	五	二	八	〇	四	七	二

七

直表一尺

二十一度

節氣	卯正 尺	寸	分	釐	辰初 尺	寸	分	釐	辰正 尺	寸	分	釐
冬至												
小寒												
大寒									廿	〇	二	六
立春									十	二	九	一
雨水									五	九	一	二
驚蟄					十	九	五	二	三	九	五	六
春分					五	七	六	九	二	九	〇	四
清明	十	五	四	六	三	八	九	四	二	三	七	二
穀雨	六	二	九	〇	二	九	六	二	一	八	七	〇
立夏	四	四	三	一	二	四	三	八	一	六	〇	八
小滿	三	五	八	五	二	一	三	三	一	四	四	〇
芒種	三	一	九	一	一	九	七	一	一	三	五	〇
夏至	三	〇	七	四	一	九	二	一	一	三	二	一

二十二度

節氣	酉正 尺	寸	分	釐	酉初 尺	寸	分	釐	申正 尺	寸	分	釐
冬至												
小寒												
大寒									廿	五	二	八
立春									十	四	三	〇
雨水									五	七	二	九
驚蟄					十	五	八	五	四	〇	九	七
春分					五	九	〇	二	二	九	七	四
清明	十	七	八	五	三	九	三	二	二	三	一	一
穀雨	六	二	九	七	二	九	七	四	一	八	九	四
立夏	四	三	六	六	二	四	三	八	一	六	二	二
小滿	三	五	三	四	二	一	三	〇	一	四	五	二
芒種	三	一	四	三	一	九	六	五	一	三	五	八
夏至	三	〇	〇	六	一	九	一	四	一	三	二	七

五十度

	巳初 尺	寸	分	釐	巳正 尺	寸	分	釐	午初 尺	寸	分	釐	午正 尺	寸	分	釐
冬至	八	五	七	七	四	六	六	四	三	五	八	五	三	三	一	九
大雪	七	六	九	九	四	三	七	二	三	三	九	七	三	一	四	九
小雪	五	九	二	三	三	六	八	○	二	九	三	七	二	七	三	七
立冬	四	三	四	三	二	九	三	七	二	四	○	四	二	二	五	八
霜降	三	三	一	四	二	三	一	二	一	九	三	二	一	八	二	二
寒露	二	四	五	六	一	七	三	二	一	五	四	九	一	四	六	四
秋分	一	九	三	八	一	四	七	八	一	二	五	一	一	一	八	一
白露	一	五	八	○	一	二	一	三	一	○	二	一	○	九	六	○
處暑	一	三	二	七	一	○	一	六	○	八	四	四	○	七	八	八
立秋	一	一	五	三	○	八	六	七	○	七	一	三	○	六	五	九
大暑	一	○	三	七	○	七	七	七	○	六	二	一	○	五	六	七
小暑	○	九	七	○	○	七	二	○	○	五	六	六	○	五	一	二
夏至	○	九	四	九	○	七	○	二	○	五	四	八	○	四	九	三

五十一度

	申初 尺	寸	分	釐	未正 尺	寸	分	釐	未初 尺	寸	分	釐	午正 尺	寸	分	釐
冬至	九	六	四	九	五	○	四	二	三	七	七	一	三	五	四	一
大雪	八	五	七	七	四	六	九	八	三	六	三	○	三	三	五	○
小雪	六	四	三	四	三	九	一	三	三	一	○	二	二	八	九	三
立冬	四	六	○	五	三	○	八	六	二	五	二	一	二	三	六	九
霜降	三	三	五	八	二	四	一	○	二	○	一	三	一	九	○	○
寒露	二	五	三	八	一	八	九	九	一	六	○	七	一	五	二	○
秋分	一	九	九	一	一	五	二	三	一	二	九	四	一	二	二	四
白露	一	六	一	五	一	二	四	六	一	○	五	四	○	九	九	四
處暑	一	三	五	三	一	○	四	三	○	八	七	二	○	八	一	七
立秋	一	一	七	一	○	八	九	五	○	七	三	七	○	六	八	四
大暑	一	○	五	二	○	七	九	五	○	六	四	二	○	五	九	○
小暑	○	九	八	二	○	七	三	七	○	六	○	三	○	五	三	四
夏至	○	九	六	一	○	七	一	八	○	五	六	八	○	五	一	五

直表一尺

五十二度

節氣	卯正/酉正 尺	寸	分	釐	辰初/酉初 尺	寸	分	釐	辰正/申正 尺	寸	分	釐
冬至												
小寒												
大寒												
立春									廿	八	四	九
雨水									六	六	三	八
驚蟄					廿	二	〇	六	四	二	四	六
春分					六	〇	四	九	三	〇	七	四
清明	十	六	二	四	三	九	七	六	二	三	五	〇
穀雨	六	一	一	七	二	九	八	八	一	九	一	六
立夏	四	三	〇	三	二	四	四	二	一	五	七	五
小滿	三	四	七	九	二	一	二	六	一	四	六	三
芒種	三	〇	九	六	一	九	六	一	一	三	六	四
夏至	二	九	八	〇	一	九	〇	八	一	三	三	四

五十三度

節氣	卯正/酉正 尺	寸	分	釐	辰初/酉初 尺	寸	分	釐	辰正/申正 尺	寸	分	釐
冬至												
小寒												
大寒												
立春									四十	四	二	一
雨水									六	八	三	七
驚蟄					廿	九	九	六	四	四	〇	七
春分					六	一	六	二	三	一	二	一
清明	十	四	六	八	四	〇	一	五	二	三	九	二
穀雨	六	〇	四	〇	三	〇	〇	三	一	九	四	一
立夏	四	二	四	六	二	四	四	四	一	六	五	三
小滿	三	四	三	〇	二	一	二	五	一	四	七	三
芒種	三	〇	五	〇	一	九	五	七	一	三	七	三
夏至	二	九	四	〇	一	九	〇	四	一	三	四	〇

酉正　酉初　申正

[illegible]卷中 五十二度至五十三度

節氣	巳初				巳正				午初				午正			
	尺	寸	分	釐	尺	寸	分	釐	尺	寸	分	釐	尺	寸	分	釐
冬至	卄	〇	二	三	五	五	〇	一	四	一	一	二	三	七	九	三
大雪	九	七	〇	四	五	〇	八	九	三	八	七	六	三	五	七	七
小雪	七	一	一	五	四	一	八	一	三	二	八	一	三	〇	六	五
立冬	四	九	〇	〇	三	二	五	七	二	六	二	八	二	四	八	九
霜降	三	五	一	四	二	五	一	三	二	一	〇	一	一	九	八	四
寒露	二	六	二	五	一	九	六	八	一	六	六	八	一	五	七	九
秋分	二	〇	四	五	一	五	七	一	一	三	四	〇	一	二	六	八
白露	一	六	五	三	一	三	八	二	一	〇	九	〇	一	〇	二	九
處暑	一	三	七	九	一	〇	七	〇	〇	九	〇	一	〇	八	四	六
立秋	一	一	九	一	〇	九	一	八	〇	七	六	二	〇	七	一	〇
大暑	一	〇	六	七	〇	八	一	五	〇	六	六	五	〇	六	一	四
小暑	〇	九	九	七	〇	七	五	五	〇	六	〇	八	〇	五	五	七
夏至	〇	九	七	四	〇	七	三	五	〇	五	六	三	〇	五	三	七

節氣	申初				未正				未初				午正			
冬至	卅	八	三	七	六	〇	八	四	四	四	九	二	四	〇	八	一
大雪	十	一	三	一	五	五	三	九	四	一	七	〇	三	八	三	四
小雪	九	七	六	〇	四	四	八	六	三	五	一	四	三	二	五	七
立冬	五	二	三	四	三	四	三	八	二	七	九	二	二	六	二	一
霜降	三	六	八	〇	二	六	二	八	二	一	九	六	二	〇	七	三
寒露	三	七	二	〇	一	九	八	四	一	七	四	〇	一	六	四	二
秋分	三	一	〇	二	一	六	二	一	一	三	八	七	一	三	一	五
白露	一	六	八	八	一	三	一	八	一	一	二	六	一	〇	六	六
處暑	一	四	〇	五	一	〇	九	九	〇	九	三	一	〇	八	七	七
立秋	一	二	一	一	〇	九	四	一	〇	七	八	七	〇	七	三	六
大暑	一	〇	七	六	〇	八	三	五	〇	六	九	四	〇	六	三	八
小暑	一	〇	一	九	〇	七	七	二	〇	六	二	九	〇	五	八	〇
夏至	〇	九	八	六	〇	七	五	一	〇	六	〇	八	〇	五	六	〇

七

直表一尺

五十四度

節氣	卯正 尺	寸	分	釐	辰初 尺	寸	分	釐	辰正 尺	寸	分	釐
冬至												
小寒												
大寒												
立春									廿	一	六	九
雨水									七	五	四	四
驚蟄					廿	八	三	七	四	五	九	六
春分					六	三	一	三	三	二	〇	四
清明	十	三	五	四	四	〇	五	一	二	四	三	八
穀雨	五	九	五	四	三	〇	二	〇	一	九	六	八
立夏	四	一	八	六	二	四	五	〇	一	六	六	九
小滿	三	三	八	三	二	一	五	三	一	四	八	四
芒種	三	〇	〇	六	一	九	五	五	一	三	八	二
夏至	二	八	九	六	一	九	〇	〇	一	三	四	九

五十五度

節氣	卯正 尺	寸	分	釐	辰初 尺	寸	分	釐	辰正 尺	寸	分	釐
冬至												
小寒												
大寒												
立春									卅	六	九	三
雨水									八	一	二	五
驚蟄					卌	七	九	五	四	七	五	九
春分					六	四	七	二	三	二	八	七
清明	十	二	四	一	四	〇	八	六	二	四	七	九
穀雨	五	八	八	一	三	〇	三	五	一	九	九	五
立夏	四	一	三	三	二	四	五	四	一	六	八	七
小滿	三	三	四	〇	二	一	二	三	一	四	九	六
芒種	三	九	六	五	一	九	五	一	一	三	九	一
夏至	二	八	五	五	一	八	九	六	一	三	五	八
	酉正				酉初				申正			

節氣	巳初尺	巳初寸	巳初分	巳初釐	巳正尺	巳正寸	巳正分	巳正釐	午初尺	午初寸	午初分	午初釐	午正尺	午正寸	午正分	午正釐
冬至	十五	七	四	八	六	六	三	八	四	八	二	八	四	四	一	三
大雪	十二	九	九	六	六	〇	六	二	四	五	〇	四	四	一	二	八
小雪	八	五	九	九	四	八	二	八	三	七	五	三	三	四	七	二
立冬	五	六	二	三	三	六	四	三	二	九	五	一	二	七	六	五
霜降	三	八	七	六	二	七	五	〇	二	二	九	六	二	一	六	九
寒露	二	八	三	一	二	一	一	八	一	八	〇	一	一	七	〇	九
秋分	二	一	六	二	一	六	七	四	一	四	三	六	一	三	六	三
白露	一	七	二	九	一	三	五	七	一	一	六	四	一	一	〇	四
處暑	一	四	三	三	一	一	二	八	〇	九	六	二	〇	九	〇	八
立秋	一	二	三	二	〇	九	六	五	〇	八	一	一	〇	七	六	四
大暑	一	一	〇	〇	〇	八	五	五	〇	七	一	一	〇	六	六	三
小暑	一	〇	二	六	〇	七	九	二	〇	六	五	一	〇	六	〇	三
夏至	一	〇	〇	一	〇	七	七	一	〇	六	三	一	〇	五	八	三

節氣	申初尺	申初寸	申初分	申初釐	未正尺	未正寸	未正分	未正釐	未初尺	未初寸	未初分	未初釐	午正尺	午正寸	午正分	午正釐
冬至	十九	八	五	四	七	四	四	五	五	二	八	四	四	八	〇	〇
大雪	十六	一	一	九	六	六	九	一	四	八	八	六	四	四	六	七
小雪	九	七	六	〇	五	二	三	四	四	〇	二	〇	三	七	一	四
立冬	六	〇	六	二	三	八	七	六	三	一	二	七	二	九	二	三
霜降	四	〇	七	六	二	八	八	二	二	四	〇	八	二	二	七	二
寒露	三	九	三	六	二	二	〇	一	一	八	七	五	一	七	七	九
秋分	三	二	三	六	一	七	二	九	一	四	八	八	一	四	一	五
白露	六	七	七	一	一	三	九	六	一	二	〇	三	一	一	四	三
處暑	二	四	六	三	一	一	五	九	〇	九	九	四	〇	九	四	〇
立秋	二	二	五	四	〇	九	九	〇	〇	八	四	一	〇	七	九	二
大暑	二	一	一	八	〇	八	七	七	〇	七	三	六	〇	六	八	九
小暑	二	〇	四	一	〇	八	一	〇	〇	六	七	四	〇	六	二	七
夏至	二	〇	一	五	〇	七	八	九	〇	六	五	八	〇	六	〇	七

附直表日晷圖式 以北極出地三十二度爲例

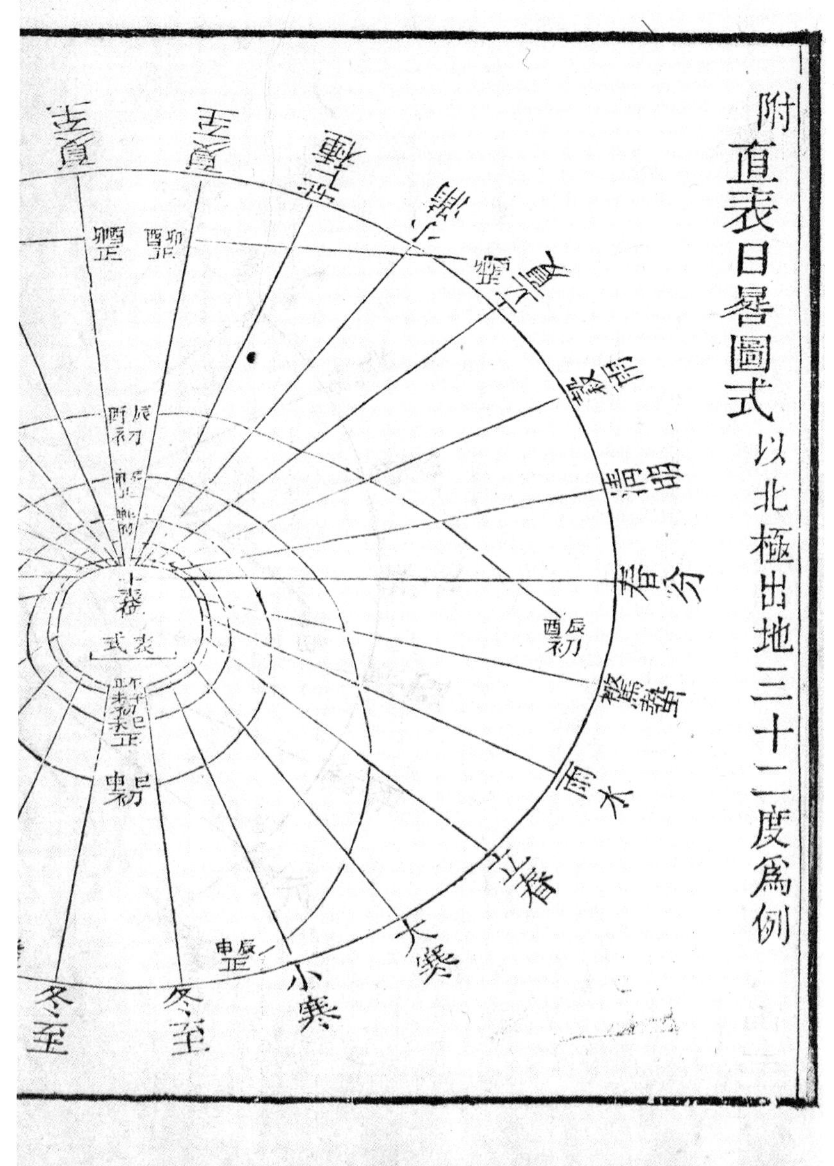

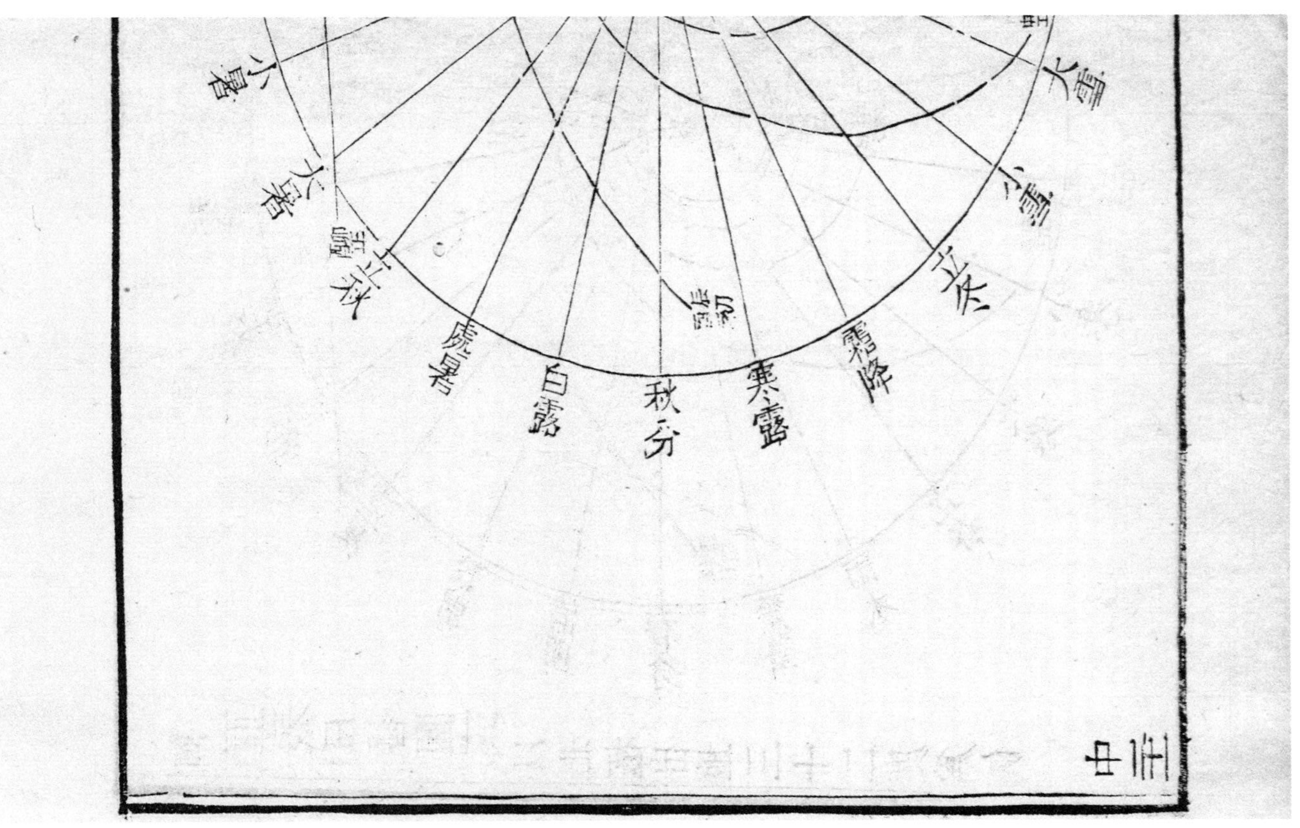

中三

右法用堅木或銅先規一圜以圜心爲表位自心至圜界二十六平分之爲節氣線二至各二線取其合圜形也以表長爲一寸按前表各方北極高度各節氣加時表景度分用分釐尺取數作識於各節氣線上以線聯之卽各時線欲求刻分則用前弧三角法推算卽得

用法依表長立表於表位平置日中須用水平準之不問南北但令表景順各節氣線如節氣已過數日則於兩線之間約略取之視景末所指卽得各時刻

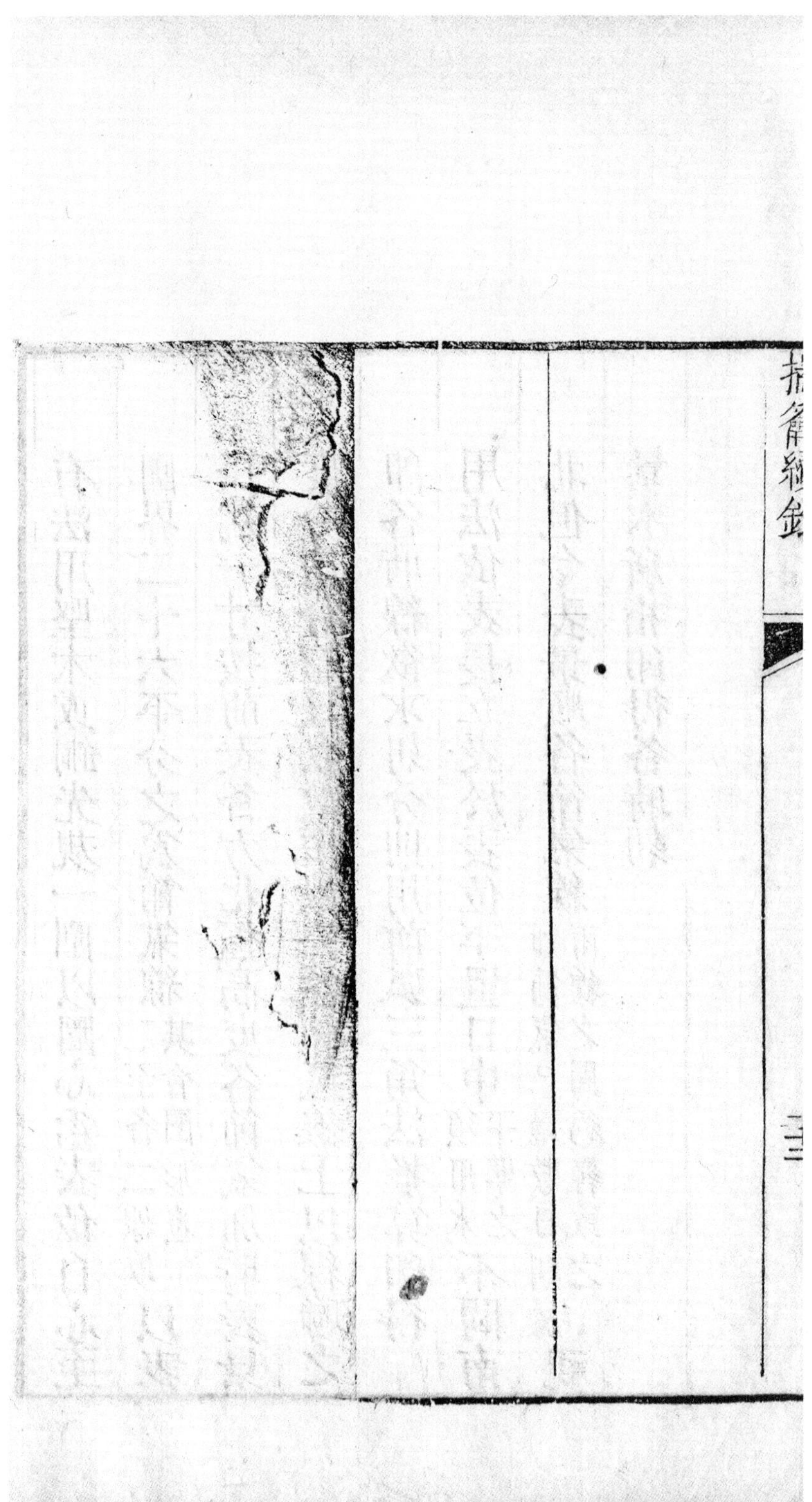

若每線直二節氣改爲十三線更簡

圖式如左亦以北極出地三十二度爲例

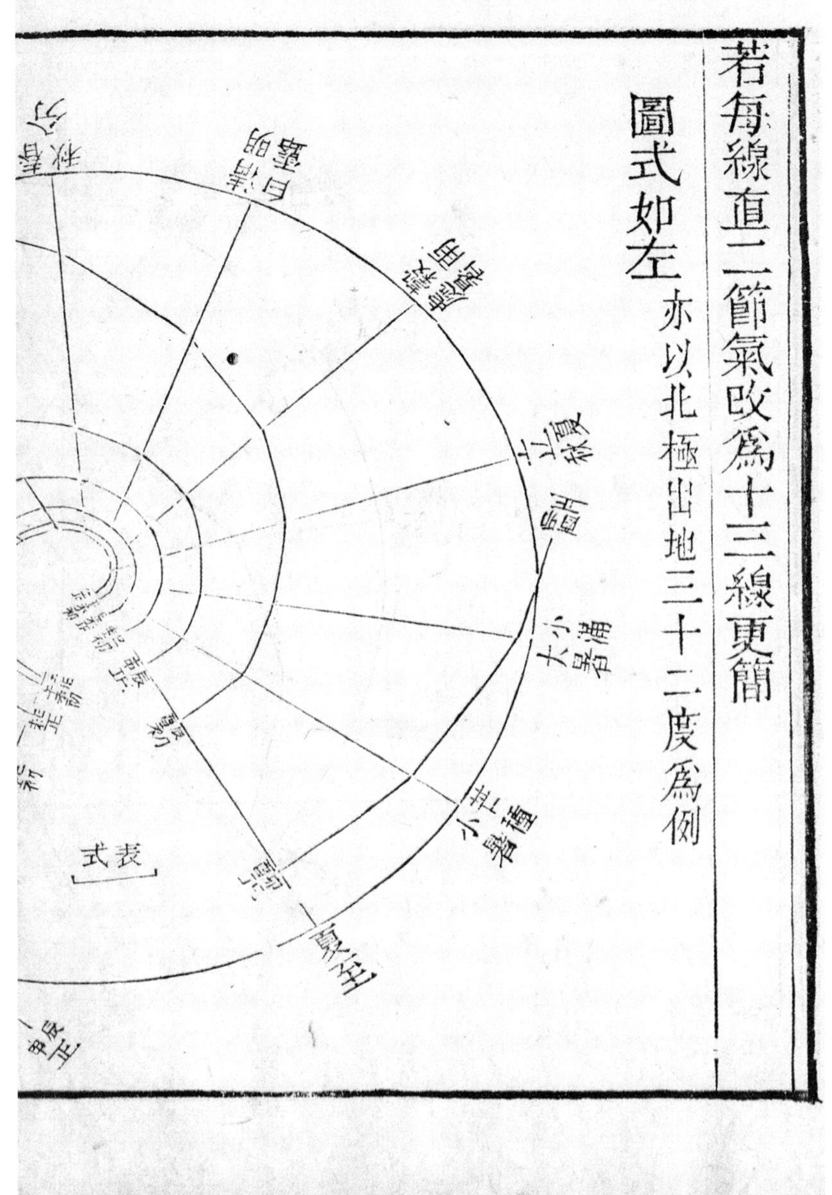

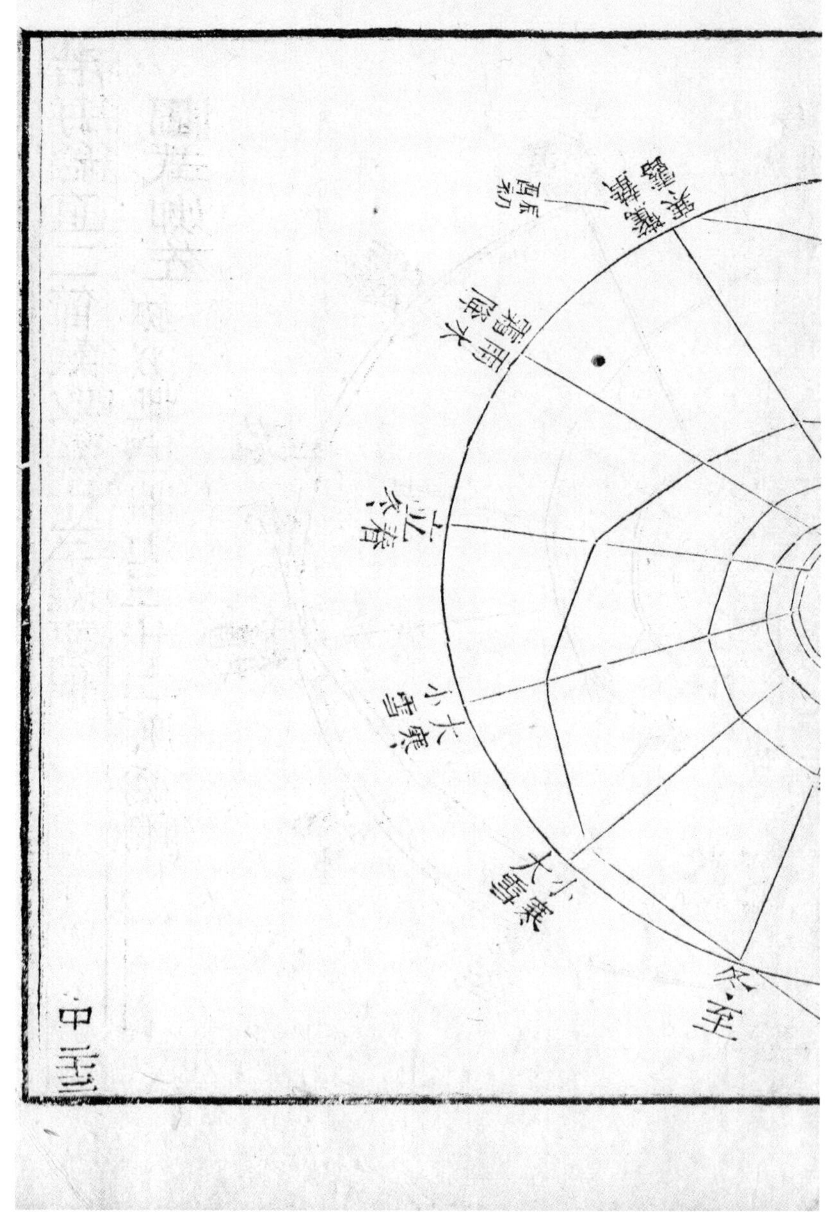
雨水 霜降
立春 立冬
小雪 大寒
大雪 小寒
冬至

附

對表取景圖說

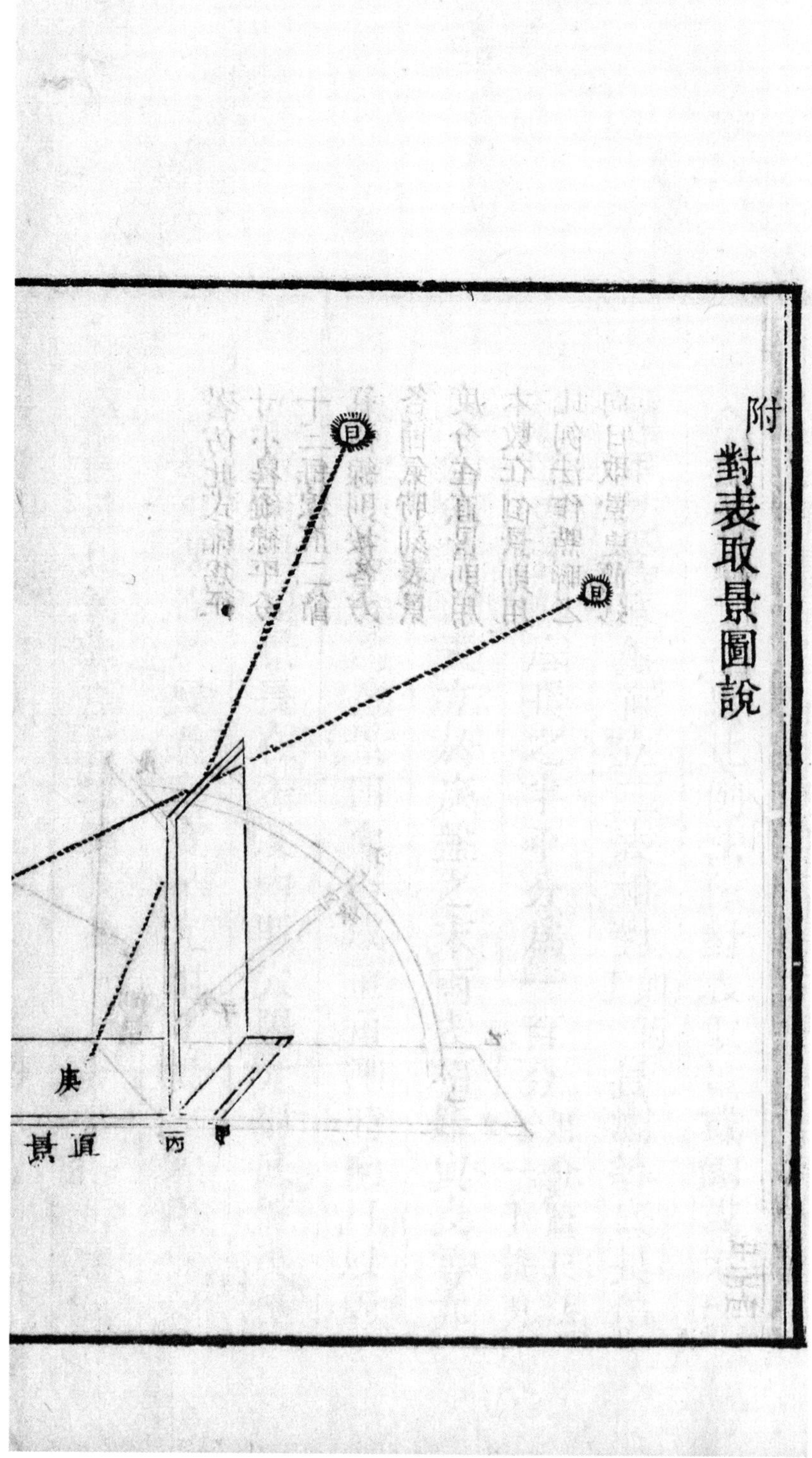

若仿此式縮為徑寸小晷縱線平分十三每線直二節氣橫線則按各方各節氣時刻表景度分在直景則用本數在倒景則用比例法作點聯之向日取景更簡妙

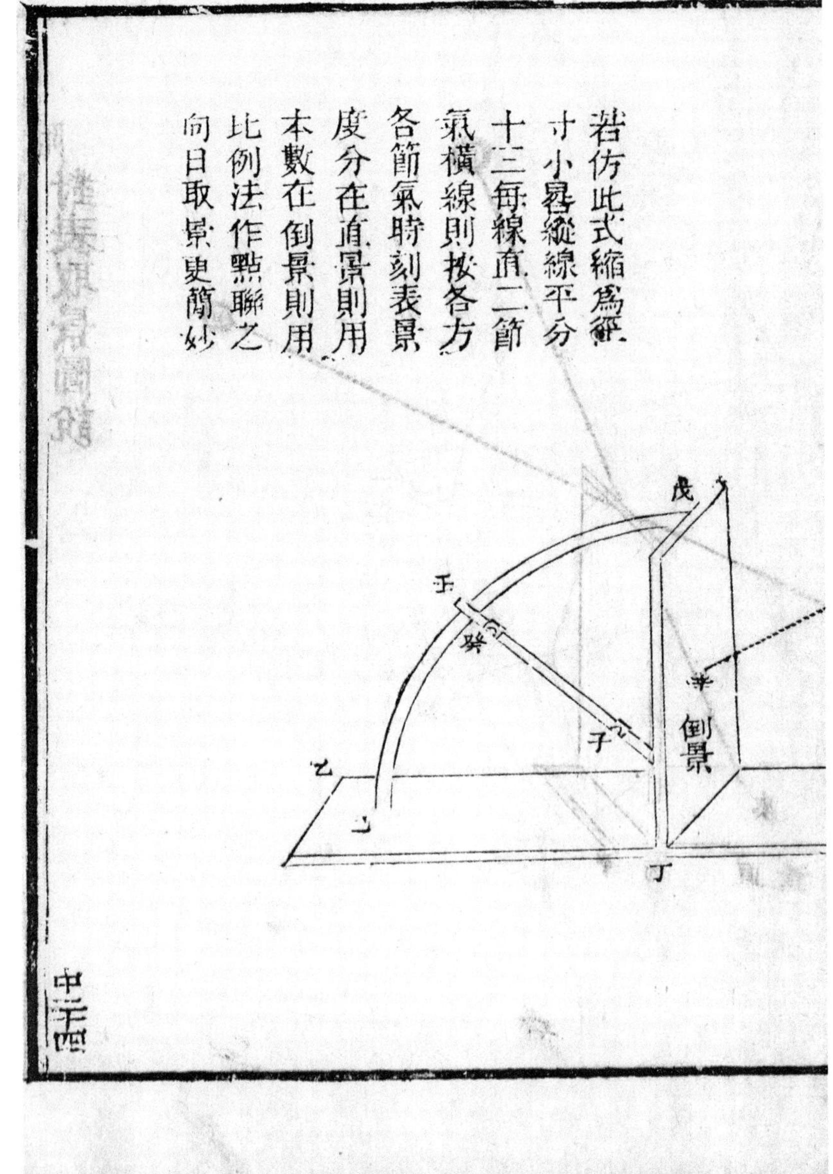

直表取景長酉前後地平景長於表數倍測量較難今按倒景變直景比例法作對表取景或銅或木如圖甲乙爲底盤直立二表相對如丙丁長濶等底長倍之丁表立於底長之半平分爲一百分用分釐尺法分一千釐更密爲倒景丙表立於底盤之末兩表相距與表等亦平分一百分爲直景四面皆成直角測時向日以丙表取直景如景長在表度內則太陽光射底盤庚檢前表即得若景長過表度則光射丁表辛須用倒景變直景比例法算之以倒景爲一率表長一百分爲二

率又表長一百分為三率推得四率檢前表即得設如北極
出地三十一度立春日測得太陽景射倒景四十九分為
分法以表度自乘得一萬分為實倒景四十九分為
法除實得二〇四〇檢
表為巳初初刻申初同另於丁表之背作象限弧
如戊巳自巳至戊分九十度以心為樞作遊表如壬又於
表側面前後立兩通光耳如子癸向日取景令太陽光
射兩耳為一綫視表末所指即得太陽出地高弧又按
倒景變直景亦可用切線互為比例如北極出地二
十八度雨水節表景切倒景六寸一分二釐查切線
表餘切六一二〇其正切為一六三四檢前二十八
度表與雨水節巳初初刻數同即知為巳初初刻餘
倣此

揣籥續錄卷下

全椒江臨泰衍

金華張作楠訂

表影立成下横表

法用横表取壁上之影壁須南向令表端指南郤宜極平極直皆準之以線餘俱同直表法亦以立表一尺爲例按各方各節氣加時太陽倒影長短定爲立成如左極高二十三度

以前太陽過天頂北須於向北壁上方有影又不可不知

楠按直表用餘切以太陽半徑加高度而取直影横表用正切以太陽半徑減高度而取倒影

橫表一尺

十八度

節氣	卯正 尺	卯正 寸	卯正 分	卯正 釐	辰初 尺	辰初 寸	辰初 分	辰初 釐	辰正 尺	辰正 寸	辰正 分	辰正 釐
冬至					○	○	九	八	○	三	二	四
小寒					○	一	○	四	○	三	三	三
大寒					○	一	一	七	○	三	五	六
立春					○	一	四	六	○	三	九	二
雨水					○	一	八	二	○	四	三	九
驚蟄					○	二	一	三	○	四	八	六
春分					○	二	四	九	○	五	三	五
清明	○	○	二	八	○	二	八	三	○	五	七	九
穀雨	○	○	六	八	○	三	一	四	○	六	一	五
立夏	○	○	八	一	○	三	三	七	○	六	四	一
小滿	○	一	○	三	○	三	五	四	○	六	五	七
芒種	○	一	一	五	○	三	六	四	○	六	六	五
夏至	○	一	二	○	○	三	六	七	○	六	六	八

十九度

節氣	卯正 尺	卯正 寸	卯正 分	卯正 釐	辰初 尺	辰初 寸	辰初 分	辰初 釐	辰正 尺	辰正 寸	辰正 分	辰正 釐
冬至					○	○	九	一	○	三	一	四
小寒					○	○	九	七	○	三	二	二
大寒					○	一	一	三	○	三	四	六
立春					○	一	四	○	○	三	八	三
雨水					○	一	七	三	○	四	二	九
驚蟄					○	二	一	○	○	四	七	九
春分					○	二	四	八	○	五	三	一
清明	○	○	二	九	○	二	八	三	○	五	七	七
穀雨	○	○	六	一	○	二	九	六	○	六	一	六
立夏	○	○	八	七	○	三	四	○	○	六	四	四
小滿	○	一	○	八	○	三	五	九	○	六	六	三
芒種	○	一	二	二	○	三	七	○	○	六	七	二
夏至	○	一	二	六	○	三	七	四	○	六	七	五
	酉正				酉初				申正			

十八度

節氣	巳初 尺	寸	分	釐	巳正 尺	寸	分	釐	午初 尺	寸	分	釐	午正 尺	寸	分	釐
冬至	○	五	六	二	○	八	○	八	一	○	二	七	一	二	二	一
大雪	○	五	七	四	○	八	二	八	一	○	五	五	一	一	五	五
小雪	○	六	一	○	○	八	八	五	一	一	四	三	一	二	六	○
立冬	○	六	六	六	○	九	八	○	一	二	九	六	一	四	四	八
霜降	○	七	四	○	一	一	一	○	一	五	八	二	一	七	五	一
寒露	○	八	一	九	一	二	六	五	一	八	五	○	二	二	二	八
秋分	○	九	○	○	一	四	三	八	二	二	九	八	三	○	三	二
白露	○	九	七	三	一	六	○	五	二	八	六	六	四	五	七	三
處暑	一	○	三	○	一	七	三	○	三	六	三	八	八	四	四	八
立秋	一	○	六	六	一	八	○	九	四	三	○	八	廿	四	一	二
大暑	一	○	八	三	一	八	三	○	四	三	三	二	三十	五	三	二
小暑	一	○	八	九	一	八	二	五	三	七	一	四	一十	七	四	四
夏至	一	一	三	○	一	八	二	○	三	六	五	五	九	九	六	[illegible]

十九度

節氣	申初 尺	寸	分	釐	未正 尺	寸	分	釐	未初 尺	寸	分	釐	午正 尺	寸	分	釐
冬至	○	五	四	六	○	七	八	六	一	九	九	三	一	○	八	二
大雪	○	五	五	九	○	八	○	四	一	○	二	一	一	一	一	五
小雪	○	五	九	五	○	八	六	一	一	一	○	六	一	三	一	六
立冬	○	六	五	二	○	九	五	五	一	二	五	三	一	三	九	六
霜降	○	七	二	四	一	○	八	二	一	四	七	五	一	六	八	二
寒露	○	八	○	七	一	二	三	八	一	七	八	八	二	一	二	八
秋分	○	八	九	一	一	四	一	三	二	二	一	六	三	八	六	三
白露	○	九	六	八	一	五	八	四	二	七	七	○	四	二	一	九
處暑	一	○	二	九	一	七	二	五	三	三	六	八	七	三	四	七
立秋	一	○	六	九	一	八	一	三	三	七	九	三	九廿	八	五	四
大暑	一	○	九	○	一	八	四	○	三	八	九	○	九卅	九	六	五
小暑	一	○	九	八	一	八	四	一	三	七	九	八	四十	七	三	一
夏至	一	一	○	○	一	八	四	○	三	七	五	三	二十	○	七	七

橫表一尺

二十一度

節氣	卯正尺	卯正寸	卯正分	卯正釐	辰初尺	辰初寸	辰初分	辰初釐	辰正尺	辰正寸	辰正分	辰正釐
冬至					〇	〇	八	三	〇	三	〇	四
小寒					〇	〇	八	九	〇	三	一	二
大寒					〇	〇	九	四	〇	三	三	九
立春					〇	一	三	四	〇	三	七	三
雨水					〇	一	六	九	〇	四	三	二
驚蟄					〇	二	〇	六	〇	四	七	三
春分					〇	二	四	六	〇	五	二	六
清明	〇	〇	三	一	〇	二	八	四	〇	五	七	六
穀雨	〇	〇	六	八	〇	三	一	七	〇	六	一	六
立夏	〇	〇	九	二	〇	三	四	四	〇	六	四	七
小滿	〇	一	一	三	〇	三	六	三	〇	六	六	七
芒種	〇	一	二	八	〇	三	七	六	〇	六	七	九
夏至	〇	一	三	三	〇	三	八	〇	〇	六	八	三

二十二度

節氣	酉正尺	酉正寸	酉正分	酉正釐	酉初尺	酉初寸	酉初分	酉初釐	申正尺	申正寸	申正分	申正釐
冬至					〇	〇	七	五	〇	二	九	三
小寒					〇	〇	八	一	〇	三	〇	二
大寒					〇	〇	九	九	〇	三	二	六
立春					〇	一	二	八	〇	三	六	五
雨水					〇	一	六	三	〇	四	一	三
驚蟄					〇	二	〇	三	〇	四	六	七
春分					〇	二	四	四	〇	五	二	二
清明	〇	〇	三	三	〇	二	八	四	〇	五	七	三
穀雨	〇	〇	六	七	〇	三	一	九	〇	六	一	七
立夏	〇	〇	九	七	〇	三	四	八	〇	六	五	〇
小滿	〇	一	二	〇	〇	三	六	九	〇	六	七	三
芒種	〇	一	三	五	〇	三	八	二	〇	六	八	五
夏至	〇	一	四	〇	〇	三	八	六	〇	六	八	九

揣籥續錄 下

二十度

	巳初				巳正				午初				午正			
	尺	寸	分	釐	尺	寸	分	釐	尺	寸	分	釐	尺	寸	分	釐
冬至	○	五	三	二	○	七	六	三	○	九	六	一	一	○	四	五
大雪	○	五	四	四	○	七	八	二	○	九	八	八	一	○	七	七
小雪	○	五	七	三	○	八	二	八	一	○	五	七	一	一	七	四
立冬	○	六	三	七	○	九	三	七	一	二	一	四	一	三	四	六
霜降	○	七	一	一	一	○	五	六	一	四	二	六	一	六	一	七
寒露	○	七	九	五	一	二	一	二	一	七	二	六	二	○	三	五
秋分	○	八	八	一	一	三	八	七	二	一	三	八	二	七	一	一
白露	○	九	六	一	一	五	六	二	二	六	七	二	三	九	一	四
處暑	○	○	二	六	一	七	一	一	三	二	七	一	六	四	八	五
立秋	一	○	七	○	一	八	○	八	三	七	四	五	四十	七	三	二
大暑	一	○	九	六	一	八	五	一	三	九	一	四	六十四	六	二	五
小暑	一	一	○	七	一	八	五	八	三	九	七	六	一卅	四	一	二
夏至	一	一	○	九	一	八	五	七	三	八	三	四	五十	三	二	五

二十一度

	申初				未正				未初				午正			
	尺	寸	分	釐	尺	寸	分	釐	尺	寸	分	釐	尺	寸	分	釐
冬至	○	五	一	七	○	七	四	一	○	九	三	○	一	○	○	九
大雪	○	五	二	九	○	七	五	九	○	九	五	六	一	○	三	九
小雪	○	五	六	五	○	八	一	五	一	○	三	六	一	一	三	二
立冬	○	六	二	三	○	九	○	六	一	一	七	五	一	二	九	八
霜降	○	六	九	七	一	○	三	一	一	三	八	一	一	五	五	六
寒露	○	七	八	二	一	一	八	五	一	六	八	○	一	九	四	九
秋分	○	八	七	一	一	三	六	一	二	○	六	一	二	五	七	一
白露	○	九	五	五	一	五	四	○	二	五	七	八	三	六	四	七
處暑	一	○	二	四	一	六	九	七	三	一	七	二	五	八	一	○
立秋	一	○	七	二	一	八	○	四	三	六	八	五	一十	七	○	四
大暑	一	一	○	三	一	八	五	七	三	九	一	八	三十五	七	○	九
小暑	一	一	一	五	一	八	七	三	三	九	三	三	一卅	四	一	二
夏至	一	一	一	八	一	八	七	四	三	九	○	九	廿	九	四	六

三

橫表一尺

二十二度	卯正 尺	寸	分	釐	辰初 尺	寸	分	釐	辰正 尺	寸	分	釐
冬至					○	○	六	七	○	二	八	三
小寒					○	○	七	三	○	二	九	一
大寒					○	○	九	二	○	三	一	七
立春					○	一	二	一	○	三	五	六
雨水					○	一	五	八	○	四	○	五
驚蟄					○	二	○	○	○	四	六	一
春分					○	二	四	三	○	五	一	八
清明	○	○	三	四	○	二	八	四	○	五	七	一
穀雨	○	○	七	○	○	三	二	一	○	六	一	七
立夏	○	一	○	二	○	三	五	二	○	六	五	三
小滿	○	一	二	六	○	三	七	四	○	六	七	七
芒種	○	一	四	一	○	三	八	八	○	六	九	一
夏至	○	一	四	七	○	三	九	三	○	六	九	五

二十三度												
冬至					○	○	六	七	○	二	八	三
小寒					○	○	七	三	○	二	九	一
大寒					○	○	九	二	○	三	一	七
立春					○	一	二	一	○	三	五	六
雨水					○	一	五	八	○	四	○	五
驚蟄					○	二	○	○	○	四	六	一
春分					○	二	四	三	○	五	一	八
清明	○	○	三	四	○	二	八	四	○	五	七	一
穀雨	○	○	七	○	○	三	二	一	○	六	一	七
立夏	○	一	○	二	○	三	五	二	○	六	五	三
小滿	○	一	二	六	○	三	七	四	○	六	七	七
芒種	○	一	四	一	○	三	八	八	○	六	九	一
夏至	○	一	四	七	○	三	九	三	○	六	九	五
	酉正				酉初				申正			

二十二度

節氣	巳初 尺	巳初 寸	巳初 分	巳初 釐	巳正 尺	巳正 寸	巳正 分	巳正 釐	午初 尺	午初 寸	午初 分	午初 釐	午正 尺	午正 寸	午正 分	午正 釐
冬至	○	五	○	一	○	七	一	八	○	八	九	九	○	九	七	五
大雪	○	五	一	四	○	七	三	七	○	九	二	六	一	○	○	四
小雪	○	五	五	一	○	七	九	三	一	○	○	三	一	○	九	四
立冬	○	六	○	八	○	八	八	三	一	一	三	七	一	二	五	二
霜降	○	六	八	三	一	○	○	六	一	三	三	五	一	四	九	八
寒露	○	七	七	○	一	一	五	九	一	六	一	三	一	八	六	八
秋分	○	八	六	一	一	三	三	五	一	九	九	一	二	四	四	四
白露	○	九	四	七	一	五	一	七	二	四	八	八	三	四	一	二
處暑	一	○	二	○	一	六	八	○	三	○	七	二	五	二	五	九
立秋	一	○	七	三	一	七	九	七	三	六	一	○	九	七	○	四
大暑	一	一	○	五	一	八	六	一	三	九	○	九	七廿	七	一	二
小暑	一	一	二	一	一	八	八	三	三	九	七	一	四十六	八	五	八
夏至	一	一	二	六	一	八	八	七	三	九	六	七	三卅	○	四	五

二十三度

節氣	申初 尺	申初 寸	申初 分	申初 釐	未正 尺	未正 寸	未正 分	未正 釐	未初 尺	未初 寸	未初 分	未初 釐	午正 尺	午正 寸	午正 分	午正 釐
冬至	○	四	八	六	○	六	九	七	○	八	七	○	○	九	四	一
大雪	○	四	九	九	○	七	一	五	○	八	九	五	○	九	七	○
小雪	○	五	三	六	○	七	七	○	○	九	七	一	一	○	五	六
立冬	○	五	九	四	○	八	五	九	一	一	○	一	一	二	○	八
霜降	○	六	六	九	○	九	八	二	一	二	九	二	一	四	四	二
寒露	○	七	五	七	一	一	三	二	一	五	六	○	一	七	九	二
秋分	○	八	五	○	一	三	○	九	一	九	二	二	二	三	二	八
白露	○	九	三	九	一	四	九	四	二	三	九	八	三	二	○	四
處暑	一	○	一	六	一	六	六	二	二	九	七	一	四	八	○	一
立秋	一	○	七	四	一	七	八	九	三	五	二	六	八	二	八	四
大暑	一	一	一	○	一	八	六	二	三	八	七	六	八十	六	六	六
小暑	一	一	二	八	一	八	九	一	三	九	八	六	十九	九	○	八
夏至	一	一	三	三	一	八	九	九	四	○	○	○	六北	一	二	七

橫表一尺

二十四度

節氣	卯正 尺	卯正 寸	卯正 分	卯正 釐	辰初 尺	辰初 寸	辰初 分	辰初 釐	辰正 尺	辰正 寸	辰正 分	辰正 釐
冬至	—				○	○	五	一	○	二	六	一
小寒	—				○	○	五	八	○	二	七	○
大寒	—				○	○	七	七	○	二	九	六
立春	—				○	一	○	八	○	三	三	八
雨水	—				○	一	四	七	○	三	八	九
驚蟄	—				○	一	九	三	○	四	四	八
春分	—				○	二	三	九	○	五	○	八
清明	○	○	三	八	○	二	八	四	○	五	六	六
穀雨	○	○	七	七	○	三	二	四	○	六	一	七
立夏	○	一	一	一	○	三	五	八	○	六	五	七
小滿	○	一	三	七	○	三	八	四	○	六	八	六
芒種	○	一	五	四	○	三	九	九	○	七	○	二
夏至	○	一	六	○	○	四	○	四	○	七	○	八

二十五度

節氣	酉正 尺	酉正 寸	酉正 分	酉正 釐	酉初 尺	酉初 寸	酉初 分	酉初 釐	申正 尺	申正 寸	申正 分	申正 釐
冬至	—				○	○	四	二	○	二	五	○
小寒	—				○	○	四	九	○	二	六	○
大寒	—				○	○	七	○	○	二	八	六
立春	—				○	一	○	二	○	三	二	八
雨水	—				○	一	四	二	○	三	八	一
驚蟄	—				○	一	八	九	○	四	四	一
春分	—				○	二	三	七	○	五	○	三
清明	○	○	三	九	○	二	八	三	○	五	六	三
穀雨	○	○	八	○	○	三	二	六	○	六	一	六
立夏	○	一	一	五	○	三	六	一	○	六	五	九
小滿	○	一	四	三	○	三	八	八	○	六	八	九
芒種	○	一	六	○	○	四	○	五	○	七	○	七
夏至	○	一	六	六	○	四	一	○	○	七	一	三

二十四度

節氣	巳初 尺	寸	分	釐	巳正 尺	寸	分	釐	午初 尺	寸	分	釐	午正 尺	寸	分	釐
冬至	○	四	七	二	○	六	七	六	○	八	四	二	○	九	○	九
大雪	○	四	八	四	○	六	九	三	○	八	六	六	○	九	三	六
小雪	○	四	九	九	○	七	四	七	○	九	三	九	一	○	二	○
立冬	○	五	八	○	○	八	三	六	一	○	六	六	一	一	六	六
霜降	○	六	五	六	○	九	五	六	一	二	五	○	一	三	九	○
寒露	○	七	四	四	一	一	○	七	一	五	○	八	一	七	二	○
秋分	○	八	三	九	一	二	八	九	一	八	五	六	二	二	二	○
白露	○	九	三	一	一	四	六	八	二	三	一	五	三	○	一	八
處暑	一	○	一	一	一	六	四	三	二	八	七	四	四	四	一	三
立秋	一	○	七	三	一	七	七	七	三	四	三	一	七	二	二	二
大暑	一	一	一	三	一	八	六	一	三	八	二	五	十四	○	六	五
小暑	一	一	三	三	一	八	九	八	三	九	八	六	卌五	四	三	一
夏至	一	一	四	○	一	九	○	七	四	○	一	六	百[illegible]	七	二	九

二十五度

節氣	申初 尺	寸	分	釐	未正 尺	寸	分	釐	未初 尺	寸	分	釐	午正 尺	寸	分	釐
冬至	○	四	五	六	○	六	五	五	○	八	一	三	○	八	七	七
大雪	○	四	六	九	○	六	七	二	○	八	三	七	○	九	○	四
小雪	○	五	○	六	○	七	二	六	○	九	○	九	○	九	八	五
立冬	○	五	六	五	○	八	一	二	一	○	三	一	一	一	二	六
霜降	○	六	四	二	○	九	三	三	一	二	二	一	一	三	四	○
寒露	○	七	三	一	一	○	八	一	一	四	五	九	一	六	五	四
秋分	○	八	二	七	一	二	五	五	一	七	九	三	二	一	二	○
白露	○	九	二	二	一	四	四	二	二	二	三	○	二	八	五	○
處暑	一	○	○	六	一	六	二	一	二	七	七	○	四	○	八	二
立秋	一	○	七	一	一	七	六	四	三	三	三	○	六	三	九	八
大暑	一	一	一	五	一	八	五	七	三	七	五	八	十一	二	七	九
小暑	一	一	三	八	一	九	○	二	三	九	六	一	廿一	八	八	一
夏至	一	一	四	六	一	九	一	三	四	○	一	一	卌二	四	二	一

橫表一尺

二十六度

	卯正 尺	寸	分	釐	辰初 尺	寸	分	釐	辰正 尺	寸	分	釐
冬至					○	○	三	四	○	二	四	○
小寒					○	○	四	二	○	二	四	九
大寒					○	○	六	二	○	二	七	六
立春					○	○	九	五	○	三	一	八
雨水					○	一	三	八	○	三	七	二
驚蟄					○	一	八	五	○	四	三	三
春分					○	二	三	五	○	四	九	七
清明	○	○	四	一	○	二	八	三	○	五	六	○
穀雨	○	○	八	三	○	三	二	七	○	六	一	五
立夏	○	一	二	○	○	三	六	五	○	六	六	○
小滿	○	一	四	九	○	三	九	三	○	六	九	三
芒種	○	一	六	七	○	四	一	○	○	七	一	二
夏至	○	一	七	三	○	四	一	六	○	七	一	八

二十七度

	酉正 尺	寸	分	釐	酉初 尺	寸	分	釐	申正 尺	寸	分	釐
冬至					○	○	二	六	○	二	二	九
小寒					○	○	三	三	○	二	三	九
大寒					○	○	五	六	○	二	六	六
立春					○	○	八	九	○	三	○	九
雨水					○	一	三	二	○	三	六	四
驚蟄					○	一	八	一	○	四	二	七
春分					○	二	三	二	○	四	九	二
清明	○	○	四	二	○	二	八	三	○	五	五	六
穀雨	○	○	八	六	○	三	二	九	○	六	一	四
立夏	○	一	二	四	○	三	六	八	○	六	六	一
小滿	○	一	五	四	○	三	九	七	○	六	九	六
芒種	○	一	七	三	○	五	一	五	○	七	一	六
夏至	○	一	七	九	○	四	三	三	○	七	二	三

	巳初				巳正				午初				午正			
	尺	寸	分	釐	尺	寸	分	釐	尺	寸	分	釐	尺	寸	分	釐
二十六度																
冬至	○	四	四	二	○	六	三	四	○	七	八	六	○	八	四	七
大雪	○	四	五	五	○	六	五	二	○	八	一	○	○	八	七	三
小雪	○	四	九	二	○	七	○	四	○	八	七	九	○	九	五	一
立冬	○	五	五	一	○	七	九	○	○	九	九	八	一	○	八	七
霜降	○	六	二	八	○	九	○	八	一	一	七	二	一	二	四	七
寒露	○	七	一	八	一	○	五	六	一	四	一	一	一	五	九	○
秋分	○	八	一	六	一	二	二	九	一	七	三	二	二	○	二	八
白露	○	九	一	三	一	四	一	五	二	一	五	三	二	六	九	九
處暑	一	○	○	○	一	五	九	八	二	六	四	九	三	七	九	四
立秋	一	○	六	九	一	七	五	○	三	二	二	七	五	七	四	○
大暑	一	一	一	六	一	八	五	一	三	六	七	六	九	四	○	九
小暑	一	一	四	二	一	九	○	二	三	九	一	八	五十	八	二	一
夏至	一	一	五	○	一	九	一	六	三	九	八	一	廿	六	九	三
二十七度																
冬至	○	四	二	七	○	六	一	四	○	七	五	九	○	八	一	八
大雪	○	四	四	○	○	六	三	一	○	七	八	二	○	八	四	三
小雪	○	四	七	八	○	六	八	三	○	八	五	○	○	九	一	八
立冬	○	五	三	七	○	七	六	八	○	九	六	六	一	○	四	九
霜降	○	六	一	四	○	八	八	四	一	一	三	四	一	二	四	七
寒露	○	七	○	五	一	○	三	一	一	三	六	五	一	五	三	○
秋分	○	八	○	四	一	二	○	二	一	六	七	三	一	九	四	二
白露	○	九	○	三	一	三	九	○	二	○	七	六	二	五	六	○
處暑	○	九	九	四	一	五	七	六	二	五	七	六	三	五	四	二
立秋	一	○	六	六	一	七	三	三	三	一	二	四	五	三	○	一
大暑	一	一	一	七	一	八	四	二	三	五	八	六	八	○	六	七
小暑	一	一	四	六	一	八	九	九	三	八	五	七	二十	三	八	四
夏至	一	一	五	四	一	九	一	七	三	九	三	三	五十	一	八	九
	申初				未正				未初				午正			

橫表一尺

三十八度

節氣	卯正 尺	卯正 寸	卯正 分	卯正 釐	辰初 尺	辰初 寸	辰初 分	辰初 釐	辰正 尺	辰正 寸	辰正 分	辰正 釐
冬至					○	○	一	八	○	二	一	九
小寒					○	○	二	六	○	二	二	七
大寒					○	○	四	七	○	二	五	六
立春					○	○	八	三	○	三	○	○
雨水					○	一	二	七	○	三	五	五
驚蟄					○	一	七	八	○	四	一	九
春分					○	二	三	○	○	四	八	七
清明	○	○	四	四	○	二	八	二	○	五	五	三
穀雨	○	○	九	○	○	三	二	九	○	六	一	二
立夏	○	一	二	九	○	三	七	一	○	六	六	二
小滿	○	一	六	○	○	四	○	一	○	六	九	八
芒種	○	一	七	九	○	四	二	○	○	七	二	○
夏至	○	一	八	六	○	四	二	七	○	七	二	八

三十九度

節氣	酉正 尺	酉正 寸	酉正 分	酉正 釐	酉初 尺	酉初 寸	酉初 分	酉初 釐	申正 尺	申正 寸	申正 分	申正 釐
冬至					○	○	一	○	○	二	○	八
小寒					○	○	一	八	○	二	一	八
大寒					○	○	四	一	○	二	四	六
立春					○	○	七	八	○	二	九	○
雨水					○	一	二	二	○	三	四	七
驚蟄					○	一	七	三	○	四	一	二
春分					○	二	二	八	○	四	八	一
清明	○	○	四	六	○	二	八	一	○	五	四	九
穀雨	○	○	九	二	○	三	三	一	○	六	一	一
立夏	○	一	三	三	○	三	七	三	○	六	六	三
小滿	○	一	六	五	○	四	○	五	○	七	○	一
芒種	○	一	八	五	○	四	二	六	○	七	二	四
夏至	○	一	九	二	○	四	三	二	○	七	三	二

籌實錄　下　二十六度　二十九度　七

節氣	巳初 尺	寸	分	釐	巳正 尺	寸	分	釐	午初 尺	寸	分	釐	午正 尺	寸	分	釐
冬至	○	四	一	二	○	五	九	四	○	七	三	四	○	七	八	九
大雪	○	四	二	六	○	六	一	一	○	七	五	六	○	八	一	三
小雪	○	四	六	三	○	六	六	二	○	八	二	二	○	八	八	七
立冬	○	五	二	二	○	七	四	六	○	九	三	五	一	○	一	三
霜降	○	六	○	○	○	八	六	一	一	○	九	八	一	二	○	三
寒露	○	六	九	二	一	○	○	五	一	三	二	一	一	四	七	三
秋分	○	七	九	二	一	一	七	六	一	六	一	七	一	八	六	一
白露	○	八	九	三	一	三	六	四	二	○	○	四	二	四	三	四
處暑	○	九	八	六	一	五	五	一	二	三	六	三	三	三	一	九
立秋	○	一	六	三	一	七	一	四	三	○	一	八	四	七	五	二
大暑	一	一	一	七	一	八	三	○	三	四	八	七	七	○	五	六
小暑	一	一	四	八	一	八	九	四	三	七	八	○	十	一	六	八
夏至	一	一	五	八	一	九	一	四	三	八	七	一	一十	九	九	二

節氣	申初 尺	寸	分	釐	未正 尺	寸	分	釐	未初 尺	寸	分	釐	午正 尺	寸	分	釐
冬至	○	三	八	九	○	五	七	四	○	七	○	八	○	七	六	一
大雪	○	四	一	一	○	五	九	一	○	七	三	○	○	七	八	五
小雪	○	四	四	八	○	六	四	二	○	七	九	五	○	八	五	六
立冬	○	五	○	八	○	七	二	四	○	九	○	四	○	九	七	九
霜降	○	五	八	六	○	八	三	八	一	○	六	三	一	一	六	一
寒露	○	六	七	九	○	九	八	一	一	二	七	九	一	四	一	九
秋分	○	七	八	○	一	一	五	○	一	五	六	三	一	七	八	六
白露	○	八	八	三	一	三	三	六	一	九	三	五	二	三	一	八
處暑	○	九	七	九	一	五	二	六	二	三	九	四	三	一	二	一
立秋	一	○	五	九	一	六	九	四	二	九	一	二	四	三	七	二
大暑	一	一	一	六	一	八	一	八	三	三	八	三	六	二	六	七
小暑	一	一	五	○	一	八	八	七	三	六	八	九	八	六	二	一
夏至	一	一	六	○	一	九	一	一	三	七	八	九	九	九	○	二

横表一尺

三十度

節氣	卯正 尺	寸	分	釐	辰初 尺	寸	分	釐	辰正 尺	寸	分	釐
冬至					○	○	○	二	○	一	九	七
小寒					○	○	一	○	○	二	○	七
大寒					○	○	三	三	○	二	三	六
立春					○	○	七	○	○	二	八	一
雨水					○	一	一	六	○	三	三	八
驚蟄					○	一	六	九	○	四	○	四
春分					○	二	二	五	○	四	七	五
清明	○	○	四	七	○	二	八	一	○	五	四	五
穀雨	○	○	九	六	○	三	三	二	○	六	○	九
立夏	○	一	三	八	○	三	七	六	○	六	六	三
小滿	○	一	七	一	○	四	一	○	○	七	○	四
芒種	○	一	九	二	○	四	三	○	○	七	二	八
夏至	○	一	九	九	○	四	三	七	○	七	三	六

三十一度

節氣	尺	寸	分	釐	尺	寸	分	釐	尺	寸	分	釐
冬至									○	一	八	七
小寒					○	○	○	三	○	一	九	六
大寒					○	○	二	七	○	二	二	五
立春					○	○	六	三	○	二	七	一
雨水					○	一	一	一	○	三	二	九
驚蟄					○	一	六	五	○	三	九	七
春分					○	二	二	三	○	四	六	九
清明	○	○	四	九	○	二	八	○	○	五	四	一
穀雨	○	○	九	九	○	三	三	三	○	六	○	七
立夏	○	一	四	二	○	三	七	九	○	六	六	三
小滿	○	一	七	六	○	四	一	三	○	七	○	五
芒種	○	一	九	八	○	四	三	五	○	七	三	一
夏至	○	二	○	五	○	四	四	二	○	七	四	○
	酉正				酉初				申正			

三十度

	巳初				巳正				午初				午正			
	尺	寸	分	釐	尺	寸	分	釐	尺	寸	分	釐	尺	寸	分	釐
冬至	○	三	八	四	○	五	五	四	○	六	八	三	○	七	三	四
大雪	○	三	九	七	○	五	七	一	○	七	○	四	○	七	五	七
小雪	○	四	三	四	○	六	二	一	○	七	六	八	○	八	二	六
立冬	○	四	九	四	○	七	○	三	○	八	七	五	○	九	四	五
霜降	○	五	七	二	○	八	一	五	一	○	二	九	一	一	二	一
寒露	○	六	六	五	○	九	五	七	一	二	三	七	一	三	六	八
秋分	○	七	六	七	一	一	二	四	一	五	一	二	一	七	一	五
白露	○	八	七	二	一	三	一	○	一	八	六	八	二	二	一	一
處暑	○	九	七	一	一	五	○	二	二	三	一	三	二	九	四	三
立秋	一	○	五	八	一	六	七	二	二	八	○	八	四	○	四	五
大暑	一	一	一	五	一	七	一	八	三	二	七	四	五	六	三	三
小暑	一	一	五	○	一	八	七	八	三	五	九	○	七	四	七	八
夏至	一	一	六	三	一	九	○	二	三	七	○	二	八	四	二	八

三十度

	申初				未正				未初				午正			
	尺	寸	分	釐	尺	寸	分	釐	尺	寸	分	釐	尺	寸	分	釐
冬至	○	三	六	九	○	五	三	五	○	六	五	九	○	七	○	七
大雪	○	三	八	二	○	五	五	二	○	六	八	○	○	七	三	○
小雪	○	四	二	○	○	六	○	一	○	七	四	二	○	七	九	七
立冬	○	四	七	九	○	六	八	二	○	八	四	六	○	九	一	三
霜降	○	五	五	八	○	七	九	四	○	九	八	五	一	○	八	二
寒露	○	六	五	二	○	九	三	三	一	一	九	八	一	三	一	九
秋分	○	七	五	五	一	○	九	八	一	四	六	二	一	六	四	八
白露	○	八	六	四	一	二	八	三	一	八	○	三	二	一	一	二
處暑	○	九	六	○	一	四	七	四	二	二	二	五	二	七	八	三
立秋	一	○	四	八	一	六	五	○	二	七	○	六	三	七	六	三
大暑	一	一	一	三	一	七	八	四	三	一	六	五	五	一	一	三
小暑	一	一	五	○	一	八	六	五	三	四	八	四	六	五	九	九
夏至	一	一	六	三	一	八	九	二	三	五	九	八	七	三	三	二

八

横表一尺

三十二度

節氣	卯正 尺	寸	分	釐	辰初 尺	寸	分	釐	辰正 尺	寸	分	釐
冬至									〇	一	七	六
小寒									〇	一	八	六
大寒					〇	〇	一	七	〇	二	一	六
立春					〇	〇	五	七	〇	二	六	一
雨水					〇	一	〇	六	〇	三	二	一
驚蟄					〇	一	六	一	〇	三	九	〇
春分					〇	二	二	〇	〇	四	六	三
清明	〇	〇	五	〇	〇	二	七	九	〇	五	三	六
穀雨	〇	一	〇	二	〇	三	三	四	〇	六	〇	四
立夏	〇	一	四	六	〇	三	八	一	〇	六	六	三
小滿	〇	一	八	一	〇	四	一	七	〇	七	〇	六
芒種	〇	二	〇	四	〇	四	四	〇	〇	七	三	四
夏至	〇	二	一	一	〇	四	五	四	〇	七	四	四

三十三度

節氣	酉正 尺	寸	分	釐	酉初 尺	寸	分	釐	申正 尺	寸	分	釐
冬至									〇	一	六	六
小寒									〇	一	八	〇
大寒					〇	〇	一	四	〇	二	〇	五
立春					〇	〇	五	〇	〇	二	五	二
雨水					〇	一	〇	〇	〇	三	一	二
驚蟄					〇	一	五	七	〇	三	八	二
春分					〇	二	一	八	〇	四	五	六
清明	〇	〇	五	二	〇	二	七	八	〇	五	三	一
穀雨	〇	一	〇	五	〇	三	三	四	〇	六	〇	二
立夏	〇	一	五	一	〇	三	八	三	〇	六	六	二
小滿	〇	一	八	七	〇	四	二	〇	〇	七	〇	八
芒種	〇	二	一	〇	〇	四	四	四	〇	七	三	七
夏至	〇	二	一	八	〇	四	五	二	〇	七	四	六

三十一度

節氣	巳初 尺	寸	分	釐	巳正 尺	寸	分	釐	午初 尺	寸	分	釐	午正 尺	寸	分	釐
冬至	○	三	五	五	○	五	一	五	○	六	三	五	○	六	八	一
大雪	○	三	六	八	○	五	三	二	○	六	五	六	○	七	○	三
小雪	○	四	○	六	○	五	八	二	○	七	一	七	○	七	六	九
立冬	○	四	六	六	○	六	三	七	○	八	一	六	○	八	八	一
霜降	○	五	四	五	○	七	七	一	○	九	六	四	一	○	四	五
寒露	○	六	三	八	○	八	七	六	一	一	五	五	一	二	七	二
秋分	○	七	四	二	一	○	七	二	一	四	一	五	一	五	八	五
白露	○	八	五	○	一	二	五	六	一	七	四	一	二	○	二	○
處暑	○	九	五	三	一	四	四	八	二	一	四	六	二	六	三	七
立秋	一	○	四	三	一	六	二	五	二	六	○	七	三	五	一	四
大暑	一	一	○	九	一	七	六	五	三	○	五	三	四	六	七	八
小暑	一	一	五	○	一	八	五	一	三	三	七	二	五	九	○	二
夏至	一	一	六	三	一	八	七	八	三	四	八	七	六	四	八	五

三十二度

節氣	申初 尺	寸	分	釐	未正 尺	寸	分	釐	未初 尺	寸	分	釐	午正 尺	寸	分	釐
冬至	○	三	三	九	○	四	九	七	○	六	一	二	○	六	五	六
大雪	○	三	五	四	○	五	一	三	○	六	三	二	○	六	七	七
小雪	○	三	九	二	○	五	六	二	○	六	九	二	○	七	四	二
立冬	○	四	五	二	○	六	四	一	○	七	九	一	○	八	五	一
霜降	○	五	二	一	○	七	四	九	○	九	三	三	一	○	○	九
寒露	○	六	二	五	○	八	八	六	一	一	二	三	一	二	二	八
秋分	○	七	三	○	一	○	四	七	一	三	六	九	一	五	二	五
白露	○	八	三	九	一	二	三	○	一	六	八	三	一	九	三	五
處暑	○	九	四	四	一	四	二	○	二	○	七	○	二	五	○	四
立秋	一	○	三	六	一	六	○	○	二	五	一	三	三	二	九	五
大暑	一	一	○	五	一	七	四	四	二	九	四	六	四	三	○	九
小暑	一	一	四	八	一	八	三	三	三	二	二	七	五	三	三	五
夏至	一	一	六	三	一	八	六	三	三	三	七	六	五	八	一	○

横表一尺

三十四度

	卯正				辰初				辰正			
	尺	寸	分	釐	尺	寸	分	釐	尺	寸	分	釐
冬至									○	一	五	四
小寒									○	一	六	五
大寒					○	○	○	四	○	一	九	五
立春					○	○	四	四	○	二	四	三
雨水					○	○	九	五	○	三	○	四
驚蟄					○	一	五	三	○	三	七	四
春分					○	二	一	五	○	四	五	○
清明	○	○	五	三	○	二	七	七	○	五	二	七
穀雨	○	一	○	八	○	三	三	五	○	五	九	九
立夏	○	一	五	五	○	三	八	五	○	六	六	一
小滿	○	一	九	二	○	四	二	四	○	七	○	九
芒種	○	二	一	六	○	四	四	九	○	七	三	九
夏至	○	二	二	四	○	四	五	七	○	七	四	九

三十五度

	尺	寸	分	釐	尺	寸	分	釐	尺	寸	分	釐
冬至									○	一	四	四
小寒									○	一	五	五
大寒									○	一	八	六
立春					○	○	三	八	○	二	三	三
雨水					○	○	九	○	○	二	九	五
驚蟄					○	一	四	九	○	三	六	六
春分					○	二	一	二	○	四	四	四
清明	○	○	五	五	○	三	七	六	○	五	二	二
穀雨	○	一	一	○	○	三	三	五	○	五	九	六
立夏	○	一	五	九	○	三	八	七	○	六	六	○
小滿	○	一	九	七	○	四	一	七	○	七	一	○
芒種	○	二	二	二	○	四	五	三	○	七	四	一
夏至	○	二	三	○	○	四	六	一	○	七	五	一
	酉正				酉初				申正			

三十四度

	巳初				巳正				午初				午正			
	尺	寸	分	釐	尺	寸	分	釐	尺	寸	分	釐	尺	寸	分	釐
冬至	○	三	二	七	○	四	七	九	○	五	八	九	○	六	三	一
大雪小寒	○	三	三	九	○	四	九	五	○	六	○	八	○	六	五	二
小雪大寒	○	三	七	七	○	五	四	二	○	六	六	七	○	七	一	五
立冬立春	○	四	三	八	○	六	二	一	○	七	六	四	○	八	二	一
霜降雨水	○	五	一	七	○	七	二	八	○	九	○	三	○	九	七	五
寒露驚蟄	○	六	一	一	○	八	六	二	一	○	八	六	一	一	八	五
秋分	○	七	一	七	一	○	二	二	一	三	一	七	一	四	六	九
白露	○	八	二	八	一	二	○	五	一	六	三	○	一	八	五	九
處暑	○	九	三	四	一	三	九	三	一	九	九	七	二	三	八	三
立秋	一	○	二	八	一	五	七	五	二	四	二	○	三	○	九	九
大暑	一	一	○	一	一	七	二	○	二	八	三	七	三	九	九	一
小暑	一	二	四	六	一	八	一	四	三	一	四	六	四	八	六	四
夏至	一	二	六	一	一	八	四	六	三	二	六	一	五	二	五	九

三十五度

	申初				未正				未初				午正			
	尺	寸	分	釐	尺	寸	分	釐	尺	寸	分	釐	尺	寸	分	釐
冬至	○	三	一	二	○	四	六	○	○	五	六	七	○	六	○	七
大雪	○	三	二	五	○	四	七	六	○	五	八	六	○	六	二	八
小雪	○	三	六	四	○	五	二	四	○	六	四	三	○	六	八	九
立冬	○	四	二	三	○	六	○	一	○	七	三	八	○	七	九	二
霜降	○	五	○	三	○	七	○	八	○	八	七	三	○	九	四	一
寒露	○	五	九	八	○	八	四	○	一	○	五	三	一	一	四	四
秋分	○	七	○	四	○	九	九	八	一	二	八	二	一	四	一	五
白露	○	八	一	六	一	一	七	六	一	五	七	三	一	七	八	○
處暑	○	九	二	四	一	三	六	五	一	九	二	五	二	二	七	一
立秋	一	○	三	○	一	五	四	八	二	三	三	三	二	九	二	四
大暑	一	○	九	六	一	六	九	八	二	七	三	三	三	七	一	五
小暑	一	二	四	二	一	七	九	三	三	○	三	○	四	四	六	八
夏至	一	二	五	九	一	八	二	七	三	一	四	三	四	八	○	一

橫表一尺

三十六度	卯正 尺	寸	分	釐	辰初 尺	寸	分	釐	辰正 尺	寸	分	釐
冬至									○	一	三	二
小寒									○	一	四	三
大寒									○	一	七	五
立春					○	○	三	一	○	二	二	四
雨水					○	○	八	四	○	二	八	六
驚蟄					○	一	四	九	○	三	五	八
春分					○	二	一	○	○	四	三	七
清明	○	○	五	六	○	二	七	五	○	五	一	七
穀雨	○	一	一	三	○	三	三	六	○	五	九	三
立夏	○	一	六	三	○	三	八	九	○	六	五	九
小滿	○	二	○	三	○	四	三	○	○	七	一	○
芒種	○	二	○	三	○	四	五	七	○	七	四	二
夏至	○	二	三	六	○	四	六	六	○	七	五	四

三十七度	酉正 尺	寸	分	釐	酉初 尺	寸	分	釐	申正 尺	寸	分	釐
冬至									○	一	二	三
小寒									○	一	三	四
大寒									○	一	六	四
立春					○	○	二	五	○	二	一	四
雨水					○	○	七	八	○	二	七	七
驚蟄					○	一	四	○	○	三	五	一
春分					○	二	○	六	○	四	三	○
清明	○	○	五	八	○	二	七	三	○	五	一	一
穀雨	○	一	一	六	○	三	三	六	○	五	八	九
立夏	○	一	六	八	○	三	九	一	○	六	五	七
小滿	○	二	○	八	○	四	三	三	○	七	一	○
芒種	○	二	三	四	○	四	六	一	○	七	四	四
夏至	○	二	四	二	○	四	七	○	○	七	五	五

三十六度

	巳初 尺	巳初 寸	巳初 分	巳初 釐	巳正 尺	巳正 寸	巳正 分	巳正 釐	午初 尺	午初 寸	午初 分	午初 釐	午正 尺	午正 寸	午正 分	午正 釐
冬至	○	二	九	九	○	四	四	一	○	五	四	四	○	五	八	四
大雪	○	三	一	二	○	四	五	七	○	五	六	五	○	六	○	四
小雪	○	三	五	○	○	五	○	四	○	六	一	九	○	六	六	四
立冬	○	四	一	○	○	五	八	二	○	七	一	三	○	七	六	四
霜降	○	四	九	○	○	六	八	七	○	八	四	五	○	九	一	○
寒露	○	五	八	四	○	八	一	八	一	○	一	九	一	一	○	四
秋分	○	六	九	一	○	九	七	三	一	二	四	一	一	三	六	四
白露	○	八	○	四	一	一	五	○	一	五	二	一	一	七	○	九
處暑	○	九	一	三	一	三	三	八	一	八	六	○	二	一	六	八
立秋	一	○	一	二	一	五	二	○	二	二	四	八	二	七	六	五
大暑	一	○	八	九	一	六	七	一	二	六	三	○	三	四	七	二
小暑	一	一	三	八	一	七	七	二	三	九	一	八	四	一	二	八
夏至	一	一	五	五	一	八	○	五	三	○	三	○	四	四	一	三

三十七度

	申初 尺	申初 寸	申初 分	申初 釐	未正 尺	未正 寸	未正 分	未正 釐	未初 尺	未初 寸	未初 分	未初 釐	午正 尺	午正 寸	午正 分	午正 釐
冬至	○	二	八	九	○	四	二	五	○	五	二	二	○	五	六	○
大雪	○	二	九	八	○	四	四	一	○	五	四	一	○	五	八	○
小雪	○	三	三	五	○	四	八	五	○	五	九	八	○	六	三	九
立冬	○	三	九	六	○	五	六	二	○	六	八	六	○	七	三	七
霜降	○	四	七	六	○	六	六	六	○	八	一	七	○	八	七	七
寒露	○	五	七	一	○	七	九	五	○	九	八	六	一	○	六	六
秋分	○	六	七	八	○	九	四	九	一	二	○	二	一	三	一	五
白露	○	七	九	二	一	一	二	四	一	四	七	○	一	六	四	三
處暑	○	九	○	三	一	三	一	一	一	七	九	五	二	○	七	二
立秋	一	○	○	二	一	四	九	二	一	九	八	一	二	六	二	一
大暑	一	○	八	三	一	六	四	五	二	五	三	二	三	二	五	七
小暑	一	一	三	四	一	七	四	六	二	八	一	一	三	八	二	四
夏至	一	一	五	一	一	七	八	一	二	九	一	五	四	○	八	二

横表一尺

節氣	卯正尺	寸	分	釐	辰初尺	寸	分	釐	辰正尺	寸	分	釐
三十八度												
冬至									〇	一	一	二
小寒									〇	一	二	三
大寒									〇	一	五	四
立春					〇	〇	一	八	〇	二	〇	四
雨水					〇	〇	七	三	〇	二	六	九
驚蟄					〇	一	三	六	〇	三	四	三
春分					〇	二	〇	四	〇	四	二	三
清明	〇	〇	五	九	〇	二	七	三	〇	五	〇	六
穀雨	〇	一	一	九	〇	三	三	六	〇	五	八	五
立夏	〇	一	七	二	〇	三	三	九	〇	六	五	五
小滿	〇	二	一	三	〇	四	三	八	〇	七	一	〇
芒種	〇	二	三	九	〇	四	六	五	〇	七	四	四
夏至	〇	二	四	八	〇	四	七	四	〇	七	五	六
三十九度												
冬至									〇	一	〇	一
小寒									〇	一	一	三
大寒									〇	一	四	五
立春					〇	〇	一	〇	〇	一	九	五
雨水					〇	〇	六	七	〇	二	六	〇
驚蟄					〇	一	三	二	〇	三	三	五
春分					〇	二	〇	一	〇	四	一	七
清明	〇	〇	六	一	〇	二	七	〇	〇	五	〇	〇
穀雨	〇	一	二	二	〇	三	三	六	〇	五	八	一
立夏	〇	一	七	六	〇	三	九	四	〇	六	五	二
小滿	〇	二	一	八	〇	四	三	九	〇	七	〇	九
芒種	〇	二	四	五	〇	四	六	八	〇	七	四	五
夏至	〇	二	五	四	〇	四	七	八	〇	七	五	七
	酉正				酉初				申正			

三十八度

節氣	巳初尺	巳初寸	巳初分	巳初釐	巳正尺	巳正寸	巳正分	巳正釐	午初尺	午初寸	午初分	午初釐	午正尺	午正寸	午正分	午正釐
冬至	○	二	七	一	○	四	○	七	○	五	○	一	○	五	三	八
大雪	○	二	八	四	○	四	二	二	○	五	一	九	○	五	五	七
小雪	○	三	二	二	○	四	六	八	○	五	七	四	○	六	一	四
立冬	○	三	八	二	○	五	四	三	○	六	六	二	○	七	一	○
霜降	○	四	六	二	○	六	四	六	○	七	八	九	○	八	四	七
寒露	○	五	五	八	○	七	七	四	○	九	五	四	一	○	三	○
秋分	○	六	六	五	○	九	二	五	一	一	六	三	一	二	六	八
白露	○	七	七	八	一	○	九	八	一	四	二	三	一	五	八	○
處暑	○	八	九	一	一	二	八	三	一	七	三	六	一	九	八	三
立秋	○	九	九	一	一	四	六	四	二	○	八	九	二	四	九	○
大暑	一	○	七	六	一	六	一	八	二	四	三	八	三	○	六	三
小暑	一	一	二	八	一	七	二	二	二	七	○	六	三	五	七	八
夏至	一	一	四	六	一	七	五	七	二	八	○	六	三	七	九	四

三十九度

節氣	申初尺	申初寸	申初分	申初釐	未正尺	未正寸	未正分	未正釐	未初尺	未初寸	未初分	未初釐	午正尺	午正寸	午正分	午正釐
冬至	○	二	五	七	○	三	八	八	○	四	八	一	○	五	一	五
大雪	○	二	七	○	○	四	○	四	○	四	九	九	○	五	三	四
小雪	○	三	○	八	○	四	五	○	○	五	五	二	○	五	九	一
立冬	○	三	六	八	○	五	二	四	○	六	四	○	○	六	八	四
霜降	○	四	四	九	○	六	二	六	○	七	六	四	○	八	一	八
寒露	○	五	四	四	○	七	五	二	○	九	二	三	○	九	九	四
秋分	○	六	五	一	○	九	○	二	一	一	二	六	一	二	二	四
白露	○	七	六	六	一	○	七	二	一	三	七	六	一	五	二	○
處暑	○	八	八	○	一	二	五	五	一	六	七	六	一	八	九	九
立秋	○	九	八	四	一	四	三	六	二	○	一	三	二	三	六	九
大暑	一	○	六	八	一	五	九	○	二	三	四	八	二	八	九	三
小暑	一	一	二	九	一	六	九	四	二	六	○	三	三	三	五	一
夏至	一	一	四	○	一	七	三	一	二	七	○	一	三	五	四	二

橫表一尺

四十度

節氣	卯正				辰初				辰正			
	尺	寸	分	釐	尺	寸	分	釐	尺	寸	分	釐
冬至									〇	〇	九	一
小寒									〇	一	〇	二
大寒									〇	一	三	五
立春					〇	〇	〇	五	〇	一	八	五
雨水					〇	〇	六	二	〇	二	五	一
驚蟄					〇	一	二	八	〇	三	二	七
春分					〇	一	九	八	〇	四	〇	九
清明	〇	〇	六	二	〇	二	六	八	〇	四	九	五
穀雨	〇	一	二	五	〇	三	三	六	〇	五	七	七
立夏	〇	一	八	〇	〇	三	九	五	〇	六	五	〇
小滿	〇	二	二	三	〇	四	四	二	〇	七	〇	八
芒種	〇	二	五	一	〇	四	七	一	〇	七	四	五
夏至	〇	二	六	〇	〇	四	八	二	〇	七	五	七

四十一度

節氣	尺	寸	分	釐	尺	寸	分	釐	尺	寸	分	釐
冬至									〇	〇	七	九
小寒									〇	〇	九	二
大寒									〇	一	二	五
立春									〇	一	七	七
雨水					〇	〇	五	六	〇	二	四	二
驚蟄					〇	一	二	三	〇	三	一	八
春分					〇	一	九	五	〇	三	九	九
清明	〇	〇	六	三	〇	二	六	七	〇	四	八	八
穀雨	〇	一	二	七	〇	三	三	五	〇	五	七	二
立夏	〇	一	八	四	〇	三	九	六	〇	六	四	七
小滿	〇	二	二	八	〇	四	四	三	〇	七	〇	六
芒種	〇	二	五	六	〇	四	七	五	〇	七	四	五
夏至	〇	二	六	六	〇	四	八	五	〇	七	五	八
	酉正				酉初				申正			

節氣	巳初 尺	巳初 寸	巳初 分	巳初 釐	巳正 尺	巳正 寸	巳正 分	巳正 釐	午初 尺	午初 寸	午初 分	午初 釐	午正 尺	午正 寸	午正 分	午正 釐
冬至	○	二	四	三	○	三	七	一	○	四	六	一	○	四	九	四
大雪	○	二	五	六	○	三	八	七	○	四	七	九	○	五	一	二
小雪	○	二	九	四	○	四	三	三	○	五	三	一	○	五	六	七
立冬	○	三	五	五	○	五	○	七	○	六	一	七	○	六	五	九
霜降	○	四	三	五	○	六	○	六	○	七	三	八	○	七	八	九
寒露	○	五	三	一	○	七	三	一	○	八	九	四	○	九	六	○
秋分	○	六	三	八	○	八	八	○	一	○	九	一	一	一	八	一
白露	○	七	五	三	一	○	四	七	一	三	三	二	一	四	六	四
處暑	○	八	六	八	一	二	二	八	一	六	一	九	一	八	二	二
立秋	○	九	七	四	一	四	○	七	一	九	四	二	二	二	五	八
大暑	一	○	五	九	一	五	六	二	二	二	六	二	二	七	三	八
小暑	一	一	一	五	一	五	四	二	二	五	○	四	三	一	四	九
夏至	一	一	三	三	一	七	○	三	二	五	九	八	三	三	一	九

節氣	申初 尺	申初 寸	申初 分	申初 釐	未正 尺	未正 寸	未正 分	未正 釐	未初 尺	未初 寸	未初 分	未初 釐	午正 尺	午正 寸	午正 分	午正 釐
冬至	○	二	二	七	○	三	五	四	○	四	四	一	○	四	七	二
大雪	○	二	四	三	○	三	七	○	○	四	五	八	○	四	九	○
小雪	○	二	八	一	○	四	一	四	○	五	一	○	○	五	四	四
立冬	○	三	四	一	○	四	八	七	○	五	九	四	○	六	三	四
霜降	○	四	二	一	○	五	八	七	○	七	○	二	○	七	六	一
寒露	○	五	一	七	○	七	一	○	○	八	六	五	○	九	二	七
秋分	○	六	二	五	○	八	五	六	一	○	五	六	一	一	三	○
白露	○	七	四	○	一	○	二	二	一	二	八	八	一	四	一	一
處暑	○	八	五	六	一	二	○	○	一	五	六	五	一	七	五	一
立秋	○	九	六	三	一	三	七	七	一	八	七	四	二	一	五	六
大暑	一	○	五	一	一	五	三	二	二	一	七	七	二	五	九	六
小暑	一	一	○	七	一	六	三	八	二	四	一	○	二	九	六	九
夏至	一	一	二	七	一	六	七	五	二	五	○	○	三	一	二	一

橫表一尺

四十二度

節氣	卯正 / 酉正 尺	寸	分	釐	辰初 / 酉初 尺	寸	分	釐	辰正 / 申正 尺	寸	分	釐
冬至									○	○	七	一
小寒									○	○	八	○
大寒									○	一	一	四
立春									○	一	六	六
雨水					○	○	五	○	○	二	三	二
驚蟄					○	一	一	九	○	三	一	一
春分					○	一	九	一	○	三	九	五
清明	○	○	六	五	○	二	六	五	○	四	八	二
穀雨	○	一	三	○	○	三	三	五	○	五	六	七
立夏	○	一	八	七	○	四	○	○	○	六	四	四
小滿	○	二	三	三	○	四	四	六	○	七	○	五
芒種	○	二	六	二	○	四	七	八	○	七	四	四
夏至	○	二	七	二	○	四	八	九	○	七	五	八

四十三度

節氣	卯正 / 酉正 尺	寸	分	釐	辰初 / 酉初 尺	寸	分	釐	辰正 / 申正 尺	寸	分	釐
冬至									○	○	七	七
小寒									○	○	七	一
大寒									○	一	○	三
立春									○	一	五	六
雨水					○	○	四	五	○	二	二	三
驚蟄					○	一	一	五	○	三	○	二
春分					○	一	八	八	○	三	八	七
清明	○	○	六	六	○	二	六	三	○	四	七	六
穀雨	○	一	三	二	○	三	三	五	○	五	六	二
立夏	○	一	九	一	○	三	九	八	○	六	四	四
小滿	○	二	三	七	○	四	四	八	○	七	○	三
芒種	○	二	六	七	○	四	八	一	○	七	四	三
夏至	○	二	七	七	○	四	九	二	○	七	五	七

四十二度

節氣	巳初 尺	寸	分	釐	巳正 尺	寸	分	釐	午初 尺	寸	分	釐	午正 尺	寸	分	釐
冬至	○	二	一	七	○	三	三	七	○	四	二	○	○	四	五	一
大雪	○	二	二	九	○	三	五	一	○	四	三	七	○	四	六	九
小雪	○	二	六	七	○	三	九	七	○	四	八	八	○	五	二	二
立冬	○	三	二	八	○	四	七	○	○	五	七	二	○	六	一	○
霜降	○	四	○	八	○	五	六	八	○	六	八	八	○	七	三	四
寒露	○	五	○	四	○	六	八	九	○	八	三	六	○	八	九	五
秋分	○	六	一	二	○	八	三	三	一	○	二	二	一	一	○	一
白露	○	七	二	七	○	九	九	七	一	二	四	七	一	三	六	○
處暑	○	八	四	四	一	一	七	四	一	五	一	四	一	六	八	○
立秋	○	九	五	二	一	三	四	九	一	八	○	九	二	○	六	一
大暑	一	○	四	一	一	五	○	三	二	○	九	八	二	四	六	七
小暑	一	○	九	九	一	六	○	九	二	三	二	○	二	八	○	六
夏至	一	一	一	八	一	六	四	六	二	四	○	四	二	九	四	三

四十三度

節氣	申初 尺	寸	分	釐	未正 尺	寸	分	釐	未初 尺	寸	分	釐	午正 尺	寸	分	釐
冬至	○	二	○	二	○	三	二	八	○	四	○	一	○	四	三	○
大雪	○	二	一	五	○	三	三	五	○	四	五	三	○	四	四	七
小雪	○	二	五	三	○	三	七	九	○	四	六	七	○	五	○	○
立冬	○	三	一	四	○	四	五	一	○	五	五	○	○	五	八	六
霜降	○	三	九	四	○	五	四	八	○	六	六	三	○	七	○	七
寒露	○	四	九	○	○	六	六	九	○	八	○	九	○	八	六	四
秋分	○	五	九	八	○	八	一	一	○	九	八	九	一	○	六	三
白露	○	七	一	四	○	九	七	二	一	二	○	六	一	三	一	一
處暑	○	八	三	一	一	一	四	七	一	四	六	三	一	六	一	六
立秋	○	九	四	一	一	三	二	○	一	七	四	五	○	一	九	七
大暑	一	○	三	○	一	四	七	三	二	○	三	四	二	三	四	八
小暑	一	○	九	○	一	五	七	八	二	二	三	四	二	六	五	八
夏至	一	一	一	一	一	六	一	六	二	三	一	五	二	七	八	二

横表一尺

節氣	卯正 尺	寸	分	釐	辰初 尺	寸	分	釐	辰正 尺	寸	分	釐
四十四度												
冬至									○	○	四	九
小寒									○	○	六	○
大寒									○	○	九	三
立春									○	一	四	六
雨水					○	○	三	四	○	二	一	四
驚蟄					○	一	○	九	○	二	九	三
春分					○	一	八	五	○	三	八	○
清明	○	○	六	七	○	二	六	一	○	四	七	○
穀雨	○	一	三	五	○	三	三	四	○	五	五	七
立夏	○	一	七	五	○	三	九	八	○	六	三	六
小滿	○	二	四	二	○	四	五	○	○	七	○	○
芒種	○	二	七	二	○	四	八	三	○	七	四	二
夏至	○	二	八	八	○	四	九	五	○	七	五	六
四十五度												
冬至									○	○	三	八
小寒									○	○	五	○
大寒									○	○	八	三
立春									○	一	三	七
雨水					○	○	三	四	○	二	○	一
驚蟄					○	一	○	四	○	二	八	四
春分					○	一	八	一	○	三	七	三
清明	○	○	六	八	○	二	五	九	○	四	六	二
穀雨	○	一	三	八	○	三	三	三	○	五	五	二
立夏	○	一	九	九	○	三	九	九	○	六	三	三
小滿	○	二	四	七	○	四	二	三	○	六	九	七
芒種	○	二	七	八	○	四	八	六	○	七	四	○
夏至	○	二	八	九	○	五	○	一	○	七	五	五
	酉正				酉初				申正			

耑齋續錄 下 四十四度 四十五度

節氣	巳初 尺	巳初 寸	巳初 分	巳初 釐	巳正 尺	巳正 寸	巳正 分	巳正 釐	午初 尺	午初 寸	午初 分	午初 釐	午正 尺	午正 寸	午正 分	午正 釐
冬至	○	一	八	八	○	三	○	三	○	三	八	一	○	四	○	九
大雪	○	二	○	二	○	三	一	五	○	三	九	八	○	四	二	七
小雪	○	二	四	○	○	三	六	三	○	四	四	七	○	四	七	八
立冬	○	三	○	○	○	四	三	八	○	五	一	八	○	五	六	三
霜降	○	三	八	一	○	五	三	○	○	六	三	九	○	六	八	一
寒露	○	四	七	六	○	六	四	九	○	七	八	二	○	八	三	四
秋分	○	五	八	四	○	七	八	九	○	九	五	八	一	○	二	六
白露	○	七	○	一	○	九	四	八	一	一	六	九	一	二	六	四
處暑	○	八	一	九	一	一	二	○	一	四	一	六	一	五	五	四
立秋	○	九	二	八	一	二	九	二	一	六	八	六	一	八	九	○
大暑	一	○	一	九	一	四	四	三	一	九	五	○	二	二	二	一
小暑	一	○	八	○	一	五	四	八	二	二	五	一	二	五	二	三
夏至	一	一	○	四	一	五	八	六	二	二	二	七	二	六	三	七

節氣	申初 尺	申初 寸	申初 分	申初 釐	未正 尺	未正 寸	未正 分	未正 釐	未初 尺	未初 寸	未初 分	未初 釐	午正 尺	午正 寸	午正 分	午正 釐
冬至	○	一	七	七	○	二	八	六	○	三	六	二	○	三	八	九
大雪	○	一	八	八	○	三	○	二	○	三	七	八	○	四	○	六
小雪	○	二	三	三	○	三	四	五	○	四	二	七	○	四	五	七
立冬	○	二	八	七	○	四	一	六	○	五	○	七	○	五	四	○
霜降	○	三	七	二	○	五	一	二	○	六	一	六	○	六	五	五
寒露	○	四	六	二	○	六	二	七	○	七	五	四	○	八	○	五
秋分	○	五	七	一	○	七	六	七	○	九	二	七	○	九	九	一
白露	○	六	八	八	○	九	二	五	一	一	三	二	一	二	二	○
處暑	○	八	○	六	一	○	九	四	一	三	六	九	一	四	九	六
立秋	○	九	一	七	一	二	六	三	一	六	二	九	一	八	一	三
大暑	一	○	○	八	一	四	一	三	一	九	○	八	二	一	三	八
小暑	一	○	七	○	一	五	一	七	二	○	七	一	二	四	○	○
夏至	一	○	九	二	一	五	五	四	二	一	四	六	二	五	○	四

廿三

橫表一尺

四十六度

節氣	卯正 尺	卯正 寸	卯正 分	卯正 釐	辰初 尺	辰初 寸	辰初 分	辰初 釐	辰正 尺	辰正 寸	辰正 分	辰正 釐
冬至									〇	〇	二	六
小寒									〇	〇	三	九
大寒									〇	〇	七	四
立春									〇	一	二	七
雨水					〇	〇	二	八	〇	一	九	六
驚蟄					〇	一	〇	一	〇	二	七	七
春分					〇	一	七	八	〇	三	六	五
清明	〇	〇	七	〇	〇	二	五	六	〇	四	五	七
穀雨	〇	一	四	〇	〇	三	三	三	〇	五	四	七
立夏	〇	二	〇	三	〇	三	九	九	〇	六	二	九
小滿	〇	二	五	一	〇	四	五	三	〇	六	九	五
芒種	〇	二	八	三	〇	四	八	八	〇	七	三	八
夏至	〇	二	九	四	〇	五	〇	〇	〇	七	五	三

四十七度

節氣	酉正 尺	酉正 寸	酉正 分	酉正 釐	酉初 尺	酉初 寸	酉初 分	酉初 釐	申正 尺	申正 寸	申正 分	申正 釐
冬至									〇	〇	一	八
小寒									〇	〇	二	七
大寒									〇	〇	六	三
立春									〇	一	一	七
雨水					〇	〇	二	三	〇	一	八	七
驚蟄					〇	〇	九	六	〇	二	六	九
春分					〇	一	七	四	〇	三	五	七
清明	〇	〇	七	一	〇	二	五	四	〇	四	五	〇
穀雨	〇	一	四	三	〇	三	三	一	〇	五	四	一
立夏	〇	二	〇	六	〇	四	〇	〇	〇	六	二	四
小滿	〇	三	五	六	〇	四	五	五	〇	六	九	一
芒種	〇	三	八	八	〇	四	九	一	〇	七	三	六
夏至	〇	三	〇	〇	〇	五	〇	三	〇	七	五	一

四十六度

節氣	巳初 尺	巳初 寸	巳初 分	巳初 釐	巳正 尺	巳正 寸	巳正 分	巳正 釐	午初 尺	午初 寸	午初 分	午初 釐	午正 尺	午正 寸	午正 分	午正 釐
冬至	○	一	七	一	○	二	七	○	○	三	四	○	○	三	六	九
大雪	○	一	七	四	○	二	八	五	○	三	五	九	○	三	八	六
小雪	○	二	一	三	○	三	二	八	○	四	○	七	○	四	三	六
立冬	○	二	七	四	○	三	九	九	○	四	八	六	○	五	一	八
霜降	○	三	五	四	○	四	九	三	○	五	九	三	○	六	三	一
寒露	○	四	五	○	○	六	○	九	○	七	三	七	○	七	七	六
秋分	○	五	五	八	○	七	四	六	○	八	九	七	○	九	五	七
白露	○	六	七	四	○	九	○	一	一	○	九	五	一	一	七	七
處暑	○	七	九	三	一	○	八	八	一	三	二	五	一	四	四	一
立秋	○	九	○	九	一	二	三	五	一	五	七	五	一	七	四	○
大暑	○	九	九	七	一	三	八	二	一	八	一	五	二	○	四	四
小暑	一	○	五	九	一	四	八	六	一	九	九	八	二	二	八	七
夏至	一	○	八	一	一	五	二	三	二	○	六	七	二	三	八	三

四十七度

節氣	申初 尺	申初 寸	申初 分	申初 釐	未正 尺	未正 寸	未正 分	未正 釐	未初 尺	未初 寸	未初 分	未初 釐	午正 尺	午正 寸	午正 分	午正 釐
冬至	○	一	四	八	○	二	五	四	○	三	二	四	○	三	四	九
大雪	○	一	六	一	○	二	六	八	○	三	四	一	○	三	六	六
小雪	○	一	九	九	○	三	一	一	○	三	八	七	○	四	一	五
立冬	○	二	六	一	○	三	八	二	○	四	六	六	○	四	九	六
霜降	○	三	四	一	○	四	七	五	○	五	七	一	○	六	○	七
寒露	○	四	三	七	○	五	九	○	○	七	○	五	○	七	四	八
秋分	○	五	四	五	○	七	二	五	○	八	六	七	○	九	二	四
白露	○	六	六	一	○	八	七	七	一	○	三	○	一	一	三	七
處暑	○	七	七	九	一	○	四	二	一	二	六	一	一	三	八	九
立秋	○	八	九	二	一	二	○	六	一	五	三	一	一	六	七	二
大暑	○	九	八	八	一	三	五	三	一	七	五	二	一	九	五	七
小暑	一	○	四	九	一	四	五	五	一	九	二	六	二	二	八	二
夏至	一	○	七	○	一	四	九	二	一	九	九	一	二	三	七	一

橫表一尺

四十八度

節氣	卯正尺	寸	分	釐	辰初尺	寸	分	釐	辰正尺	寸	分	釐
冬至												
小寒									○	○	一	八
大寒									○	○	五	四
立春									○	一	○	七
雨水					○	○	一	七	○	一	七	八
驚蟄					○	○	九	一	○	二	六	○
春分					○	一	七	一	○	三	五	○
清明	○	○	七	三	○	二	五	二	○	四	四	三
穀雨	○	一	四	五	○	三	三	○	○	五	四	六
立夏	○	二	○	九	○	四	○	○	○	六	三	三
小滿	○	二	五	六	○	四	五	六	○	六	八	八
芒種	○	二	九	三	○	四	九	二	○	七	三	三
夏至	○	三	○	五	○	五	○	五	○	七	四	九

四十九度

節氣	酉正尺	寸	分	釐	酉初尺	寸	分	釐	申正尺	寸	分	釐
冬至												
小寒												
大寒									○	○	四	二
立春									○	○	九	八
雨水					○	○	一	一	○	一	六	九
驚蟄					○	○	八	七	○	二	五	二
春分					○	一	六	八	○	三	四	二
清明	○	○	七	三	○	二	五	二	○	四	三	六
穀雨	○	一	四	七	○	三	二	四	○	五	二	九
立夏	○	一	七	四	○	四	○	○	○	六	九	五
小滿	○	二	六	五	○	四	五	七	○	六	八	四
芒種	○	二	九	六	○	四	九	四	○	七	三	○
夏至	○	三	一	○	○	五	○	七	○	七	四	六

四十八度

節氣	巳初 尺	寸	分	釐	巳正 尺	寸	分	釐	午初 尺	寸	分	釐	午正 尺	寸	分	釐
冬至	○	一	三	四	○	二	三	七	○	三	○	五	○	三	三	○
大雪	○	一	四	三	○	二	五	二	○	三	二	一	○	三	四	六
小雪	○	一	八	六	○	二	九	五	○	三	六	八	○	三	九	五
立冬	○	二	四	七	○	三	六	四	○	四	四	五	○	四	七	四
霜降	○	三	二	七	○	四	五	七	○	五	四	九	○	五	八	三
寒露	○	四	二	三	○	五	七	一	○	六	八	六	○	七	二	二
秋分	○	五	三	一	○	七	○	四	○	八	三	九	○	八	九	二
白露	○	六	四	七	○	八	五	四	○	九	五	六	一	○	九	七
處暑	○	七	七	六	一	○	一	六	一	二	四	○	一	三	三	九
立秋	○	八	七	九	一	一	六	四	一	四	七	一	一	六	○	七
大暑	○	九	七	三	一	三	二	三	一	六	九	二	一	八	七	五
小暑	一	○	三	六	一	四	二	三	一	八	五	七	二	○	八	五
夏至	一	○	五	九	一	四	六	○	一	九	一	九	二	一	六	七

四十九度

節氣	申初 尺	寸	分	釐	未正 尺	寸	分	釐	未初 尺	寸	分	釐	午正 尺	寸	分	釐
冬至	○	一	二	一	○	二	二	一	○	二	八	七	○	三	一	一
大雪	○	一	三	四	○	二	三	六	○	三	○	三	○	三	二	七
小雪	○	一	七	三	○	二	七	九	○	三	四	九	○	三	七	五
立冬	○	二	三	四	○	三	四	七	○	四	二	五	○	四	五	三
霜降	○	三	一	四	○	四	三	九	○	五	二	八	○	五	六	○
寒露	○	四	一	○	○	五	五	二	○	六	五	六	○	七	○	○
秋分	○	五	一	八	○	六	八	三	○	八	一	一	○	八	六	一
白露	○	六	三	四	○	八	三	二	○	九	九	四	一	○	六	○
處暑	○	七	五	三	○	九	九	一	一	二	○	一	一	二	九	一
立秋	○	八	六	五	一	一	五	一	一	四	二	三	一	五	四	六
大暑	○	九	六	○	一	二	九	三	一	六	一	一	一	七	九	九
小暑	一	○	三	四	一	三	九	三	一	七	九	三	一	九	九	五
夏至	一	○	四	○	一	四	二	九	一	八	五	三	二	○	七	一

橫表一尺

五十度

節氣	卯正 尺	寸	分	釐	辰初 尺	寸	分	釐	辰正 尺	寸	分	釐
冬至												
小寒												
大寒									○	○	三	二
立春									○	○	八	八
雨水					○	○	八	二	○	一	六	○
驚蟄					○	○	八	二	○	二	四	三
春分					○	一	六	四	○	三	三	四
清明	○	○	七	七	○	二	四	七	○	四	二	九
穀雨	○	一	五	○	○	三	二	七	○	五	二	三
立夏	○	二	一	六	○	四	○	○	○	六	○	九
小滿	○	三	六	九	○	四	五	八	○	六	八	一
芒種	○	三	九	四	○	四	九	六	○	七	二	七
夏至	○	三	一	五	○	五	○	九	○	七	四	三

五十度

節氣	酉正 尺	寸	分	釐	酉初 尺	寸	分	釐	申正 尺	寸	分	釐
冬至												
小寒												
大寒									○	○	二	三
立春									○	○	七	八
雨水									○	一	六	五
驚蟄					○	○	七	七	○	二	三	四
春分					○	一	六	○	○	三	三	六
清明	○	○	七	六	○	二	四	五	○	四	二	二
穀雨	○	一	五	二	○	三	二	六	○	五	一	六
立夏	○	二	○	九	○	四	○	○	○	六	○	四
小滿	○	二	七	三	○	四	五	八	○	六	七	五
芒種	○	三	○	八	○	四	九	七	○	七	二	三
夏至	○	三	二	三	○	五	一	一	○	七	四	○

	巳初				巳正				午初				午正			
	尺	寸	分	釐	尺	寸	分	釐	尺	寸	分	釐	尺	寸	分	釐
冬至	○	一	○	七	○	二	○	五	○	二	六	九	○	二	九	一
大雪	○	一	二	一	○	二	一	九	○	二	八	四	○	三	○	八
小雪	○	一	五	九	○	二	六	二	○	三	三	○	○	三	五	五
立冬	○	二	二	一	○	三	三	○	○	四	○	五	○	四	三	二
霜降	○	三	○	一	○	四	二	一	○	五	○	六	○	五	三	七
寒露	○	三	九	七	○	五	六	五	○	六	三	三	○	六	七	○
秋分	○	五	○	四	○	六	六	四	○	七	八	五	○	八	三	一
白露	○	六	二	○	○	八	○	九	○	九	六	二	一	○	二	三
處暑	○	七	三	九	○	九	六	七	一	一	六	三	一	二	四	六
立秋	○	八	五	二	一	一	三	三	一	三	七	六	一	四	八	九
大暑	○	九	四	七	一	二	六	四	一	五	七	八	一	七	二	七
小暑	一	○	一	二	一	三	六	二	一	七	三	九	一	九	一	一
夏至	一	○	三	五	一	三	九	七	一	七	八	七	一	九	八	二

	申初				未正				未初				午正			
	尺	寸	分	釐	尺	寸	分	釐	尺	寸	分	釐	尺	寸	分	釐
冬至	○	○	九	四	○	一	八	九	○	二	五	五	○	二	七	三
大雪	○	一	○	七	○	二	○	三	○	二	六	六	○	二	八	九
小雪	○	一	四	六	○	二	四	六	○	三	一	二	○	三	三	五
立冬	○	二	○	八	○	三	一	四	○	三	八	六	○	四	一	二
霜降	○	二	八	八	○	四	○	四	○	四	八	六	○	五	一	五
寒露	○	三	八	四	○	五	一	五	○	六	一	○	○	六	四	五
秋分	○	四	九	一	○	六	四	四	○	七	五	八	○	八	○	二
白露	○	六	○	七	○	七	八	七	○	九	三	三	○	九	八	八
處暑	○	七	二	五	○	九	四	一	一	一	二	五	一	二	○	二
立秋	○	八	三	八	一	○	九	七	一	三	三	三	一	四	三	四
大暑	○	九	三	四	一	二	三	四	一	五	二	六	一	六	六	○
小暑	一	○	○	○	一	三	三	一	一	六	三	五	一	八	三	二
夏至	一	○	二	一	一	三	六	六	一	七	二	四	一	八	九	九

橫表一尺

五十二度

節氣	卯正尺	卯正寸	卯正分	卯正釐	辰初尺	辰初寸	辰初分	辰初釐	辰正尺	辰正寸	辰正分	辰正釐
冬至												
小寒												
大寒												
立春									○	○	六	九
雨水									○	一	四	一
驚蟄					○	○	七	三	○	二	二	六
春分					○	一	五	六	○	三	一	五
清明	○	○	七	七	○	二	四	二	○	四	一	五
穀雨	○	一	五	四	○	三	二	五	○	五	一	○
立夏	○	二	二	三	○	三	九	九	○	六	二	三
小滿	○	二	七	八	○	四	五	九	○	六	七	一
芒種	○	三	一	三	○	四	九	九	○	七	一	九
夏至	○	三	二	五	○	五	一	二	○	七	三	六

五十三度

節氣	酉正尺	酉正寸	酉正分	酉正釐	酉初尺	酉初寸	酉初分	酉初釐	申正尺	申正寸	申正分	申正釐
冬至												
小寒												
大寒												
立春									○	○	六	一
雨水									○	一	三	七
驚蟄					○	○	六	八	○	二	一	七
春分					○	一	五	三	○	三	一	一
清明	○	○	七	八	○	二	三	九	○	四	○	七
穀雨	○	一	五	六	○	三	二	三	○	五	○	四
立夏	○	二	二	六	○	三	九	九	○	五	九	三
小滿	○	二	八	二	○	四	六	○	○	六	六	六
芒種	○	三	一	八	○	五	○	○	○	七	一	五
夏至	○	三	三	○	○	五	一	四	○	七	三	二

節氣	巳初 尺	寸	分	釐	巳正 尺	寸	分	釐	午初 尺	寸	分	釐	午正 尺	寸	分	釐
冬至	○	○	八	一	○	一	七	二	○	二	三	四	○	二	五	四
大雪	○	○	九	四	○	一	八	七	○	二	四	八	○	二	七	○
小雪	○	一	三	一	○	二	三	○	○	二	九	五	○	三	一	六
立冬	○	一	九	五	○	二	九	七	○	三	七	○	○	三	九	一
霜降	○	二	七	五	○	三	八	八	○	四	六	五	○	四	九	三
寒露	○	三	七	一	○	四	九	七	○	五	八	七	○	六	二	一
秋分	○	四	七	八	○	六	二	四	○	七	三	二	○	七	七	四
白露	○	五	九	三	○	七	六	六	○	九	○	○	○	九	五	四
處暑	○	七	一	二	○	九	一	八	一	○	九	○	一	一	六	○
立秋	○	八	二	四	一	○	六	九	一	二	八	八	一	三	八	二
大暑	○	九	二	○	一	二	○	五	一	四	七	五	一	五	九	六
小暑	○	九	八	五	一	三	○	一	一	六	一	三	一	七	五	九
夏至	一	○	○	八	一	三	三	五	一	七	三	七	一	八	二	一

節氣	申初 尺	寸	分	釐	未正 尺	寸	分	釐	未初 尺	寸	分	釐	午正 尺	寸	分	釐
冬至	○	○	六	三	○	一	五	五	○	二	一	三	○	二	三	五
大雪	○	○	八	一	○	一	七	一	○	二	三	○	○	二	五	一
小雪	○	○	九	三	○	二	一	三	○	二	七	五	○	二	九	七
立冬	○	一	八	二	○	二	八	一	○	三	四	八	○	三	七	一
霜降	○	二	六	二	○	三	七	一	○	四	四	四	○	四	七	一
寒露	○	三	五	七	○	四	九	三	○	五	六	三	○	五	九	七
秋分	○	四	六	四	○	六	○	四	○	七	○	七	○	七	四	六
白露	○	五	八	○	○	七	四	五	○	八	七	三	○	九	二	一
處暑	○	六	九	八	○	八	九	四	一	○	五	五	一	一	二	○
立秋	○	八	一	一	一	○	四	四	一	二	四	六	一	三	三	二
大暑	○	九	一	二	一	一	七	六	一	四	一	三	一	五	二	六
小暑	○	九	六	三	一	二	七	○	一	五	五	八	一	六	八	九
夏至	○	九	九	六	一	三	○	六	一	六	一	○	一	七	四	八

横表一尺

節氣	卯正 尺寸分釐	辰初 尺寸分釐	辰正 尺寸分釐
五十四度			
冬至			
小寒			
大寒			
立春			〇〇四九
雨水			〇一二三
驚蟄		〇〇六三	〇二〇八
春分		〇一四一	〇三〇二
清明	〇〇七九	〇二三七	〇四〇〇
穀雨	〇一五九	〇三二一	〇四九七
立夏	〇二二九	〇三九八	〇五八七
小滿	〇二八六	〇四六〇	〇六六一
芒種	〇三二三	〇五〇〇	〇七一〇
夏至	〇三三五	〇五一五	〇七二七
五十五度			
冬至			
小寒			
大寒			
立春			〇〇三九
雨水			〇一一四
驚蟄		〇〇五九	〇二〇一
春分		〇一四五	〇二九四
清明	〇〇八〇	〇二三五	〇三九三
穀雨	〇一六一	〇三一九	〇四九〇
立夏	〇二三二	〇三九七	〇五八〇
小滿	〇二九〇	〇四六〇	〇六五五
芒種	〇三二七	〇五〇一	〇七〇五
夏至	〇三四〇	〇五一六	〇七三二
	酉正	酉初	申正

五十四度

節氣	巳初				巳正				午初				午正			
	尺	寸	分	釐	尺	寸	分	釐	尺	寸	分	釐	尺	寸	分	釐
冬至	〇	〇	五	四	〇	一	四	一	〇	一	九	八	〇	二	一	七
大雪 小寒	〇	〇	六	八	〇	一	五	六	〇	二	一	二	〇	二	三	三
小雪 大寒	〇	一	〇	七	〇	一	九	八	〇	二	五	七	〇	二	七	八
立冬 立春	〇	一	六	八	〇	二	六	五	〇	三	二	九	〇	三	五	一
霜降 雨水	〇	二	四	八	〇	三	五	三	〇	四	二	五	〇	四	五	〇
寒露 驚蟄	〇	三	四	四	〇	四	六	一	〇	五	四	三	〇	五	七	三
秋分 春分	〇	四	五	一	〇	五	八	五	〇	六	八	三	〇	七	一	九
白露 清明	〇	五	五	六	〇	七	二	三	〇	八	四	三	〇	八	九	〇
處暑 穀雨	〇	六	八	四	〇	八	七	〇	一	〇	二	一	一	〇	八	一
立秋 立夏	〇	七	九	七	一	〇	一	七	一	二	一	〇	一	二	八	五
大暑 小滿	〇	八	九	三	一	一	四	八	一	三	七	九	一	四	七	八
小暑 芒種	〇	九	五	七	一	二	四	〇	一	五	〇	六	一	六	二	四
夏至	〇	九	八	一	一	二	七	三	一	五	五	三	一	六	七	九

五十五度

節氣	申初				未正				未初				午正			
	尺	寸	分	釐	尺	寸	分	釐	尺	寸	分	釐	尺	寸	分	釐
冬至	〇	〇	四	二	〇	一	二	五	〇	一	八	〇	〇	一	九	九
大雪 小寒	〇	〇	五	三	〇	一	四	〇	〇	一	九	五	〇	二	一	四
小雪 大寒	〇	〇	九	三	〇	一	八	二	〇	二	三	九	〇	二	五	九
立冬 立春	〇	一	五	六	〇	二	四	八	〇	三	一	〇	〇	三	三	二
霜降 雨水	〇	二	三	六	〇	三	三	七	〇	四	〇	五	〇	四	二	九
寒露 驚蟄	〇	三	三	二	〇	四	四	三	〇	五	二	二	〇	五	五	〇
秋分 春分	〇	四	三	八	〇	五	六	六	〇	六	五	九	〇	六	九	三
白露 清明	〇	五	五	三	〇	七	〇	三	〇	八	一	六	〇	八	五	九
處暑 穀雨	〇	六	七	〇	〇	八	四	七	〇	九	八	八	一	〇	四	四
立秋 立夏	〇	七	八	三	〇	九	九	一	一	一	六	八	一	二	四	〇
大暑 小滿	〇	八	七	八	一	一	二	〇	一	三	三	三	一	四	二	四
小暑 芒種	〇	九	四	四	一	二	一	一	一	四	五	五	一	五	六	二
夏至	〇	九	六	七	一	二	四	三	一	四	九	一	一	六	一	五

表景生於日軌之高下凡由窺筩測望及弧角推算而得者皆太陽中心故古人用景符取景開竅逹日光即可得中景也新測太陽視徑最高二十九分五十九秒最卑三十一分零五秒直表取景所得者皆太陽光體上邊之景橫表所得者皆光體下邊之景勿庵先生以爲此測景最精之理不可不知余衍諸方太陽高度表成江雲樵復按各高度正餘切綫加減太陽半徑取直景倒景眞數以列表俾隨地植表測量查表即得時刻較日晷諸法更密且簡矣丹邨識

附橫表日晷圖式以北極出地三十度爲例

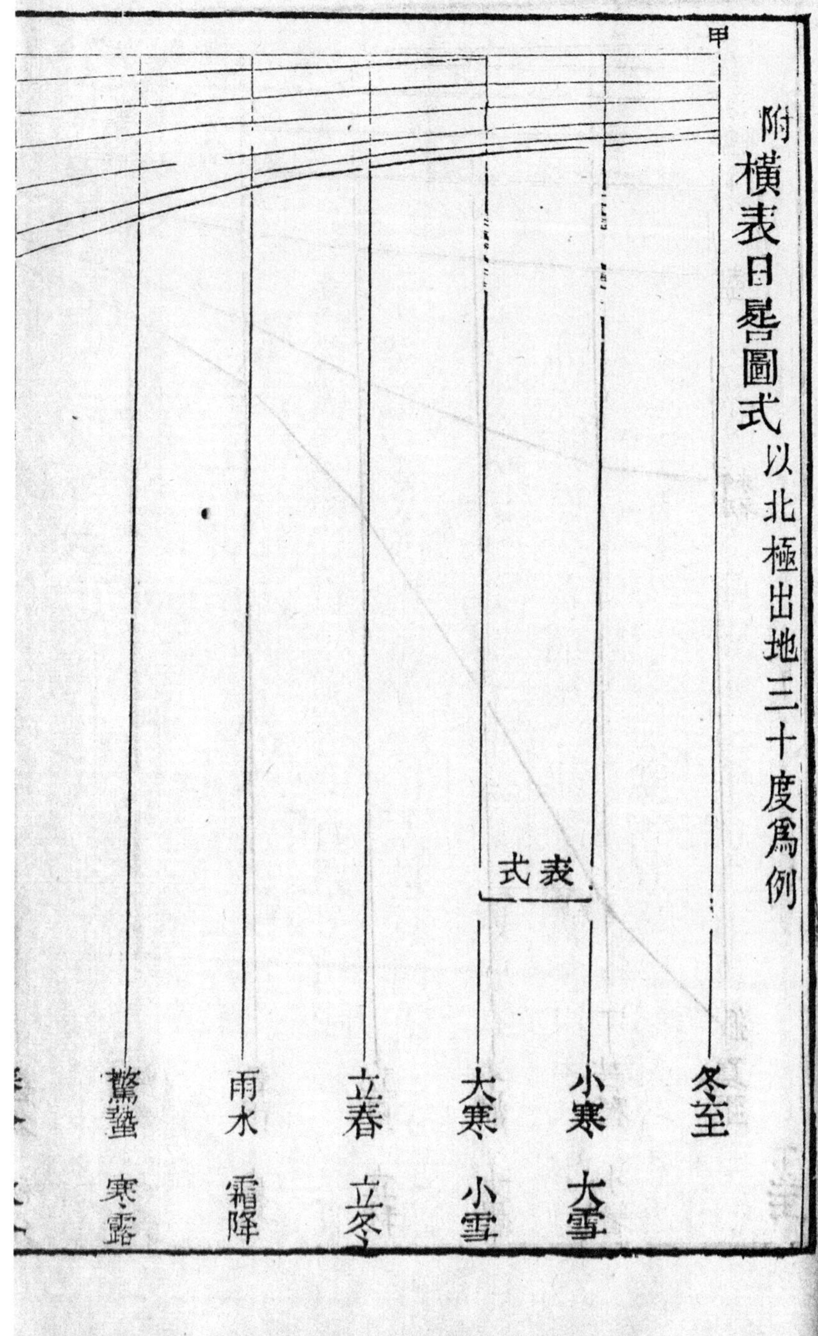

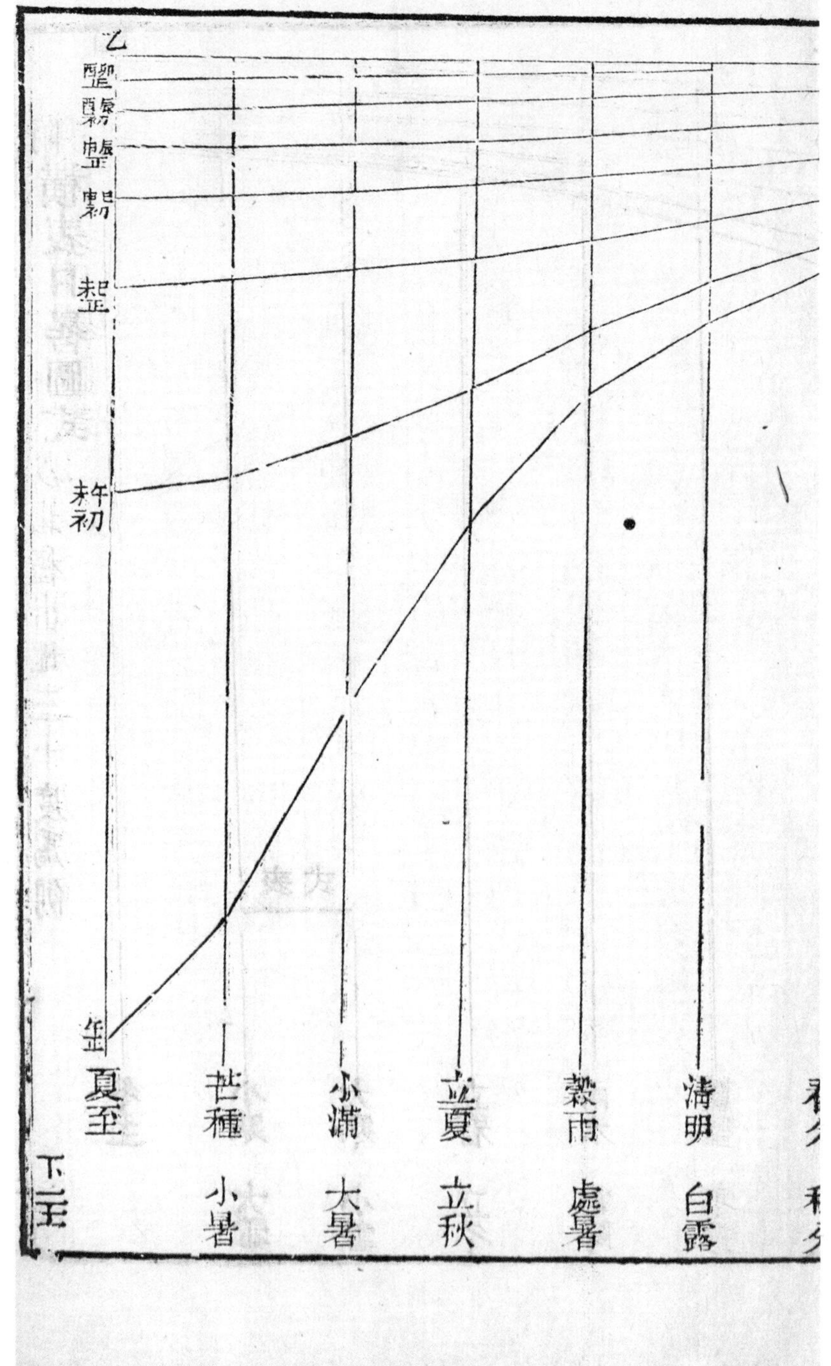
乙
酉卯正
酉辰初
申辰正
申巳初
未巳正
未午初
午正
夏至
芒種 小暑
小滿 大暑
立夏 立秋
穀雨 處暑
清明 白露
下三五

右法先畫甲乙橫線十三平分之作直線爲節氣線每線直二節氣惟冬夏二至各一線以表長爲一寸暑大則爲一尺按各方北極高度查前表各節氣加時橫表度分以甲乙橫線爲初點按數作識於各節氣線上以線聯之即各時線欲求刻分亦用前弧三角法推算即得　依此式畫於摺疊扇面折草爲表向日取景行測最便　又或倣熊三拔作柱晷法或銅或木作圜柱任意大小長短第圜必中規上下必相等次於圜界平分十三節氣直線俱與柱體平行用前作橫線法爲時刻線

次作表表之長短約柱之長短而定以夏至午正初刻橫表景爲準

晷上端中心爲樞伸表之長爲空而入之樞令表度

出晷體外用時轉表加節氣線上次轉晷承日景令

景與節氣線平行視景末所切即得各時刻

受業麗水俞俊

族孫允提　同校刊

附與張遠春（與鏞）論徐氏高厚蒙求書

遠春閣下曩在京師吳稷堂師命校徐朝俊中星表刊入藝海珠塵楠以其用三百六十有五度四分度之一歸除十二時不遵 本朝秝法三百六十度之率參前觜後不遵乾隆甲子奏定宿次顯與時憲書相悖又各宿俱列占驗亦涉術家詭說不鮮步算占候原屬兩家（周禮保章馮相所司各異漢書藝文志天文二十一家術譜十八家亦分爲二）遂未卒讀近友人中有疑楠所撰揣籥小錄竊取徐氏高厚蒙求者楠媿未寓目故訪之閣下茲得坊本反覆校勘始知其書由抄撮而成於步算

本原未能洞徹牴牾甚多除鐘表圖說係徐氏專門無關秝學海域大觀係摭拾艾儒略南懷仁陸次雲諸家之書取盈卷帙又經星主占疑係坊賈羼入以眩俗眼無須置辨外謹將舛謬之處摘出如左幸閣下正之天體條云日躔所經赤道內外各二十三度半強又日躔距赤道度分表內亦以二十三度三十分列表按黃赤大距古大今小康熙中已測定爲二十三度二十九分三十秒乾隆甲子又減去三十秒定爲二十三度二十九分至今遵用乃猶云三十分強非襲新法秝書而不知非　本朝之率乎中

星圖云新尺觜參一度觜十度又恒星名數位置云參十星按參七星今云十星是誤併伐三星矣其度今屬觜宿觜三星今作十度按乾隆初修儀象考成已奏定觜前參後以參宿中三星之東一星作距星觜宿黃道度五十九分二十七秒參宿十度三十六分二十五秒七政書現用此推算時憲書亦依此鋪注徐氏書作於嘉慶中猶云新尺觜參一度云云豈時憲書亦未寓目乎中星表夏至午正稱井午正初冬至午正稱箕午初三刻三分按嘉慶元年夏至天正徐氏書成於嘉慶初故即以嘉慶元年天正度校之日躔井宿第一距星在赤道未宮二

度四十分強變時得十分零則夏至午正中星當在午正
初刻十一分今云午正初按歲差推之尚是一百七十餘
年前宿度又嘉慶元年日躔赤道箕一度五十分內外變
時得七分一秒零以減午正當在午初三刻八分弱今云
三分計早五分化度爲一度十五分則元年冬至不在箕
三度乎各節氣應加減卯酉正弦數云冬至減二十度五
十五分一十五秒又云清明加五度三十二分五秒按八
線以半徑一千萬起算則冬至當云減二百〇五萬五千
一百五十清明當云加五十三萬二千〇五十今强以度

分秒配之不尤資笑柄乎正羅經偏向法云指南針其鋒恒向大浪山直指而是山在南極於中國則偏西按指南針偏向自僧一行沈括徐光啟及　本朝梅勿菴陸朗夫諸家歷次考較俱云偏東今以歷象考成求正子午法較之更確然可據何云偏西若云直指大浪山則大浪山南極出地三十六度與中國對足立若直指是山針頭不下向地心乎定倒直景度分法云以地平十五分加減之十五分乃太陽半徑而云地平稱家有此率乎又星圖用乾隆甲子新測恒星名數位置考則仍用舊測圖與說不相

應剽竊之跡尤顯然且帛度二星而云一星平二星而云一星天庾三星而云四星天稷器府東甌軍門土司空在軍門南非天溷南土司空古有今無經天該儀象志儀象考成俱刪去今仍依步天歌列入紫微垣共三十七座一百六十三星而云三十八座一百五十七星天市垣共十九座而云十八座東方七宿共四十六座一百五十三星而云四十五座一百八十星北方七宿共三百七十一星而云三百。六星西方七宿共五十四座而云五十六座南方七宿共三十五座一百七十六星而云四十七座二百五十星近南極星共二十三座一百三十星而云二十二座一百三十四星其星數之誤如此又北極經緯度爲步算大綱今測定京師北極高三十九度五十五分而云四十度盛京北極高四十一度五十一分四十秒而云四十三度偏東七度一十三分而云七度直隸保定府北極高三十八度五十五分而云三十八度五十分偏西五十一分而云一度十分山東濟南府偏東四十一分而云一度十五分江南省城北極高三十二度〇四分而云三十二度二十分偏東二度一十八分而云一度三十分安慶府北極高三

十度三十七分而云三十一度偏東三十四分而云三十分蘇州府北極高三十一度二十二分四十秒而云三十度五十分浙江杭州府北極高三十度一十七分而云三十度整偏東三度三十九分三十秒而云三度三十分福建福州府偏東三度而云一度三十分江西南昌府北極高二十八度三十七分而云二十八度四十分偏西三十七分而云一度五十分河南開封府北極高三十四度五十一分三十秒而云三十二度偏西一度五十五分三十秒而云二度五十分山西太原府北極高三十七度五十

四分而云三十八度偏西三度五十六分三十秒而云五
度五十分陝西西安府北極高三十四度一十六分而云
三十五度偏西七度三十二分而云八度二十分甘肅蘭
州府北極高三十六度○七分四十秒而云三十六度二
十分偏西一十二度三十四分三十秒而云十二度四十
分四川成都府北極高三十度四十二分而云二十九度
四十分偏西一十二度一十六分而云十二度五十分雲
南府北極高二十五度○六分而云二十二度二十分偏
西一十三度三十八分而云十六度三十分貴州貴陽府

北極高二十六度三十一分而云二十四度四十分湖北武昌府北極高三十度二十三分三十秒而云三十一度偏西二度一十五分而云三度湖南長沙府北極高二十八度十三分而云二十八度二十分偏西三度四十分三十秒而云三度五十分廣東廣州府北極高二十三度一十一分而云二十三度十分偏西三度三十三分而云四度廣西桂林府北極高二十五度一十三分三十秒而云二十五度二十分偏西六度一十三分三十秒而云七度五十分其所列求北極出地法全與實測不符又如此又

南北十二宫星圖以新測宿度校之如赤道北之帝席已有一星過卯圖全在辰亢池已全入卯圖猶有一星在辰郎位只一星在巳圖列二星内平有一星過巳圖全在午四輔兩星在午圖列三星爟只一星在未圖列二星水位有一星過午圖俱入未闕邱已有一星過赤道南圖仍在北六甲當有四星在未圖只三星水府有兩星在未圖俱入申鉞已過未圖仍在申礪石只一星在酉圖列二星天船三星俱過申圖仍在酉天大將軍有二星在酉圖只一星天囷已過酉圖猶列一星于戌天廄全在戌圖猶列一

星於亥危第二星已過亥圖猶在子中山帛度俱過丑圖猶在寅晉已過寅圖猶在丑其赤道南之軫宿全在辰圖猶列二星於巳張宿三星在巳圖只二星金魚只五星圖有七星火鳥三星在亥圖列四星八魁三星在亥圖列四星鶴只一星在子圖猶列二星斗宿全在丑圖猶列二星於寅亢宿全在卯圖只列三星此尤抄襲乾隆初舊圖而不明宿度現已右移之証又徐君書經天該後云前人刻星經首列星圖實亦書卷中飾觀云云不幾自嘲乎又如赤道內加黃道或黃道內加赤道用平分度或用渾蓋通憲切線度規之皆不正圓蓋靚法用渾儀

從黃道視冬至赤道則黃道圈已成橢圓且分宮只二分與赤道交點餘皆有出入法當以黃極爲一點用黃赤同升度相差度分爲兩點用三點串圓法求之方合今所列赤道盤上分疎密度及加黃道十二宮法一圖依其法則十二宮俱交點矣又昴宿在酉宮經度占一度〇四分緯度僅三十七分今中星儀圖中昴宿約占十餘度其繪圖舛錯又如此至其稱日景斜至一百〇五度外景必模糊不知若用對表取景則景在對表自不模糊稱直景表度一四〇二八一得表景十四度〇二分八十一秒不知表

度一尺則表景一尺四寸〇二釐八豪一絲不可以度分秒計熊三拔時八線表未出故用表度測景其長短以度分秒計今既用八線其法以半徑比例則各線皆直線尺寸非弧度也且本朝秝法度分秒數以六十進不得有八十一秒又造時刻盤法委曲繁重不知若用切線分釐尺推衍則更準更捷又平儀用法稱以所得時刻將垂線加於時面時刻次轉星盤使本日某節某候恰對垂線下便知某星適中某星出地平不知未依渾葢通憲畫地平線何由知某星出地平雖所列求卯酉正弦法似有所授然另設一數以垂弧總較矢較各法互課惟此法秒數不合

嘗以諸術求北極出地四十度夏至巳正太陽高弧俱得五十九度五十分一十六秒惟正弦法得五十九度五十分三十六秒蓋其法兩弧相加即太陽在緯北午正高弧兩弧相減即太陽在緯南午正高弧兩正弦相加爲中數相減餘半之爲卯酉正弦即緯北太陽卯酉正高弧之正弦也若緯南卯酉正太陽尚在地平下故用兩正弦相加半之爲卯酉正弦歷象考成求交食法中此法與總較法雖並列但細推秒數俱未合不如總較法爲密亦非密率其立術之疎又如此他若五星躔度歌稱本七政歷而現　須七政書不載經天該稱本梅氏歷書而歷算全書不載經星主占稱摘天文志不註採自何史皆稗販而迷其來歷及稱步天歌爲古歌經天該爲西歌杜撰名目之類在此書則爲小疵矣大抵學無原本一經考証便鏬

漏百出況象數之學象則有實測可徵數則有度分可考尤非若星命理氣可以騁臆而談豪無左驗者比楠獨惜徐君留心絕學不及與王曉菴梅勿菴江慎修戴東原暨近時李尚之焦里堂諸人游而所學僅止此也然亦可謂勤矣雨夜漏沉挑鐙兀坐命紙草此質諸同志書生結習未忘諒彼此同之不以文人相輕見責幸甚

（清）江臨泰 撰

煮石山房詞鈔不分卷
附妝臺雜詠、鬱湖欸乃

鈔本

壽石山房詞鈔

道光己亥 汪彬題

序

余幼侍先君子學為詩即嗜長短句取架上所藏各名家詞讀之間亦依仿填數闋以自遣與嗣讀萬紅友先生詞律乃知詞學大成在是其論四聲極為精確而於用去聲字辨之尤詳不憚博引各名家詞以為證至詞內頗有拗句如昔人所云可平可仄者須更易平仄字以順讀者之口不知讀之覺其拗而歌之則不覺其拗此詞律之細於詩律而作者必規規於平仄而填之乃為不失調也吾邑鄉先生之能為詞者甚多惜稾皆散佚惟余外祖武寧司馬吳杉亭先生有詞兩卷已與周

解算經五聲反切等書鋟板行世余先大父國博棕亭公有鱛雲軒詞四百餘首皆先君子手錄本余得以悉心諷誦而愈知填詞之非易易也及弱冠後橐筆爲東諸侯客與吳門蘇有山番禺李二峩毘陵史蕉鄰閒有唱和之作歲戊子己丑間與吾鄉王小鶴內兄朱翁卿表弟汪介庵惕家禺谷叔同客揚州黃氏个園聯爲銷夏銷寒之會共有詞數百闋而黃芳谷弟家子春叔客漢上亦時寄到新聲互相賡證一時稱極盛焉庚寅後余客鄱陽甲午後余客南昌在前同客个園諸公去留不常所作亦鮮而余攖塵俗亦遂無暇倚聲丙申夏小

鶴來將南昌余訖校先大父全集付梓始得將贈雲軒
詞分為七卷刻于古文駢體古今體詩之後以公諸世
之同好者戊戌夏甓近里門晤蜀谷叔持一編示余題
曰淮海扁舟集則吾叔之詞已於計偕時刻之都中并
告余曰吾鄉今之詞人惟雲樵江先生汝得讀其煮石
山房詞否余唯唯盖余客游幾及三十年而先生作客
之日尤多歸里每不相值故蹤跡甚疎暇日過訪欣然
授讀惜過知音者之晚余讀其詞知先生之造詣甚深
數清麗之語而饒澹遠之神於律尤競競不失尺寸間
推作者因力為任剞劂之役時先生年近八十欲一見

其詞之壽諸梨棗識寤寐不能忘而余亦將裒集吾鄉諸前輩及同社諸君子之詞次第刊之以問世而以先生是集先之至先生於天文地理靡不精究皆著有成書余視之茫然不能得其旨趣惟詞則服習有年亦從吾所好而已道光十有九年十二月同里姻愚姪金珉拜序

序

詞詩之苗裔也詞之異於詩人知之矣而人不盡知也詩本天籟以出之以意為程而辭之多寡赴焉記曰言之不足則長言之長言之不足則嗟嘆之樂之謂詩之之謂也至於詞則有律有調有譜如穴斯在投之而會以臆見增損焉不能而又必命意遠用字使造語新鍊句響清氣溢乎其中餘味包乎其外此詞之所以難也吾鄉江雲樵先生通經義精算學諸子百家之學無不洞見其根柢江南北多震其名廿年前與余為忘年交隆冬盛暑必謀面排日讀韓文數篇蘇詩十數首詞本

之及也後雲樵先後受鉅公聘如廖鍾隱大令齊梅麓
張丹村兩太守皆招致幕中閱歲歸來亦不過平原飲
朔而已吟詠之事益置而弗講余家居無聊一日吳山
尊學士謂余云里門中詞學不振久矣今日始吾以一
萼紅調填至百闋為百萼紅力延其緒又值家艾塘太
史自京師歸棄詩弗吟日填詞為後輩倡余侍二公側
聆其緒論日積月累亦得數百闋以寄雲樵雲樵告余
曰詞盡美矣未盡善也於是綜其生平所為手鈔一本
示余余讀之而嘆曰是真詞人也是真能深達奧旨者
也是合周之典麗美之騷雅史之句法吳之字面而自

成一家者也余因而請曰先先生為詞者有杉亭椋亭
兩先生今皆散佚王述菴少司寇雖載入
國朝詞綜然終不及十之一又何怪生斯里為斯學者
致疑先民之不愛也先生著作多而此指尤為心得盍
刻以壽世雲樵辭以貧噫適日能詩者有能詞者鮮能
詞者有知詞之不異乎詩而卒異乎詩者尤鮮君雲樵
者句鍛日鍊瑫歷年心血又從而汰其蕪穢刪其贋實
其全集竟不能流傳海內良可嘅矣然余方有意蒐羅
鄉前輩遺稿之未入集內者及近人之精粹者刊為一
編名曰椒陵餘綺他日其志克遂當採其尤者錄之以

報作者之心以重故人之惠也云爾道光乙酉花朝前二日小山愚弟汪甲拜敘

煮石山房詞鈔

全椒 汪世泰 雲樵

菩薩蠻

一更山吐團團月青溪冷浸波如雪掩映不分明高低四五星　鐘聲何處寺敲向晚風裏歸過小橋頭倚闌數釣舟

霜天曉角

燈光如繼不許花兒結夜夜撩人作喜何日是喜時節　明月更淒切才圓今又缺滿喚嫦娥不醒愁脉脉向誰說

念奴嬌　限色字和吳蘋香文

幾番風信把花枝吹落東西南北小雨濃煙作弄出脂
粉飄零顏色弱柳鋪綿晴絲罥樹來去都無力欄杆倚
徧那堪春已蕭瑟　更羡紫燕能歌黃鶯學語一樣情
如織倦蝶狂蜂也不管淺漏春風消息月下題詩花前
譜曲漫許傾城國明珠滄海問君何自探得

春風第一枝　杏花　和朱竹垞太史韻

豔笑桃紅姿嫩李白枝頭春意何許誰家碎錦坊前冶
游客曾暗數玉樓人醉大半是籠煙鬪霧漫移將話色
生香重憶江南春雨　牧笛指邨沽舊路燕尾掠探花

伴侶任他閑徧長安儘裁馬歸踏去沾衣欲潑愛幾點脂痕深處倩三郎羯鼓催來回首滿林紅吐

南浦 春水用玉田韻

翠浪上河豚暖溶溶輸與鴨兒先曉一幅輞川圖柳塘漫幾筆鴉頭畫掃雪消冰解前溪漾出輕倏小南浦魂銷縈別緒又碧萋萋芳草 憐他九子萍鋪似生綃漫把圓冰遮了野渡悵無人潮來急帶雨門前纔到煙帆渺渺歷如天上來風情都憶武陵源上路流得殘紅多少

南歌子

蠟鳳遨雙陸香貌譜六幺鏤日繡脉抛避人簾影搨毽雪翅

又

病起羞窺鏡妝成嬾畫眉別淚寄還伊淚珠穿不得枉相思

酷相思　春盡夜

百計留春春不住被杜宇催將暮理征衫歸期休殺誤春歸也明朝去人歸也明朝去　把酒今宵中夜語不放春光度問春光今宵留幾許三更也鼕鼕鼓四更也鼕鼕鼓

如夢令

長日倚牀無緒枕上淚痕幾許窗外杜鵑聲叫道不如
歸去歸去歸去驚醒夢魂何處

憶秦娥

嫋嫋嫋花簾兒捲花開底事檀郎未肯回 花開花落
春將老人老如何了傷心孤負春光直到今

祝英臺近嚴子陵釣臺

客星昏羊裘敝世外一巖子戲曲桐江供我釣游地試
看夕陽石壁細雨春潮都不戀官家祿來 今休矣空
留巖磴莓苔遺祠富春里四面高山一十六灘水最憐

鸕鷀飛處躑躅殘時千載下幾人墮淚

鶯啼序　春日西湖即事和夢窗韻偕部香生作

杭州舊游最好憶繡簾珠戶總還又覓櫂西湖重來剛是春暮便都道和靖當年梅花裁徧孤山樹客來遲滿地殘英漫天飛絮　四面樓臺一帶寺宇半籠煙幂霧羡全幅圖畫天然倩誰收入豪素教琉璃波紋似縠淺斷能皆痕如縷更撩人柳岸穿鶯蔣田飛鷺　韶光漸老清興還濃忘一身倦旅且喜有景純瀟灑襆被同攜乍續前游再聯今雨雙峯塔峙六橋舟艤鄂王祠下游人聚轉闌橈載酒西泠渡堪憐蘇小空傳柳色春藏鹽

骨黯淡黄土　長堤送目窄袖誰家渾不勝薄苧怎禁
得粉香風遞鬢影雲交彩鳳鞋兜小鸞釵舞橫波漫注
芳心先逗盈盈小立湖畔路約年華纔過摇箏柱鈿車
歸怎匆匆引去吟魂問他憶否

點絳唇　陰雨達朝汪芰塘以問情十絶見示因題其後
曉夢初回、故人遺我閑情句斷腸人去惆悵仙源路
好好風光閑却儔杯侶　芰塘香生倶未歸　廉纖雨消魂何處寂
寞君知否

浣溪紗　秋海棠畫
有美人兮倚翠茵啼痕脉脉染粧新傷秋一片畫傳神

紅豆相思悲昔夢綠珠冷落怨前身西風簾捲斷腸人

醉翁操　題琴師孫㛃鑒獨坐幽篁小照

秋光清涼叢篁繞石䀋成行先生抱琴趺其旁滿庭明月如霜絃更張刻羽與含商足悅吾生兮徜徉　先生品格玉潤蘭芳先生風度穆矣山高水長清泉流兮湯湯（零）露漙兮瀼瀼先生樂未央先生琴休藏願祝壽而康兩耳常洗箏笛場

調笑　集古謎語

氏眼川中犬山上安山人去遠口中着口音書綫蘚白

空題黄絹一鉤残月三星見秋合門挑誰遣

點絳唇 酒旗

賣酒人家青帘揺曳隨風起夕陽樹底竿影先垂地牛背村童倦把鞭絲指前邊是杏花邨表慣引游人醉

摸魚兒 題春江送別圖送郭梅坪之江右

怪東風送春歸去江頭先送行客沙堤一帶垂楊緑誰向夕陽攀折春水碧趁一葉輕舠細雨蒲帆淫舊游重歴登彭蠡煙凝匡廬翠靄南浦落霞亦 竹林伴回首都成往蹟酒徒零落非昔令兄蘭參及汪子吟帆俱下世年来剩有同心侶早晩東西南北艾塘春生又將遠行君漫憶算我亦天涯擬

著清游㡳披圖暗泣縱杜宇催歸鱸魚蓴菜強半鬢鬚
白

水龍吟 立秋用坡翁楊花韻

井梧幾葉清涼如何却向今朝墜一番疏雨半竿斜日
又添秋思蓮老留紅柳殘墮碧綺窗休閉趁晚涼庭户
西風院落擁一闌秋屏凡聲欲出時可語秋 惆悵故人千里
明秋滿眼北京來綠剩殘惆倘明於牛歎在京勝都醉
月間亭何福雕欄淒涼雖有月華如水怯亭花著露盈盈
幾點瀟悲秋淚

生查子

古寺漏聲殘隔院笙歌歇簾外又西風都是愁時節
人是去年人月是去年月月比去年圓人獨偏離別

喝火令

寶鏡初收匣珠簾不上鉤良宵無那擁香篝輸與了鬟
睡熟多半不知愁　歸信期終阻離情淚暗流可憐人
過可憐秋依舊相思依舊獨眠樓依舊挑燈几坐依舊
夢都勾

江城梅花引　鏡城中秋

披襟坐待月華生喜新晴趁新晴作客三年兩度在江
城一樣月明千里共偏則是照他鄉動客情　客情客

情傍三更風作清雲作輕閙也閙也閙不住鉦鼓齊鳴
散步池邊掩映搭燈明隔院笙簫聽未徹添細雨打梧
桐又數聲

十六字令

愁紅杏花時人倚樓眉峯蹙慵整玉搔頭

又

紅一片花飛西又東漂零恨端不怨春風

又 女伶花兒

香這種花兒別樣粧須憐惜休被雨風狂

水調歌頭 贈秦斗庵都尉

都尉本才子筆力鼎能扛登堂一見如故氣宇已心降
乘暇投壺說劍也有踈簾清簟將我賦蔚江於韻嚴奇
句縱飲倒春缸　追往事走絕塞世無雙不知行幾萬
里草檄拍若油幢悉難不忘知遇我爲忽傳經濟勲業建
雲扛浮白與君共起舞快琤瓏

又　送莊秦望酒丐圖

君自夢蝴蝶我竟識莊周生不願封萬戶但願酒泉侯
平卓羣邊高卧彭澤葛巾以漉狂放有山劉客也丐餘
涎垂妾任閒羞　拖竹杖披破衲舉尊甌科頭跣足虛
名虛利一時句醉則餐風臥月醒則高歌擊節此外又

何求遲我十年後缾鉢許同游

江南好 西湖四寺

雲林寺紺宇籠煙霞紫竹林通新闢徑紅辛夷詠舊開花來訪老僧家 杏山有雲隱寺紅辛夷花詩藏竹林在寺僧

又

天竺寺寺在衆山中明月三生一片石間雲九里萬株松桂子落秋風

又

理安寺高閣矗松巔上界慈雲垂寶蓋半空法雨濺珠泉地合住金仙 松巔閣法雨泉在寺內

又

雲棲寺寺傍五雲隈修竹萬竿穿徑入清泉百道繞山
来門對大江開

瑤華 茶花

西風滿路卉草添英正登高時節葉疑薝蔔更不信又
擬薔薇花白攢來金粟須認是芳心初拆最耐看蓓蕾
香含點點蠙珠堪摘 詩家比喻能工羨玉面青裙如
舊相識膽瓶幽雅誰作伴除是黄花几席催吳妙手難
畫取亭亭標格傍早春穀雨新芽共鬭旗槍碾碧 陳興義初
識茶花詩青裙玉面如相識九月茶花滿路開

奪錦標 遊大觀亭記

丁卯春初江郎招客共訪城西山寺步至余忠宣廟同上危亭翼然孤峙拜松楸古墓懸蒼苔斷碑橫地弔忠魂節義全家千載使人流涕　閒把欄杆遍倚九子峯遠繞檻一痕江水最好清和風日老樹當窗凍梅留蘂問斯游樂否客云樂求文紀事主人唯藉譜新詞為作大觀亭記

釵頭鳳 美人對鏡寫真圖

晨妝罷薰蘭麝畫師倩把芳容寫銀箋放拈毫向風流阿堵傳神筆伏想想想　蛾眉畫鉛華謝簡儀遮莫能

幽雅曼姝傍菱花郎真真假假一模二樣像像像

南樓令 題盧湘桓明府宰官本象圖

花雨自生春徧彩綫縈塵坐蒲團趺足凝神我向畫圖
聽法相須認取宰官身 初服志難伸循陔情再陳敍
歸航豈為鱸蒓還我本來真面目依舊是畫中人 公引疾不
報乞養乃行

醉翁操 題廖鍾隱明府聲聞圖

清閑逃禪真詮坐蒲團神全光明掌如兜羅綿跏趺雙
足初拳偏右肩慧悟澈中邊日如是我聞佛言 先生
態度玉潤珠圓先生眼界參破三千大千泉在山兮涓

涓雲出山兮漫漫聲聞聞覺緣公真西方仙游戲在人
間佇看花雨霏四筵

醉太平 雨夜

紗窗未扃搖琴自橫新篁嫩綠方生聽風聲雨聲 疎
鐘乍停殘燈半明聲聲街鼓齊鳴正三更四更

滿江紅 贈妓小名十二

風信速番正一半李花滿樹豪華比珠簾不捲金釵圍
聚聲出漢宮仙雲露飛來神女巫山雨最關情一日幾
思君時堪數 瓊樓並神仙宇瑤臺躡崑崙圃把欄杆
倚徧屏山重疊夢繞銅街迷舊院簫編玉琯翻新譜憶

揚州明月夜橋頭平分處

又 前題

數應周星小名兜雁行排得春光早雕窗盡啟梧桐葉密雨閑六幺催短拍一枰雙陸消長日問年年明月幾回圓休座榔 雌雄和伶倫笛因緣定迦文律更秦樓夢繞瑤階春寂寞外橋通湖上路谷芳花聚園中客拐離宮芳草正萋萋三之一

漁家傲

蓑笠綸竿如畫譜漁翁獨傍江干住蜻蛉一葉衝風雨溪前渡休教誤入桃源路 作伴惟知妻共女相知合

並鷗和鷺網得金鱗速返煮天將暮篝燈同宿蘆深處

醉花間

眉峯秀眼波溜一點春情透生怕外人看閒入屏風後
儂心沾絮久倘與春相湊真正怕人看怎露弓鞵瘦

摸魚子 皖江雨中艤風放舟即景

放扁舟大江千頃煙波空闊如許揚舲試鼓中流楫更
釀一天疏雨朝至暮悄不覺東風吹送蒲帆去輕如似
羽看岸柳迷濛戍樓隱約又指皖江路 跳珠急一霎
雷奔電舞乘潮衝浪穿霧江山淡染南宮墨天水絕無
分處遙問取問此景何人曾會其中趣蓬窗坐極但極

目蒼茫壯游寥廓擬續景純賦

賣花聲

深院曉寒添鵲喜前檐歸期暗卜數郵籤攪亂柔腸千
萬縷纖線慵拈　鎮日不鈎簾柳絮頻黏春來何事病
懨懨舊樣渾身都瘦了只有纖尖

菩薩蠻　旅思回文

竹窗敲雨風低屋屋低風雨敲窗竹歸夢怨空幃幃空
怨夢歸　客愁添髮白白髮添愁客深夜怯孤衾衾孤
怯夜深

三字令

從別後信音稀悵分離春至也誤歸期篆煙銷銀燭地
總相思　憑社燕繫紅絲都嫌遲去杜宇盡情啼喚郎
回郎不顧又花飛

滿庭芳　水仙花

額點輕黃綠嬌膩粉前身合是瓊仙江梅最早破臘占
春先來自閬天路遠冰心展又在梅前應羞與羣芳爲
伍真色洗華鉛　塵緣都謝却玉盤擎露金盞琟煙有
青瓷位置文石連奉最好綠窗人靜香生處幽遠清妍
分明認凌波仙子步襪下雲軿

惜餘春　罌粟花

綠葉成陰青梅如豆花事滿園都了荼蘼架外芍藥欄
邊別有一般風韻開放三枝兩枝淺白深紅徐熙畫裏
間客愁萬里今朝散否馬前開早　秋風裏夜月庭階
重陽院落布種幾番勻稀葱纖交遮蟬鬢金懸香珞翠
瓔娟好待得繁英盡殘綴寶罌圓簡裹粟小倩東君借
取十日粟糧堪飽（下種法見羣芳譜雍陶詩萬里客愁今日散馬前初見米囊花謝功業詩）
探借春風十日糧

湘春夜月（甲戌客雷池春分花正放為大雪大冰所傷戲賦）

正春分無端風雪交加可憐一株夭桃都付與泥沙欲
把花枝輕拂怕花枝嬌怯不勝揉挼怪滿園花事東君

不管斷送天涯　初飄六出幾分牆角數點窗紗咏到
枝頭曾未見作去　成漫樹微映紅霞人愁莫遣問此時
那更愁花憶郭外有桃園幾處多應冷落賣酒人家
又　揚州湖上秋夜感賦
正新晴夜涼人在高樓等閒一片清商將暑氣全收最
愛秋蟲聲到奈秋蟲淒咽翻惹傷秋信天涯漂泊身如
倦羽心似閑鷗　倚欄送目平山西繞曲水東流遮莫
窗前怎禁有箜歌別浦燈火歸舟消愁對酒怕感懷轉
更添愁几坐久恰天工解事羅雲捲盡新月如鉤
綺羅香　次江艾塘太丈烟蝶風箏斷後有感韻

點綴春光圓成粉蝶恰並絲蔦飛起響撲晴空欲上乍
低還止慣搖漾紅杏梢頭早移來綠楊門裏任輕狂休
似楊花半隨塵土半流水　東風何事作惡頓把柔絲
斷送飄然若駛惹得鄰童殘綠恰將無幾縱依然於上
青霄算收場近清明矣問何如勝因放然敢應還自喜

如夢令

春睡如何醒早窗外數聲啼鳥乍起捲簾看飛上林梢
樹杪罷了罷了好夢這回草草

戀繡衾　七夕

西風乍捲殘暑收有庭梧先報早秋待月上花梢也趁

新涼簾未下鈎　雙星此夕成佳會試穿鍼人在小樓

縱依舊偏不見去年人珠淚暗流

探春　太倉署分司梅嶼探梅

亭小如珪沼圓似璧誰與留此孤嶼柳眼黃舒草心紅

吐淺漏春光幾許快雪時晴了問梅信先傳何處番

花事宜人待分來與尋去　試向園丁採取道昨夜來

風吹放多樹冰斷橋連樹迴路轉自有清香飛度竹外

橫斜好只少箇胎仙伴侶却憶西泠暗香疏影重賦

霜花腴　又菊畦分菊

霜花品格晚節高何須盡開華堂廊曲池邊籬斜竹外

偏宜點綴秋光小園本荒祀菊英分種成行課畦丁帶
露頻澆清閒何地不柴桑 轉眼西風庭樹看深紅淺
碧淺紫輕黃紅板橋敧綠雲徑窄滿城風雨重陽錢叢
傲霜呼索郎邀月飛觴度迴樹一縷涼飈滿園都是香

搗練子 戲作翁言

泥滑滑雨絲絲輕煖輕寒悞慍時小院風來簾未捲落
花飛絮總相思

清平樂 前題

不如歸去歸去知何處百二郵籤終日數滿地落紅無
數 淚痕點漬羅衣此情此景誰知欲寄平安兩字燈

前細寫烏絲
南樓令
深院柳陰濃曲闌花影重怕春歸歸更匆匆莫道荼䕷
開最晚有芍藥殿春紅　飛絮一天空相思兩地同盼
歸期卻少鱗鴻二十四番花信了留不住楝花風
百字令（采石渡江舟中讀汪小山列岫樓詞時將有婁江之行即以誌別）
江聲澎湃趁東風吹送輕帆如葉采石磯頭留客住朗
誦新詞數闋寫出烏絲題成黃絹字字霏珠屑長吟幾
遍頓忘愁思千疊　遙憶前輩風流金吳逸韻（棕亭杉亭先生）
久歎知音歇我亦邯鄲曾學步大半雛鶯弄舌廿載饑

驅蹉跎終老又買婁江棹何時重聚與君同話湘月

水龍吟 宋石登太白樓

清平樂調三章惜乎不悟明皇帝漁陽木起汾陽將舉

苞桑全盤浪跡江湖敬亭山色桃花潭水趁石尤風阻

平臺日落瞻遺像真仙子 采石高樓獨峙惹游人徧

題極字青山未了長江不盡相如一已老樹參天蒼苔

滿院斷碑橫地且傾囊沽酒舉杯邀月讓先生醉

十六字令

低一架薔薇花壓籬花邊走抓住玉簪花

虞美人 瓜步 癸未冬至為余六十生朝時往婁江阻風

蒼石山房詞抄

半生生日常爲客贏得頭顱白今年六十又平頭買櫂
江鄉風雪滯旅舟　欣逢六琯吹灰日候應黃鍾律短
篷沽酒自稱觴此後年年冬至日初長

洞仙歌　阻風京口

京江晚泊被石尤風阻又復連宵灑微雨憶半生作客
廿載奔馳都不似此度者般淒楚　篷窗開半面一帶
蘆花幾點漁燈伴煙霧欹枕且高眠枕上朦朧聽不了
更更更鼓儘判與船家未應愁一曲長歌有何心緒

齊天樂　癸未除夕

千門爆竹聲聲急他鄉又逢除日二十年來江湖浪蹟

幾度滯留鄉國，天涯漂泊，算兩載妻江淒涼此夕，慢轉銅壺更深，已是一年隔。流光逝水，可惜怪初燒銀燭，偏照頭白。曾記當年拈題關韻，同和蘇詩滿壁。（癸未吳山尊學士邀汪少容、唐文江、文塘太史家沁梅明經同和蘇東坡饋歲、別歲、守歲韻，迄今三十年，存者余與文塘，故交零零落落，不勝泫然。）不堪重憶，且戳炭添紅，蟻尊泛碧，爛醉今宵，不知身是客。

水調歌頭 甲申元夕風雨

今夕是何夕，空憶上元燈。天工如此敗興，太不近人情。幾陣風狂雨驟，斷送燒燈時候，好月向誰明。客也怨遙夜，旅館倍淒清。從今一曲，燭半灺，酒三升，且澆胸中壘

塊休作不平鳴賴有東風解事催放梅花數點疏影到
窗櫺把酒對花飲酒即舞青萍

暗香

余性愛梅客臘舟過吳門覓得盆花數本蓓
蕾香含矣今春自試燈至收燈連宵風雨寂
寥殊甚盆花忽放大慰客懷因用白石韻為
花寫照君謂絕唱不當和已有先我為之者
時客歲甲申收燈日也

虎山春色栽得來怕瘦謫仙長留位置青瓷凍蘂疏枝
已堪摘向暖先開數點恰助我新春吟筆且莫教冷落
元宵相對伴燈席　鄉國更今寂任細雨瀟階簷珠
積冷香欲泣纔到窗前暗相憶第一番風信衰春已遠
土融苔碧試問取修到汝幾生便得

疏影 前題

橫斜顛玉想老逋在日曾並花宿驛使銷沈遠寄無因雨聲又響檐竹東風一夜花争發也不管枝南枝北更那須月地雲階一樣伴人孤獨 別有仙人化作去珮環看冉冉花旁全綠曾記山家山後山前繞徧三間茅屋江南一代繁華歇最怕聽紅羅亭曲到晚來燈暈寒窗對影描他橫幅

金縷曲 三月望日新霽見月感賦

不覺春將暮一春來絶少晴霽最多風雨寒食清明都過了花事飄零若許恁閒卻踏青伴侶且喜今朝天開

眼俏東風盡捲浮雲去一九月到窗戶 姮娥一樣傷
離緒計今年初番才見乍圓蟾兔有客忍歸歸未得對
此倍添淒楚算其好事古難全甚不怨春歸春無幾怨東
君虛把春光度縱晴也滿天絮

蝶戀花

花事闌珊春已暮冷落鞦韆不是留春處縱有榆錢拋
幾許如何買得春光住 蝶嬾鶯慵情已露無計留春
翻訝春無據倩語東君休漫妒春歸自有春歸路

壽樓春 詠芍藥

循庭階盤桓正紅嬌粉膩焚尾香攢恰值楊花飄盡海

棠開殘龍宿霧迎朝寒翠蘗披仙衣斑斕似亭北新妝

深描淺畫無語倚闌杆　邦濤月停征鞍憶揚舲曲水

放櫂平山最愛花田深窈篠園幽閒　丙子客揚州山亭學士招至篠園看芍藥回在園內

人已散花誰攀湖舊游交情永顧問攜贈何人

離情坐看春已闌

漁父詞 二首

紫蓼花開三兩枝打魚船傍水仙祠風定後日斜時半

灘紅葉聽鷓鴣

又

一曲漁歌唱晚瞟荻花秋葉落紛紛鷗作伴鷺為羣江

湖滿地不如君

賣花聲 題程杭山賣劍圖

早歲識英雄劍氣如虹怎甘埋沒不成龍散盡黃金留寶檀妙手空空往事付西風彈鋏何從等閒賣向畫圖中祇恐當前無售主依舊藏鋒

夏初臨 立夏

芍藥翻紅荼蘼堆白客中節序初更九十春光無端風雨交并今朝恰喜新晴聽枝頭布穀聲聲清和時候荷圓葉小麥細花輕 閒庭小立酒熟玫瑰疎簾半捲盤薦朱櫻柳粉香綿輕狂都付前汀綠樹陰生靜愔愔尚

小蟬鳴正雲停奇峯蔚然先到窗櫺

憶舊游

己卯客梁溪薛梅蓀别史招同泛舟西郭兩岸桃花迷亘十里仙女墩樽哉又同至華藏寺登小香雪海閣梨花遍山藏寺巔大湖同西洋遠鏡窺之諸峯環峙洵大觀也偶憶及之不勝雲煙之感因紀以詞

憶梁溪前度夾岸桃紅人在扁舟風日清和爽看霞蔚錦簇仙女墩頭籃輿轉尋山寺華藏最清幽且傑閣登臨梨雲千樹香雪勾留凝眸柴門外更五湖水闊萬頃光浮極目魚天暮有眾船遠近鼓楫中流七十二峰羅列蒼翠望中收悵驀地相思雲煙過眼嗟倦遊

一萼紅 落葉

眠跡林過幾番霜信木葉下送冬楓冷吳江柳殘隋院
亭暑頓減清陰問何人登高作賦悵無邊搖落滿江潯
苦雨酸風打窗堆砌庭院鋪金一樣飄零莫恨恨蕭
蕭景物漸過秋深流水荒邨夕陽古道聲聲遠和疎砧
君休說樹猶如此徒旅松獨抱歲寒心欲訪山中道士
行行逕難尋

水龍吟　汪小山四十初度

百年三萬六千君今五分去才過二黃梅釀雨紅榴潑
火端陽近矣列岫樓高聽濤閣小西山臨水願百城坐
擁百壺坐倒已足了平生志　更叙天倫樂事御潘輿

花穠棠恭劇談禪麈聯吟刻燭讀書聲裏名士風流書
生本色神仙麈寄閒生朝可有新詞自壽倩紅兒記
城頭月　小山送綠萼梅一枝並媵以詞依韻和答
春寒花凍空凝竚遮莫香生樹驛使情深羅浮夢悄打
點尋春去　新詞似對尊前語貽我花如許翠萼香含
綠珠淚浣猶帶前宵雨
探春　題汪穰山庚文載酒聘梅花圖
蘭槳尋芳笥輿攬勝梁溪山水佳麗冷宦休嫌皋比坐
擁忽憶家園梅萼湖畔有人家早幾樹橫斜映水試探
消息東風寒苞曾著花未　萼綠居然仙子願百兩迎

將修竹同倚小窗纏紅輕舸蕩碧合倩胎仙媒使折贈一枝春更勝郵隴頭人寄買櫂何時與君花下同醉

齊天樂 送小山逸麟兄仲之蜀兼訊吳肖生太守

崎嶇蜀道青天外居然壯游能賦分手匆匆寸心溯溯我早征衫浣處窮年倦旅最怕聽驪歌偏縈離緒水暖春江好風吹送挂帆去　君家兄弟伴侶羨留連勝蹟倡和詩句巫峽雲深峨嵋月小景物都歸毫素閒心屬雨有李子風流吳鄉重聚問訊何如故人相憶否

金縷曲 寄小山兄仲蜀中兼訊吳肖生太守

不見汪生久悵分襟年華暗換又逢煙九峽雨巴雲供

詩料好句枯來滿袖肯附寄平安書後記得年時翦過從任高談雄辯懸河口今寂寞君知否 天涯李子重攜手更追隨雙丁入座玉昆金友話到鄉園今非昔道我蹉跎如舊歎落落晨星誰偶列岫樓前花爭發流花人籍卜歸期否言不盡春稽首

轉應曲 秋雨

秋雨秋雨濕向秋林如許西風一夜連綿攪亂愁人未眠眠未眠未幾曲柔腸都碎

滿庭芳 送侯讀山庚文還無爲

草草相逢匆匆話別送客剛值深秋霜林如畫落葉滿

山陬此去濡須江上家園好蠏稻新收依然是儒冠未
改官冷後何求　前游尋訪那南宫遺蹟半載句留甲子
容無為任墨池半載　正逢君恨晚怎又回舟我亦天涯倦旅閒驂
唱轉更添愁君歸矣征鴻影裏莫忘寄輕郵

滿江紅　鳳陽龍興寺謁明太祖像

瑞拱衣冠瞻玉座儀容如昔想當日吳識楚諒一時勁
敵乞食肯隨山寺老從軍偶遇滁藩識古今來開國有
英雄誰能匹　文自製寄碑立書自仿山第一[illegible]頂有親書第
一山三字帳夕陽衰草頹垣斷壁遺像空存原廟地辯香猶
供山僧職剩階前零落幾銅缸蓮壺滴寺有銅缸七相傳為蓮漏之遺

醉花陰 清明阻雨岱山舖

無端細雨和風驟野館輕寒透鎮日苦迷濛百五春光忘却清明候 天涯羈客空搔首匹馬征衫縐杯酒且澆愁孤座燈昏盼煞檐前溜

一枝春 和梅癡庵丈招飲原韻留學署

無計買山歎衰年猶作江湖閒散亂風亂雨惹起客愁撩亂好春將去空孤負落紅庭院主人雅折柬招邀難得相逢飲讌 先生冷官堪戀正海棠著雨胭脂溼徧故鄉風味新斲筍芽初短汝哥官定土花凝眩人心眼知交晚縱我狂談清尊引滿先生[illegible]昌人

蟄石山房用箋

天仙子 小山送綠萼梅

閑道寒梅苞盡坼主人恁把繁英摘朝來分贈一枝春

沾雨溼籠煙碧點點綠珠香可拾

一萼紅 楊屏山寄園詠垂絲海棠

恁匆匆過幾番花信春又到芳叢綃翦冰膚霞凝酥臉

焉然淺白深紅想當年華清出浴帶朝醒睡起曲欄東

春暖屏山午晴庭院煙淡簾櫳　銀燭高燒良夜便漫

山桃李難教纖穠弱蒂低垂朵絲密綴將開半斂嬌慵

放翁詩爲花寫照有吟朋屬和句能工（壁間小山屏山和放翁韻）幾

點胭脂淚溼小雨濛濛

摸魚子 屏山招賞牡丹即席賦此

憶當年探奇攬勝消受風月如許捉壺挈榼渾閒事多半酒徒詩侶還記取向越水吳山慣覓群芳塢而今倦羽悵新整魚竿作停鴻跡濟勝已無具 主人雅庾信小園能賦天然無限幽趣亂姑花放先招客滿目翠嬌紅嫵含宿雨宛月珮雲裳和淚香凝處花如解語願歲歲年年花開花謝常此醉芳醑

金縷曲 寶林橋畔酒樓乃四宜軒故址 乙未秋仲汪小山招同嵩鏡江金昌谷楊屏山鱣亭竹林子第閒棋及予豪飲其上撫今追昔不勝慨然時鏡江昌谷新歸又將遠行感而賦此

一曲襄城水正彎環橋橫斷岸梵鳴蕭寺賣酒樓高欄
杆憑過雨餘霞散綺呼俊侶虛觴登至詩酒清狂輸我
輩翻當前風景纔如此身宛在畫圖裏　追尋昔日勝
吟地歎年來知交零落暮雲千里今雨歸來重歡聚同
調斯人有幾拚痛飲月明風細最苦衰年頻送客怎敘
別又把凝愁理離別恨黯然矣

滿庭芳　晏滄叔少尉新葺東軒

泉石膏肓煙霞痼癖甘棠到處能留編蘺剗徑屋宇小
於舟隨意蒔花種竹小山桂香度牆頭踈櫺放琉璃四
面容我豁雙眸　清幽休羨那梅花東閣明月南樓恁

垂簾坐雨倚欄吟秋莫怪官閒署冷因人熱羞與爲儔
呼尊酒嘉賓不速談笑自風流

暗香 桂花

秋平分妄愛一叢乍放簷牙斜倚種自廣寒別有幽芬
到庭際金粟色含點點扶疎影獨超群卉最好是移隱
淮南家住小山里　樓成趁涼颸正雲外散香月中吹
子無聲露洗黃雪霏霏落階砌誰向蘭房細擣相配處
糖霜同臓試摘取須插向點鴉小鬢

八聲甘州 中秋雨懷小山

怪西風釀雨薄寒天不知是中秋聽蕭蕭瑟瑟疎疎密

[illegible]

密漸漸颼颼只有小山叢桂隔院度香幽坐對空階滴

更添凝愁　應是嫦娥有恨把冰蟾影背玉兔光收歎

陰晴圓缺好事本難求想吟朋登樓長望認幾番木葉

下林陬擎杯酒問青天處水調歌頭

醉春風　題葉瘦生静觀自得圖

茅屋小於艇几坐欄杆影莫整屋筆下一詩人認認認沈

約腰肢少陵才調青蓮風韻　不愛繁華境草動花飄

興清高都向畫中傳静静静樹密疑籠山低似黛波明

如鏡

摸魚子　題魯建侯襄漁圖

繞南譙一泓裏水何人收入豪素綸竿蓑笠從吾志消
受柳煙蘋雨休喚渡趁釣艇隨波沽酒前邨去天涯倦
羽羨菰葉橫塘蘆花淺水相伴是鷗鷺 向留處信美
西江小住別來幾閱寒暑匡廬彭蠡看來慣鄉思忽縈
心緒催杜宇待好夢歸來積玉橋邊路結鄰儻許更快
事添弓老樵共話答問入琴譜 弓號雲樵故云

百字令 題安初園蜀香蘭秀圖

名箋滑蜀漫圖成南面百城書屋手種山蘭三百本更
矗千竿修竹讀畫人來抱琴客至應事看都綠臨池疊
石教添沙際棊局 堪羨萱草春暉棣華秋萼謝草當

階馥蓉幕歸來尋至樂休戀未荒松菊譜合金荃班聯
玉笥藉向圖中卜何時把晤一杯同醉醍酥

滿庭芳 五弟閒想新葺小軒詞以紀之時丙申春初

學圃未能買山無力菟裘終老誰營疎狂阿弟隨意葺
園亭新拓軒窗四面琉璃映書帶盈盈湘簾展宜春宜
夏宜雨又宜晴　人生行樂耳編籬分徑插竹成屏看
草心卷碧柳眼舒青來往詩朋酒侶觴政肅騰爵飛觥
憑欄久黃昏月上古寺一鐘鳴

虞美人 丙申寄園再賞牡丹即席口占

去年穀雨花開日帶雨胭脂溼今年穀雨又花開掃徑

烹茶舊雨喜重來 老年偏愛花經眼不放杯中淺三
人攜酒醉花前人願如花春色自年年

踏莎行 書五弟揄煃壁

矮屋三楹高榆百本來荒松菊開三徑青錢拋趁繡簾
垂綠陰濃到紗窗靜 鶯囀如簧蟬鳴似磬斜陽一抹
青霄近衰顏且悵東隅從今收取西山景

齊天樂 丁酉秋分小山招飲用坡翁韻先成五古二首索和余綴以詞

樓高不覺秋光半驚心又秋時序巖桂飄香井梧隕葉
延客重煩地主歸來舊雨羨璧合珠聯酒朋詩侶白髮
燈前故人何幸共尊俎 先生風雅素著險韻和坡仙

音格奇古射霞分曹藏鈎隔座骰子玲瓏拋處飛觴似
羽更有客狂歌擎杯起舞太史陳詞德星今夜聚

一萼紅　五弟新築露臺招同人賞對岸桃花

俏東風過幾番花信吹放滿林紅溪鱖初肥河豚欲上
小橋流水溶溶愛繽紛緋桃千樹平臺矗極目紫霞烘
雨洗阜枝煙籠古岸雲斂晴空　折東招遨勝侶向鷗
邊行酒花外停驂架石鋪欄循牆壘磴居然人在瑤宮
對花飲花應含笑笑尊前多半白頭翁休把好春孤負
共理吟節

十六字令　題汪赤城畫圖四幀　抱琴

琴流水高山愜素心相攜去何處覓知音

踏莎行　尋梅

載酒梁溪聘梅雅趣昔年曾賦探春句今年忽又度新圖山翁仙袂飄然舉　孤嶼無人灞橋何處攜筇且漫尋花去杖頭挂得一枝歸冷香猶帶前宵雨予曾為尊翁題載酒聘梅花圖

清平樂　罷釣

江湖滿地千古漁翁幾罷釣歸來圖畫裏只有羊裘老子綸竿蓑笠生涯月明夜宿蘆花莫認尋常釣叟富春江上人家

減字木蘭花　采菊

東籬采菊元亮當年人似玉采菊東籬綠葉盈筐花滿
枝　未荒三徑采奴還來松菊興送酒人來且向花前
醉幾迴

瑞龍吟　戊戌房山挌賞牡丹索賦長調用清真韻

橋東路遙望一水縈迴小園芳樹愔愔門巷斜通竹梧
古徑房山勝處　作延佇尋訪主人風雅水邊窺戶江
邨穀雨初晴土花潤碧春禽對語　來往蘭亭詩侶一
觴一詠筆花飛舞聞道牡丹亭亭開放如故生香鬬色
索我題新句君休笑江淹才盡邯鄲學步只恐春光去

惜花亢自萦芳緒也學歌金縷須護取休教飄零風雨
柳陰院宇又堆香絮

踏莎行 題劉禹州萬里歸程圖

帽影鞭絲雕鞍錦轡西風忽憶鱸魚膾長城盡處峙雄
關歸程更在雄關外 鉄畫銀鉤懸鉞倒薤裡毫落紙
雲煙靄 先生工書法 披圖遮莫悵征途壯游回首今難再

青玉案 題魯希叔負書圖

篋中不少凌雲賦問賣與知何處負笈歸來園浸補曲
高調古知音難遇檢點移家具 塞翁得失都非誤趁
取年華未遲暮書不負人人自負飛揚跋扈蛟龍雲雨

[illegible]

饒筆添瀛洲路

玉樓春 題九九消寒圖

口脂調向妝臺畔一幅寒梅塗欲徧五紋宮綫許同添六琯葭灰驚暗換　春回舊地寒猶淺九盡花開寒不見分明八十一枝紅二十四番風已半

一萼紅 憑山書屋詠並蒂蘭

傍雲根喜無多屋宇分得楚江春綠葉披風青莖浥露何來並蒂芬蒀恰宛似仙娥雙髻倚香肩聯袂又聯裙乍看同心知他人事恁感花神　試問誰堪作伴有並頭蓮子連理相孫夢協祥徵循陔潔養從教騷客休細

幾曾見一莖兩萼杞山家盆盎頓生新只有雙飛蝴蝶
認取芳踪

水調歌頭 題金少參公瑒私印

勝國有循吏梓里炳先賢忤璫滅冠龍陵勳業建當年
我拜西泠祠宇 乾隆戊申偕郭香生至杭謁公遺像 文讀東林列傳浩
氣薄雲煙小印舊時物流落在人間 二百載神呵護
尚完全文總譜來歷肆手澤未沈湮體則直方而大質
則縝密以栗姓字日星懸用作子孫寶祖德述鴻篇

妝臺雜詠

沁園春　　　　雲樵填詞

粉

簫史傳來丹號飛雲鉛華細登豈秋蓮露冷輕紅點點
新篁籜解嫩綠層層靚圍天然何郎本色骨相生成愧
未能銀盆貯早香腮待傅玉掌先承　雀兒蓉片同稱
更隨意花枝作伴熱憶春陽陌上汗融先賦扶宵枕畔
淚溼還凝醉倒懷中玉樓斜倚沾惹郎衣拂也曾新浴
赴泉紅綿晴撲先近圓冰

脂

臙日承恩翠管銀罌須来九霄憶阿房宫殿波流還膩乆

壽陽眉額風藥初飄紫塞傳来紅藍染出翠暈粧成靧後

湖闌干外怪掐痕一捻花片畫描　丹唇點似櫻桃詠

華的才施月事交豈海棠著露淡痕紅潤杏花帶雨

淚靨春饒元夕牢丸中秋餅餌手印孅孅一點嫣冬過

矣把梅花塗徧九九寒消

黛

梳掠纔停朱粉慵施眉峯畫初愛雨痕淺碧銀鉤巧拂

一彎素影彩筆輕濡張出青瓷黏来細刷京兆風流十

幅圖翻新樣看扶波依映柳葉初舒 削成倒暈垂珠
問淡掃當年用也無更修蛾學改絳仙專寵黛螺不姿
卓女當壚新月纖纖遠山隱隱八字斜分不厭厭春病
後怪鬢看雲梳却染處模糊

釵

燕化宮中白璧一雙脂凝素光明點鴉鬟側盤龍舞鳳
堆螺髻底嵌玉垂璫鬭草曾輸穿花易溜私語當年一
股藏誰家院學新腔代柏響度迴廊 幾枝新篆鸞凰
悄賣弄豪華十二行更金鏤香爐撥來寒夜高碾信杳
卜向空房香槃曾黏玉燕小綴界斷橫雲時世妝年時

事記青錢沽酒拔去誰償

華勝

螺髻新梳點綴雲翹非花似花自漢宮翦出紋添金綫

吳綾劈就豔爍紅霞連理花枝合歡羅勝愛好拼時妝

髻邊呼郎近慣香肩側倚細問款斜　春晴芳徑行些

引盡蝶追隨認也差更黏蘭貼菊像生梅巧攢珠疊翠

豪侈云誇元日銀旛端陽藺虎新樣隨時著意加穿簾

過被銀鉤絆取髮亂堆鴉

包頭

天氣冬來一幅烏紗裁剛半張趁鬖鬟攏罷斜遮愛綠

黛蹙描後淺絚輕黃抹斷蟬雲非關怕冷時世新興不可忘貂茸暖更交乘鳳尾小字王嬌昭君套 偏宜點綴珠璫擘一縷輕綿襯起長評張郎畫譜界開柳葉壽陽宮殿遮了梅妝睡起微鬆妝殘略褪秀暈分明印粉霜添新樣翦生綃護耳也學漁娘漁婆兒

珥

鍼刺天孫穿綴玲瓏依垂翠圈想畫工染就重添金暈小鬟收去恰並花細結琢丁香鉤銜新月玉綴珠垂直到肩凌雲舞正廻鸞舞鶴隨向當筵 新涼睡起前軒刺兩頰依稀素影圓似罘罳屏啟銅環交紐獲覩鼎設

玉鈕雙懸綺陌曾遺緗簾易觸飄得雙棲玉枕邊教郎
扣把同心引入一縷先穿

釧

一對金環如月團圞然與否與相安妃新式號金跳脫
阿嬰承賜有臂支符袖窄偏遮妝成先著一縷中圈白
玉膚閒庭寂聽吉當聲響誰扣扉朱　篆添福壽云蘇
更彫琢精奇百子圖記洛蘭才到絲纏絛縷題糕節近
囊繫茱萸藤亦能緗香還成串梛實新穿百八珠湘簾
捲恰一齊落後藕臂全舒

指鐶

生就柔荑似削春纖雙雙翠環自玉簫再世肉痕隱約楊妃檀籠小字團圞琢玉鑲金雕龍刻鳳字爲當年戒酒刊春病後詠香肌瘦郤約處微寬　彩毫換去無端問誰把蜻蜓悄贖還漫吟詩搦筆全依縹管徵歌代板拍損朱欄非葉同圓葱根小束挂向榴臺色映丹花閑步慣扶釵捺鬢暗露人看

衫

闘色鮮衣心字重重春衫稱身看葱纖半露籠來翠袖柳腰一搦束以羅巾橡燕泥汙弄花香浣慣染相思淚點痕堪恨甚怎年年鐵綫都爲他人　藕絲雙蝶鮮新

悵隱約輕紗望未真記舊時作掩褪時嬌怯蘭湯罷浴
披處逡巡碧綠青紅忽襟小袖百和從教葉葉薰風前
過恰匆匆轉背薌澤微聞

袜

爪字初分隱約蘭胃巫山兩峯有湖羅三尺深閨裁剪
纖褂半幅暗地彌縫燈下私窺人前羞露單袷衣裳束
更工晚妝卻泥玉郎親解香汗酥融乘涼略放鬆鬆
悄褢肚重重說是長風任合歡襴窄剛遮半面同心鏡小
恰挂當中花下樓肩簾前捉髮袖底人窺露軟紅知何
似似濃雲一抹月影朦朧

鈕

衣錦裳衣鈕扣重重如花發枝有並頭蓮子串嵌金翠合歡櫻顆全染胭脂披領中分羅裳右掖鎖盡春愁不自知新樣好又連環交鈕蝴蝶雙飛 排成鴈字云齊任玉珮香囊挂也宜正阿侯初乳客來先掩幽歡乍赴襻澀嫌遲碧玉爪期雲鬟都卸不解同心小扣兒含羞處被玉郎親褪直透香肌

香囊

香草分盛百和初濃羅囊滿函自弁刀翦出形同菡萏袖線縫說香合知袖蘇春天邊蒼家是上雞舌何消溜

女 壹 雄 秋 支 亭傘千

口含深閨內把瑞麟名香添取暗兆宜男　紗窗風日清
酣愛一縷懷中未許探又盤金堆繡交飛蝴蝶堆絨貼
絹新式花籃五彩絲懸連環結和綸與湘裙美盡語流
蘇軟更簟來金鏈觸處馥韡

帕

錦帕休拋刺繡花枝湖羅淺裁戀秋宵枕畔淚痕偷拭
春風陌上香汗頻揩指和防遺袖籠偷露倩裹金錢著
意猜紅綫度意雕鬭孔雀驀地屏開　儂家鸞鳳初偕
許作染猩紅蜥蜴摧更皴絹暗疊金遮鏡檻瑤琴學弄
藉拼塵埃石磴云鋪銀鞍郤寢知是芳郎走馬回相思

事漫吟成詩句寫寄誼來

帶

嫋娜輕軀羅帶垂垂生綃摺成看秋千架上花枝搖曳小蠻腰底柳綫交縈錦字閒題泥金郄繡曾指黃河將地盟鴛膠續把同心結綰解處多情　翠衫初試輕盈愛小立當風東暫停更縱懸綵結行時迷綴珮添珠衱卻去鏘鳴雁足書遲刀頭信杳瘦損纖腰一捻輕雙迴處許圍寬幾許暗裏心驚

裙

百蝶攢花翠似新〻荷雙迴半敧羨羅文百摺繡鴛鴦鳥

女　雖　求　千

瀟湘六幅畫連理枝上馬曾分登樓暗攝最好弓鞵出
没時誰能揭有東風解事背裏偷吹　碧波斜穿金絲
妬草色相連一道齊憶燕子飛回留仙皺學榴花開徧
紅淚珠垂闌密偏遮蘆敎易露綵結雙拖步步隨閨中
坐忽帶圍鬆郤藉卜歸期

袴

誰代宮人撻籠昭陽將窮袴傳記細腰一束幾經熨貼
絲縧百結大費周旋豔粲蘭緣、文成羅綺歷繡明金襪
口圓新浴罷正嬌扶無力知否曾穿　從教踏節歌筵
翹一足依稀露半邊更偷翻侍婢香薰翠繡郤輸、慨吏

暖在花叢醉倒和衣觸來生手解處含羞劇可憐誰家

院把風光煞畫花上高懸

襪

錦剌鴛鴦鬭綵芙蕖裁方細羅自唐宮繡出形纔霞福

洛川步去致更凌波不礙行纏慣依袴襪半幅雙迴尚

覺多苔痕軟怯麴塵滿地泥處頻摩　有時馬上婆娑

怕翠繡頻遺玉鐙磨看凌雲妙舞全遮素帛踏青綺陌

半掩弓鞋刻下階行桃來膝上時樣同心綫帶拖生塵

步似紅蓮一瓣罩以青荷

鞵

女臺雀衣　之　[illegible]千

[illegible]

一掬嬌春弓様新裁短窄織柔記文鴛金鳳漢宮舊製
重臺高底時世風流月地黏苔寒階踏雪三寸纖纖齒
印留晚粧卻被猧兒銜出翻認人偷　鞦韆戲傍高樓
閒窄板能勝素底不更霓裳半拍氍毹軟踏春風一騎
繡鞵輕兜裙底深藏簾影微露明與人看強作羞眠慵
起最消魂帳外遙聽雙鉤

睡鞵

帳暖春宵窄窄金蓮弓鞵換新有偷裁小様最難裝假
軟兜薄底絕不沾塵素帛重纏窄幫輕曳不避檀郎郤
避人藏未塞把牀頭席角盡餘溫　鴛鴦枕畔橫陳

慣向引芳心觸處春憶偶翻被底有時微露泥挑肩上

不礙行雲也繡花枝更加蘭麝香為何人喚始畫誰偷

去向尊前行酒作意生嗔

輕裁花骨當描仙女之魂巧製香奩每誦才人之口

然而藍田滄海轉乖錦瑟之題何如長笛短簫細縷

金荃之譜雲樵先生所撰妝臺雜詠廿首遠追龍洲

之緒近補竹垞之遺翦水裁雲鉤心鬭角金情萬仞

偏潛王母之臺銀漢千尋竟匿天孫之館自古修成

七寶妙寫三中豈少才情無茲佳麗僕也心傷塞北

腸斷江南華髮未足蹤列金釵十二畫梁無月誰貽

牙管一雙觸我柔情，早覺薔薇之露；吉君此日不吟

楊柳之風。小山汪甲謹跋

雲樵江臨泰

鄰湖欸乃

北新水令　題橋屏山寄園

橋東一帶水迢迢結園亭高人奇傲難踪全補竹屋小半編芳詩酒招邀宛一幅輞川藁

駐馬聽

不近塵囂門對芹宮路一條自然幽僻巷迷逢戶徑三交四時佳景情誰描數椽別業無人到風光好先生獨占其中妙

沈醉東風

鄰湖欸乃　一[illegible]